禅宗地方展開史の研究

広瀬良弘著

吉川弘文館刊行

はしがき

私の禅宗史研究、とくに曹洞宗を中心とした林下禅林の研究は、つねに、真宗史研究の分野を意識してなされてきたといっても過言ではない。十五〜十七世紀に多数の寺院が建立されていることを考えれば、当該社会との関連は相当に深いものが存在するはずである。真宗史研究のように禅僧の活動や禅寺の機能と一般民衆とのかかわりを日本史の流れの中で把えてみたいという〝願望〟が潜在していた。むろん、この視点からの論考が皆無であったわけではなく、代表的なものに鈴木泰山『禅宗の地方発展』(畝傍書房、一九四二年、のち吉川弘文館)があった。そこで、鈴木氏の研究を参考としつつ、さらに少しずつでも深めることができたならば、いつかはその〝願望〟がかなえられるという気持で今日に至った。

これまでの研究をまとめるということは、その〝願望〟がかなえられたということではもちろんない。しかし、それへ連なる糸口は、いくらかみえてきたような気がする。この時点で、これまでの研究をまとめておくということが、新たな出発点となることを信じて、この作業を行った。

本書の原形は、このような主旨のもとに作成した学位請求論文「禅宗地方展開史の研究——中世後期・近世初期の曹洞宗を中心として——」である。同論文を一九八五年(昭和六十)九月十二日、駒沢大学(総長は桜井秀雄先生)に提出、同月二十四日に受理され、主査杉山博・副査所理喜夫・同葉貫磨哉の三先生の審査を受け、翌一九八六年(昭和六十一)一月二十三日に学位授与の判定をえて、同年三月十三日に学位を授与された。

学位請求論文は全三篇からなり、第一篇「禅宗の地方展開と中世社会」、第二篇「中世曹洞宗教団の組織と運営」、第三篇「近世における寺院の活動と曹洞宗」であったが、本書は第一篇を補正・加筆したものである。第二・三篇についても、できうるかぎり速やかに活字化し、本書とともに大方の御批判を仰ぎたいと思っている。いずれにしても、本書の出版によって、これまで研究してきたことを江湖に問うことになるが、それにしてははなはだ心もとないものとなってしまった。しかし、頂戴した御批判や御叱正を明日からの研究生活の糧としていきたいと思う。忌憚のない御意見を寄せて下さることをお願いする。

生来、怠惰な私がともかくも今日まで研究を続けることができ、学位請求論文をまとめ、ようやくとはいえ、本書の刊行にまでこぎつけることができたのは諸先生・諸寺院住職・諸先輩・畏友諸兄姉の御指導や御協力があったからにほかならない。この学恩と友情に心より感謝申し上げたい。

なお、本書を公刊するにあたっては、駒沢大学の「昭和六十三年度出版助成金」を受けることができた。ここに付記し、深謝する。

一九八八年九月二十九日

広瀬良弘

目次

はしがき
序章　本書の課題と方法……一
一　禅宗史研究の動向……一
二　課　題……二〇
三　本書の構成……二四
第一章　越中における五山系禅院の隆盛と臨済宗法燈派の展開……三一
第一節　日本の禅宗受容と五山禅林の越中進出……三一
はじめに……三一
一　日本の禅宗受容と禅宗の地方伝播……三二
二　鎌倉末期における五山系禅林の越中進出……三九
三　南北朝期における五山禅林の越中進出……四三
結びにかえて……四六

第二節　臨済宗法燈派の越中進出……………………………………四八
　はじめに……………………………………………………………四八
　一　無本覚心と恭翁運良の性格……………………………………四九
　二　恭翁運良の北陸における活動…………………………………五三
　三　興化寺の開創……………………………………………………五六
　四　恭翁門下の発展…………………………………………………五九
　五　慈雲妙意と国泰寺………………………………………………六四
　六　法燈派と曹洞宗の交流…………………………………………六六
　結びにかえて…………………………………………………………六八
第三節　越中における五山派寺院の展開…………………………七一
　はじめに……………………………………………………………七一
　一　越中の十刹・諸山寺院…………………………………………七三
　二　五山派寺院の展開とその住持…………………………………七四
　三　十刹・諸山寺院周辺の臨済宗寺院……………………………一〇三
　四　越中禅林と五山文芸……………………………………………一一八
　結びにかえて…………………………………………………………一二三
第四節　守護・守護代勢力と禅宗寺院……………………………一二八
　　　——越中周辺の五山派寺院を中心として——

一　守護・守護代の支配拠点と禅宗寺院……一二八
二　足利義材の越中在住と加賀伝燈寺……一三三
第五節　越中における禅院領の変遷……一三六
はじめに……一三六
一　鎌倉・南北朝期の禅院領荘園……一四二
二　室町・戦国期における禅院領……一四六
結びにかえて……一四九
第六節　越中国泰寺派の展開……一五一
はじめに……一五一
一　国泰寺の再興と後奈良天皇綸旨……一五三
二　国泰寺の住持と同派の人びと……一五五
三　国泰寺派の飛驒への発展……一六一
結びにかえて……一六三
第二章　曹洞宗の地方展開……一六七
第一節　曹洞宗の地方発展概観……一六七
一　越前・加賀・能登から全国各地への展開……一六七

二　曹洞宗展開の時期と地域……一八一
第二節　越中における曹洞宗の展開……一八八
——大徹門派の展開を中心に——
はじめに……一八八
一　鎌倉末期から南北朝期における展開……一八九
二　大徹宗令とその門派の活動……一九五
三　大徹門派と立山信仰……一九七
四　立川寺の輪住制と「立川寺年代記」……一九九
結びにかえて……二〇三
第三節　禅僧大智と肥後菊池氏……二〇六
はじめに……二〇六
一　大智の禅風……二〇七
二　菊池氏の信仰……二一四
三　大智の肥後入居……二一九
四　氏寺聖護寺と大智……二二三
五　晩年の大智……二二五
結びにかえて……二二八

第四節　遠江大洞院の成立とその檀越……二四五
はじめに……二四五
一　如仲天誾の略歴と「遺命」を掲載する諸本……二四六
二　「小布施方」について……二四八
三　大洞院「鐘銘」中の「檀越沙弥玄本」について……二五三
結びにかえて……二五七
第五節　北陸における戦国期の曹洞宗
――越中を中心として――……二六一
はじめに……二六一
一　天叟祖寅門派の展開とその寺院……二六二
二　東海宗洋の関東・越中における活動と葬祭……二六六
三　雲門寺の成立……二七三
四　常泉寺の成立と椎名氏……二七九
五　常泉寺門下の展開……二八一
六　越前天真派の展開と朝倉氏……二八五
結びにかえて――戦国期曹洞禅展開の意義――……二九一
第六節　下野宇都宮・芳賀両氏およびその周辺の仏教……二九八

はじめに……二九八
一　宇都宮氏およびその周辺の仏教……二九八
二　芳賀氏およびその周辺の仏教……三〇八
結びにかえて……三一三
第七節　下総結城地方における禅宗の展開……三一七
はじめに……三一七
一　臨済禅の進出……三一八
二　曹洞禅の展開と結城氏……三二六
三　山川地域の禅寺……三三〇
結びにかえて……三三三
第八節　曹洞禅僧の地方活動
——遠江国における松堂高盛の活動を中心として——……三六八
はじめに……三六八
一　曹洞禅の東海地方における発展……三六九
二　いわゆる民衆化の諸型態……三七五
三　曹洞宗外の史料にみられる曹洞禅僧の活動ぶり……三八〇
四　葬祭よりみた禅僧の活動……三八四
五　松堂の活動と国人領主原氏と民衆……三九五

六　松堂の説法とその意義……四〇三
結びにかえて……四〇九
第九節　曹洞禅僧における神人化度・悪霊鎮圧……四一五
一　神人化度・悪霊鎮圧……四一五
二　曹洞禅僧の霊験譚的説話の分類……四一八
第十節　中世禅僧と授戒会
——愛知県知多郡乾坤院蔵「血脉衆」「小師帳」の分析を中心として——……四二三
はじめに……四二三
一　禅宗における授戒会の流れ……四二三
二「血脉衆」「小師帳」の信憑性……四二六
三　授戒会における禅僧たちの活動と村落の小寺庵……四三〇
四　遠江国における受戒者……四四八
五　知多半島とその周辺の受戒者……四五六
六　受戒者の階層と授戒活動の意義……四六八
結びにかえて……四七六
第十一節　禅僧と戦国社会……四八二
——東国に活動した禅僧達を中心として——
はじめに……四八二

一　禅林と戦国社会……四八三
二　禅僧と世俗倫理……四八七
三　戒・授戒について……四九五
四　禅僧と女人・農民……四九九
五　戦国期における禅宗寺院と在地領主……五〇四
結びにかえて……五一〇
第十二節　曹洞宗発展の型態と要因……五一六
一　曹洞宗展開の二類型……五一六
二　曹洞宗発展の要因……五二四
第三章　曹洞禅僧と宗学……五二七
第一節　『正法眼蔵』の謄写と伝播……五二七
はじめに……五二七
一　曹洞宗発展期の『正法眼蔵』の謄写……五二九
二　宋吾・善皓の謄写……五三五
三　梵清本・十二巻本・乾坤院本などの謄写……五四二
四　総持寺における七十五巻本の謄写……五四八
五　永平寺光周・金岡用兼などの謄写活動……五五〇

六　最上川流域寺院における書写活動と正法寺本の成立……五五四
七　長印の七十五巻本謄写……五五七
八　江戸初期の謄写……五六四
結びにかえて……五六七

第二節　「大雄山最乗禅寺御開山御代」について……五七三
はじめに……五七三
一　本書の概要……五七五
二　引用の代語・話頭・典籍……五七六
三　年中行事と上堂……五八一
結びにかえて……五八六

第三節　「竜洲文海下語」「天嶺呑補下語」について……五八七
はじめに……五八七
一　「竜洲文海下語」……五八九
二　「天嶺呑補下語」……五九二
結びにかえて……五九五

第四節　曹洞禅僧の相伝書「切紙」について……五九七
はじめに……五九七

一　中世後期から近世初頭にかけての相伝書と「切紙」……五九八
二　「国王授戒作法」「竜天授戒作法」について……六〇九
三　葬祭に関する切紙……六一三
結びにかえて……六二〇
結　章……六二五
付録史料「血脈衆」「小師帳」……六二九
あとがき……六五五
索　引

挿図目次

第1図　禅宗宗派略系譜……二六
第2図　臨済宗越中関係略系譜……四三
第3図　臨済宗法燈派・曹洞宗関係系譜……六七
第4図　仏源派略系譜……九〇
第5図　細川氏略系譜……九〇
第6図　一山派略系譜……一〇五
第7図　蜷川氏略系譜……一〇七
第8図　最勝寺梵超関係系譜……一一七
第9図　越中の臨済宗系寺院と律宗系寺院……一三〇
第10図　国泰寺派法脈略系譜……一五六
第11図　飛騨の国泰寺末寺分布……一六三
第12図　曹洞宗略系譜(1)……一六八
第13図　曹洞宗小本寺成立数……一八三
第14図　曹洞宗越中関係略系譜(1)……一九三
第15図　曹洞宗越中関係略系譜(2)……一九六
第16図　立山登山道・曹洞宗寺院関係図……一九八
第17図　越中における曹洞禅の発展……二〇一
第18図　曹洞宗略系譜(2)……二〇八
第19図　菊池氏略系譜……二一六
第20図　肥後周辺大智関係略図……二二一
第21図　曹洞宗越中関係略系譜(3)……二六四
第22図　曹洞宗越中関係略系譜(4)……二七四
第23図　越中における曹洞禅の発展図……二八二
第24図　越前曹洞宗および朝倉氏関係略系譜……二八九
第25図　曹洞宗越中関係略系譜(5)……二九五
第26図　宇都宮氏略系譜……二九九
第27図　宇都宮・芳賀氏関係仏教宗派略系譜……三〇〇
第28図　芳賀氏略系譜……三〇八
第29図　禅系曹洞宗下野天真派略系譜……三一六
第30図　真岡城付近絵図……三一九
第31図　下総結城地方関係曹洞宗系譜……三四六
第32図　松堂・原氏関係中遠地方略図……三九六
第33図　曹洞宗如仲派略系譜……四二五
第34図　「血脈衆」「小師帳」関係遠江国略地図……四五〇
第35図　知多半島周辺略地図……四五七
第36図　曹洞禅僧相伝書分類図……五七四
第37図　曹洞宗了庵派略系譜……五八八

挿表目次

第1表　越中十刹・諸山一覧……七三
第2表　興化寺住持およびその交流者一覧……七六
第3表　長慶寺住持およびその交流者一覧……八三

第4表　金剛寺住持およびその交流者一覧……八七
第5表　黄梅寺住持およびその交流者一覧……九三
第6表　現福寺住持およびその交流者一覧……九四
第7表　崇聖寺住持およびその交流者一覧……九六
第8表　安国寺住持およびその交流者一覧……九七
第9表　長福寺住持およびその交流者一覧……一〇一
第10表　長禅寺住持およびその交流者一覧……一〇二
第11表　妙長寺住持およびその交流者一覧……一〇三
第12表　禅院領荘園史料一覧……一三七
第13表　国泰寺派僧侶の住持寺院とその員数……一五八
第14表　曹洞宗第一八世代までの活動一覧……一七〇
第15表　延享二年国別寺院数……一七九
第16表　曹洞禅僧の活動範囲規模……一八〇
第17表　三河曹洞宗寺院成立数……一八四
第18表　三河宗派別寺院数……一八四
第19表　三河郡別曹洞宗寺院数……一八四
第20表　菊池氏関係寺社数表(1)……二二五
第21表　菊池氏関係寺社数表(2)……二二五
第22表　東海宗洋の葬祭対象者……二七二
第23表　曹洞宗如仲門派寺院開山一覧……三七二
第24表　臨済禅僧語録の坐禅・葬祭比較表……三六四
第25表　曹洞禅僧語録の坐禅・葬祭比較表……三六五
第26表　如仲天誾の葬祭対象者……三六九
第27表　川僧慧済の葬祭対象者……三八九
第28表　松堂高盛の葬祭対象者……三九〇
第29表　松堂の交流者一覧……三九七
第30表　霊験譚的説話をもつ曹洞禅僧一覧……四一九
第31表　「血脈衆」における授戒・授戒会表……四三二
第32表　「小師帳」における授戒・授戒会表……四三五
第33表　「血脈衆」「小師帳」における授戒・授戒会の仲介者一覧……四三八
第34表　「血脈衆」「小師帳」における寺庵一覧……四四一
第35表　遠江野部における受戒者一覧……四五三
第36表　尾張知多郡緒川における受戒者一覧……四五九
第37表　尾張知多郡村木における受戒者一覧……四六一
第38表　尾張知多郡石浜における受戒者一覧……四六三
第39表　「血脈衆」「小師帳」における階層分類表……四六九
第40表　「血脈衆」「小師帳」にみえる「内」「内方」一覧……四七二
第41表　「血脈衆」「小師帳」における職業分類表……四七三
第42表　「血脈衆」「小師帳」にみえる血縁関係記載……四七四
第43表　曹洞禅僧による授戒者数……四七五
第44表　葬祭対象者の男女別人数表……四九九
第45表　三河曹洞宗寺院開基檀越表……五三三
第46表　中世後期～近世初頭の曹洞禅僧相伝書数……五九九
第47表　中世後期～近世初頭の切紙点数……五九九

序章　本書の課題と方法

一　禅宗史研究の動向

本書の課題と方法を述べる前に、禅宗史研究の動向について概観しておくことにする。ただし、詳しくはかつて述べたことがあるので、(1)それに譲ることとし、ここでは、総説書、五山叢林の機構、禅宗の地方展開、教団史等に関するものを中心に述べることにする。まず、総説書からみることにしよう。孤峯智璨『禅宗史』(光融館・一九一九年、総持寺・一九七四年再刊)はインド・中国・日本の禅宗史について論じているが、人物中心に論が進められているといえる。そして、鎌倉期＝伝来時代、建武〜応仁＝隆盛時代、応仁〜明暦＝衰頽時代であると区分している。しかし実は禅宗寺院が一番多く建立されたのが、戦国期〜江戸初期であり、氏が衰退期であるとした時期である。人物それも名僧中心に禅宗史を考えたならば、このような見解となろう。林岱雲『日本禅宗史』(東京大平出版社・一九三八年、日本図書センター・一九七七年再刊)、宇井伯寿『禅宗史研究』・同『第二禅宗史研究』・同『第三禅宗史研究』(岩波書店、一九三九・四一・四三年)等の戦前の研究はいずれも人物中心の禅宗史といえる。戦後まもなく、鷲尾順敬『日本禅宗の研究』(東京教典出版社、一九四五年)が出版されているが、ついで、基本的な史料を網羅して論述しているのが、辻善之助『日本仏教史』中世篇（岩波書店、一九四九年）であった。栄西以前の禅の伝来、栄西以下の臨済禅、禅宗の宮廷接近、道元以下の曹洞宗、元からの渡来僧や入明僧、五山版、大徳寺、妙心寺、地方大名と仏教、禅僧と大名の交流、などについて述べているが、やはり、人物中心という観は免れえない。その後、総説書の出版は、さほど多いとはいえないが、その中で今枝愛真『禅宗の歴史』（至文堂、一九六六年）と竹内道雄『日本の禅』（春秋社、一九七六年）がある。前者は禅林の機構、政治権力との関係などに力点が置かれており、今枝氏の個別研究が盛り込まれている。また多くの禅僧や禅宗史研究上の問題点も網羅されている。後者は思想の展開に力点が置かれると同時に前者の成果をも踏まえた論述となっている。竹内氏は中国からの渡来僧兀庵普寧と北条時頼の道交は日本における禅思想発展の性格を方向づけたとする。以後、真の禅の普及層が武士階層であり、禅の真意の理解は一部の知識階層にすぎず、しかもそれらの階層の禅者が中国禅を憧憬していたことなどは、ここにその源があるとする。また、「曹洞禅の地方発展」の節は、従来のこの分野の研究を踏まえての論述となっている。なお、『講座禅四　禅の歴史――日本――』（筑摩書房、一九七四年）には古田紹欽「臨済宗」、鏡島元隆「曹洞宗」が掲載されており、思想的な展開を中心に論ぜられている。今枝愛真「禅宗」（『仏教史学』九―三・四、一九六一年）は禅宗の伝来とその動向、五山派の成立とその隆替、曹洞宗の地方発展、大応派（大徳寺・妙心寺派）の台頭を述べた後に、幻住派の勃興と臨済宗の統合の項を設け、同派が京都五山、ついで鎌倉五山に進出していく様を論じ、同派の出現により、臨済宗が近世的な大門派へ移行して行ったとする。なお、幻住派に関しては、玉村竹二氏が『円覚寺史』（春秋社、一九六四年）の中で詳述している（後述）。

つぎに、鎌倉・南北朝期の禅宗に対する研究についてみてみよう。従来の研究を踏まえ、みずからの研究成果を十分に展開しているものに玉村竹二「禅宗」（『図説日本文化史』六、鎌倉時代、小学館、一九五七年）、「臨済宗」（日本史叢書『宗教史』、山川出版社、一九六一年）、「禅宗の発展」（岩波講座『日本歴史』中世2、岩波書店、一九六三年）などがある。

これらの論文はいずれも氏の論集『日本禅宗史論集』上（思文閣、一九七六年）に収められている。氏はこれらで鎌倉期の禅宗を中国禅を能動的に求めた時期と受動的に受容された時期とに区分し、禅僧も求法伝法の入宋から中国貴族文化摂取のための入宋・入元へと変化することを明らかにした。こうして渡海し、帰国した禅僧や渡来僧を中心として「叢林《そうりん》」が成立し、室町期の五山叢林へと発展するとしている。また、鎌倉期から南北朝期にかけての禅宗の地方伝播を、中国禅を摂取し地方に隠遁した一派（第一波）、幕府被護下の叢林の門弟らで地方に下り、上層の地方豪族の外護によったもの（第二波）、中国の隠遁的な念仏禅を伝えた人びと（第三波第一類）と塔頭が飽和状態となったために地方へ下ったり、五山の知的教養の高さに落伍したり、門閥中心主義的な叢林に反感を持って地方に下ったもの（第三波第二類）の三波に区分している。これらに五山流の教団肯定的気運が持ち込まれ、教団を形成した。これらを「林下」と称するとした（本書第一章第一節一項参照）。また、藤岡大拙「禅宗の日本的展開」（『仏教史学』七―三、一九五七年）は日本においては道元のような純粋禅は発展せず、栄西のような密教要素を持った禅が受容され、無住は密教側から禅密融合を、夢窓にいたって禅から密教との融合が進んだが、これこそ日本的展開であるとしている。

ここで、禅宗成立の問題にもどるが、近年、船岡誠氏は「奈良時代の禅および禅僧」（駒沢大学『宗学研究』二五号、一九八三年）・同「平安時代の禅僧――日本禅宗成立前史――」（『駿台史学』六三号、一九八五年。以上二論文の要旨は同氏著『日本禅宗の成立』〈吉川弘文館、一九八七年〉に生かされている）等で、鎌倉初期における禅宗の成立を中国からの伝法のみで語るのは誤りであり、念仏宗・法華宗などと同様に古代仏教展開の延長線上に置くべきであるとし、古代における内供奉禅師・十禅師や看病禅師などに注目して論述している。そして、中国禅を受容し、禅宗が発展しうるだけの基盤が日本の宗教界の中に存在したとみなければならない、という新しい視点を打ち出している。船岡氏の指摘だと本書が論述しようとする中世における禅僧たちが持っていた葬祭や祈禱の能力は古代の「禅師」たちが持っていたもので、それ以来、形を変えながらも時代を越えて継続されてきたもの、ということになろうか。

思想の展開を中心に論じたものに荻須純道『日本中世禅宗史』（木耳社、一九六五年）・同「日本中世禅思想の展開——臨済宗を中心として——」（同氏編『禅と日本文化の諸問題』、平楽寺書店、一九六九年）がある。全体は臨済禅中心であり、両者の論旨は共通しているようである。これらによれば、栄西・円爾辨円・心地覚心を教乗禅、鎌倉期の来朝僧蘭渓は松源派の禅、すなわち祖師禅の宣揚に努力した人物であり、禅宗史上重要な立場にある。祖元は教禅一致を唱えたわけではないが、華厳的性格がみられる。宋代の教禅一致・念仏禅などの風潮が日本にも影響を与え、円爾やその後の夢窓・五山禅僧などにこの融合折衷の宋代禅界の傾向がみられるとし、これを宋代禅としている。これに対して、南浦・宗峰・関山すなわち応・燈・関の禅を松源一流の祖師禅であると位置づけるのである。氏には応燈関中心主義的傾向がみられるが、五山派の禅を融合折衷の宋代禅とし、応燈関の禅を純一なる祖師禅として対比しているところは注目されるところである。

鎌倉末期から室町期にかけて五山制度というものが確立されて行くが、この制度・機構については多くの論考がある。この分野でも玉村竹二氏に多くの論文があり、氏の『日本禅宗史論集』（前掲）に収められている。まず、「禅僧の法諱に就て」（『歴史地理』七〇—一、一九三七年）、「禅僧称号考」（『画説』五三・五四・七〇・七一・七二、一九四一年）では禅僧の道号・法諱は種々に組み合されて用いられ、場合によって、いずれを用いるべきかということについて、五山叢林には確乎たる礼制があったことを明らかにした。その結果年代不明の書状なども、その署名の仕方により、その人物がどのような役職にあった時のものであったのか、などを究明することができる。また法諱の上字を系字といい、そこから、その禅僧の受業師（得度の師）が判明することなどを論じている。「蔭凉軒及び蔭凉職考」（『歴史地理』七五—五・六、一九六〇年）では、五山派寺院および僧侶を統制する鹿苑僧録の訴えをとりつぎ将軍に披露するという役割を持った蔭涼職について考察し、蔭涼軒とはその発生を別にするとした。同職は足利将軍側近の侍僧より発展したもので披露奉行となり、相国寺鹿苑院内の将軍の書斎である蔭涼軒に寓居せしめられ、その留守役をも兼ねるようになり蔭涼職の名称を得るようになった。応仁の乱で焼失した後は、独立した建物はなく、蔭涼職の住居する庵をその在職中だけ蔭涼軒と称するなどしてその職のみが元和元年まで存続したが、副蔭涼ともいうべき侍衣の実力が顕著となったことなどを指摘した。つぎに「五山叢林の塔頭に就て」(『歴史地理』七六―五・六、一九四〇年)、「鎌倉五山塔頭の移動について」(『駒沢史学』一、一九五二年)では、中国禅林の塔院・庵居と日本の塔頭とを比較し、その異なる性格として、塔頭の守塔比丘は門派を相承する、門派の拠所となる、末寺を有すなどを挙げている。また幕府の塔頭新造の禁止・制限は本寺域外の末寺で塔頭の列に連なるものを生じさせたこと。あるいは新門派開立を事実上不可能ならしめ、元・明の諸禅匠より印可を蒙っても、帰朝の後一派を開くことができず、入明以前の受業(得度)の師に嗣法してその派の一員として留る者が多くなり、また、入明のまま帰国しない者もあったことなどを論述している。「五山叢林の十方住持制度に就て」(『日本仏教学史』二―一、一九四二年)では、元来、五山・十刹・諸山は十方住持を立て前とするので一流一派による私寺化は禁止するということになっていたわけであるが、室町武家は十方住持制度に対して、鎌倉時代に比して、微弱となり、とくに夢窓派に対しては無批判に私寺化を容認し、その他の諸派には、立て前論をもって峻厳に臨むという方便的な使い方をしていることを明らかにし、また他派はこのような夢窓派に対して、十方刹に列せられるに際しては条件を付けて、列せられるという方策を取っているとする。また、氏は「公帖考」(『禅文化研究紀要』七、一九七五年)で、幕府が官寺の住持職任命に際して発布する公帖について緻密な考察を加えている。

以上のような玉村氏の研究活動とともに、幕府の宗教政策と・禅寺禅僧との関係について考究を続けてきたのが今枝愛真氏である。氏には論集『中世禅宗史の研究』(東京大学出版会、一九七〇年)がある。「安国寺・利生塔の設立」(先行論文として同氏「安国寺利生塔について」〈『史学雑誌』七一―六〉)は、辻善之助『日本仏教史』中の「安国寺利生塔考」に疑点を抱き、考究を進め、安国寺即利生塔の寺であるということはありえないとし、安国寺がすべて五山派の禅刹にのみ限られていたのに対して利生塔は真言・天台・律など、ほとんどが旧仏教系寺院に設定されていることを明らかにした。すでに建武四年には計画され、同五年ごろから貞和年間にかけて各国ごとに設置されたとする。そしてその設立は、足利直義によって進められ、宗教上のみならず、幕府の政治・軍事の上でも重要な意義を持つものであったことを論じている。また、「中世禅林の官寺機構――五山・十刹・諸山の展開――」(先行論文として同氏「中世禅林の官寺機構」〈『歴史地理』八七―三・四〉)では、従来の研究には首肯できない点があり、とくに十刹・諸山に関しては十分な研究がなされてないとし、「日本の五山・十刹・諸山一覧表」を作製して、室町初期から中期にかけて十刹・諸山に列せられたものが多く、この時代が五山派の地方発展における最盛期に当たっていたとする。また、官寺の各寺が何派に属していたかをみると、聖一派・仏光派(うち夢窓派・大覚派など多し)が多く、五山派の中軸を形成していたことを物語っていること、教宗寺院を改宗・復興する例も多くみられること、開基檀越から五山派のよって立つ基盤をみると、近畿では公家関係がかなり目立つが、全国的には守護・地頭などの地方豪族がもっとも一般的であったことを知ることができるとする。「禅律方と鹿苑僧録」(先行論文として同氏「鹿苑僧録の成立とその沿革」〈『日本仏教史』一・二・三、一九五七年〉)では、北条貞時の執権時代から、禅院担当の行事という係官があった。室町幕府も禅律方を設け、統制を加えた。禅律方頭人には幕府の重臣がなり、これを補佐する禅律奉行が奉行人の中から任ぜられ、その家格が固定化して行った。しかし、細川頼之と対立関係にあり、丹波に隠れていた夢窓派の代表人物である春屋妙葩が、同じく頼之と対立関係にあった斯波義将などの復帰運動により、京都五山にかえり咲くと、ついで康暦元年十月に本邦最初の僧録に任ぜられるにいたったと、その僧録成立を究明する。そして、僧録の業務は相国寺の檀那塔である鹿苑院塔主の絶海中津などに受け継がれ、鹿苑院主は代々僧録の業務を兼帯することになり、ここに鹿苑僧録と称されるものが成立したと説く。玉村氏が究明した蔭凉職という呼称の成立と比較されて興味深い。なお、今枝氏は、つづけて鹿苑僧録の変遷に触れ、その貴族化と無力化は、その実権が鹿苑僧録より蔭凉職へ、蔭凉職よりその侍衣へと移っていった、と指摘し、玉村氏の研究を組み入れての展開をみせている。さらに今枝氏は「中世禅林における住持制度の諸問題」では、玉村氏が十方住持制の寺院にもかかわらず、夢窓派を中心とする官寺の私寺化の問題を中心に論じたのに対して、五山および林下の寺院にも触れ、その住持期間が短くなっていったことや、再住あるいは再々住などが増加し形式化していった問題について明らかにし、一夜住持などについて論述している。ともかく、この分野は玉村・今枝両氏の研究により、格段の進歩をみせたといえる。なお、南禅寺は五山之上とされるが、中国におけるモデルを探ったものに西尾賢隆「日中の五山之上をめぐって」(『日本歴史』四四七、一九八五年)がある。

今枝氏の論集には「公文と官銭」の論文が掲載されているが、氏はこれで、禅僧が官寺に住する際、幕府より公文＝公帖が出されるが、この時各禅僧は外護者の力により、坐公文銭を納める。この額が相当になり、幕府の財政に大きくかかわっていたと結論している。この五山禅林の経済的な問題の研究に着手したのが、藤岡大拙氏である。氏は、「五山教団の発展に関する一考察」(『仏教史学』六―一、一九五七年)で、五山教団が室町初期に飛躍的に発展したのは地方領主層が氏寺建立により、かつての惣領の権威に代わるものとし、一族団結をはかろうとしたためであり、氏寺に足利氏と関係の深い五山禅僧を招いて幕府との関係を強め、強力になりつつあった庶家や国人の支配に役立てようとした。幕府はこのような動きに乗じ、五山禅院内の東班衆の経済活動を利用し、幕府財政に資せんとした、と論ずる。さらに同氏は「禅院内に於ける東班衆について」(『日本歴史』一四五、一九六〇年)で、東班衆の考察を進めている。東班衆とは修行学道を専らにする西班衆に対するもので寺院経営を専らにした禅僧の集団であったが、それまではあまり、注目されなかった。この藤岡氏の東班衆の研究を徹底して押し進め、戦国期の幕府と禅林の史料を駆使し、幕府が五山禅林から吸い上げた金額は相当なもので幕府財政のかなりのウェイトを占めたことを実証したのが今谷明『戦国期の室町幕府』（角川書店、一九七五年）であった。氏は同書第二章「五山と北嶺」で、北嶺の経済機構は、南北朝後半期から室町中期にかけて、五山官寺の経済進出の前に動揺した。それは、南禅寺楼門撤却事件、永享の中堂自焼事件、文安の閉籠、寛正の相国寺都聞暗殺などの具体的な姿を取って表われたことを実証し、室町期の全荘園経済機構は、東寺領などという二流の荘園の史料だけから浮き上がらせうるものでなく、日本全国を掩った五山官寺機構の莫大な寺領、それは南北朝動乱の過程において、欠所、半済など幕府の積極的な荘園政策の中から創出され寄進されたものであり、急速な自己転回をとげながらも、実質的には室町幕府の直轄領としての役割を担っていた、と結んでいる。

なお、室町幕府周辺と禅宗を論じたものに今枝「足利直義の等持寺創設」「足利義満の相国寺創建」（同氏論集、先行論文として同氏「足利義満の相国寺建立について」〈『駒沢史学』一三、一九六六年〉があり、葉貫磨哉「足利義詮の禅宗信仰とその態度」（『駒沢大学文学部紀要』二七、一九六九年）などがある。

これまで、五山叢林に関する研究についてみてきたが、本書（全体を三章で構成）は第一章の中で越中五山派寺院についてみることにしているので、その際に関連する部分が少なからずみられるであろう。

つぎに本書ともっとも深くかかわることになるであろう禅宗の地方展開に関する研究についてみることにしよう。この分野でまず挙げなければならないのが鈴木泰山『禅宗の地方発展』（畝傍書房・一九四二年、吉川弘文館・一九八三年再刊）である。同書は全国の地誌や禅宗史料を駆使し、各地における各宗派の展開を把握している労作であり、この分野での唯一無二の基本的文献となっている。氏は同書の中で禅宗を受容したものは将軍・守護大名から地頭・在地領主、民衆にまでおよぶとしている。本書の「まえがき」で述べたように同書が筆者に与えた影響は計り知れないものがある。なお、曹洞宗の地方発展を概説したものに、竹内道雄『曹洞宗教団史』（教育新潮社、一九七一年）がある。また、曹洞宗教団史に関するものとしては栗山泰音『嶽山史論』（東京鴻盟社、一九〇七年）、同『総持寺史』（総持寺、一九三八年）がある。両書は八〇年・五〇年以前の研究書であるが、現在もその学問的生命は失われていない。しかし、ここに曹洞宗教団史研究がいかに遅れているかが象徴されているともいえよう。

日本の禅宗は臨済宗・曹洞宗と分けるよりも、中央五山を中心に発展した叢林に対して、地方に発展したものを済洞にかかわらず林下として把握した方が妥当であるとし、従来、中世禅宗史上あまり顧みられなかった「林下」の問題に解明を加えたのが玉村竹二「日本中世禅林に於ける臨済・曹洞両宗の異同――『林下』の問題について――」（『史学雑誌』五九―七・八号、一九五〇年、のち同氏著『日本禅宗史論集』下之一、思文閣、一九七九年に収録）である。氏は、この論文で、まず、臨済宗の地方分播を初期と中期に分けて考え――氏は鎌倉期から南北朝期にかけての禅宗の地方伝播を三波に分けていることは前述したが、その第一波と第三波がこれに相当し論旨に矛盾はない――中期の分播によって、林下が形成されたとし、林下臨済宗の宗風として、口訣的傾向が発生し、林下曹洞宗も、宗風の変化をとげ、互いに、遍参遊方・密参得法の交流があり、密参録などの授受がみられ、戦国期になると、幻住派や関山派が叢林へ侵入するようになったとした。その侵入の仕方は、幻住派が五山そのものを認めつつ、口訣伝授的な方法で、五山諸派と法系的連繫を結ぶ型であったのに対して、関山派は口訣禅の傾向は有していたが、五山派下の寺院そのものを蚕食して行く方向を辿ったと論じている。なお、氏は『円覚寺史』（春秋社、一九六四年）の中でも幻住派について詳説している。本書は第三章で、曹洞禅僧たちの相伝書について考察することになろう。

地方の禅宗寺院に関する研究は、東北では入間田宣夫氏、九州では上田純一氏によって、近年急速に進められた観がある。入間田氏には「中世の松島寺」（『宮城の研究』三、一九八三年）、「松島の見仏上人と北条政子」（東北大学教養部『紀要』四一―一、一九八五年）、「松島寺の柏槇」（瑞巌寺博物館『年報』一〇、一九八五年）があり、慈覚大師創建の天台宗寺院から禅宗寺院となった松島寺（のちの瑞巌寺）について論述し、天台宗と禅宗との併存・軋轢について考察している。上田氏には「在地領主による禅宗受容についての一考察」（『九州史学』七四、一九八二年）があり、鎌倉期に肥前の在地領主が、兼修禅（禅密兼修）を受容していく様を分析している。また、「豊後大友氏の禅宗受容について――鎌倉期、大友氏と東福寺派禅僧――」（川添昭二編『九州中世史研究』第三輯所収、文献出版、一九八二年）や「薩摩渋谷氏の禅宗受容について」（『日本歴史』四四一、一九八五年）がある。後者では、禅宗寺院となった薩摩大願寺が諸山に列せられ、五山派寺院となったのは、九州探提今川了俊の渋谷氏懐柔策と深くかかわっていたことを論述している。

葉貫磨哉氏は曹洞禅発展に関して「洞門禅僧と神人化度の説話」（『駒沢史学』一〇、一九六二年）で、禅僧たちが山神土地神をみずからの弟子とするという説話の成立の中に、民間信仰を取り入れ、密教的要素を導入して教団発展の手段を強化していった姿をみることができるとし、その背景には密教的色彩の濃い臨済宗法燈派の人びととの深い関係が持たれていたことを論証している。なお、法燈派に関しては宮崎円遵「法燈円明国師之縁起について――中世における唱導と絵解の一例――」（荻須純道編『禅と日本文化の諸問題』、平楽寺書店、一九六九年）が、同縁起に熊野関係の記事が多いのは、熊野参詣者にして興国寺に立ち寄った人々に読み聞かせたものもあるとし、また、熊野参詣の途上で鷲峰に詣する者があったことは、早くも『元亨釈書』の覚心伝に存すると、興味深い論説を行なっている。ここに禅宗においても絵解ということが行なわれたことを知るわけだが、このような例は外からも見出せそうである。上記二論文は本書第一章第二節で参考となったものである。また曹洞宗の地方展開と山岳信仰（石川氏によれば霊山信仰）

との関連について論じたものに石川力山「中世禅宗と神仏習合――特に曹洞宗の地方的展開と切紙資料を中心として――」(『日本仏教』六〇・六一、一九八四年)と佐藤俊晃「石動山信仰と能登瑩山教団」(『宗教学論集』一二、一九八五年)がある。前者は曹洞禅僧と山岳信仰との関係がみられるものを多数検出し、禅僧たちの相伝書である切紙にみられる山岳信仰的な部分を抽出している。これらの論文は本書の第二章第二節と関連するものもある。しかし、遠藤廣昭「佐渡における曹洞宗の展開と土俗信仰――ムジナ信仰を中心として――」(『史報』四、一九八二年)は佐渡の寺院の場合は神人化度の説話はみあたらず、土俗信仰のムジナ神が寺院境内に取り込まれたのは近世中期以降であることを指摘している。別の展開のあることを考えなければならないのであろうか。

曹洞宗における北陸地方以外への本格的な進出は寒巌義尹にはじまるとされるが、彼は十三世紀後半に肥後に赴き、河尻氏に外護された人物であり、鈴木泰山氏が前掲書の中で架橋事業を行なった禅僧として評価を与えている。上田純一「寒巌義尹、肥後進出の背景――北条氏得宗勢力と木原・河尻氏――」(『熊本史学』五七・五八、一九八二年)が寒巌義尹の肥後進出とそれを在地で支えた肥後河尻郷河尻氏と北条氏得宗勢力の同地への進出との関連において考察を加えたことにより、この問題は新たな局面を迎えることになったといえよう。

曹洞禅においては瑩山紹瑾の出現により、その門下が一大発展をとげたとされるが、この瑩山が死後、南朝と親密であった法燈派覚明の介入により後村上天皇から禅師号を下賜されたか否かの問題に関しては、村田正志「瑩山紹瑾の仏慈禅師号問題」(同氏著『南北朝史論』、中央公論社、一九四九年、同一九七一年再刊)と今枝「曹洞教団の発展と南朝」(同氏論集、一九七〇年)がある。前者が、弟子峨山は雲樹寺の覚明に不受の返答をしていることは事実であるが、永光寺に下賜の口宣案が存することから、最終的には禅師号を受けた、とするのに対して後者は、峨山の書状からみて、口宣案は送り返されているはずであり、永光寺のものは、その写しであるとし、禅師号は受けなかったはずであると反論している。ただ、南朝方から禅師号の下賜が行なわれようとしたことは、九州の曹洞禅僧大智が南朝方の菊池氏の外護を受けていたこともあって、当時各地に進出していた曹洞禅を南朝方に組み込もうとする意図から、曹洞宗と関係の深かった覚明の介入により、禅師号を下賜することにしたのであろうとする。なお、今枝氏には、林下ではないが、越前朝倉氏の外護を受けて発展した曹洞宗宏智派について述べた「曹洞宗宏智派の発展と朝倉氏」（同氏論集）がある。

藤岡氏は室町中期ごろより曹洞宗や大応派など林下の急速な発展は地方武士団の惣領制的結合の変質と深く関連していたとしている（「禅宗の地方伝播とその受容層について――室町前期を中心に――」、日本宗教史研究会編『日本宗教史研究1　組織と伝道』、法蔵館、一九六七年）。つまり、惣領制結合の強化に寄与すること多大であった。武士の氏寺は浄土系から禅宗系へと変わった。氏寺の住持に迎えられたものは、禅者・儒者・祈禱僧の三条件を具備していた。武士の氏寺は浄土系から禅宗系へと変わった。氏寺と外護者という緊迫した精神的連帯からときほぐされたときに氏寺から菩提寺への変化がみられると述べ、示唆に富む問題提起を行なっている。この論文と関連したものに河合正治「中世武士団の氏神氏寺」（小倉豊文編『地域社会と宗教の史的研究』、柳原書店、一九六三年）があり、武士の氏寺は庶民的信仰から浄土教系を経て禅宗系へという傾向がみられるとする。

大徳寺が室町時代初頭に林下への色彩を強くし、教団経営体制を確立していったことを論述しているのが竹貫元勝「林下における教団経営について――大徳寺徹翁義亨を中心として――」（『仏教史学』一五―二、一九七一年）である。同氏には大徳寺教団研究の一貫として論述した「中世における地方禅林の成立とその運営――摂津鳴尾長蘆寺を素材として――」（『花園史学』三、一九八二年）がある。長蘆寺は大徳寺塔頭如意庵と一様の本末関係を保持したが、管理運営は住僧と在地の檀那の意志によって行なわれたとする。

禅僧と檀越の関係を一元的にみることは危険であるとする浅香年木氏は「村堂と林下――加賀長福寺の成立をめぐって――」（『仏教史学』四―四、一九六九年）で、村堂から林下寺院への転換を考える場合には高僧伝から引き出される禅傑と檀那の篤信の結びつきだけでは充分に捉えがたく、その前身である村堂をとりまく諸階層の複雑な抗争の所産としてとらえるべき側面を有しているとし、大徳寺派の寺院となった加賀長福寺をめぐって検討を加えており、新たな問題提起を行なっている。なお、林下教団の発展と塔頭の問題に関しては竹貫元勝「林下教団における地方教線拡張と塔頭」（『花園大学研究紀要』四、一九七三年）がある。

地方の発展を探るには地道な地域研究が不可欠である。その意味で葉貫氏の会津における成果は注目される。氏には「寄進状より見た葦名氏の禅宗信仰について」（『法政史学』一六、一九四一年）、「中世会津領の禅宗諸派とその檀越」（『駒沢史学』一五、一九六八年）、「禅宗の発展と十方檀那」（地方史研究協議会編『地方文化の伝統と創造』雄山閣出版、一九七六年）の一連の研究がある。氏は、これらの中で、葦名氏は始めは五山禅僧の招聘、禅院の建立修復、荘園的所領の寄進と庇護のあり方も地方支配者としての面目を発揮したが、しだいに寄進する寺領は荘園的所領から田畠的なものとなり、面積も縮小して行った。そして葦名氏滅亡後、すなわち近世初期の寺院には十方檀那（不特定多数の小檀那）を得るために、吒枳尼天を祭ったり、神人化度の説話を用いたりするものが多かったことを明らかにしている。上州の曹洞宗研究に山本世紀「北上州における曹洞禅の伝播について――白井長尾氏の場合――」（笠原一男編『日本における政治と宗教』、吉川弘文館、一九七四年）、「中世における曹洞宗の地方発展」（『日本宗教史論集』上、吉川弘文館、一九七四年）がある。前者では禅僧・禅寺が長尾・長野・小幡といった地域武士団結合の紐帯となったことを論述し、後者では、惣領から一族、さらに被官層上層から下層へというのが地方武士団に浸透する時の型であり、信仰対象の択一を迫らず包含する方法をとり、檀越の死者供養への願望、厚葬への願望を重視していった点が発展した原因であると結論している。同氏には「地方武士団の禅宗受容について」（今枝愛真編『禅宗の諸問題』所収、雄山閣出版、一九七九年）があり、同論文でも、横瀬氏が曹洞禅を受容した理由は主家岩松氏の手付かずの新しい宗派を菩提寺とすることにより、独自性を主張しようとしたことや、同宗が横瀬氏やその重臣たちの間に浸透していったことを論証している。また、同じ関東では萩原龍夫「利根中流地方における曹洞宗の発展」（『茨城県史研究』一七、一九七〇年）がある。山本氏の論稿は本書の第二章第七節や第十二節等と関連する部分が多いが、本書としては第八・九・十節等を設けることによって本書の独自性を出すことになろう。萩原論文は簗田氏が外護した東昌寺についての考察である。遠藤廣昭「禅宗の地方発展――佐渡地方を中心として――」（駒沢大学大学院『史学論集』一一、一九八一年）は佐渡における曹洞宗の発展を三期に区分し、有力地頭の菩提寺として、ついで越後長尾上杉氏の宗教政策の変化の影響なども受けて島内地頭、村殿層にまで受容され、全島に教線を拡大し、近世初期には鉱山都市相川に発展したことを論述している。

網野善彦『無縁・公界・楽――日本中世の自由と平和――』（平凡社、一九七八年）は、アジール・不入・駈込に連なる無縁所と称される寺に禅宗寺院が多いことを指摘する。そしてまた、「無縁」の地は墓所・葬送の地と不可分の地であり、元来、禅院には葬地の意味があり、禅僧の姿＝葬礼を行なう姿という意味があったとし、禅僧・禅寺は無縁・無縁所・葬送・葬地と深い関係があることを論証している。とすると、禅僧の語録に多くの下炬《あこ》（葬送のときの法語）がみられ、葬送を通じて民衆化が図られたというようなことは、今一度、この事実と関連させて考える必要があるし、アジール・不入・駈込の問題は対権力との関係すなわち国人領主や戦国大名との関係なども考え直さなければならないであろう――つまり、彼らは一方では禅宗寺院の檀越でもあるわけであるからである。なお、網野氏の「無縁所」「公界」についての見解に対しては、峰岸純夫「『無縁所・公界・楽』によせて㈠」（『人民の歴史学』六〇、一九七九年）や安良城盛昭「網野善彦氏の近業についての批判的検討」（『歴史学研究』五三八、一九八五年）をはじめとする批判がいくつかあるが、いずれにしても網野氏の研究が多くの問題提起を行なっていることは確かである。

峰岸論文は上野国長年寺の住持が遠く離れた武田信玄の陣に赴き、箕輪城侵攻前にあらかじめ制札を受けるなどの努力があってはじめて無縁所寺院の存続がはかられたことを記しており、戦国期の寺院住持の動向の一端を示している。また、「無縁所」が「無縁所」なるがゆえに本来もっていた特権を戦国大名がそのまま容認・安堵したというのが網野氏の見解であるが、安良城論文は、そうではなくて、戦国大名が新しくもろもろの特権を「無縁所」に与えたものであるとする。なお、神田千里「中世後期における『無縁所』について」(『遙かなる中世』一、一九七七年)は、早く網野善彦「中世都市論」(『岩波講座日本歴史』中世三、一九七六年)の「無縁所」に対する見解を受けて、検討を加えている。とくに中世後期の無縁所について、「無縁所」はむしろ戦国大名によって設定されたものという性格が強く、戦国大名は在地結合の結節点であった寺院をすくい取り、在地とは無縁にし、在地結合を解体してその支配を完成させたとする。その他に「無縁所」に関しては勝俣鎮夫「楽市場と楽市令」(『戦国法成立史論』、東京大学出版会、一九七九年)、松井輝昭「戦国時代の無縁所について」(『広島県史研究』六、一九八一年)などがある。

戦国大名領国が形成されると、当然のことながら領内の禅宗寺院も他宗派の寺院や神社と同様にその支配と統制を受けた。したがって、禅宗寺院を含めた寺社に対する戦国大名の支配と統制についてみなければならない。ただし、戦国大名と一向一揆については多くの論考があるがここでは言及しないことにする。戦国大名の寺社支配を考察したものでは、坂本勝成「中世的寺社権力の否定過程について」(『立正史学』三〇号、一九六六年)がある。同論文は前掲の網野氏の研究に先行するもので、寺社のもつ不入権が戦国大名によってしだいに否定されてゆく過程を論述している。本来、中世の不入権は寺社領荘園のみならず公家領荘園にも与えられており、戦国期の不入権についても寺社領のみに与えられたものでなく、給人領や直轄領においても認められていたが(有光友学「戦国大名と不入権——大名領国の歴史的位置づけのために――」(『歴史研究』二五五号、一九八二年。のちに戦国大名論集11『今川氏の研究』、吉川弘文館、一九八四年〉)、池上裕子「後北条領の公事について」(『歴史学研究』五二三、一九八三年)は後北条氏領国では「諸役免許」の特権が認められていれば不入権は必要のないものであり、逆に不入権は「免許」特権を得られない寺社や給人が次善の策として詫言をくり返し求めた権利であり、そのメリットは事実上公事の負担が減ることとともに郡代や給人らの綺を排除できる点にあったとする。また、氏康の代になって登場する不入権の付与策は給人や寺社に根強い不入の要求に一定度対応する政策に転換したことを意味するとし、後北条氏と寺社・給人とにおける「諸役免許」「不入」の問題について具体的な検討を加えている。戦国大名の領国経営研究の進展の中で戦国大名と寺社に関する研究も深まりをみせているといえよう。

戦国大名の宗教政策を考察した論文に加藤哲「戦国大名と神社――官・惣社をめぐって――」(『史学研究集録』三、一九七六年)、松浦義則「戦国大名朝倉氏領国と寺社領」(『福井大学教育学部紀要　第Ⅲ部　社会科学』三三、一九八三年)がある。大久保俊昭「駿河の『旦過堂』について」(『駿河の今川氏』六集、一九八二年。のち戦国大名論集11『今川氏の研究』所収、吉川弘文館、一九八四年)は時宗の「旦過堂」と今川氏との関連について論究しており、前掲の坂本・網野両氏の論稿の延長線上にある研究である。なお、同論文は戦国期の「旦過堂」「接待所」についてのものであるが、本書第一章第二節では鎌倉末期に東大寺に禅僧が作った「旦過」について若干ではあるが言及している。大久保氏にはほかに「戦国大名今川氏の流鏑馬役」(『駿河の今川氏』四、一九七九年)、戦国大名今川氏の宗教政策――富士大宮浅間神社を中心に――」等がある。桑田和明「戦国大名今川氏の三河支配と寺院――寺領安堵をめぐって――」(『地方史研究』一八六、一九八三年)は、義元以降の今川氏の三河領国化の過程における寺院支配のあり方には安堵と「新寄進」があり、以前の支証にもとづいた安堵は西三河に多く、寺領没収による「新寄進」は東三河に多いことを指摘している。

守護大名（戦国大名にまで言及しているが）と禅宗との関係をみたものには伊藤克己「守護大名甲斐武田氏の対禅宗政策」（『宗学研究』二八、一九八六年）があり、戦国大名と禅宗との関係を考察したものに黒沢脩「今川氏と禅宗」（『歴史手帖』五巻六号、一九七七年）がある。今川氏親は長谷川氏などの家臣が曹洞禅を受容していた関係から同宗を受容することになったという注目すべき指摘を行なっている。本書では第二章第五節以降の論述と、とくに第十二章で何故に在地領主が曹洞禅を受容せざるをえなかったのかの考察を試みることにするが、黒沢氏の論究はその延長線上にあるものと考える。桑田和明「戦国大名今川氏領国における臨済寺本末について――二冊の「書上」を中心に――」（『日本仏教』四七、一九七八年）は、今川領国内でも特殊な例であるとしながらも、今川氏と今川氏輝菩提所臨済寺住持であり同氏の「軍師」「執権」といわれた太原崇孚雪斎との関係に起因するところ大であった臨済寺を頂点とした今川氏領国内を単位とした臨済宗の整備された本末関係について述べている。今川領国内でも今川氏の権力を背景にこれほど整備された本末関係を持った宗派は他にないが、今川氏と太原崇孚との関係から同氏の寺院統制がもっともストレートに実行できた宗派とみるならば、ここに戦国大名今川氏の指向した寺院支配のあり方の一端をみることができるのではなかろうか。戦国大名と曹洞禅の関係はよく知られているところであるが、具体的に考察した論稿は少ない。したがって、村上直「武田領国支配における禅宗の発展」（『日本仏教学会年報』三五、一九五九年）や最近の遠藤廣昭「中世末期の争乱と曹洞宗寺院の動向――北・東信濃地方を中心として――」（『地方史研究』二〇一、一九八六年）等は貴重な論文である。前者は曹洞宗の寺院が戦国期の武田領国に多数建立されたことを論証し、後者は中世末期に北・東信濃地方に展開をとげた曹洞宗各派の寺院は国人・在地領主層や諸戦国大名権力の錯綜する中で、どのように存続を図っていったかを考察している。また、その中で大井氏の菩提寺であった竜雲寺は武田氏の信濃侵攻にともない、前住職は追放され、武田氏の招きで北高全祝という禅僧が入院し、同寺は武田氏領国内の曹洞宗寺院を統制する僧録寺院となっていった様相を明らかにしており、武田氏滅亡後の動向についても言及し、戦国大名権力と深くかかわった曹洞宗寺院の動向について考察を加えており、桑田氏の今川領国内における臨済寺の本末関係を扱った論文との比較においても注目されるところである。自からの力によって住持を決定した竜雲寺を僧録とし、領国内曹洞宗寺院を統制した武田氏、太原崇孚を通して領国内の臨済宗臨済寺の本末関係を整備した今川氏、両氏の場合をみると、戦国大名の各宗派への対応は一律的なものでなく、統制を強力に進められる条件が整えられている宗派から押し進めていくという対応をみせたのではなかろうか。この分野での研究の一層の進展が望まれる。

従来、禅宗史研究の分野では、中世末期の史料は少ないとされ、暗黒時代とさえいわれた。とくに曹洞宗ではそのような傾向が強かったが、それは、道元の『正法眼蔵』、瑩山紹瑾の『伝光録』までが禅籍であり、史料であるとされてきたがためであるともいえる。しかし、曹洞宗寺院がもっとも多く建立され、一大発展をとげた中世末期ごろから禅僧たちの間で書写・授受されたものに、禅籍抄物や切紙（石川力山氏はこれも含めて禅籍抄物とする）等の相伝書類がある。しかし、これらの史料も従来の禅宗史研究では史料として利用されることもなく寺院の堂奥に秘蔵され続けてきたのである。それらが、資料として評価されるようになったのは、まず国語学の分野からであった。とくに中世から近世にかけての東国語の変化を知らせる資料として言語学の分野で注目され、研究が進められた。橋本進吉氏がその先駆者であり、近年では中田祝夫・大塚光信・外山映次・金田弘などの各氏の研究がある。こうした中で、駒沢大学から『禅門抄物叢刊』全一五冊（汲古書院、一九七三年以降）、松ヶ岡文庫から『禅籍抄物集』一・二期（岩波書店、一九七六年以降）が出版されたが、これらは駒沢大学図書館なり松ヶ岡文庫なりに所蔵されているものの刊行であった。これに対して、東国の曹洞宗寺院の中から抄物を蒐集し研究を進めたのが金田弘編著『洞門抄物と国語研究』と資料』全六冊（桜楓社、一九七六年）である。氏の資料蒐集と研究が曹洞宗史研究に与えた影響は多大なものがある。また、中田祝夫編『人天眼目抄』（勉誠社、一九七五年）も曹洞禅僧の川僧慧済の『人天眼目』という禅籍の講義の聞き書き、つまり速記録ともいうべき『人天眼目抄』を収録し、解題研究を施したものである。

このような国語学の分野からの蒐集・研究の影響を受けて、禅宗史研究の立場から精力的に蒐集・研究を進めておられるのが石川力山氏である。氏の抄物・切紙等の相伝書類に関する研究は枚挙にいとまがないほど多数に登るが、「中世禅宗史研究と禅籍抄物資料」（『飯田利行博士古稀記念東洋学論叢』、一九八一年）では、語録抄・代・代語・下語・代語抄・再吟・門参（本参・秘参）・切紙等を洞門抄物として一轄し、分類を試み、禅宗史研究の史料として位置づける作業を行なっている。また、「美濃国竜泰寺所蔵の門参資料について」（『駒沢大学仏教学部研究紀要』三七・三八・三九、一九七九・八〇・八一年）、「峨山和尚誦抄『自得暉録』について」（『宗教学論集』九、一九七九年）、「肥前円応寺所蔵『大庵和尚下語』について」（『宗学研究』二二、一九八〇年）、「中世曹洞宗切紙の分類試論(一)」（『駒沢大学仏教学部研究紀要』四一、一九八三年）、「同上(二)――竜泰寺所蔵『仏家一大事夜話』について――」（『駒沢大学仏教学部論集』一四、一九八三年）、「同上(三)――叢林行事関係を中心として――」（『駒沢大学仏教学部研究紀要』四二、一九八四年）、「同上(四)――曹洞宗における差別切紙発生の由来について――」（『駒沢大学仏教学部論集』一五、一九八四年）、「同上(五)――叢林行事関係を中心として（続）――」（『駒沢大学仏教学部研究紀要』四三、一九八五年）、「中世禅宗と葬送儀礼」（『印度学仏教学研究』三五―二、一九八七年）などがある。石川氏は、これらで、蒐集した史料（抄物や切紙等）を紹介しながらの論述を行なっており、この分野の研究を推し進めている。本書も第三章第二節以下で、これらの史料を用いて考察を試みているが、今後も史料の蒐集と研究を意欲的に進めて行く必要のある分野である。

以上、禅宗史研究の動向について、総説、五山叢林の機構、禅宗の地方展開、教団史等を中心に述べきたが、ここで取り上げたすべての分野について本書が論述するわけではないことをあらかじめおことわりしておきたい。むしろ、本書と深く関わりながらあまり触れることのできなかった部分についても詳述したつもりである。これまでにみてきた研究動向の中での本書の位置や「ねらい」については以下で述べることにする。

二　課　題

中世から近世における宗教と地域社会との関連という観点からの研究では、真宗に関する研究に比べると、禅宗に関するそれは遅れているといわざるをえない。しかし、各宗派の現在の寺院数でみると、真宗（各派合せて約一九七〇〇か寺）についで多数を占め、全国的な分布を示しているのが曹洞宗（約一四二〇〇か寺）であり、それにつぐのが真言宗（約一二〇〇〇か寺）である。現在にいたるまでには、種々の変化を経てはいるが、おおまかにいえば、この趨勢は中世後期の勢力を示しているといってよかろう。これからしても理解できるように、真宗のみが全国的な展開を遂げていたわけではないのである。

したがって、真宗につぐ寺院数を擁するほどに発展を遂げた曹洞宗を中心に禅宗寺院や禅僧と社会との関連について考察を加えることは、当該期の社会を考える場合に、是非必要なことであるといえよう。

とくに曹洞宗と地域社会との関連という観点からは、つぎのような課題が設定できよう。まず、①十五・十六世紀に在地領主の外護を受けて曹洞宗が東海・関東・甲信越・奥羽など東日本地域に真宗など浄土系宗派および真言宗などと競合しながら発展した理由は何か。この事実の究明は、この地域の中世後期社会の具体的な究明にとって重要な課題である。ついで②この発展は単に在地領主のみならず、それよりも下層、すなわち民衆への浸透をも示している。

そこで民衆の曹洞宗受容の問題の解明が必要となる。詳細は後述するが曹洞宗寺院の大部分が十五世紀半ばから十七世紀半ばまでに建立されている。竹田聴洲『民俗仏教と祖先信仰』(2)も「蓮門精舎旧詞」(元禄年間成立)に出てくる六〇〇八か寺の全国浄土宗寺院のうち、その大半が十六世紀半ばから十七世紀半ばにかけて成立したものであることを指摘している。したがって、この時期の寺院増加は一宗派にとどまる問題ではないといえる。とくに十六世紀末から十七世紀半ばにかけては、この傾向が一段と強くなるが、ともかく、この問題は在地領主との関係だけで語れるものではない。それよりも下層の民衆をも視野に入れて考えなければならない問題である。さらに③曹洞宗の発展する場合の地域的偏差の問題である。同宗の発展した地域が大都市や商工業発展地域ではなく、いわゆる後進農村・山村地域であるという特徴をどう考えるか、ということである。これに関していえば、一般に十五・十六世紀における地域―宗派―受容層の関係から、都市―日蓮宗―商人・職人、先進農村地帯―真宗―農民・在地武士、後進農村地帯・山間部―曹洞宗―在地武士という対比がおこなわれる。しかし、日蓮宗や真宗の場合、このような大雑把なとらえ方と実際の間を埋める作業が多くなされてきたが、曹洞宗の場合、その作業がさほどなされないまま今日に至っているといえよう。

以上、三課題を中心に、曹洞宗の禅僧・禅寺・教団と社会との関連について考察する必要がある。

禅宗史研究の分野についてみるならば、すでにみたように五山叢林に関する研究では玉村竹二・今枝愛真・葉貫磨哉・藤岡大拙・今谷明等の各氏の研究により、格段の進歩をみせたが、これに比べると、林下禅林の展開すなわち禅宗の地方展開に関する研究は絶対量が少ないといわざるをえない。しかし、それでも、鈴木泰山『禅宗の地方発展』(3)(前掲)をはじめ、葉貫磨哉・山本世紀等の各氏により、徐々に進められている。本書では、鈴木氏をはじめとする各氏の研究成果を踏まえ、さらに一歩でも前進させようと試みるものである。また、さきに記したように、五山叢林の研究は著しい進展をみせたが、五山派の地方における展開に関する研究もまた多いとはいえない。そこで、④地方の五山派禅林の展開について是非考察を試みたいと思う。さらに、⑤各地において五山派の発展から曹洞宗や臨済宗妙心寺派・同大徳寺派等の林下禅林の隆盛へと変化する傾向がみられるのであるが、この点についても究明しておかなければならない課題がある。なお、⑥曹洞宗教団の十五・十六世紀の様相を明らかにするには、それ以前の動向をも明らかにしなければならないが、同時に、五山派・林下禅林にかかわらず、禅宗の地方における展開の様相をも考察しておく必要が生ずるのである。

曹洞宗史研究の分野では、道元〜瑩山周辺の研究が中心であり、それ以降、すなわち南北朝期以降の研究は史料不足ということもあってか、ほとんどなされずに今日に至っている。しかし、さきにも記したように、曹洞宗寺院が多数建立された最大の発展期の研究が、一番立ち後れているという現状は、なんとしても打開しなければならない課題である。中世〜近世における曹洞宗教団史に関する研究では、栗山泰音『嶽山史論』(4)（前掲）・同『総持寺史』(5)（前掲）および横関了胤『江戸時代洞門政要』(6)があるが、それ以降では竹内道雄『曹洞宗教団史』(7)（前掲）がわずかに存在するにすぎない。しかし、従来、史料不足といわれていた十五〜十七世紀前半の史料が金田弘(8)・石川力山(9)の両氏や曹洞宗宗宝調査委員会(10)・禅宗地方史調査会(11)の研究や活動等により、しだいに発掘されつつある。そこで、⑦本論においても、新出の史料等を用いて曹洞宗教団史を明らかにしようとするものである。

以上のような課題に基づき、三章二十二節の構成により、考究を試みることにする。第一章「越中における五山系禅院の隆盛と臨済宗法燈派の展開」は六節で構成し、越中における禅宗に関する諸事象の検出につとめた。それは、従来、中世の禅宗各派の展開を一国単位で総合的に扱った論考は意外と少なく、越中においてもなされてはいないことによる。禅宗各派の越中への進出、五山禅院と越中五山派禅院との関係、臨済宗法燈派の越中進出や、同派中の国泰寺派の展開などについて検討を加えた。また、この章において、鎌倉～室町期における越中五山派発展の様子をみておき、次章の戦国期における曹洞宗の発展と対比させることによって、全国的な傾向である五山派から曹洞宗をはじめとする林下禅林の隆盛へという展開の過程を越中において明らかにしようとするものである。さらに、次章が曹洞宗の展開を中心に論述されるので、本章においては、法燈派とくに国泰寺派の展開をみることによって曹洞宗以外の林下禅林の展開の様子をみておくものである。また、曹洞宗のとくに発展した地域は前述したように後進農村地帯・山間部であり、東海・関東・甲信越地方である。したがって、五山禅林の中心地である京都から離れた地域であるので、越中のように京都の文化が比較的ストレートに入ってきてさまざまな影響を受けた地域における禅宗展開の様子を明らかにしておくことも次章との関連から必要なことである。

第二章「曹洞宗の地方展開」は十二の節を設け、曹洞宗の発展した時期や地域の問題、山岳信仰との関係、在地領主や民衆との関係等について検討し、さらに戦国社会における禅僧・禅寺の活動と機能について考察した。本書の中では、もっとも中心をなす章である。

なお、越中の曹洞宗については、第一章をうけて戦国期にそれまでの五山派を圧倒して発展した様子について論述することにする。

第三章「曹洞禅僧と宗学」は四節で構成した。第二章で述べた曹洞禅僧たちが、どのようなことを学び、どのような書物を手にしていたのか等について考察する。また、禅僧たちが書写を繰り返し、秘かに手にしていた書物が彼等の地域社会の中での活動と無縁であるはずがないという観点に立って、両者の関連についても考えてみたいと思う。

以下、各章ごとの詳細については、

1　第一章「越中における五山系禅院の隆盛と臨済宗法燈派の展開」

2　第二章「曹洞宗の地方展開」
3　第三章「曹洞禅僧と宗学」

の順序にしたがって述べることにしたい。

三　本書の構成

1　越中における五山系禅院の隆盛と臨済宗法燈派の展開

第一節「日本の禅宗受容と五山禅林の越中進出」では、日本の禅宗受容と禅宗の地方伝播について概観し、越中の禅宗は同宗の地方伝播という観点からはどのような位置にあるのかをみるための資とした。ついで鎌倉末期から南北朝期における五山禅林の越中への進出についてみることにする。第二節「臨済宗法燈派の越中進出」では、越中興化寺を開いた恭翁運良や国泰寺を開いた慈雲妙意の活動やその門下の発展をみ、法燈派の越中への進出をみる中で、どのような性格を持った禅僧たちがどのような地域の中に拠点を置いていったのか、その様相をみたいと思う。

第三節「越中における五山派寺院の展開」では、鎌倉末期から室町期にかけて隆盛であった越中における十刹・諸山寺院の住持の検出につとめ、かれらと京都五山禅林との密接な関係について明らかにし、十刹・諸山以外の越中五山派寺院についてもその検出につとめたいと思う。第四節「守護・守護代勢力と禅宗寺院――越中周辺の五山派寺院を中心として――」では、まず、禅宗寺院が存在する場所は政治上・交通上・軍事上重要な地点かその近くが多く、守護や守護代の支配拠点と重なるか、近接することを明らかにし、守護や守護代勢力の支配に禅宗寺院がどのような機能を果したかを考えてみたいと思う。また、十刹・諸山に列する文書は元来、鹿苑院や蔭凉軒から発すべきもので、将軍が発すべきものではないが、それを足利義稙が発していることの意義についても考察する。越中には京都五山やその塔頭の荘園が多数存在したが、第五節「越中における禅院領の変遷」では、その五山派禅院領がどのような展開を遂げたかを明らかにし、戦国期には在地武士勢力の押妨や農民層の抵抗に遭遇し、その経営が困難となっていき、五山派全体が衰退し、曹洞宗の発展に連なっていったことをみる。

越中の臨済宗法燈派は、興化寺の一派が五山派としての展開をみせたのに対して、国泰寺の一派はそれに属さず林下禅林として存在した。同派に関する研究は久保尚文氏のもの（本文参照）がわずかに存在するにすぎない。すでに、本章第二節で国泰寺の成立については論述したので、第六節「越中国泰寺派の展開」では、同派の飛驒への展開について考察を加えたいと思う。国泰寺派は曹洞宗や臨済宗妙心寺派ほどの大門派にはならなかったが、林下禅林としての典型的な一派であったと同時に近くの同じ法燈派の興化寺一派が五山派であったので、それとも無関係ではなかったであろう。これらのことに関しても考察してみたいと思う。

2　曹洞宗の地方展開

第一節「曹洞宗の地方発展概観」で、まず、曹洞宗が全国的規模に教線を拡大した時期や発展の時期が南北朝期および十五世紀中葉から十七世紀にある、ということを概観した。曹洞宗が山岳信仰や修験などと関連を持ちながら展開した例は少なくない。この点に関しては石川力山氏が多くの事例を挙げて論述されておられるが(12)、大徹派と立山信仰との関連にその典型をみることができるのではなかろうか。第二節「越中における曹洞宗の展開――大徹門派の展開を中心に――」では南北朝期に越中に展開した大徹宗令およびその門下の活動について述べ、同派と立山信仰とのかかわりについて考究することにしたい。第三節「禅僧大智と肥後菊池氏」では、同じく南北朝期に肥後菊池氏の外護を受けて、同国に聖護寺を開いた禅僧大智は氏寺の住持として同氏結束の中核としての役割を果したといえるが、その際大智は自からの持つ「正法」と南朝方菊池氏の現実の世俗的活動とを結びつける論理としてどのようなものを打ち出したのかをみ、南北朝期における武士団結束に果した氏寺および禅僧の機能について明らかにしたいと思う。

曹洞宗の場合、十五世紀前半までは遠隔地への進出、飛火的発展が顕著であるが、その背景には、守護職の改替や、それにともなう守護代家人の他国荘園への代官としての入部などによる政治的なものも存在する場合があったようである。ところが、十五世紀後半ごろから、急激にこの現象は薄れる。より在地に根ざした点から面への展開を物語っているとみることができよう。如仲天誾は越前から遠江に進出し、大洞院や崇信寺を開創し、その門下は東海地方に一大発展を遂げ、多数の寺院を開いていった。まさしく如仲天誾は飛火的発展から在地に根ざした展開へと変化していく時期に活動した曹洞禅僧の典型ともいうべき人物である。第四節「遠江大洞院の成立とその檀越」では、この如仲天誾の「遺命」をめぐって考察を加えた。越前守護の斯波氏が遠江守護に補任されるにともない越前から来た守護代甲斐氏の家人たちは遠江国内荘園の代官請けを進めた。その結果、十五世紀初期の遠江は在地の勢力と外部から進出してきた勢力との紛争が絶えなかった。このような時期に越前から遠江に進出し大洞院の開山となったのが如仲天誾であった。この大洞院は越前関係の勢力の助力によって経営がなされたようであるが、同じ如仲天誾が開山となっている近くの崇信寺の開基は在地の山内氏であった。このような状況の中での如仲天誾の寺院運営に関する「遺命」の内容はどのようなものであったのであろうか。その分析を通じて、この時期の曹洞宗展開に関する諸問題について検討を加えてみることにしたい。

第五節「北陸における戦国期の曹洞宗」では、越中を中心とする北陸における戦国期の曹洞宗について述べ、さきに記したように、前章の第三〜五節を受けて、五山派寺院勢力が衰退したのに比して、何故に林下禅林が戦国期に神保氏や椎名氏などに受容されて発展を遂げたかを論証しようとするものである。また、どのような機能を果しえたのかも合せて考えてみたいと思う。第六節「宇都宮・芳賀両氏およびその周辺の宗教」では、北関東の宇都宮氏とその重臣芳賀氏およびその周辺の宗教について検討する。すでに河合正治氏が武士の氏寺は浄土系から禅宗系へと変化するということを指摘しているが(13)、宇都宮・芳賀両氏およびその周辺の宗教受容の流れも、やはり、浄土系から禅宗の受容、しかも五山派禅林の受容、さらに戦国期には曹洞禅や妙心寺派などの林下禅林の受容へと変化していったようである。これらの点について論述し、また、宇都宮氏や芳賀氏がどのような状況の中で曹洞宗寺院を建立していったのかについても考察を加えてみたいと思う。第七節「下総結城地方における禅宗の展開」でも、やはり北関東の結城氏の禅宗信仰について考察し、とくに戦国期における領内支配と曹洞禅とのかかわりについて論述したい。

在地領主が曹洞宗を受容した理由として在地支配・民衆支配との関連上で必要な存在であったことが考えられるが、それは曹洞宗が民衆に受容されたことが一大要因であると考える。また、戦国期以降、一大発展を遂げたのは、同宗がより小地域への進出を果したからにほかならないが、それを可能にしたのは、地域社会・民衆に受容されうるだけのものを持っていたからに相違ない。そこで、第八節「曹洞禅僧の地方活動――遠江国における松堂高盛の活動を中心に――」、第九節「曹洞禅僧における神人化度・悪霊鎮圧」、第十節「中世禅僧と授戒会――愛知県知多郡乾坤院蔵「血脈衆」「小師帳」の分析を中心として――」において、禅僧たちの活動をみる中で、地域社会・民衆とどのようにかかわりあったのかを考察した。卒塔婆建立法要、神人化度や悪霊鎮圧などの祈禱、葬祭、授戒会などを通じて、地域の民衆に受容されていったことを論証するつもりである。とくに、葬祭では、戦国期の禅僧たちが農民・「舞士」「鍛冶師」などに対して葬儀を施し引導法語を作成していること、授戒会では、在地領主層ばかりでなく、「酒屋」「鍛冶屋」「紺屋」「番匠」「大工」など諸階層諸職業の人びとや「下女」などにも戒名や血脈を授けていたことを明らかにしようと思う。なお、授戒会に関する従来の研究は、中世においても行なわれていたことを推測しながらも史料に乏しかったこともあって、近世以降の考究に力点がおかれていたが、愛知県乾坤院所蔵の「血脈衆」「小師帳」の二冊の史料の検出により、十五世紀後半には盛んに授戒会が行なわれていたことが論証できることになった。上記二冊の史料の分析を行なうのが第十節である。

これまで曹洞宗が在地領主層や民衆にいかに受容されて地域社会に浸透していったかをみてきたが、第十一節「禅僧と戦国社会――東国に活動した禅僧達を中心として――」では禅僧たちが戦国社会をどのようにみ、どのような対応をし、どのような機能を果していたかを検討してみようと思う。第十二節「曹洞宗発展の型態と要因」は本章各節の「まとめ」のような性格を持つもので、曹洞宗寺院の展開には檀越を持つ展開と持たないそれとが存在することを明らかにし、第五節以下で述べてきたことを総合的に再度考えてみたいと思う。すなわち曹洞宗が在地領主層や民衆に受容された理由や、禅僧・禅寺の活動や機能と在地領主の在地支配や民衆支配との関連等について論述しようとするものである。

3　曹洞禅僧と宗学

第一節「『正法眼蔵』の謄写と伝播」では「正法眼蔵」が永平寺・総持寺をはじめ曹洞宗の有力寺院において謄写が行なわれていたことや、大部な「正法眼蔵」の書写は安居の期間（四月十五日から七月十五日までの三か月間寺外に出ないで坐禅修行する期間）が利用され、それは浄行・善行としての意味が持たされ、料紙等の寄進も同様と考えられたことなどを論述し、その謄写と伝播の歴史を曹洞宗教団の地方展開との関連の中で考えてみるつもりである。しかし、曹洞宗において盛んに授受や書写が行なわれたのは「正法眼蔵』よりも「教授戒文』「得度略作法』など授戒や嗣法に関するもの、あるいは切紙や抄物・門参・代語・下語などの禅籍や公案の解釈書や法要仏事の手引書類であった。これらの授受が中世後期以降盛んに行なわれた理由はどこに存在したのであろうか、これは在地領主に受容され、そのブレーンとして機能したことと無関係ではなかろう。また、同宗が地域社会に受容されていったこととも密接にかかわっているものと考えられる。そこで、第二節『大雄山最乗禅寺御開山御代』について」、第三節「『竜洲文海下語』『天嶺呑補下語』について」では、禅僧たちが秘かに筆写し、問答の手引書としていた代語や下語について具体的な分析を試みたいと思う。また、第四節「曹洞禅僧の相伝書『切紙《きりがみ》』について」では、まず中世後期以降に書写・授受が盛んになる相伝書について述べ、そのうちの切紙の中から「国王授戒作法」・「竜天授戒作法」・「白山鎮守之切紙」・「非人引導之切紙」などについて考察を加えることにする。

以上、課題とその方法について述べてきた。設定した課題に対して、必ずしも十分な考察がなしえないのではないかと思うが、以下、個々の問題について検討を加えていくことにしたい。

註

(1) 拙稿「中世禅宗研究小史」(『日本宗教史研究年報』二、一九七九年)。
(2) 竹田聴洲『民俗仏教と祖先信仰』(東京大学出版会、一九七一年)。
(3) 鈴木泰山『禅宗の地方発展』(畝傍書房・一九四二年、のちに吉川弘文館、一九八三年再刊)。
(4) 栗山泰音『嶽山史論』(東京鴻明社、一九〇七年)。
(5) 同右『総持寺史』(総持寺、一九三八年)。
(6) 横関了胤『江戸時代洞門政要』(東京仏教社、一九三八年)。
(7) 竹内道雄『曹洞宗教団史』(教育新潮社、一九七一年)。
(8) 金田弘『『洞門抄物と国語研究』と資料』全六冊(桜楓社、一九七六年)。
(9) 石川力山「中世禅宗史研究と禅籍抄物資料」(『飯田利行博士古稀記念東洋学論叢』、一九八一年)、その他。

(10)「曹洞宗宗報調査委員会調査目録及び解題」が毎月の「曹洞宗報」に掲載中である。
(11)『禅宗地方史調査会年報』一〜三。
(12)石川力山「中世禅宗と神仏習合――特に曹洞宗の地方展開と切紙資料を中心にして――」(『日本仏教』六〇・六一併合、一九八四年)。
(13)河合正治「中世武士団の氏神氏寺」(『地域社会と宗教の史的研究』所収)。

第一章　越中における五山系禅院の隆盛と臨済宗法燈派の展開

第一節　日本の禅宗受容と五山禅林の越中進出

はじめに

越中は禅宗の地方展開史をみる上で、さまざまな示唆に富む様相をみせてくれる地域であるといえよう。まず、京都五山禅林の展開や、同派の寺領経営、臨済宗法燈派の興化寺およびその門下寺院の五山派としての展開がみられる一方、同じく法燈派の国泰寺派は林下《りんか》禅林（京都・鎌倉の五山禅院を中心とする五山派を叢林《そうりん》と称するのに対して、地方に展開した禅宗を林下と称する）としての展開をみせる。また、林下禅林の代表的なものである曹洞宗は越中が永平寺の存在する越前や、総持寺が存在する能登の近隣であるということから、比較的早くからの展開となり、立川寺を中心とする大徹派の展開や戦国期に神保・椎名氏に受容された天真派の展開がみられる。以上のように、曹洞宗とともに林下禅林では比較的発展を遂げた妙心寺派の展開こそみられなかったものの、さまざまな禅宗各派の展開の様相をみせてくれるのである。さらにまた、五山派禅林が、寺領を押領されていき、その経済的基盤を失うにつれ、衰退していったのに対して、五山禅院領を押領していった在地勢力の外護を受けて発展していった曹洞宗の様相などもみることができるのである。これらの点で、越中の禅宗の展開をみることは、禅宗の地方展開史を考える上で、有効なものであると思う。

以下、本節をはじめとして、各節において越中における禅宗展開の諸様相について考察を加えていくことにするが、越中曹洞宗の展開に関しては序章でも述べたように第二章「曹洞宗の地方展開」の中で論述することにする。

さて、本節の目的は、鎌倉末期から南北朝期における五山禅林の越中への進出について明らかにすることにあり、それは、以下の節における五山派禅林の越中における展開をみる上で、前提となる作業である。ただし、その記述の前に、日本の禅宗受容と禅宗の地方伝播について概観することにし、越中の禅宗は、同宗の地方伝播という観点からは、どのような位置にあるのかを明らかにすることも意図するものである。なお、日本の禅宗受容に関する部分の記述が煩瑣なものになったが、本書の以降の論述における前提として、直接・間接にかかわってくる事柄であるので、煩を厭わず記述することにする。

一　日本の禅宗受容と禅宗の地方伝播

南宋代に日本から渡海した人物は、のちに東大寺復興に尽力した俊乗坊重源をはじめとして、仁安二年（一一六七）

から南宋の滅亡する弘安二年（一二七九）ごろまでのあいだに知りうる者だけでも一〇九人を数える。また、入元僧は元が滅亡し、明が興る応安元年（一三六八）ごろまでに二二二人を知りうる。これは、時代が異なるが、入唐した学生・学問僧が三〇〇年あまりの間に一四九人（遣高麗・遣新羅学問僧を含む）であるのに比べて、はるかに多い。(1)

中国大陸に渡った僧侶の性格をみるならば、入唐僧たちは、国家の留学生として法を求めるという責務を負わされての渡海であった。ところが奝然《ちょうねん》や成尋らの北宋時代の渡海になると、国家からの派遣ではなく、私的な目的によるもので、仏蹟巡礼であり、罪障消滅・後生菩提が目的であった。

平安末から鎌倉期に渡海した僧、すなわち入宋僧について、木宮泰彦氏は三分類されている。(2)一には比較的早く入宋した人びとで、さきの奝然や成尋などの延長線上にあるもので、重源や栄西などにみられるものである。栄西は二度におよんで入宋し、天台宗に活力を与えるために禅を用いようとした人物であるが、その二回目の入宋でさえ、宋より「天竺」に渡り、仏蹟を巡礼するのが最終目的であったことは、よく知られていることである。二には、律宗を伝えるために入宋した俊芿や月翁智鏡、さらには、のちに再度入宋して禅宗に改宗するが、第一回目の帰国のときに蘭渓道隆を案内したらしい樵谷惟僊などである。三には禅宗を求めて入宋した人びとであり、入宋僧の大部分がこれに入る。

そこで、日本の禅宗界についてみると、玉村竹二氏によれば、中国禅を能動的に求めた時期から受動的に受容された時期へと移る。(3)この後者の時期が、多くの優秀な中国禅僧が渡来した時期であった。また、これにともない入宋・入元僧の性格も変化していった。鎌倉前半期には道元に代表されるような求法伝法を目的とした入宋僧が多かったが、後期以降は、しだいに貴族文化摂取のための入宋・入元へと変化していった。とくに鎌倉末期以降に入元した者たちは滞在年数も長く、古林清茂《くりんせいむ》などの詩文をよくする門派に学び、本格的な詩文作成の能力を身につけて帰国する者も多かった。

鎌倉前期の日本の禅宗界をみると、栄西が建立した京都建仁寺は真言・止観・禅の三宗を兼ねそなえた叡山の末寺として存在し、栄西自身は鎌倉幕府の記録書である『吾妻鏡』にはまったくの台密僧として登場している。彼の弟子たちも同様であった。中国禅宗界の中心的人物であった無準師範《ぶしゅんしばん》の法を嗣いで帰国した円爾弁円《えんにべんねん》は九条道家の外護を受けて京都東山に本格的な禅寺である東福寺を建立しているが、同寺もまた、真言・天台・禅の三宗を修する道場として出発したらしい。円爾の唱えた禅も顕密禅と称されるものであった。こうした日本禅宗界のなかに渡来したのが蘭渓道隆であったが、ここで中国禅林のようすをみておこう。

渡来僧の門派も入宋・入元僧の参じた門派も、当寺の中国でさかんであった門派となった。中国禅宗は五家七宗といわれ、曹洞・雲門・法眼・臨済・潙仰の五家、臨済宗のなかから黄竜派と揚岐派がとくに勢力をもったので、これを加えて七宗と称することは、いまさら記するまでもないことであるが、宋代以降は臨済宗が隆盛で、なかでも南宋時代に隆盛となったのは破菴派であり、宋末以降は松源派がさかえた。日本では鎌倉中期以降は破菴派の影響を受け、とくに無準に参ずる入宋僧が多く、また彼の門人が渡来した。蘭渓道隆（寛元四年〈一二四六〉渡来）は松源派であるが、中国で無準師範にも参じている。了然法明（宝治元年〈一二四七〉渡来）・兀菴普寧《こったんふねい》（文応元年〈一二六〇〉渡来）・無学祖元（弘安二年〈一二七九〉渡来）は無準の弟子である。鎌倉末期になると、松源派の影響を強く受けるようになり、渡来僧もこの派の人が多かった。ただ、破菴派の中峯明本のもとへは、入元僧のほとんどが参ずるほどであり、大きな影響を与えた。当時の中国禅林は中峯明本を中心に念仏禅の禅風をもち、古林清茂などにもみられる傾向であるが、隠遁的であった。鎌倉末期以降、この影響を受けて、中央禅林には留まらなかった人物も少なくない。

なお、禅宗を受容するにさいして中国禅宗が明州を中心に隆盛であったことは、日本にとって好都合であった。入宋・入元僧の多くは商船に乗り、明州（慶元府・寧波府）に着いているし、渡来僧もまた、この地から出発した者が多かった。この地には天童山・育王山・雪竇山《せっちょうざん》などの禅匠が住した名山があり、中国禅林を代表する地であったことも、禅僧の出入を容易にした要因であったろう。また、南西には天台山（栄西は同山におもむき臨済宗黄竜派の虚菴懐敞《きあんえしよう》に投じその禅を伝えている）、西方には径山《きんざん》という名山があった。

蘭渓道隆の渡来は、日本禅林における兼修禅や顕密禅的傾向を大きく変化させるものとなった。宋朝風の純粋禅を直接、日本にもたらしたのである。鎌倉には建長寺が中国径山を模して宋朝風の建築様式で創建され純粋な禅寺として出発した。その蘭渓が京都におもむき、栄西の建立にかかり、兼修禅の拠点のひとつであった建仁寺に住持として入山するにおよび、純粋禅が京都にももたらされるようになり、北条時頼のように、禅に関して、深い理解を示す者も出てくるようになってきた。しかし、蘭渓とともに北条時頼の参禅の指導にあたっていた兀菴普寧は時頼が没すると、時宗は幼かったし、禅の理解者は不在となったとし、密偵の疑いを受けたということもあって、憤慨のうちに帰国した。

時宗は蘭渓が没した弘安元年（一二七八）には、すでに禅僧を求めて、中国に使僧を派遣している。北条氏が、いかに中国の禅僧を求めていたかを知ることができる。元の再度の来襲があるかもしれないという時期であった。時宗は無準の高弟の環渓あたりを招こうとしたようであるが、法弟の無学祖元が弘安二年（一二七九）に渡来した。さきの蘭渓は泉涌寺の月翁智鏡を頼ってきた人物であり、かならずしも一流の禅僧という評価を受けていた人物というわけではなかったようである。無学とても、日本側でとくに望んだ人物ではなかったのではなかろうか。蘭渓・無学ともに元の圧迫を避けての渡来という感じが強い。しかし、ともあれ両者により、宋朝風の純粋禅がもたらされた。

元は二度の日本侵略に失敗すると、日本が求めている禅僧を使節として送ることにより、属国となるよう勧誘しよ

第1図　禅宗宗派略系譜

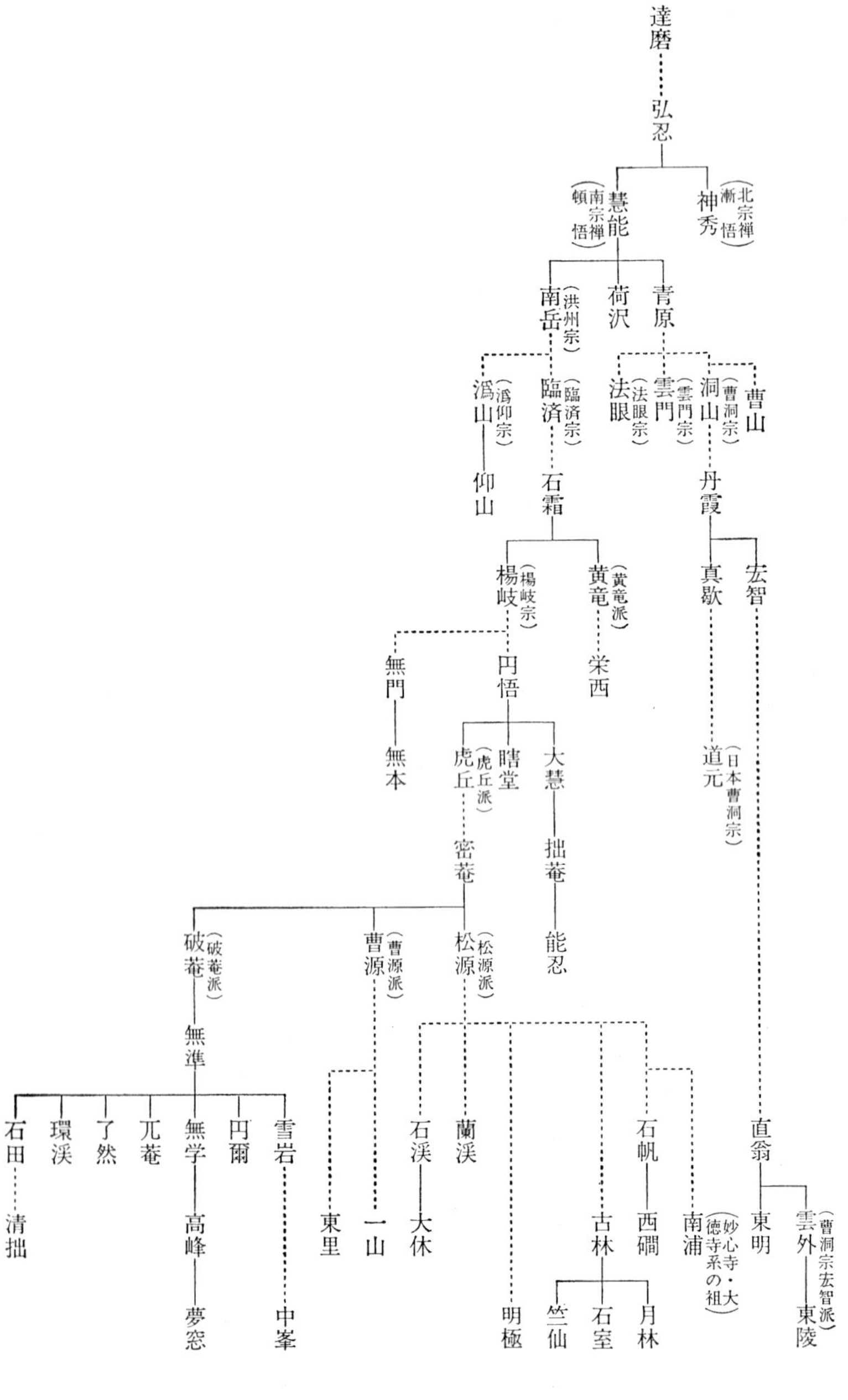
達磨
弘忍
神秀（北宗禅 漸悟）
慧能（南宗禅 頓悟）
青原
荷沢
南岳（洪州宗）
曹山
洞山（曹洞宗）
雲門（雲門宗）
法眼（法眼宗）
臨済（臨済宗）
潙山（潙仰宗）
仰山
石霜
丹霞
宏智
真歇
黄竜（黄竜派）
楊岐（楊岐宗）
栄西
円悟
無門
無本
道元（日本曹洞宗）
大慧
晴堂
虎丘（虎丘派）
拙菴
密菴
能忍
松源（松源派）
曹源（曹源派）
破菴（破菴派）
無準
石帆
蘭渓
石渓
直翁
雪岩
円爾
無学
兀菴
了然
環渓
石田
南浦（妙心寺・大徳寺系の祖）
西磵
古林
大休
一山
東里
雲外（曹洞宗宏智派）
東明
中峯
高峰
清拙
月林
石室
竺仙
明極
東陵
夢窓

うとした。正安元年（一二九九）、一山一寧は、いきなり妙慈弘済大師の号を与えられ、江浙釈教総統に任命されて、日本渡来の経験のある西磵子曇と一山の甥で弟子である石梁仁恭らをともない、国書をたずさえて日本に渡来した。北条貞時は、一時、元の密偵と疑って伊豆修禅寺に囚えるが、のちには建長寺の住持に迎えている。元の成宗より使節として送り込まれた人物であるから、相当の力量の人物であったろう。

以後は日本からの招きに応じて渡来した人物が多く、東里弘会・東明恵日・霊山道陰などが挙げられる。鎌倉末期になると、清拙正澄や明極楚俊・竺仙梵僊などの一流の禅僧が招きに応じて渡来してくるようになる。清拙は「清規《しんぎ》」（修行に関する規範）に明るい人物であった。明極は当時の入元僧の多くが訪れるというほどの人物であり、竺仙の師古林清茂も入元僧であれば、かならず一度は訪れるというほどの人物であった。

このように、日本の禅林はその水準を高くしたが、それ以降、渡来僧は途絶え、わずかに曹洞宗宏智《わんし》派の東陵永璵が観応二年（一三五一）に渡来したにすぎない状態となる。鎌倉後期以降におけるこのような渡来僧の増加は、さきに述べたように玉村氏の説によれば、鎌倉前期に比べると受動的受容ということになる。また、中国へ渡海する禅僧も前述のように求法中心から中国の貴族文化摂取という性格が強いものとなっていくのである。

日本の禅の水準は高まり、鎌倉最末期から南北朝期にかけて活動し、日本の禅林を最も代表する夢窓疎石は、国内の禅僧の間を歴参し、最終的には高峰顕日の法を嗣いだ人物であり、中国への渡海の経験はない。この時期になると、渡海してまで、中国禅林から摂取しなければならないものは少なくなっていたものと考えられる。また、武家社会・公家社会における受容という面では、純粋禅は浸透しにくい面をもっていたようである。したがって、密教的要素を禅のなかに融合させた禅風を持つ夢窓疎石の一派が南北朝期を通じて勢力をもつようになっていったのである。むろん、これに対する批判や文学に走る五山派への批判は地方に進出していった林下の人びとからなされるようになるが、この林下も、地方伝播のなかで、在地の密教的な要素を取込んでいく形をとる場合が多くなっていくのである。

禅宗は栄西に代表される中国への渡海の僧や、蘭渓・無学のような中国からの渡来僧によって伝えられたが、その多くは臨済宗であった。しかし、道元は曹洞宗を継承して帰国した。なお、京・鎌倉の五山寺院を中心に活動し、のちには越前朝倉氏の外護を受けた宏智派（東明慧日や東陵永璵という渡来僧が伝えた派）も曹洞宗の流れに属するが、永平道元下曹洞宗に比べれば小勢力であった。(4)

中世の禅宗をみる場合には、臨済宗と曹洞宗というように区別してみるよりは、むしろ、京・鎌倉の五山寺院を中心に発展した五山派＝叢林（その多くは臨済宗）に対して、地方に発展したものを臨済・曹洞にかかわらず、林下として把握すべきであるという玉村竹二氏の見解がある。そして、氏は禅宗の地方伝播を三波に区分している。(5)第一波は中国禅を宗教的欲求から摂取し、地方に隠遁し、教団否定的であった人びとである。曹洞宗越前永平寺の道元や、臨済宗では紀伊由良西方寺（のち興国寺）を開いた無本覚心、奥州松島円福寺の性才法心《しょうさいほっしん》、山城勝林寺の天祐思順などがこれに属する。なお、これらのうち道元や天祐などを除くほとんどの人びとは、密教的性格が強かった。教団否定的であったこれらの派が密教等に埋没しなかったのは、その後、五山叢林から、絶えず働きかけがあり、これとの交流があったからである。第二波は幕府庇護下の五山派寺院の門弟らで、地方に下って開創した諸末寺を中心とするもので、上層の地方豪族の保護によった人びとである。ついで、第三波は二類に区分され、第一類は中国の隠遁的な念仏禅を伝えた人びとで、寂室元光・復庵宗己・遠渓祖雄・業海本浄などである。第二類は五山派寺院内の塔頭（各派の中心人物たちの隠居所やその没後の墓塔のそばに建立された子院で各派の拠点となった）が飽和状態となったため五山派内において本拠が持てず、一派別立のために地方へ下ったり、五山の知的教養の高さに落伍した者や門閥中心主義的な五山寺院に反感を持っていた下層出身者たちである。これらあらゆる類の人びとが、地方潜在の諸派に逃れ入ることになる。やがて、五山派の影響を受けて教団肯定的気運が起こり、地方の禅宗にも教団が形成されることになるのである。

林下禅林を代表するものとしては、永平道元下曹洞宗や臨済宗の京都大徳寺や妙心寺の門派が挙げられるが、越中では後二者の展開は顕著でなく、法燈派の展開がみられるのが特徴である。越中に進出してきて、寺院を建立した者は、前述の区分のいずれかに属するものとみてよかろう。いうまでもなく曹洞宗宗祖の道元や法燈派派祖の無本覚心の越前永平寺・紀伊西方寺（のちの興国寺）のそれぞれの建立は第一波の区分に属し、曹洞宗および法燈派の越中への進出は両宗派の地方から地方への展開の一端であるといえる。まさしく林下禅林の展開とみることができよう。これに対して、越中へは五山禅林からの進出もみられるのである。それは第二波か第三波かのいずれかということになるであろう。また、鎌倉末期から室町期にかけて五山制度が確立し、五山・十刹・諸山の寺院が制定されていく中で、さまざまな理由から、五山派の地方寺院として組み込まれていったものが存在したとみられる。なお、後述するが、越中の法燈派は恭翁運良の開いた興化寺が十刹に列し、五山派に組み込まれたのに対して、慈雲妙意の開創した国泰寺の一派は林下の典型として、越中地域を中心に展開したのであった(6)。

以上のことを前提として、まず、五山系禅林からの越中への進出についてみることにしたい。

二　鎌倉末期における五山系禅林の越中進出

越中の禅宗寺院で、もっとも早い時期に成立したと考えられるものに金剛寺が挙げられよう。『扶桑五山記』二によると越中国の諸山として、

　瑞井山金剛護国禅寺開山仏源禅師、中興鉄菴（道生）本源

と記されている。(7) つまり、開山は大休正念（仏源禅師）で、中興開山はその弟子の鉄庵道生（本源禅師）ということになる。大休正念は中国温州の人で、文永六年（一二六九）渡来し、まず鎌倉建長寺に住し、寿福・禅興・円覚の各寺に住し、北条時頼の保護を受け、浄智寺を開山し、正応二年（一二八九）に寿福寺の蔵六庵で没している。(8) つまり、渡来後は鎌倉を中心に活動した人物である。弟子の鉄庵道生は出羽あるいは相模国の人物ともいわれ、出羽の資福寺に住したのちは、筑前聖福寺、京都建仁寺、鎌倉の万寿寺・寿福寺の住持となり、自ら京都建仁寺内に瑞応庵を構え、そこで元弘元年（一三三一）に没している。彼の場合には、鎌倉でも活動しているが、どちらかというと京都中心の活動であったといえよう。また彼には、「鉄庵録」および「鈍鉄集」などがあり、詩文に優れた能力をみせている。

　ところで、大休が開山し、何らかの理由で荒廃していたのを鉄庵が中興したのか、あるいは、実際には鉄庵が開創し、師である大休を勧請開山《かんじょうかいさん》（名のみの開山）としたのかということが問題となる。大休が実際に開創しているとすれば、関東鎌倉からの進出ということになるし、実際の開山が鉄庵であれば、京都からの進出ということになる。鉄庵を「中興」としているが、師を勧請開山とした場合には「中興開山」とはならず、第二世となるのが普通であろう。となると、やはり、大休が開創したということになり、同寺は一時期は鎌倉禅林との交流というものがあったということになる。しかし、「鈍鉄集」によれば、鉄庵の代に梵鐘が鋳造されている。(9) 大休が開創したにせよ、鉄庵の代には、梵鐘すら存在しない状態であったことになる。いずれにせよ、鉄庵の代以降、すなわち、十四世紀初頭以降は、京都禅林とくに建仁寺あたりとの関係を強めていたということになる。

　金剛寺は現存しないが、応永十六年（一四〇九）八月二十七日付の「守護畠山満家寄進状写」(10)に「寄進　越中小井手保金剛寺』とみえ、小出（富山市水橋小出）に存在したことが知られる。また、さきに述べたように「鈍鉄集」には

「金剛寺化鋳鐘疏」が収められている。(11)

金剛寺化鋳鐘疏

一刹在北陸孤村之間、尊厳像設群鉢来、四方烟雨之外、蹴踏竜象、豁開広大法門、要顕音聞仏事、全功未既、欠典斯多雖、麗景星露月之光、欠震蒲牢華鯨之吼、不堪独力、盍扣諸檀、号令人天、喚回懵懂於夜旦、作興礼楽振起怠惰於山林、遠近見聞、高低利益、

すなわち、梵鐘を鋳造するに際して、その寄付金を勧募するために作成されたものである。それに「不堪独力、盍扣諸檀、号令人天」とみえ、一人の有力檀越《だんのつ》（援助者）に頼るのではなく、「諸檀」の寄付を募るという形をとっている。したがって、檀越は後世に名を残すほどの有力な武士ではなかったようであるが、一寺を建立するほどであるから越中においては相応の豪族であったと考えられる。貞治六年（一三六七）二月五日付の「足利義詮御教書案」(12)によれば、小井手一族の存在が知られる。この小井手氏の先祖が、同寺の檀越であったかもしれない。前掲の史料によれば、貞治六年の当時、同氏は宮方にくみし、武家方の斉藤氏と婦貞郡《ねいぐん》楡原保をめぐって争っていたらしい。(13)「諸檀」とはこの小井手一族の祖先の人びとであったのかもしれない。しかし、鎌倉で活動した大休、あるいは京都の鉄庵が、どのような関係から越中金剛寺を開創することになったのか、詳しいことは不明である。

長福寺の開山は一山一寧ということになっている。(14)延徳三年（一四九一）の時点で、同寺が京都南禅寺の塔頭大雲庵の末寺であることが理解できる。(15)大雲庵は一山一寧を開山とする塔頭で、一山派の拠点ということになる。したがって、長福寺が、何らかの理由により大雲庵の末寺になったのちに、開山を一山一寧とするという寺伝が成立したとも考えられなくもないが、ここは、ひとまず『扶桑五山記』一の記載を信頼しておくことにしよう。一山は前述のとおり、元の成宗の使者として国書を携えて渡来してきた人物で、一時は、北条時頼に元の密偵として伊豆修禅寺に捕えられ

第2図　臨済宗越中関係略系譜

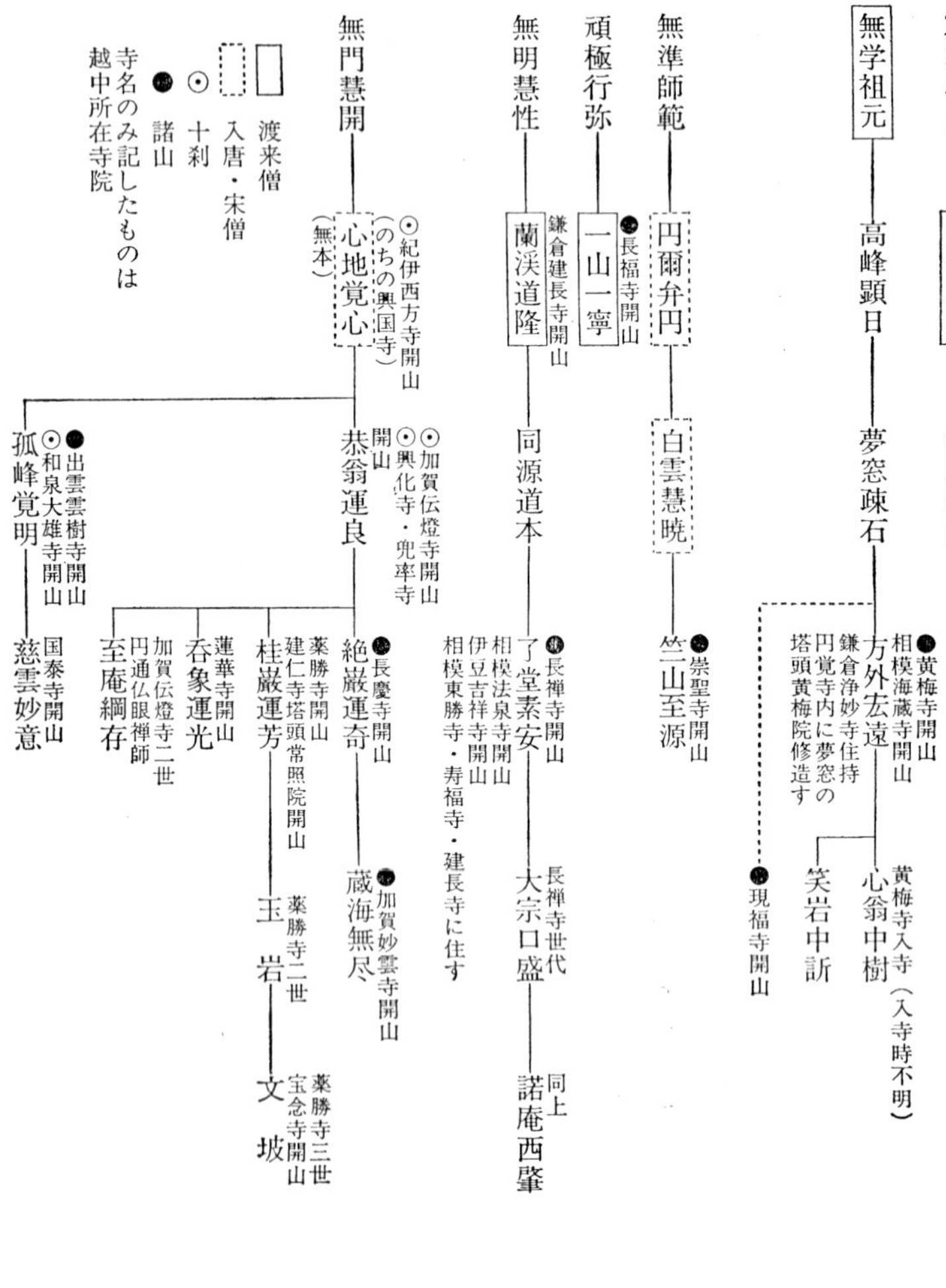

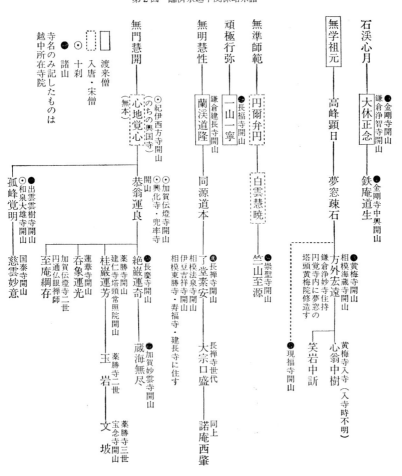

るが、のち鎌倉建長寺に招かれ、円覚寺・浄智寺に住した。正安二年（一三〇〇）には後宇多上皇より京都南禅寺に招かれ、長年にわたり住し、しばしば退院を申し出たが許されず、文保元年（一三一七）九月、南禅寺方丈にて病み、上皇の慰問を受け、同月二十四日に没した。一山は京都南禅寺を中心にして活動した人物である。長福寺もまた、京都禅林からの進出であった。

やはり、『扶桑五山記』二の記載によると、聖一派（円爾の派）の白雲慧暁の弟子の竺山至源が崇聖寺を開いている(16)。竺山の行歴・生没年などは不明であるが、師の白雲の没年が永仁五年（一二九七）なので、鎌倉末期に活動した人物であろうと思われる。円爾も兼修禅であったが、白雲も密教色の強い禅風の持ち主であったから、竺山も、兼修禅的性格の強い人物であったろうと考えられる。むろん、京都禅林からの進出であった。なお崇聖寺の所在地については、富山市寺町に伝承がある。

金剛寺・長福寺・崇聖寺の例からすれば、鎌倉末期の越中の禅宗は、京都禅林の影響を強く受けての展開となったといえよう。

三　南北朝期における五山禅林の越中進出

応永二十年（一四一三）八月以前に越中黄梅寺に住した心翁中樹に対して、夢窓派春屋妙葩の弟子汝霖妙佐が「中心住越州黄梅山林友社疏(17)」を作成しているが、それに「住持越州府伝衣黄梅禅寺、寺廼禅師之師方外遠和尚創業之場也」とみえる。越中の伝衣山黄梅寺の開山が方外宏遠であることは確実である。むろん『扶桑五山記』二にも、そのように記されている(18)。

さて、鎌倉円覚寺には夢窓疎石の塔頭黄梅院が存在する。山号は、越中黄梅寺のものとまったく同様の「伝衣山」である。円覚寺内の黄梅院は、夢窓に帰衣していた饗庭《あえば》氏直（幼名は命鶴丸）が、夢窓死没の翌年の観応三年（一三五二）一月、円覚寺内にその塔頭を建立することを鎌倉に滞在中の足利尊氏に申請し、許可された結果、造営されたものである。そして夢窓の高弟である無極志玄・方外宏遠・春屋妙葩が連署して定めたことは、方外が鎌倉へ下り、塔頭の造営に専念し、饗庭氏直が寄進した常陸国結城村・色好村・椿村を院領とし、半分を院の使用にあて、半分を檀那受用分とすることなどであった。(19)つまり、円覚寺内黄梅院も、実際の造営に尽力したのも越中黄梅寺の開山と同様の方外宏遠であったわけである。このことからすると、円覚寺内の黄梅院とゆかりの深い人物が、それにならって越中にも黄梅寺を建立したと考えてもよさそうである。

つぎに、饗庭氏の所領が越中にも存在した結果、方外を越中へ招いて建立したのか、たとえば方外が越中出身者であったために、越中での黄梅寺の建立となったのかということが問題となろう。ただ、文和二年（一三五三）に越中国舟見・山崎両村（現在、下新川郡入善町・朝日町）が清浄覚という人物から寄進されている。それは永和四年（一三七八）八月に作成された「黄梅院文書目録」に、

越中国（新川郡）船見・山崎両村并法城（結カ）・椿・色好文書案四通、不知行

一通　文和三年七月十一日　等持院殿御判（尊氏）
一通　文和二年九月廿九日　清浄覚寄進状
一通　文和三年四月晦日　春屋和尚寄進状
一通　文和三年七月十一日　等持院殿御判

とあることから知られる。(20)結城・椿・色好の土地は、文和三年三月日付「春屋妙葩等連署置文(21)」によって、饗庭氏直

が寄進したものであることが理解できるが、それらの土地と越中の土地がいっしょに扱われているということは、饗庭氏と何らかの関係がある人物が越中の所領を寄進したということにならないであろうか。あるいは、この越中の舟見・山崎の両村を寄進した清浄覚という人物や、饗庭氏もまた、越中の黄梅寺建立にかかわりあったかもしれない。なお、鎌倉黄梅院のこれらの寺領は、この「黄梅院文書目録」により永和四年には不知行になっていたことが知られる。

さて、この越中の黄梅寺が建立されてのち、鎌倉禅林との交流があったのであろうから、当初は鎌倉禅林との交流が考えられるが、鎌倉黄梅院の造営自体が、京都に勢力を持っていた夢窓派の鎌倉での拠点作りであったということが考えられることからすると、越中の黄梅寺も、地理的なことからみても、しだいに京都夢窓派との関係が強められていったとみるべきであろう。

京都禅林の進出が続く中で、鎌倉禅林からの進出がみられる。長禅寺を開いた了堂素安である。[22] 彼は蘭渓道隆の孫弟子で、同源道本という人物の門弟となり、相模法泉寺、伊豆吉祥寺を開山し、東勝・寿福・建長に歴住するなど関東を中心に活動した人物である。了堂の活動により、越中の禅林が京都禅林一色ではなかったことを知らせてくれる。なお、『扶桑五山記』二の越中諸山を列記したところでは、長禅寺の開基檀越を「大器都管」としているが、越中守護畠山基国の法名が「長禅寺春岩徳元」であるので、同寺の開基を畠山基国とする説もある。[23] 越中守護の法名に「長禅寺」と付されているということはかなり重要視してよいだろう。このことが事実とすれば、それは了堂の開いた相模法泉寺、伊豆吉祥寺の開基が畠山国清であったことと無関係ではなく、同族の国清にならっての帰依であったとみてよかろう。ただ了堂の没年は延文五年（一三六〇）であるのに対して、畠山基国の守護としての活動が康暦二年（一三八〇）からであるので、基国が同寺を建立したとすれば、了堂は勧請開山となろうか。とすると、実際に同寺の開創時に入院したのは了堂の門弟ということになる。なお、後述するが（本章第三節）、同寺もまたのちには、京都禅林との関係が強まったようである。

なお、長禅寺は現在は廃寺となっており、その所在場所も不明であるが、上杉景勝関係文書集である「覚上公御書」に収録されている同寺に関する文書二通（天正九年五月日付「景勝制札」・年未詳九月二十四日付「樋口兼続書状」）により、少なくとも戦国期には松倉にあったことがわかるのである。(24)

結びにかえて

以上、日本の中国（宋・元）禅受容、地方伝播について記し、五山禅林の越中への進出についてみてきたが、開山として鎌倉・京都の禅林で活動した人物がその名をとどめている例が多い。本書もそのような寺伝にしたがって記述してきたが、実際は門弟が開創した寺院に勧請された者も存在したのではなかろうか。いずれにしても、前述した玉村氏の三分類によれば、第二波に属する者が多かったものと思われる。

また、越中の地理的条件ということもあってか京都禅林からの進出が多く、たとえ、当初は鎌倉禅林とのかかわりが強かった寺院であっても、のちには京都禅林との関係が深くなっていったといえよう。

註

（1）木宮泰彦『日華文化交流史』（冨山房、一九五五年、一三八〜一五五頁・三三四〜三五一頁）。

（2）同右、三五一頁。

（3）玉村竹二「禅宗」（『図説日本文化史』第六巻、小学館、一九五七年）。同論文はのちに同氏論集『日本禅宗史論集』上（思文閣、一九七六年）に収録。

（4） 序章の「禅宗史研究の動向」のところでも述べたことだが、船岡誠氏は鎌倉新仏教成立史論の観点から、禅宗を再評価しようとする問題意識を持ち、基本的には浄土教展開史の観点から立論されている従来の鎌倉新仏教論を批判し、鎌倉初期における禅宗の成立を念仏宗・法華宗・律宗などと同様に古代仏教の展開の中にみようとして研究を進めている。そして、従来の禅宗史研究には、このような視点がほとんどみられなかったのは鎌倉初期における中国からの伝法という事実をあまりにも重視しすぎたためであるという問題を提起されている（「奈良時代の禅および禅僧」〈『宗学研究』一五〉、「平安時代の禅僧――日本禅宗成立前史――」〈『駿台史学』六三〉、『日本禅宗の成立』〈吉川弘文館、一九八七年〉）。むろん、氏の指摘のようにその背景には中国禅を受容できうるだけの基盤が日本の宗教界の中に存在したことは確かであり、その点を積極的に評価しないと日本の禅宗史・鎌倉仏教史を正しく把握できないであろう。氏の問題提起に対しては以下の具体的な論述の中でおのずと関連する部分も出てくるものと考えているが、ここは、ひとまず、中国禅の受容という観点から略述した。

（5） 玉村竹二「日本中世禅林に於ける臨済・曹洞両宗の異同――『林下』の問題について――」（『史学雑誌』五九―七・八）。のちに同氏論集『日本禅宗史論集』下之一（思文閣、一九七九年）に収録。

（6） 本章第二節参照。

（7） 玉村竹二編『扶桑五山記』（鎌倉市教育委員会、一九六三年）五一頁。

（8） 蔵六庵は大休自身が生前に寿福寺に造った寿塔（生前に造立する塔頭）で嘉暦・元徳頃（一三二六～三〇）以降に円覚寺に移転の計画がなされたようであり、のちに同寺に移転された（玉村竹二「蔵六庵の創始」〈玉村竹二・井上禅定『円覚寺史』一三〇頁。春秋社、一九六四年〉）。

（9） 木倉豊信「廃滅した瑞井山金剛寺」（『富山史壇』三六）。

（10） 「永源師檀紀年録」所収（『富山県史』史料編Ⅱ中世、四一一頁）。

（11） 上村観光編『五山文学全集』一（思文閣、一九七五年覆刻）三七九頁。

（12） 「聞名寺文書」（『富山県史』史料編Ⅱ中世、三三一頁）。

（13） 木倉豊信前掲論文。

（14） 「扶桑五山記」二（『扶桑五山記』五二頁）。

(15)『蔭凉軒日録』延徳三年十一月二十三日条（なお、同書は『大日本仏教全書』日記部一〜四に収録）。
(16)『扶桑五山記』五二頁。
(17)「汝霖佐禅師疏」所収（『大日本史料』第七編之十八。『富山県史』史料編・中世、四二六頁）。
(18)『扶桑五山記』五二頁。
(19)玉村竹二「黄梅院の造営」（玉村竹二・井上禅定『円覚寺史』〈前掲〉一〇二頁）。
(20)『鎌倉市史』史料編第三、二一〇号文書、二六頁。
(21)同右、五号文書、九頁。
(22)『扶桑五山記』五二頁。
(23)玉村竹二『五山禅僧伝記集成』（講談社、一九八三年）七一三頁。
(24)久保尚文『越中中世史の研究』（桂書房、一九八三年）二二九〜二三〇頁。

第二節　臨済宗法燈派の越中進出

はじめに

五山禅林が、鎌倉末期から南北朝期にかけて、前節で述べたような進出を遂げてきたときに、法燈派も越中に展開してくる。鎌倉末期から建武新政・南北朝期初頭のころになると、京都・鎌倉の五山系の人びとと交流を保ちながらも、それらとは一線を画し、無本覚心（法燈国師、一二〇七〜九八）の開山した紀伊国由良の西方寺（のちの興国寺、和歌山県日高郡由良）を中心に発展を遂げつつあった法燈派が越中にも進出してくる。それは、恭翁運良の活動に始まるものであるが、まず、その師である無本覚心について考察し、越中で活動した恭翁運良や慈雲妙意などに連なる法燈派の性格を明らかにし、ついで、恭翁運良の性格や、越中興化寺の開創、恭翁運良門下の寺院開創、慈雲妙意の国泰寺開創、および、北陸に最初の発展の基盤を築いた曹洞宗と法燈派の関係について考察を加えることにしたい。全体としては、法燈派の性格が越中では、具体的にどのような形で表れ、展開したのかを論述したい。

一　無本覚心と恭翁運良の性格

無本覚心は信州の出身で、戸隠山に学び、東大寺戒壇院で具足戒を受法し、高野山で密教を修し、同山内の金剛三昧院に住していた栄西の高弟の行勇について学んだ。行勇の禅は栄西から受法したもので、葉上流という天台密教をも兼修するものであった。行勇が鎌倉寿福寺に住すると、覚心はそれに従い、のちには京都宇治極楽寺（興聖寺の前身）の道元に参じ、菩薩戒を受けている。さらに、上野国新田荘の長楽寺開山で栄西の高弟の栄朝に参じ、栄朝の弟子の蔵叟朗誉を鎌倉寿福寺に訪ねている。いずれも、密教的要素を強くもった栄西の法流の人びとであった。ついで京都東方の勝林寺に隠棲して純粋禅を守っていた入宋僧の天祐思順にも学び、円爾のすすめで、建長元年（一二四九）に入宋し、無門慧開の法を継いで、同六年に帰国している。当時、宋国の禅林では念仏禅が隆盛であったので、念仏禅的要素も持ち帰ったものと考えられる。帰国すると、金剛三昧院に居住した。その後、紀伊国由良荘地頭の葛山景倫の招きを受けて西方寺の開山となり、亀山上皇の招きにより、かつて天祐が住していた勝林寺に住し、弘安八年（一二八五）には内大臣花山院師継の援助により、北山の別第を改めて妙光寺を開いている。そして永仁六年（一二九

八）十月十三日に没している。(1)

行勇や栄朝に参じていることや、正応五年（一二九二）四月五日付の「粉河誓度院条々規式」（興国寺所蔵文書）(2)に、朝・昼・夕の勤行には、光明真言や陀羅尼《だらに》など、密教の経文を唱えるように定めていることからみれば、無本覚心には密教的要素が、かなりの部分を占めていたものと考えられる。なお、師無門慧開も、「無門関」という有名な禅籍を著述した人物であったが、一方、雨乞いの祈禱により、南宋の理宗より金襴衣と仏眼禅師の号を下賜された人物である。その影響もあったのであろう。また、行勇を訪れた折に住し、宋国から帰国した際に居住したのが金剛三昧院である。同院が西方寺開山以前の無本にとって、最も重要な寺院であったといえよう。同院は行勇が、北条政子の帰依をうけ開山したが、以前に師の栄西が禅定院としてはじめたものであり、その前身は高野山浄土教の創始者で、初期高野聖《こうやひじり》の象徴であった小田原聖教懐の旧蹟であったという念仏と関係の深い寺院であった。西方寺の開基は葛山景倫である。彼は、実朝の近習であったが、実朝没後はその菩提を弔うために、高野山に出家していた。それに北条政子が感動し、由良荘の地頭職を与えた。景倫は嘉禄元年（一二二五）、政子が没すると翌々年に由良に寺を建立し、二人の菩提を弔ったのである。景倫は法名を願性といい、それ以前に金剛三昧院にも住したことのある人物であった。その寺院に、無本が招かれ、西方寺が開山されたわけである。西方寺は、高野山金剛三昧院と深い関係にあったことになる。そして西方寺の本尊は阿弥陀如来であった。以上のことからも無本には念仏僧としての要素が強く感じられるのである。(3)

虎関師錬が編纂した僧伝である『元亨釈書』（元亨二年〈一三二二〉成立）に、

詣二熊野一者、取二路鷲峯（西方寺）一、必志二礼謁一、不レ則為二虚行一、

とあり、無本が熊野参詣の折に立ち寄った人びとに禅を説いていたことが知られるのである。(4)由良西方寺の場所は葛

山氏の所領の関係であり、無本の選定ではないが、熊野信仰との関係の中で、布教活動を行なっていたことが理解できるのである。由良は高野山から海岸を通って熊野へ行く順路にある。さらにまた、無本覚心は、高野山萱堂聖《かやどうひじり》（室町期には時宗化していた）の元祖として仰がれていたことは間違いなく、無本の禅の面を引き継いだのが法燈派であり、念仏の面を受けたのが萱堂聖の系統であるという。(5)

以上のように、無本は、禅僧とはいえ、さまざまな性格をあわせもった人物であったことが理解できよう。このような性格が、その門弟たちにも少なからず影響を及ぼしたことは想像に難くない。

恭翁運良の活動は、聖一派（円爾の門流）の五山文学僧である華嶽（岳）建青が寛正四年（一四六三）に選述した「大日本国越中州黄竜山興化護国禅寺開山勅賜仏林恵日禅師行状」(6)（以下「行状」と略す）に詳しいので、それによりながら記述することにする。

恭翁運良（一二六七〜一三四一）は羽州の出身で、羽州玉泉寺の開山了然法明のもとで出家した。了然は高麗の人で、宋国に行き、無準師範に参じ、日本に渡来して、羽黒山に詣し、のち玉泉寺を建立し、建長三年（一二五一）には晩年の道元にも謁している人物であった。了然は曹洞宗では道元の弟子として扱われているほどの人物であるから曹洞宗に親しみをもっていたことであろう。おそらく彼の勧めであろうか、能登永光寺（石川県羽咋市酒井町）開山の瑩山紹瑾に参じ、曹洞宗の宗旨を学んだ。後に、紀伊国由良の西方寺に無本覚心を訪ね、その法を継ぎ、弟子となった。その後、南都の東大寺に赴き、華厳六相義に関して、戒壇主を問難し、禅の宗旨について説いたという。実際にはどのようであったかは不明であるが、少なくとも、恭翁が華厳経などの旧仏教の教義にも詳しかったことを物語るものであろう。

また、その東大寺では次のような注目すべきことを行なっている。(7)

師従容告曰、我師法燈、昔遊於此、時戒壇叡尊、探直指之道有省、又有一老宿、虔恭諮啓、於是省悟忽坐化、尊乃建旦過於戒壇院、待十六開士以報法燈、今也不給、起廃於不朽、不亦可哉、主即諾、爾来復接雲水之衲子、旦過之再興者、実師之力也、尊贈諡興正菩薩、(傍点筆者)

これによれば、恭翁運良は、かつて師無本覚心が叡尊に勧めて設けたという「旦過《たんが》」を戒壇院に再興しているのである。旦過寮とは、禅宗寺院では行脚僧が一夜を過ごす宿泊の部屋、あるいは、寺に入って修行を希望する僧を一時、留めておく部屋を意味する。東大寺戒壇院の「旦過」も同様の部屋であったろうと考えられる。「爾来復接雲水之衲子」とあるので、雲水すなわち旅する僧の宿泊施設として機能したに相違ない。また、中世の高野山の旦過屋は罪人が身を隠すような場所としての機能さえ持っていたことなどを考えると、恭翁の努力で復興した「旦過」は、どこまでが事実であるかは不明であるが、ともかく、最底辺に生きた人びとの救済で知られる叡尊もかかわりあったという「旦過」であったのであるから、旅の僧はむろんのこと罪のある人で、漂泊の身となった人びとも身を寄せることができるようなものであったのかも知れない。ここに、このような「旦過」の設置に意を配る恭翁の性格、さらには法燈派の性格の一端をみることができるのである。すなわち、旅する僧や人びとに対しての宿泊に強い関心を持っていたということである。法燈派の人びと自体もまた、旅を続けながら活動し、人びとの往来の地からさほど遠くないところに居を構え、寺院を建立していった。そして、その寺院はまた、漂泊の僧や人びとに対して救済の手を差し伸べるという機能をもつものが多かったのではなかろうか。この話のどこまでが事実であったのかは知るよしもないが、恭翁没後一〇〇年のことであることからすれば、まるで根拠のないこととは考えられず、恭翁(あるいは少なくとも同門派下の人びと)の性格の一端をここに読みとっても無理はなかろう。南都に学んだ恭翁は、京都万寿寺に南浦紹明(臨済宗妙心寺派や同大徳寺派の派祖)を訪ね、南浦が鎌倉の建長寺や寿福寺に入寺したのに従っている。

二　恭翁運良の北陸における活動

恭翁は北陸に赴き、さきに参じたことのある能登永光寺の瑩山のもとに帰る。瑩山は、師の徹通義介（道元―孤雲懐弉―徹通―瑩山と次第する）が永平寺より出て開いた加賀大乗寺（もと加賀野々市、近世になって現在地の金沢市長坂町に移転）が無住であったので、恭翁を住持に就かせている。それは、応長元年（一三一一）のことであるという。(8)この時、道元が宋国より帰国するに際して書写したという「一夜碧岩」（一夜にして写したという『碧巌録』という祖録）やその他の物を譲り受けたという。ただし、「一夜碧岩」は恭翁の孫弟子の無尽（のちの諸山寺院加賀妙雲寺開山で、恭翁―絶巌運奇―無尽と次第する）が康永四年（一三四五）に大乗寺に返している。(9)

曹洞宗の瑩山から、その力量を認められ、大乗寺の住持に命じられた恭翁であったが、やはり、他宗派の人物ということで瑩山の門弟たちの間に反発がみられたようである。「行状」は「曽退棄寺」とある。大乗寺を出て、白山山麓の真光寺に住している。「行状」によればこの真光寺では衆徒が疫病にかかっている。その折、恭翁は寺地の白山妙理権現を呵って、川に投じたという。すると、衆僧の病気は治ったという。加賀における白山神は、宗教における最高権威であったに相違ない。その神を川に投ずるという行為を行なっている。恭翁は無条件で、旧宗教勢力と妥協する能度をとらなかったことを意味する。また、恭翁が従来の白山系の天台僧や修験者とは異なった呪術力を示したことを意味するものと考えられよう。奇抜な疫病封じであった。このような例は、他の禅僧にもみられるものであり、かれらが神を神とも思わない、神と同格あるいは場合によっては、それ以上であるという精神を持っていたことになる。(10)このような精神は、戦乱などにより従来の宗教的権威が失墜していく中で、新しい宗教として受容される場合も少なくなかったのである。

その後、覚円居士から荘田や山林の寄進を受けて伝燈寺（金沢市伝灯寺町）を開山している。寺伝では元徳二年（一三三〇）の開創で、寺基が整うのは暦応二年（一三三九）であるという。また、同寺には、開創前、恭翁は地蔵堂に一宿し、その折、押し入った山賊を改心させたという伝説が残されており、恭翁がこのような地蔵堂に宿泊しながら、諸方を行脚修行していたことを知ることができる。したがって、寺伝が述べているように、恭翁は当初から有力な援助者がいて、いきなり大伽藍が開創されたという形で、伝燈寺を創立させることができたわけではなかった。前述したように、白山神を川に投じて疫病を鎮めるというような活動を通じての伝燈寺開創であったとみるべきであろう。また、覚円居士は、白山の権威に対抗しうる新しい宗教を必要としていたのかも知れない。覚円居士は一〇〇年後のこの「行状」の作成されるころには俗名を留めるほどの有力者ではなかったが、荘田や山林を寄進し、一寺を建立するほどの人物であったから、この地域では、ある程度の勢力を持った人物であったろう。

恭翁は伝燈寺に住したころから、よく阿閦《あしゆく》明王（不動明王）を描いたようである。それは画工以上の出来栄えであったばかりか、霊験あらたかなものであったという。これも「行状」にみえることなので、一〇〇年後においても相当に知られていたことであろう。さきに述べたように白山神を川に投ずるような奇抜な行動をする禅者ではあったが、その一方では、不動明王を描き、念じるような、旧仏教的要素を多分に持っていた人物でもあったのである。さきに恭翁が地蔵堂における説話を残していることについては述べたが、これはのちに地蔵信仰と不動明王信仰を自らの原動力として、不動明王画の作家として知られることになる朴堂祖淳（越中吉祥寺住持）に通ずるものがある。この「行状」が作成されるのが、朴堂の没する四年前であるので、興化寺側では、特にこの点を強調したかったのかも知れない。なお、恭翁および、その門下に密教的要素が存在したことは、伝燈寺に護摩堂が存在することからも知られる。(11)

越中に入り、放生津の方へ向かう途中で「直生山」（埴生《はにゆう》のことであろう、小矢部市内にあり、加賀から倶利伽羅峠を経て放生津方面へ向かう途中にある）の八幡神に参詣した際には廟中に向けて放尿した。巫祝が怒ると、「我はとくにこの師を恭敬す」という神託があったので、巫祝らは驚いたという。恭翁が人びとの往来する道筋の神にも承認されていたほどの人物であることを強調することは、興化寺の衆僧にとって意義のあることがらであったろうが、ともかくも恭翁は奇抜な行動をもって知られた人物であったようだ。ついで越中射水郡放生津に至り、興化寺と北方の地続きに兜率尼寺を開山している。(12) ただ、ここで留意しなければならないのは、前述の白山神に対しては、川に投じたままで、つぎの記述に移ってしまっているのに対して、八幡神に対しては、廟中に放尿しながらも、結局は同神に承認されるという形をとっていることである。おそらく、興化寺の存在地には放生津八幡宮があり、法燈派が展開したこの地域は、石清水八幡宮の力が相当なものであったのであろうから、緊張関係の中にも、恭翁門下には、それへの配慮が存在したためであり、後述するが放生津では、放生津八幡宮とともに興化寺は、為政者にとって必要な宗教施設として存在したためということもあるのではなかろうか。

そして、放生津から北西の氷見の海浜に浮かぶ唐島にそそり立つ岩の頂上に石塔を造立している。「行状」には、往来する舟船や海中の魚介が、波間に浮かぶ塔影を通過することにより、仏との結縁の功徳を得るという意味で造立した、と記されているが、この塔は往来する舟船の目標となったに相違ない。このときの石塔は地域で最初の燈台であった。(13) ここにも恭翁が人びとの往来（ここでは船舶の往来だが）ということに強い関心を持っていたということが表れている。そしてついに、暦応四年（一三四一）八月十二日に、七十五歳で没している。その後、延文五年（一三六〇）に後光厳天皇より「仏恵禅師」、応永十六年（一四〇九）には後小松天皇より「仏林恵日禅師」という禅師号を受けている。

三　興化寺の開創

恭翁運良は加賀の伝燈寺を開創し、興禅寺を開創した後に、倶利伽羅峠を越えて越中に入り、放生津に至り、興化寺を開創したわけであるが、これが、交通路に沿っての拠点作りであったことは疑を容れないであろう。「行状」にも特定の檀越（援助者）の名が明記されているわけでもないので、後世に名を残すような大檀越の助力によっての開創ではなかったようである。当時の放生津が、政治的・経済的な要点であったということもあろうが、また陸上および海上交通の要点でもあったということが、興化寺が開創される要因であったようである。交通の要点の近くに活動の拠点を置くというのは、さきに、恭翁の師である無本覚心が高野山から熊野に向かう途中に西方寺を構え、熊野参詣者に禅を唱えたということと当とも類似していることである。そして、恭翁の北陸における活動も、熊野修験者や時衆のたどった道筋と無関係ではなさそうである。

さて、恭翁が放生津に草庵を構え、それが興化寺の創建につながることになるわけであるが、そのきっかけとなった一つの説話が伝えられている。江戸期の編纂物であるが、『延宝伝燈録』一五に、(14)

後往㆓越中㆒過㆓放生津㆒、偶聞㆔群児言㆓十文字河辺遊㆒、師忽憶㆓法燈讖㆒、卓㆑錫行止、搬㆓開興化兜率二刹㆒、

とある。恭翁が放生津まできた時に、子供たちが、「十文字河辺に遊ぼうよ」といっているのを聞いて、無本の「十に遭はばすなはち止まれ」ということばを憶いおこし、この地に草庵を結ぶことにしたというのである。ここでの「十」が「十字金剛」（三鈷杵《さんこしょ》を交差して十字にすること）と関連する（密教的）、あるいは「十字名号」（帰命尽十方無碍光如来の十字の阿弥陀名号）と関連するとか（浄土教的）、「十」の字は「卍《まんじ》」を意味する、というようなことも考えられ

るが、それよりも、次のようなことが充分に考えられると思う。越後南蒲原地方の例であるが、墓所や火焼場のことを「十文字」と呼称するという。[15] これは辻やその近くに墓所や送葬の場所が存在したことから起った呼称であろうが、「十文字河辺」と合せて考えてみると、それは、河辺で、交通路の辻になっているところで、葬送の場となっている所を意味しているのではなかろうか。興化寺はそのような場所の近くに開創されたとみるべきではなかろうか、送葬の場である河辺にいって、砂を塔にしたり、石を塔のようにして積んで遊ぼうと言っている子供の姿をみて、同地に草庵を結んだ、ということであろう。このように考えると、つぎの久保尚文氏の考察とも関連し、また、本節でこれまで述べてきた、無本覚心や恭翁運良の性格とも一致するのである。

この説話には前述したように久保氏の考察がある。[16] 同氏によれば、恭翁を大悟に導いたものは『梁塵秘抄』所載の歌謡に、

遊びをせんとや生れけん、戯れせんとや生れけん、遊ぶ子供の声聞けば、我身さへこそ動かるれ

古童子の戯れに、砂を塔となしけるも、仏になると説く経を、皆人持ちて縁結べ

などとあることを前提とすれば、容易に理解できるという。子供たちの遊び戯れる姿にそのまま成仏の姿をみる。そのような子供たちの姿をみたり、遊び戯れる声を耳にしたりして大人たちも成仏への縁を結ぼうという願望や考え方が、平安末期の末法観深化とともに広まり、それが十四世紀の恭翁運良の心象にまで反映されているというのである。

禅僧が子供の遊ぶ姿に人間は本来成仏しているということをみてとり、また、このような本覚思想的な立場で、民衆教化を進めようとしていたことは事実であったといってよかろう。たとえば、内容は少し異なるが、後に越前国御簾尾に竜沢寺を開山することになる梅山聞本（〜一四一七）が修行行脚中、京都六角堂へ参詣した時に、一八人の童子

から土の観音像を申し請けたが、その観音が、危急の剣難に遭った時に梅山の身代わりになったという説話がある。(17)この話も、法華経二十八品方便品に「乃至童子の戯れに、沙《(砂)》を聚めて仏塔を為れる、かくの如き諸の人らは、皆已に仏道を成じたり」とあることから発していることに相違ない。

放生津には、時衆（東方に報土寺の存在など）や律宗（西辺の曽根に禅興寺・長徳寺など）、あるいはその他の宗派の寺院も建立されていることを考えれば、興化寺も人々が往来し、人々がよく集まる放生津の種々の宗教施設の中の一つとして成立したとみるべきであろう。しかも、それは葬送と深くかかわる場所であったようである。民衆教化を主目的とした恭翁あるいはその門下の人々の中から、このような童子の遊びにかかわる開創に関する説話が成立したと考えられる。また、恭翁は氷見の唐島に石塔を造っているが、話の内容からすれば、かなり大きなものであったことが考えられる。大石造物といえば、鎌倉の忍性塔（忍性は西大寺の律僧で鎌倉極楽寺で民衆救済に尽力した人物）に代表されるように、律宗関係の人びとにかかわるものが多いといわれている。(18)その場合にも、その律僧たちの周辺にいた石工たちのことが問題となるが、恭翁運良の周辺にも、石工たちの存在が考えられるのではなかろうか。

放生津湊には西大寺流律宗寺院があった。そして、文永年間（一二六四〜七五）ごろから借上を兼業するなどして交易活動に介在した得宗被官の安東蓮聖は、西大寺叡尊の高弟行円房顕尊を助けて和泉国久米田寺の再建活動を大檀那として推進したり、播磨国福泊の修築に重要な役割を担っている。律宗と関係が深く、海運と深くかかわりあった蓮聖は越中にもかかわりあっていることがしられる。恭翁運良が放生津の西方に興化寺を開創するころにも、放生津湊と律宗は深い関係にあったに相違ない。恭翁運良が、放生津の西側に興化寺を建立し、その西方の海岸に活動を展開し、それは氷見地方周辺にまで至っていたのであろう。その活動の中で唐島の近くを往来する海運の仕事にかかわった人びとや漁業にかかわった人びとと交流を持ったに相違ない。律宗関係の人びととのかかわりもできたと考えられる。このような関係の中で、唐島に燈台のような石造物が恭翁運良の指導のもとに建立される結果となったものと考えられるのである。

さて、これまで、興化寺の建立を、交通・海運などの関係や、そこに集まる民衆や、葬送の地とのかかわりの中で、とらえてきたが、鎌倉期の放生津には守護所が置かれていた。越中守護名越氏が、恭翁の活動に無関心であったはずがない。おそらく同氏がその援助に乗り出したことは想像に難くない。寺伝ではあるが、放生津とともに越中支配上重要地点であったと考えられる長沢に恭翁の弟子の呑象運光が蓮華寺を開創しており、その開基檀越が鎌倉期最後の守護の名越時有であるとされている。同氏の興化寺援助も考えられないことはないであろう。守護の放生津支配という側面からみれば、放生津潟より西に向かって、時宗、律宗、禅宗がそれぞれ地域を少しずつ異にして立地していたことは、守護側がどの程度意図しての配置であったかは不明であるが、民衆支配や、武士の統制と深くかかわったことは十分に考えられることである。(19) そして、このようなことは、鎌倉期ばかりでなく、室町期に入ってからの放生津においても考えられることであろう。

四　恭翁門下の発展

恭翁運良には、至庵綱存・絶巌運奇・桂巌運芳・呑象運光などの門弟の存在が知られている。このうち、至庵は加賀伝燈寺二世となった人物である。

絶巌運奇は、諸山に列せられることになる越中長慶寺の開山となっている。鎌倉期末から南北朝期の創建に相違ない。所在地は不明だが、放生津からさほど遠くない、小矢部川を少しさかのぼったところにある高岡市長慶寺がそれ

にあたると思われる。曹洞宗寺院の長朔寺（新湊市中新湊）の寺伝・旧記に、

一、長朔寺ハ元来弐百四五十年以来之相続、

右跡ニ而、古ヘ者、寺号も長慶寺与号し候与相ミヘ候、富山光厳寺ハ一ノ宮村ニ有之候、

とある。長朔寺は二上山より放生津へ移転してきたと伝えられていることから考えると、長朔寺は高岡市の長慶寺地内に存在していたということになる。(20)

なお、絶巌は『延宝伝燈録』一五に、「初遊ニ洞家門閫一、研ニ究五位一」とみえ、法燈派の人となる前に、曹洞宗の人に参じて五位思想（曹洞宗の宇宙事理に対する見解）について学んでいる。五位思想に通じていたのは峨山なので、あるいは峨山に参学したのかも知れない。

この絶巌運奇には蔵海無尽という門弟がおり、加賀に妙雲寺を開創している。(21) 同寺は『蔭凉軒日録』に永享十一年（一四三九）十月二十三日の条以降、その名をみせているので、すでにそれ以前に諸山に列していたことになる。(22)

伊東東慎『東山塔頭略伝』(23)は常照院の項で江戸期両足院住持高峰東晙の記録を引用して、

開基　桂岩運芳

師諱　運芳、号桂岩、京師人。嗣法仏林禅師恭翁運良、良嗣法燈国師、歴住興化越中州・常興備後州・興国紀州（妙光）・京師万寿第三十五世・建仁第五十三世、永和三年丁巳十二月十五日示寂。塔于常勝（照）院、室天香。

此院　越中州長慶寺・興化寺等、一派輪次主之。後罹兵火毀廃絶已久。是故世次不詳、旧址、今属霊洞院。

と記しているという。(24) これによれば、恭翁の弟子の桂巌運芳は越中興化寺、備後の常興寺、紀伊の興国寺に歴住し、京都万寿寺の三十五世、同じく建仁寺の五十三世を務め、永和三年（一三七七）十二月十五日に没している。墓所は建仁寺塔頭の常照院にあり、卵塔を天香と称したという。なお、常照院は越中興化寺や長慶寺などにより支えられてい

たことになる。

この京都建仁寺に塔頭を構えるほどに同寺を中心に活動した桂巌運芳が越中に開山したのが般若山薬勝寺（砺波市安川）である。現在、薬勝寺は国泰寺派に属するが、中世においては、興化寺や長慶寺、さらには加賀伝燈寺派に属した寺院であった。寺伝によると、延文四年（一三五九）亀山城（のちの増山城）城主神保左近之進良衡を開基とするという。同寺のある地域は、亀山城（増山城）があり、政治的・軍事的要地であり、交通上でも、倶利伽羅峠やその南にある諸峠を経て加賀国へ通ずる要地である。また、興化寺のある放生津からは、庄川をさかのぼった所にある。なお、のちのことになるが、同地域は、般若野荘の所在した場所でもあり、同荘の年貢を確保するために天文十四年（一五四五）に越中に赴いてきた徳大寺実通が、当地の武家や荘民の違乱にあい、殺害されるという事件が起っている。また、薬勝寺には親王塚といわれる宝篋印塔一基が残されている(25)。さきの事件と、応仁の乱を避けて安川の里に住したという後花園天皇の皇子、淳良親王が神保良衡により殺害されるという説話などが、混同されており、宝篋印塔にまつわるものとして伝えられている。

薬勝寺は二世玉岩、三世文坡とつづくが、三世の文坡は安川のすぐ近くの徳万というところに宝念寺を開山し、拠点を増やしている。

恭翁の弟子の呑象運光は蓮華寺を開山している。同寺も、現在は国泰寺派に属するが、中世では、やはり興化寺や加賀伝燈寺の派に属したことになる。同寺所蔵の「過去留帳」によれば、歴代住持は元和五年三月二十一日没の雲谷禅竜までは加賀伝燈寺から迎えられ、それ以降は越中国泰寺から迎えられるようになった。それは、ともに法燈派であるが、国泰寺が戦国末期から近世にかけて隆盛となったのに対して、加賀伝燈寺系の五山派系は戦国期以降、力を失っていったことによるものと考えられる。

開山呑象運光（仏心円成禅師）の没年が観応二年（一三五一）十月七日であるので、蓮華寺はそれ以前の成立ということになる。寺伝では開基檀越は鎌倉時代最後の守護であった名越時有で、元亨年中（一三二一～二四）であったという。

現在、蓮華寺は富山市梅沢町にあるが、近世になって婦中町長沢蓮花寺から富山に移転してきたのであるが、「過去留帳」によると、はじめ、名越時有の外護により射水郡大門（高岡市蓮花寺）に建立され、その後、神保民の援助を受けて富山市上飯野に移転、ついで、神保長住の保護を受けて婦中町長沢に移転し、佐々成政の保護によって富山に移ってきたというのである。長沢から富山への移転は佐々成政よりも、つぎの前田氏の外護のもとに行なわれたと考えた方がよさそうである。

ところで、高岡市蓮花寺→上飯野→長沢と移転してきたことについては、問題が多い。射水郡井口村（高岡市）には、真言宗の蓮華寺が存在し、蓮花寺という地名から、当初の建立地としたのであろうが、否定されることになり、この移転説にも疑問が生じてくることになる。神保氏が神通川以東へ進出するのが、天文十年（一五四一）以降であることなどから考えると、上飯野への移転、さらには長沢への移転説なども不自然な点が多いことになる。したがって、むしろ、蓮華寺は、その遺構を発掘調査によっては確認できなかったが、開創当初から長沢地域に存在したと考えたい。[26]

ともかく「蓮華寺文書」（東京大学史料編纂所架蔵影写本）に、天正九年（一五八一）十月九日付の神保長住から「長沢蓮華寺」あての制札が記載されていることから、天正九年十月以前のかなりの年月にわたり、長沢に存在したことは間違いない。同制札の最後の条には、

一　塔頭・寮舎断絶ニ付而者、従常住可為策配之事

とみえるが、「越中州婦負郡長沢大乗山蓮華護国禅寺伽藍略図」写真（原本は昭和二十年の富山空襲で焼失）にも、七堂伽藍が完備されており、堀がめぐり、その外側にも、塔頭や寮舎と思われるいくつもの建築物が描かれている。かなりの規模であったことが理解できる。

長沢の地は放生津の南東に位置し、前述したように室町期は守護代神保氏の射水郡・婦負郡支配における射水郡の中心が放生津や守山などであるとするならば、婦負郡の中心は同所であったと考えられる。このような長沢の性格は同寺成立当初のころにおいても同様であったとみてよかろう。以上のように長沢は政治的・軍事的に重要地点であるばかりでなく、南方の八尾方面への交通路と、西方の増山城方面への交通路にもあたっており、その面でも要衝の地であったといえる。

さきに述べたように蓮華寺は鎌倉末あるいは南北朝期初頭にかけて開創されたが、観応年間から応安年間にかけては、足利直義方の桃井直常と足利尊氏方の斯波義将との越中守護職をかけての戦いが越中各地に繰り広げられた。応安三年（一三七〇）には越中守護の斯波義将が長沢において桃井直和（直常の子あるいは孫）を破っている。こうした状況の中で、蓮華寺も戦争に巻き込まれたと考えられる。が、南北朝の内乱も治まり、十五世紀に入ると、長沢は、婦負・射水両郡守護代神保氏の重要な拠点となり、一族や被官の重要拠点となり、蓮花寺も、神保氏の保護を受けて、寺院経営も安定したことであろう。しかし、戦国の動乱の過程で、神保氏が勢力を失い、滅亡したために、同寺も衰微し、近世を迎えることになったものと考えられるのである。

以上みてきたように、恭翁運良の門派は、放生津（興化寺・兜率尼寺・長慶寺）、安川周辺（薬勝寺・宝念寺）、長沢（蓮華寺）という三角形の地点に寺院を構え、いずれも交通をはじめとする政治的な要地近辺に教線を拡張したといえる。また、放生津と伝燈寺のある加賀、長沢・安川と加賀が、それぞれ交通路で結ばれるという位置関係にあったのである。そして、その主なる寺院の創立は鎌倉末から南北朝期初頭にかけてであり、室町期に、五山派寺院として隆盛をみ、戦国期に入ると衰退していったのである。

五　慈雲妙意と国泰寺

恭翁運良の門派が林下的な活動を続けながら、加賀・越中地方に寺院を建立していったが、しだいに五山派に組み込まれていったのに対して、慈雲妙意の国泰寺門派はあくまでも地方において、林下の典型として展開したのである。国泰寺の開山は慈雲妙意であるが、まずその師である孤峰覚明（三光国師）から簡単にみておこう。孤峰は、会津の人で、十七歳で出家し、比叡山で受戒し、天台を学ぶこと八年にして、のち紀伊の無本覚心に三年参学し、その弟子となっている。その後、出羽の了然法明や高峰顕日、南浦紹明等に参じ、応長元年（一三一一）には元に渡り、中峰明本や古林清茂など、当時の入元僧のだれもが参じたという人びとに学び帰国した。その後は、曹洞宗の能登永光寺の住持であった瑩山紹瑾に参じて菩薩戒を受け、出雲宇賀荘に雲樹寺を開創している。元弘元年（一三三一）には後醍醐天皇より国済国師の号を受け、紀伊国由良の興国寺を再興し、妙光寺に住し、後村上天皇からは三光国師の号を受け、正平十六年（一三六一）五月二十四日に九十一歳で没している。[27]孤峰は、法燈派の人で、曹洞宗の瑩山紹瑾に参じ、永光寺教団の中でも、かなりの地位を占めていた人物であるが、南朝方として活躍し、当時、全国的な発展を遂げつつあった曹洞宗を南朝方に組み込もうと努力していることなども知られている。瑩山の没後には、瑩山に後村上天皇からの禅師号を追諡《ついし》しようとして、瑩山の弟子峨山に口宣案を受けるように働きかけたりしている人物である。[28]

慈雲妙意（一二七四〜一三四五）は、のちにこの孤峰の弟子となるわけであるが、年齢はさほどかわらず、やや年少であるにすぎない。慈雲は信州に生まれている。寺伝によれば、十二歳の時に越後の五智山で出家し、日光山で学び、禅宗に関心を寄せ、鎌倉の建長寺や円覚寺に修行し、北陸に曹洞宗が盛んなことを聞いて、同地方に赴く途中、越中の関野（高岡）の山すなわち二上山に留まり、草庵を構えることになった。その場所は現在の弘原寺（氷見市小竹）の辺で永仁四年（一二九六）のことであったという。

この二上山にて、孤峰覚明（三光国師）に会っている。寺伝では永仁五年であるとされる。孤峰の伝記からみても、この時期は無本覚心に三年間参じたのち、出羽の了然法明などに参じている時期であり、この了然に参じた後に、加賀か能登方面に行く途中で二上山に寄ったとすると、相会した年代は一致する。

孤峰に会った慈雲は、無本覚心の存在を知り、紀伊の無本のもとで修業するが、永仁六年に無本が没すると孤峰の弟子となり、越中の二上山に帰った。そして、さきの草庵よりも少し山を北側に降りた所に東松寺を開山している。寺伝には正安元年（一二九九）のこととあり、乾元元年（一三〇二）には国泰寺（高岡市太田）と改称し、伽藍を整備したという。のちに、後醍醐天皇に対して法要を説き、「清泉禅師」という禅師号を受けている。これは、南朝と関係の深かった師孤峰との関係からのことであったろうと考えられるが、晩年には、北朝の光明天皇に対しても禅について答え、紫衣を与えられている。同寺の微妙な対応の仕方が表れている。そして、康永四年（一三四五）六月二日に没し、光明天皇より「瑾日聖光国師」の号を贈られている。(29)

さて、慈雲妙意が草庵を造り、国泰寺を建立した二上山であるが、同山周辺は山麓に国府がおかれるなど、古代における越中の中心であった。同地が早くから開かれた土地であったことを知ることもできるし、中世においても守山城があり、政治・軍事・交通の要地であったことはいうまでもない。

さらにまた、二上山は、射水平野にそびえる山であり、同地方の人びとは同山や同山神に対して、素朴な信仰を持ったに相違ない。慈雲妙意は、以上のような要地であり、霊山であった二上山に草庵を結び、国泰寺を建立したのである。また、二上山が真言密教系と深くかかわっていたことや、法燈派が高野山と深い関係にあったこととも、無関係ではなかったのではなかろうか。また、この地域は、同じ法燈派の恭翁運良が活動した放生津からもさほど遠くないところにある。したがって、法燈派は、放生津から二上山にかけての地域を中心に越中における発展の基礎を築いたともみることができる。

六　法燈派と曹洞宗の交流

これまでにも、幾度か法燈派の人物と曹洞宗の人物との間に交流がみられたことを述べてきたが、曹洞宗については後に詳しく考察しなければならないので、ここでは両者の交流についてみることにしたい。両者の交流の模様は『日本洞上聯燈録』[30]や『延宝伝燈録』等の記載から知ることができる。いまそれを整理すると次の図のようになる。[31]

無本覚心は道元に参じたことになっており、瑩山の参学を受けている。[32]また、西方寺（のちの興国寺）を開き無本覚心を開山に招いた葛山景倫（法名は願性）は同寺を開創するに際して、明恵に「西方」の二字を扁してもらい、道元に篆書してもらったといわれている。[33]したがって葛山景倫と道元とは交流が存在したことになる。恭翁と孤峰はともに了然と瑩山に参じ、恭翁は、明峰・峨山の参学を受けたのに対し、孤峰は世代の下の峨山の孫弟子の不見・了堂・無著の参学を受けている。絶巌（はっきり峨山とは判明しないが五位を学んだということで）と抜隊得勝《ばっすいとくしょう》は峨山に参じ、古剣《こけん》智訥《ちとつ》には不見・石屋・綱庵・太初・傑堂・直伝と曹洞宗からの参学の徒が集中している。そして俊翁は通幻に参じている。抜隊得勝は孤峰の弟子で甲斐塩山向嶽寺の開山となっている人物であり、曹洞宗の参学の徒が集中した古剣も孤峰の弟子で、孤峰の開いた出雲の雲樹寺や和泉の大雄寺に住した人物である。
法燈派および曹洞宗のこれらの人々の多くには、密教的な色彩の強い神秘的な説話が存在するが(34)、さきにも記したように、恭翁運良の開いた加賀伝燈寺には護摩堂が存在することからも曹洞宗・法燈派の両者は密接な交流により密教色を深めていったことが知られるのである。

第3図　臨済宗法燈派・曹洞宗関係系譜

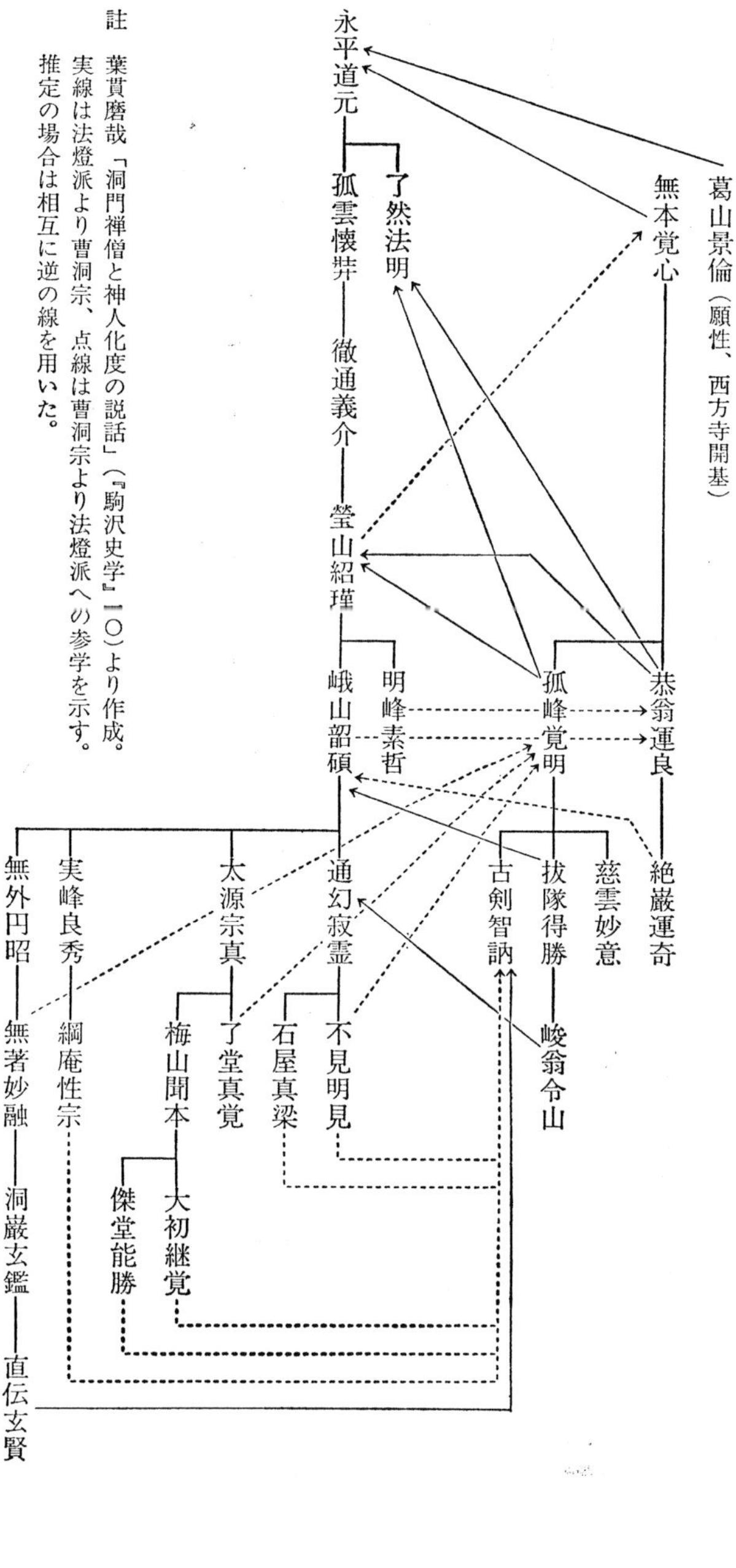

註　葉貫磨哉「洞門禅僧と神人化度の説話」（『駒沢史学』一〇）より作成。
実線は法燈派より曹洞宗、点線は曹洞宗より法燈派への参学を示す。
推定の場合は相互に逆の線を用いた。

結びにかえて

無本覚心は禅僧でありながら、密教的性格、念仏僧的性格を持し、高野山から熊野へ行く路の途中において布教活動を行なうような性格を持っていた人物であった。念仏僧的性格を継承したのが萱堂聖で、禅の面を継承したのが法燈派であるという説もあるが、ともかく、これらのさまざまな性格は弟子の恭翁運良にも継承され、どこまでが史実であるか不明な点もあるが、東大寺における「旦過」の再興や、加賀伝燈寺や越中興化寺の開創などの北陸における活動に表れている。とくに、興化寺の開創された場所が、陸・海の交通上の要地であり、政治的にも重要拠点であった放生津であり、しかも、辻の近くで、河辺の葬地の近くであったことが十分に考えられることは注目すべきことであろう。また、恭翁運良の門下が、いずれも交通および政治的な要地の近辺に寺院を開創していることも指摘できる。無本覚心の孫弟子である慈雲妙意も国泰寺を二上山に開創しているが、同地も政治・軍事・交通の要地であった。

恭翁運良が開いた興化寺と慈雲妙意が開いた国泰寺は、越中の北西部に位置し、さほど遠くない所に存在したが、興化寺およびその門下寺院が五山派に組み込まれて展開し、戦国期以降は衰退していったと考えられるのに対して、国泰寺派は、五山派には属さず、林下禅林として戦国期にも隆盛をみた門派であった。恭翁派の五山派としての展開および国泰寺派の林下としての展開については、以下の節で論述することにしたい。

註

（1）無本覚心の行歴については中尾良信「無本覚心について」（『宗学研究』二三）がある。

（2）「誓度院勤行規矩」（辻善之助『日本仏教史』第三巻中世篇之二、岩波書店、一九四九年、九六頁所収）。

(3) 五来重『高野聖』(角川書店、一九六五年)二二七頁以下。葉貫磨哉「鎌倉仏教に於ける栄西門流の位置――退耕行勇とその周辺――」(『仏教史学研究』二〇―二)。今井雅晴「法燈国師伝説考――一遍上人の参禅説をめぐって――」(今枝愛真編『禅宗の諸問題』、雄山閣出版、一九七九年)。

(4) 宮崎円遵「法燈円明国師之縁起について――中世における唱導と絵解の一例――」(荻須純道編『禅と日本文化の諸問題』、平楽寺書店、一九六九年)がこの点に関して考察している。本書「課題と方法」一「禅宗史研究動向」を参照されたい。

(5) 今井前掲論文。

(6) 『名僧行録』所収(『大日本史料』第六編之六、『富山県史』史料編Ⅱ中世、二三三頁以下)。

(7) 同右。

(8) 館残翁『加賀大乗寺史』(北国出版社、一九七一年)七〇頁。

(9) 同右、七五~七七頁。

(10) 第二章第九節参照。

(11) 同市史編纂委員会『新湊市史』(同市役所、一九六四年)三一九頁。

(12) 『行状』、『本朝高僧伝』二六、『延宝伝燈録』一九。

(13) 『新湊市史』二九四頁。なお、似たようなエピソードが夢窓疎石にもあるので、恭翁運良(一二六七~一三四一)と夢窓疎石(一二七五~一三五一)の両方の史料を挙げておこう。まず、恭翁運良の「行状」(『富山県史』史料編Ⅱ中世二三五頁)は五山禅僧の華嶽(岳)建冑が寛正四年(一四六三)に作成したものであるが、それには、

氷見海浜有岩石屹乎波心、師於其尖上、建石浮図、蓋師之心欲来往舟船、乃至海中鱗介之類、游泳搭影者、共得結縁、

とあり、『夢窓国師年譜』(『続群書類従』九下)は弟子の春屋好葩(一三一一~八八)が作成したもので、それには、元亨元年(一三二一)の条に、

泊船庵後山巓陡然在海中、師於其上建一塔、以海印浮図為額、師之設心、蓋欲舟船往来人皆得仰観、乃至海中鱗介之游泳搭影之下者、並得結縁華蔵海印三昧之中也、

とある(葉貫磨哉氏の教示による)。両者ともに同じような主旨のもとに塔を作っていることが知られる。ただ『夢窓国師年譜』の方が先に作成されているので、華嶽建冑(聖一派)は恭翁運良の門下の人からその「行状」の作成を依頼され、唐

島の石塔造立の話を聞いた時に、同じ五山派の先学である春屋の作成した『夢窓国師年譜』のこの箇所を引用して作文したのかも知れない。いずれにしても、同時代を生きた両者が海浜の岩上に灯台のような意味をもつ塔を建立していることは興味深いことである。泊船庵は相模三浦横須賀にあり、近くの塔ヶ谷に往古は三重塔があったという（『新編相模風土記稿』一一五、三浦郡九）。

(14)『大日本仏教全書』。六九、史伝部八、（財団法人鈴木学術財団、一九七二年）二二六頁。
(15)柳田国男『葬送習俗語彙』（国書刊行会、一九七五年）一三一頁。
(16)久保尚文『越中中世史の研究』（桂書房、一九八三年）二一八頁。
(17)文化十三年「梅山禅師御影伝略縁起」（土屋久雄『越前竜沢寺史』、一九八二年）二七七〜二七九頁。
(18)大三輪龍彦編『中世鎌倉の発掘』（有隣堂、一九八三年）五七〜五八頁。
(19)第一章第五節の論述とかかわってくる問題である。
(20)『新湊市史』三一七〜三一八頁。
(21)『扶桑五山記』二（玉村竹二編『扶桑五山記』、鎌倉市教育委員会、一九六三年、五三頁）
(22)前掲『加賀大乗寺史』七六頁。
(23)江戸期両足院住持高峰東晙の記録をもとにまとめたもので未刊の沿革史。
(24)『砺波市史』（一九六五年）一七八頁。
(25)同右、一六九頁以下。
(26)久保尚文「大乗山蓮華寺の歴史」（『蓮花寺遺跡の調査』）。
(27)『本朝高僧伝』二九、『延宝伝燈録』一五。
(28)安来市清井町雲樹寺蔵の正平九年三月二日付「覚明書状写」、同寺蔵の（文和三年）八月十三日付「韶碩自筆書状」（大久保道舟編『曹洞宗古文書』補遺、五四・五五頁、筑摩書房、一九七二年）。
(29)「越之中州摩頂山国泰開山慧日聖光国師清泉妙意禅師行録」（『富山県史』史料編Ⅱ中世古記録、八六頁以下）。
(30)『日本洞上聯燈録』（曹洞宗全書刊行会編纂・校訂『曹洞宗全書』史伝上、一九二九年初版、一九七〇年覆刻。また、『大日本仏教全書』七〇・七一、史伝部九・一〇にも収録）

（31） 葉貫磨哉「洞門禅僧と神人化度の説話」（『駒沢史学』一〇）より改編作図。なお、直伝は法燈派で出家、曹洞宗で嗣法。
（32） 無本覚心の道元・瑩山との交流については賛否両論が存在するが、詳しくは、中尾良信前掲論文参照。
（33） 「鷲峰開山法燈円明国師行実年譜」（『続群書類従』九上、三四八頁）。
（34） 葉貫前掲論文。

第三節　越中における五山派寺院の展開

はじめに

鎌倉末期から室町期にかけて五山制度が確立されて行き、地方の禅宗寺院も、開山や外護者との関係などから十刹・諸山に列せられ、五山派として組み込まれていったものが少なくない。五山派寺院の全国的傾向をみると、室町初期から中期にかけて十刹・諸山に列せられたものが多く、この時期が、五山派が地方寺院を組み込むことによる地方発展を遂げる最盛期であった。また、官寺の各寺がいずれの派に属していたかをみると、聖一派・仏光派（うち夢窓派が多い）が多く、五山派の中軸を形成していた。旧仏教系寺院の改宗・復興の例も多くみられる。開基檀越から五山派のよって立つ基盤をみると、近畿では公家関係がかなり目立つが、全国的には守護・地頭などの地方豪族がもっとも一般的であった。(1)

越中においても、十刹・諸山に列せられ、五山派として組み込まれていった寺院が存在する。以下、同国における五山派寺院に入院した人物を明らかにし、それらの人びとと、京都五山禅僧との交流について考察し、越中五山派禅林と京都五山派禅林との関係について論述することにつとめたい。また、十刹・諸山の列に加えられることはなかったが、京都五山寺院あるいはその塔頭寺院の末寺として存在したいわゆる五山派寺院の検出と、その機能についても言及したいと思う。

一　越中の十刹・諸山寺院

全国の五山派寺院に関しては今枝愛真氏の作成した一覧表があり、越中寺院も掲載されているが、(2)付け加える部分も存在するので、つぎに掲げることにする。なお、開山の判明している寺院の開創等に関しては、すでに本章第一節で述べたとおりである。

越中では、崇聖寺が康安元年（一三六一）十二月十一日以前に、すでに諸山に列しているが、史料的には一番早い例である。これは聖一派の乾峰士曇という人物が越中崇聖寺入院者に対してそれを祝する「山門疏(3)」を作成しており、その乾峰が没したのが康安元年十二月十一日であるところから判明する。しかし崇聖寺が越中で最初に諸山（興化寺の場合は十刹に）に列せられたかどうかは不明であり、それよりも早い寺院があったかも知れない。なお、康安元年（一三六一）よりも遅く諸山になったと考えられる寺院もあった。汝霖妙佐という五山文学僧が黄梅寺に入寺する心翁中樹に対して、それを祝う「中心住越州黄梅山林友社疏(4)」を作成している。その中に、

寺廼禅師之師方外遠(宏遠)和尚創業之場也、今公府、升其位以為大方諸山之列矣、（傍点筆者）

第1表　越中十刹・諸山一覧

寺格	寺号	開山	開基檀越	列位年次	所在地
十刹	黄竜山 興化寺	恭翁運良（法燈派）		永享九年（一四三七）七月二十日以前十刹	旧射水郡放生津、現新湊市（廃寺）
諸山	瑞井山 金剛（護国）寺	大休正念（仏源派）〈中興〉鉄庵道生		応永十年（一四〇三）四月十三日以前諸山	旧新川郡小井手保、現富山市水橋小出（廃寺）
同	伝衣山 黄梅寺	方外宏遠（夢窓派）	饗庭氏直カ	嘉慶二年（一三八八）四月四日以前諸山	滑川市梅沢にあったと考えられる
同	護国山 長慶寺	絶巌運奇（法燈派）		文安四年（一四四七）以前諸山	高岡市長慶寺（廃寺）
同	万松山 崇聖寺	竺山至源（聖一派）		康安元年（一三六一）十二月十一日以前諸山	富山市寺町（廃寺）
同	祥雲山 長福寺	一山一寧（一山派）		永享九年（一四三七）七月二十日以前諸山	未詳
同	興徳山 長禅寺	了堂素安（大覚派）	大器都管（畠山基国カ）	文安四年（一四四七）以前諸山	天正九年五月当時は、魚津市松倉
同	妙長寺			応永十六年（一四〇九）閏三月二十九日以前諸山	未詳
同	安国寺			寛正三年（一四六二）十月十一日以前諸山	未詳
同	現福寺	（夢窓派）		永享九年（一四三七）八月六日以前諸山	未詳

註　今枝愛真「中世禅林の官寺機構」（『中世禅宗史の研究』）をもとに作成。

とみえ、この中樹が入院する直前に黄梅寺が諸山に列せられたことが理解できる。これがいつなのか、正確にはわからないが、この疏の撰述者の汝霖の没年が応永二十年（一四一三）八月十五日なので、それ以前の入院である。

また、長慶寺の場合も「心田播禅師疏」に第二世の訢首座が入院する際の同門疏（同門の者が入院を祝って作成する表白文）があり、その表題に、[5]

訢首座住越中長慶今玆始陞(陞)位、鹵于甲刹、師第二世也、南陽祖培名、

とあり、この時に諸山に列したとみえる。同門疏の撰者心田清播の没年が文安四年（一四四七）であるから、それ以前のこととなる。[6] 十四世紀末から十五世紀初頭の間に諸山に列したものと考えられる。このように越中の場合も、全国

的な傾向とほぼ同様にこの時期に十刹あるいは諸山に列せられていったようである。

五山派各派の分布は、第1表のように、夢窓派二、聖一派一、大覚派一、一山派一と全国で多くを占める派が越中でも存在するが、特に越中の特徴は、法燈派が二か寺存在することであり、しかも越中には一か寺しか存在しない十刹に法燈派の興化寺が列していることである。

二　五山派寺院の展開とその住持

1　五山派寺院としての興化寺

十刹である興化寺にはどのような人物が、いつ入院（住持に就くこと、入寺ともいう）したのか、またその人物はどのような人びとと交流があったのかをみることにしたい。なお、五山派寺院に住するに際しては将軍や関東公方（関東禅林の十刹・諸山のみ関東公方、鎌倉五山は将軍）から、その住持辞令ともいうべき公帖（将軍家御判御教書から発展したもので公文ともいう）を受けていた。五山派の僧侶は諸山・十刹から五山の住持へと進み、「五山之上南禅寺」や「五山第一之天竜寺」の住持（両寺は朝廷との深い関係から元来は朝廷よりの綸旨のみであったが、室町幕府はその統制上、公帖もあわせ頒布した）となって、紫衣著用を許されるに至り、僧階を昇った。この公帖の授受などを仲介したのが鹿苑院主の僧録職であり、蔭凉軒主であった。

以上のことを念頭において、興化寺の住持と、かれらにかかわりあった人びとについてみよう。次頁以下の第2表がそれである。なお、この一覧の作成にあたっては、『新湊市史』を参照した。(7)

文安から宝徳年間（一四四四〜五二）のころに活躍した元方正楞の「越雪集」の中に収められている「義仲住越中興

化」(8)、すなわち義仲という人物が興化寺に入寺するに際して作成された漢詩文によれば「国大乱」により火災にあい、住持も欠いていたが、義仲を住持に迎えたことにより、「成土木之功」、つまり再興されたというのである。「国大乱」とあるから南北朝期に戦火にさらされたに相違ない。そして、文安から宝徳年間以前に、再興されたということになろう。なお、「越中国興化寺開山（塔脱カ）梁銘」(9)に「永応（応永）九年三月二十二日、菩薩戒弟子沙弥貞叶謹立」「開山仏恵禅師運良、守塔比丘良照謹白」とあり、開山塔が応永九年（一四〇二）に造立されている。むろん、これまで、開山塔がまったく成立したことがなかったとは考えられず、これは再興であろう。また、「（塔）梁銘」とあるので、開山塔とともに開山堂の再建でもあったのであろう。

なお、延文五年（一三六〇）には、恭翁運良が北朝の後光厳天皇より「仏恵禅師」の号を受けている。これは、加賀に伝燈寺（恭翁開山の寺で加賀唯一の十刹寺院）もあり、興化寺単独の力によるものではなかったであろうが、このころには、すでに北朝方の保護を受けており、崇聖寺（前述したように康安以前に諸山）のことを考えると、十刹に列していたのではなかろうか。

前述の義仲による再興は、「国大乱」ののちということであるから、この応永九年の開山塔再興の前後ではなかろうか。

さて、興化寺は十四世紀最末期から十五世紀初頭にかけて再興されたと推測したが、さきの「義仲住越中興化」の中に「法兄義仲」とあり、この漢詩文が同門疏であるということが注目される。同門疏は文字どおり同じ法脈中の人物の入院を祝う漢詩文であり、『越雪集』の撰者元方は曹洞宗宏智派の人物である。したがって、義仲は元方の法兄であり、宏智派ということになる。ただ、元方は当時を代表する五山文学僧であったことから、種々の疏の作成を依頼されることが多かった。したがって、門派の異なる者からの依頼により作成した場合でも、「同門疏」であれば、

第2表　興化寺住持およびその交流者一覧

入院者	入院・公帖吹挙・公帖頒布年月日	他の入寺地・行歴など	本師および入寺に際しての諸疏等の作成者
恭翁運良		加賀伝燈寺開山	無本覚心(本師)
某	南北朝期火災カ(「越雪集」)。		
某	延文五年(一三六〇)運良に仏恵禅師の号を受く。		
良昭(守塔比丘)	応永九年(一四〇二)三月二十二日、開山塔梁銘成る。塔は貞叶造立(「天祥和尚録」坤)。		天祥一麟(興化寺開山塔梁銘「天祥和尚録」。はじめ法燈派東海竺源のもとで出家し、のち竜山得見の弟子となる。南禅寺・建仁寺を中心に活動。夢窓派)
某	応永十六年(一四〇九)運良に仏林恵日禅師の号受く		
義仲	文安から宝徳(一四四四~五二)以前カ、入院により土木の功成る(「越雪集」)。	長勝寺前住元方の法兄(宏智派カ)	元方正楞(同門疏「越雪集」。文安から宝徳にかけて活躍。越前の人カ。四六駢儷文にすぐれる。宏智派)
商岩□佐	文安から宝徳以前カ	さきに長慶寺住	同　右(山門疏「越雪集」)
円珠□照	同　右	同　右	同　右(山門疏「越雪集」)
英昭	永享九年(一四三七)七月二十日吹挙		
亮天	永享十二年(一四四〇)六月十五日吹挙		永喜笑雲(亮天を吹挙。建仁寺霊洞院〈法燈派高山慈照開山〉主。建仁寺一四八世、南禅寺一七八世。法燈派)
瑞旭	寛正二年(一四六一)十一月二十一日頒布		
某	寛正四年(一四六三)九月、開山塔再興。「恭翁行状」の撰述を華岳に依頼。		華岳(嶽)建冑(「恭翁行状」・「恭翁塔銘」〈「名僧行録」〉作者。東福寺一四二世、南禅寺一九三世、両寺を中心に活動。聖一派)
英護	寛正五年三月二十七日頒布		
等章文宛	寛正六年二月九日頒布	長慶寺前住(寛正三年)。のち建仁	天隠竜沢(江湖疏「黙雲集」。建仁寺二一八世〈十度入

		寺二〇二世(文明四年)。建長寺坐公文、細川道空により受く(長享二年十二月十三日)	院〉。南禅寺二三一世〈再住〉。細川頼久、赤松政則と親密。林下の密参に関心を示し、正中祥瑞〈幻住派〉、春屋宗能・大綱明宗〈曹洞宗通幻派〉の密授を受く。一山派)
要才梁	寛正三年(一四六二)一月二日東沼没以前に入院(「流水集」二)	さきに長慶寺に修行(「心田播禅師疏」)。さきに加賀妙雲寺住(「心田播禅師疏」)。さきに長慶寺住(「瑞渓疏」)	瑞渓周鳳(諸山疏「瑞渓疏」。夢窓派) 東沼周曮(疏「流水集」。建仁寺大統院内嘉隠軒主。同栖芳軒主。学芸を惟肖得巌に学び、交友に瑞渓がいる。夢窓派)
某	寛正六年十二月十九日安堵状を申請		
玄圭英通(蔵主)	文明十八年(一四八六)四月吉日「玄圭」の法号を受く		横川景三(法号を受く。「補庵京華新集」、相国寺七九世〈三住す〉、南禅寺二三九世。近江永源寺に乱を避く。相国寺を中心に活動。瑞渓周鳳、希世霊彦に芸学を学ぶ。桃源瑞仙と交友。細川勝元と親密。夢窓派)
芳(方)中序仁	延徳元年(一四八九)九月六日吹挙 同年九月十日再吹挙 同年九月十六日頒布	法燈派。加賀妙雲寺(諸山)前住	月林(芳中の本師カ) 月舟寿桂(諸山疏「幻雲疏藁」。越前弘祥寺住。同国善応寺住。建仁寺二六四世〈数十回再住〉。南禅寺住。天隠竜沢に詩文学ぶ。林下の密参集む。曹洞宗大綱明宗、天先祖命、希明清涼に参ず。幻住派)
蘊秀(瓊林)英珍	延徳四年二月七日吹挙 同二年月十日書立 同年二月十七日頒布	長慶寺前住(長享元年)	桂林徳昌(英珍を吹挙。近江永源寺派下の人。建仁寺に十二住す。大覚派。) 春陽(英珍を吹挙)
秀瑛自成	明応二年(一四九三)ごろ(「瑞渓疏」) 明応八年(一四九九)四月二日興化寺は運良の開山にかかり「十文字河」説話があることが記される(「鹿苑日録」)	のち建仁寺二〇六世(文明五年五月〈「扶桑五山記」四〉)	
英倫彝伯	永正八年(一五一一)二月十九日以前に入院(「東山歴代」)	長慶寺前住。のち建仁寺二六〇世(永正八年二月十九日入院)	

雪渓彭叔	天文十二年（一五四三）秋（「東山歴代」）	天文十三年二月二日林氏の二十三回忌に際して偈頌作る（「彭叔和尚語録」）	彭叔守仙（礪波郡五位庄の林氏潭月宗竜上座の二十三回忌法語作成す〈「彭叔和尚語録」〉。東福寺二〇七世、東福寺内善慧軒開山）
林等	永禄十二年（一五六九）四月（「東山歴代」）		英倫彝伯（本師〈「東山歴代」〉。興化寺前住）

註　特にことわらない出典は、『蔭凉軒日録』また、おもに『富山県史』史料編Ⅱを参照した。

その疏の性格上から、「法兄禅師」という語を使用したとも考えられる。

以上のように詳しいことは不明であるが、他にも、一覧表に示したように、商岩・円珠の二人の興化寺入院者の山門疏（山内の一同が新命住持を歓迎する意を述べた漢詩文）がやはり元方により作成され、『越雪集』に収録されているのである。この山門疏の場合には商岩・円珠の両人が興化寺に入院した当時、宏智派の元方が同寺山内の僧侶として役職に就いていたとは考えにくいので、やはり興化寺山内の人物から依頼されて作成したとみるのが妥当であろう。それはともかくとしても、越中興化寺・法燈派と宏智派元方との関係が深いものになっていたことが知られよう。十五世紀初頭ごろの宏智派は、越前朝倉氏の外護を受けて、同地方に発展しており、越前弘祥寺は貞治三年（一三六四）十月に諸山、さらに、応永十九年（一四一二）には十刹に列せられている。[10] その密度はともかくとして、越前を拠点として発展していた曹洞宗宏智派との関係が生じたのである。加賀・越中地方に発展し、五山派に組み込まれ、中央五山との関係も保っていた法燈派（国泰寺派をのぞく）と、曹洞宗の一派でありながら中央五山内に一定の勢力を維持するとともに、越前にも展開し、発展を遂げようとしていた宏智派とは、加賀・越中と越前という近接した地域で展開していたということばかりでなく、相似した点が多かったのである。

そもそも五山・十刹・諸山に列せられた寺院、すなわち官寺に列せられた寺院は十方刹と称されて、住持には一宗一派に片寄らず、諸方から、すぐれた人材が任命されるというのが建前であった。しかし、越中の場合でもそうであるように、当初より官寺として建立された寺院は少なかったものと考えられ、それぞれに、開山が存在し、その法系の人びとにより維持運営されてきたわけであるから、とくに、地方の官寺では十方刹とはいっても、いずれかの門派(開山の法系)によって従来どおり独占されていた。なお、幕府の統制上からとくに十方刹の建前が守られるべき五山寺院においては、寺内に各派の塔頭が構えられ、それぞれの拠点とされるようになっていったのである。

興化寺の場合も、十方刹ということで、一時は宏智派の人物が入院するようなことがあったかもしれないが、大概においては、法燈派の寺院として、同派の人々が住している。

さきにも述べたように、五山派の人びとは、諸山↓十刹↓五山↓五山第一(建仁寺)↓五山之上(南禅寺)の住持へと昇格していったが、越中の法燈派の人びとは、越中諸山で同じ法燈派の長慶寺の住持を勤めてから興化寺の住持となった者が多かったようである。商岩□佐をはじめとして、円珠□照・等章文苑・要才梁・蘊秀英珍・英倫彝伯などが挙げられる。これらのうち、さらに五山第一の建仁寺に昇住するに至った者には、等章文苑(二〇三世)・秀瑛自成(二〇六世)・英倫彝伯(二六〇世)などがいた。これらのほかにも、同様のコースを歩んだ法燈派の僧侶が存在したに相違ない。なお、等章文苑は細川道空の仲介で、鎌倉建長寺の坐公文(居成公文ともいい、入院しないで公帖を受け前建長の称号のみを得ること)を得ている。

さきに、十刹の興化寺に入院してくる人物の多くが、諸山の長慶寺からのものであることを指摘しておいたが、延徳元年(一四八九)九月十六日に公帖を受けた方中庁仁は、加賀法燈派の寺院で諸山に列していた妙雲寺の住持を務めた人物であった。時には長慶寺以外からの入院もあったのである。また、要才梁の場合には、「心田播禅師疏」(11)に、

梁要才住賀之龍興山妙雲山門　境致白山

燕山雪華　経冬夏而恒白
龍阜金刹　歴雲霄而愈光
　振円明已墜之綱　臨朔野沍寒之地
　　某　気劘鉄壁　詞瀉銀河
長慶会中據猊　書記法戦三捷
大悟堂裡奪鉢　首座行道幾年
　掉臂透祖師関　信手用毘盧印
一時寵遇　以擬黒頭三公
闔衆驩呼　如覩白雲再世
　勃焉中興之礼楽　宛爾囊吃之遨遊
江山有待花柳無私　春生段錦
雨露所濡甘苦結実　天翊丕図　（傍点筆者）

とあり、越中長慶寺にて修行し、首座になったことが知られる。そして、加賀の妙雲寺の住持となり、ついで、越中長慶寺の住持となり、興化寺に入院しているのである。

公帖を受ける時や、五山に入院するに際しては、各派の五山寺院内の塔頭の住持が、種々の手配を行なったようである。たとえば、建仁寺内にある法燈派の霊洞院の永喜笑雲は永享十二年（一四四〇）六月十五日、亮天という人物に対して興化寺入院の公帖が降るように吹挙している。

興化寺の住持となった人びとをみると、のちに建仁寺にまで昇住している人物と五山に昇住した形跡がみられない人物とが存在する。したがって、長慶寺や興化寺を五山寺院へと昇住してゆくステップの一つ、つまり出世寺の一つとして考え、おもに京都五山寺院を中心に活動していた人物と、長慶寺・興化寺の住持にとどまり、越中の法燈派寺院を中心に活動した人物とが存在したものと考えられる。

さて、興化寺の住持となった僧侶がどのような人びとと交流を持ったのかをみることにしよう。一覧をみても理解できるように、入院に際して、山門疏・諸山疏・江湖疏・同門疏・同門交社疏・道旧疏などが五山文学を代表するような人びとによって作成されている。これらの各疏は新命住持として入院するに際して、それを歓迎し、祝するために、その寺の者(山門疏)やまわりの寺院や知人(諸山疏・江湖疏)、同門の者や道友の者(同門交社疏・道旧疏)が作成するものである。しかし、実際にはそれらの人びとが文章の優れた者に依頼する場合が少なくなかったわけである。したがって、興化寺新命住持に対して、作成された疏も、当事者からの依頼のものが多かったかも知れない。興化寺の新命住持と疏作成者との間に直接の交流が存在したものとそうでないものがあったものと考えられる。しかし、たとえ、直接の交流がなかった者でも、興化寺新命住持を取り巻く人びとの中に文学僧と交流を持った人物が存在したことになり、間接的には交流が存在したことが考えられるし、のちには直接的な交流が持たれた可能性も少からず存在したものと考えられるのである。

興化寺の住持と直接・間接に交流が存在した者には、元方正楞・華嶽建冑・天隠竜沢・瑞渓周鳳・東沼周曮・横川景三・月舟寿桂・彭叔守仙などの当代一流の五山文学僧が存在した。これらの僧は、東福寺・南禅寺・建仁寺・相国寺など、いうまでもなく京都五山を中心に活動した人物であった。

これまでみてきて理解できるように、興化寺は、京都五山禅林と、直接・間接にさまざまな交流が存続したのである。そして□□林等が、永禄十二年(一五六九)四月に山門・仏殿・土地堂(護伽藍神を祀る堂)・祖師堂や開山塔で法

語を述べているので、戦国期にも七堂伽藍を備えて存在していたことが知られるのである。(12)

2　長慶寺の住持

これまで、法燈派の寺院で十刹に列していた興化寺についてみてきたが、ここで同じ法燈派の寺院で諸山に列していた長慶寺についてみてみたいと思う。長慶寺は、さきにみた要才梁が興化寺に入院する際に瑞渓周鳳が作成した諸山疏である「要才梁西堂住越中黄竜山興化諸山」(13)に「長慶有縁于閫帥」とみえる。長慶寺が「閫帥」、すなわち越中を治める人物と有縁であるというものである。この文面からは、十刹である興化寺以上に密であったと考えられるほどである。また、後の長享元年（一四八七）十二月二日ごろに入院するはずであった（直前で火災のため、翌年四月四日以降に行なわれる）英珍という人物に対する桂林徳昌の山門疏(14)には、次の記事がみえる。

（上略）長慶越上古刹、雖云星河共天、普照唐余名区、猶以蘭菊易地、寸径珠爛々分影、道其行乎、十様錦段々可観、時既至矣、大守為吏民之本、久聞治声（越刺史政長、公久有治声）、王者居天下之中、恭賛丕績、

ここに、守護畠山政長の援助があったことがうかがえる。そして、おそらく、現地で実際に勢力を持っていた神保長誠もまた保護を加えていたに相違なかろう。

しかし、放生津をはじめ、守山や増山を中心に勢力を持っていた神保氏は、光厳寺を建立するなど曹洞禅も外護しはじめており、五山派全体が衰退の一途をたどったように長慶寺もまた力を失っていったものと考えられる。

さて、ここで長慶寺の入院者についてみておこう。さきのところで述べたように、同寺から同じ法燈派の十刹興化寺へと昇住していく者が多かった。

なお、長享元年（一四八七）閏十一月二十八日に公帖を頒布された蘊秀（瓊林とも号す）英珍は、入院のころに同寺

第3表　長慶寺住持およびその交流者一覧

入院者	入院・公帖吹挙・同頒布年月日	他の入寺地・行歴など	本師および入寺に際しての諸疏等の作成者
絶巌運奇訢(当寺二世)	文安四年(一四四七)心田没以前に入院。この時諸山に列す(「心田播禅師疏」)		恭翁運良(本師) 心田清播(同門疏「心田播禅師疏」。建仁寺諸庵西肇〈越中長禅寺前住〉のもとで前堂首座をつとむ。建仁寺、南禅寺等に住す。東山常在光寺、宇治蔵勝寺、建仁寺大統院嘉隠軒に住す。学芸は惟肖得巌に学ぶ。夢窓派)
真継	長禄二年(一四五八)十月三日頒布	さきに長慶寺で修行し、首座となり、加賀妙雲寺に住す(「心田播禅師疏」)。のち興化寺住	第2表参照
要才梁	寛正三年(一四六二)一月二日以前に入院(「瑞渓疏」。第2表参照)		
円珠□照	寛正三年一月二日東沼没以前に入院	のち興化寺住	東沼周曮(疏「流水集」二。夢窓派。第2表参照)
商岩□佐	同右	同右	同右
等章文苑某	寛正三年(一四六二)三月二日頒布 寛正六年(一四六五)十二月十九日、興化寺とともに安堵状を申請	のち興化寺住(寛正六年)	
乾田	文正元年(一四六六)二月十二日頒布		
蘊秀(瓊林)英珍	長享元年(一四八七)閏十一月六日書立、同二十八日頒布、同二十九日礼をなす。入寺直前に同寺火災。長享二年四月四日公帖の写により入院許可さる	のち興化寺住(延徳四年二月十七日)	桂林徳昌(山門疏「桂林駢儷」。ただし、火災によりこの時入院は行なわれず。建仁寺十二住。大覚派永源寺派下の人)
英倫彝伯	永正八年(一五一一)二月十九日以前に入院(「東山歴代」)	のち興化寺住、建仁寺二六〇世(永正八年二月十九日)	

註　特にことわらない出典は『蔭涼軒日録』、また、おもに『富山県史』史料編Ⅱを参照した。

の火災に遭っている。「桂林駢儷」によると、入院の日は十二月二日だったようであるが、その直前の火災であった。その折、公帖をも紛失してしまっている。翌長享二年三月二十二日、桂林徳昌や桃源瑞仙という当代の名僧を仲介役に頼み、鹿苑院主惟明瑞知と蔭涼軒主亀泉集証に訴えている。前述のように、当時の長慶寺には越中守護の畠山政長や守護代の神保長誠が保護を加えていたようである。しかし、公帖の再交付は行なわれず、四月四日、惟明・亀泉の両僧官の確かに公帖を降したという証明書と公帖の写をもって入寺を許可されている。(15) また、英珍は興化寺の公帖を受ける時にも桂林の吹挙を受けている。

3　金剛寺の盛衰

金剛寺は、すでに述べたように、新川郡小井手保（現、富山市水橋小出）にあり、その成立時における外護者としては、小井手氏の存在が考えられることを推測しておいたが、詳しいことは不明である。しかし応永十六年（一四〇九）八月二十七日には、畠山満家から、

寄進　越中国小井手保金剛寺

当寺門前地参拾口　東限平塚道、西限川、南限曲淵川、北限道清屋敷、者、

右、於当保者、道端相伝知行之地也、仍所令寄附之状、如件

応永十六年八月廿七日　沙弥（畠山満家）判

（傍点筆者）

と、門前地三〇口の寄進を受けている。(16)「道端」とは、いうまでもなく畠山満家の法名である。また、同日には、

越中金剛寺諸塔頭龍沢、地蔵、安楽、天瑞、大聖、東林、虎渓、龍翔、等敷地事、各領掌不可有相違者也、院庵悉可有存知之由、可被触仰之状、

如件、

応永十六年八月廿七日　　　　　　　　　沙弥（畠山満家）（花押）

とあって、[17]諸塔頭の敷地が安堵され、およそ一か月後の九月二十九日にも、

越中国小井手保金剛寺領同保内両名石正成綱事、任当知行之旨、寺家領掌不可有相違之状、如件、

応永十六年九月廿九日　　　　　　　　沙弥判（畠山満家）

と、やはり畠山満家より小井手保内の石正・成綱の両名が安堵されており、[18]守護勢力の保護を受けていたことが知られる。これより六年さきの応永十年四月十三日には、五山文学僧として知られる惟忠通恕が、同寺入院の公帖を受けており、五山派寺院として繁栄していたこともまた疑いを容れない。それに、惟忠の語録である「繫驢橛」の中の「惟忠和尚初住越中州瑞井山金剛護国禅寺語録」[19]によれば、三門（山門）・仏殿・祖堂・竜沢庵（開山大休正念の墓塔と塔頭）などの諸堂で法語が唱えられており、それらが存在したことが知られ、同語録中に、「慶新法堂」とあり、惟忠の住山中の応永十一年四月二十日に、法堂（住持が須弥壇上にのぼり説法を行なったり問答が行なわれたりする堂宇）が新築されており、当時、七堂伽藍が完備されつつあったものと理解される。また、さきに示した応永十六年八月二十七日付の畠山満家の諸塔頭敷地安堵状によれば、竜沢（開山塔）・地蔵・安楽・天瑞・大聖・東林・虚渓・竜翔の諸塔頭が存在したことになり、かなりの威容を呈していたことになる。

これらの塔頭のうち、開山大休正念の墓塔である竜沢庵と竜祥（「庵」カ「軒」カ）は、南北朝期に住したと考えられる道山が建立したものである。[20]また、道山より後の入院で、「繫驢橛」の撰者である惟忠よりもさきに住したと考えられる孝庵□悌が定水軒という塔頭に住したことも知られる。[21]「永源師檀紀年録」乾に、[22]

○同三十四年瑞応庵領再ヒ台判ヲ寄投ス、鈞帖目、

建仁寺瑞応庵領讃岐国多度庄内得武名地頭職・美濃国茜部庄東南両保内田畑・越中国熊野保内小中村并小井手保内金剛寺・同寺領成綱・石正両名証文等事、去応永四年十一月十七日当寺回禄之時、令紛失云々、早任当知行之旨、領掌不可有相違之状、如件、

応永三十四年六月十五日　判

とある。これは、建仁寺内にある鉄庵道生（金剛寺の中興開山でもある）の塔頭である瑞応庵が応永四年（一三九七）十一月七日の火災で、寺領に関する証文を焼失してしまったので、三〇年後の応永三十四年（一四二七）六月十五日付でふたたび寺領安堵状を得たものである。この中で、越中では熊野保内小中村とともに、金剛寺をはじめ金剛寺領の成綱・石正の両名が安堵されている。これをみても理解できるように、応永四年以前から、金剛寺は寺領も含めて、建仁寺塔頭の瑞応庵の末寺であったのである。このような繁栄ぶりをみせた金剛寺も、応永三十二年（一四二五）四月九日に火災に遭い、七堂伽藍および竜沢・虎渓・東林・地蔵の各塔頭が焼失した。しかし、それにもかかわらず、虎渓庵主であった呂翁珠回が秉払（住持に代わって払子を秉ること、これを行なわなければ住持とはなれない）を、一渓虎蔵主の協力を得て行なったという。[23]焼失したとはいえ、その後において、以前同様の復興がなされたということであろう。なおこの時の金剛寺火災の報は、七日後の十六日には、一渓虎蔵主によって京都建仁寺内永源庵にもたらされており、[24]越中金剛寺と京都建仁寺内の仏源派（大休正念の門派）の塔頭寺院とが、いかに密接な関係にあったかが理解できよう。

さて、ここで同寺に入院した人びとをみてみよう。第4表のようである。なお、この一覧作成に際しては、木倉豊信「廃滅した瑞井山金剛寺」（『富山史壇』三六号）を参照した。

金剛寺は鉄庵道生が中興開山になっていることから、いうまでもなくその鉄庵の門下の人びとが多く入院している。鉄庵には無涯仁浩と石鱗仁球の二人のすぐれた弟子がいたが、その二人の門派下の人びとであった。金剛寺に入院し

第4表　金剛寺住持およびその交流者一覧

入院者	入院・公帖吹挙・同頒布年月日	他の入寺地・行歴など	本師および入寺に際しての諸疏等の作成者
大休正念		建長寺住、円覚寺住、正応二年（一二八九）十一月三十日没。仏源禅師	石渓心月（本師）
鉄庵道生		建仁寺二〇世、本源禅師	大休正念（本師）
道山	南北朝期（「繋驢橛」）	金剛幢下（「繋驢橛」、元の古林清茂に参ず）。竜沢庵（開山塔）と塔頭竜祥□を建立	惟忠通恕（仏祖賛「繋驢橛」）
孝庵□悌	同右	同寺塔頭定水軒主（「繋驢橛」）	同右
惟忠通恕	応永十年（一四〇三）四月十三日頒布 同年六月二十日入院（「繋驢橛」）	建仁寺永源庵にて公帖受く。のち山城安国寺住、建仁寺八八世、天竜寺五二世、南禅寺八九世。建仁寺永源庵、東山常在光院住。足利義持の信任篤く、細川頼長、持有と親密	無涯仁浩（本師、鉄庵の弟子、建仁寺三九世、建仁寺永源庵開山、細川頼長と親密）
某	応永十六年八月二十七日畠山満家より寺領（門前地三十口）寄進受く（「永源師檀紀年錄」） 同年九月二十九日畠山満家より寺領（石正名・成綱名）安堵される		
大方□宙	応永十九年以前住（「逸錄本邦古徳入寺語」） 惟忠の「繋驢橛」の「仏祖賛」中に登場するので惟忠以前の人物か		石麟仁球（本師、鉄庵の弟子）
梅嶺礼忍	応永十九年（一四一二）冬入寺。大檀越は畠山満家（「永源師檀紀年錄」）	のち建仁寺一一八世	大方□宙（本師、石麟仁球の弟子） 惟忠通恕（賀偈「繋驢橛」）

春渓□建	応永二十四年（一四一七）入院（「瑞渓疏」）		瑞渓周鳳（諸山疏「瑞渓疏」。鹿苑院塔主。相国寺中心の活動。足利義教と親密。学芸を厳仲・惟肖・天章より学ぶ。夢窓派）
〔呂翁珠回〕（塔頭虎渓庵主）	応永三十二年（一四二五）四月九日火災にあう。この時呂翁珠回座元秉払す（「永源師檀紀年録」乾）		一渓虎蔵主（呂翁の法会に尽力し、賑す〈「永源師檀紀年録」〉）
某	応永三十四年（一四二七）建仁寺瑞応庵（鉄庵開山）領として金剛寺成綱名、石正名が安堵される		
実夫通的	正長元年（一四二八）十一月入院（「永源師檀紀年録」、「東山歴代」、「流水集」二）	永源庵住	惟忠通恕（本師）
礼虎	永享九年（一四三七）九月十八日吹挙、同年九月二十一日頒布		
一渓虎	文安四年（一四四七）心田没以前に入院（「心田播禅師疏」）		心田清播（山門疏「心田播禅師疏」。第3表参照。夢窓派）
季玉□琛	享徳元年（一四五二）十二月当寺住（「流水集」三）		東沼周曮（疏「流水集」二。同寺を訪れる〈「流水集」三〉。建仁寺を中心に活動。夢窓派。第2表参照） 朴堂祖淳（東沼と同寺を訪れる。越中吉祥寺住。建仁寺興雲庵塔主。東山常在光寺住。一山派）
知淵	長禄三年（一四五九）三月十七日頒布		
呂翁珠回	寛正三年（一四六二）一月二日東沼没以前に入院（「流水集」二）	さきに同寺塔頭虎渓庵主をつとむのちに建仁寺一七八世、建仁寺瑞応庵に住す（「流水集」三）	東沼周曮（疏「流水集」三）
掄季材	同右		同右
礼亀	寛正四年（一四六三）三月九日頒布		
祖江元	文明五年（一四七三）五月八日瑞渓没以前に入院（「瑞渓疏」）		瑞渓周鳳（山門疏「瑞渓疏」）

合浦永琮	文明六年十二月二十六日頒布	永源庵住。建仁寺二二五世	惟忠通恕(本師) 景如周麟(山門疏「翰林葫蘆集」、乱を避け横川とともに桃源瑞仙の郷里の近江に行き、永源寺に住す。相国寺に八住す。相国寺鹿苑院塔主)
險年正度	長享二年(一四八八)四月十九日頒布		
玉峰正琳	長享二年十二月二十七日頒布。開山一百年忌のため正度は年期未満であったが入院		
東岫永遼	明応五年(一四九六)七月十九日(「永源師檀紀年錄」)	のち建仁寺二五四世(永正十一年三月三日)	合浦永琮(本師)
玉井宗蓮	明応七年十月二十六日(「東山歴代」「桂林駢儷」「桂子禅昧」)		桂林徳昌(「桂林駢儷」。近江永源寺派下に法を嗣ぐ。建仁寺十二住。月舟寿桂や古桂弘稽と交流あり。大覚派) 古桂弘稽(「桂子禅昧」。建仁寺二十二住。建仁寺清住院塔主。一山派)
古岳永淳	天文七年(一五三八)二月十七日(「鹿苑日錄」)	さきに建仁寺永源庵に居す。のち建仁寺一八五世	東岫永遼(本師)
玉峰永宋	元亀二年(一五七一)四月五日(「鹿苑日錄」)	永源庵住	古岳永淳(本師)

註 特にことわらない出典は『蔭凉軒日錄』、また、おもに『富山県史』史料編Ⅱを参照した。

た人物は、たとえば惟忠のように、山城安国寺のようないずれかの十刹寺院に住し、そののちに、建仁寺に入院している人物も少なくない。建仁寺には、この惟忠通恕（八八世）をはじめとして、梅嶺礼忍（一一八世）・合浦永琮（二二五世）・東岫永遼（二五四世）・古岳永淳（一八五世）が住したことが知られる。

建仁寺内には鉄庵の弟子の無涯仁浩の塔頭である永源庵があった。さきに、金剛寺は寺領とともに建仁寺内の瑞応

第4図　仏源派略系譜

- 大休正念
  - 大川道通 ─ 梅林霊竹
  - 鉄菴道生
    - 無涯仁浩 ─ 惟忠通恕
      - 実夫殊(通)的
      - 合浦永琮 ─ 東岫永遼 ─ 古岳永淳 ─ 玉峰(玉甫)永宋 ─ 顕令通憲
    - 石麟仁球 ─ 大方□宙 ─ 梅嶺礼忍
  - 東方通川
  - 秋澗道泉 ─ 之庵道貫 ─ 傑翁是英 ─ 石橋禅(是)粱 ─ 殷賢禅彭 ─ 叔悦禅懌 ─ 奇文禅才 ─ 竜派禅(玄)珠
  - 嶮崖巧安 ─ 容山可允 ─ 大円興伊

第5図　細川氏略系譜

- 細川頼春
  - 頼之……勝元
  - 頼有 ─ 頼長
    - 実夫通(殊)的
    - 持有
      - 合浦永琮
      - 教春……元常
        - 玉峰永宋
        - 藤孝(幽斎) ─ 忠興

庵の末寺として位置付けられていたことは述べたが、金剛寺入院者の中では、惟忠・実夫通的・合浦・玉峰永宋が、この永源庵に住持し、惟忠と古岳は金剛寺に入院する以前に永源庵にて修行していたことが知られる。

永源庵は、前述したように細川頼長の保護を受けていた無涯仁浩が、開山となっている建仁寺内の塔頭である。それに、以降も永源庵は和泉の細川氏の外護を受けており、仏源派の惟忠なども細川頼長や持有と親密であった。したがって、仏源派には、細川氏出身の者がおり、実夫通的・合浦永琮や玉峰永宋がそうであった。仏源派の系図と細川氏の系図を示せば右のようである。なお、これらの二図は木倉氏前掲論文からの引用（第4図は一部改編）である。

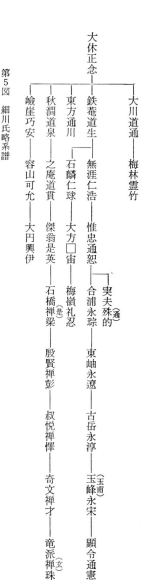

こうした中で、玉峰永宋は将軍義昭の側近であった細川藤孝（幽斎）の実兄であったために、「鹿苑院公文帖」に、

元亀二年辛未

無払越後使節之功賜之

玉峯　永宋

金剛寺

四月五日

とあり、元亀二年（一五七一）に秉払を行なうことなくして、金剛寺入院の公帖を受けている。史料にみえるように越後に使節として赴いた功労のために下賜されたものである。木倉氏前掲論文は、これは、玉峰が将軍義昭の命により、上杉謙信との連絡に功があったためであるとする。

ところで、惟忠の金剛寺の入院期間は、入院語録[25]によれば、建仁寺内永源庵にて、応永十年（一四〇三）四月十三日に公帖を受け、二か月過ぎの六月二十日に入寺し、翌年四月二十日に法堂を新築し、中夏にて入京の上堂すなわち、同寺を去るに因んで説法を行なっているのである。一夏は四月十五日から七月十五日までであるから、中夏とは、六月一日前後である。したがって、惟忠の金剛寺入院期間は、六月二十日から翌年の六月一日前後までであるから、約一年間であった。

このように入院期間は一年間以上であったようであるが、その任期に満たないうちに交替した例がある。それは、長享二年（一四八八）四月十九日に入寺した隃年正度の任期が満たないうちに、玉峰正琳が、同年の十二月三十七日に入院していることである[26]。その理由は、長享二年十一月三十日が開山大休正念の二百年忌に相当するためであった[27]。おそらく、隃年正度よりも玉峰正琳の方が、力量のある人物であったからであろう。

4　黄梅寺と現福寺の住持

黄梅寺は夢窓疎石の弟子の方外宏遠が開山した寺院であり、その方外の弟子の中樹心翁が入院する直前に諸山に列せられたことはすでに述べたとおりであるが、ここで、同寺に入院した人びとと、それらとかかわりあった人物についてみておくことにする。第5表のとおりである。

この一覧でも明らかなように、中樹心翁が諸山に列せられた同寺に入院するに際しては、夢窓疎石の門弟の中心的人物であった義堂周信が送偈（送別の漢詩文）を与えているのをはじめとして、汝霖妙佐（夢窓派）や仲芳円伊（大覚派）が疏を作成しており、五山派を代表する人びとから祝福されての入院であったようである。入院の時期は七言絶句の送偈を作成した義堂の没年月日が嘉慶二年（一三八八）四月四日なので、それ以前である。黄梅寺は南北朝末期に、夢窓派に属する諸山寺院として、新たな展開をみせることになったのである。

なお中樹は越中の安国寺にも住している。それが、黄梅寺に住する以前なのか以後なのかは不明であるが、この入院に際しては、曹洞宗宏智派の元方正楞が諸山疏を作成している。また、夢窓の弟子の古剣妙快とも交流があったようである。古剣の『了幻集』上に、黄梅寺の中樹が斯波義種が行なった大仏事に漢詩文を作成し、それが、すぐれたものであったので、古剣がその韻を踏んで和した、と記している。(28) 中樹ののちでは、鎮海珠という人物が、やはり当時を代表する五山文学僧である瑞渓周鳳の諸山疏を受けていることが注目される。

『蔭涼軒日録』には同寺の入院者を検出することができない。これは、方外宏遠の門下があまり発展を遂げなかったということも考えられるが、一方、中林が寛正三年（一四六二）十月に公帖を受け、二年後の同五年九月には寿兆という人物が公帖を受けていることからみると、『蔭涼軒日録』には記載されていないが、実際には、もう少し多くの

第5表　黄梅寺住持およびその交流者一覧

入院者	入院・公帖吹挙・公帖頒布年月日	他の入寺地・行歴など	本師および入寺に際しての諸疏等の作成者
(開山)方外宏遠	貞治二年(一三六三)六月五日本人没以前に開山		夢窓疎石(本師)
中樹心翁	嘉慶二年(一三八八)四月四日義堂没以前に入院。この入寺直前に同寺は諸山に列せられる(「汝霖佐禅師疏」)	以前に円覚寺にて第一座(首座)を務む(「汝霖佐禅師疏」) 黄梅寺住持中に斯波義種の仏事に詩を作る(「了幻集」) 越中安国寺に入院(「越雪集」)。のち南禅寺七六世	方外宏遠(本師) 義堂周信(送偈「空華集」五・七。足利義満の信任厚く、五山文学の代表的人物。夢窓の弟子) 仲芳円伊(諸山疏「懶室漫稿」七疏。南禅寺七八世。遊佐長護葬儀法語あり。大覚派) 汝霖妙佐(山林友社疏「汝霖佐禅師疏」。夢窓派、春屋妙葩の弟子。文芸は主として絶海中津に参学) 元方正楞(越中安国寺入院に際しての諸山疏「越雪集」。曹洞宗宏智派) 古剣妙快(中樹の詩文の韻に和す。「了幻集」上。京都臨川寺を中心に活動。夢窓派)
充祐	長禄二年(一四五八)四月五日公帖受く		
中林	寛正三年(一四六二)十月十一日公帖受く		
寿兆	寛正五年九月五日公帖受く		
鎮海珠	文明五年(一四七三)五月八日瑞渓没以前に入院(「瑞渓疏」)		瑞渓周鳳(同門疏「瑞渓疏」。夢窓派。第4表参照)
某	長享二年(一四八八)六月二日以前に寺領安堵を義政に要求す。支証を差し出し、寺領安堵を求め不入の地として安堵さる		

註　特にことわらない出典は『蔭凉軒日録』、また、おもに『富山県史』史料編Ⅱを参照した。

第6表　現福寺住持およびその交流者一覧

入院者	入院・公帖吹挙・公帖頒布等の年月日	本師および入寺に際しての諸疏等の作成者
景稜(開山不詳)	永享九年(一四三七)八月六日吹挙 同年八月十日頒布	夢窓派
全才	永享十二年(一四四〇)七月二十八日吹挙 同年七月二十九日頒布	
密叟	文安から宝徳(一四四四～五二)以前に入院カ(「越雪集」)	元方正楞(諸山疏「越雪集」。文安から宝徳にかけて活躍。宏智派。第2表参照)
瑞蘭	長禄二年(一四五八)九月二十七日頒布	
周璨	寛正二年(一四六一)十一月晦日頒布	
景颱	寛正六年七月二十九日頒布	

註　特にことわらない出典は、『蔭凉軒日録』また、おもに『富山県史』史料編Ⅱを参照した。

人びとが入院していたのではなかろうかとも考えられる。

つぎに、同じ夢窓派の寺院である現福寺の入院者を挙げておこう。第6表のとおりである。

現福寺の入院者は、『蔭凉軒日録』に記載された五人と、曹洞宗宏智派の元方正楞が入院の際に諸山疏を作成している密叟という人物しか判明していない。記録の上からは、六人の入院者しか判明していないが、寛正二年(一四六一)十一月に周璨という人物が、四年後の同六年七月には景颱という人物が公帖を受けているところからみると、黄梅寺と同様、現福寺の入院者も、さほど少なくなかったのではなかろうか。

5　崇聖寺の展開

崇聖寺は円爾の門派である聖一派の竺山至源が開山となっている寺院であるが、すでに述べたように隣岩徳という人物が康安元年（一三六一）十二月十一日以前に入院しており、この時に諸山に列せられていることが知られる。その入院の際の乾峰の「山門疏」[29]に「竺山為レ父」とみえ、隣岩徳が竺山の弟子であることが知られる。また、この疏には「雙径円照之宗、従二東福一而興二北越一」と、聖一派が北越の地に進出することを祝する語が述べられている。この疏は山門疏（山内の者が入寺を祝する語を述べたもの）であるので、崇聖寺山内の者が、同一派内の乾峰に作成を依頼したものであろう。

こうして崇聖寺は十四世紀半ば以前から聖一派に属する諸山として存在したわけであるが、それ以降の入院者で判明しているのは第7表のような禅僧たちである。

見剛直宗はのちに東福寺七三世となっている。また崇聖寺入院の公帖を得るのに東福寺の吹挙を受けた者もいる。東福寺は、いうまでもなく円爾（聖一国師）が開山した寺院である。むろん、当寺は五山に列していたので聖一派にかぎらず入院できたわけであるが、崇聖寺は、とくに東福寺と深い関係にあったようである。崇聖寺は将来五山である東福寺へ昇住していくための出世寺でもあったわけである。

聖一派の人物で、東福寺を中心に活動した東漸健易の「東漸和尚法語集」に「聖寿鎮山入祖堂」[30]という法語が収録されている。これは、宗鎮泰山（応永十八年十月二十五日没）の一周忌に際して、高弟の威明蔵主が応永十九年八月八日に法要を行ない、東漸に頼み、宗鎮の位牌を白雲慧暁の塔がある洛北の聖寿寺（白雲慧暁が退居し没した所であり、塔所でもある。はじめ栗棘庵と称したが、のちに聖寿寺と改称し、栗棘庵は東福寺内に建立され、白雲の遺骨が分骨された）に安置（「入祖堂」という）する法語を述べてもらっている。この文中に、宗鎮が崇聖寺の住持であったこと、また聖寿寺の前住であったことなどもみえている。白雲の門派を聖一派の中でも栗棘派と称するが、崇聖寺はその栗棘派の寺院であった。

第7表　崇聖寺住持およびその交流者一覧

入院者	入院・公帖吹挙・公帖頒布年月日	他の入寺地・行歴など	本師および入寺に際しての諸疏等の作成者
竺山至源	鎌倉末期		白雲慧暁(本師)
隣岩徳	康安元年(一三六一)十二月十一日乾峰没以前に入院(「広智国師語録」二)		竺山至源(本師カ「広智国師語録」) 乾峰士曇(山門疏「広智国師語録」。東福寺、南禅寺、円覚寺を歴住。東山に宝菩提寺を開山し、住す。聖一派)
見剛直宗	応永十七年(一四一〇)四月二十八日岐陽没以前に入院(「不二和尚遺藁」)	越中安国寺より入院のち東福寺七三世	南海聖珠(本師、円爾より六世の孫) 岐陽方秀(山門疏「不二和尚遺藁」。東福寺栗棘庵塔主。同不二軒開山。東福寺中心に活動。聖一派・栗棘派)
天岩慧璿	見剛入院よりしばらくのちのこと(「不二和尚遺藁」)		見剛直宗(本師、「棘林志」に嗣法徒に天岩ありと記す)
宗鎮泰山	応永十八年(一四一一)十月十五日東漸没以前に入院(「東漸和尚法語集」)	のちに洛北聖寿寺住(「東漸和尚法語集」)	東漸健易(泰山入祖堂「東漸和尚法語集」。東福寺、南禅寺に住し、東山常在光院に住す。東福寺中心に活動。聖一派)
通延	永享十年(一四三八)四月二十日吹挙 同年四月二十八日頒布		東福寺吹挙
密室至賢	文安四年(一四四七)心田没以前に入院(「心田播禅師疏」)		心田清播(山門疏「心田播禅師疏」。夢窓派。第3表参照)
曇鷁	寛正二年(一四六一)十一月二十一日頒布		
知見	寛正五年十二月二十一日頒布		
恵徹	延徳三年(一四九一)六月二日書立 同年六月二十日頒布		
玄儔	大永八年(一五二八)(「鹿苑院公文帖」)		
天庵梁桂	天文十八年(一五四九)三月十二日(「鹿		

苑院公文帖」）

註　特にことわらない出典は、『蔭凉軒日錄』、また、おもに『富山県史』史料編Ⅱを参照した。

同寺は、戦国期にも存続していることが知られ、天文十八年（一五四九）にも入院者が存在したことが知られる。

6　越中安国寺

安国寺は夢窓疎石の提案によって、足利尊氏・直義が元弘の乱以来の戦没者の霊をとむらうために、一国に一か寺設置したものである。同様に利生塔も一国一塔の設置であったが、これは、真言・天台・律などの旧仏教系寺院に設定するという基本原則があったようで、それらの宗派のものが多く、禅院の場合は五山派ではあるが、もとは旧仏教寺院であり、五山派の主流ともいうべき夢窓派に属しないものが多かった。これに対して安国寺の場合には、各国守護ときわめて密接な関係にある禅宗五山派のみに限られており、従来からの禅刹を、そのまま一国一寺の安国寺に認

第8表　安国寺住持およびその交流者一覧

入院者	入院・公帖吹挙・公帖頒布年月日	他の入寺地・行歴など	本師および入寺に際しての諸疏作成者
開山不詳			
見剛直宗	応永十七年（一四一〇）四月二十八日没以前に入院（「不二和尚遺藁」）	同寺より崇聖寺へ入院（第7表参照）	
中樹心翁	文安から宝徳（一四四四～五二）以前に入院（「越雪集」）	黄梅寺入院（応永二十年以前、しかしいずれの寺が先か不明）。	方外宏遠（本師） 元方正楞（諸山疏「越雪集」。宏智派。第2表参照）
霊棗	寛正三年（一四六二）十月十一日頒布		

註　特にことわらない出典は、『蔭凉軒日錄』、また、おもに『富山県史』史料編Ⅱを参照した。

定していった。したがって、はじめからすべての安国寺が五山派寺院であったとはかぎらないが、指定されるころには、いずれも五山派に属していたとみてよい。これらの寺院を開山の宗派別に分類すると、仏光派（無学祖元の派）一四、聖一派一二、大覚派四、法燈派二、などとなっている。指定の時期は建武五年（一三三八）ごろから貞和三年（一三四七）ごろにわたってであった(31)。

さて、越中の安国寺についてであるが、「不二和尚遺藁」『蔭凉軒日録』『越雪集』などにその名がみえるから、実在したことは確かである。まず、入院者からみておこう第8表のようである。

この表のように同寺に住した人物は、三人が知られており、越中に安国寺が存在したことは明らかであるが、どこに所在したのか、何寺であったのかは不明である。

まず、国泰寺が安国寺であったという説がある。辻善之助氏が、「越之中州摩頂山国泰開山恵日聖光国師清泉妙意禅師行録」、すなわち、法燈派の国泰寺開山の慈雲妙意の行状を記したものに(32)、

詔曰、朕今於扶桑国中毎州造営安国寺、越中素有国泰寺、今別不創、宜紹隆少林玄風、奉祈国家安泰者、如件、

とあることをもって、その根拠としているのに対して、今枝愛真氏は同行録の記事には誇張が多く必ずしも信憑できないので、国泰寺が越中安国寺であったかどうかは詳らかでないと、疑問を投げかけておられる(33)。

辻氏の説に従えば、安国寺に入院した人物は法燈派の人物であるとみなければならないであろう。ところが、さきの一覧にも示したように、見剛直宗は、安国寺に住した後に崇聖寺に住しており、のち東福寺七三世にもなっている聖一派の人物であり、中樹心翁は黄梅寺にも入院し、方外宏遠の弟子であることが判明している夢窓派の人物である。このことからしても国泰寺が安国寺であったという説は否定されなければならない。

いま一つは、布市（富山市）興国寺の近くに小字で「安国寺割」という地名が存在することから同地にあったとす

る説である。また、寛文十一年（一六七一）六月十七日に誌された「東福寺末派僧衆掛塔僧籍」[34]の慧海蔵主の項に「栗棘派、越之中州新川郡布市村太平山興国寺、開山秀峰奇禅師、桃井播磨守直常草創也、同年至日玄湛代」と記されているように、興国寺は聖一派であり、しかも、崇聖寺と同じ栗棘派であったことが知られる。そして、その開基檀越は桃井直常であったことがわかる。直常は、安国寺利生塔の設置を中心になって推進した直義と近い立場にあり、観応元年（一三五〇）、当時の越中守護であって直義方に属し、尊氏・高師直・義詮らと戦い、翌年一月には加賀・能登・越前などの勢力とともに京都にまで進攻している。また、安国寺から崇聖寺に住した見剛直宗についてであるが、その入院に際して、聖一派中の栗棘派の岐陽方秀の作成した山門疏に「北陸道越之中州海陽山崇聖禅寺、見虚主席、吾門議挙云、州安国直宗和上大禅師、以補其処、山中雲衲不勝蹈舞之至、作疏以迎之」とある。崇聖寺の住持が空席になったので、「吾門」すなわち聖一・栗棘派中で「議挙」して越中の安国寺に住していた見剛直宗を迎えることにした、というのである。これからすると、見剛が住する当時の安国寺は、聖一・栗棘派の寺院であったとみなければならないほど近い立場にあったようである。それに、聖一派の崇聖寺の所在地寺町（富山市）と、布市とは一〇キロメートル程隔てるだけであるから、相互の交渉も密であったといえよう。

以上の点から、安国寺は聖一・栗棘派であり安国寺割にあった興国寺のことであった可能性があるとする説がある。[35]安国寺が布市の周辺に存在したのか、安国寺＝興国寺なのかはともかくとしても、見剛が安国寺に住していた当時は、聖一派と緊密な関係にあったことは確かであった。しかし、前述したように、見剛の前になるのか後になるのかはわからないが、夢窓派の中樹心翁が安国寺に入院していることも事実である。これは、曹洞宗宏智派の元方正楞の『越雪集』中の「中心（中樹心翁）住越中安国」[36]と題する諸山疏（近隣の寺院が入院を祝する意を表した漢詩文）から判明する。したがって、中樹の入院の方が見剛のそれよりも後のことになるとすれば、まず、安国寺は聖一派の寺院であったが、越中では守護がめまぐるしく替わったり、戦乱の巷と化したことなどもあってか、室町幕府の保護を受けて隆盛となり五山禅林で圧倒的勢力を示した夢窓派の寺院に変わってしまったと考えられる。いずれにしても、安国寺は、開創以来、同一の門派に属して展開した寺院ではなかったのである。

7　長福寺・長禅寺・妙長寺の住持

長福寺は一山一寧の開山になる寺院であるが、それ以降も一山派の人びとにより維持されていたものと思われる。それは、廷瑞祖兆という人物が文明五年（一四七三）に入院しており、彼が一山派で越中吉祥寺の住持朴堂祖淳の弟子であったことからも知られる。やはり一山派の天隠竜沢の『黙雲集』の「兆廷瑞首座住長福并序」によれば、廷瑞は越中土肥氏の出身であったことから、土肥氏が斯波義敏に働きかけたことにより、公帖が降ることになったという。この廷瑞は、その後いずれかの十刹寺院に住して、一二年後の文明十七年十一月十九日には建仁寺に二二二世として住している。(37)中央有力武家と地方武士の関係は、中央の五山と地方の五山派寺院との関係とも複雑に関連しあっていたとみることができるようである。『蔭涼軒日録』延徳三年十一月二十三日条によれば、長福寺は、「大雲末寺甲刹」の中に入っており、南禅寺内の大雲庵（一山が開山となっている）の末寺として位置づけられていたことが知られる。

長福寺・長禅寺・妙長寺の住持およびその交流者を示せば、第9・10・11表のようになるのである。

長禅寺はすでに述べたように、蘭渓道隆の孫弟子の了堂素安が開山となっている諸山寺院であるが、了堂の弟子である大宗□盛の弟子の諸庵西肇も入院している。諸庵はその後建仁寺や南禅寺にも住しているので、長禅寺は大覚派（蘭渓の門派）の出世寺院として存在したことがわかる。しかし、五山派寺院は室町幕府の力が衰退したのに比例して、勢力を失っていった。同寺も同様であったのであろう。「快川希庵等語録」(38)には、

越之中州長禅古刹（長禅寺）松公知蔵、早立撥草瞻風之志気、而遍歴諸衲子門、傾肝胆於箇事者、有年于玆、先是入予室、参詳日尚矣、頃者留錫於信州開善精舎、而条椽下尺単前、堅（竪）起脊梁骨、孜々而旭煆嘌錬、実可嘉尚矣、往昔雪峰存（義存）金翅、三到投子、九上洞山、千辛万苦、後来建大伽藍、聚千五百衆、今也、知蔵、亦効其家風者乎、他時異日、名遂功成、住大刹、匡徒領衆、者必矣、多賀々々、戊辰（永禄十一年）之春、有事而帰、故帰里、於玆乎開善堂上和尚（速伝宗販）、攄華偈壮昼遊、君子贈人以言之謂乎、知蔵、仮道於虞、而信宿之次、誇説于予、不獲点止、依尊端者一絶、聊擬祖帳餞

第9表　長福寺住持およびその交流者一覧

入院者	入院・公帖吹挙・公帖頒布年月日	他の入寺地・行歴など	本師および入寺に際しての諸疏等の作成者
一山一寧			
令奕	永享九年(一四三七)七月二十日吹挙 同年七月二十二日頒布		
徳曇	永享十二年四月四日吹挙 同年四月五日頒布		西来院徳聊吹挙
真尤	嘉吉元年(一四四一)四月十一日吹挙		大雲庵(一山開山)法舟吹挙
宗	長禄四年(一四六〇)二月十九日頒布		
祖林	寛正二年(一四六一)三月二十二日頒布		
廷瑞祖兆	文明五年(一四七三)三十七歳の時入院(「黙雲集」)	土肥氏出身、建仁寺前堂首座を務む。この年の夏、越中より上洛。土肥氏・斯波義敏の力により公帖受く(「黙雲集」)。のち建仁寺二二二世(文明十七年十一月十九日四十九歳の時)	朴堂祖淳(本師、第4表参照) 天隠竜沢(住長福并序「黙雲集」。一山派、第2表参照) 古桂弘稽(建仁寺入院に際しての山門疏、〈「扶桑五山記」四〉)。
某	延徳三年(一四九一)十一月二十三日南禅寺内大雲庵末寺として同寺の名がみえる		

第10表　長禅寺住持およびその交流者一覧

入院者	入院・公帖吹挙・公帖頒布年月日	他の入寺地・行歴など	本師および入寺に際しての諸疏等の作成者
了堂素安			同源道本（本師、蘭渓道隆の弟子）
諸庵西肇	文安四年（一四四七）心田没以前に入院（「心田播禅師疏」）	建仁寺一三一世 南禅寺一三五世	大宗□盛（本師、了堂素安の弟子） 心田清播（諸山疏「心田播禅師疏」。諸庵のもとで前堂首座を務む。夢窓派。第3表参照）
善与	長禄二年（一四五八）九月二十日頒布		
某	長禄三年十二月二十五日頒布		
性勗	長享二年（一四八八）十二月三日頒布		
松（知蔵）	永禄十一年（一五六八）春入院カ（「快川希庵等語録」）	このとき信濃国開善寺（妙心寺派）より越中に帰る（「快川希庵等語録」）	速伝宗販（送別の辞「快川希庵等語録」。開善寺住持、妙心寺六一世、妙心寺派）

第11表　妙長寺住持およびその交流者

入院者	入院・公帖吹挙・公帖頒布年月日	他の入寺地・行歴など	本師および入寺に際しての諸疏等の作成者
開山不詳			
雪岫□深	応永十六年（一四〇九）閏三月二十九日曇仲没以前入院（「曇仲遺藁」）		曇仲道芳（諸山疏「曇仲遺藁」。相国寺中心に活動。同寺常徳院内養源軒に住す。とくに疏文に優れた。惟肖得巌・仲方円伊・東漸健易・岐陽方秀等と交友あり。夢窓派）

註　特にことわらない出典は、おもに『蔭凉軒日録』、『富山県史』史料編Ⅱを参照した。

礼云、

三投九洞一機全、帯得祖園春色還、歩々豁開行脚眼、只無師不道無禅、

五住妙心希庵老衲書印

とある。すなわち、永禄十一年（一五六八）春、長禅寺の松知蔵が信濃（長野県）開善寺の速伝宗販のもとを去って越中に帰るというのである。開善寺もはじめは五山派であったようであるが、天文十八年（一五四九）、本覚霊明によって臨済宗妙心寺派に転じた寺院である。速伝は妙心寺六一世として入院している人物であり、それに参じていた松知蔵も妙心寺派であるとみてよかろう。つまり、長禅寺も、永禄十一年のころにはすでに林下禅林である妙心寺派に転じていたとみてよいのではなかろうか(39)。長禅寺は前述したように、戦国期には、松倉に存在したことが知られる。松倉には同地を中心に越中東部に勢力を持った椎名氏が城を構えており、長年領下の曹洞宗寺院に保護を加えていた。つまり椎名氏は、その領内において在地領主をはじめとして、それよりも下層の民衆にまである程度受容されていた林下である曹洞宗と、同じく林下であり、地方の臨済宗寺院を自派に転じさせ勢力を張っていた妙心寺派の寺院とに保護を加えていたのである。妙心寺派となっていた長禅寺と京都妙心寺とは、椎名氏にとって、京都方面の情報や諸事に便宜を図るために必要欠くべからざるものであったに相違ない。

妙長寺に関しては雲岫□深が応永十六年以前に曇仲道芳の諸山疏を受けて入院したことが知られるのみである。

三　十刹・諸山寺院周辺の臨済宗寺院

1　吉祥寺

これまで、諸山以上に列した寺院を中心にみてきたが、それらの周辺に存在した臨済宗寺院についていくつかみておこう。まず吉祥寺である。空谷明応の語録である「常光国師語録(40)」に、

大日本国越中州新阿（河）郡佐味郷大慈山吉祥禅寺鋳巨鐘銘曰

忍土含類　耳根聡利　仏出誘徒　語言用此　範金鋳鯨　大発其声　諸大歓動　地獄若□　夜驚睡夢　昏促珍重

声自□無　聞非山動　聞性一如　生仏不殊　方知此鐘　包含十虚　惟功惟福　如海如嶽　主僧良魁　作銘空谷

とみえ、吉祥寺が佐味郷にあったことが理解できる。佐味郷の郷域は黒部川扇状地と朝日町全域にわたるものと考えられるが、『越中志徴』によれば、同郷の吉城寺村に吉祥寺が存在し、弘治元年（一五五五）、松室という僧侶によって、曹洞宗に改宗されている。「寺籍財産明細帳」[41]などに書かれている寺伝によれば、弘治年間の再興ののちにも、天正年間に上杉謙信の進攻により、兵火にかかり、記録等を焼失してしまった。それを安政六年（一八五九）に復興したという。そして昭和六年（一九三一）十二月には前沢村吉城寺字大門より現在地に移転している。旧境内地には市指定天然記念物の大杉があるという。したがって、吉城寺字大門の地が、吉祥寺のあった所であり、弘治元年に曹洞宗に改宗される以前から存在した。

　改宗される以前の宗派であるが、さきの鐘銘の撰者である空谷明応が臨済宗夢窓派の人物であり、五山派を統轄する僧録職まで勤めた人物であることからみて、臨済宗五山派系の寺院であったことが考えられる。空谷が没したのは応永十四年（一四〇七）一月十六日であるから、同寺はそれ以前に存在し、梵鐘を新たに鋳造するほど隆盛であったことになる。そして、梵鐘鋳造当時の住僧が良魁という人物であったことも「鐘銘」から知ることができる。

　それから半世紀以上後のことになるが、文明十七年（一四八五）十二月七日、五山僧の天隠竜沢が、応仁元年（一四六七）五月二十四日に死去した朴堂祖淳の位牌を建仁寺に祀るに際して作成した法語である『翠竹真如集』一の「朴堂和上入祖堂法語」[42]によれば、朴堂祖淳は越中の新河郡の出身で、「投同群（郡）吉祥寺虚室禾上、出家」と同郡内の吉祥寺虚室祖白のもとで出家している。そして、朴堂もまた吉祥寺に住し、「師世寿八十七、応仁丁亥仲夏廿四日、化於越之吉祥寺云」とあって、同寺において没しているのである。これらによれば、朴堂が出家したころに吉祥寺には虚室祖白が住していた。それは、当然のことながら朴堂が信濃の諸山である慈受寺に入院した永享初年（一四二九〜）以前のことである。そして、その弟子の朴堂が応仁元年（一四六七）四月二十四日に没するまで在住した。

さらに、『翠竹真如集』二の「春渓慈栄大姉肖像賛　其子興雲廷瑞西堂求之」[43]に「右、文明丁酉（九年）之春、吉祥廷瑞禅師、発越入京、居無何、聞阿母訃音」とあり、文明九年（一四七七）春の当時、吉祥寺の廷瑞祖兆が建仁寺興雲庵（開山は石梁仁恭）に住していたことが理解される。したがって、このころの吉祥寺の住持は朴堂の弟子の廷瑞であったといえる。[44]

以上のことから、佐味郷に存在した吉祥寺は、弘治元年（一五五五）に曹洞宗に改宗されるまでは、臨済宗五山派の寺院であったことが知られる。「主僧良魁」については不明であるが、虚室祖白・朴堂祖淳・廷瑞祖兆と続く師・弟子・孫弟子は一山派に属する人びとである。したがって、吉祥寺は十五世のほとんどの時期は一山派寺院として存在し、同じく一山派の諸山寺院であった長福寺と密接な関係にあったと考えられる。

ただし、廷瑞の在住ごろには、すでに曹洞宗の進出が顕著になってきており、同寺の周辺にも及んできていたようである。さきにもみた『翠竹真如集』二の「春渓慈栄大姉肖像賛」に割注の形で、

大姉載洞家衣盂、二月十五日逝矣、廷瑞今居吉祥寺

とみえる。

第6図　一山派略系譜

一山一寧─┬─石梁仁恭──竺芳祖裔──虚室祖白──朴堂祖淳──廷瑞祖兆──河清祖瀏
　　　　　└─聞渓良聡──天柱　済──天隠竜沢

春渓慈栄大姉は廷瑞の母であるが、曹洞宗の僧侶から法名を受けたようである。廷瑞は、さきにみたように土肥氏の出身であるから、春渓慈栄大姉も当然同氏一族の人である。土肥氏は、祇園社領である堀江荘（滑川の北で上市川の流域）の地頭代から同地に勢力を張ってきた武士である。そして、上市川上流の眼目の曹洞宗立山寺（当初は立川寺）の檀越であったようである。その関係からかも知れないが、廷瑞の母も、曹洞宗の僧侶から法名を受けていたようである。このように、臨済宗五山派の禅僧の母でさえ曹洞宗の僧侶から法名を受けるほど、曹洞宗の在地武士への浸透が進んでいたのである。廷瑞の住した吉祥寺の場所は、土肥氏が勢力を張った上市川流域から、少し離れている場所であるから、一概に臨済宗の勢力が弱まり、曹洞宗が隆盛に向かった結果とはいえない。だが、吉祥寺周辺の在地武士の間にも曹洞宗の進出が顕著であったであろうから、やはり、しだいに、その傾向を示していく結果となったことであろう。廷瑞の母が曹洞宗の僧侶から法名を受けていることは、そのようなことを物語っているようである。やがて、吉祥寺は衰退し、弘治元年（一五五五）に曹洞宗に改宗されて再興されるに至るのであった。

2　蜷川の最勝寺

富山市蜷川に最勝寺という曹洞宗寺院が存在するが、同宗に改宗されたのは、改宗に際しての開山である亀阜豊寿の没年が文亀元年（一五〇一）だから、それ以前のある時期であり、それまでは、他宗派であったことになる。同寺を蜷川親綱が建立したということは、諸系図の一致するところである。[45]「最勝寺記録」によれば、蜷川親綱は源実朝に仕えていた人物で、建久年間に蜷川城外黒崎の地に寺を建立し、瑞竜山最勝寺と号したとされる。また、親綱は元仁元年（一二二四）二月十五日に没し、法名を信性と付されたという、この寺伝が、どれほど信頼できるものなのか疑問であるが、蜷川氏は鎌倉幕府に仕え、越中に所領を所有していたものと考えられる。ただし、それを証するものは存在しない。

蜷川氏は室町期にも幕府に仕え、越中に所領を持したようである。蜷川氏の歴代は系図諸本により異なるが、最勝寺本によれば、親章は足利義詮に仕え、越中国礪波・新川両郡に所領を持ち、親当は義教に仕え、京都の沙汰人となっており、和歌・連歌に秀でて、知蘊と号し、一休の教えを受けたという。親元が文明十八年（一四八六）五月十六日の当時越中とかかわりがあったことは文明十八年五月十六日付「横山重国・三上員光連署奉書案」(46)や「蜷川親元施行状案」(47)によって知ることができる。

親元以降、越中とかかわりを持っていくのは最勝寺本にみえる親尚の系統である。『親元日記』によれば、寛正六年（一四六五）五月二十六日当時、親尚は越中国滑川に在住していたことが知られる(48)。常嗣は足利義晴に仕えた人物であるが、越中国守山城主の神保氏純と戦い、永禄九年（一五六六）一月二十日、密蔵坊という人物の反逆により敗死している。常嗣が敗死した時、子の親之は足利義昭に仕えていたが、越中に帰り、密蔵坊を破り、神保氏純をも攻めようとしたが果たせず、越後上杉氏に身を寄せ、のち越中に帰り、今石動に住し、再起を図ろうとしたが、それも成らず、慶長十五年（一六一〇）六月十日に死没したという(49)。

第7図　蜷川氏略系譜

親直―親綱―親政―（親信）―景親―親心―親行
（親心の子）親朝―親俊―親当―（親元）―（親孝）…（以下略）
（親朝の子）親章―親元―親尚―親隆
（親隆の子）忠好―常嗣―親之―永親―親興―親凞―親和―親雄―親央

註　最勝寺本により作成した。ただし（　）内は東京大学史料編纂所本による。

以上、おもに最勝寺に存する記録よりみてきたわけであるが、蜷川氏が、室町幕府と関係の深い存在であったことはいうまでもなかろう。また、親元の弟は出家して等全江南と称し、京都相国寺にも住した人物であることなどからみても、その蜷川氏が外護した最勝寺の宗派は、おそらく臨済宗五山派であったろうと考えられる。それが、文亀元年（一五〇一）の数年前に瑞泉寺（当初は新川郡林崎村、のち二度移転し現在は富山市安養坊）より亀阜豊寿が招かれ、曹洞宗に改宗された。改宗後二世となったのは、弟子の独歩慶淳であったが、彼は親尚の子で八郎親貞という人物であった。したがって、亀阜は形式的な開山で、実際に同寺を曹洞宗として開山することに尽力したのは独歩慶準であったものと考えられる。ここにも、臨済宗五山派の衰退と地方に教線を拡張していった林下曹洞宗の交替の姿をみることができよう。なお、瑞泉寺を外護したのは神保氏であったと伝えられているが、この神保氏とは、神保氏純・氏張系統ではなく、神保長誠・慶宗の系統であったと思われる。寺院は、在地における重要な拠点とすることができたであろうから、蜷川氏にとって、最勝寺の存続は必要なことであったのであろう。その場合、衰退した臨済宗五山派寺院を改宗し、ちょうど一族の者が出家していた曹洞宗に改宗して存続させる以外に方法がなかったということであろうと思われる。

3　光明寺

つぎに光明寺の存在が知られる。『禿尾長柄帚』下に収録されている「一庵大禅師行状」は、天祥一麟（室号は一庵）という禅僧の略歴を記したものである(50)。この「行状」に天祥一麟の塔頭である建仁寺内霊泉院の末寺として「越中州小賀子光明寺」の寺名がみえる。天祥一麟は京都出身で、摂関家である九条道教の子である。はじめ、建仁寺大中庵の東海竺源のもとで出家して法燈派の人となった。早くから禅文学に熟達していたといわれる。観応元年（一三五〇）

竜山徳見が、入元して以来五〇年間を過して帰国すると、それに随侍し、その弟子となり黄竜派の人となっている(明庵栄西―栄朝―蔵叟朗誉―寂庵上昭―竜山徳見―天祥一麟と次第する)。薩摩大願寺(諸山)、筑前聖福寺(十刹)の住持となり、京都五山の万寿寺や建仁寺の住持に昇り、建仁寺興禅護国院(開山は栄西)の院主を勤めた。応永四年(一三九七)には、建仁寺が火災に遭い、興禅護国院も焼失したので、その復興に尽力し、天竜寺や五山之上の南禅寺に住し、建仁寺興禅護国院に隠退し、応永十四年(一四〇七)十二月二日に、七十九歳で没している。遺命により、同院栄西の墓塔の後に葬られたが、のちに絶海中津の提案で、建仁寺内に霊泉院が造立され、その塔頭とされている。

さて、「行状」には、末尾の方に、霊泉院の末寺として越中の小賀子に光明寺が存在したこと以上のことは何も記されていない。また、この小賀子がどの郡に所属したかも不明である。しかし、応永年間の越中国に、五山文学僧天祥一麟の塔頭である建仁寺霊泉院の末寺、すなわち、五山派黄竜派系の寺院が存在したことが知られるのである。おそらくは、この光明寺が所有した寺領から納められる年貢などが、建仁寺内霊泉院の運営費の一部として使用されたに相違ない。以降のことは不明であるが、五山派の勢力の衰退や一向宗の隆盛の中で、姿を消していったものと考えられる。

4 正受寺

鹿王院(足利義満が春屋妙葩を開山に迎えて大福田宝幢寺を建立し、寺内に開山堂として建立したのが鹿王院である。のち宝幢寺は荒廃し、鹿王院のみ残る)が越中に所有していた荘園の中に小佐味荘(黒部市および入善町にまたがり所在)が存在したが、永享十一年(一四三九)五月二十日付の「鹿王院主乾楞書状案」[51]に、

当院領小佐味代官職事、於正受寺年貢、無懈怠者也、不可有改易之由、被仰出候寺家令存知候、其旨以此旨可領(預カ)

御披露候、恐惶敬白、

永享十一
五月廿日　　院主 乾楞

南(御カ)□坊

侍者御中

とみえる。鹿王院主の剛叟乾楞《ごうそうけんりょう》が南坊に宛てたものである。この南坊とは、蔭涼軒の南坊のことであろう。すなわち、鹿王院主剛叟乾楞が、小佐味荘の代官職であった正受寺は年貢納入も順調に行なっているので、変更するようなことはしないと、蔭涼軒（当時の軒主は季瓊真蘂）に主張していることが知られる。したがって、翌日の『蔭涼軒日録』永享十一年五月二十一日の条には、(52)

廿一日、徳雲院御成、越中於(小)佐味庄正受寺、代管(官)職事、有鹿王院主状、既懸之御目、為周沅西堂支証而可遣之旨有命、

とみえ、佐味荘の正受寺が持っていた代官職の事についての鹿王院主の書状が将軍に披露されており、周沅西堂という人物が支証として派遣されるべき旨の命令が下されている。

この二点の史料からつぎのようなことが考えられよう。鹿王院領である小佐味荘の代官職を正受寺が持っていたが、なんらかの理由により、領主の鹿王院も望んでいない者によってその代官職が押領されようとしたことがうかがえるのである。正受寺は鹿王院の末寺として、その寺領の小佐味荘内にあり、同荘を管理していたのであり、住持は春屋妙葩の法孫、すなわち夢窓派の人であったと思われる。押領しようとしたのは、在地の武士勢力であったのかも知れない。これより二十数年後のことであるが、佐味荘には、天竜寺香厳院（開山は夢窓派の柏庭清祖）領と相国寺本光院領とがあったが、香厳院の方は寛正四年（一四六三）に座主職（「庄主職」の誤りか）をめぐる寺領管理の僧侶同士の争

より多くの年貢を確保しようという京都の五山派寺院の姿勢をみることができる。

いがあったものの、[53]翌年には椎名氏が百姓を召し取り年貢を奪っている。また相国寺本光院領でも寛正六年六月に椎名氏が押妨している。[54]近隣であったろう佐味荘がこのような状態であったので、小佐味荘でも同様の事態となっていったことであろう。あるいは、この椎名氏あるいはその関係の勢力が小佐味荘代官職を正受寺から押領しようとしたのかも知れない。ここからは、在地の武士勢力に寺領管理を任せるのではなく、なんとしても在地の末寺に管理させ、より多くの年貢を確保しようという京都の五山派寺院の姿勢をみることができる。

5 保寿寺

『鹿苑日録』長享三年（一四八九）二月二十一日の条に、[55]

廿一日、越中保寿寺携一僧来、名曰了□者、掛錫于西来院、蓋欲受業於桂林西堂也、了即保寿之徒、保寿出白帷子壱領為恵、子裏蘇合香円弐見与之、此物一休派下宗印上人所持来也、

とみえる。越中保寿寺の住持が了即という徒をともなって上京し、建仁寺内にある大覚派の拠点である西来院（開山は蘭渓道隆）に滞在し、桂林徳昌のもとで受業、すなわち出家させようとしたというのである。桂林は建仁寺に一二住もした大覚派を代表する人物であり、『桂林駢儷』という漢詩文集を残すほどの代表的五山文学僧であった。以上のことから越中の保寿寺もまた大覚派の寺院であったことが知られよう。越中の大覚派寺院では、すでに述べた諸山の長禅寺が存在したが、保寿寺もこの系統に属する寺であったろう。この了即という越中から出てきた僧がその後どのような路を歩んだかは不明であるが、一人前の僧となり越中の諸山長禅寺に住し、ついで十刹、五山と昇住していったか、あるいは保寿寺に帰り、その維持管理に当たったかのいずれかであろう。どちらにしても、在地寺院に縁のある者が上京し、その本末関係から京都五山派寺院の中での修行（そしてふたたび地方に帰ってゆく）という、地方寺院と

中央寺院との関係を寺領の関係からだけでなく師弟関係を通してもみることができるのではなかろうか。

6　満成寺

さきに、在地武士の勢力をなるべく避けて京都寺院と在地寺院の本末関係で寺領の維持を図ってゆこうとした鹿王院と正受寺の場合をみたが、十六世紀に入るころになると、一向一揆によって年貢納入が行なわれなくなり、同じ鹿王院が在地武士の力によって年貢の確保を図ろうとする。その場合に、在地の寺院が中央寺院と在地武士勢力の間に入って、その関係の円滑化を図っているのである。満成寺が、その在地の寺院であった。

鹿王院領に越中井見荘（現、上市町・立山町）があり、諸史料によれば永正十三年（一五〇六）ごろには農民が一揆に参加[56]し年貢も納まらなかったようであるが、この永正十三年ごろには同荘周辺に勢力を持っていて鹿王院領井見荘の代官職を務めていたらしい土肥美作入道によって料足一〇〇〇疋が納入されるようになったという[57]。井見荘はこのような時期にあったわけであるが、永正十二年（一五一五）二月十四日の「鹿王院納所梵真・侍者善経連署書状案」[58]にはつぎのように記されている。

（端裏書）
「永正十二　二月十四日　□□□」

軽段之至、憚多候へ共、五明壱本令達入候、誠表祝儀計候、

態以使者令申候、其後者久敷不能音聞候、殊先度者浄音力者罷下候時節、御音信候、則御返事申入候、仍来三月廿日先師仏国々師弐百年忌相当候、門流大儀不過之候、殊為〔大済会可執行候由〕上意被仰出候間、在々所々へ被成御下知候〔被奉加儀申候〕、可為御大儀候へ共、別而可預御奉加候、為其、態以使者令申候、其時節御上洛候て、可為御見舞候、殊美作入道殿御入魂儀候間、一段於寺家祝着存候、自然折節可然様、可預御取合候、巨細之段、使者可令申候間、不能一ニ候、

可得御意候、恐々謹言、
永正十二
二月十四日

納所
梵真
侍者
善経（花押）

満成寺
侍者禅師

これによれば、永正十二年三月二十日（本来の命日は十月二十日）は仏国国師（高峰顕日）の二百年忌に相当するので、その法要の費用を寄進するように満成寺に依頼するとともに、満成寺が「入魂」にしている土肥美作入道にも寄進するように、満成寺の方から依頼するようにというのである。この結果、翌年満成寺と土肥氏より寄進が行なわれているのである。(59) 満成寺は法要費用を自らも寄進するとともに、鹿王院と土肥氏の間に入って、寄進が行なわれるよう尽力する立場でもあったわけである。この場合は法要費用の寄進ということであったが、寺領年貢のようなことにおいても、おそらく満成寺は鹿王院と土肥氏の間に立って、年貢納入が順調に行なわれるよう努める位置にあったものとみてよいのではなかろうか。

7　石黒郷の最勝寺

小矢部川の中流域に石黒郷が存在したが、そこに天文五年（一五三六）当時、最勝寺という寺院が存在したことが知られる。同寺は近世以降は廃寺となったが、地名のみ「西勝寺」として福光町に残る。同寺に関しては、すでに木倉豊信「最勝寺と梵超について」（『越中史壇』一号）があるが、参照しながらあらためて論ずることにする。将軍足利義晴が最勝寺住持の梵超喝食に対して最勝寺寺領と諸塔頭・諸末寺およびその所領の知行を認めている。天文五年三月十二日の「最勝寺諸塔頭諸末寺領知行安堵状」[60]に、つぎのようにみえる。

御祈願所越中国石黒郷内最勝寺領所々并諸末寺等在目録別紙事、任当知行之旨、弥領掌不可有相違之状、如件、

天文五年三月十二日

権大納言源朝臣（花押）

住持梵超喝食

越中国石黒郷
最勝寺諸塔頭諸末寺領等之事

一、東勝寺　直山和尚塔頭
一、明月庵　□□宗流□□塔頭
一、宝所軒　文泉塔頭
一、金光寺　肖堂和尚塔頭
一、園通寺　吉江郷之内
一、瑞光寺　吉江郷之内
一、仏釈寺　泉大海分之内
一、雲乗寺　直海之内
一、大泉庵　水巻之内
一、弥勒寺　并下市四分一火宮鳥居之、屋口山林野同畠等有之松永庄
一、馨堂和尚私之諸買売地処々有之、
一、乗名一所　土生之内

一、鍋島一所　一天寄進　四名之内同小寄進在之、
一、善光寺　高宮之内
一、高雲寺　石田之内善光寺両寺養雲軒塔頭
一、善能庵　宮井分之内
一、宗持寺　同善能庵末寺
一、天正寺　野尻之郷内養雲軒塔頭

天文五年丙申三月十二日

この文書は、真言宗寺院である西礪波郡福野町の安居寺に所蔵されるものである。何故に、同文書が安居寺に所蔵されることになったか、その由来は不明であるが、ともかくも石黒郷に最勝寺という寺院が存在したことを知らせてくれるのである。しかも、将軍家の御祈願所であったことが理解できるし、また住持が「梵超喝食」であると記されている。「喝食」は禅宗の僧階であるから同寺が禅宗寺院であるということもわかる。これらのことから、同寺は、将軍家と密接な関係を持った禅宗門派であったことが理解される。すなわち、五山派に属する寺院であったということである。さらに、住持が喝食という僧階であるということに注目しなければならない。禅宗とくに臨済宗（おもに五山派を中心とした）の僧階をみると、

座元《ぞげん》（前堂首座・前板・第一座）——首座《しゅそ》（後堂首座・後板・第二座）——書記《しょき》——蔵主《ぞうす》（蔵局）——侍者《じしゃ》——喝食《かっしき》

ということになる。元来は寺内での役職であったものが僧階として定着したもので、喝食も僧堂における食事に際して、食事の種別やその進め方などを衆僧に告げる役の名であったが、このように、僧階では最低位である。なお、ち

なみに、公帖を受けて諸山以上の寺院の住持となるには、蔵主から座元に至る間のいつかに秉払の説法（住持に代わって問答説法を行なう）を行なわなければならなかった。

ともかく、天文五年当時、最勝寺の住持は僧階では最低位の者であった。しかし、塔頭末寺・孫末寺合わせて一五か寺、そのほかに二か所の所領があり、それらは吉江郷・泉大海・直海・土生・鍋島・高宮・石田・水巻・野尻郷などいずれも小矢部川流域および支流域に散在しているか、そうであると考えられ相当の寺領であったと考えられる。したがって、中央の本寺からすれば、地方のそれも最低位の喝食の住するような寺院であったが、在地ではかなりの寺領や塔頭・末寺を有する寺院であったことが理解できる。このような理由から、中央の本寺にしても、その寺領からの年貢等は重要なものであったし、最勝寺の管理は重要な関心事であったはずである。

さて、最勝寺の中央における本寺であるがそれは、『鹿苑日録』天文五年二月二十九日の条に、(61)

小尽
廿九日、（中略）興禅来告曰、越中仁有大智末寺、曰最勝寺、約諸梵超喝食、自当院亦可遣書状云々、

とみえることから、京都五山相国寺内の大智院であることが理解できる。大智院の開山は春屋妙葩であるから、最勝寺は、夢窓派のしかも春屋妙葩の門派に属する地方寺院であったことになる。また、梵超の「梵」という文字は、春屋の門弟をはじめ、その門下の人々に多く用いられており、その諱からも同派の人物であることが十分に考えられる。

なお、右の史料により、天文五年二月二十九日当時、最勝寺の住持が梵超喝食に決定したことが知られるが、「約諸」という文言がみられ、梵超に決定するまでには、何らかの相談のようなことが行なわれたようであり、スムースに決定されたわけではなさそうである。その直後の三月十二日に、その梵超喝食の住する最勝寺に、さきに示したように将軍足利義晴の安堵状が出されている。これからみると、梵超の住持任命は、寺領の管理と関連した問題であったということになるであろう。

前掲論文において木倉氏は、氏所蔵の、弘治〜永禄初年ごろの成立と考えられる「大谷一流系図」の異本にもとづき、梵超が実は浄土真宗の善徳寺円勝の次男であったことを立証された。この石黒郷が所在する礪波郡は本願寺蓮如の同宗弘布以来、安養（勝興）寺・瑞泉寺・善徳寺の三か寺が勢力を持ち、血縁的にも繋がりがあった。地域は異なるかも知れないが、これよりも三〇年ほど以前永正三年ごろの越中における鹿王院領（井見荘〈上市町〉を中心とする春屋妙葩の門派が所持していた所領と考えられる）では、農民が一向一揆に際し、山中に籠って還住せず、年貢も思うよ

第8図　最勝寺梵超関係系譜

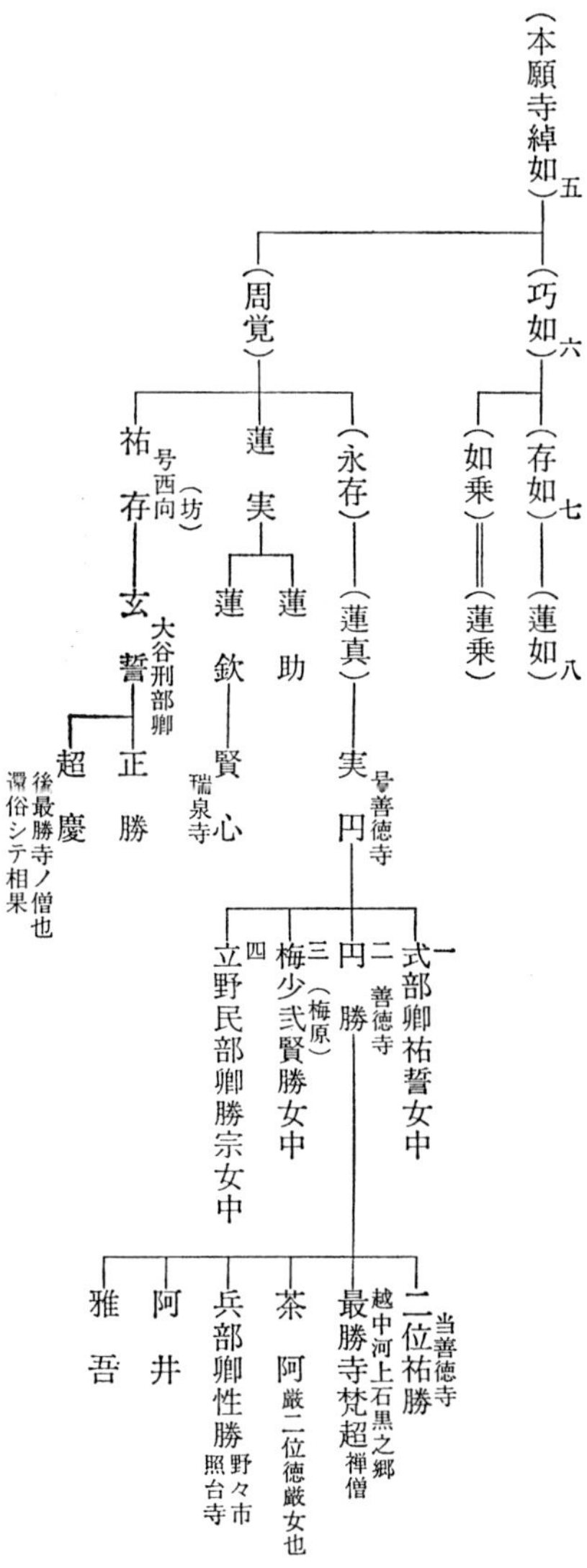

註　木倉豊信「最勝寺と梵超について」（『越中史壇』一号）より引用。木倉豊信氏所蔵の「大谷一流系図」による。（　）内は「大谷一流諸家系図」などにより補足したもの。

うに納入されなかったようである。(62)このような事実により、鹿王院やその周辺の京都五山派の諸寺院は、一向一揆の勢力が、越中の寺院からの年貢納入に大きな影響をおよぼすことは、熟知していたに相違ない。以上の背景のもとで越中礪波郡の有力真宗寺院である善徳寺円勝の次男で禅僧となっていた梵超を末寺の住持としたことは、年貢納入が無事行なわれることを配慮した結果の決定であったことは、木倉氏が考察したように、十分に考えられることであろう。「約諾」の文言には、このような事情が存在したようである。

さて、この最勝寺は五山派寺院でも、さきにみた興化寺や金剛寺などのような十刹・諸山に列していた寺院に比較すると、寺格からみると小規模であったことが想像されるが、それでも塔頭（東勝寺・明月庵・宝所軒・金光寺）、末寺（園通寺・瑞光寺・仏釈寺・雲乗寺・大泉庵・弥勒寺・養雲軒〈一筆として書かれていないが末寺ということになろう〉・善能庵）、孫末寺（善光寺・高雲寺・天正寺〈以上養雲軒塔頭〉・宗持寺〈善能庵末寺〉）や、所領を一五か寺・二か所も有しており、かなりの規模であったことが知られるのである。そして、それらは「乗名一所」「鍋島一所」などの所領と同様に、最勝寺の知行所として扱われていたのである。これらの小寺庵のその後に関しては知るよしもないが、五山派の勢力が失われてゆくなかで、廃寺になったり他宗派の小寺庵として改宗され、村落の中の寺院として存続していったのではなかろうか。なお、最勝寺も廃寺となったらしく、その後については不明である。

四　越中禅林と五山文芸

南北朝から室町期にかけて、京都五山禅林を中心として、五山派は漢詩文を中心とした五山文学と称されるものを完成させている。越中五山派寺院と京都五山派寺院との交流についてはすでに述べたところであるが、京都を中心に活躍した五山文学僧たちが、越中五山派寺院に住する者に対して漢詩文を作成している。とくに、越中の十刹・諸山の入院者に関する漢詩文を多く掲載しているのは、文安〜宝徳年間（一四四四〜一四五一）ごろを中心に活躍した元方正楞の『越雪集』で、七人に関するものがある。ついで、心田清播（一三七五―一四四七）の『心田播禅師疏』に四人、東沼周曮（一三九一―一四六二）の『流水集』に四人、瑞渓周鳳（一三九一―一四七三）の『瑞渓疏』に三人に関する漢詩文が掲載されているのである。元方正楞の『越雪集』に多いのは、元方が越前朝倉氏より外護を受けて越前にも教線を拡大していた宏智派の人物で、作品の数などからみて、どうも越前出身ではないかと考えられるためである。とくに越中十刹の興化寺と深くかかわりがあったことは、すでに述べたとおりである。心田清播・東沼周曮・瑞渓周鳳は交友関係にあり、ともに当時を代表する五山文学僧であり、夢窓派の人びとである。心田は淡路の出身であるが、東沼は近江の人で同国守護六角氏の一族であるかもしれないという人物である。瑞渓は相国寺鹿苑院主を二度も勤め、僧録をつかさどった。まさしく当代一流の五山禅僧であった。元方・心田・東沼・瑞渓のいずれもが十五世紀半ば前後に活躍した人物であり、越中の五山派寺院も、このころがもっとも隆盛の時期であったのではなかろうか。

さて、以上のことは当時を代表する五山文学禅僧と越中の五山派寺院との関係を示すものであったが、そのほかの越中と関係する五山文学僧についてみることにしよう。まず、在先希譲（一三三五〜一四〇四）がいる。彼は越中の出身で、はじめ知有と称し、のち希譲と改めている。尾張真福寺に住していたと考えられる聖一派の竜泉令淬のもとで出家し、京都建仁寺と尾張真福寺の間を往来し、修行を続け、竜泉の法を継いで聖一派三聖門虎関派（円爾―東山湛照―虎関師錬―竜泉令淬―在先希譲と次第する）に属する人となっている。至徳元年（一三八四）七月二十日に山城三聖寺（諸山）、明徳元年（一三九〇）八月三日に同国普門寺（十刹）、応永五年（一三九八）八月一日に東福寺（五山）六二世の住持となり、応永十年（一四〇三）三月四日東福寺内海蔵院（開山は虎関師錬）塔主として没している。六十九歳であった。[63] なお、『在先和尚語録』『在先有禅師疏』『北越吟』（詩文集）がある。[64]

つぎに惟肖得巌は応永十九年（一四一二）十二月十九日に死去した越中・河内の守護代遊佐長護の忌日（尽七日）の法語を作成しているが、[65] 長護は越中には在住せず、在京していたものと思われ、京都における交流であった。また、仲方円伊の『仲方和尚語録』にも長護の忌日における法語がみられる。

また、これより少し前の応永十一年（一四〇四）八月には、白崖宝生という禅僧が越中入善の藤氏の館に招かれて、十日あまり滞在し、同氏の逆修（生前に自らの冥福を祈るために行なう法要）を行なっている。[66] 白崖は大拙祖能（中峰明本―千岩元長―大拙祖能と次第する）の弟子で、武蔵国秩父に熊谷氏の外護をえて円福寺、上野国那波の大江氏の外護により泉竜寺を開創している人物である。おもに地方に活動した人物であり、京都五山における活動も知られていないので、五山文学僧として扱うことはできないが、十五世紀初頭に禅僧を招いて逆修法要を行なった武士が、越中の入善に存在したことが知られるのである。

さきに、十五世紀半ば前後が越中五山派と京都五山派との交流がもっとも深まった時期であると述べたが、この時期には、越中出身者で、しかも、京都の五山禅林で活躍し、越中にも住した朴堂祖淳（一三八一～一四六七）がいる。彼は越中新川郡の出身で、同郡内の吉祥寺で出家している。当時の吉祥寺の住持は虚室祖白で、一山派の人であった。永享初年（一四二九～）に信濃国慈受寺（諸山）、同八年（一四三六）三月十日に筑前聖福寺（十刹）の公帖を受けたが、実際には入院しなかった。同年八月には建仁寺（五山）五三世として入院し、同十年十一月まで住持し、享徳元年（一四五二）ごろには建仁寺内の興雲庵（一山一寧の弟子石梁仁恭の塔所。一山―石梁―竺芳祖裔―虚室祖白―林堂と次第する）の塔主を勤め、同二年（一四五三）、南禅寺に一八二世として住し、数か月で退院し南禅寺退院者の住することが多かった東山の常在光寺に住し、のちに、再び建仁寺内興雲庵に住し、晩年は越中に帰り、吉祥寺に住して、応仁元年（一

四六七）四月二十四日に没している。(67)

朴堂が建仁寺住持であったころ、そのもとで請客侍者を勤め、その後も朴堂に従い、のちに五山文学を代表する僧になった天隠竜沢の『翠竹真如集』二の中に収められている「書朴堂不動明王像(68)」と題するものによれば、朴堂は細字をよくし、爪甲の上に般若心経を書して、まだ余白があったというほどであったが、それとともに、不動明王画をよく描いたという。天隠によれば、不動明王を描くことでは、空海・円珍・鳥羽僧正覚猷・竜湫周沢に並ぶほどであったという。なお、竜湫周沢はこれまでにも述べたように、春屋妙葩とともに夢窓の弟子の中でも代表的な存在であった。竜湫といい、朴堂といい、不動明王をよく描いたということは、禅宗界に密教的側面がみられた表れであった。五山禅林のもっとも代表的存在であった夢窓自身が密教的側面を強く持った人物であった。なお、朴堂は父母が地蔵に祈願して生まれた子であるといわれており(69)、地蔵信仰とも関連がある。地蔵信仰は竜湫にもみられ、やはり、禅宗界の密教的側面の表れであるとみることができるのであるが、朴堂の場合は越中出身ということも地蔵信仰と結びつく要素をもっていたとも考えられる(70)。それは、立山信仰が地蔵信仰と深い関係にあったからである。

十五世紀後半になると、万里集九が旅の途中、越中を通過している。彼には『梅花無尽蔵』という漢詩文集があり、五山文学僧として名を馳せた一山派の人物である。万里は美濃国の鵜沼というところに梅花無尽蔵という庵室を造り住したが、文明十七年（一四八五）九月七日、武蔵江戸城主で扇谷上杉定正の家臣であった太田資長（春苑道灌居士）の招きに応じて、美濃鵜沼を発し、十月二日に江戸に到着している。翌文明十八年七月に太田資長が、上杉定正に殺害されるが、その定正に抑留され、江戸に滞在している。長享二年（一四八八）八月十四日、江戸城を出発し美濃への帰路につく。北武蔵国の鉢形、上野国の白井・沼田、そして、三国峠を越えて越後に入り、上田安楽寺に立寄り、柏崎・柿崎・鉢崎を経て越後府中に十一月十六日まで一か月半滞在し、上杉房定の庇護を受けている。ついで、夷崎を通り能生に着き、春を待ち、長享三年（一四八九）四月二十九日まで、能生の天台宗寺院である大平寺に滞在している。四月二十九日に大平寺を発し、姫川を渡り、五月一日には外波・親不知を経て越中に入り宮崎、二日には「黒部四十八処之急流」を渡り、三日に滑川に入り、「以余糟毛馬献府吏之轡田」とあって、同地の轡田氏に馬を献じている。四日には吉野に着き一宿し、五日には永谷の関門を通過した。飛騨国高原に入り、江馬氏の歓待を受け、五月十三日に、美濃鵜沼に帰着している(71)。

このように万里は越中を五日間で通過しており、五首の詩文しか作っていないが、放生津にいた足利義材が、いまだ越前の朝倉館に移る以前、つまり、明応七年（一四九八）九月以前のある日、神保氏の「一旗」（一族かあるいは家臣か）である放生津の小坂凝清という人物に求められて、つぎのような漢詩文を作成している(72)。

越之中州放生津之小坂凝清老人求詩、盖神保一旗也、

伝梵越有放生津　為護将軍皆抑神
今日逢翁鬢雖雪　如花笑語意猶春　是時将軍在越之中州未移台焉於越前

神保氏のもとにいた武士の間にも、万里のような一流の五山文学僧の詩文を求める人物が存在したことが知られるのである。

万里より少し以前のことになるが、東福寺の一三四世、南禅寺の一八六世となり、東福寺中正印庵の塔主を勤めた聖一派の存耕祖黙は長禄元年（一四五七）の小春、墨画の「維摩居士像」を荒川詮氏という人物にみたてて賛を施している。荒川詮氏は法名を玉峰道玖居士と称し「越中州利波郡直海東」に住した人物で、その子は善済首座という禅僧になっている(73)。出家した一族の者の仲介があったが、ここにも越中の武士と五山禅僧との関係をうかがうことができるのである。

このように、越中在住の武士も五山文学の一端に触れることができたわけであるが、十六世紀初頭ごろには、例えば神保氏もその家臣も、同氏出身で、守山周辺に住したと考えられる曹洞宗光厳寺の東海宗洋に葬儀や法要の折の戒名の案命や法語の作成を依頼するようになっていたのである。(74)

結びにかえて

越中の十刹・諸山寺院に入院した人物についてみたが、法燈派の人びとは、同派の寺院の諸山である長慶寺への入院を経て、やはり同派に属する十刹である興化寺に住持し、「五山之第一」の建仁寺に入院する場合が少なくなかったということを明らかにしえた。また、諸山である金剛寺（開山は大休正念）は、仏源派（大休正念の門派）の塔頭である建仁寺内永源庵と密接な関係が存在した。仏源派には、永源寺の檀越である細川氏の出身者が幾人か存在したが、それらの人びとが金剛寺に入院していることが知られる。越中安国寺をいずれの寺に相当させるかについては諸説が存在するが、安国寺に聖一派・夢窓派の両派の人物が入院していることは明らかであり、同一の門派で終始したわけではなかった。長福寺（開山は一山一寧）は南禅寺内大雲庵（開山は一山一寧）の末寺であり、越中土肥氏出身の廷瑞祖兆が公帖を受けるに際しては、同氏が足利義敏に働きかけており、公帖の頒布には、檀越や援助の武士の力がその背景には存在した。吉祥寺、蜷川の最勝寺、正受寺、保寿寺、満成寺、石黒郷の最勝寺などの諸寺は、十刹・諸山には列しなかったが、五山派の寺院として存在したことが知られる。これらの寺院には、京都五山禅林の越中における寺領管理の役割を担わされていたものがあった。また、のちに林下である曹洞宗や臨済宗妙心寺派に改宗されてしまった寺院も存在した。以上のようなことを明らかにし、越中における五山派禅林に関する多くの諸事象を検出しえたと思う。

また、京都を中心に活躍した五山文学僧たちが、越中五山派寺院に入院する者に対して、それを祝するさまざまな「疏」を作成しており、越中五山派と京都五山派禅林の交流の深さを知ることができる。とくに五山文学を代表する存在であった元方正楞・心田清播・東沼周曮・瑞渓周鳳が越中寺院に入院する者に対して「疏」を多く作成している。これらの五山禅僧は、いずれも十五世紀半ばに活躍した人物であり、越中五山派の隆盛期もこのころであったであろう。

註

（1）今枝愛真「中世禅林の官寺機構――五山・十刹・諸山の展開――」（同氏論集『中世禅宗史の研究』一三九頁以下、東京大学出版会、一九七〇年）。
（2）今枝前掲論文。
（3）『広智国師語録』二（駒沢大学図書館蔵、江戸期の版本）。
（4）『汝霖佐禅師疏』所収（『大日本史料』第七編之十八、『富山県史』史料編Ⅱ中世、四二六頁）。
（5）玉村竹二編『五山文学新集』別巻一（東京大学出版会、一九七七年）七九九頁。
（6）今枝前掲論文（前掲『中世禅宗史の研究』、二四五頁）。
（7）同市史編纂委員会『新湊市史』（同市役所、一九六四年）三〇〇〜三〇一頁。
（8）前掲『五山文学新集』別巻二、一五七頁。
（9）「天祥和尚録」坤（『五山文学新集』別巻二、四〇〇頁）。
（10）今枝愛真「曹洞宗宏智派の発展と朝倉氏」（前掲『中世禅宗史の研究』四八三頁以下）。
（11）『五山文学新集』別巻一、七一九〜七二〇頁。
（12）『新湊市史』三一二〜三一四頁に、『枯木藁』（両足院蔵本）中の「越中州黄竜山興化寺法語」（永禄十二年四月）が掲載されている。

(13)「瑞渓疏」(前掲『五山文学新集』第五巻、六一〇頁)。
(14)『桂林駢儷』(『大日本史料』第八編之二十、『富山県史』史料編Ⅱ中世、六六二頁)。
(15)玉村竹二「公帖考」(前掲『日本禅宗史論集』下之二、五九五頁以下)。
(16)「永源師檀紀年録」(『富山県史』史料編Ⅱ中世、四一一頁)。
(17)同右。
(18)同右(同右、四一二頁)。
(19)『大日本史料』第七編之六、前掲『五山文学新集』別巻二、五七三〜五七七頁。『富山県史』史料編Ⅱ中世、四〇二頁。
(20)「繫驢橛」(前掲『五山文学新集』別巻二、六一八頁)。
(21)同右(同右、六二〇頁)。
(22)『富山県史』史料編Ⅱ中世、四四九頁。
(23)『永源師檀紀年録』乾(『富山県史』史料編Ⅱ中世、四四八頁)。
(応永)同三十二年四月九日、夜、越中金剛寺ニ火アリ、七堂及ヒ支院ノ龍沢、虎渓、東林、地蔵焼亡ス、同月十六日、一渓虎蔵主登洛ノ告ク、時ニ法兄虎渓菴主呂翁回座元秉拡ナリ、一渓力ヲ戮テ、此法会ヲ賑ス。
(24)同右。
(25)「惟忠和尚初住越中州瑞井山金剛護国禅寺語録」(「繫驢橛上」、註(19)に同じ)。
(26)「鹿苑院公文帖」(『大日本史料』第八編之二十二、『富山県史』史料編Ⅱ中世、六七四頁)。
(27)『蔭凉軒日録』巻三、長享二年十二月十八日・十九日・二十一日・二十七日・二十八日の条(『富山県史』史料編Ⅱ中世、六七四〜六七五頁)。
(28)「了幻集」上(『大日本史料』第七編之十八。『富山県史』史料編Ⅱ中世、四二六頁)。
(29)註(3)に同じ。
(30)『大日本史料』第七編之十四所収。
(31)今枝愛真「安国寺・利生塔の設立」(前掲『中世禅宗史の研究』七七頁以下)。
(32)『富山県史』史料編Ⅱ中世、古記録九一頁。

(33) 今枝前掲論文。
(34) 『大日本古文書』東福寺文書之一、九五号文書。
(35) 久保尚文「越中禅宗史の断片」(同氏『越中中世史の研究』二二〇～二二三頁。桂書房、一九八三年)。
(36) 前掲『五山文学新集』別巻二、一三七頁。
(37) 『蔭凉軒日録』文明十七年十一年十九日の条、(『富山県史』史料編Ⅱ中世、六二二頁)。
(38) 『大日本史料』第十編之十一所収。
(39) 久保前掲書。
(40) 『富山県史』史料編Ⅱ中世、銘文抄一二頁。
(41) 明治十九年に曹洞宗宗務庁に各寺より差し出されたもので駒沢大学図書館に保管されている。
(42) 『富山県史』史料編Ⅱ中世、五六三頁。
(43) 同右、五九六頁。
(44) 久保尚文「大慈山吉祥寺について」(前掲『越中中世史の研究』二三五～二四四頁)。
(45) 東京大学史料編纂所本「蜷川系図」、最勝寺本「蜷川系図」。
(46) 「内閣文庫古文書」(『富山県史』史料編Ⅱ中世、六三八頁)。
(47) 同右、六三九頁。
(48) 『富山県史』史料編Ⅱ中世、五四九頁。
(49) 坂井誠一・五十嵐精一・瀬川安信編『最勝寺誌』(最勝寺文化財保存会、一九五六年)五頁。
(50) 『富山県史』史料編Ⅱ中世、四〇九頁。
(51) 「鹿王院文書」(『富山県史』史料編Ⅱ中世、四八四頁)。
(52) 『富山県史』史料編Ⅱ中世、四八四頁。
(53) 「政所内評定記録」(『富山県史』史料編Ⅱ中世、五四〇頁)。
(54) 『蔭凉軒日録』(『富山県史』史料編Ⅱ中世、五五〇頁)。
(55) 『富山県史』史料編Ⅱ中世、六七五頁。

(56) 年未詳十一月十一日「常仙書状」(『富山県史』史料編Ⅱ中世、七六四頁)。
(57) 年未詳十二月二十三日「鹿王院納所等書状案」(「鹿王院文書」〈『富山県史』史料編Ⅱ中世、八七頁〉)。
(58) 「鹿王院文書」(『富山県史』史料編Ⅱ中世、七八四頁)。
(59) (永正十三年)八月十三日「寿珍・等阿連署状案」二通(『富山県史』史料編Ⅱ中世、七八五・七八六頁)。
(60) 「最勝寺文書」(『富山県史』史料編Ⅱ中世、八五四頁)。
(61) 『富山県史』史料編Ⅱ中世、八五四頁。
(62) 「常仙書状」(「鹿王院文書」〈『富山県史』史料編Ⅱ中世、七六四頁〉)。
(63) 『延宝伝燈録』『本朝高僧伝』(『富山県史』史料編Ⅱ中世、四〇〇・四〇一頁)。
(64) 玉村竹二『五山禅僧伝記集成』(講談社、一九八三年)二四三頁。
(65) 「東海瓊華集」三、枯香(『大日本史料』第七編之十七。『富山県史』史料編Ⅱ中世、四一九頁)。
(66) 「万松山泉竜禅寺普覚円光禅師伝」(『富山県史』史料編Ⅱ中世、四〇四頁)。
(67) 「朴堂和上入祖堂法語」(「翠竹真如集」〈前掲『五山文学新集』第五巻、七七二頁。『富山県史』史料編Ⅱ中世、五六三頁〉)。
(68) 前掲『五山文学新集』第五巻、八六〇頁。
(69) 註(67)と同じ。
(70) 久保尚文「朴堂祖淳について」(『越中中世史の研究』二四四~二五六頁)。
(71) 『梅花無尽蔵』第三上(『五山文学新集』第六巻、『富山県史』史料編Ⅱ中世、六七六頁)。
(72) 『梅花無尽蔵』第三下(『富山県史』史料編Ⅱ中世、七三八頁)。
(73) 文清筆紙本墨画「維摩居士像」賛、(大和文華館蔵、『富山県史』史料編Ⅱ中世、銘文抄三、五七頁)。
(74) 第二章第五節参照。

第四節　守護・守護代勢力と禅宗寺院
——越中周辺の五山派寺院を中心として——

一　守護・守護代の支配拠点と禅宗寺院

これまで、おもに越中五山派寺院の成立およびその展開についてみてきたが、本節では越中および、その周辺の五山派寺院が守護あるいは守護代勢力との関連でどのような機能を持ちえたかを探ることにしたい。近年、都市論との関連等で禅宗や律宗寺院の機能についての論考が注目されているが(1)、越中においては、どの程度考えうるであろうか。この点も念頭に置いて禅宗寺院を中心にその機能について考察を試みることにする。

十刹である興化寺は、鎌倉期に守護所が置かれ、交通・海運の要地でもあった放生津にあり、興化寺を開いた恭翁運良の弟子呑象運光は長沢の近辺に蓮華寺を開創している。蓮華寺の開基檀越は鎌倉期最後の守護の名越時有であるとされていることからも知られるように、守護勢力と関係深い寺院であった。これは南北朝・室町期においても同様であったろう。また射水郡支配の中心拠点が放生津や守山であったとすれば、婦負郡支配の中心拠点は、この長沢の地であったと考えられる。さらに長沢の近くで北東に位置する寺町に諸山の崇聖寺が存在したし、長沢の東方の少し離れた布市には興国寺が存在した。放生津から、さほど遠くない、守山の近くの長慶寺には、諸山に列せられていた長慶寺が建立されている。守山周辺は国府なども存在した地域であり、古くから政治的な中心地点であった。この長慶寺から小矢部川をさかのぼった石黒荘西勝寺には、相国寺系の春屋妙葩門派に属したとみられる最勝寺が存在した。放生津から庄川をさかのぼった安川には恭翁運良の弟子桂巌運芳が薬勝寺を開いている。同寺も近くに亀山城（増山城）がある。水橋の近くの小出に諸山の金剛寺があり、前述したように応永十六年（一四〇九）八月二十七日には、守護である畠山満家から門前地三〇口の寄進を受けている。この同寺門前地に対して守護である畠山満家が相伝の地であるといっているところをみると、同寺が所在する地域、すなわち小井手保が、守護勢力と関係の深い地域ということになろう。すなわち、守護の支配に関する要地ということになるであろう。金剛寺のある小出の東北の梅沢に諸山の黄梅寺がある。松倉には長禅寺が存在したが、同寺の開基が守護畠山基国であるといわれているので、南北朝末期には、金剛寺とともに守護畠山氏と密接な関係にあったようである。この松倉は、畠山氏の被官となった椎名氏が拠点とした所であるので、早くから越中東部支配の重要地点であったとみてよかろう。なお、この松倉の北方の前沢には越中に生まれた五山文学僧である朴堂祖淳が住した吉祥寺が存在した。

以上みてきたように、軍事的・政治的・交通上の要地に十刹・諸山をはじめとする五山派寺院が存在し、とくに放生津の興化寺、守山近くの長慶寺、長沢の蓮華寺、その近くの寺町の崇聖寺、小出の金剛寺、松倉の長禅寺などは、守護の越中支配上、重要地点と考えられる場所に存在し、守護との関係がうかがわれ、その越中支配上における宗教的拠点としての役割を担ったであろうことが十分考えられる。

さて、興化寺のある放生津には大慈院、その近辺の曽禰には禅興寺、蓮華寺のある長沢には弘正院、そして、放生津と長沢の中間地点の黒河には宝薗寺という大和西大寺末の律宗寺院が存在した。この外にも、小矢部川の上流の要衝野尻には聖林寺という律宗寺院が存在したことが知られ、その近くの西勝寺に、禅宗の最勝寺が存在した。

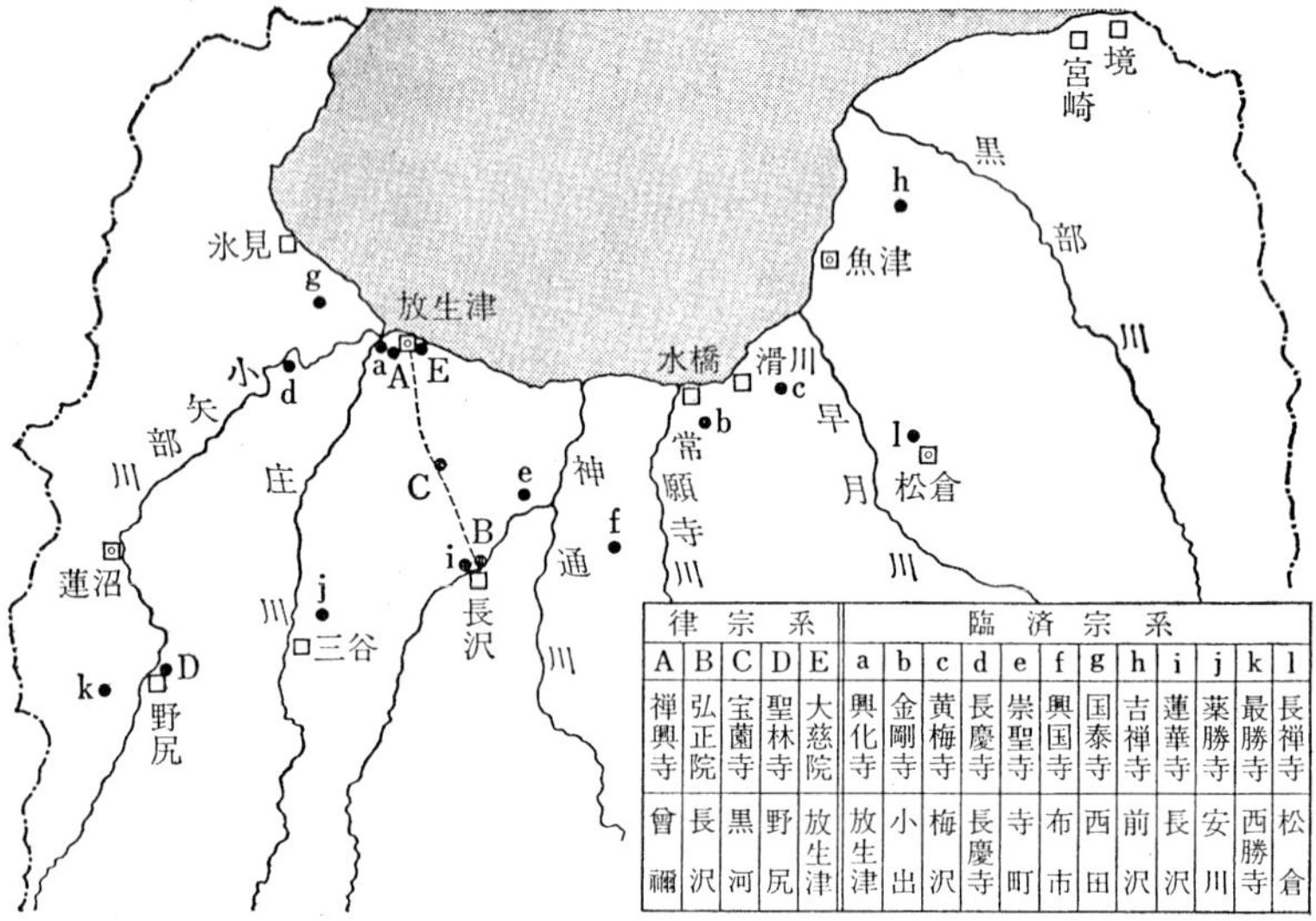

律宗系					臨済宗系											
A	B	C	D	E	a	b	c	d	e	f	g	h	i	j	k	l
禅興寺	弘正院	宝薗寺	聖林寺	大慈院	興化寺	金剛寺	黄梅寺	長慶寺	崇聖寺	興国寺	国泰寺	吉祥寺	蓮華寺	薬勝寺	最勝寺	長禅寺
曾禰	長沢	黒河	野尻	放生津	放生津	小出	梅沢	長慶寺	寺町	布市	西田	前沢	長沢	安川	西勝寺	松倉

第９図　越中の臨済宗系寺院と律宗系寺院（『富山県史』通史編Ⅱ中世より引用）

とくに注目すべきは、早くから政治上・交通上の要地であり、諸階層の人々が住したであろう放生津と、婦負郡の中心地であったと考えられる長沢とその中間地点に、禅寺と律宗寺院が集中していることである。鎌倉幕府は禅宗と律宗に保護を加え、鎌倉の周辺に禅宗の建長寺・円覚寺・律宗の極楽寺を配して、都市鎌倉の支配を行なっている。越中における守護が、どの程度に配慮して、このような結果となったかはわからないが、鎌倉の場合とまったく無関係ではなさそうである。

とくに、鎌倉期には守護所が置かれた政治上の要地であり、交通・海運の要地で、諸階層の人びとが多く集まっていたであろう放生津には、禅宗系・律宗系寺院のほかに時宗の寺院も存在し、放生津から西の射水川河口にかけて、時宗・律宗・禅宗の、諸寺院が建立されていたようである。しかも、これもすでに述べたように同地の興化寺が川辺であり、辻であり、墓所の存在も考えられるような場所に建立されていた可能性が強いのである。一般には時宗・律宗は、いずれも、下層民の救済や非人救済に尽力した宗派として知られているが、放生津やその他越中の諸寺院でも同様であったのではなかろうか。また放生津の興化寺や長沢の蓮華寺は、禅宗でも法燈派に属し、禅宗の中でも民衆とのかかわりの深い活動がみられる門派であることもすでに述べたとおりである。

さて、越中の禅寺や律宗寺院がどのような活動を行なったのかは不明である。他の地域の事例をもって類推することは難しいことであるが、例えば、よく知られている史料であるが、『大乗院寺社雑事記』寛正二年（一四六一）五月六日の条につぎのような記述がある。(2)

六日、雨下、

一、同伝説云、自去冬至三月比京中人民飢死之輩毎日五百人、或三百人、或六七百人、惣而不知其数云々、仍被仰付勧進聖願阿弥、於六角堂前毎日雖被行施行、飢死輩猶以不止之間、無力被略之了、先代未聞事也、彼死人悉以四条、五条之橋下ニ埋之、一穴ニ千人・二千人云々、此外東西於所々死人不及取埋分又不知其数云々、被仰五山於四条・五条橋上、大施餓鬼被行之、橋上大行進一山迷惑又不過之、依無下行供具以下代大衆各令出銭、相国寺分二百貫文云々、可成追善条如何、去年諸国旱魃、并河内・紀州・越中・越前等兵乱之故、彼国人等於京都悉以飢死了、於兵乱者御成敗不足故也、可歎々々、近日又京中役《(没)》病以外事也、二条・月輪以下公家、武家輩少々他界、凡希代次第共也云々、

三月晦日、於五条橋建仁寺行之、

四月十日、於四条橋相国寺行之、

四月、於五条橋東福寺行之、

四月十七日、於同橋万寿寺行之、

四月十九日、於同条橋南禅寺行之、

四月、於法輪寺橋天竜寺行之、

京都では冬から三月にかけて餓死者が多数出ている。これらの死者は、前年の寛正元年の諸国の旱魃、河内・紀州・越中・越前等の兵乱によって、京都に流入してきて餓死した人びとであったという。このとき、勧進聖の願阿弥は六角堂の前で施行を行ない、死者を四条・五条の橋下に穴を掘って、一穴に一〇〇〇人、二〇〇〇人と埋めた。そして、幕府は京都五山に四条、五条の橋の上において大施餓鬼（一切の餓鬼を飽満せしめ、苦から救う法要、ここでは弔ってくれるべき人もない多数の無縁の死者に対しての法要、これを行なうことによって、さまよう幽魂により起こる災いを防ごうという意味もあったと考えられる）を行なわせており、三月晦日は五条橋で建仁寺、四月十日は四条橋で相国寺、四月（日不明）は五条橋で東福寺、同十七日は五条橋で万寿寺、同十九日は四条橋で南禅寺、四月（日不明）は法輪寺橋で天竜寺が施餓鬼を行なっている。『臥雲日件録抜尤』寛正二年三月三日の条によれば、願阿弥は飢餓の人を救済するのに、将軍より一〇〇貫文を得ている。(3) すなわち、勧進聖願阿弥の救済活動および死者の埋葬活動も、微々たるものながら幕府の援助を受け、五山の施餓鬼の法要もまた幕府の命令により行われている。幕府からみれば、願阿弥のような勧進聖も、大施餓鬼を行なう五山禅院も、都市に集中してくる飢餓に苦しむ人びとの救済や、無縁仏として餓死していった多くの下層の人びとを埋葬し、その霊魂を供養する機能を持つものとして必要であったということがいえよう。

さきの記事からも知られるように、この寛正の大飢饉では、越中では兵乱も重なり、多くの流浪の民を出したようである。このようなことは、このころにかぎらなかったと考えられるから、飢饉や兵乱があるたびに放生津あたりには、流浪の民が集中したのではなかろうか。越中においても、下層民の救済や大量の死者の埋葬・供養を行なう機能を持つ集団が必要であったろう。禅宗寺院および律宗寺院、あるいは時宗寺院などが、その役割を担っていたのでははなかろうか。五山派寺院は、すでに述べたように中央五山派寺院と太いパイプで結ばれる存在であり、成立後は直結していたから、守護やその家臣層にとって政治的にも、幕府との関係などから必要な存在であったろうが、これまで述べてきたように都市あるいは重要拠点支配のためにも必要な存在であったと考えられるのである。

二　足利義材の越中在住と加賀伝燈寺

富山市布市太平山興国寺に、明応七年（一四九七）七月六日付の次の一通の文書がある。(4)

当寺、紀州興国寺之列、明応七年三月四日、義材御判、右筆諏方《(諏訪)》若狭守長貞、
当寺使僧禅栖院元慶書記、同年三月十四日、於越之中州放生津、御対面、于旹当寺奉行宗廉首座為後証誌之、

明応七禩戊午夷則初六日

座元亀年玄寿　　妙光寺奉行慈行（花押）

座元化元守功（花押）

前住興国住山大用叟心沢（花押）　慈裔

前住建仁曇蕚叟桂瑞（花押）　座元梅屋周蘂

この文書は、久保尚文氏によれば、(5)本来は加賀伝燈寺（金沢市伝灯寺町）に所蔵されていたもので、何らかの理由により、国泰寺に移り、興国寺に移ってきたものであろうという。したがって、この文面の中の当寺とは加賀伝燈寺のこととなる。つまり、明応七年三月十四日、伝燈寺の使僧の禅栖院慶書記は、細川政元のために将軍職を追われ、越中放生津に身を寄せていた足利義材（のち義尹・義稙と改名）に対面し、同年三月四日付の義材判物を受けている。そ

の判物の内容は、伝燈寺を法燈派の中心寺院である紀伊由良興国寺と同列、すなわち十刹にするというものである。この足利義材は、九月に、越中より越前朝倉館に移っており、上洛の動きをみせはじめた時であった。したがって、放生津興化寺と同じ法燈派で、本寺格にあたる加賀伝燈寺の協力を得ようということもあって、十刹に列するという判物を出したものと考えられるのである。(6) 足利義材は永正五年に上洛し、ふたたび将軍位に就いているが、伝燈寺は義材の周旋によって後柏原天皇より勅願寺とする旨の綸旨を受けている。(7) なお、伝燈寺は、のちに、将軍在位時の判物を求め、放生津において受けた判物は返上したことがつぎの『鹿苑日録』天文五年（一五三六）四月十七日の条から知られる。(8)

十七日、（中略）大凡被任十刹甲刹時、無御判出也、自鹿苑院并涼軒之書状出之而已、任位之砌為開寺有領公帖人、是則被任之、以列次也、別無御判物之出也、只今者賀州伝燈寺於越中而恵林院殿（足利義稙）被成御判、雖然、衆僧競望二在位時之御判頂戴仕度由申之間、於京都再被成御判也、於越中之御判者、返上申也、此誓度寺与伝燈寺以為同門、攀其例、申請御判者也、非恒例也、誓度寺之事者奉行之申沙汰也、奉行衆二百疋、同奏者五十疋、自奉行方五百疋可取由申也、雖然、飯尾近江守依無等閑而、軽々佗事如此也、

大永元年（一五二一）に、細川高国と対立し、ふたたび京都を出奔した義稙は、紀伊国の法燈誓度寺を由良興国寺と同列にするという判物を出している。京都より出奔した自らの立場を有利にするために、協力を得る必要からであったろう。しかし、のちの天文五年になって、誓度寺は、現在在位の将軍から判物を受けたい旨を申し出たのであろう。その時に、越中の例が問題になったようである。伝燈寺の例にならって、「非恒例」のことであるが、ふたたび判物が出されたようである。(9) 通常、十刹や諸山に列する場合、将軍の判物は出されず、鹿苑院や蔭涼軒から文書が発せられるにすぎない。ところが、加賀伝燈寺の場合も、紀伊誓度寺の場合などもそうであるが、義稙は地方勢力の支

持を得るために、元来、将軍が発するべきものではない十刹列位に関する判物を出しているのである。このように、地方の五山派寺院が政治的に無視することができない位置を占めたのも、守護やその家臣などの地方勢力と深く結びついていたためであろう。しかし、次節で述べることになるが、京都における五山派寺院が衰退するにしたがって、地方の五山派寺院も五山派寺院としての存続は難しくなっていくのである。

註

（1）網野善彦『無縁・公界・楽』（平凡社、一九八一年）。石井進「都市鎌倉における「地獄」の風景」（御家人制研究会編『御家人制の研究』、吉川弘文館、一九八一年）。

（2）『富山県史』史料編Ⅱ中世、五三四頁。

（3）同右、五三三頁。

（4）「興国寺覚書」（『富山県史』史料編Ⅱ中世、七三四頁）。

（5）久保尚文「越中公方と伝燈寺」（同氏『越中中世史の研究』一一六頁以下、桂書房、一九八三年）。

（6）日置謙『石川県史』。

（7）「伝燈寺文書」（『松雲公採集遺編類纂』）。

（8）『富山県史』史料編Ⅱ中世、八五六頁。

（9）久保前掲論文。

第五節　越中における禅院領の変遷

はじめに

本章第三節で、越中における五山派寺院が中央五山と密接な関係にあったことをみたが、越中に中央五山関係の荘園も少なくなかった。したがって、越中の五山派寺院は、それら中央五山やその塔頭の荘園経営の現地における拠点となったり、その経営に便を与えるものとしての役割を担ったことも、すでに触れたところである。しかし、ここで改めて、同国には、どのような禅院領が存在し、どのような展開を遂げたのかを明らかにしたいと思う。戦国期に五山派が勢力を失う原因の一つは、やはり寺領の経営がうまくいかなかったことであろうということは、一般に推測されてきたことであるが、本節で、具体的に考察してみたいと思う。それは、鎌倉期から室町期にかけての五山派の隆盛から戦国期以降の林下禅林の興隆、とくに曹洞禅の発展へと変化していく全国的な傾向を考察することと深くかかわる問題であるので、この点も念頭において以下論述することにしたい。

まず、禅院領および、それに関する史料についてみておくことにする。つぎの表のようである。

第12表　禅院領荘園史料一覧

年月日	史料名	内容・備考等
〔四箇荘―東福寺領〕 四箇保とも称す。越中西北部の射水郡に散在する、東条保（大門町・大島町）・河口保（新湊市）・曾禰保（新湊市・高岡市）・八代保（氷見市）をいう。東福寺開山は円爾弁円。		
延応元年（一二三九）七月二十五日	吾妻鏡	九条道家東福寺に寄進
建長二年（一二五〇）十一月一日	九条道家初度惣処分状	東福寺惣社社領として。本所は九条家
建長八年（一二五六）六月二日	経俊卿記	道家の三男一条実経に院の命が出る
興国二年（一三四一）正月三十日	後村上天皇綸旨	東条荘地頭職を勲功として滝口彦次郎義弘に
応永二年（一三九五）八月十五日	足利義満袖判御教書案	東条南北、佐野将教領掌
応永十九年（一四一二）九月十一日	東寺造営料棟別銭関係文書集	東条の加藤佐衛門五郎に、東寺造営の棟別銭
文明九年（一四七七）	親元日記	東条之内三か村代官職三井弥次郎盛宗の借銭により借銭請人となった百姓が銭主より譴責され、百姓逃散
文明十八年（一四八六）五月十六日～十八日	蔗軒日録	東福寺の長選が同寺領の氷見（八代保のことか）の年貢不納を堺在住の神保宗兵衛に訴う
弘治三年（一五五七）十一月十六日	八代俊盛書状	東福寺栗棘庵宛。直接八代保と関係するかどうかは不明であるが、越中錯乱を告げ、五十疋を納入
天正八年（一五八〇）三月十六日	信長朱印状	屋代氏・菊地氏に屋代本領と新知行分安堵
〔井見荘―鹿王院領〕 現上市町・立山町。はじめは鹿王院開山春屋妙葩に寄進された。		
貞治五年（一三六六）九月二十九日	某（足利義詮室カ）消息	春屋妙葩へ寄進
貞治五年（一三六六）九月二十九日	足利義詮書状	春屋への寄進を承認す
康暦元年（一三七九）九月十五日	足利義満御内書	春屋の管領を認める
永徳二年（一三八二）十二月十五日	普明国師（春屋）管領寺院注文	春屋が鹿王院領井見荘領家職を管領す
至徳元年（一三八四）十一月三日	太政官牒、官宣旨	公役免除
応永十九年（一四一二）五月九日	足利義持御判御教書	同荘に限ったことではないが、鹿王院領諸国所々の課役免除守護不入

永享二年（一四三〇）三月二十日	足利義教御判御教書	同右
永享七年（一四三五）五月十六日	足利義教御判御教書案	同荘領家職安堵
長禄三年（一四五九）九月八日	足利義政御判御教書案	鹿王院領諸国所々の課役免除、守護不入
文明七年（一四七五）五月十六日	室町幕府奉行人連署奉書	同荘領家職が返付される
文明十年（一四七八）五月二十七日	足利義政御判御教書案	同荘領家職安堵
永正三年（一五〇六）十二月十一日	常仙書状二通	農民が一揆に参加し、山中に籠って還住せず、本帳の写がほしいと述べている。常仙は代官か
永正十二年（一五一五）二月十四日	鹿王院納所梵真・侍者善経連署書状案	鹿王院が仏国国師二百年忌に際し、満成寺に、奉加と、土肥美作入道の奉加を勧めるよう依頼する。満成寺は、越中に所在した寺院か
永正十三年（一五一六）八月十三日	寿珍・等阿連署状案二通	満成寺奉加す。土肥美作入道十二貫文を奉加す
永正十三年頃か	鹿王院出官等書状案	同荘帳簿を土肥美作入道に進める。土肥美作入道とさきの常仙は同一人か
同年（推定）十二月二十三日	鹿王院納所等書状案	去年は、同荘より料足千疋が寺納される
〔小佐味荘―南禅寺竜華院領〕 現入善町。竜華院開山は春屋妙葩。		
暦応三年（一三四〇）二月	一条局所領文書紛失状	一条局所有の同荘飯野村
康暦元年（一三七九）十一月二十四日	沙弥元威寄進状	中条秀長が、文永年間以来の所領である同荘内半分を竜華院に寄進
康暦二年（一三八〇）六月十二日	足利義満御判御教書	小佐味荘内半分地頭職安堵
至徳元年（一三八四）十一月三日	太政官牒	太政官符により小佐味領家職并地頭職の諸役免除
応永二十一年（一四一四）十二月二十七日	足利義持御判御教書	小佐味三分一が守護不入の地となる
永享七年（一四三五）五月十六日	足利義教御判御教書案	小佐味荘地頭職安堵
永享十一年（一四三九）五月二十日	鹿王院主乾楞書状案	小佐味代官職について正受寺を改易させないよう幕府に申し出ている 正受寺は小佐味荘内の寺か
長禄二年（一四五八）四月	鹿王院領本支証目録	小佐味荘
文明七年（一四七五）五月十六日	室町幕府奉行人連署奉書	幕府が同荘三分一の所領を鹿王院に返還
文明十年（一四七八）五月二十七日	足利義政御判御教書案	同荘三分二方安堵
同年五月二十八日	同右	小佐味三分一方を竜華院に安堵

永禄七年（一五六四）九月十六日	椎名慶信書状	小佐味万松寺領を万松寺に安堵。万松寺は椎名氏代々の祈願所
〔日置荘―天竜寺金剛院領〕 現上市町。金剛院開山は春屋妙葩。		
嘉元四年（一三〇六）六月十二日	後宇多上皇院宣案	安楽寿院領
永徳二年（推定）十月二十七日	満仁寄進状	亀山天皇の皇子恒明親王の孫の満仁親王が天竜寺金剛院の春屋妙葩に寄進。のちは鹿王院の管領するところとなったと考えられる
〔立山寺領寺田・岩峅―鹿王院領〕 現立山町。		
至徳元年（一三八四）十一月三日	太政官牒	諸役が免除される
至徳元年（一三八四）十一月三日	官宣旨	同右
至徳元年（一三八四）十一月三日	官宣旨	同右諸役免除、官宣旨が越中国に下される
至徳四年（一三八七）八月六日	足利将軍家御教書案	岩蔵地頭職が進士政行に沙汰さる
同年九月六日	足利将軍家御教書	同右
〔佐味荘―天竜寺香厳院領・相国寺本光院領〕 現朝日町。佐味郷と称される場合が多い。香厳院開山は夢窓派の柏庭清祖。		
建武五年（一三三八）一月二十日	源頼清寄進状	石清水八幡宮領、同郷の土貢を石清水八幡宮へ毎年送進すべし
貞治五年（一三六六）	京城万寿禅寺記	万寿寺領から天竜寺香厳院領へ。足利義詮、万寿寺に佐味荘のかわりに備中土師郷を与う。この時に香厳院領となるか
長禄二年（一四五八）五月六日	蔭凉軒日録	香厳院領として同郷の還付を求めている
寛正四年（一四六三）六月二十六日	政所内評定記録（親元日記）	座主職をめぐる争いがあり、澄紋が同郷を知行することになった
寛正五年（一四六四）十一月二十七日	蔭凉軒日録	香厳院領であることが認められるが、同郷の百姓が椎名氏に召し取られて年貢を奪われる
寛正六年（一四六五）六月十八日	同右	相国寺本光院領（同郷の内ことか）椎名押妨。本都寺（承本都寺）歎く
同年六月二十五日	同右	右につき奉書出される

文明十八年（一四八六）十二月二十日	蔭涼軒日録	本光院領の同郷が畠山政長（実際には椎名か）の押領を受く
元亀元年（一五七〇）十二月十三日	河田長親寄進状	佐味郷浦山（「本光院之内屋敷□弐十在之所」）は伊勢神宮領
天正七年（一五七九）十二月十三日	佐味郷内境村香厳院方年貢皆済状	境村年貢が皆済されている（この史料は要検討）

〔阿努荘―南禅寺慈聖院領〕

現氷見市。平安期、源家賢の私領、その後一子相伝、のち阿努本荘と相浦村とに二分。前者は源憲俊から高陽院へ、後者は前太皇太后女房局から藤原忠通へ相伝。一部に能登羽咋永光寺（曹洞宗）領あり。慈聖院開山は夢窓の弟子竜湫周沢。

建長五年（一二五三）十月二十一日	近衛家所領目録案	近衛家領
元亨三年（一三二三）十月九日	永光寺寄進田注文	性禅々尼永光寺に寄進。あぬの寄進田三反三十三苅（この史料要検討）
建武三年（一三三六）十一月二十八日	光厳上皇院宣、足利尊氏書状案	近衛家領として認めらる
至徳二年（一三八五）八月二十五日	足利将軍家御教書	布施昌椿南禅寺慈聖院に阿努荘地頭職半分（上荘と称す）を寄進
寛正四年（一四六三）十二月十八日	神保長誠書下状	慈聖院に阿努上荘の検断等諸公事免除

〔小井手保内石正名・成綱名―越中金剛寺―建仁寺瑞応庵領〕

瑞応庵開山は鉄庵道生、仏源派。

応永十六年（一四〇九）八月二十七日	守護畠山満家寄進状（永源師檀紀年録）	満家門前地三十口を金剛寺に寄進
同年九月二十九日	守護畠山満家下知状（永源師檀紀年録）	満家金剛寺に同寺領同保内両名（石正・成綱）の知行を安堵
応永三十四年（一四二七）六月十五日	永源師檀紀年録	小井手保金剛寺・同寺領成綱・石正両名を瑞応庵に安堵

〔熊野保内小中村―建仁寺瑞応庵領〕

現富山市。

応永三十四年（一四二七）六月十五日	永源師檀紀年録	応永四年十一月十七日に証文等を火災により紛失したので改めて安堵を受く

〔沼保半分―南禅寺悟心院領〕

現朝日町。悟心院開山は椿庭海寿、金剛幢下。

永享五年（一四三三）七月四日	足利義教御判御教書	安堵
〔大家荘—天竜寺瑞泉院領〕 現朝日町。十世紀中葉には妙香院領。		
寛正四年（一四六三）七月八日	蔭凉軒日録	同荘押妨される。天竜寺訴訟
〔小布施荘—等持寺領〕 現黒部市・魚津市。等持寺開山は古先印元、のち夢窓派に改められる。		
康正二年（一四五六）五月二十九日	康正二年造内裏段銭并国役引付	内裏造営のための段銭ならびに国役十八貫二十五文を納入
〔五位荘—等持院并等持寺領〕 現福岡町、高岡市。等持寺、等持院ともに開山は夢窓派。		
応永十二年（一四〇五）七月十一日	万山編年精要	蘭洲良芳（雪村友梅）の弟子で一山派に受衣した足利義満の側室日野業子の追善領となる
長禄三年（一四五九）十月七日	蔭凉軒日録	年貢未進により直務しようとする
長禄四年（一四六〇）閏九月六日	同右	足利義持の時代に御判御教書が出され、真観寺殿（畠山満家）より、代官職の事は命じられているので直務は不可
〔和沢村—常在光寺領〕 現小矢部市。		
長享二年（一四八八）八月二十七日	蔭凉軒日録	伊勢鶴寿跡の和沢村を足利義熙、義政の意を受けて常在光寺に寄進
〔油田村—天竜寺塔頭太秦安楽院領〕 現礪波市、安楽院開山は夢窓の弟子の香山仁与		
寛正三年（一四六二）八月七日	蔭凉軒日録	越中守護畠山氏の守護代遊佐新左衛門の違乱を成敗
文明十七年（一四八五）十一月五日	同右	「油田村支証并目安」を梅蔵主が持ち来る
同年 同月七日	同右	支証数十通を一覧し梅蔵主に返す
同年 同月十一日	同右	安楽院房主が来る。対面して還す

同　年	同月　十四日	同　右	昨晩、総持寺殿から、安楽院領越中油田に関しては伺うべからず、の「御文」を承る
文明十八年（一四八六）	二月　十六日	同　右	当院領は皆不知行となり、油田村のみ当知行、しかし冷泉院家押領す
延徳二年（一四九〇）	八月　十六日	同　右	「油田村并寺辺散在等」安堵

一　鎌倉期・南北朝期の禅院領荘園

越中において、もっとも早い時期に五山派寺院の寺領となったのは東条保（大門町・大島村）・河口保（新湊市）・曽禰保（新湊市・高岡市）・八代保（氷見市）の東福寺領である。これらはのちに四箇荘（四箇保とも）と称され、射水郡に散在した。延応元年（一二三九）に、九条道家が東福寺に寄進したものである。四か所あわせて京定で米一〇〇〇石の地頭請の地であった。九条道家は、同地の国使入部の停止や勅院事国役を停止するために、同じ越中国の宮島保（小矢部市）を国領として返還している。(1)なお、この東福寺はいうまでもなく円爾弁円に帰依した九条道家が建立したもので、円爾を開山に迎え、一大伽藍を備えた本格的な禅院であった。

鎌倉期に禅院領となったことが知られるのは、東福寺領の四箇荘だけで、その後は、南北朝期に入ってからのものである。同時期でもっとも注目されるのは、春屋妙葩に寄せられたものである。春屋妙葩は夢窓派の中でも中心的な人物である。彼は、管領細川頼之とは合わず、応安四年（一三七一）末から丹後の雲門寺に退いていたが、康暦元年（一三七九）に親密な関係にあった斯波義将が管領に復帰すると、同年、最初の僧録職に就任し、五山派寺院および僧侶の統制にあたり、将軍義満の帰依もあつかった人物である。

まず、春屋妙葩は、貞治五年九月二十九日に、将軍義詮の室（北向）から井見荘（上市町・立山町）を寄進されている。(2)

越中国井見の庄れう《（料）》所にたまハりて候、小所にて候へとも、御ちきやうわたらせ候へく候、ましかへやかて御下
ふミをそへてまいらせ候、
ちやうち《（貞治）》五年九月廿九日　（花押）
侍者中へ

そして、これは同日付で、義詮により承認されている。(3)

越中国井見庄事、春屋和尚にまへらせられ候よしうき給候、目出候、あなかしく、
九月廿九日　よし詮《（足利）》（花押）
北向殿まいらせ候

康暦元年（一三七九）春屋は丹後より京都に帰り南禅寺住持となり、四月には僧録職に任命されているが、その年の九月十五日には、義満より、井見荘の管領を承認されている。(4)同年、義満は春屋を開山として嵯峨に宝幢寺を建立し、寺の背後に開山堂として鹿王院が建立されたが、永徳二年（一三八二）十二月十五日の「普明国師管領寺院注文」によれば、同荘領家職は、すでに鹿王院領として春屋が管領することになっていたことが知られる。(5)

また、康暦元年十一月二十四日には、中条秀長元威より南禅寺竜華院に対して小佐味荘（入善町）が寄進されている。(6)この南禅寺の塔頭竜華院の開山も春屋である。さきに記したように康暦元年は、春屋が丹後より京都に帰り、南禅寺住持や僧録職に就任した年であった。なおこの時中条秀長が寄進したのは、翌年六月十二日の「足利義満御判御

教書」(7)から判明するように、小佐味荘の半分地頭職であったが、のちの史料などをみると、同院は同荘全体を所有していたようなので、いずれかの時に、同荘全体の寄進を受けたものと考えられる。

春屋は永徳二年（一三八二）二月には、翌年九月二十八日の夢窓疎石三十三忌法要を勤めるために天竜寺に再住している。この永徳二年であろうか、十月二十七日に亀山天皇の皇子恒明親王の孫の満仁親王より、春屋に対して天竜寺金剛院領として安楽寿院領日置荘（上市町）が寄進されている。(8)なお、この「満仁寄進状」が鹿王院に所蔵されているところをみると、のちには天竜寺金剛院領とはいえ、春屋門派の本庵たる鹿王院に管領されるところとなったようである。

また、至徳元年（一三八四）十一月三日、鹿王院は小佐味・井見両荘の伊勢太神宮役夫工米以下の諸役の免除を受けているが、この時には、越中立山領内に在った寺田・岩峅の地も同様に諸役を免除されている。したがって、これ以前から、同地が鹿王院領として春屋に寄進されていたことが知られるのである。

さきの東福寺領が射水郡、すなわち越中西北部に所在したのに対して、春屋関係の所領は、井見荘・日置荘・立山領・寺田・岩峅がいずれも白岩川流域にあり、少し離れるが小佐味荘は黒部川の東方海岸近くに所在し、全体に越中東部に存在したといえよう。

小佐味荘の近くに存在したと考えられる佐味荘（朝日町）は、貞治五年（一三六六）将軍義詮によって、天竜寺香厳院に寄進されたようである。それは、「京城万寿禅寺記」(9)には、同年万寿寺領であった佐味荘が、備中の土師郷と交換されていること、および、のちの史料により、佐味荘が天竜寺香厳院領となっていることから考えられる。(10)つまり、同荘は香厳院領となる以前は、やはり京都五山の万寿寺の荘園であったのである。天竜寺香厳院の開山は柏庭清祖という夢窓派の人物である。したがって、さきの春屋に寄進された小佐味荘とともにこの佐味荘もまた、夢窓派寺院の所領となったのである。なお、この貞治五年は春屋に対して、井見荘が寄進されている年でもある。また、のちの文明十八年（一四八六）十二月二十八日以前に、相国寺本光院領である佐味郷が、畠山政長（実際には椎名氏か）の押領を受けたことが知られるので、(11)佐味荘には、五山派最大の門派である夢窓派の天竜寺香厳院領とともに、いつのころからか不明であるが、五山派相国寺本光院の所領が存在したのである。

至徳二年（一三八五）八月二十五日以前には、すでに阿努荘（氷見市）地頭職半分が布施弾正大夫入道昌椿という人物により、南禅寺慈聖院に寄進されていたことが知られる。だがこの当時、布施昌椿の一族であろう布施出羽四郎なる人物が、慈聖院雑掌の同荘における支配に反対するような動きを示したようである。(12)南禅寺慈聖院の開山は夢窓の弟子の竜湫周沢である。つまり、同荘もまた、夢窓派の所有する荘園であったのである。

さきにもみたように春屋妙葩が、応安二年（一三六九）の南禅寺山門破却事件（細川頼之が、延暦寺衆徒の要求に屈して南禅寺の山門を破却した事件）以来、細川頼之と不和になり、丹後雲門寺に退いていた時期に、竜湫は、細川頼之と親密となり、南禅寺に住するなど、五山派中最大門派である夢窓派の最上位に昇る形となった。しかし、康暦元年（一三七九）細川頼之が失脚して四国に下向し、斯波義将が管領職に就くと春屋妙葩が南禅寺に住し、僧録職に就任したのに対して、竜湫は不遇の身となっていた。

一族に不利益となるものが出たにもかかわらず、布施氏が中央五山派へ寄進したのは、中央とのパイプを結びたいという政治的配慮からであったかも知れないし、一族の中に慈聖院の支配に対立する者が出てきたのも、あるいは、竜湫の京都五山派の中での力が失墜したことと関係するのかも知れない。のちの寛正五年（一四六四）十二月十八日には、「慈聖院領越中国上庄」の検断以下諸公事等が神保長誠により免除されている。この「上庄」とは、さきの布施氏が寄進した「阿奴荘地頭職半分」の地域と一致するのであろう。

なお、鎌倉末期の元亨三年（一三二三）十月九日に、性禅禅尼という人物が曹洞宗の能登永光寺（石川県羽咋市）に対して、阿努荘の三段三十三苅を寄進し[13]、さらに正中二年（一三二五）七月十八日までには、別に同荘内の一段を寄進している[14]。ただし永光寺の史料自体が検討を必要とするものであることに留意する必要がある。

以上、南北朝期に禅院領となった荘園についてみてきたが、ここで述べたものはすべてが五山派最大門派の夢窓派の寺領であり、中でも、初代僧録となり、夢窓派および五山派の中心人物であった春屋妙葩への寄進が多くみられた。しかも、南北朝期といっても、貞治五年（一三六六）以降、すなわち南北朝後半期に禅院領となったものである。また、夢窓派の所領は、越中西北部の阿努荘以外は東部および東北部に集中していることも指摘できる。ただ、ここで述べた禅院領は、史料的に確認できるもののみであり、他派の禅院領も、この南北朝後半期から室町期にかけて、寄進されたものが多かったものと考えられる。

二　室町・戦国期における禅院領

すでに述べたところであるが、応永十六年（一四〇九）八月二十日に、越中守護畠山満家が諸山に列していた同国金剛寺に対して、その門前地であり、満家相伝の知行地であった三十ロの地を寄進しているが[15]、同日には、金剛寺の諸塔頭や敷地等を安堵し[16]、同年九月二十九日には金剛寺領の小井手保内石正・成綱両名を安堵している[17]。この金剛寺およびその寺領が建仁寺瑞応庵（開山は仏源派の鉄庵道生で金剛寺の中興開山でもある）に安堵されており、管理下にあったことが知られる[18]。

この応永十六年（一四〇九）の小井手保内金剛寺寺領安堵以降、表にもみられるように十五世紀前半には小佐味荘・

井見荘・小中村・沼保などが不入地として認可されたり、知行の安堵を受けたりしている。この時期は幕府や守護の安堵や保護を受けて、禅院における寺領の知行は安定していたものと考えられる。

しかし、一方では、永享十一年（一四三九）ごろになると鹿王院領の小佐味荘の代官職であった正受寺（佐味荘に所在）を改易しようとする動きが、同院の意に反してみられるなど、(19)知行の問題で、在地に種々の問題が生じはじめてくる。十五世紀後半になると、在地武士の寺領の押妨が顕著になってくる。寛正五年（一四六四）には、天竜寺香厳院領「佐美郷」の百姓が、椎名氏に召し取られて年貢を奪われるという事件が起こっている。(20)翌年も、相国寺本光院領（文明十八年の史料から佐味郷内のこと）が椎名氏に押妨されているし、(21)さきにも触れたように文明十六年（一四八六）にも相国寺本光院領の佐美郷が畠山政長に押領されている。(22)これも実際には畠山政長ではなくその家臣の椎名氏であったろう。その外にも、寛正四年（一四六三）に、天竜寺瑞泉院領であった大家荘が押妨されている。(23)これらはいずれも椎名氏の在地での荘園押妨の行動であったようであるが、他地域においても、この十五世紀半ばごろより、在地勢力の荘園侵食が始まっていたものと考えられる。

たとえば、幕府奉公衆町野敏康が檀越となり、夢窓疎石の弟子である香山仁与が開山となって開創された天竜寺系の安楽院（太秦にあった）には、南北朝期と考えられるころに、町野氏より越中油田村（砺波市）が寺領として寄進されているが、同寺領は、寛正三年（一四六二）に守護畠山氏の守護代遊佐新左衛門の違乱を受けているのである。なお、同寺領は、文明十七年（一四八五）十一月ごろにも知行をめぐって争論があり、(24)翌年二月には冷泉家の押領を受けている。(25)その後、延徳二年（一四九〇）には「油田村并寺辺等」が幕府より安堵されているが、(27)寺領の経営も困難であったらしく、安楽院では、文明十八年二月十六日の当時、すべての院領が不知行となり、わずかにこの越中油田村のみが知行地であったというありさまであった。(28)その残された院領もこのように争論が絶えなかったのである。このころに、返付や返還を求める動きや、史料に押妨・妨害の文言が出現するのも、在地武士の押妨ということが背景にあってのことである。

また、このような中で、等持院・等持寺では、長禄三年（一四五九）十月七日、五位荘が年貢未進なので、直務としようとしたが、失敗している。(29) この五位荘であるが、「万山編年精要」(30)に「同十二(応永)乙酉七月十一日、鹿苑院殿御台族日野殿定心院殿従一位大喜大禅定尼法名性慶逝矣、清住院蘭洲和尚御弟子、越中五位庄御追薦(善)領見于当時古記」とみえる。これによれば、五位荘が、応永十二年（一四〇五）七月十一日に死没した足利義満の側室の日野業子の追善領となっている。いずれの寺院に寄進されたかは明記されていないが、日野業子が、建仁寺大竜庵（雪村の塔所）に永く住し、すでに没して建仁寺清住院が塔所となっていた蘭洲良芳（雪村友梅の弟子で一山派）に受衣したことが記されているところをみると、当初は建仁寺内の大竜庵か清住院に寄進されたのであろうか。とすれば、のちに、等持院・等持寺領となったということになる。あるいは、当初から等持院・等持寺に寄進され、継承されて長禄三年に至ったのであろうか。いずれにしても、この五位荘は日野業子の追善領として出発したものであった。

禅院領荘園は前述のように在地武士の押妨にあったが、十五世紀後期から十六世紀にかけては、農民層の抵抗にもあい、年貢を収納しにくくなっていった。文明九年（一四七七）、東福寺領の東条保内の三か村では、代官職三井盛宗の借銭の際に、借銭請人となった百姓が、銭主より譴責されたため、百姓がそれに抗議して逃散するということが起こっている。(31) 鹿王院領井見荘では、永正三年（一五〇五）一向一揆に際し、荘内農民が山野に栖籠ったために、年貢徴収が不可能になっている。(32)

結びにかえて

現在知りうるのは、鎌倉期に禅院領となったのは東福寺領の四箇荘だけであり、南北朝期に禅院領となったものの多くは夢窓派の所領であり、中でも春屋妙葩へ寄進されたものが多かった。また、南北朝期といってもその後半期に禅院領となったものが多かった。室町期に入り、十五世紀前半ごろまでの禅院領は、幕府や守護の安堵や保護を受けて、その知行は安定していたが、十五世紀後半以降は、在地武士の押妨や農民層の抵抗に遭遇するようになっていくのである。とくに在地武士勢力は京都の五山派寺院にとって、所領を浸蝕する存在であった。こうした中で、いくつかの禅院領が椎名氏の押妨に遭遇しているが、この椎名氏の保護を受けて、同氏の居城が存在する松倉を中心に、同地域に教線を拡張したのが、林下の曹洞宗であった[33]。戦国期に五山派が没落し、林下の曹洞宗が発展をみせた背景にはこのような事実が存在したのである。

以上、みてきたように、在地武士の押妨や一向一揆などのために、他の荘園と同様に、禅院領の運営も不可能となり、五山派禅院はその経済的基盤も失っていった。外護者であった守護層は力を失い、守護や守護代から戦国大名に転化した者も、まず領国支配に全力を傾けなければならず、中央五山派との関係は薄れ、むしろ、しだいに禅院領の浸蝕者へと変り、また、押妨者である在地武士を家臣団に抱える立場となっていったのである。一方、五山派内では、文芸に力が入り、五山文学を生み出したものの、禅宗的な活力や魅力を失い、同派は全体的に衰退していったのである。このような全国的な傾向の背景に存在するものを、越中の事例において具体的に明らかにすることができたと思うが、曹洞宗の展開についての考察はのちに行なうことにする[34]。

註

(1)『吾妻鏡』延応元年七月二十九日条（『富山県史』史料編Ⅱ中世、六九頁）。
(2)「某消息」（「鹿王院文書」〈『富山県史』史料編Ⅱ中世、三一九頁〉）。
(3)奥田淳爾「越中における臨済宗夢窓派の諸荘園」（『歴史手帖』六―一〇号）。
(4)「足利義満御内書」（「鹿王院文書」〈『富山県史』史料編Ⅱ中世、三六五頁〉）。
(5)「普明国師管領寺院注文」（同右〈同右、三六九～三七一頁〉）。
(6)「沙弥元威寄進状」（「南禅寺文書」〈『富山県史』史料編Ⅱ中世、三六七頁〉）。
(7)「南禅寺文書」（同右、三六七頁）。
(8)「満仁寄進状」（「鹿王院文書」〈『富山県史』史料編Ⅱ中世、三六九頁〉）。
(9)『大日本史料』第六編之二十七。『富山県史』史料編Ⅱ中世、三三一頁。
(10)『蔭凉軒日録』長禄二年五月六日の条（『富山県史』史料編Ⅱ中世、五一九頁）。
(11)同右、文明十八年十二月二十八日の条（同右、六五四頁）。
(12)「足利将軍家御教書」（「南禅寺文書」〈『富山県史』史料編Ⅱ中世、三七七頁〉）。
(13)「永光寺寄進田注文」（「永光寺文書」〈『富山県史』史料編Ⅱ中世、一七〇頁〉）。
(14)「瑩山紹瑾置文」（同右、一七一頁）。
(15)「守護畠山満家寄進状」（「永源師檀紀年録」所収〈『富山県史』史料編Ⅱ中世、四一一頁〉）。
(16)「守護畠山満家下知状」（同右、四一一頁）。
(17)「守護畠山満家下知状」（同右、四一二頁）。
(18)「永源師檀紀年録」乾（『富山県史』史料編Ⅱ中世、四四九頁）。
(19)「鹿王院主乾楞書状案」（「鹿王院文書」）、『蔭凉軒日録』永享十一年五月二十一日の条（ともに『富山県史』史料編Ⅱ中世、四八四頁）。
(20)『蔭凉軒日録』寛正五年十一月二十七日の条（『富山県史』史料編Ⅱ中世、五四五頁）。
(21)同右、寛正六年六月十八日の条および二十五日の条（同右、五〇五頁）。

(22) 同右、文明十八年十二月二十八日の条（同右、六五四頁）。
(23) 同右、寛正四年七月八日の条（同右、五四一頁）。
(24) 同右、文明十八年二月十六日の条・寛正三年八月七日の条（同右、六三三頁・五三八頁）。
(25) 同右、文明十七年十一月五日・七日・十一日・十四日の条（同右、六三一頁）。
(26) 同右、文明十八年二月十六日の条（同右、六三三頁）。
(27) 同右、延徳二年八月十六日の条（同右、六八五頁）。
(28) 同右、文明十六年二月十六日の条（同右、六三三頁）。
(29) 同右、長禄三年十月七日の条、同四年閏九月六日の条（同右、五二五・五二九頁）。
(30) 『富山県史』史料編Ⅱ中世、四〇五頁。
(31) 「政所賦銘引付」（『親元日記』〈『続史料大成』十二〉、『富山県史』史料編Ⅱ中世、五九九頁）。
(32) 「常仙書状」（「鹿王院文書」〈『富山県史』史料編Ⅱ中世、七六四頁〉）。
(33) 第二章第五節参照。
(34) 同右。

第六節　越中国泰寺派の展開

はじめに

越中における臨済宗法燈派は、前述したように、興化寺およびその一派の諸寺院が五山派としての展開をみせたのに対して、国泰寺とその門派は五山派には属さず、いわゆる林下禅林としての展開をみせた。国泰寺の開創に関しては、興化寺の開創とともに、法燈派の越中への進出として、すでに考察したので、ここでは、その後の展開についてみることにする。同派は曹洞宗や妙心寺派ほどの発展をみせなかったためか、その門派に関する考察は少なく、近年わずかに久保尚文氏の業績がみられるのみであるといっても過言ではない(1)。本節においては、久保氏の研究成果を踏まえた上で、さらに論を進め、以下の問題について論述することにしたい。

国泰寺には、数通の綸旨が所蔵されているが、これは、住持問題と関連があると考えられるし、同寺門派の系図には、同寺に住持となった人物が多数記載されており、正住との関係を考察しなければならない。また、神通川の上流である飛驒の高原川流域に展開した国泰寺門派についても合せて考えてみたい。

国泰寺派の展開の考察により、曹洞宗以外の林下禅林の動向がどのようなものであったかを知ることができると考える。

一　国泰寺の再興と後奈良天皇綸旨

近世の記録になるが、宝暦十四年（一七六四）の成立になる「摩頂国泰禅寺開山塔司弘源院中興記併碑銘」（国泰寺蔵）には、応仁〜天文年間（一四六七〜一五五五）には兵火により伽藍を焼失し、寺運も衰退した旨が書されている。この記載がどこまで真実を伝えているかは疑点が残るとしても、天文年間以前に同寺が衰微していたことは事実であったようである。永正十七年（一五二〇）十二月に放生津および守山を中心に勢力を持った神保慶宗が越後の長尾為景を中心とする勢力に新庄合戦で敗北し、滅亡したことと関連があるかもしれない。

ところが、天文十五年（一五四六）ごろには、再興されていたようである。国泰寺には、天文十五年十月九日付の「後奈良天皇綸旨」と「伏見院重保奉書案」が所蔵されている。(2)

㈠　（懸紙）「雪庭禅室　右中弁晴秀」

国泰寺住持職事、可令存知給之由、天気所候也、仍執達如件、

天文十五年十月九日　　右中弁（花押）

雪庭禅室

㈡　摩頂山国泰寺開山清泉和尚以来、雖為初参地、今度当住、依参内、被転紫衣候間、得其意可申旨被仰下候也、

天文十五拾月九日　　伏見院重保

雪庭和尚

前者により、雪庭祝陽（同寺の記録では二七世）に国泰寺住持に任命するという綸旨が与えられていることが知られる。五山禅林が将軍からの住持辞令ともいうべき公帖によって権威付けを行なっていたのに対して、林下禅林は、やはり住持辞令というべき朝廷よりの綸旨を受けることにより権威付けを行なっていた。例えば、越前の永平寺などがそうである。いずれにしても国泰寺は、天文十五年十月九日以前に、綸旨を受けるにふさわしい寺院に再興されていたに相違ない。なお、曹洞宗の越前永平寺は文明五年の火災により曹洞第一の出世道場であるという証状を紛失していたが、天文八年（一五三九）十月七日にそのことを認める内容の綸旨の再交付を受けている。(3)あるいは天文年間の朝廷は、宗教教団の権威付けに積極的な対応を示していた時期であったのかもしれない。

後者の文書は雪庭に紫衣が勅許されたことを意味するが、写なので真疑のほどは不明である。なお、国泰寺には、

（端裏書）「口宣案」

上卿　勧修寺大納言

天文十四年九月十二日　宣旨

綱存和尚

宜諡号円通仏眼禅師

蔵人頭右中弁藤原晴秀奉

という文書があるが、「綱存」は加賀伝燈寺の二世である至庵綱存であることが理解できる。すなわち、加賀伝燈寺が天文十四年になって、同寺二世の至庵綱存に禅師号を受けようとした結果、同文書を受けることになったものと考えられる。したがって、同文書は、元来は加賀伝燈寺に所蔵されていたものということになる。国泰寺の所蔵する法脈系図の中に記されている雪庭祝陽に付された「勅諡仏眼禅師」は、右の文書が伝燈寺から何らかの理由により国泰寺に伝来されてのちに、後奈良天皇綸旨などの内容と、混同された結果によるものと考えられようか。ただし、右文書によったとすれば「円通仏眼禅師」となるはずであるが雪庭には「仏眼禅師」と付されており、一概に否定できないところがある。いずれにしても右の文書は雪庭に与えられたものでないことは事実である。

ところで、国泰寺が雪庭の代に再興された理由としては、国泰寺と神保氏との直接のかかわりを示す史料はないが、神保長職による神保氏の再興が、天文十二・十三年の富山周辺における椎名氏あるいは斎藤氏との抗争の結果、能登畠山氏の仲介を経て確認されたことによるものであろうとされる。(4)

さて、天文二十四年（一五五五）一月十九日、雪庭についで友竹覚松（国泰寺二八世）も後奈良天皇綸旨を得ている。(5)

「友竹和尚禅室《(懸紙)》　右中将重保」

国泰寺住持職之事、所有　勅請也、任先例、着紫衣、弥可奉祈、宝祚善禱者、天気如此、仍執達如件、

天文廿四年正月十九日　　　　　　　　右中将（花押）

友竹和尚禅室

ここでは、「任先例」として住持に紫衣の被着が許されている。

天正四年（一五七六）九月二十日には嗣山慶胤（国泰寺二九世）が正親町天皇綸旨を受けている。友竹が受けたものと同文の綸旨であった。これ以降も国泰寺に所蔵されている綸旨類によれば、元和九年（一六二三）五月十三日に英叔宗雄（三二世）が香衣被着許可を受けているのをはじめ、歴代の住持が被着許可を受けていたようである。

二　国泰寺の住持と同派の人びと

国泰寺には三本の同派の法脈の系図がある。いずれの本も、巻頭に歴代住職の名を列記している。仮にA・B・C本と称すると、A本とB本は同冊子に記載されているが、字体が異なる。A本は「摩頂山歴代勅住」として歴代住持を四三世雪江東緑まで列記しているが、他本と比べると、歴代住持で記載されていないものがある。そして、無題名で系図が書されている。B本は「大本山護国摩頂巨山人王国泰万年禅寺勅住歴代」と題して歴代住持の名を四九世典栄志謙まで記し、ついで「法燈下清泉派法継図」と題して法脈系図が記されている。C本は表紙に「国泰歴代法脈経図」と記され、「大本山護国摩頂山人王国泰萬年禅寺勅住歴代」と題して歴住を五十五世雲門玄祐まで記している。そして、巻末に安永三年（一七七四）冬の成立であることを記している。したがってABCの順に成立したことになり、順に記載も多くなっているが、重なる部分の記載はほぼ同様である。これらの法脈系図をもとに歴代住持を中心に作成したものが、第10図の「国泰寺派法脈略系図」である。

第10図　国泰寺派法脈略系譜

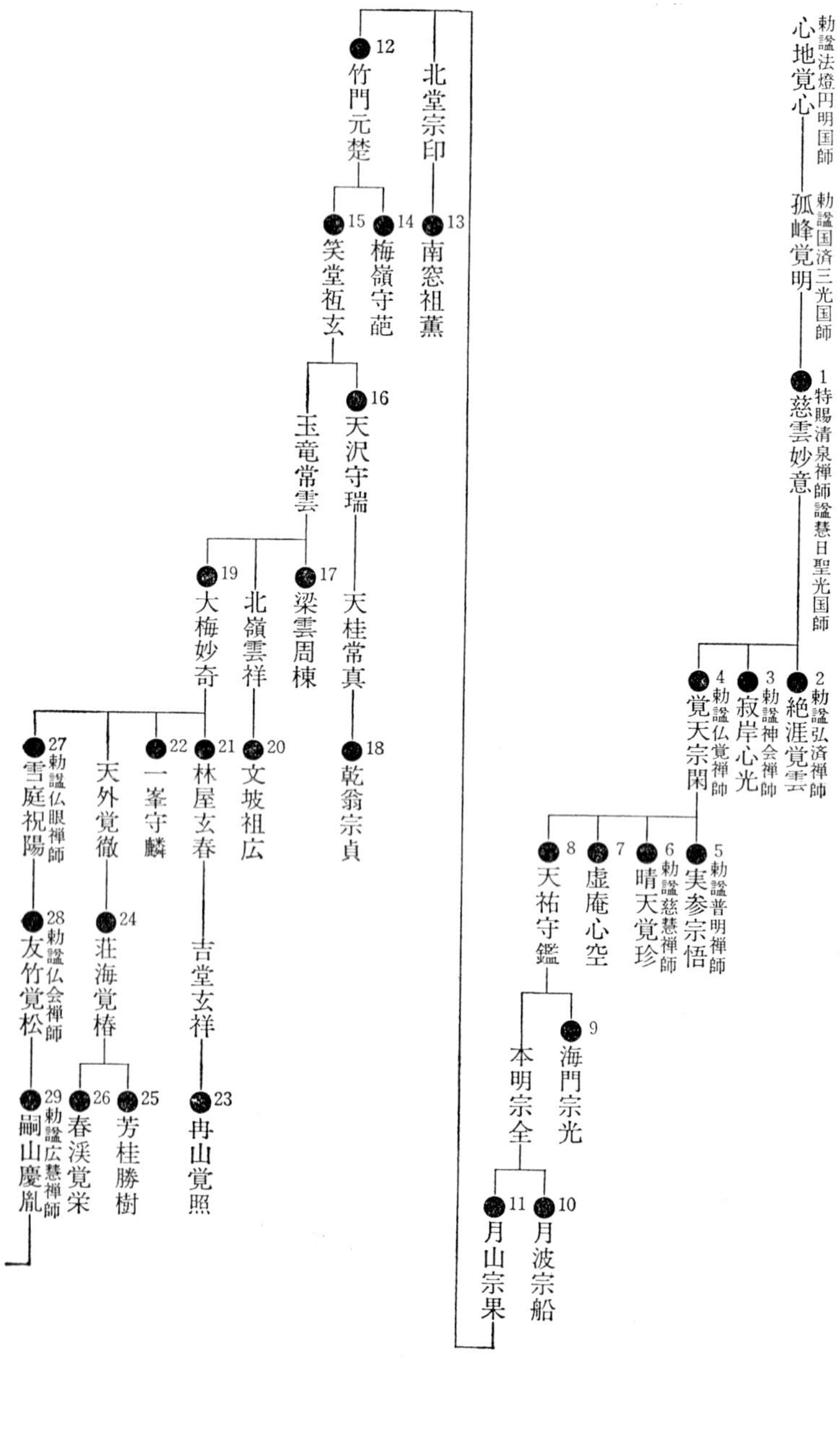

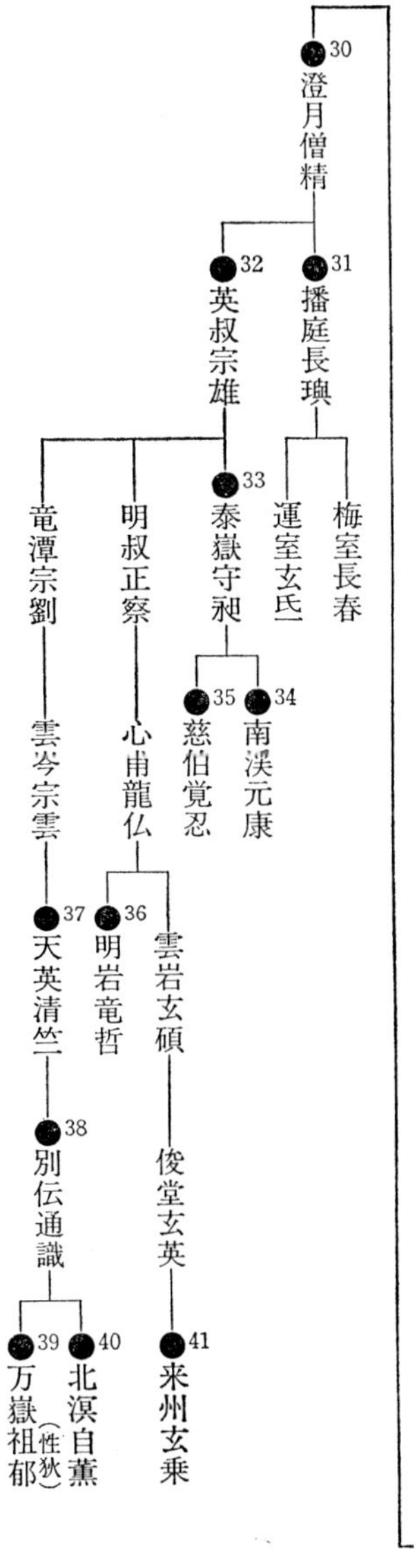

三本の法脈系図には、歴代住持の他に、多数の同派の人びとの名が記載されており、名の上に細字で横に住持寺院名が記入されており、歴代住持の上には細字の「国泰」の上に●印が付されている。この記載をもとにして、国泰寺派の人びとの住持寺院をみると第13表のようになる。なお、この場合、個々の人びとの活動した年代を知ることは不可能であるので、世代により区別した。つまり、開山の慈雲妙意を一世代とし、その弟子達を二世代、孫弟子達を三世代という数え方にした。ただし二〇世代までとした。

この表によれば、国泰寺派の人物で、五山派寺院である興化寺に住した人物が多いことが理解できる。やはり、同じ法燈派であり、しかも近くの放生津に位置したということもあろう。しかも、時期は天文十五年（一五四六）に雪庭が国泰寺を再興する以前に多く、国泰寺再興とともに興化寺への入寺は少なくなるようである。近隣の寺院では安国寺・崇聖寺・伝燈寺に住したものが幾人か知られる程度である。なお、「安国」が越中の安国寺である可能性は十分にあるので、国泰寺＝安国寺という説は、これによっても否定されることになる。

第13表　国泰寺派僧侶の住持寺院とその員数（世代別・寺院別）

世代数	総員数	国泰寺	興化寺	崇聖寺	安国寺	伝燈寺	南禅寺	東福寺	建仁寺	円覚寺	建長寺	承天寺	その他	備　考
1	1	1 (1)												
2	6	3 (3)												
3	25	6 (3)	1	1			1	1		1				
4	30	10 (0)							2	2	1	1	浄智寺1	
5	36	12 (2)	2		1		2	1	4		1	1	国分寺1	
6	29	8 (1)	1		3		3					1		
7	21	7 (3)		1			1						天寧寺1 雲樹寺1 実相　1	
8	18	6 (1)	1				1					1	聖福寺1 明光寺1	
9	14	4 (2)	4				1		1					
10	18	12 (4)	2				2							27世雪庭の世代 天文15年ころ
11	24	14 (2)	1											28世友竹の世代 天文24年ころ
12	28	14 (3)				1	1				1			29世嗣山の世代 天正４年ころ
13	26	9 (2)				2	1						長栄開山1	
14	21	8 (2)	1				1							32世英叔の世代 元和９年ころ
15	15	5 (1)					3							
16	17	12 (2)					1							
17	15	9 (1)					1							36世明岩の世代 延宝８年ころ
18	26	11 (0)												
19	18	6 (1)		1										
20	18	5 (2)												37代天英の世代 天和～元禄のころ
合計	406	162 (36)	13	3	4	3	19	2	7	3	3	4	8	

〔(　) 内の数は，世代に数えられた人物の数で内数〕

五山関係では京都の南禅寺・建仁寺に住したものが多い。やはり、越中と京都五山派との密接な関係を反映しているようである。

しかし、この表中で南禅寺や建仁寺に住したとされる人物の名が、各寺の世代表の中にはみられないので、国泰寺の法脈系図の信憑性にはいささかの疑問が生じるが、いずれにしても、国泰寺派の人びとが各方面で活動していたことが知られるのである。

さて、この表で一番問題となるのは、国泰寺の歴代に数えられている人物以外の多くの人びとが国泰寺住となっていることである。これはいうまでもなく、正住の外に、形式的な住持が存在したということである。このような住持方法は、林下である永平寺や総持寺などにもみられるものである[6]。これは、形だけでも住持となることによって「前国泰」（国泰寺前住の意）の称号を得て、各僧の権威付けを行ない、国泰寺派としての自覚を高めるとともに、同派の一人前の僧としての資格を得るというものであった。国泰寺はまた、この形式的な住持が入寺するに際して、いかほどかの金銭を納めたことであろうから、寺院運営上も是非必要なものであったろう。

これは近世の史料であるが、天英は天和元年（一六八一）十一月二十一日に、[7]

「（懸紙）天英和尚禅室　頭右中将隆真」

国泰寺住持職之事、応　勅請宜奉行祈国家安全　宝祚長久者依

天気執達如件、

天和元年十一月廿一日

頭右中将（花押）

天英和尚禅室

と、国泰寺住持補任の綸旨を受けているが、おそらくこれは、形式的な住持となった時のものであろう。天英はのちの元禄十二年五月十四日に、(8)

「(懸紙)天英和尚禅室　右少弁尚房」

国泰寺住持職事、所有　勅請也、着紫衣令参内宜奉祈　宝祚長久、専仏法紹隆者天気如此、仍執達如件、

元禄十二年五月十四日　　右少将（花押）

天英和尚禅室

と、国泰寺住持職の補任とともに参内の折の紫衣被着を許可した旨の綸旨を受けているのである。これは、国泰寺三七世として正住位に就いた時のものであると考えられる。

つまり、江戸期には形式的な住持に対しても綸旨が与えられていたわけであるが、それは、三一世、播庭長璵の弟子の梅室長春が、(9)

「(懸紙)梅室禅室　権右少弁俊広奉」

国泰寺住持職之事、可令存知給之由、

天気所候也、仍執達如件

寛永廿一年八月十九日

権右少弁（花押）

梅室禅室

という綸旨を受けていることからも知られる。梅室は国泰寺歴代住持、すなわち正住にはなっていない人物であるからである。なお、兄弟弟子で、やはり正住にはなっていない運室玄氏も慶安二年（一六四九）三月十二日に綸旨を受

けている。(10) 梅室の受けた綸旨により、形式的な住持に対して寛永二十一年にはすでに綸旨が与えられていたことが知られるわけである。このようなことがいつごろまで遡れるかは不明であるが、ともかく、国泰寺派の多くの人びとが、この形式的な住持になることによって、一人前の僧として活動していたことは事実であったとみてよかろう。なお第13表によれば、雪庭により再興された以後に多くの住持者が出ているようである。雪庭が天文十五年に綸旨を受けたことにより、同寺の格上げがなされたことにもよると考えられる。

三　国泰寺派の飛騨への発展

国泰寺が多くの住持者を出したことからも同派の発展ぶりが知られるのであるが、その一端を同派の飛騨への発展からみることにしたい。

国泰寺門派の飛騨への発展は、室町期以降である。結論からいえば、応永年間以降で、国泰寺十九世大梅妙奇の門弟を中心に展開されたといえよう。神通川に沿って、吉野・猪谷を通り越中から飛騨に入り、神通川の支流である高原川に沿っての展開であった。現在の上宝村一帯である。『飛州志』『斐太後風土記』によれば、高源山本覚寺(本郷)・長洞山桂峯寺(長倉)・赤桶寺(=赤寺カ、赤桶)・富渓山永昌寺(田頃家)・法円山禅通寺(一重ヶ根)・新福寺(=福寺カ、福地)などが高原川の上流に向かって、国泰寺の末寺として存在した。

永昌寺(上宝村田頃家)は、はじめは天台宗寺院で永照庵と称し、妻帯寺院(修験の寺ということか)であったという。また、江馬政盛が正和元年(一三一二)に父母の菩提供養のために建立した寺院で、開山は広岩という僧侶であったという。「永昌寺歴代住持記録」によれば、以前は真言宗で修験家であったという広岩(没年は応安元年〈一三六八〉)が

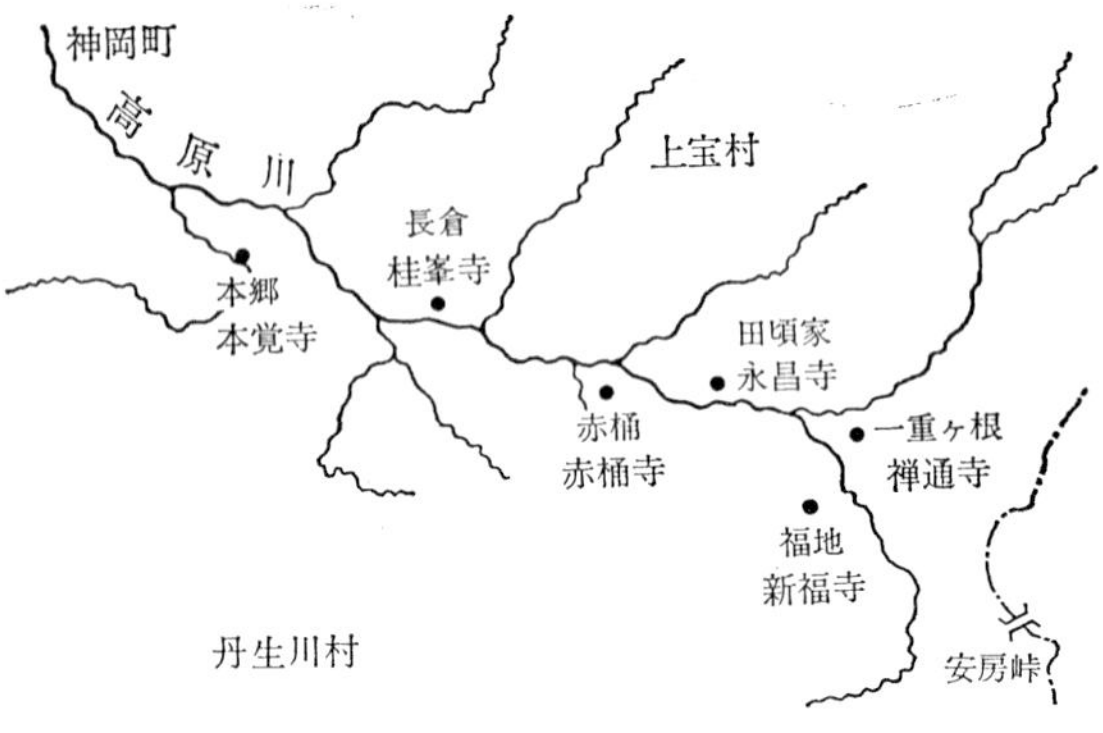

第11図　飛騨の国泰寺末寺分布（『富山県史』史料編Ⅱ中世より引用）

禅宗に改宗したという。以前は修験系の寺院であったのであろう。それを前掲地誌によれば、応永年間（一三九四～一四二八）末年ごろに、江馬宗時が父輝時の菩提供養のために再興し、越中国泰寺「大海妙奇」の弟子の鳳宿麟芳を中興開山とした。鳳宿は江馬氏の出身であり、輝時の俗弟で、明応八年（一四九九）に九十二歳で没している。永昌寺蔵の「大般若波羅密多経」（五一五巻）奥書に、(11)

本尊地蔵尊　本山国泰寺
開山広岩玄莫大和尚　照庵　末寺赤寺福寺
応永卅二年九(月脱)廿五日　村瀬　藤原朝臣
上ノ兵衛次郎作
中興開山鳳宿麟芳座元　大方治郎兵衛
永享七卯年二十八才
竜淵記之

とみえている。この「昭庵（寺）」は永昌寺のことであろう。本尊は地蔵尊、赤寺（赤桶寺カ）と福寺（新福寺カ）が末寺であったことが知られ、鳳宿は永享七年（一四三五）に、二十八歳であったことが分かる。鳳宿の師である「大海妙奇」は越中国泰寺一九世の大梅妙奇であろう。「永昌寺歴代住持記録」によれば、永昌寺三世（鳳宿を二世としている）は性廓玄栄で、今見（大宝村）下田の藤原知親（今見氏先祖カ）の俗弟で、本郷の本覚寺の弟子となり、二十歳の時に永昌寺に住し、天文十三年（一五四四）八月二十日、七十二歳で死去している。四世は竜淵宗湛である。鳳宿の弟子で文禄四年（一五九五）に没している。五世には三友祖文が入っている。彼は越中五十嵐氏の出身で、越中五山派の十刹寺院である興化寺の弟子であったが国泰寺派の永昌寺に住することになったらしい。天正十九年（一五九一）に若くして死去したために、四世竜淵が再度住したという。

桂峯寺（長倉）は前掲地誌によれば、永正年中（一五〇四〜一五二一）に中興されているが、中興開山は正雲（照雲とも）という人物である。彼は桃井直常の遺子で、江馬氏に養育され僧になったという。同寺の再興も江馬氏の外護によることはいうまでもない。なお、正雲もやはり「太梅」の弟子であるといわれ、のちに国泰寺住持となり、参内し、紫衣を下賜されたという。どこまでが事実かは不明であるが、さきに述べたように、「前国泰」を称するための形式的な住持を務めたようである。しかし、国泰寺が蔵する三本の法脈図には見当らない。天文二十三年（一五五四）六月に死去している。なお、永昌寺の中興開基の鳳宿の師も大梅であり、桂峯寺中興開山の正雲の師も「太梅」すなわち大梅妙奇であるとするが、両者にはかなりの年数の差が存在するようである。

なお、これらの寺院は、天正十年（一五八二）に江馬氏が滅亡し、同地は金森氏の領国となり、元和年中以降、同氏の領知となると、同氏の菩提所である高山の妙心寺派宗猷寺の末寺に組み込まれていった。

結びにかえて

国泰寺は天文年間以降、歴代住持が朝廷より綸旨を受け、紫衣被着許可を受けて入院することに権威付けを行ない、正住の外に形式だけの住持職を設け、門派下の人びとに入院させ、その際に金銭を納めさせ、「前国泰」の称号を与え、門派内での市民権を与える形をとり、同寺と門派の維持を図っていたであろうことを推測した。そして、これら

のことは、同じ林下である曹洞宗の中心寺院の永平寺や総持寺などの維持運営の方法と類似しているのである。(12)

飛騨における国泰寺派の展開は、同国江馬氏の外護によるものであることはいうまでもないことである。このように十五世紀半ば以降、在地領主層の外護を受けて、地方に展開したのが、林下禅林であるが、国泰寺派もまた、飛騨において、林下禅林展開の典型をみせたといえよう。ただし、臨済宗妙心寺派や曹洞宗がこの時期の発展を基礎に、近世においても、末寺数を増加させるなどの発展をみせているのに対して、飛騨国泰寺派は外護者である在地領主江馬氏の没落により、強力な林下で、近世大名金森氏と結びついた妙心寺派によって改宗させられてしまった点は異なるところである。なお、国泰寺自体も、近世初頭には妙心寺派に属する形となっている。(13)

註

（1）久保尚文「越中禅宗史の断片」（同氏『越中中世史の研究』二一七頁以下、桂書房、一九八三年）。
（2）『富山県史』史料編Ⅱ中世、九〇六頁。
（3）拙稿「後奈良天皇の綸旨と両山」（桜井秀雄・河村孝道・石川力山・吉田道興・吉岡博道・広瀬良弘共著『永平寺史』三八七頁以下、大本山永平寺、一九八二年）参照。
（4）久保尚文「越中禅宗史の断片」（同氏『越中中世史の研究』二二五頁）。
（5）『富山県史』史料編Ⅱ中世、九五二頁。
（6）第二篇第二章第一節参照。
（7）国泰寺文書。
（8）国泰寺文書。
（9）国泰寺文書。
（10）国泰寺文書。
（11）『富山県史』史料編Ⅱ中世、銘文抄、五一一頁。

(12) 拙稿「出世道場としての永平寺」(前掲『永平寺史』三七九頁以下)
(13) 寺院本末帳研究会編『江戸幕府寺院本末帳集成』上(雄山閣出版、一九八一年)一八六頁。

第二章　曹洞宗の地方展開

第一節　曹洞宗の地方発展概観

一　越前・加賀・能登から全国各地への展開

曹洞宗が最初北陸に勢力を張る結果となったのは宋国曹洞宗長翁如浄に嗣法した道元（一二〇〇—一二五三）が帰国後、天福元年（一二三三）に建立した山城深草の興聖寺に住すること一〇年にして、寛元元年（一二四三）、越前志比荘地頭波多野義重の援助のもとに同荘に赴き、のちに永平寺を開き、本拠としたことに始ることはいうまでもない(1)。永仁元年（一二九三）徹通義介が、いわゆる永平寺三代相論——教団の発展を意図した徹通一派と枯淡な道元の禅風を守ろうとした義演一派との永平寺住持職をめぐる争いとされている(2)——に敗れ、澄海阿闍梨の招聘を受けて加賀押野荘大乗寺に頼ったことにより、教線が北に延びることになる。同寺は旧仏教系の寺院であったが、禅刹に改めら

第12図　曹洞宗略系譜(1)（『曹洞宗全書』大系譜による）

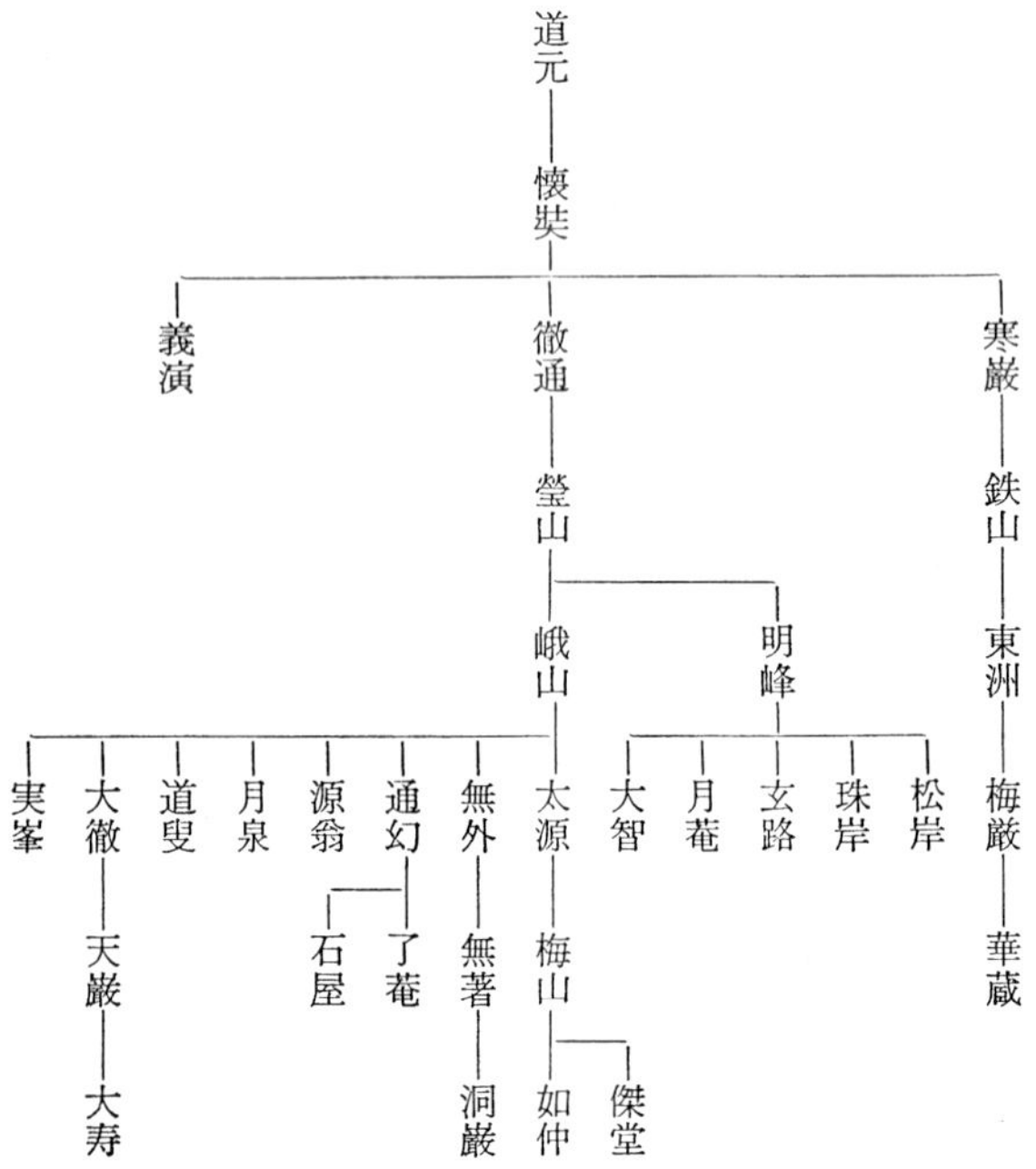

れたもので、富樫氏の外護を受けている。(3) その弟子瑩山紹瑾は文保二年（一三一八）滋野信直の妻である祖忍尼より、寺領の寄進を受けて、能登酒井保に永光寺《ようこうじ》を開創、(4) 元亨元年（一三二一）には、さらに奥能登に進み、定賢律師の勧めに応じて、櫛比庄に総持寺を開闢している。同寺も旧仏教系の教寺より禅刹に改められたものである。(5)

瑩山からは明峰素哲・峨山韶碩の二人のすぐれた弟子が出ている。二人は北陸に在って多くの門人を輩出し、勢力を養っていた。この頃までに越前・加賀・能登以外の地に本格的な発展の基を築いていたのは、弘安六年（一二八三）肥後宇土郡河尻の地頭、河尻泰明の援助を受けて大慈寺を開いた寒巌義尹のみである。(6) 了然法明は心地覚心（臨済宗法燈派祖）の弟子孤峰覚明が出羽まで赴き参じたほどの人物であったが、出羽に玉泉寺を建立し、同地に教線を張った後に、道元に参じたもので、参学期間もわずかで、嗣法の門人ではなかったようである。しかも、玉泉寺は、その後荒廃し、文安四年（一四四〇）越後耕雲寺南英謙宗の再興を待たねばならなかった。その他、道元の山城興聖寺、詮慧の同国永興寺、道荐の美濃衆林寺、瑩山の阿波城満寺も建立されたものの不振で玉泉寺と同様に、永くは存続しなかったようである。曹洞宗における一大門派を形成することになる瑩山の門下は、いまだ北陸に留っていた。ところが、明峰・峨山の門弟達をみると、北陸出身者以外の人びとも存在し、彼らを中心として、同地方はもとより、各地方への進出を開始するのである。

明峰・峨山を含む永平道元下五世代、その弟子達が多くを占めている六世代、そして七世代の禅侶の活動の模様をみると第14表のようである。ここで用いた「日本洞上聯燈録」は近世に編纂されたものであり、主なる禅僧の主なる開山地・住山地しか記載されておらないし、世代が下るにしたがって、同世代でも、活動した時期の差が大きなものとなっていくので、(7) あくまでも目安である。六世代・七世代の活動した時代は南北朝期と、その直後であるが、この期を通じて、いかに曹洞禅の教線が全国的な規模へと拡大されたかを知ることができよう。たとえば、明峰の嗣である大智（六世代）は生国肥後に赴き、九州南朝方の中心勢力であった菊池氏の外護により、玉名郡石貫に広福寺を開き、延元三年（一三三八）には菊池郡鳳儀山聖護寺の開山となっており、晩年には肥前島原半島にも進出している。彼は肥後に赴く以前に、すでに北陸加賀に祇陀寺を開山しており、両地間を往来して、その経営に当っていた。(8) また、

第14表　曹洞宗第一八世代までの活動一覧

世代	地方名	越後	佐渡	越中	能登	加賀	越前	若狭	北陸 地方別小計
道元	(国別開山者数)						(一)		
	国別開山寺院数						2		2
永平下二世	(国別開山者数)								
	国別開山寺院数								0
永平下三世	(国別開山者数)					(一)	(三)		
	国別開山寺院数					1	4		5
永平下四世	(国別開山者数)				(一)	(一)			
	国別開山寺院数				3	1			4
永平下五世	(国別開山者数)			(三)					
	国別開山寺院数			3					3
永平下六世	(国別開山者数)			(三)	(五)	(六)	(二)		
	国別開山寺院数			3	7	6	2		18
永平下七世	(国別開山者数)	(二)		(八)	(四)	(三)	(六)	(一)	
	国別開山寺院数	2		9	4	4	7	1	27
永平下八世	(国別開山者数)	(一)			(四)	(二)	(十)		
	国別開山寺院数	1			7	2	10		20
永平下九世	(国別開山者数)	(二)			(一)		(一)		
	国別開山寺院数	3			1		1		5

世代	地方名	伊勢	志摩	伊賀	紀伊	近江	山城	丹後	丹波	但馬	播磨	淡路	摂津	近畿 地方別小計
道元	(国別開山者数)						(一)							
	国別開山寺院数						1							1
永平下二世	(国別開山者数)						(一)							
	国別開山寺院数						1							1
永平下三世	(国別開山者数)													
	国別開山寺院数													0
永平下四世	(国別開山者数)													
	国別開山寺院数													0
永平下五世	(国別開山者数)													
	国別開山寺院数													0
永平下六世	(国別開山者数)								(一)		(一)		(一)	
	国別開山寺院数								1		1		1	3
永平下七世	(国別開山者数)					(二)			(一)				(三)	
	国別開山寺院数					2			1				3	8
永平下八世	(国別開山者数)	(一)				(三)			(三)		(一)		(一)	
	国別開山寺院数	1				4			3		1		1	10
永平下九世	(国別開山者数)	(二)					(一)		(一)					
	国別開山寺院数	3					1		2					6

	河内									
	和泉							(一) 2		
	大和									
東北	陸奥						(一) 1			
	陸中						(二) 2	(五) 7		
	陸前							(一) 1		
	磐城									
	岩代						(一) 2			(一) 1
	羽後							(二) 2		
	羽前		(一) 1					(二) 2		(四) 4
			1				5	12	0	5
中国	因幡									(一) 1
	伯耆						(一) 1		(三) 5	(一) 1
	出雲							(一) 1		
	石見							(一) 2	(三) 3	(一) 1
	隠岐									
	美作							(三) 4		
	備前									
	備中						(一) 1			(五) 5
	備後									(一) 1
	安芸							(一) 1		
	周防							(二) 2	(四) 4	(四) 5
	長門								(二) 2	(一) 1
		0	0	0	0	0	2	10	14	15
四国	阿波				(一) 1					(一) 1
	讃岐									
	伊予									(二) 2
	土佐								(一) 1	(一) 1
		0	0	0	1	0	0	0	1	4
	筑前							(一) 1	(二) 3	(一) 1

関東								東山				東海					九州									
相模	武蔵	上野	下野	安房	上総	下総	常陸	美濃	飛騨	信濃	甲斐	尾張	三河	遠江	駿河	伊豆	薩摩	大隅	日向	肥後	対馬	壱岐	肥前	豊後	豊前	筑後
0								0				0														
0								0				0														
								㈠2																		
0								2				0														
																				㈠2						
0								0				0					2									
																				㈢4						㈠1
0								0				0					5									
			㈠2					㈠2									㈠1		㈠1	㈤5			㈠1			
2								2				0					8									
㈠1	㈡2	㈠1	㈠1			㈠1	㈠1			㈠1		㈠1					㈢7	㈢3	㈡3	㈡2				㈠2		
7								1				1					18									
㈠1	㈠1	㈠1						㈡2				㈠2		㈣5			㈠4	㈡2	㈣4	㈠2			㈡2		㈠1	
3								2				7					18									
㈠1	㈠2	㈠1								㈠1		㈡2	㈠1	㈤6		㈠1	㈡2	㈢4	㈡2		㈠2			㈠1	㈠1	
4								1				10					13									

世代	北陸：越後	佐渡	越中	能登	加賀	越前	若狭	北陸計	近畿：伊勢	志摩	伊賀	紀伊	近江	山城	丹後	丹波	但馬	播磨	淡路	摂津	河内	和泉	大和	近畿計	合計国数	合計寺数
永平下一〇世	㈢ 4		㈠ 1	㈡ 2		㈠ 1		8														㈠ 1		1	2	3
永平下一一世	㈣ 4		㈠ 2					6	㈠ 1				㈠ 1											2	2	2
永平下一二世	㈠ 1							1	㈠ 2											㈠ 1		㈠ 1		4	3	7
永平下一三世					㈠ 1			1					㈠ 2											2	4	7
永平下一四世				㈠ 1	㈠ 1		㈠ 1	3										㈠ 1						1	3	8
永平下一五世				㈠ 1	㈠ 1		㈠ 1	3																0	18	40
永平下一六世			㈠ 1					1																0	33	83
永平下一七世								0																0	27	75
永平下一八世								0	㈠ 1				㈠ 1	㈠ 1		㈠ 1					㈠ 1			5	33	63

豊前	筑後	筑前	土佐	伊予	讃岐	阿波	長門	周防	安芸	備後	備中	備前	美作	隠岐	石見	出雲	伯耆	因幡	(羽前)	(羽後)	(岩代)	(磐城)	(陸前)	(陸中)	(陸奥)
州			四国				中国												東北						
										(一) 1	(一) 1						(一) 1				(一) 1	(四) 4			
					0								3									5			
				(一) 1				(一) 1							(一) 1	(一) 1	(一) 2				(一) 1				
					1								5									1			
	(一) 1	(一) 1		(一) 1		(一) 2	(一) 1	(三) 4	(一) 1	(二) 2												(一) 1	(一) 2		
					3								8									3			
								(二) 2									(一) 3		(一) 1						
					0								5									1			
							(一) 1	(一) 1							(一) 2	(一) 1									
					0								5									0			
(一) 1																									
					0								0									0			
					0								0									0			
					0								0									0			
					0								0												

合計寺数	相模	武蔵	上野	下野	安房	上総	下総	常陸	美濃	飛驒	信濃	甲斐	尾張	三河	遠江	駿河	伊豆	薩摩	大隅	日向	肥後	対馬	壱岐	肥前	豊後
	関							東	東			山	東				海			九					
	(二)3	(二)2	(三)4	(一)1		(一)1	(一)1	(一)1	(一)2		(二)2	(二)2				(一)1	(二)2	(三)4							
43	13								6				3					4							
	(一)1	(五)5	(四)4	(三)3		(一)1	(三)4	(三)3	(一)1		(二)6	(二)3	(一)1	(一)1	(二)2	(四)5	(二)2	(一)1							
58	21								10				11					1							
		(六)13		(二)2				(三)3			(一)1	(五)5	(一)1	(一)1	(四)4	(五)6	(一)1							(一)1	
59	18								6				13					3							
	(三)4	(七)8	(一)1	(二)2	(一)1			(一)1				(一)1	(一)1		(三)3			(一)1						(二)2	
34	17								1				4					3							
		(一)4				(一)1		(一)1						(一)1	(一)2									(五)6	
24	6								0				3					6							
		(二)2			(一)1		(一)1	(一)1	(一)1		(三)9			(一)2				(一)1	(一)2	(一)1				(三)5	
30	5								10				2					10							
		(一)1		(一)1	(一)1			(二)3			(一)1	(一)1		(一)1											
10	6								2				1					0							
	(一)1	(五)13	(一)2	(一)1	(一)2						(一)1										(一)6		(一)1		
27	19								1				0					7							
		(三)5		(二)1					(一)1		(一)1														(一)1
14	6								2				0					1							

合計国数	23	26	25	16	14	15	8	8	10

註「日本洞上聯燈録」（『曹洞宗全書』史伝上）より作成。ただし一九世代以下二六世代まで（計八二人）は略す。また、一〇世代の国名未詳一、一六世代の国名未詳一、六世代天菴の寺院を創すること「二十余所」、一八世代万安の庵院を闢すること「三十余所」は全て含まない。

峨山の弟子である源翁心昭（六世代）は伯耆八橋郡に赴き、延文二年（一三五七）保長忠敦の外護を受けて、退休寺を開山し、ついで遠く下野那須郡に行き、延文五年（一三六〇）には渓泉寺を開き、さらに下総結城郡に赴いて応安四年（一三七一）安穏寺を開山し、結城直光の助力を受けている。ついで、奥州耶麻郡に慶徳寺を、さらには示現寺を真言宗より改宗するという凄じいほどの活動ぶりをみせている(9)。また、その他の人びとも各地へ進出していった。峨山の弟子の無外円照が薩摩に皇徳寺を開山し、日向にも進出した。同じく無底良韶が東北地方に赴き、貞和四年（一三四八）に陸奥正法寺を開き、彼の死後は同じく峨山の弟子の月泉良印が跡を継ぎ正法寺に住した。さらに陸奥には道叟道愛が進出し延文元年（一三五六）に永徳寺を開山している。備中永祥寺は実峰良秀が、丹波永沢寺は通幻寂霊が、応安三年（一三七〇）摂津護国寺及び美濃妙応寺は大徹宗令が開山している。いずれも峨山の弟子たちであった。明峰の弟子である松岸旨淵は播磨永天寺を開き、近畿地方へも教線を延ばしているのである。また、同じく館開僧生は美濃静泰寺を開山している。なお、通幻は越前竜泉寺、大徹は越中立川寺、松岸は能登光恩寺を開山しており、前述したように肥後に赴いた大智は加賀祇陀寺を建立している。このように、彼らは各地方に進出するとともに、北陸地方にも寺院を建立しているのである。峨山・明峰の門派、とくに峨山門派を中心に全国各地に進出を遂げたといえよう。

峨山の弟子の通幻が至徳三年（一三八六）に竜泉寺を開山し、太源の弟子である梅山聞本が竜沢寺、通幻の弟子の普済善救が応永十二年（一四〇五）に禅林寺、天真自性が慈眼寺、天徳曇貞が宗生寺、芳菴祖厳が願成寺を開山している。いずれも越前に建立された寺院であるが、それぞれ輪住制（住持が一～五年で交替する住持の方法）を採っており、先に輪住制を敷いていた能登の総持寺が峨山一門の要めであるのに対し、その門下各派の中心的存在となっているのである。

東北地方には陸奥正法寺の月泉や道叟の門人が力を持ち、中国地方では実峰派が勢力を持って寺院を建立している。九州地方では薩摩皇徳寺を開山した無外の門人である無著妙融が日向から豊後に進出し、永和元年（一三七五）泉福寺を開き、肥後・筑州さらに美作にまで進出している。これに対し通幻の門人石屋真梁は薩摩に福昌寺を開山し、弟子の覚隠永本は周防に闢雲寺を開山している。実峰派は反対に備中より日向に南下しているのである。このように中国地方と九州地方への発展は関連している。その後も石屋派は中国地方と九州地方南部に勢力を持ち、竹居正猷は周防竜文寺、智翁永宗は応永三十年（一四二三）に長門大寧寺を開いている。

通幻の弟子了庵慧明は相模に赴き、応永元年（一三九四）に最乗寺を開山しているが、その門下は東山・関東両地方に一大勢力を有し、東海地方にも進出しており、とくに伊豆では如仲派と勢力を二分した。

東海地方はとくに曹洞宗が顕著な発展をみせたところであるが、その中心となったのは遠江であった。肥後大慈寺を拠点に同地方に展開していた寒巌の門下は、彼より五世代目に当たる華蔵義曇が十五世紀前半に普済寺を開山し、同門下は、遠江・三河を中心として同地方に発展した。梅山聞本の弟子の如仲天誾は十五世紀はじめごろに遠江大洞院を開山しているが、それ以降、同門下が東海地方に多くの寺院を建立し、一大発展を遂げるに至っているのである。同じく梅山の弟子である傑堂能勝は応永元年（一三九四）に越後耕雲寺を開山しており、彼の門下は同地方に大きな勢力を持った。

以上みてきたように、曹洞宗は十四～十五世紀初頭、すなわち南北朝期～室町幕府確立期にかけて、教線を全国的な規模に拡大し、各地方発展の拠点となるような寺院を建立していったといえよう。これを五山派の展開と比較すると、すでに越中五山派について考察したところで述べたように、今枝愛真氏によれば、五山派は、このころまでには、各国の数か寺を十刹あるいは諸山に組み込んでいたと考えられ、(10)その発展はほぼ完了の域に達した観があるのに対して、右に記したように、曹洞宗の各派はその拠点寺院をいまだ各地方に建立したにすぎなかったのである。五山禅林すなわち臨済禅の展開が各地で先行する形となっている。

「日本洞上聯燈録」が峨山派を中心にして編纂されているということを考慮しなければならないし、すでに述べたように、世代が降るにしたがい同世代でも、各個人により活動年代が異なってくるという問題があるが、第14表からいえることは、五世代までは加賀・能登・越中と肥後に留っていたが、六世代に瑩山派下の人びとにより、各地に教線が張られ大規模なものとなり、七世代・八世代には、さらに全国的な規模へと発展したといえる。この時期は南北朝期から十五世紀初頭に相当する。ところが、一〇世代ごろになると、それまで発展の中心となっていた北陸（越後を除く）が下火になり、それに替って、発展の遅れていた関東・東海・東山地方が発展の中心となり、多くの門弟を育成し、一一世・一二世代すなわち、十五世紀半ば以降に著しい発展を遂げたことを示している。

このような各地方への展開の結果、江戸中期に存在した各国における曹洞宗寺院数は第15表のようである。すでに、この時期には、水戸藩では寺院整理が行なわれたのちのことであり、同様のことが行なわれた地域も存在したであろう。したがって各国の寺院数から中世後期の各国の勢力情況を厳密には把握できないが、ある程度の趨勢を読み取ることは可能であろうと思う。なお同表は横関了胤『江戸時代洞門政要』（五二四頁以下、東洋書院、一九三八年）よりの引用である。

これを見ると、関東では武蔵（九九九）・相模（三七六）・上野（四二八）・下野（二二二）・常陸（一九七）・上総（一九二）と各国とも多数の寺院を擁している。東海地方も多くの寺院が建立されており、遠江は一一六七か寺と圧到的多数を示し、駿河（七三〇）・三河（六二七）・尾張（五一〇）・伊勢（二五八）・伊豆（一七六）と多い。東山地方も多く、甲斐（八二六）・信濃（五三一）・美濃（一四六）の順である。近畿地方においては、関東・東海・東山ほど多くはないが、近江（二七二）・紀伊（二一一）・摂津（一六八）が比較的多く、丹波は通幻が開山した摂丹境の永沢寺があり、三二七か寺を有する。中国地方では、周防（一八〇）・備中（一六三）・出雲（一五一）・石見（一五一）・伯耆（一四三）と多いが、太寧寺を有する長門は七八とさほど多くはない。これは外護者大内氏が陶氏により滅ぼされたためと思われ

第15表　延享二年（一七四五）国別寺院数

国名	寺院数	伊賀	五二	淡路	〇	備後	五八	大隅	一六四
武蔵	九九九	伊勢	二五八	丹波	三二七	安芸	一三八	薩摩	二二六
相模	三七六	志摩	六九	丹後	一三一	周防	一八〇	壱岐	九一
上野	四二八	甲斐	八二六	但馬	六六	阿波	三一	対馬	一一四
下野	二二二	信濃	五三一	因幡	六二	讃岐	七	越前	九二
常陸	一九七	飛驒	二二	伯耆	一四三	伊予	一五九	若狭	三一六
下総	一一七	美濃	一四六	出雲	一五一	土佐	一〇〇	加賀	六三
上総	一九一	近江	二七二	隠岐	一五	筑前	七八	能登	六〇
安房	九四	山城	四八	石見	一五一	筑後	三二	越中	七二
伊豆	一七六	大和	八一	長門	七八	豊前	一二五	越後	六〇六
駿河	七三〇	紀伊	二一一	播磨	一三二	豊後	一三〇	佐渡	六三
遠江	一、一六七	河内	二四	美作	二四	肥前	四八六	陸奥	一、五三七
三河	六二七	和泉	一一	備前	三	肥後	一五〇	出羽	一、〇〇五
尾張	五一〇	摂津	一六八	備中	一六三	日向	一六一	松前	一一
合計	一六、三五四								

註　横関了胤『洞門政要』より引用。同表は同氏が「延享度曹洞宗寺院本末帳」より作成したもの。

第16表　曹洞禅僧の活動範囲規模（「日本洞上聯燈録」より作成）

世代	登載総人数	寺院建立者数	活動（寺院建立）国数	建立者一人当り活動国数	活動地方数	建立者一人当り活動地方数	時代
6世代	29	24	50	2.08	37	1.54	南北朝期
7世代	56	48	98	2.04	77	1.60	
9世代	65	41	80	1.95	69	1.68	
11世代	76	47	78	1.65	66	1.38	15世紀後半
13世代	53	25	40	1.60	33	1.32	15世紀末～16世紀初頭
15世代	30	18	29	1.61	22	1.22	16世紀前半
17世代	19	12	15	1.25	13	1.08	16世紀後半

註　師の本拠とする寺院の所在地・地方に建立した場合は各々1とし，他国・他地方に建立した場合は各々2とした。

る。四国は全体的に少なく、伊予（一五九）・土佐（一〇〇）には、幾分存在するが、讃岐ではわずか七か寺である。九州では、一四世代石屋派の人びとが活発な動きを見せ、鍋島氏の外護を獲得した肥前が四八六か寺で、同派が先に発展していた薩摩（二二六）・日向（一六一）を凌いだ。大隅（一六四）・肥後（一五〇）もさほど多くはないが、石屋派は壱岐（九一）・対馬（一一四）にも進出している。北陸地方においては、能登（六〇）・加賀（六三）・越中（七二）・越前（九二）と、曹洞宗最初の発展地は、一一・一二世代ころの活動期である応仁の乱ごろより十六世紀前半ごろにかけて発展することが出来ず全く不振である。それよりも、若狭（三一六）、あるいは後に発展した越後（六〇六）の方が圧到的に多い。東北地方は「日本洞上聯燈録」には一三世代までしかその活動が見られないが、以後も、月泉派をはじめ普済・了菴・傑堂・如仲・大初派等、各派が進出発展しており、陸奥（陸奥・陸中・陸前・磐城・岩代を合せて）一五三七、出羽（羽前・羽後を合せて）一〇〇五か寺を有している。

これらを見るに、早くから発展した国（能登・加賀・越前等）よりも、遅れて発展した国（東山・東海・関東地方あるいは越後等）の方が、その勢力を保って近世初期を迎え、幕藩体制に組み込まれていったため、数多くの寺院を持しているといえよう。

第16表はやはり、「日本洞上聯燈録」から作成したものであるが、禅僧の活動範囲規模を示している。永平道元下六世代が活動したころ、すなわち南北朝期から十五世紀前半ごろまでは、大智あるいは源翁のように遠隔地間を往来し、寺院を建立するものが多かった。つまり、師が開いた寺院や居住する寺院から離れて、他地方、他国に進出する者が多かった。しかし、一一世代の活動した時期、すなわち十五世紀半ばごろから、その活動範囲規模が縮小してきて、自からの住する拠点寺院から他国・他地方へ進出し寺院を建立する人物はそれまでの九五％・六八％からそれぞれ六五％・三八％と減少してしまっているのである。これは、十五世紀半ば以降、禅僧の活動範囲が縮少した分だけ、より在地に根ざした活動が展開されたことを物語っているものと考えられる。

二　曹洞宗展開の時期と地域

これまで、僧伝にみられる寺院建立の記載により、曹洞宗教団の全国的発展の時期が南北朝期であり、それ以降、各門派がいかなる地方に展開したかについてみてきたが、つぎに曹洞宗の発展の時期を寺院の成立年代から考察し、いくつかの画期に区分してみたいと思う。近世の曹洞宗寺院は一七五七四か寺存在したが、(11) 末寺を有する寺院（小本寺以上）が二六一八か寺、横関了胤『江戸時代洞門政要』（東京仏教社、一九三八年）によれば、そのうち創立年代が明らかになるものが二三〇八か寺ある（この場合、他宗派の寺院として創立された年代を伝えるものは、そのままその年代が成立年代となっている）。これらの寺院をもとに作成したものが第13図である。末寺を有した寺は全体の一三％にすぎないが、成立の早い寺院ほど、末寺を持つ可能性が高かったから、早い時期ほど、このグラフは全寺院の成立情況を正しく示しているといえる。十六世紀末から十七世紀半ばにかけて末寺の成立が高まるから、もし、それらを加えるとすると、この期のピークは一段と高いものとなるはずである。このことを念頭におけば、中世の情況をみるには、この

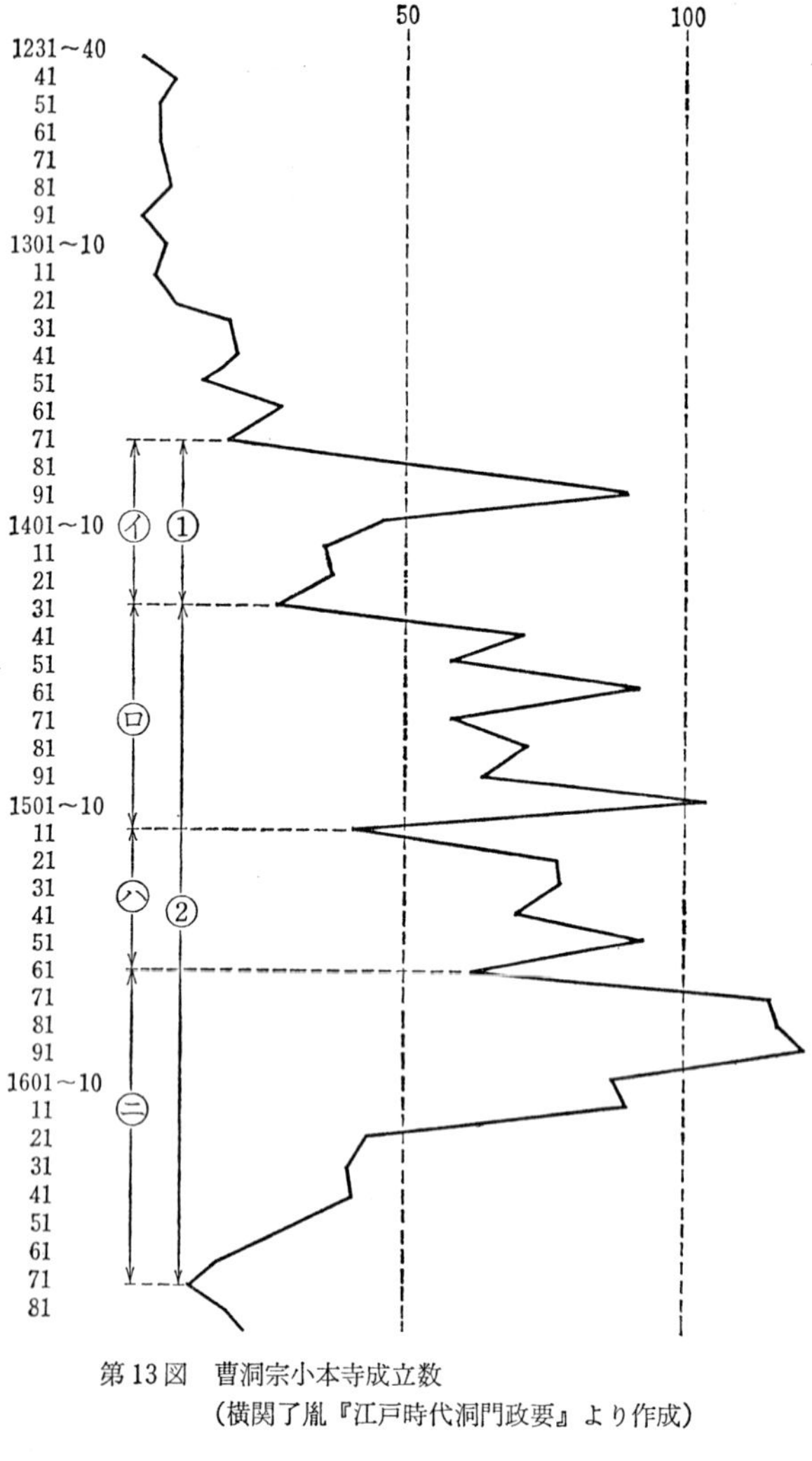

第13図　曹洞宗小本寺成立数
（横関了胤『江戸時代洞門政要』より作成）

第13図で十分に可能である。

これをみると、細かくは㋑、㋺、㋩、㊁の四区画に分けることができる。大きくは、①一三七〇〜一四三〇の区画、すなわち、南北朝合一直後の時期と、そののちに一度減少し、ふたたび増加する②一四三〇〜一六七〇の区画の二つの区画に分けることができる。このグラフの傾向は、たとえば三河の曹洞宗寺院の場合もほぼ同様である（第17表、

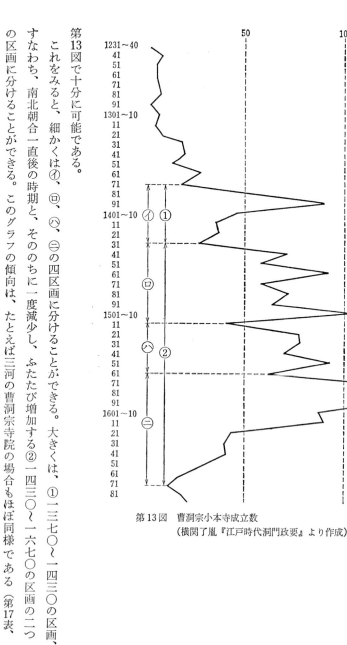

この場合は中本寺のみではなく、同国曹洞宗全寺院）。したがって、第13図にみえる傾向は曹洞宗がある程度発展した地域には相当させることができると考えてよかろう。また、さきにも触れたように、曹洞宗のほとんどの寺院が十五世紀半ばから十七世紀半ばごろまでに成立した、ということが第13図・第17表によってうかがえる。さらにまた、この時期には、序章「二　課題」で触れた竹田氏の浄土宗寺院の分析や、青山孝慈氏がおこなった相模国全寺院の分析[12]でも明らかなように、曹洞宗寺院に限らず多数建立されている。したがって、この期に発展した曹洞宗の分析は、一宗のそれにとどまるものではない。

つぎに発展した地域の特徴についてみておこう。これまでの考察で東日本が曹洞宗のとくに展開した地域であったことを知ることができたが、本書ののちの論述に、東海・関東地方に関するものが少なくないので、両地方を中心に、曹洞宗の発展した地域の特徴について検討することにしたい。東海・関東地方についていえば、東海地方西部では念仏系（第18表）と、関東では真言宗（とくに新義真言宗）を中心とする旧仏教系と競合している。

三河（近世の曹洞宗寺院数は六二三）の場合、念仏系と競合しているといっても、地域を区別できる。碧海・額田・幡豆郡という矢作川（矢作古川）を中心として一向　揆の展開された地域、すなわち西三河の平野部では曹洞宗は勢力を伸ばすことができなかった（第19表参照）。その理由としては十五世紀後半から十六世紀前半における進出が少なかったこと、当然在地領主層の外護を受けての進出が少なかったことが挙げられる。これに対して、渥美・南設楽・八名・宝飯郡という、いわゆる東三河には教線を伸ばしている（第19表参照）。なお、のちに触れる尾張知多半島に多くの寺院を擁していることを考えると、西三河平野部を残して、それを両側から囲むような型で曹洞宗が展開したといえよう。その理由としては、西三河の場合とは逆で、十五世紀後半から十六世紀前半にかけて多くの寺院が建立され、在地領主層の外護を受けている（たとえば戸田・牧野・菅沼・松平・水野など）ことが挙げられよう。ここに曹洞宗

第17表　三河曹洞宗寺院成立数

年次	寺院数	小計	年次	寺院数	小計	年次	寺院数	小計
1300以前		20	20	5		80	15	
			30	16		90	9	
1350		3	40	32		1700	4	50
80		1	1550	15	85	10	7	
1400		11	60	24		20	5	
10	1		70	7		30	5	
20	2		80	26		40	3	
30	6		90	11		1750	2	22
40	3		1600	30	98	60	5	
1450	5	17	10	16		70	5	
60	3		20	14		80	2	
70	14		30	12		90	2	
80	4		40	6		1800	1	15
90	7		1650	14	62	1801以降		20
1500	7	35	60	15				
10	17		70	7				

註　再興寺院は二度数えている。
出典　昭和11年の「書上」および「寺伝」。

第18表　三河宗派別寺院数

真言	天台	真宗	浄土	臨済	曹洞	時宗	黄檗	日蓮
69	19	419	405	169	519	5	3	35

出典　『大日本寺院総覧』より。

第19表　三河郡別曹洞宗寺院数

渥美	八名	南設楽	北設楽	宝飯	碧海	額田	東加茂	西加茂	幡豆	計
112	42	57	23	137	26	32	37	37	17	540

出典　昭和11年の「書上」。

がいわゆる先進農村地帯に勢力を持ちえず、後進農村地帯や山村地域に在地領主層の外護を受けて発展するという特徴の一端をみることができる。

遠江（近世の曹洞宗寺院数は一一六七）では圧倒的な勢力を示している。駿河（同、七三〇）では同じ禅宗の臨済宗妙心寺派が戦国大名今川氏の保護を受けて、五山派寺院をもとり込む形で勢力を持ち、日蓮宗は身延山に通ずる富士川の流域に早くから力を有したが、曹洞宗は同国でも相当の寺院数を擁している。関東は真言宗（おもに新義真言宗）を中心とする旧仏教系と競合する地域である。相模・武蔵（同、九九九）では、ほぼ同等の勢力を持ち、下総・常陸・下野（同、一三一二）では旧仏教系にややおよばなかったが、上野（同、四二八）、すなわち北関東では、旧仏教系を圧倒している。

相模国の場合、近世には三二八か寺を擁する古義真言宗（他国では新義真言宗が圧倒的な勢力を持ったが、同国で古義真言宗が勢力を持ったのは後北条氏の強力な保護を受けた鶴岡八幡宮別当寺相承院や箱根権現別当金剛王院、あるいは伊豆山権現の存在による）を凌いで三九五か寺を有した曹洞宗だが、鎌倉には同じ禅宗の五山派が早くから教線を張っていたこともあって、ほとんど進出できなかった。この鎌倉には他宗派が、それぞれに進出しているところをみると、[13] 曹洞宗が大都市・商工業発展地（京・鎌倉など）には進出することができなかったことを示しているといえる。

以上、関東・東海地方を中心にみてきたが、曹洞宗の発展した地域が大都市・商工業発展地や先進農村地帯よりは後進農村地帯に、平野部よりはやや山村地域であったという傾向は、他地方の展開でもみられる曹洞宗の持つ一般的な傾向であったのではなかろうか。これは、後節で検討することになるが、山岳信仰と密接にかかわりながら発展した部分がみられることや、国人や在地領主層の外護を中心に、その勢力範囲地域を中心に布教活動を行なっていったことと無関係ではないのではなかろうか。とくに後者に関しては農民層の成長が遅く、中世最末期まで、国人や在地領主層が在地により強力にその勢力を保持しえた地域ということがいえるのではなかろうか。

以下の節では、曹洞宗の各地での具体的な展開について検討するとともに、何故に戦国期以降に、顕著な発展をみせることになったのか、何故に後進農村地帯や山村地域に展開することになったのか等について考察を加えてみたいと思う。おそらく後者については十分な考察をなしえないと思うが、前者については、一定の論究を試みるつもりである。

註

(1)「建撕記」下（『曹洞宗全書』史伝下）。

(2) 今枝愛真『禅宗の歴史』一六三頁（至文堂、一九六六年）。

(3)『大乗聯芳志』（『曹洞宗全書』史伝上）、「日本洞上聯燈録」一（同上）。

(4)「永光寺文書」（大久保道舟編『曹洞宗古文書』上、一六〇・一六一・一六二・一六三号文書、山喜房仏書林、一九六一年、のち春秋社覆刻）。

(5)「総持寺文書」（同右、四六号文書）。

(6)「大慈寺文書」（前掲『曹洞宗古文書』下、一三七四・一三七五・一三七六号文書）。

(7)「日本洞上聯燈録」における各世代（ここでは道元から一七世代までしか扱っていないが）の平均生没年は次表のようである。また、各世代の最初および第二番目の生誕者の生誕年と、最終および最終より二番目の没者の没年を示しておいた。禅僧が寺院を建立したのは、晩年が多かったものと考えられる。本論文の以下の各世代活動期の比定に関する記述は同表に基づいて行なった。

(8)「祇陀大智禅師逸偈行録続」（『曹洞宗全書』歌頌）。「広福寺文書」（『曹洞宗古文書』上、六七六・六七七・七〇六・七〇九号文書）。

(9)「日本洞上聯燈録」二（『曹洞宗全書』史伝上、二六二頁）。本章第七節参照。

「日本洞上聯燈録」 世代別平均生没年表

永平下世代数	平均生誕年	平均没年	極端に逸脱しているもの
1 道元	1200	1253	
2	1198	1280	
3	1219 (1219)	1302.75 (1314)	
4	1246 (1217)	1319.3 (1333)	
5	1246 (1246)	1342.42 (1365)	
6	1316.8 (1290)	1382.5 (1408)	
7	1346.3 (1330)	1412.27 (1434)	
8	1366.6 (1339)	1438.54 (1498)《1473》	?～1498
9	1380.71 (1316)《1350》	1454.96 (1488)	1316～1413
10	1405.00 (1372)	1483.62 (1516)	
11	1425.00 (1394)	1500.45 (1534)	
12	1436.30 (1399)《1407》	1515.95 (1555)《1529》	1399～1518, 1488～1555
13	1459.4 (1440)	1536.9 (1613)《1562》	？～1486, 1535～1613
14	1481.4 (1463)	1557.00 (1598)	
15	1488.3 (1451)	1561.95 (1619)《1599》	？～1619
16	1479.3 (1461)	1579.2 (1623)《1602》	？～1623
17	1515 (1501)	1595 (1626)	

註 （ ）は最初の生誕者または最終没者，《 》は二番目の生誕者または最後から2番目の没者。

(10) 第一章第三節参照。
(11) 鏡島宗純編『延享度曹洞宗寺院本末牒』（大本山総持寺、一九四四年。一九八〇年に名著普及会より覆刻）。
(12) 青山孝慈「江戸時代相州の寺院一」（『神奈川県史研究』三九）。
(13) 青山同右論文掲載の諸データ参照。

第二節　越中における曹洞宗の展開
――大徹門派の展開を中心に――

はじめに

前節で曹洞宗の地方展開を概観し、およその傾向についてみたが、本節でまず、越中における曹洞宗の具体的な展開について考察してみたいと思う。曹洞宗が当初、越前・加賀・能登に展開したことは、すでに述べたとおりであるが、越中における曹洞宗の展開は、鎌倉末期から南北朝期にかけては、前掲の国に隣接しているという地理的特徴が表れているといえよう。また、それと同時に、峨山韶碩の有力門弟の一人の大徹宗令およびその門下の展開がみられる。そしてその展開が立山信仰と無関係ではなさそうなので、その点について考察し、曹洞宗の展開と山岳信仰について考えてみることにしたい。さらに、「立川寺年代記」という書物についても検討を加えてみたいと思っている。なお、曹洞宗の地方発展と霊山信仰という視点からは、石川力山氏の研究があるが、(1)氏は峨山の弟子たち、すなわち「二十五哲」と称される人たちの多くに霊山信仰との結びつきが存在すると指摘されている。大徹もこの「二十五哲」の中の一人であり、立山信仰と関連するということからして峨山門弟の典型であるともいえる。しかし、大徹と立山信仰という関係については、しばしば言及されることはあったが、本格的に考察されたことはなく、ましてその門下と立山信仰との関係という視点からのものは皆無に近い状態であるといっても過言ではなかろう。したがって本節で論述すること自体に、一定の意義が存在するものと思う。

一　鎌倉末期から南北朝期における展開

越中における最初の曹洞宗寺院は国上山信光寺（高岡市手洗野）である。寺伝によれば、(2)信光寺は元亨三年（一三二三）に瑩山の法を嗣いだ珍山源照(3)が創建し、師瑩山を開山に招き、自らは二世となっている。このころ、瑩山は、永光寺を開山し、その運営の基礎を固めるとともに、総持寺を開山した直後であり、同寺の運営を峨山にまかせつつある（譲ったのは正中元年〈一三二四〉という時期であった(4)。瑩山は越前、珍山は加賀の出身で、ともに北陸の出身であった。信光寺のある手洗野は、小矢部川流域で、古くから越中の中枢地であった守山の少し上流に位置し、守山から倶利伽羅峠を通って加賀へ通ずる路の途中に位置するとともに、池田紹光寺を経て能登永光寺へ至る街道沿いに位置している。

なお、その後の信光寺は、珍山源照の門弟に受けつがれたのではなく（門弟は一人も知られていない）、大徹宗令（瑩山―峨山―大徹と次第する）の門弟の筆海宗文が五世に入っているのが知られる。大徹の門下はおもに永光寺に輪住した派と、総持寺に輪住した派とに分けられるが、筆海の門下は永光寺に輪住したようで、その弟子の草堂元芳は、信光寺六世となるとともに能登永光寺の六九世となっている。その弟子の大淳中朴は信光寺七世となっているが、永光寺の一六五世に入っている。その法系が、峨山門下大徹派、すなわち総持寺教団を支えた有力門派の一つであったにもかかわらず、同門下は、永光寺と深い関係にあったことが知られる。永光寺は能登国の利生塔が造立されたほど南北朝期には有力な寺院であった。信光寺は、その末寺として位置付けられていたようである。かなり後のことになるが、つぎの「室町幕府奉行人連署奉書」(5)と「大館政重書状写」(6)がある。

㈠（付箋）「和泉守大和守添状」

能登国洞谷山永光寺并末寺越中国信光寺等事、為諸国勧進、被成　綸旨御判訖、早門中相談、可被遂造立之由、所被仰下也、仍執達如件、

文明十年十二月廿一日　（清貞秀）和泉守（花押）

（飯尾元連）大和守（花押）

当寺住持

「就永光寺建立、諸国勧進時綸旨并御教書之添也」

㈡就今度能州永光寺并末寺越中信光寺等造立之儀、大淳和尚上洛任被申上候条々、於諸国被成、綸旨御判并管領添状奉書以下訖、然為御門中無疎略退転、聊可被致精勤之誠之由、被仰出候、以此旨可有御披露者也、恐惶謹言、

（文明十一年）正月十八日　（大館）政重判

永光寺侍者御中

大館《タテ》刑部大輔殿之状也、

文明十年（一四七九）当時、永光寺と信光寺が本末関係にあったことが知られるとともに、大淳という人物が上洛し、幕府に願い出て、永光寺と末寺信光寺の再興のための諸国勧進の許可を得ているのである。その折には朝廷からも綸旨を受けているようである。諸国勧進といっても、おそらく、北陸を中心に永光寺に輪住してくる諸寺院を勧進して

歩いたに相違なかろう。また、大淳とは、さきの信光寺七世、永光寺一六五世の大淳中朴に相違なかろう。なお、貞享二年（一六八五）の「寺社由緒書上」には、信光寺の開基檀越として神保氏晴の名が記されている。これは十六世紀末の人物神保氏張のこととも考えられるが、それはともかく、神保氏の庇護を受けたのは、開創当時ではなく、文明の造立のころではなかろうか。おそらく、この諸国勧進の許可を得るのには、神保氏の力も相当にあったのであろうし、具体的な越中あるいは北陸における勧進活動の際にも、同氏の援助が必要であったに相違ない。なお、永光寺は文明十一年二月十三日付で、朝廷より「御祈願所」として認める旨の綸旨を受けている。これも、大淳の上京した結果であろう。

さて、信光寺が建立されたころには、やはり瑩山の弟子である明峰素哲（一二七七～一三五〇）が、寺伝では嘉暦二年（一三二七）、「日本洞上聯燈録」一では晩年に、氷見に光禅寺を建立している。明峰は加賀富樫氏の出身であったとされ、瑩山の門弟の中では最も中心的な人物であり、加賀大乗寺の三世にもなっている人物であった。なお、のちになると、能登永光寺をはじめ加賀大乗寺もこの明峰の門派が中心になって運営するという傾向にあった。

射水郡上庄池田に建立された紹光寺の開山も、やはり瑩山の弟子の壼庵至簡であるが、壼庵の弟子の瑞翁照源が開山したともいう(7)。壼庵は輪住制の敷かれた永光寺の五世となっている人物である。紹光寺の伝記では正中元年（一三二四）の成立で、開基を三善朝宗とするが、その朝宗は永和三年（一三七七）に寺領を寄進している。写ではあるが、つぎの「三善朝宗寄進状」(8)が知られる。

奉寄進　大雄山紹光寺敷地之事

東ハ限小梨子谷峯之通ヲ播磨峯乃下、南ハ限大□限井林山乃峯乃道ヲ上江同播磨峯下江彼山々乃内ヲ当寺ニ寄進

中□御寺ヲ立処也

右、於彼在所ニ、向後成違乱煩有輩者、朝宗跡不可知行、公方ニ申□彼寺領ト朝宗跡ヲ可訪給者也、仍為後日之状、如件、

永和三年丁巳十一月廿七日　　小浦 三善朝宗判

紹光寺住持

この文書の内容が事実であるとすれば、三善朝宗の外護は成立してから少しのちのことであったということになろうか。『松雲公採集遺編類纂』巻一三〇に本文書は収録されているが、それに付記されている「松原系図」に、三善朝宗は応安年中（一三六八〜七五）に越中国氷見庄池田村に来て、至徳二年（一三八五）に没した人物であるという。

明峰の門弟の月庵珖瑛は、黒崎（浜黒崎のこと）に海岸寺を建立している。成立は、寺伝では康永元年（一三四二）で、三上平秀という人物が開創したとするが詳しいことは不明である。なお、月庵は能登にも永禅寺（珠洲市上戸町寺社）を開山している。海岸寺は明治三年（一八七〇）十月に合寺のため諸堂を破壊されたが、明治五年十一月には旧地に復している。この海岸寺月庵の系統は、そののち、天文七年（一五三八）に、太初宗甫が射水郡下村に海翁寺を、天正十年（一五八二）には、陽山文泰が射水郡大切割に本浄寺を開山した。また開山年は不詳だがおそらく戦国期末から近世初頭までの間に、照印慶鑑が射水郡高木に竜雲寺を開山している。[9] 竜雲寺の開基檀越は高木村城主の竜雲という人物であるとされるが、詳しいことは不明である。以上のように、同門派にも、十六世紀後半ごろから若干の活動がみられる。なお海岸寺には、瑩山紹瑾が元亨三年（一三二三）八月、慧球姉公（慧球大姉）に戒法を授けるのに際して、それを書き与えた「仏祖正伝菩薩戒教授文」が所蔵されている。本書は道元の口伝教授を懐弉が筆記したものであり、それを瑩山が和文体にしたものである。同書はその後瑩山の弟子の明峰から、心悟大師に改めて授与されている。曹洞禅

第14図　曹洞宗越中関係略系譜（1）

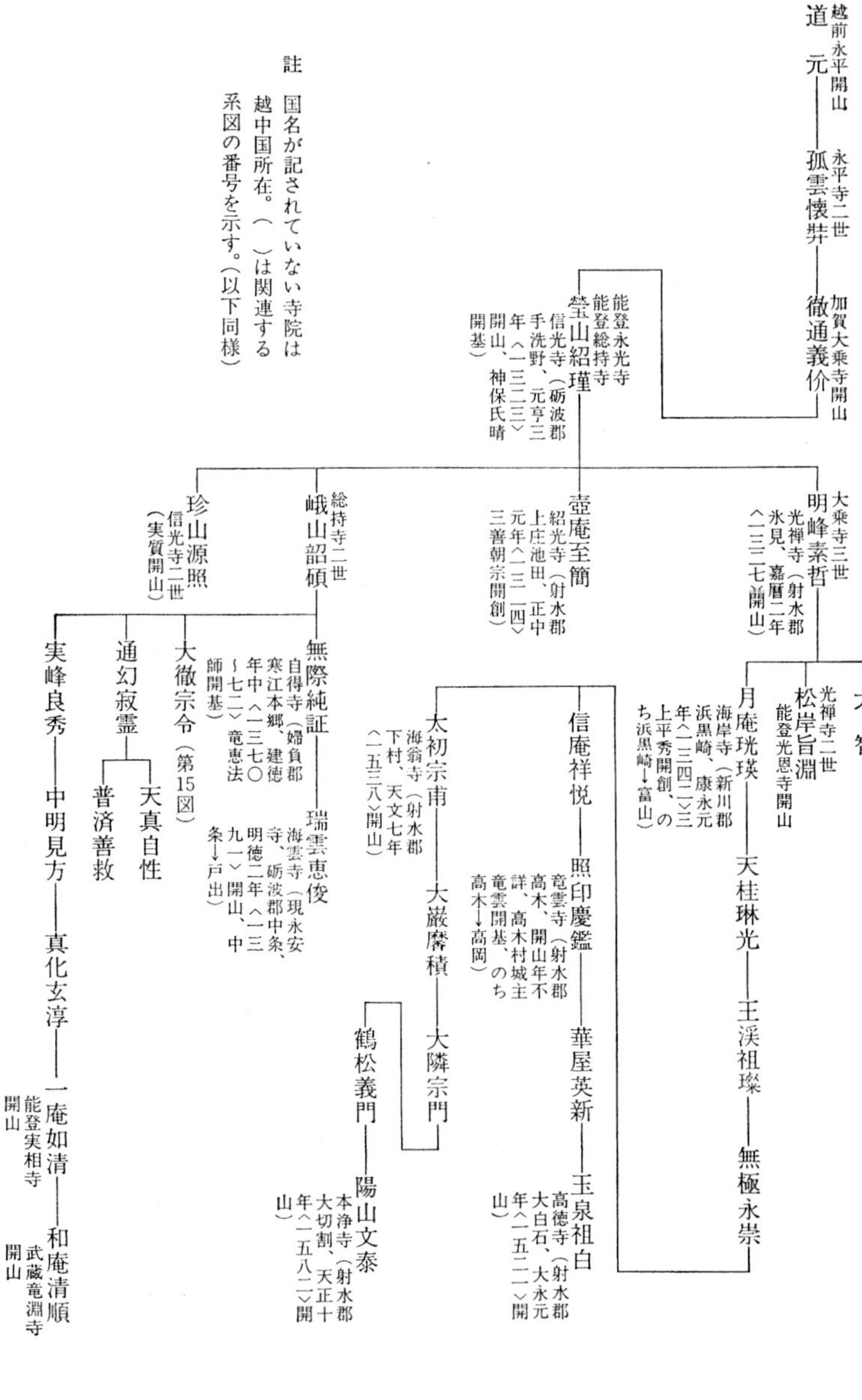

註　国名が記されていない寺院は越中国所在。（　）は関連する系図の番号を示す。（以下同様）

僧が授戒を通じて布教活動を行なっていた一端を知ることができる。

これまで、瑩山とその門弟たちあるいは明峰の門弟の越中における寺院建立についてみてきた。寺院建立の時期は、鎌倉末期から南北初期のころであった。かれらは能登永光寺あるいは加賀大乗寺を中心に活動した人びとということもあって、越中における寺院建立地は海岸寺（同寺にしても新川郡の西端で射水郡に近い）を除いて、越中北部それも射水郡北西部に集中している。つまり、能登永光寺から、さほど遠くない所に集中しているのである。

さて、つぎに、はやくから能登総持寺を譲り受けた峨山韶碩の門弟たち、およびその門下の活動についてみておこう。かれらの活動は、南北朝後期およびその直後のこととなる。

峨山の弟子の無際純証は自得寺を寒江郷に建立している。寺伝では建徳年中（一三七〇～七二）の成立で、竜恵法師の開基となっており、同寺の前身は律院であったという。無際は能登総持寺に輪住している。なお、「射水平野の遺跡と土譲分布図」(10)によれば、寒江郷比定地は、旧放生津潟周辺の湿原地帯に浮かぶ形で点在した半乾田地（グライ土壌五〇㌢以下の半乾田灰／灰の土壌層）の一つで、倉垣荘比定地と連なっている。早くより耕地がひらかれていた土地であり、村落も形成されていた地域であったことが知られる。自得寺は寒江郷比定地の南西端に当たるところに位置する。また、無際の弟子の瑞雲恵俊は海雲寺（現在の永安寺）を明徳二年（一三九一）、中条の地に建立している（同寺はのちに戸出に移転している）。

さて、無際と同様、峨山の弟子である大徹宗令およびその門弟たちの活動も南北朝末期から室町期にかけてみられ、それは、曹洞宗の越中における最初の本格的な展開であったといえよう。

二　大徹宗令とその門派の活動

峨山の門弟および、その門下の僧侶たちは全国各地に赴き、曹洞宗の教線を全国的な規模に拡大させたわけであるが、大徹およびその門下の活動もまた、その典型であった。

大徹宗令（〜一四〇五）は肥前の出身であるが、出家ののち能登総持寺の峨山に参じ、美濃に赴き、関ヶ原の近くの今須というところに妙応寺を開山している。教寺すなわち旧仏教系の寺院を改宗したものである。寺伝によれば成立は延文五年（一三六〇）で、長江氏の外護による。同寺は応安七年（一三七四）六月一日付で長江重景から寺領の寄進状を受けている。(11)

大徹は、ついで越中に赴き、新川郡の眼目《さっか》（上市町）に立川寺（のち立山寺と改む）を開山している。寺伝では建徳元年（一三七〇）の開創となっている。立川寺はのちに、堀江城を拠点とした土肥氏の庇護を受け、天文年間の上杉氏の越中進攻に際しては伽藍を焼失し、その後、天正の末年ごろに復興されたという。なお、大徹の寂年月日は、応永十二年（一四〇五）一月二十五日説(12)と応永十五年一月二十五日説(13)があるが、「立川寺年代記」（後述）によれば、前者が有力となる。

大徹の門弟たちの活動はめざましいものであった。まず、越中におけるかれらの寺院建立からみてゆくことにする。竺山得仙（一三四四〜一四一三）は新川郡神明（上市町）に善導寺を元中元年（一三八四）に、天巌宗越は婦負郡深谷（八尾町）に祇樹寺を応永十二年（一四〇五）に、大成宗林は村椿（黒部市）に正脈寺（廃寺）を、覚岩玄了は法城寺（廃寺）を、省山妙吾（〜一三九一）は新川郡石屋（富山市）に清源寺（成立年不詳）と同郡金屋（滑川市）に海恵寺（成立年不詳）

を開山している。なお、清源寺は近世になって寛文十一年（一六七一）に富山に移転している。また、海恵寺はのちの明応元年（一四九二）になって石川源衛門という人物の庇護を受け(14)、天正十六年（一五八八）に同郡追分に移転している。

普門元三は谷口に徳城寺を永徳元年（一三八一）に開山している。同寺はのちに土肥美作の菩提寺となったが、佐々成政が越中に進攻してきた折に大破し、天正九年（一五八一）に滑川に移転している(15)。月桂立乗は礪波郡福野に恩光寺を応永十年（一四〇三）に、浩斎契養は川徳寺（廃寺）を、月江応雲は新川郡上滝村に大川寺を応永二年（一三九五）に開山している。大川寺はその後、一時衰微したようであるが、天文年中（一五三二〜五五）に中地山の川上氏の庇護を受けて再興され

第15図　曹洞宗越中関係略系譜 (2)

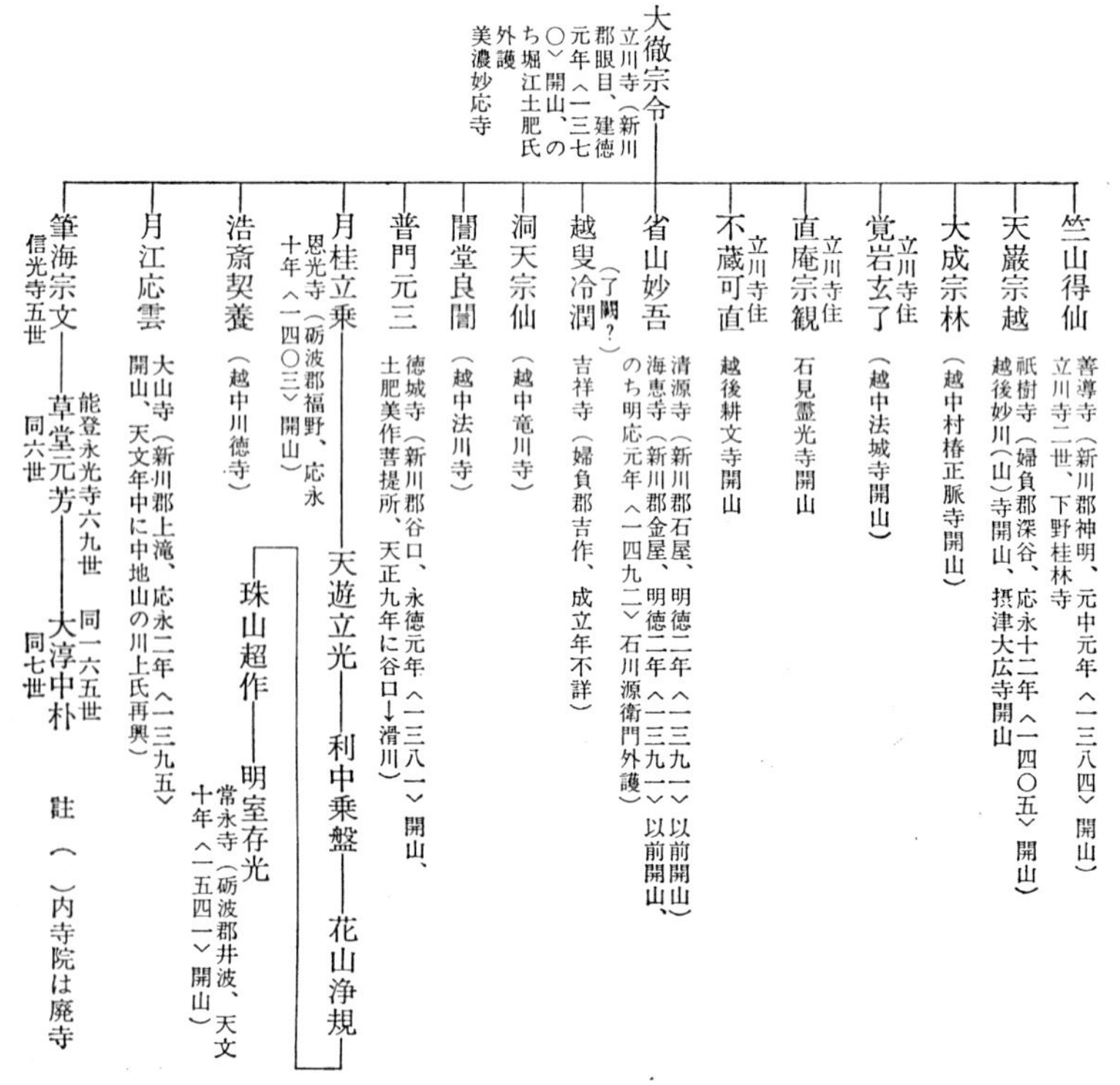

註（　）内寺院は廃寺

ている。そして、筆海宗文は、前述したように、礪波郡手洗野の信光寺の五世となっているのである。

以上のように、大徹の門弟たちの寺院は、越中東部の海岸近くの村椿に建立された正脈寺、西部の礪波郡福野の恩光寺、婦負郡深谷の祇樹寺を除くと、中新川郡から上新川郡にかけての一帯に集中していることになる。ことに、眼目の立川寺、神明の善導寺、谷口の徳城寺はいずれも白岩川（当時の千石・郷川の流水は白岩川に注いでいた）流域に建立されたことになり、金屋の海恵寺もその近辺となる。また上滝の大川寺は常願寺川扇状地の付根の部分に位置し、石屋の清源寺は同扇状地の中央部分に位置している。したがって、大徹派は大ざっぱにいえば、立山方面から流れ出る白岩川と常願寺川の流域を中心に展開したということがいえよう。

また、大徹もそうであったが、その門弟たちは、越中以外にも進出し、活動しているのである。たとえば、竺山は下野国に桂林寺を、天巌は越後国に妙川寺と摂津国に大広寺を開山するなどしている。そのほか、越中での活動はみられなかったが、他の国や地方で活動した門弟も多く存在したのである。

なお、門派は不明であるが、永享二年（一四三〇）春当時、高瀬荘北村（現井波町）には大林寺という寺院が存在したことが知られる。そのことは瑠璃光寺本や乾坤院本の『正法眼蔵』の奥書により知られることであるが、(16)ある人物が大林寺において、同年一月から三月にかけて『正法眼蔵』七五巻を書写しているのである。

三　大徹門派と立山信仰

さて、大徹の開いた寺が立川寺（のち立山寺）と号することからも、立山と関連が深いことが知られる。寺伝には、大徹が越中遊歴の際に、立山神が樵夫の姿になって、禅の要旨や戒法について聴問し、戒を受けた結果、巨木を流し、その巨木をもって、一八名の匠工（実は十八善神＝寺院を護持する神という）と立山神の化身である樵夫が来て、伽藍を創建したという。(18) これは、大徹およびその門下が、当地において、立山信仰を無視しての布教活動は不可能であると判断し、むしろ、戒を授けて弟子とするという形で取り込むことにより、当地での布教活動を有利に進めようとした結果であろう。また、立山信仰にかかわっていた修験等に対しても、自らの協力者として取り込んでいった結果成立した説話ではなかろうか。さらに、立山神が樵夫の姿に現れているということからすれば、山林に関する仕事に従事する人びとの協力を得ての活動であったと考えてもよさそうである。山神などに戒を授けて弟子としたという説話を持つ曹洞宗の禅僧の数は少なくないのである。(19)

さきにも述べたように、大徹の弟子の普門元三は谷口に徳城寺を建立している。同寺から遠くないところには立山山頂に祀られてある雄山神の前立社壇としての雄山神社があり、その別当寺として当地に勢力を持った岩峅《いわくら》寺（立山寺）がある。同寺は常願寺川の東岸にあるが、川の流れに沿って立山に向かう途中に、中宮芦峅《あしくら》寺がある。滑川から上市を通り（上市から南東の方向に少し行くと眼目の立川

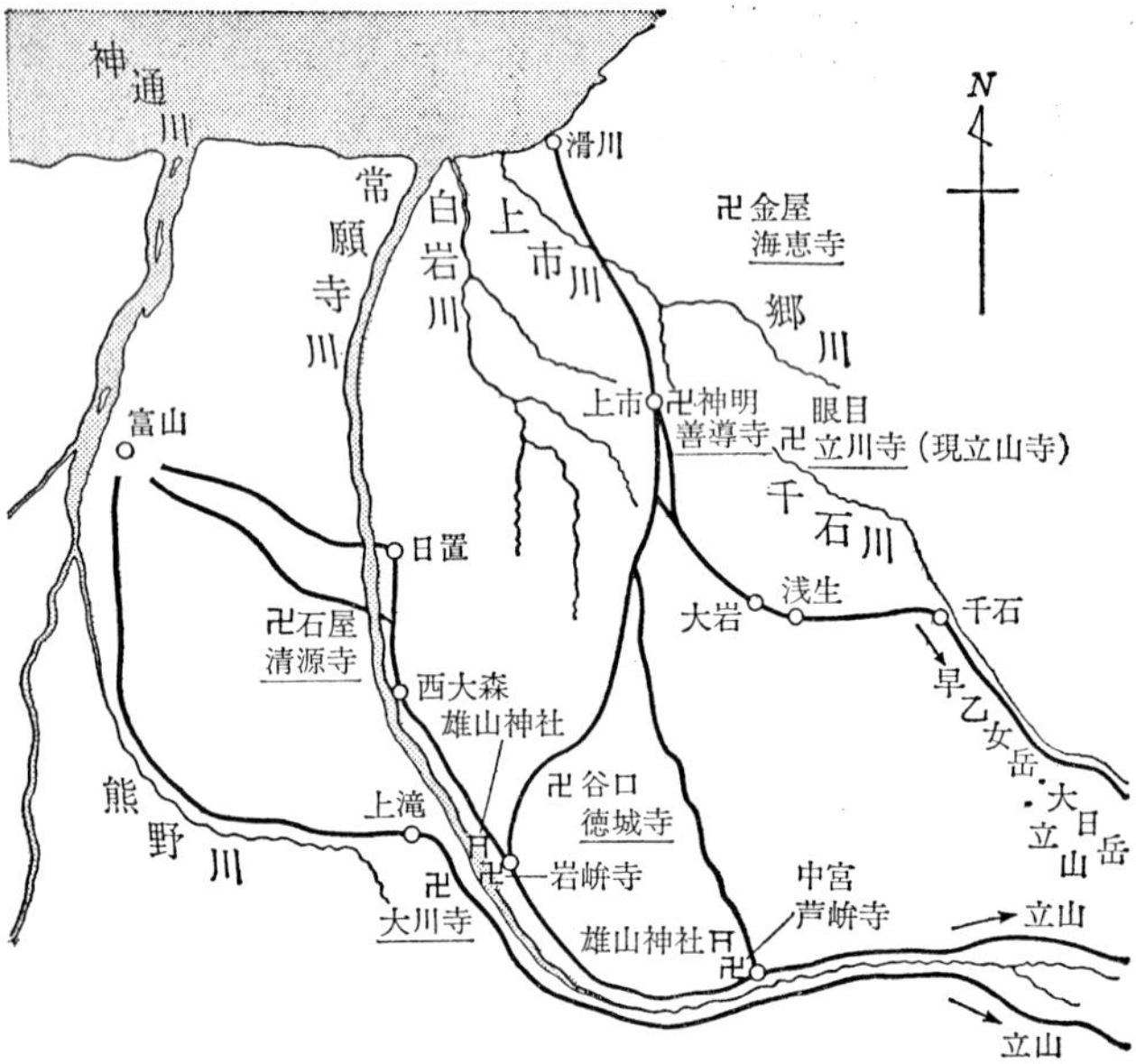

第16図　立山登山道・曹洞宗寺院関係図
（太線は立山登山道，下線は曹洞宗寺院）

寺がある)、岩峅寺(立山寺・雄山神社)・芦峅寺を通って立山へ向かう立山参詣路がある。この立山参詣路は谷口の徳城寺の近くを通る。普門も、立山修験勢力、とくに近くの岩峅寺衆徒勢力と対立することなく、立山参詣路、すなわち、立山修験の路の近くに禅宗寺院を建立することに成功しているのである。なお、立川寺はのちに土肥氏の庇護を受けているが、徳城寺も同氏の菩提所となっているように、土肥氏にとっては、東に存在する神保氏との関係などから、徳城寺のある谷口や岩峅寺あたりは重要拠点であったようである。

岩峅寺の対岸に上滝というところがあるが、ここに大徹の弟子の月江が開山した大川寺がある。中世には熊野川沿の路を通り、常願寺川の西岸に出て、上滝を通り、同川の西岸に沿って立山へ向かうという立山参詣路が存在したとされる。(20) 大川寺もまた、立山参詣路の近くに建立された禅宗寺院ということになるのである。

このように、立川寺・徳城寺・大川寺が具体的にどのようにかかわったかは分からないが、ともかく、立山信仰・立山参詣路・立山修験勢力と深くかかわりあったことに相違なかろう。大徹の師である峨山が、能登総持寺(門前町)と永光寺(羽咋市)の間を往復した路は「峨山越え」と称されたというが、実は修験の路であったといわれている。この峨山をはじめとして、曹洞禅僧と山岳信仰あるいは修験勢力とのかかわりは多く存在するのである。大徹やその門下における立山信仰とのかかわりの中での展開は、曹洞宗展開の一典型といえよう。

四 立川寺の輪住制と「立川寺年代記」

「日本洞上聯燈録」(21) 三の大徹宗令の門弟たちの記載によれば、一番の高弟の笠山得仙をはじめとして、幾人かの人物が立川寺の住持となっている。これをみても、立川寺が能登永光寺や総持寺と同様に、門弟や門下の間で交替で住持に就くという輪住制が敷かれていたことをうかがわせるが、それはつぎの応永二十九年（一四二二）三月九日付「妙応寺住持職置文」(22) により明らかになる。

青坂山妙応寺住持職事

一如二代（宗令）和尚御尊意、檀方寺家同心、而末代可以輪番被住院者也、
一住院之時、檀方之御祝染物一、又一束一本、又正月同之、其外不可有仁義、
一自檀方於住持方、少分不可有仁義、毎住院長老檀方御費不可然也、
一住持於檀方有大慈大悲殊勝之信心、而行道可堅固、
一檀方於寺家有尊重恭敬之信心、即是家門富貴子孫繁昌故也、仍二代和尚御直弟連判状如件、

応永廿九年壬寅三月九日

立川前住（義天）雲勝（花押）　立川前住（禅室）宗安（花押）
立川前住（浩済）契養（花押）　立川前住（月桂）立乗（花押）
総持当住（不蔵）可肖（直）（花押）　立川前住（月江）祖雲（応）
総持前住（大成）宗林（花押）　総持前住（普門）元三（花押）

妙応寺方丈置之

これは、美濃国今須の妙応寺の住持と檀方について定めたものであり、妙応寺も輪住制を敷いたことが知られる。妙応寺の実際の開山は大徹宗令であるが（ここでは「二代和尚」となっているが）、住職は、竺山得仙の門流に相続されており、当時は竺山の弟子の惟忠守勤であったろう。したがって、「仍二代和尚御直弟」という文言は不自然であるようであるが、当時の妙応寺の住持（輪住に入った人物）が書して、当時の門派の中心であった大徹の直弟たちの花押

を書かせた結果、このような表現となってしまったと考えられないだろうか。万一、偽文書としても立川寺に輪住制が敷かれていたことをうかがわせるのに十分である。すなわち、右の文書の連署部分に「立川前住」と書している人びとが五人も存在することである。応永二十九年は、大徹が没してから一四年しか経過していない。その間に五人以上の人びとが輪住したことになるのである。なお、江戸期の編纂物である「豊鐘善鳴録」巻第二の大成宗琳（林）の[23]項によれば、「与日山・天巌・肯（省）山・普門論昆季胥謀、卓二五菴于眼目山麓一、輔二翼立川一」とあって、立川寺山内に大徹の門弟である日山・天巌・省山・普門とそして大成の五庵が塔頭として建立されていたことが知られる。輪住制の敷かれた立川寺は、この五庵を中心に運営されたことであろう。

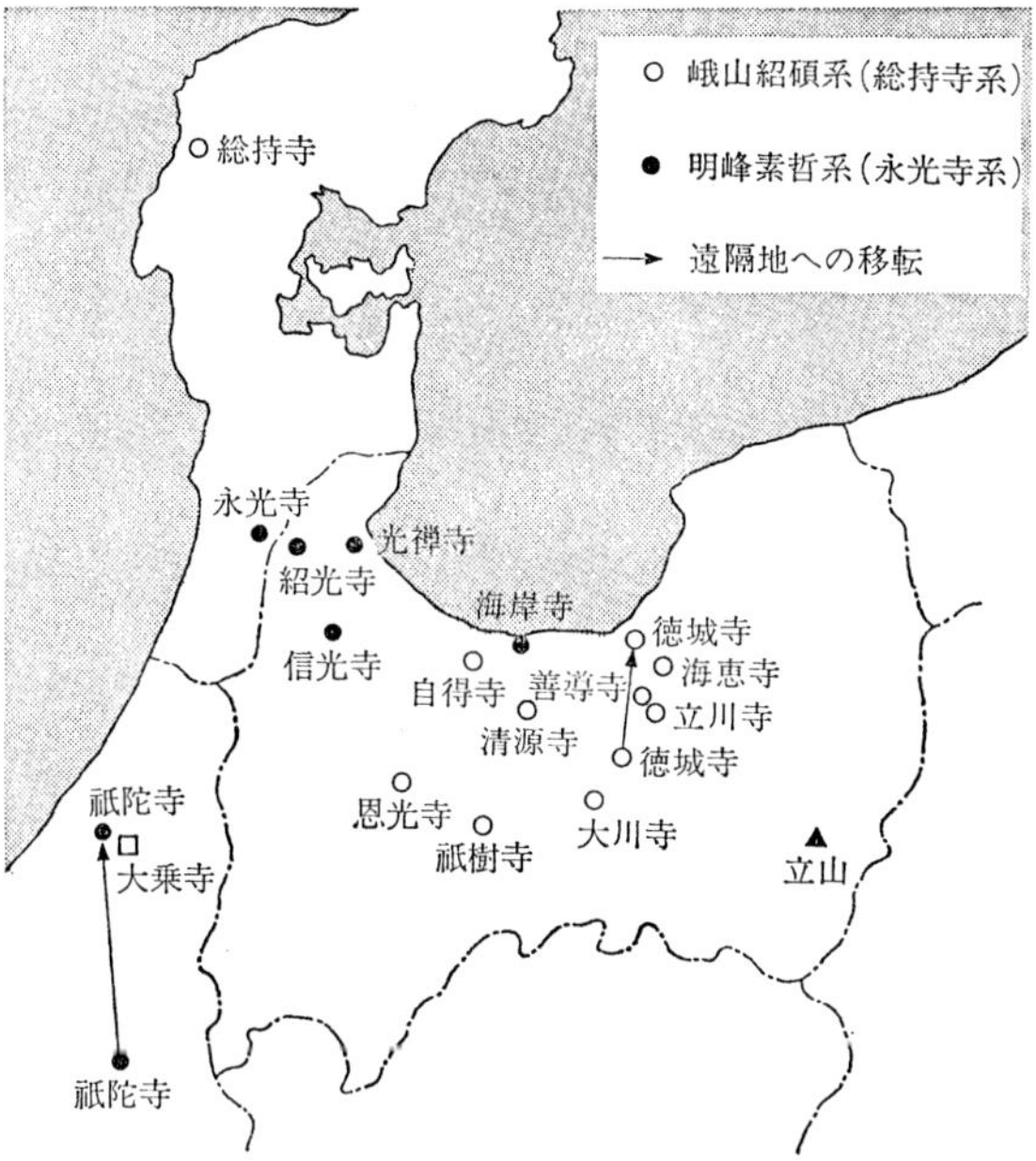

第17図　越中における曹洞禅の発展（南北朝期）

さて、『続群書類従』第二九巻下に「立川寺年代記」というものが、収録されている。同書は、全体としては京都を中心とし、一般年代記の域を出ないが、善光寺など信濃に関する記述（九か所）があり、中部地方（越中）でまとめられた年代記の特色を持っているという。[24] 記載は宇多天皇即位の仁和三年（八八七）から「当今皇帝」（後土御門天皇）の応仁二年（一四六八）までで、文明元年（一四六九）から永正元年（一五〇四）

までの記載は追記されたもののようである。その中に、寛正三年（一四六二）四月十二日条に「善福二代珪峰和尚之御入滅」、追記の部分の文明二年（一四七〇）条に「総持三代大源和尚百年忌」、文明十八年（一四八六）四月三日条に「善福三代月岩和尚之御入滅」、永正元年（一五〇四）の条に「当立川寺開山百年忌前亥年九月廿五日被取越也、同霜月伝法庵アリ」とある。大源宗真は峨山の弟子であり、伝法庵は総持寺山内の大徹宗令の塔頭であり、いずれも曹洞宗峨山派に関することであり、とくに立川寺開山である大徹の百年忌については詳しく述べられているので、大徹門派の人の手によるものであることが考えられる。とくに善福寺のことのみ、二代と三代の寂年を記しており、この年代記が、この善福寺の系統の人によって書かれたものであることが理解できよう。このようなことから、この年代記を作成あるいは書写、さらには相伝してきた人びとは、大徹の弟子の大成宗林―珪峰妙金―月巌乾桂と連なる人びとであることが知られる。『曹洞宗全書』大系譜一によれば、珪峰妙金のところに廃寺寺院としての記載ではあるが禅福寺の開山であることを付している。禅福寺はおそらくこの善福寺であろう。大成宗林は越中村椿の正脈寺（廃寺）の開山であるが、その門弟は二十六人も知られており、(25)一時は大門派を形成したらしい。「善福二代珪峰和尚」となっているところをみると、「善福寺」の開山も大成宗林ということになろう。

この「立川寺年代記」が、越中で活動した大徹門派の大成宗林の法系の人びとにより相伝されてきたものであることが理解できたわけであるが、このような年代記を持つことによって得た知識は、各地での布教活動に大いに役立てられたであろうし、また、輪住制によって得た知識などが盛り込まれたことであろう。禅僧自らの諸国行脚の折にも役立てられたに相違なかろう。また、立山参詣の後に、信州の善光寺に参詣する。あるいはその逆のコースを歩むという参詣の路を考えれば、越中の大徹宗令門下で成立した年代記に信濃の記載が多いというのも肯首できよう。

結びにかえて

鎌倉末期から南北朝期にかけて、越中に進出した瑩山およびその門弟たちは、能登永光寺あるいは加賀大乗寺を中心に活動した人びとであったことから、寺院が建立された地域すなわちおもな活動地域は射水郡北西部に集中しており、成立当初から瑩山およびその門下の活動における中心拠点であり、能登総持寺をはるかに凌ぐ立場にあった能登永光寺からさほど遠くない所に集中しているといえよう。なお、この地域には近くに石動山があり、同社の分領社も多数存在している。永光寺や総持寺にも石動山の山神との説話や石動山と関係の深い虚空蔵菩薩や観音菩薩との説話等が存在していることから(26)、曹洞宗の同地域での展開は石動山信仰と深くかかわりあっていたことが考えられるが(27)、今後の研究に譲りたいと思う。

大徹およびその門下の越中での展開は、二、三の例外を除くと、中新川郡から上新川郡にかけての一帯に集中し、大徹の開山した立川寺に立山神に関する説話があり、常願寺川西岸を通って立山へ向うという立山参詣路の途中にあり、立山信仰の拠点である岩峅寺の対岸に位置する場所にあるのが、上滝の大川寺である。また、滑川の方から常願寺川の東岸に出て岩峅・芦峅の両寺を経て立山に向うという立山参詣路の途中に谷口の徳城寺があることからも理解できるように、同派の展開は立山信仰と深くかかわっていたのである。さらに、立川寺には輪住制が敷かれており、「立川寺年代記」は大徹門派の大成宗林の法系の人びとにより相伝されてきたものであることが明らかになった。そして、同書には、輪住制などによってえられた知識が盛り込まれたであろう。立山から善光寺へあるいはその逆の参詣コースの存在を考えた場合に、同書に信濃の記載が多いということも理解できるのである。

註

（1）石川力山「中世曹洞宗の地方展開と源翁心昭」（『印度学仏教学研究』二一巻一号、一九八二年）、同「源翁心昭と山林抖擻」（同上三二巻二号、一九八四年）、同「中世禅宗と神仏習合――特に曹洞宗の地方展開と切紙資料を中心として――」（『日本仏教』六〇・六一合併号、一九八四年）。
（2）越中寺院のいわゆる「寺伝」をみるには、貞享二年（一六八五、若干異なる年のものもあるが）に、各寺院から差し出された寺伝等を収録した「寺社由来」や「寺社由緒書上」などがあるが、記述には疑点が散見し、各寺の過去帳などから知られる歴代住持の寂年などから検討すると、むしろ明治三十一年に編纂された『越中宝鑑』の記載の方が自然に解釈できる場合が多い。なお、同書の記載は明治十九年に曹洞宗宗務庁に差し出された「寺籍財産明細帳」（駒沢大学図書館保管）の寺伝の部分と同内容のものが多いので、以降の「寺伝」に関する記述は、前者を参照しつつも、後者を中心にして行なう。
（3）「日本洞上聯燈録」二（『曹洞宗全書』史伝上、二五一頁）。
（4）同右、二四四頁。
（5）「永光寺文書」（大久保道舟編『曹洞宗古文書』上、二〇七号文書）。
（6）「永光寺旧記」（『富山県史』史料編Ⅱ史世、六〇三頁）。
（7）「洞谷五祖行実」（『曹洞宗全書』史伝上、五九八頁）。
（8）「北徴遺文七所収紹光寺文書」（『富山県史』史料編Ⅱ中世、三六二頁）。
（9）いずれも「寺伝」による。
（10）古岡英明氏が富山県農業試験場作成の昭和四十八年「水田土壌生産性分級図」をもとに作成、『下村加茂神社「稚児舞」調査報告書』所収。
（11）「妙応寺文書」（前掲『曹洞宗古文書』下、一七三二号文書、六三七頁）。
（12）「普済禅師語録」巻之下（『曹洞宗全書』語録一、一六〇頁）。
（13）「日本洞上聯燈録」二（『曹洞宗全書』史伝上、二七六頁）。
（14）「貞享弐年越中曹洞宗高岡瑞竜寺触下寺庵由来書付写帳」（『加越能寺社由来』上、三〇〇頁）。
（15）同右。

(16) 山口県瑠璃光寺、愛知県乾坤院蔵「正法眼蔵」奥書（『富山県史』史料編Ⅱ中世、銘文抄五一頁）。
(17) 拙稿「正法眼蔵の謄写と伝播（『永平寺史』、大本山永平寺、一九八二年）。本書第三章第一節参照。
(18) 明治十九年「寺籍財産明細帳」。
(19) 本章第九節参照。
(20) 久保尚文「神保氏の支配領域——平野・山間部の場合——」（同氏『越中中世史の研究』、桂書房、一九八三年）。
(21) 『曹洞宗全書』史伝上、二八四頁以下。
(22) 「妙応寺文書」（前掲『曹洞宗古文書』下、一七三八号文書）。
(23) 『曹洞宗全書』拾遺。
(24) 峰岸純夫「浅間山の噴火と荘園の成立——十二世紀の東国社会——」（東京都立大学『人文学報』一六七号）。
(25) 『曹洞宗全書』大系譜。
(26) 「日本洞上聯燈録」二（『曹洞宗全書』史伝上）、「能登志徴」巻三（『能登志徴』上編、二三九頁以下、石川県図書館協会）、「洞谷記」（『曹洞宗全書』宗源下）。
(27) 佐藤俊晃「能登石動山神の成長と伝播——白山・曹洞との関連をめぐって——」（一九八四年六月二十七日、東京大学史料編纂所第一会議室において開かれた禅宗史研究会月例会に発表）。同「石動山信仰と能登瑩山教団」（『宗教学論集』一二、一九八五年）。

第三節　禅僧大智と肥後菊池氏

はじめに

大智（一二九〇―一三六六）は鎌倉末期から南北朝期という激動の時代に生きた永平道元下曹洞宗の僧である。彼は正応三年（一二九〇）肥後国宇土郡長崎に生れ、七歳で同国曹洞宗大慈寺の寒巌義伊のもとに出家、その後、鎌倉・京の禅林に遊び、加賀曹洞宗大乗寺・能登永光寺の瑩山紹瑾に参じ、二十五歳で入元、在ること一〇年、帰朝後、元弘三年（一三三三）四十四歳で瑩山の高弟明峰素哲に嗣法した人物である。(1)

大智の業歴に関しては、大久保道舟「大智禅師の生涯とその鴻業」（『実践宗乗研究会年報』第三輯）があり、考究されているが、彼に関する専論は、さほど多くはない。そこで、種々の方面から言及された彼に対する評価・位置付けをも合せみると、①彼は詩文をよくし、「祇陀開山大智禅師偈頌」（『続曹洞宗全書』歌頌に所収、以下「大智偈頌」と略す、偈頌とは宗教的内容を持った漢詩）を残していることから、曹洞宗門随一の詩人として知られており、その作風は雲水の情操教育に役立てられて来た。(2) ②五山文学史上、在元中に古林清茂に参じていることから、五山文学の揺籃期をはぐくんだ金剛幢下（金剛幢とは古林の別称）の一員として数えられる。(3) ③皇国史観の立場からは、忠臣菊池氏に感化を及ぼした禅僧とされた。(4) ④曹洞宗発展史上、肥後に進出し、活動したことは、教団の発展を意図した瑩山門派の地方発展の一端を担うものとされる。(5)⑤一族一揆における氏寺聖護寺の住持であり、一族団結の中核となったとされる。(6)⑥禅風上からみた場合、在俗にまで純粋禅を説きえたという点で、道元禅の継承者であるとされる。(7)

一般に、道元の純粋な禅風は瑩山に至り、一大変化を遂げたとされており、両者は比較して語られる場合が多い。ところが、大智に対しては④・⑥のように、両面からの位置付けがなされている。小論では、この点に着目し、大智の禅風がいかなるものであったかを考察し、それは肥後に赴き、菊池氏と接する段階において、いかに展開されたものであるかを、⑤の問題も含めて検討してみたいと思う。

一　大智の禅風

大智の禅風について述べる前に、少し煩雑となるが、それまでの曹洞禅風の流れをみる。

宗祖道元（一二〇〇—一二五三）は、臨済宗にて盛んに行なわれていた公案禅(8)・機関禅(9)に否定的態度を示した。坐禅が悟るための具となり、理に陥ることを恐れたためであろう。坐禅それ自体に本来の価値を見出し、坐禅修行こそが、そのまま悟であるとする「只管打坐」（ただひたすら坐禅をすること）を唱えたのである。それは、従来一般に行なわれていた焼香・礼拝・念仏等さえも退けるほどに、(10)坐禅を至上のものとする純粋禅であった。

道元の時代にあっては、不離叢林（寺から離れず修行すること）のたてまえが僧団の結束を保持しており、たとえ対立感情が生じたとしても、道元の人格のもとに解消されたであろう。しかし、早くも永平寺二世懐弉の存命中に、弟子の徹通義介と義演との間に不和が生じ、ついに徹通は永平寺を出で、永仁元年（一二九三）加賀大乗寺に頼ったのである。(11)これに対して、今枝愛真氏は「枯淡な道元一流の宗風を固守しようとした義演などの一派と、教団発展をはかろうとした徹通一派との新旧両派の激突」であったとする。[12]

この徹通門下から瑩山紹瑾（一二六八―一三二五）が出ている。彼には道元禅を思わせるところもあるが、随所で一大変化をみせている。能登総持寺における「中興縁起」[13]・「瑩山和尚清規」[14]には密教的要素の導入がみられ、祈禱が行なわれていたことが知られるのである。

彼が本拠とした能登永光寺の「置文」[15]をみると、五老峰の設置と輪住制を敷くべき旨が記されている。五老峰とは、如浄・道元・懐弉・徹通・瑩山自身の遺物を同寺の奥頭に安置したものである。これにより、同寺の権威付けを行ない、格上げをし、僧団結束の中核としたのである。また分裂を防ぐために、一人一派による独占を避け、弟子達が順に住持に就くという輪住制を敷いたのであった。つづけて「置文」は、檀越を仏のように敬い、師檀和合すべきことを説き、仏道修行は檀越の信心により成就するものであるとして、檀越への親密化をはかっている。彼は積極的に教団経営、檀越の確保に乗り出しているのである。

また、彼の「三根坐禅説」[16]をみると、坐禅を上・中・下根の三段階に分けており、機関禅的要素がみられ、また「或提撕一則公案」とあって、公案禅の導入がみられるのである。これは弟子峨山韶碩（一二七五―一三六五）によって、さらに促進される。彼は、師瑩山より譲与された総持寺の発展の基を築いた人物であるが、多くの門人を育成するとともに、五位を中心とする機関禅を宣揚したことは、語録「山雲海月」[17]に知れるところである。五位は中国曹洞宗の祖、洞山・曹山の唱えた機関で、中国禅林においては、この五位こそ、曹洞宗を代表するものとされていた。しかし、これは、道元が退けたものであった。それが再び宣揚されるに至ったわけである。なお、同じく瑩山の嗣明峰

第18図　曹洞宗略系譜(2)（『曹洞宗全書』大系譜による）

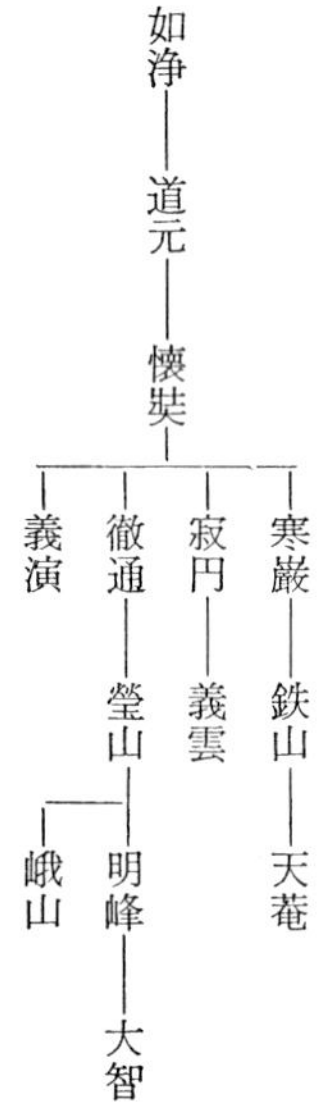

も済門を代表する機関四料揀に関して述べており、[17] 瑩山の「三根坐禅説」に類似した「仮名法語」[19]を記し、機関・公案に対する素養、坐禅の民衆化の方向をみせている。このように、機関・公案禅の導入がみられるのは、しだいに臨済宗の人びととの交流が多くなったことや、僧団・教団の成長が進むにつれて、道元になかった宗派主義的意識が生じ、中国曹洞宗に対する関心が寄せられるに及んだためと考えられる。なお、それとともに、道元のただひたすら坐するのみという無所得の坐禅よりは、坐禅に段階を設けたり、公案を想起させ、考えさせる。いわば、はりあいのある坐禅の方が、指導教化には効果的であり、また機関は事理を説くのに都合がよいと考えられたためであろう。なお、瑩山が「三根坐禅説」で下根の坐禅を設けたことは、在俗に親近感を持たせ、禅門に入らしめんとするに力あったことは想像に難くないところである。

以上、瑩山の禅風――機関についてはは峨山にまで及んだが――に道元禅と異なる諸要素が含まれていたことをみて来たが、それらは、彼が教団維持発展を図ったことに因るところ大であったのである。なお、瑩山自身についてみる場合、道元の禅風との相違をみるあまり、それを継承している面を見過してはならないところであるが、小論においては、論点をより明確にするために、ひとまずその相違点を強調し、道元の禅風に相対させることにする。

さて、道元の禅風を継承したとされる永平寺には、義演についで、寂円の弟子義雲が出て、道元の著『正法眼蔵』の編集を行ない、同寺の復興にも尽力したが、その後の法系は細々としたものであった。これに対し、瑩山門派さらには峨山門派が門人数においても、活動範囲規模においても、他派を圧倒し、曹洞宗の主流を占め始めていたのである。こうして、同宗全般が、「只管打坐」を旨とする道元の純粋な禅風から、機関禅化・密教化・檀越への親密化・寺院教団経営への積極的な対応と種々の様相を呈した、いわば、瑩山が示したような禅風へと変化して行ったといっても過言ではない。

さて、このような時期において、瑩山の弟子明峰（一二七七—一三五〇）の法を嗣いでいる大智の禅風は、どのようなものであったろうか。

大智は入元する以前の七年間、瑩山に参じ「百丈野狐話」なる公案を看せられ、参究したといわれるが[20]「大智偈頌」に「百丈野狐話」「不落不昧話」と題するものがあり、公案による接化を受けたことは想像に難くない。また、入元の折、曹洞宗宏智派の雲外雲岫に参じたとされる。[21]雲外は曹洞宗宏智派の人であり、天童山に住した人物で、[22]著述に「宝鏡三昧玄義」[23]があることから五位に精通していたことが知られる。大智は雲外のもとで、五位を中心とした洞上の宗要を学んだことであろう。「洞谷記」[24]によれば、帰朝した際、瑩山へ「投子青語」「真歇了語」とともに「曹山重偏」（曹山慧霞編「重編曹洞五位」か）・「五位君臣』二冊（「五位君臣旨訣」か）を呈している。とくに「曹山重偏」は「大宋国未流布、況乎日本始見之、大可秘蔵、非其人者不可令見、為家重宝」とあるほど重んぜられた書物であったという。

大智は瑩山・雲外に参じたことにより、五位を始めとする機関・公案に造詣を深めたものと思われる。なお、瑩山に参ずる以前、建長寺南浦紹明・京都法観寺釈運を尋ねており、[25]さらに釈運からは「戒法」を受けている如く、済門に参じたことも少なからずその要因となったであろう。「大智偈頌」には「蘆月菴」（二首中一）・「虚菴」と題する五位、「奪人不奪境」と題する四料揀に関するもの、「玄路」「鳥道」「展手」と題する洞山三路といわれるものがある。洞山三路も、五位・四料揀と同様、機関である。雲外は五位に精通していた人物である。なお、大智が臨済宗の人びとと交流があったことも影響しているであろう。

また「大智偈頌」には「高麗にして白蓮社に遊ぶ」（原漢文）と題するものがある。これは彼が帰朝の途中、暴風雨に遭い、高麗に漂着した時に、念仏結社である白蓮社に赴いた時の詩とされるが、浄土教にも、かなりの素養を持っていたことがうかがえる。在元中の中峰明本・無見先覩への歴参によるところであろう。[26]両者ともに、当時を代表する禅者で、日本からの参学門人も多数いるほどの人物であるが、念仏禅者としても知られている。

また、大智は外護者である肥後菊池氏に対して祈禱を行なっており（後述）、儒教的倫理を説き（後述）、如法経（写経）の指導を行なっているのである（後述）。祈禱に関しては、いうまでもなく瑩山あるいは、その周辺から身につけたものであり、儒教は鎌倉・京の禅林から学んだものであろう。彼が参じた南浦紹明も、論語・周易・尚書などに通じていた人物である。[27]あるいはまた在元中に身につけたものかも知れない。

以上の点からみると、大智は瑩山の禅風の流れの中における一人として捉えることができる。

しかし、これのみで、彼の禅風を語ることはできない。それを知る上で、重要なものに、延元元年（一三三六）九月十四日、覚阿上人なる者に与えた「仮名法語」[28]がある。覚阿が誰であるか判然としないが、中に「在家菩薩最上ノ要心也」とあるので在俗者である。おそらく、外護者菊池氏の一族であろう。これには、五戒の堅持、衣食住を節倹すべきことが説かれるとともに、次のように記述されている。

> 生死ノ大事ヲ截断スルコト、坐禅ニスキタル要径ナシ、イハユル坐禅者、シツカナル処ニ蒲団一枚ヲ要シ、其上ニ端身正坐シテ身ニナスコトナク、心ニイフコトナク、心善悪ヲハカラス、イタツラニ壁ニムカヒテ坐シテ日ヲオクリ、時ヲウツスハカリナリ、此外ナニノ奇特道理ナシ、（中略）行道者道ヲ行セヨトニハアラス、咳唾掉臂、祖師西来意ナルヲ道ヲ行スルトイフナリ。

生死の大事を截断するには、坐禅にすぎたる要径はなく、ひたすら坐するのみにて、特別の道理があるわけではない。「行道」とは、道を行じようとするものでなく、平日の動作、一挙手・一投足が、ことごとく「行道」であるというのである。これをみると、まさしく、道元が唱導したところの、ただひたすら坐するのみの「只管打坐」である。

在俗者にまで道元禅を、そのまま説いているのである。

さらに、「十二時法語」[29]をみると、これは何時、何者に与えたものか、不明であるが、「寺ニ居候ヒテ後ハ、苟且ニモ在家ニ出入スルコトヲ禁ジ」「但シ寺ヲ出デズシテ、在家ニ一日モ居ラヌヲ申候ナリ」とあるので出家者か、新たに出家した者に対するものではなかろうか。

仏祖ノ正伝ハ唯ダ坐ニテ候、坐禅ト申スハ、手ヲ組ミ足ヲ組ミ、身ヲモ曲メズ、正シク持セ玉ヒテ、心ニ何事ノ思フコトナク、設ヒ仏法ナリトモ、心ニ懸ケズシテ御座候ベシ、（中略）坐禅ノ用心ハ、仏祖ヲモ世間ノ善悪ヲモナゲ捨テ、、心ニ思フコトナク、為スコトナキヲ坐禅トハ申シ候ナリ、（中略）又起キ臥シ唯ダ悟リト申シ候、坐禪ノ勤メ計リ深切マコトアリテ、隙ノ時ハ徒ラナリトオボシメシ候ハ、究メタル用心ノ違フ事ニテ候、

これをみても、坐禅あるいは日常生活に対する見解は、道元と全く同一であり、確実に継承していることが知られる。

当時の曹洞宗の風潮については、前述したところであるが、そのような時期にあって、出家者はもちろんのこと在俗者にまで、道元禅を説いていることは、注目すべきことである。ここに、彼が道元禅の唯一の継承者とさえ称される所以がある。

ここで、大智をして在俗者にまで、道元禅を説かしめた要因を推察してみよう。彼が学究的意欲の旺盛な人物であることは、入元していることからもうかがえる。その彼が、宗祖道元に関心を示すのは当然のことであった。帰朝した翌年、翌々年には、道元の流れを汲もうと、京都の釈運西堂を尋ね「仏祖正伝菩薩戒作法」の書写を許され、道元―懐奘―寒巌―釈運と伝わる戒法を受けたり（正中二年五月二十日）[30]、肥後大慈寺瑞華庵にて「永平室中聞書」を書写したり（嘉暦元年十月十二日）[31]、活発な動きをみせているのである。これに対して、師明峰は、その「附法状」[32]にて「洞

水の嫡流を汲まんと欲して」（原漢文）と表している。大智は、自ら入元しておきながら、その後、入元僧に対しては否定的態度を示しているところをみると[33]、在元一〇年に及びながら、得るところ少なくして帰朝したことに、深く反省していたのではなかろうか。在元中の空白を埋めるべく、このように活動したものと思われる。以後、これを機会にして、道元への関心を深めて行ったことであろう。

そして、元弘三年（一三三三）正月十七日明峰より嗣法を許されるとともに[34]、道元―懐奘―徹通―瑩山―明峰と伝わる、道元が自ら縫った「永平開山自縫信衣」（以下「信衣」と略）を伝授されているのである[35]。この伝授には、明峰の期待が寄せられていた。それは、後の貞和二年（一三四六）肥後より帰した大智に与えた「道満寺置文[36]」から知られる。それには「信衣」を授けた大智に対して、道満寺に住し、不離叢林のたてまえを守り、もっぱら『正法眼蔵』の実行・実現に努め、法燈を正嫡相承せしむべきことを記しているのである。このような期待は、「信衣」伝授の時から寄せられていたとみてよいであろう。明峰にも瑩山禅的要素が多分にみられるが[37]、当時の風潮に対しては、幾分反省するところがあったものと思われる。それが、大智への期待となって現れたのである。「信衣」を受けた大智には「六代の伝衣、野僧に到る」（原漢文）云々の偈頌があり[38]、曹洞宗門の嫡流を汲む者であるという自覚の程が、うかがえるのである。

大智が帰朝後、道元への関心を深めたこと、道元自ら縫った「信衣」を明峰の期待とともに受け、洞門の嫡流を汲む者であるという自覚が、彼をして、道元禅を説かしむるに到らしめた要因であろうと考える。

以上、大智の禅風についてみて来たわけであるが、彼の持つ諸要素は、瑩山禅的要素と道元禅的要素に分けられ、二面的に捉えることができるのである。以下、この二面的性格と捉えられる禅風が、実際には、どのように展開されたものであるかをみてゆこう。

二　菊池氏の信仰

まず、大智が受容される以前の菊池氏の信仰についてみなければならない。菊池氏は「菊池武朝申状」[39]によれば、中関白道隆四代の後胤太祖大夫将監則隆が、延久年中、肥後菊池郡に下向したことに始ったとされるが、杉本尚雄氏『菊池氏三代』は、それより以前すでに大勢力を維持発展させていたとしている。[40]

『国郡一統志』（寛文九年成立）、『菊池風土記』（寛政六年成立）、『肥後国志』（明治十七年成立）は、いずれも江戸期以降に成立をみるもので、ここでの史料的価値は乏しいといわざるをえないが、菊池氏の信仰をみる上での手がかりとしたい。この三書によれば、初代則隆による勧請・建立・再興・修理・寄進等の伝説を持つ寺社は第20表のようである。二四か所に及び、寺院六のうち天台宗が四と最も多い。神社一八のうち天満・八幡・阿蘇・熊野の四宮で一三を数え、大部分を占めている。同様の方法で、二代経隆より一二代武時（一三三三年寂）の間に同氏と関係を持ったとされる寺社をみると、第21表のようである。肥後北部の郡が多いことからも、同氏が菊池郡を本拠に玉名郡をはじめとする肥後国北部、すなわち菊池川流域を中心に勢力を張り、天台宗・八幡・阿蘇・天満・熊野の寺社を中心とした信仰生活を営んでいたことがうかがえる。天台宗寺院には菊池氏の外護を受ける以前からのものもあり、古くから信仰されていた寺院もあったことであろう。八幡・阿蘇・天満宮は言うまでもなく、それぞれ宇佐・阿蘇山・大宰府と地理的に容易な所からの勧請であり、同地方にては一般的な神祇であった。熊野宮は、熊野信仰が院政時代の頃より盛んとなり、全国的な信仰となるに至り、当地方へも伝播するに及んだものと思われる。菊池氏がこれらを勧請したり、保護したことは、自らの信仰にはもとより、勢力顕示にも役立てられたことであろう。[41]

さてここで、大智が受容された当時の菊池氏の信仰を知るために、今少し詳しくみよう。元寇の折、活躍した一〇代武房のころは、当時の武家の風潮ということもあって、八幡信仰がさかんであり、武運長久や戦勝が祈願されていた。『八幡愚童訓』[42]上――神社側のものであるが――には、文永十一年(一二七一)の蒙古襲来の際武房が活躍し、名を揚げることができたのは「是偏大菩薩ニ祈念深カ、リシ故」であるとし、神恩への報謝として、子孫に遺すはずであった幕府より賜わった甲冑を八幡宮に納めたとある。[43]また、祈禱は天台宗寺院にても行なわれたようである。菊池郡円通寺は初代則隆の建立になるもので、七代隆定が承久年中に再興し、文永年中武房が一五町寄進している天台宗寺院である。源泰朝なるものの弘安五年(一二八二)の「寄進状」には「国家安全、武運長久、一家繁昌」が祈願されている。[44]武房も同様の願いを込めて、同寺に寄進したことであろう。菊池郡東福寺は、天慶元年(九三八)天台沙門大僧都法印澄慶により開基されたものであり、後に初代則隆が延久二年(一〇七〇)、前例の如く寺領を寄進(安堵)し、再興したもので、その後も代々保護を加えて来た寺院であるとされる。同寺にては、如法経(一定の規式により経

第20表　菊池氏関係寺社数表(1)

郡名	寺社数	小計	宗派社名	寺社数
菊池	5	寺院6	天台	4
山鹿	2		真言	1
玉名	10		不明	1
合志	1	神社18	天満	5
飽田	1		八幡	3
益城	2		阿蘇	3
宇土	3		熊野	2
合計	24		その他	5

第21表　菊池氏関係寺社数表(2)

郡名	寺社数	小計	宗派社名	寺社数
菊池	11	寺院15	天台	3
山鹿	6		真言	1
玉名	14		禅宗	5
山本	4		不明	6
合志	1	神社27	八幡	7
飽田	1		阿蘇	4
益城	1		天満	2
宇土	4		熊野	2
			若宮霊社	3
合計	42		その他	9

文を書写すること）による功徳が期待されたようである。『菊池風土記』にみえる数通の「書状」によれば、如法経による「天下安平」「病平癒」が祈願されており、武房は「如法経衆徒料」として一二町を安堵している。[45] 如法経による祈願は同地方にてもよく行われていたものと思われる。[46] 以上のように、武運長久・一家繁昌・病気平癒などの現世利益的期待は八幡宮・天台宗寺院を中心とした信仰により求められていた。

　阿蘇神に対しては、六代隆直が、阿蘇参籠の折、神託により、家紋を日足から鷹羽に改めて以来、尊崇の念はますます高まったとされるが、[47] 後の延元三年（一三三八）八月十五日の武茂、興国三年（一三四二）八月七日の乙阿迦丸の「起請文」[48]には「当国鎮守阿蘇大明神」とみえ、肥後国の鎮守として信仰されているのである。一三代武重は、建武中興の恩賞として肥後守に任ぜられているが、[49] 南北朝動乱期にあって、同氏の実力を示そうとする時、九州随一の山岳であり、神祇である阿蘇神への信仰は、同国鎮守神として、さらに、深められたことであろう。鷹の羽紋採用の縁起を有する菊池郡北宮大明神が同氏の氏神であったと推定されている。[50]

第19図　菊池氏略系譜
（『新撰事蹟通考』巻一二三による）

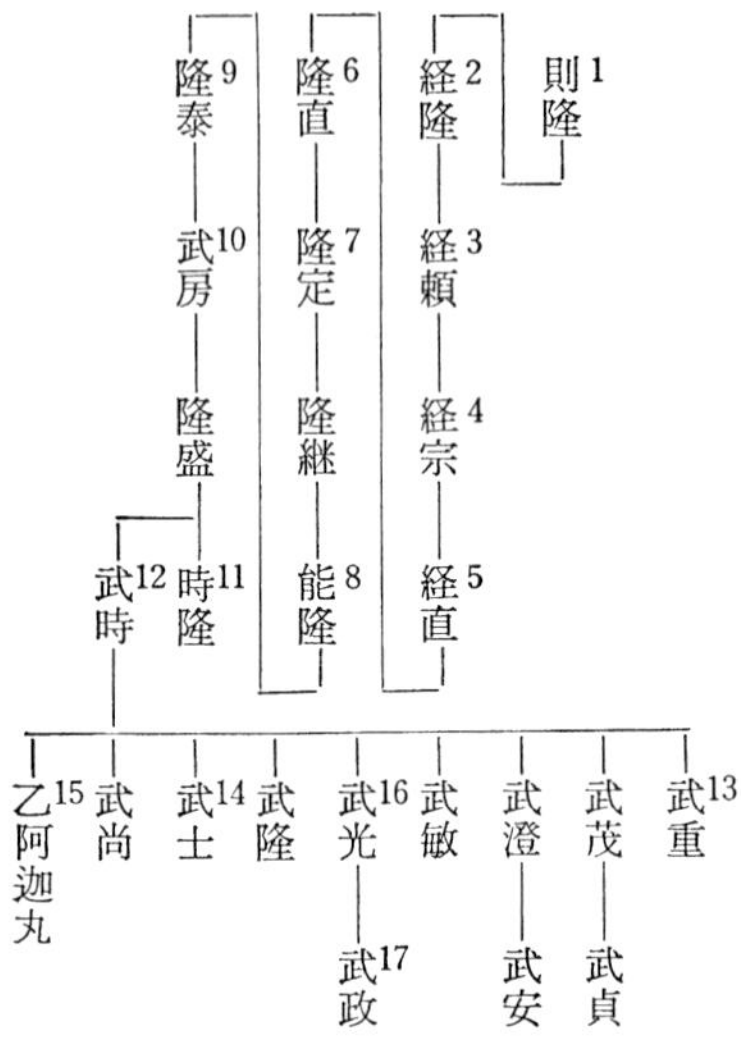

　前掲の二表に、祖先を若宮・霊社に祀る例がみられるが、やはり、菩提は寺院にて、とむらわれたようである。特に菊池郡天台宗東福寺は、如法経による現世利益を通じて菊池氏の外護を受けていたことは、前述の如くであるが、一二代武重までの代々の菩提寺でもあった。一〇代武房の兄頼隆は、同寺に出家し、覚仏と称している。[51] 彼は、祖先の冥福を祈るための僧として、一族より出家したものと思われる。なお、如法経は故人の供養のためにも

行なわれたので、(52)同寺にても、この方法が取られたかも知れない。

今一つは、浄土信仰である。元弘三年（一三三三）鎮西探題と博多で戦い、敗死した一二代武時は「寂阿」という阿弥陀号を持っており、(53)また、延元元年（一三三六）に大智から「仮名法語」を受けている「覚阿」なる人物もいることから、(54)菊池氏の中に、浄土信仰があったことが知られる。熊野信仰、(55)あるいは、浄土宗鎮西流の影響かと思われる。(56)ともかく、来世への安心は浄土信仰により求められた。

大智は、このように、さまざまな信仰を持った菊池一族の中に入って行くのであるが、それを述べる前に、大智を招聘する以前の菊池氏の禅宗受容についてみることにする。同氏の信仰に禅宗が入って来るのは、一〇代武房の時代からである。以後、かなりの比重を占めるようになったことは第21表からも知られる。

文永二年（一二六五）宝山□鉄なる人物が、武房の外護を受けて益城郡隈牟田庄に浄土能仁寺を開山している。宝山は蘭渓道隆の弟子で、師と同様の蜀の出身、弘長元年（一二六一）八月の来朝である。(57)浄土能仁寺とあるので、元来、浄土寺と称したものを、再興し禅宗に改宗して、このような寺号にしたものであろう。同氏が彼を庇護するに及んだ因縁はさだかでないが、何らかの関係を持っていた幕府周辺の武家を通じてのことであったと思われる。中央武家と同様の宗教・文化を持ちたいという願望から発したものであろうが、それとともに次のことが考えられる。杉本尚雄氏は平安末期から鎌倉中期元寇以前までの時期に菊池氏の勢力は肥後北部の外に八代・益城など肥後南部にも伸展しており、益城の場合豊田庄などの地頭職を獲得したように在地の実力を評価されての補任であったろうとする。(58)とすれば、中央禅林と深い関係をもつ禅僧の招聘は、当地での実力が幕府によって承認されたものであることを誇示しようという意図のもとに行なわれたものと思われる。大智と同時代を生きた仏源（大休正念）派の無涯仁浩（一二九四〜一三五九）が同寺に住している。無涯は、後に鎌倉東勝寺・京都建仁寺に住している人物である。(59)能仁寺は、後々までも中央禅林との関係を持続していたのである。

菊池氏一二代武時は、正和五年（一三一六）、もと天台宗寺院であった山鹿郡日羅寺（のちの日輪寺）を再興し、永平下曹洞宗寒巌派の天菴懐義を飽田郡大慈寺より招いている。彼は、当時二十余歳で「大慈寺門下一麟」と称されていた人物であった(60)。『新撰事蹟通考』巻一三系図によれば、隆盛は父一〇代武房に先立って早世したので、一一代惣領に隆盛の子時隆が就こうとしたが、叔父武本が武経（武本と兄弟）を立てて争い、鎌倉に訴訟に及び、評議は時隆に帰した。しかし、武本はこれを憤って、時隆と相刺して死亡するに至っている。時隆十七歳であった。一二代惣領となったのは、時隆の弟武時であるが、彼も若年であった。しかも、家督争いの後であり、一族の総力が底下していた時であり、近隣の諸氏との摩擦は避けねばならなかったのであろう。大慈寺から天菴を招聘したことは、大慈寺の檀越河尻氏との融和に役立ったに相違ない。

こうして、禅宗は受容されるに至ったが、さきの宝山招聘の場合には、中央武家の文化を輸入する目的とともに、益城での勢力を示すためであり、他氏に対して、優位を誇ろうという意味あいが感じられる。天菴招聘の場合には、近隣の他氏が外護する寺院からのものだけに、それとの融和を図ろうという意図が感じられる。いずれも、菊池氏において、禅宗が政治的に利用されはじめたことを物語っているように思えるのである。

禅宗の地方進出は、中央武家文化への願望を持っている地方武家の趣味的要求を満すとともに、従来の諸寺社というものが民間にも信仰されている一般的なものであったのに対し、新たに受容されるものであるだけに、外護者である武家の意図が強く働く結果となり、政治的にも利用されやすい立場にあったのである。大智の場合は、どのようであったろうか。

三　大智の肥後入居

大智が菊池氏の外護を受けて、何時何処に住したのか、それは広福寺か聖護寺か、などに関しては諸説あるが、(61)小論においても一応の見解を出さなければ、論を進めることが不可能である。よって、多少の紙面を割かねばならない。

大智の帰朝後の北陸と肥後との往来をみると、次のようである。

①〔北陸〕正中二年（一三二五）五月二十日、能登永光寺瑩山に将来の書物を呈す。(62)
②〔肥後〕嘉暦元年（一三二六）十月十二日、大慈寺瑞華庵にて「永平室中聞書」書写しおわる。(63)
③〔北陸〕同二年（一三二七）ごろ加賀祇陀寺開山か。(64)
④〔北陸〕元弘三年（一三三三）正月十七日、能登永光寺明峰に嗣法す。(65)
⑤〔肥後〕同四年（一三三四）正月二十五日、菊池武重より釈迦山の寄進を受くか。(66)
⑥〔北陸〕建武三年（一三三六）三月十五日、永光寺明峰より「仮名法語」を受く。(67)十九日、明峰より「法衣相伝法語」を受く。(68)
⑦〔肥後〕同年（延元元年）九月十四日、覚阿に「仮名法語」を与うか。(69)
⑧〔肥後〕同年〜三年ごろ武重の危機に際し、祈禱を行うか。(70)
⑨〔肥後〕同三年（一三三八）三月二十七日、武重より聖護寺敷地の寄進を受く。(71)

このように、両地間を往来していることが、諸説を生んだ要因である。いずれにしても、この間に大智と菊池氏の交流は持たれ、しだいに親密になって行ったことに相違ないが、大智が菊池氏の外護を受けて、肥後に本格的に住居しようと決意したのは、やはり、明峰に嗣法した後とみるのが妥当と思われる。すなわち、翌元弘四年（一三三四）には肥後釈迦山の勧進に当っているのである。しかし、同年、菊池惣領武重が建武中興の恩賞を求めて、上京するに及んで、(72)中断されたのであろう。以後、釈迦山の名はみられない。では、聖護寺で外護を受ける延元三年以前は何処に住していたのであろうか。正平十九年（一三六四）二月二十三日付の大智自らの「黒手印状」(73)をみるに明らかである。これには、武重が豊後からの退路たれを断た時（延元元〜三年頃）「この寺」にて無事を祈禱したとある。同書状が広福寺復興の助力を求めるものであれば、「この寺」が同寺であることは明白である。(74)肥後入居当初は、玉名郡広福寺に住していたのである。おそらく、同寺は旧仏教系の寺院であったのではなかろうか。

菊池氏は、自国出身の僧で、入元という箔をつけて帰朝した大智に関心を示したものと思われる。大智が当初住した広福寺は、後に庶子家である菊池武澄が寺領を寄進し、復興の発願をしているところをみると、(75)小規模なものであったと思われる。これからも、大智の招聘が対外的・政治的なものでなく、単に、趣味的なものであったことが知られる。同氏は山鹿郡日羅寺の天菴の仲介により、大智と交流を持ち、招くに至ったものであろう。天菴は大智より五歳年少であるが、大慈寺を通じて関係を持っていたはずである。後ではあるが天菴には大智の初七日における「祭文」(76)があり、両者の間は親密であった。

つぎに、大智の側からみよう。明峰の門人は明らかなものだけでも三十数名に上る。(77)大智は、門下から離れること一〇年に及び、入元僧として帰朝した。明峰が、彼こそは、自らの嫡弟子であるかの如くふるまう中で、他の門人達との間に異和感が生じたものと思われる。これは、大智がさきに述べた「道満寺置文」にみられるように、強く同寺に留るよう、明峰に言われながら、住することなく、再び肥後に帰っていること、一度も永光寺輪住に加わっていないことからも想像できる。(78)

さて、菊池氏が大智の招聘に当って懐いたものは、在元一〇年に及び、本格的詩文を操る中央禅林の僧に勝るとも劣らない高僧を外護できるという栄誉であり、多分に趣味的なものであったが、彼の文化的教養を理解できるだけの力量を持つ者が一族の中に何人いたであろうか。求めたものは、やはり現世利益であった。一族の惣領武重（歎喜殿＝歓喜殿）が豊後からの帰路を断たれた折（延元元〜三年ごろ）大智は「ゑから」（ゑら＝武重の母か）の要請により、大般若経を読誦し、武重の無事を祈禱しているのである。このことに関して、後の正平十九年二月二十三日付の「黒手印状」(79)には、

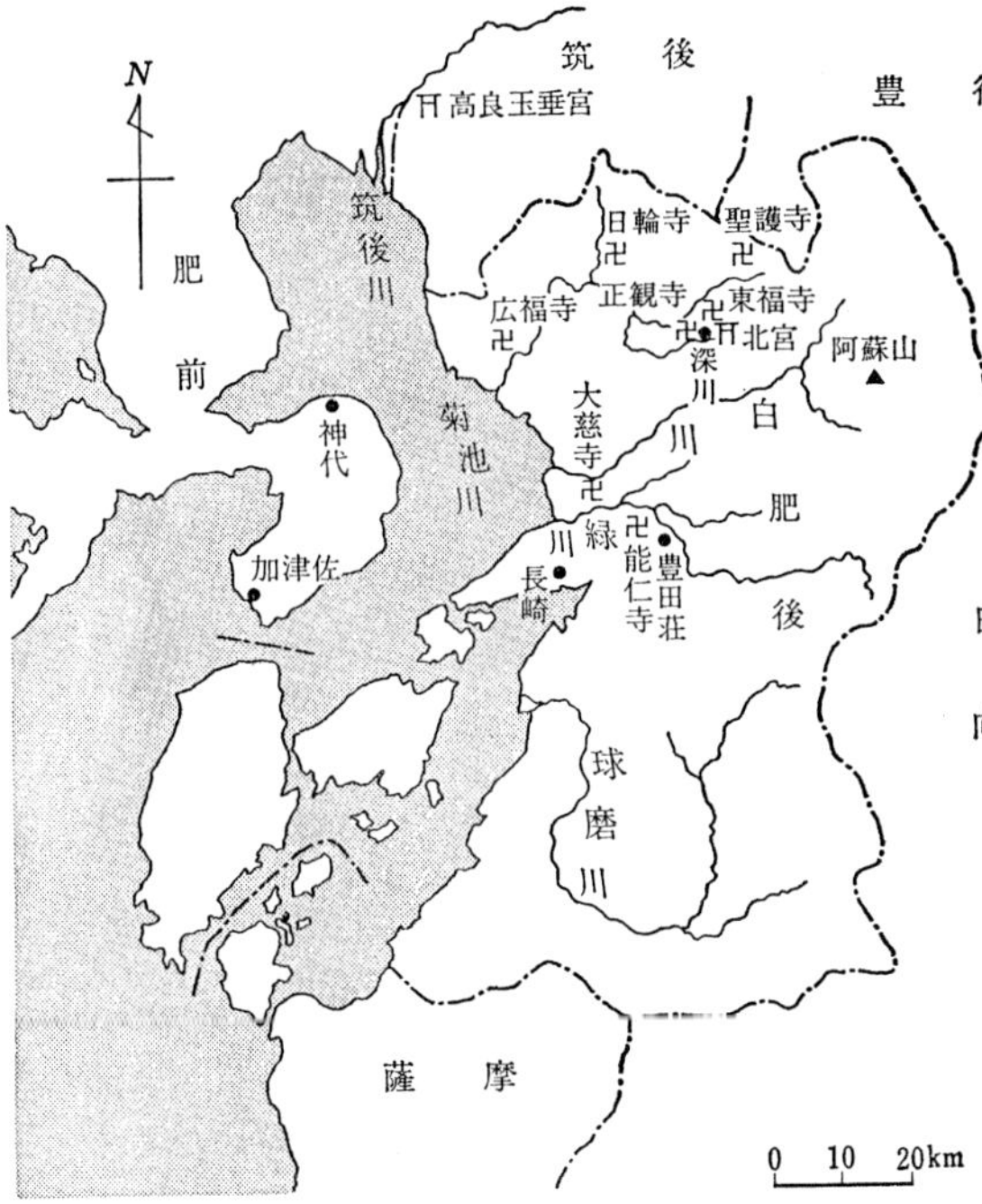

第20図　肥後周辺大智関係略図

一歎喜殿豊後よりひかれ候しに、ゑからとの所々の難所をきりふたき候て、飛鳥ならてハ、人のとをるへき様も候ハすときこめ(し脱)され候て、この寺を深御たのみ候て、大般若を転読候し時、(中略)愚身啓白し候て、信心をこらして大般若を転誦五ケ日の中ニ歓喜殿帰国候て、再御目にかゝりて御悦候し事、

とある。祈禱の霊験あらわれて、武重は五日後に帰国できたのである。この霊験は、正平十九年、すなわち、二十数年後の広福寺復興依頼の際に持

ち出されているほどであるから、一族においては、かなりの事件であったと思われる。大智への尊崇の念はますます高まったことであろう。一族の武運長久・戦勝祈願等は、八幡宮・天台宗寺院等にて行なわれていたことは前述の如くであるが、大智の祈禱には、それらにない新鮮さが感じられたのではなかろうか。大智が新たに迎えられた人物であるということもあり、禅僧であるということもその理由として上げられる。黙して坐する姿が、神秘性を持って受取られたためであろうか(80)。大智に対して、神秘性を感じ、特異な呪術力を期待したのかも知れない。彼は祈禱を求める者に対しては、それに応じているのである。

菊池氏の間に、浄土信仰が存したことは前述したところであるが、浄土教にも通じていた大智は、浄土信仰を持つ者に異和感を与えることなく、理解を示して、割とスムーズに、それらの中に入り込むことができたのではなかろうか。

また、大智は「雪中示寂山」と題する偈頌の中で、五位について触れている。寂山とは武重の法号であるが、彼には多少なりとも詩文を理解するだけの力量があったとみえる。大智は不断から五位をもって、宇宙の事理を説明していたことであろう。特に「五位君臣」(真理を正位と立て事物を偏位とし、君位・臣位・君視臣・臣向君・君臣合の五位を以て事理の交渉一般を示したもの(81))は、武家の接化には、その君臣の語から来る親近性が、役立ったことであろう。

しかし、彼は志あるものには、純粋禅を説いていたことは前掲の延元元年「覚阿上人」なる人物に与えた「仮名法語」からわかる。文中より「覚阿」は在俗者であることが知られるが「上人」とあるので、かなり、仏教に興味を持った人物であったと思われる。このような人物には「只管打坐」を真向から説いているのである。

大智は以上のように、種々の信仰が存在し、力量の異なった一族の人びとに対して、その力量、あるいは、その求めに応じて、接して行ったのである。

彼は、このようであったから、従来の宗教勢力と対立するようなことはしなかった。菊池郡天台宗円通寺の寺領問題で菊池氏との仲介役を努めている如くである。このようなことは、大智がかなり、菊池氏の信任を得るようになってからのことであろうが、当初よりこのような態度で臨んだとみてよいであろう。また、彼が相当に指導して作成させたであろう一族の諸「起請文」には形式的に用いられているとはいえ「八幡大菩薩」(82)「当国鎮守阿蘇大明神」(83)の名がみえ、それらとも共存という態度であったことが知られるのである。

このようにして、大智は菊池氏に受容され、その諸信仰の中に入って行ったといえよう。

四　氏寺聖護寺と大智

菊池一二代武時は、元弘三年（一三三三）三月鎮西探題を襲撃し、討死したが、まもなく、探題は鎌倉幕府とともに滅亡した。一三代武重は翌建武元年、恩賞を求めて上京し、武者所に属していた。建武二年八月、鎌倉にて、尊氏が新政府に反旗を翻すと、彼は、新田義貞軍に加わり、尊氏征討のため、箱根の戦い、竹の下の戦い、大渡の戦いに活躍したが、義貞軍は敗れ、京都に引返した。新政府軍は翌三年正月には、京に攻め上った尊氏を北畠顕家の功により、九州に敗走させた。尊氏は九州において、大友・少弐氏等の協力をえて、再び、兵を整えて、攻め上ったのである。九州において、足利方と戦ったのは、菊池の庶子武敏であったが、逆に、少弐氏に菊池まで攻め込まれている。政府軍は、尊氏の兵庫上陸を許し、上洛をも許してしまった。新田軍に居た武重は、京から、ようやくにして脱出し、同年（延元元年）暮には、帰国して、翌年から九州における南朝方の勢力として活躍する。しかし、延元四年から、武家方の攻撃目標とはならなくなることから、死去したものとみられている。(84)とすれば、延元三年頃の武重は、一族を指揮できるのは長くないと考えていたであろう。しかも、次の惣領武士は若年であった。また、この頃の同氏は、庶子家の力が伸び、各々在地名を名のり、独立的傾向を示し始めていたが[85]、この動乱期を乗り切るには、一族の再編成が是非とも必要であった。しかし、惣領の一族統率力を強固なものにすべき物質的・政治的裏付けは薄れる方向にあった。このような状態の中で、一族再編成を図るには、媒介となるものが必要であった。武重は、それを精神的なもの、すなわち、大智に求めたのである。

武重は、自らが師と仰ぐとともに、一族からも尊敬されている大智以外に、一族団結の紐帯となるものはないと考えた[86]。延元三年（一三三八）三月二十七日、菊池郡鳳儀山聖護寺の敷地を寄進して、大智を迎えたのである[87]。

（前略）みきゝしんたてまつる心さしハ、大ちしやう人しんさん《(深山)》せんしやく《(禅寂)》のちにおいて、仏そのしやうほう《(正法)》をせうりうし《(昌隆)》給ふしくくわん《(宿願)》しんちう《(深重)》にましますあいた。武重しやう〳〵《(清浄)》けんこのしん〳〵《(信心)》をゝこして、たう山のにて、しんみらいさい《(深未来際)》大ちしやう人に、きふしたてまつるところなり、（中略）ふしてねかはくハ、仏そかひこ《(被護)》ねんし給ひて、かもんひさしくさかりに、しそんていしん《(貞心)》にして、ふりやく《(武略)》を天たう《(道)》まほて、なかくほんてう《(本朝)》のちん《(鎮)》しやう《(将)》たらん、よてちう《(忠)》をてうか《(朝家)》にいたして、しやうほう《(正法)》をこち《(護持)》したてまつらんために、きしんしやうくたんのことし、

ゑんけん《(延元)》三ねん三月廿七日

ふちハらの武重（花押）

聖護寺の所在地は豊後との国境近くで、菊池深川の本城から十数キロメートル離れた所である。これは、「寄進状」の如く、大智が深山禅寂の地を求めたことによるが、それとともに、肥後に接する豊後津江に、菊池氏と行動を共にする長谷部氏が居たこと、また、国境いであったので戦闘上の一拠点ともなると考えられたことからであろう。

同年七月二十五日には、大智のもとに、武重の「血判起請文」(88)が納められている。

よりあひしゆなひたん《内談》の事

一天下の御事ハ、なひたん《内談》のきちやう《議定》ありといふとも、らつきよ《落去》のたんハ、武重かしよそんニおとしつくへし、

一こくむ《国務》のせひたう《政道》ハなひだんのき《議》をしやう《尚》すへし、武重すくれたるき《議》をいたすといふとも、くわんれいいけのなひたんしゆ一とうせすハ、武重かきをすてらるへし、

一なひたんしゆ一とうして、きくちのこをり《郡》ニにおいて、かたく□《畑またはえた》たをきんせいし、やま《山》をしやう《尚》して、□しやう《茂生または五常》のき《樹または義》をまし、かもん、しやうほう《正法》とともニ、りうけ《竜華》のあかつき《暁》ニおよはんことをねんくわん《念願》すへし、つし《マヽ》んてはちはん《八幡》大ほさつのミ《明》やうせう《照》をあほきたてまつる、

ゑん元三年七月廿五日

ふちハらの武重（花押）（血判）

これに関しては、滝川政次郎・河合正治・杉本尚雄など各氏の論述がある。(89)第一条は、天下の大事に対する最後の決断は惣領武重に任せること、第二条は、国務に関しては内談衆（寄合衆）の意見を尊重することが述べられている。第三条に関しては、種々の読み方があるが、何れにしても「山を尚して」には異論はない。この「山」とは、鳳儀山聖護寺である。内談衆は一同に大智の住する鳳儀山聖護寺を尊崇し、家門が正法とともに、永久に存続することを願うというものであった。内容からみれば、同起請文とさきの武重の寄進状とが深くかかわっていることが理解できる。

大智の持つ正法、彼の住する聖護寺を、有力庶子家である内談衆（木野・林原・島崎・須屋）(90)の精神的紐帯とし、そのもとで、前二か条が、遵守されることを期待したわけである。これにつづいて、八月十五日には、武重の弟武茂

（木野）が八か条からなる「起請文」[91]を納めている。武茂は内談衆の一人であり、庶子家の中でも有力者である。おそらく、武重の要請に答えたものと思われる。これより、さきの武重の「血判起請文」は、有力庶子家および、一族から承認されたことになるのである。なお、大智は同年十一月、肥後菊池郡と隣接する豊後津江の長谷部信経より、大平山兜率寺の敷地を寄進されており、[92]菊池一族のみならず。長谷部氏を含めた結束も、大智を中心になされる方向にあったのである。

翌延元四年（一三三九）惣領となったのは、武重の弟武士であった。武士の時代も、同年六月二日の武敏を初めとして、次々と庶子家の「起請文」が大智のもとに納められ、[93]一族の結束は保たれて行った。

鳳儀山聖護寺が武重以後、このように氏寺の機能と役割を果すに至った要因は、何処にあったのであろうか。菊池氏の菩提寺は、前述の如く天台宗東福寺で、武重自身も同寺に葬られている。[94]聖護寺には、祖先の御霊という氏寺としての有効な要素はない。ただ、武重の「起請文」にみられるように、鳳儀山の持つ、山の崇高さはある。それ以外は、大智個人に因っていたと考えねばならない。

深山禅寂の地において仏道修行することは、大智の宿願であったが、武重の聖護寺敷地寄進により実現されたわけである。「大智偈頌」には「鳳山々居」と題する八首があり、それらには「住山自ら、古人の風に効う」、「艸屋単丁たること二十年、未だ一鉢を持して、人煙を望まず」・「首を回らして、独り枯藤に倚って立てば、人山を見、兮、山人を見る」・「白雲、我坐禅の衣となる」（原漢文）などとみえ、淡々とした修行生活の様子がうかがえるのである。なお、「艸屋単丁たること」とあるから、聖護寺は大伽藍を構えるというようなものでなく、門人も少なく、質素なものであったようである。

庶子から納められた諸「起請文」には「正法を護持し奉る」[95]旨が述べられている。大智は自らの仏法が「正法」

（正伝の仏法）であることを強調していたに相違ない。「正伝の仏法」とは、道元が「只管打坐」の禅風をもって強調したところであるが、菊池武敏の「起請文」(96)には「霊山・少林・永平の正宗を護持したてまつって法燈を弥勒三会のあかつきにたてまつるへく候」とある。大智は、延元元年の「仮名法語」のように、一族に道元禅を説いているが、以来、聖護寺においても、「正伝の仏法」すなわち道元禅を唱揚していたことが知られるのである。彼は「正法」を主張し、淡々とした修行生活を送り、道元禅の実行に努めたのであった。このような大智に対して、武茂の「起請文」には、

一正法を護持し奉る発願者、今生の名利栄花をなかくすてゝ、生菩薩のみちを一すちにもとめたてまつらん僧侶を、清浄の信心をおこして守護帰敬申候へし、（筆者傍点）

とあり、武敏のものには、

身をわすれ、法をおもくして、なかく有為の楽相に貪せす、一すちに仏果菩提をもとめ候ハん僧侶を、分にしたかひて護持したてまつるへく候、（筆者傍点）

と記されている。菊池氏は大智をみて「一すちに」という表現をしているが、この「一すちに」の精神こそは、同一族にとっても、重要なものであった。私情をすて、「一すちに」君のため、家のために尽さねばならぬという一種の緊張感がみなぎっていたものと思われる。このような状態にあった菊池一族の人びとは、「一すちに」という点で、大智に共感を覚えたのではなかろうか。しかも、大智の説く、「只管打坐」の禅は、ただひたすら坐するのみにて、「悟」という目標すら持たない「徹底」することない無報酬の坐禅であったが、これこそ、結束を崩さず、ひたすら劣勢に耐えて行かねばならなかった当時の菊池氏にとって、ふさわしい禅風であった。

劣勢にあった南朝方菊池氏が団結を崩すものとして、最も恐れたのは、武茂の「起請文」が示す如く「私の名聞、

己欲のため、義をわすれ、恥をかへりみず、当世にへつらへる武士の心」を起すことであり、「当世不実の者の振舞并文武二道にはつれ」ることであった。万一、「正理を不弁してあやまり候ハん時ハ」大智の「御いさめに応して、やかて正路に本つくへく候」とは言うものの、それは互に、絶対廻避せねばならないことであった。

さて、さきに述べたように、庶家の中でも最有力者であった武茂が「起請文」(97)を納めたということは、武重の一族結束の意図が庶家に承認されたことを意味するものであったが、もっとも詳しい内容を持ち、大智と菊池氏との関係を、よく示しているので、つぎにみてみよう。なお、便宜上、各箇条に番号を付した。

（前略）

①一武茂弓箭の家ニ生て、朝家ニ仕ふる身たる間、天道に応て正直の理を以天家の名をあけ、朝恩に浴して身を立せんことは、三宝の御ゆるされをかうふるへく候、其外私の名聞、己欲のために、恥をかへりみす、当世にへつらへる武士の心をなかく離へく候、

②一己欲のため、親疎によりて、五常の道にそむくへくハ、世にあるへからす候、それも愚闇の身にて候間、正理を不弁してあやまり候ハん時ハ、御いさめに応して、やかて正路に本つくへく候、

③一已前の二箇条の道を守候ハん事ハ、当世難義の事に候と雖も、釈迦牟尼仏の正法を護持し奉、その志至誠に存候間、条々発願に若あやまりおかし候罪過に依天、天罰を受候と雖モ、末代当正法破滅之時、たとひ一日一夜にても正法を護持し奉らん信心を、此身ニおこし候功徳を随喜し候、依天、先在家正直の願を立候所也、此願あきらかに三宝竜天の照鑑あをき奉候、護法之志よりほかハ、聊も私の望ハなく候也、此願真実ニして天心に通し候ハヽ、ねかはくハ尺尊正法、至于慈尊出世断絶なくして、法界衆生を済度して、同証法性之身、

④一正法を護持し奉る発願者、今生の名利栄花をなかくすて、後生菩薩(提)のみちを一すちにもとめたてまつらん僧侶

を、清浄の信心をおこして守護帰敬申候へし、

⑤一公法出仕、或私の交衆等の外ハ、心をおこして名聞栄花をたしなみ、このむへからす候、為在俗之身之間、聊徒然をなくさめんために、俗塵のわさを行せんをハのそく、当世不実の者の振舞并文武二道にはつれ、仏法興隆の為ならすして、法にもれて国家のついへたらん事をハ、為護持正法かたく停止之、

⑥一尺尊正法寿命をつきたてまつらんために、自殺生并於領内六斎日の殺生を、なかく禁断せしむへく候、

⑦一舎兄肥後守、子々孫々ますていましめを定置れ候て、正法護持之志至誠にましく候ハヽ、武茂随喜仰信の心を発候て、子々孫々まてに誡を定置候て、且為君為家、真俗同心に正路を守て、如来正法を護持し奉へく候、

⑧一聴聞正法の深恩を為奉報謝、生々世々正法紹隆しましく候ハん時ハ、心一世むまれ値奉て、正法に信心を起し、結師弟之縁、其可奉護持正法候、仍発願起請文如件、

（後略）

⑦条に、武重にならって自分も定め置く、とあるように、この「起請文」は子孫への「置文」という性格ももっていたことが知られ、庶家として永久に惣領家と行動をともにすることを誓したものとみることができる。そして、君（朝廷）のため、家のために、僧侶（真）も菊池氏（俗）も同心に、正路を守り、正法（仏祖正伝の仏法）を護持するものであるとする。僧侶の正路とは、④条にある菊池氏が清浄の信心を起して守護し帰依するに値する僧侶のように、後生菩提の道を一すじに求めること、正法を実践修行し、正法を護持することである。

さて、武茂あるいは菊池氏が守るべき正路とは、南朝方として働き（①）、自分の欲のために五常の道に背いたり（②）、名聞栄花を求めたり、当世にへつらえる武士のように義を忘れ、恥をかえりみず、当世の不実者のような振舞や、文武二道にはずれることはせず（⑤）、正法を護持することである。すなわち、武士としての正路とは、自分の欲

を捨て、君のため家のために活動し、大智の持つ正法を護持するというものであり、武重の意に合致するに十分なる内容である。①条に「当世にへつらへる武士の心をなかく離へく候」、⑤条には「当世不実の者振舞」とあり、いかに、菊池氏は、当世の武士のように、武家一般の大勢に乗って、北朝方に走る者が一族から出ることを恐れていたかが窺えるのである。

菊池一族がさきの武士としての正路とともに守らなければならなかったことは、③〜⑧の各条にみられるように正法護持であった。この正法護持のために必要なことは、⑤条でさきにみたように、武士としての正路を守ることであったわけである。

③条をみると、南朝方として、五常の道に背くことなく働くという①②条を守ることは当世においては難義なことであり、万一、発願の諸条を誤り、犯した罪により天罰を受けるようなことがあったとしても、この末法の世に、一日一夜なりとも正法を護持しようという信心を起すことができた功徳を有難く思う。よって、「在家正直の願」を立てるのである。この「願」とは三宝竜天の加護を仰げるはずの「護法之志よりほか」は少しも私の望みはないのである、とある。つまり、どのようなことがあっても護法の志を持し、三宝竜天の加護を願うというものであった。

③条では①②条の道を守ることは、当世においては難義なことであるとしているが、②条には、自分の欲により五常の道に背くようなことがあった場合には、大智の誡めに応じて正路に就くであろう、と述べられており、その誡め役を大智に求めているのであり、また、①条においては、「天道に応て正直の理」をもって、南朝方として活動し、家名を挙げることは、三宝も許すところである。と述べられている。つまり、その外のことは否であるが、南朝方として家名を挙げることは、三宝も許すことである、ということになっていたのである。ここに大智の持つ正法が菊池氏一族によって護持されることになるのである。

さて、この武茂の「起請文」もそうであるが、他の人びとの「起請文」も、彼ら一人の力で作成されたものであろうか、ということになると、どうもそれは、大智の指導が相当になされたとみたほうがよさそうである。とすると、各「起請文」には大智の考え方が多分に入っていた、とみてよかろう。このような見地に立って、武茂の「起請文」をみた場合、大智は菊池氏の世俗的活動においては、五常の道に従い、南朝方として活動すべきであるという倫理を示し、その行動は、同氏の正法を護持するという信心によって、仏の加護が約束されているのであるとし、同氏一族が大智および大智の住する氏寺聖護寺を中心に結束するということと結び付けており世俗的活動を仏法において意義付けているといえる。

このように詳しくはないが、一族の他の者が寄せた「起請文」にもつぎのようにみえる。まず、興国三年(一三四二)三月十七日付の菊池武直の「起請文」をみると、[98]

一外行五常天道之正理、内守解脱生死一大事、可為自利利他之益候、

(中略)

一於真俗二諦、不敢違師命、一心奉護持正法、可令報謝父母深恩候、(後略)

同年五月三日の菊池武貞・時基・武世・惟武・武澄・源長弘連署の「起請文」には、[99]

謹守師命之旨、外順五常天道之理、内行出離生死之法、生々世々奉護持如来正法、

同八月七日の菊池乙阿迦丸のものにも、[100]

一随分外順五常天理、内行大乗心経、為大法内外護、可奉護持仏祖正法候、

とある。「外」(世法=俗)にあっては「五常天道之理」(儒教的倫理)に順じ、「内」(仏法=真)においては「出離生死法」(坐禅修行あるいは大智の説く仏教を信ずること、さらには武茂の「起請文」⑥条のごとく六斎日に殺生を禁ずることなど)

を行なうことが、正法護持に結びつくとしているのである。これらの「起請文」の最後には、いずれも、万一、これに違うようなことがあれば、三宝・竜天・阿蘇神などの罰を蒙るであろう、とあるから、逆に正法護持すなわち「内」「外」の実行によって、三宝あるいは諸天神の加護を期待しようというものであった。

これらは大智が、参禅の指導に当るかたわら、儒教を世俗的倫理として説き、両者を「内」「外」で関係付け、一族の世俗的活動を仏法あるいは「正法」との関連において、明確に意義付けた結果であったといえよう。大智と菊池氏とは、「一すじに」という点で、相通ずるところがあったとしても、大智の唱揚する「正法」と、菊池氏の現実の世俗的活動とを両立させるには、「内」「外」の関係で明確に位置付けなければならなかった。

ここで、諸「起請文」によって、氏寺聖護寺・大智・菊池氏惣領・菊池氏一族の関係を整理してみよう。まず、惣領は南朝方勢力として活動してゆくために一族の結束を目ざした。そのために、入元僧である大智を迎え、聖護寺を建立し居住させた。そして、その周辺の鳳儀山を殺生禁断の聖域とし、一族に対して鳳儀山・聖護寺、そして、そこで正伝の仏法を「一すちに」行ずる大智を尊崇するように命じ、自分と同様に「起請文」を提出させた。菊池氏一族の者は、鳳儀山・聖護寺・大智を尊崇し、六斎日には領内における殺生を慎むこと、すなわち正法を護持し、五常の理を守り、南朝方として活動するとき、つまり、内・外の行動が正しいものであれば、かならず、仏の加護が得られる。それ以外の行動は仏も許さない。万一、これらのことに背くようなことがあったならば、大智の「御いさめ」がある。「起請文」を提出したもの、すなわち一族の者は、大智の「御いさめ」や「師命」を聞入れ、「正路」につく。惣領によって聖域と規定された鳳儀山の聖護寺に住する大智は、菊池一族が尊崇するにかなう「一すちに」の修行生活を送り、一族の中に、惣領および同氏一族にとって不都合な行動を起した者がいた場合、「御いさめ」「師命」として守らせるだけの威厳を保っていなければならなかったのである。なお、この大智の「御いさめ」る立場は、のちに、惣領菊池武士をして、惣領の後継者を最終的には大智に任せる、とまで言わせるほどのものになってしまうのであった（後述）。

さてこの間、惣領武士の後見は武敏であったが、興国三年ごろには、武敏は死去したらしく、代って、武茂が後見となる。[101] 同年八月十日の武士の「起請文」[102] 第二条には、たとえ武茂（対馬殿）の意見であっても、内談衆の同意がなければ、用いることはないとして、武茂の力を押えようとしており、第三条には、「大木殿」「片保田殿」を内談衆に加える旨が記されている。これらは、庶子家の台頭を意味している。菊池氏は、大智を中核として、一応の結束が保たれていたものの、惣領武士が、有力なる庶子を統率してゆくには、困難を要したようである。

武士は、興国三年には、養子として乙阿迦丸を選定しており、興国五年（一三四四）正月十一日付の聖護寺への「書状」[103]には、自分が不適格であるなら、適任者に惣領を譲るとみえ、十月二日付のものには[104]、跡を乙阿迦丸に譲るが、不適格であれば武隆（与一殿）に譲る、彼もその器量でなければ、大智の「御はからひ」によって、一族より適格者を選定する旨が述べられているのである。大智に対する武士の信頼は絶頂に達するが、あまりにも軟弱な惣領の態度であった。惣領職後任の選定を依頼された大智ではあったが、彼はあくまでも超越的権威であり、それを活用すべき惣領が、その職を放棄した今、彼に政治的手腕があったわけでなく、如何ともしがたい状態であったと思われる。

惣領の地位を放棄した武士は、大智のもとに出家している。時に三十、二十一あるいは二十七歳ともいわれ、諸国行脚の後、帰国し、芦北郡の松吟庵あるいは詫磨郡小山辺で晩年を送ったとされている[105]。

一族を統制すべき惣領が出家してしまい、不在であった菊池氏は興国六年（一三四五）合志氏に本城を占領されたが、武光は、阿蘇惟澄の援助をえて、深川の本城を回復することに成功する。ここに、武光は本城を確保し、菊池氏の惣領となったのである。彼は益城郡豊田庄中心の軍事活動により実力を蓄積していた人物であったとされる[106]。その後、彼は正平三年（一三四八）正月、征西将軍懐良親王を菊池に迎え、攻勢に出る。武家方の分裂を利用して、宮方に有利に戦いを進め、力を伸ばして、ついに正平十六年（一三六一）七月には大宰府を占領し、征西府を確立するに至る。当時は、吉野をはじめ、各地の南朝方が沈滞気味であったが、征西府は優勢を誇り、以後一一年間、大宰府に存在することになるのである。

武光の時代、征西将軍懐良親王を奉じ、攻勢に出るに及んで、聖護寺の氏寺としての存在価値は薄らいだ。親王と実力ある惣領武光のもとに一族の勢力を結集することができたからである。しかも、武光は本城から遠くない所に正観寺を建立し、臨済宗大覚派の大方元恢（秀山元中の法嗣）を博多聖福寺より招いたのである。正観寺建立はいつごろか判然としないが、武光が肥後国内での諸寺社に保護を加えるのが正平六〜七年頃からであるので、同寺建立もそれ以降のことと思われる。大方元恢の招聘に関して、杉本尚雄氏は武光の本拠地益城郡豊田庄と、さきに述べた大覚派宝山□鉄開山するところの同郡隈牟田庄浄土能仁寺とが隣接していた関係からであろうとする。(107)浄土能仁寺が、中央禅林との関係を保っていたことは前述したが、当然、博多周辺の北九州禅林とも関係を持っていたに相違ないので妥当な見解といえる。

正観寺が、本城から遠くない所に建立されたことをみれば、氏寺聖護寺とは異なり、武光の個人的所有性の強いものであったことが理解できる。武光には新たな禅僧・新寺建立によって、自らの力を誇示しようという意図があったのではなかろうか。それに、大方は博多聖福寺にいたことから、北九州周辺の禅林への出入も自由にできたであろうし、同地方の情勢にも明るかったであろうから、大宰府掌握を目指す武光にしてみれば、利用価値の十分にある禅僧であったに相違ない。

また、武光は山の奥深いところで、ただひたすら坐するのみという無目的な、はりあいのない坐禅を基本とする大智を理解できず、問題を次々と提起して、悟りの世界へ導くというはりあいのある臨済禅を好んだためではなかろうか。それは、攻勢に出た武光にふさわしい禅風であった。

武光時代の大智は、興国七年頃、北陸に赴き、加賀大乗寺の明峰に会し、自らの開山にかかる同国祇陀寺に寺領の寄進を受けている。この時、あるいは、出家した武士を伴っての旅であったかも知れない。その後、肥後に帰国し、以前にも増して寂静の地となった聖護寺において、静かな日々を送ったのである。

禅宗の場合、外護者により新たに受容されるものであるだけに、その意図が強く働く結果となり、政治的にも利用され易い立場にあったことは、さきに述べたところであるが、大智及び聖護寺も例外ではなかった。聖護寺は武重の意向により氏寺となり、大智は一族の気運により超越的権威を付加されるに至るが、新たなる惣領武光・懐良親王の出現により、氏寺の地位から没落しなければならなかったのである。まさしく、菊池氏の意向・気運に左右される結果となったのである。

五　晩年の大智

大智は聖護寺において、その生涯で最も充実した日々を送っていたものと思われる。しかし、正平八年（一三五三）十二月五日付の慈春（武時の室）の「置文」(108)には、聖護寺の寺領は菊池郡内に在るとしても、「菊池殿」の案内を経て、他領に寺を建立すべきである。それは、近くに尼寺があり、仏法の仇となるからである。これは、前々より大智と武重との間で定められていたことであると記されている。これを、そのままにとれば、武重は、前述の聖護寺敷地「寄進状」あるいは「起請文」を差し出した後に、すぐにこのような約束をしたことになり、不自然である。また、正平八年とは、武重が死去してから一五年も後のことである。これらのことを考慮すると、慈春尼は武光時代の大智を不便に思って、このような「置文」を書いたのではあるまいか、ていよく他領へ移ってもらおうという感じである。[109]いずれにせよ、聖護寺に居ることが望ましくなかったことは事実である。おそらく、彼は同寺に管理僧を残して鳳儀山を降ったことであろう。正平十一年（一三五六）武澄の発願により、その後、室了悟尼によって寺領が寄進され、[110]面目を新たにした玉名郡広福寺に、一時住したが、同十三年には島原半島南端肥前高来郡賀津佐村水月庵円通寺に赴いている。外護者は、武光に降った豪族平直澄（有馬氏）であった。[111]おそらく、大智を深く尊信していた武澄、さらには、その子武安が肥前守であり、[112]当地方把握に尽力していたであろうから、彼らの要請によったものであろう。一種の宣撫工作的役割が含まれていたのではあるまいか。有馬氏は大智を外護し、師弟関係を結ぶことにより、南朝方である証としたのである。

以後、大智は島原半島にて、円通寺、同村内の聖寿寺に住するとともに、同郡神代の本覚寺の経営に当っている。本覚寺は如法経の道場である。彼は同寺にて、写経の指導を行ない、その写経を筑後高良山の高良玉垂命神社に納めたようである。高良山は四方に別れて豊筑肥前後六州に通ずる交通の要所にあり、菊池氏が出陣の度に陣し、大宰府を望んだ場所である。正平三年五月には、懐良親王が自ら書写した「普門品」（法華経中の一品、観音経）を納めている。[113]大智は、正平十三年頃、毎年、同宮において、法華経の書写を行なっており、同年二月二十六日には正照より筑後国米生下村の田畠在家等の寄進を受けている。正照は、とくに「観音菩薩応現権述、高良玉垂大菩薩」の加護を願っての寄進であった。[114]大智の指導する本覚寺における如法経は、戦勝・武運長久などを祈るものであったろう。

大智は死去するまでの八年間、同半島を中心に生活を送っていたが、この間に、広福寺・本覚寺を焼失している。この寺院経営の危機に際して、正平十九年（一三六四）二月二十三日「黒手印状」[115]を菊池武光宛に差し出しているが、それには、広福寺復興の依頼、同寺近くの野焼の禁止を求めるとともに、本覚寺が以前より焼失し、その上、寺領を犬王丸の母なる者に押領されたことなどが記されている。本覚寺寺領に関しては、同寺領が押領されては如法経は行なうことが不可能であることを主張し、広福寺復興に関しては、さきにも触れた如く、なんと、二十数年前、自らの祈禱により、武重が無事帰国できた事件を持ち出し、

不思議の霊験に候歟、よもおほしめしわすれ候かし、

と強調しているのである。

かつては、氏寺の住持であった大智も、惣領武光とは、さして親密でなかっただけに、寺院経営の危機に際しては、如法経の功徳、祈禱の霊験というようなものを前面に押し出さざるをえなかったのである。

このような晩年の大智であったが、寺院・寺領譲与の方法には、彼の禅風の今一方の面がうかがえる。正平二十一年（一三六六）十二月九日、すなわち死去する前日、弟子禅古に与えた「譲状」[116]には、加賀祇陀寺をはじめとする彼が開いて来た全ての寺院と、その寺領全てを「悉禅古御房ニ譲与者也」と、禅古一人に譲与する旨が記されているのである。大智が、このような寺院・寺領相承の方法をとったことについては、次のことが考えられよう。もし、寺院が分ち与えられ、それに付随して、寺領が分散された場合、増加しつつある門人を養うことができなくなるということもあろうが、自らの意向にかなう嫡弟子に全てを譲ることが、「信衣」「正法」を伝統させる唯一の方法であると考えたからであろう。一定の寺領が確保されていたほうが、不離叢林のたてまえを守るのに有利であり、また寺院を分割して門人達に与えた場合には、種々の門人が出で、往々にそれらが、祖師の遺風を守ろうとする嫡流を圧倒しがちだからである。大智が道元からの「信衣」ひいては「正法」の伝統に留意していたことは「譲状」の中で、禅古を「信衣正伝小師禅古侍者」と称していることからも、うかがえるのである。この寺院（寺領）相承の方法は、瑩山が門派

の分裂を恐れ、教団の存続・発展を図って敷いた能登永光寺の輪住制や、まさに始まろうとしていた能登総持寺の輪住制とは、全くの対照をなすものであった。

翌日、正平二十一年（一三六六）二月十日、肥前高来郡賀津佐村水月庵円通寺にて、大智は、その生涯を終えた。齢七十七歳であった。なお、大智の寺院（寺領）相承の方法は、「先師代々掟」(117)となり、厳重に守られて行ったが、嫡弟子となれなければ住持職への道は全く絶たれることになり、輪住（永光寺・総持寺では住持期間が短くなる一方であり、形式化して行った）を終えた者達が一人前の僧として振舞う中では、外護者を獲得して、教線を張って行くことも不可能であった。大智門下は自ずと門人の離脱を生み、閉鎖的となり、小集団とならざるを得ず、発展はおろか絶嗣しなければならなかったのである。(118)

結びにかえて

大智の生涯をみてきて、つぎの二点が明らかになったと思う。まず第一点は、本節「はじめに」でも述べたように、大智は菊池氏の外護を受けて九州地方に進出したことから、曹洞宗発展史上における瑩山派の典型的な人物として扱われる場合と、彼の著わした「法語」の内容から道元禅＝純粋禅の継承者として位置付けられる場合があった。しかし、両説が存在することは、自説の論述に都合よい面のみをみて、大智という人物を総合的にとらえるという作業を怠ってきた結果であったといっても過言ではない。本論では、両面ともに事実であったことを確認した。したがって、道元禅の継承者であるとか、瑩山の禅風に近い存在であるとかいう一方的な見解は避けなければならない。むしろ、道元―瑩山の法流を汲む典型的な人物としてみなければならないということである。なお、本論でも便宜上、道元禅に対する形で瑩山の禅風を扱ってきたが、瑩山の孫弟子大智をみることによって、そのような対比の仕方をしたままでは一方的であることが明らかになった。異なる部分のみをみるばかりでなく、瑩山の道元に連なる部分あるいは、それ以降の人びとの道元に連なる部分をも再検討しなければならないのではなかろうか。

第二点は、大智が外護者菊池氏の動向の中でさまざまな対応をみせたことである。中でも、氏寺聖護寺での大智が、菊池一族という運命共同体の中の結束の核となっていたことは注目される。八年間というそう長くない期間であったが、氏寺の住持が惣領の選出まで任されるという事態にまでなったということは、当時の各地の武士団が、いかに、氏寺・氏神を必要とし、それを創設していったかを物語る典型としてみることができよう。なお、その場合、氏寺・住持・惣領・一族のそれぞれが一体となる論理が存在したことも明らかにできたと思う。

註

（1）「祇陀大智禅師逸偈行録」（『続曹洞宗全書』歌頌）。「広福寺文書」（大久保道舟編『曹洞宗古文書』上〈山喜房仏書林、一九六一年。筑摩書房、一九七二年再刊〉六一七号文書。なお、『熊本県史料』中世篇第一にも収録されている）。大智の言句をまとめたものといわれている陽松庵所蔵の「天童覚和尚小参鈔」巻三によれば、十六歳の時に建長寺に掛塔し、二十七歳まで建長・円覚の両寺にいたことが記されているので、二十七歳以降の入元となる。また同書同巻には「予、西磵和尚、建長ニ住セシ時節、予十六歳、体首座受二天皇請一」とあり、西磵子曇やその法嗣の空叟思体と交流があったことが知られる。また同書同巻に大元延祐六年（一三一九）八月十四日に温州江心竜翔寺の清了真歇堂を訪れていることが記されている。「大智偈頌」にも「宛二竜翔真歇堂一」と題するものがある（佐藤秀孝「大智禅師の在元中の動静について」『中国仏教見聞記』七、一九八六年）。

（2）酒井得元「解説」（『沢木興道全集』第四巻巻末）。

（3）玉村竹二『五山文学』（至文堂、一九六六年）八九頁。

（4）「忠臣菊池氏」に多大なる感化を及ぼしたとする見解（主に曹洞宗門側）に対して、平泉澄「菊池氏と大智との関係」（『史学雑誌』五〇ノ九）は、大智と鎮西探題を攻撃した菊池武時とは全く関係なく、次の武重からの関係であることを強調し、菊池氏は大智より感化を受けたものの、同氏勤王精神の淵源は大智によるものでないことを主張している。
（5）鈴木泰山『禅宗の地方発展』（畝傍書房、一九四二年）二六一頁。なお、同氏のみでなく、その他、多くの論述がある。
（6）河合正治「中世武士団の氏神氏寺」（『地域社会と宗教の史的研究』所収）。杉本尚雄『菊池氏三代』（吉川弘文館、一九六六年）一四三頁。
（7）酒井得元「解説」（前掲）。
（8）修行者に対し、諸祖の言句行動を示し、それを課題として、精神練磨させ、悟の境地に導く方法をとる禅。
（9）悟に導くために、いくつかの段階を設け、修行者の力量に応じて、公案等を与えて行く方法をとる禅。あるいは、宇宙の事理を、いくつかの段階を設けて解いてゆく方法をとる禅。
（10）『正法眼蔵』（弁道話）。
（11）「大乗聯芳志」（『曹洞宗全書』史伝上）。
（12）今枝愛真『禅宗の歴史』（至文堂、一九六六年）一六三頁。
（13）「総持寺文書」（前掲『曹洞宗古文書』上、四六号文書）。
（14）『曹洞宗全書』宗源下。
（15）「永光寺文書」（前掲『曹洞宗古文書』上、一六三号文書）。
（16）『曹洞宗全書』宗源下。
（17）同右、語録一。
（18）「真空禅師語要」（「弘化系譜」四、『曹洞宗全書』史伝上）。
（19）『曹洞宗全書』法語。
（20）「祇陀大智禅師逸偈行録」（『続曹洞宗全書』歌頌）。
（21）同右。
（22）「雲外和尚語録」（卍続蔵二ノ三九ノ五）
（23）卍続蔵二ノ一六ノ二。

(24) 正中二年五月二十日の条(『曹洞宗全書』宗源下)。
(25) 註(20)に同じ。
(26) 同右。
(27) 足利衍述『鎌倉室町時代之儒教』五五頁。
(28) 「広福寺文書」(前掲『曹洞宗古文書』上、六七五号文書)。
(29) 『曹洞宗全書』法語。
(30) 「仏祖正伝菩薩戒作法」(広福寺蔵)奥書。
(31) 『曹洞宗全書』宗源下。
(32) 「広福寺文書」(前掲『曹洞宗古文書』上、六七一号文書)。
(33) 「送僧之大元」と題する四首中の二首(「大智偈頌」〈『続曹洞宗全書』歌頌、七五〇頁〉)
(34) 「広福寺文書」(前掲『曹洞宗古文書』上、六七一号文書)。
(35) 同右、六六九号・六七四号文書。
(36) 同右、六九三号文書。
(37) 瑩山には「三根坐禅説」に類似した「仮名法語」(『曹洞宗全書』法語)がある。
(38) 「上瑩山和尚」と題する三首中の一首(「大智偈頌」所収)。
(39) 『群書類従』第二一輯、合戦部。
(40) 同右、一三頁。
(41) 山鹿郡高橋村の宇佐八幡宮は、七代隆定が建久一年、身近な親族を宮司に就けようとして勧請したものとされ、勢力顕示に用いられたことが想像される(『肥後国志』同社の項登載「社記」)。
(42) 『群書類従』第一輯、神祇部。
(43) この八幡宮とは、山鹿郡高橋村宇佐八幡宮である(『肥後国志』同社の項)。
(44) 『菊池風土記』巻四、円通寺の項。
(45) 同右、東福寺の項。

(46) 「肥後国古塔調査録」(『熊本県史料集成』第五集)・「続肥後国古塔調査録」(『熊本県史料集成』第七集)によれば、康平七年(下益城郡)・永保元年(同上)・弘安六年(山鹿郡)、永仁五年(飽田郡)の如法塔が存在する。
(47) 『菊池風土記』巻三神社北宮の項、『新撰事蹟通考』巻一三、系図一、菊池(以下、「菊池系図」と略)。
(48) 「広福寺文書」(前掲『曹洞宗古文書』上、六七九号・六八七号文書)。
(49) 前掲杉本『菊池氏三代』八七・一二五頁。
(50) 同右。
(51) 前掲「菊池系図」。
(52) 山本郡霜野村の如法経塔は、元亨二年二月十五日に没した禎久なるものの菩提のために、同年三月二十六日に造立されたものである(「肥後国古塔調査録」一一四頁)。
(53) 前掲「菊池系図」。
(54) 「広福寺文書」(前掲『曹洞宗古文書』上、六七五号文書)。
(55) 平安中期より弥陀浄土の信仰の勃興と共に、補陀落信仰とならび弥陀信仰は熊野信仰の重要な特色となっている(村山修一『神仏習合思潮』八〇頁〈平楽寺書店、一九五七年〉)。
(56) 浄土宗鎮西流の祖弁長が肥後飽田郡往生院において、四八日の別時念仏会を開いており、その弟子蓮阿は、寛喜年中、行基開基とする飽田郡来迎院を再興している(『本朝高僧伝』巻一三・『肥後国志』熊本府来迎院の項)。
(57) 『国郡一統志』。『新撰事蹟通考』巻五、編年考徴三。
(58) 『熊本県史』第四章(中世)第二節、三九二頁。
(59) 『延宝伝燈録』巻二九。
(60) 「日本洞上聯燈録」二・『新撰事蹟通考』巻六、編年考徴四。
(61) 平泉澄氏の延元三年肥後入居・聖護寺初開説(「菊池氏と大智との関係」『史学雑誌』五〇ノ九)。鈴木素田氏の菊池武時(元弘三年歿)時代入居・広福寺初初開説(『大智禅師偈頌訓註』)が主なものである。
(62) 「広福寺文書」(前掲『曹洞宗古文書』上、六七一号文書)
(63) 『曹洞宗全書』宗源下。

(64)「祇陀大智禅師逸偈行録」。
(65)「広福寺文書」(前掲『曹洞宗古文書』上、六七一号文書。
(66)同右、六七二号文書。
(67)同右、六七三号文書。
(68)同右、六七四号文書。
(69)同右、六七五号文書。
(70)同右、七〇九号文書。
(71)同右、六七六号文書。
(72)九州のめぼしい豪族は、ことごとく京に上った(前掲『菊池氏三代』八六頁)。
(73)「広福寺文書」(前掲『曹洞宗古文書』上、七〇九号文書)。
(74)鈴木素田師の教示によるところ大である。
(75)「広福寺文書」(前掲『曹洞宗古文書』上、六九六号文書)。
(76)「祇陀大智禅師逸偈行録附録」(『続曹洞宗全書』歌頌、七六三頁)。
(77)『曹洞宗全書』大系譜。
(78)「洞谷山永光禅寺之住山帳」(永光寺蔵)。
(79)「広福寺文書」(前掲『曹洞宗古文書』上、七〇九号文書)。
(80)禅僧に特殊な霊力があるということは『元亨釈書』の随所に述べられているが、このようなことは、当時、一般に相当知られていたものと思われる。
(81)宇井伯寿監修『仏教辞典』二六四頁。
(82)「広福寺文書」(前掲『曹洞宗古文書』上、六八八号文書)。
(83)同右、六七九号・六八七号文書。
(84)前提『菊池氏三代』一二七頁。
(85)「広福寺文書」(前掲『曹洞宗古文書』上、六八八号文書)。

(86) 河合正治氏は、武士団再編成の時期（南北朝争乱期から室町時代前期）に氏神氏寺意識の高揚がみられるとして、大智の聖護寺を、その一例として上げている（「中世武士団の氏神氏寺」『地域社会と宗教の研究』）。
(87) 「広福寺文書」（前掲『曹洞宗古文書』上、六七六号文書）。
(88) 「菊池神社文書」一号（『熊本県史料』中世篇第一）。
(89) 順に「菊池氏式目」（『歴史教育』四ノ九）、同氏前掲論文、『菊池氏三代』一三八頁以下。
(90) 「広福寺文書」（前掲『曹洞宗古文書』上、六八八号文書）。
(91) 同右、六七九号文書。
(92) 同右、六八〇〜一号文書。
(93) 同右、六八三・六八五〜七号文書。
(94) 前掲「菊池系図」。
(95) 「広福寺文書」（前掲『曹洞宗古文書』上、六七九・六八三・六八五・六八六号文書）。
(96) 同右、六八三号文書。
(97) 同右、六七九号文書。
(98) 同右、六八五号文書。
(99) 同右、六八六号文書。
(100) 同右、六八七号文書。
(101) 前掲『菊池氏三代』一五二頁。
(102) 「広福寺文書」（前掲『曹洞宗古文書』上、六八八号文書）。
(103) 同右、六八九号文書。
(104) 同右、六九一号文書。
(105) 「菊池系図」（『新撰事蹟通考』巻一四、系図二）。
(106) 前掲『菊池氏三代』一七三頁。
(107) 同右、一七四頁。

(108)「広福寺文書」(前掲『曹洞宗古文書』上、六九五号文書)。
(109)広福寺住持仲野俊良師の御教示によるところ大である。
(110)「広福寺文書」(前掲『曹洞宗古文書』上、六九六・七一三号文書)。
(111)同右、七〇二号文書。
(112)「菊池系図」。
(113)「西行雑録」。
(114)「広福寺文書」(前掲『曹洞宗古文書』上、七〇一号文書)。
(115)同右、七〇九号文書。
(116)同右、七一二号文書。
(117)同右、七五八号文書。
(118)「祇陀大智禅師逸偈行録」(『続曹洞宗全書』歌頌、七六二頁)に「十有数而絶嗣」とみえる。なお、この問題に関しては、拙稿「大智禅師とその門下の寺院相承について」(『宗学研究』一四)を参照。

第四節　遠江大洞院の成立とその檀越

はじめに

遠州森の大洞院を開創した実質上の開山である同院二世如仲天誾の「遺命」を廻って、鈴木泰山氏と私は異なる見解を発表している。

まず、この「遺命」に注目し、「曹洞土民禅」の視点から検討を加えられたのが鈴木泰山氏である。氏はこれを「『曹洞土民禅』の展開と貴族主義」（駒沢大学曹洞宗宗学研究所『宗学研究』一六、一九七四年）の中で、曹洞宗の禅僧たちが小農民の中に融け込んでいった問題を取上げられ、その事例の中心に「遺命」の第七条を置き、大洞院の檀越「小布施方」についての見解を示されている。氏の視点に注目してきた私も、大概得心したが、如仲天誾の遺命中、第七条に関する見解に対しては、疑点を持ち、反論した。(1)この拙論に対して、氏から反論に対する反論を頂戴した。(2)そこで私は、さきの拙論を補強する意味もあって、鈴木氏の見解に対して、ふたたび反論を申し上げた。(3)この私の反論に対して、鈴木氏から、ふたたび反論を頂戴したが、(4)私の見解に変わりはないので、鈴木氏への反論および再反論の中で得た見解をここで整理して述べることにしたい。

一　如仲天誾の略歴と「遺命」を掲載する諸本

まず、如仲天誾の略歴からみておこう。

如仲天誾は信濃上田海野氏の出身、九歳にして伊那郡恵明法師に釈典を習い、その後、上野吉祥寺の臨済宗大拙祖能に参じている。天誾の「天」とは大拙門下の系字であるので、おそらく、彼により諱が付けられたのであろう。(5)大拙のもとで具足戒を受け、のちに、越前に赴き、坂井郡御簾尾の竜沢寺開山梅山聞本（道元—懐弉—徹通—瑩山—峨山—太源—梅山と次第する）の会下に投じ、五人の弟子の中でも、傑堂能勝とともに同門下を代表する人物となっている。

彼は遠江に進出し、応永八年（一四〇一）に山名郡飯田の在地武士山内道美の外護を受けて崇信寺を建立、応永十年には近江に進出し、琵琶湖の北端塩津祝山《ほりやま》に洞春庵を、応永十二年には、少しく奥に入った菅並に洞寿院を開闢している。応永十八年には、ふたたび遠江に赴き、崇信寺より北に入り周智郡橘谷《たちばなのや》に大洞院を開山している。のちに、如仲の門下は同寺を拠点として、遠江を中心とする東海地方に発展し、一大門派を形成することになるのである。

応永二十四年（一四一七）師梅山が示寂している。その後、同門下の分裂が生じたらしく、竜沢寺は一四年間住持を欠いている（後述）。この間に如仲は応永二十八年三月十日、総持寺に入院し、永享二年（一四三〇）四月十四日には住持を欠いていた竜沢寺に入っている（後述）。

如仲の示寂年代については①永享九年（一四三七）二月四日、②同十一年二月五日、③同十二年二月五日の三説があり、[6] 示寂の場所も近江洞寿院であるか越前竜沢寺かは定かでない。[7]

さて、本論に入る前に、煩雑となるが、「遺命」を掲載する諸本について触れておかなければならない。同書の真筆は残念ながら現存しない。よって、静岡県可睡斎所蔵の巻子本に記載されているものからみよう。同本の奥書によれば「旹天正十二甲申歳二月五日書旃　今慶安元年七月吉辰三州暾叟（花押）」とある。天正十二年（一五八四）に編まれたものを慶安元年（一六四八）七月に当時の住持松頓が書写したものであることが花押より理解できる。同本は最初に「置文」、ついで「遺命」が、そのあとに「自賛」等が記され、最後に如仲の門人達の名が記され、奥書が付されている。

可睡斎本と同一体裁（一部語句の相違を除いて）を持する巻子本が崇信寺にもある。ただし、奥書の部分が切断されており由来が不明である。また、同寺には、この巻子本と同一内容を収録した冊子が二本ある。一本は「橘谷大洞院住山記」と表題されているものである。その中のものには「旹天正十二甲申歳二月初五日書旃」の奥書がみえる。あるいは同寺巻子本が奥書を欠く以前の形を留めているものかも知れない。同冊子は万治二年（一六五九）以降に作製され、元禄十五年（一七〇二）以降に、後半が書き加えられたと推測される。よって、万治二年から元禄十五年の間に収録されたとみられる。いま一本は「当山室中宝蔵記」の表題を持つもので、当時二〇世格門慈越が享保四年（一七一九）五月七日に作製したものである。これに収められているものは奥書の部分を欠いている。同寺巻子本が奥書を欠いてから後に収録されたためであるかも知れない。

可睡斎本と崇信寺の三本とを比較すると、例えば「遺命」第七条についてみると、前者では「梅山和尚奉勧請開山霊場也」とあるのに対し、後者では「梅山和尚奉勧開山霊場也」（傍点筆者）とある。可睡斎本の方が整えられているようであり、崇信寺の三本の方が原形を留めているように思える。しかし、由来が最も明らかなのは可睡斎本である。大久保道舟編『曹洞宗古文書』下には如仲の「置文」・「遺命」が崇信寺文書として収録されているが、おそらく前記三本中から収めたものであろう。ただし、「遺命」は「写」となっておらず、真筆であるかのようになっているので疑問は残るが、現在、同寺に真筆は存在しない。ともかく、如仲の「遺命」（「置文」も）に関しては、可睡斎本と崇信寺の三本に頼る以外にないのである。

二　「小布施方」について

さて、ここで問題とするのは「遺命」中の第七条である。いまここに、その全文を可睡斎本により掲げよう。

一橘谷山大洞院住持三箇年〻季満、尽未来際不可令断絶〻〻〻為老僧法嗣者、不勤之、非吾法嗣、老僧開闢之地、先師梅山大和尚奉勧請開山霊場也、就夫、縦有橘谷本主武藤方寄進、堅可辞、専以小布施方弐拾石、為本願檀那、可為寺家公物也、於修理造営者、時之住持、如形、如蟻之立塔而、可勤之、勉之、（傍点筆者）

これは、言うまでもなく、遠江橘谷山大洞院の経営に関するものである。鈴木泰山氏は前掲論文で「小布施方」＝小農民達（氏は小規模な布施をする者と読まれたのであろう）と解釈され、如仲は橘谷の境内地寄進の本願主「武藤」からの寄進を斥けて零細な農民の協力による大洞院の維持造営を規定した。すなわち、小政権なる武藤氏への癒着をも惧れて、その寄進を固辞せよと遺命したのであるとされている。そして、この遺命の旨を実践して、遠江小農民の群れに身を投じ、土民禅を実証した巨匠に、豊田郡野辺一雲斎の川僧慧済があり少しく時代が下ると佐野郡円通院四世松堂高盛なる人物があると論を進められておられる。

まず、鈴木氏の見解に対して感ずることは、この文書が遺命であるという点を軽視され過ぎてはおられまいかということである。この「遺命」は如仲門下に関係する各寺院の存続を配慮して作成されたものであることは各条文をみるに明らかである。それは、小論で問題としている第七条においても同様である。とすれば、より小規模な檀越に頼れというような寺院経営を命ずるということは考えられないことである。別の解釈を試みなければならない。

鈴木氏は「武藤方」を武藤氏としながらも「小布施方」を小農民達とされたが、文章の関係からみて、「小布施方」もやはり、小布施氏とするのが適当な読み方であろう。しからば、この小布施氏とは、いかなる武士であろうか。それは、紛れもなく、如仲の師梅山が開山した越前竜沢寺の檀越なのである。同寺には次の文書がある。(8)

(端裏書)
「御教書」

大覚寺門跡領越前国榎富中庄半分代官職事、小布施四郎左衛門入道正寿、進門跡竜沢寺之間、依感其志被思召、被代官職令永代寄附、於年貢者、任故覚勝院僧正宣承契状之旨、不可有無沙汰、仍為後証如件、

永亨(享)元

十二月廿三日　(花押)

(傍点筆者)

小布施氏とは大覚寺門跡領の代官であり、竜沢寺に対して大覚寺門跡領榎富中庄半分代官職を寄進していることがわかる。同文書の年代をみると、「遺命」中の「小布施方」はおそらくは、小布施四郎左衛門入道正寿当人か、その親近者とみてよいであろう。これよりさき、閏七月六日（応永二十一年と推定）付の梅山より「小布施殿」充の書状は、(9)両者の間が極めて親密であったことを伝えているが、さて、その弟子である如仲と小布施氏の間はいかなるものであったろうか。次に考察してみよう。

梅山が示寂したのは応永二十四年（一四一七）のことである。彼は生前、自らの死後を慮って、竜沢寺の住持に就くべき弟子次第を定め、一人五年充の輪住を命じたり、(10)奉行僧一〇人を定めたりしたが、(11)水泡に帰したようである。「平田山竜沢禅寺前住帳」によれば、(12)梅山没後一四年間も住持を欠いており、梅山が住持に就くべき弟子次第の第一位に上げた傑堂能勝が入院しておらないのである。しかも彼の門派から竜沢寺に入院したのは、僅かに三九世全室一人のみである。梅山門派の分裂という事態が生じたことは疑を容れない。

永享二年（一四三〇）四月十四日、一四年間も住持を欠いた竜沢寺に入院したのが如仲であった。同寺を興隆すべく住持に就いたことに相違ない。以後、如仲派と太初派を中心とする輪住制が敷かれて行っていることは、如仲の尽力の証左としてみてよいであろう。また、竜沢寺の経営について述べた「置文」（前述のもの、作成年月日不明）を製していることからも、彼がいかに同寺興隆に配慮していたかを窺うことができるのである。

以上の点からして、竜沢寺の再興を図った如仲と檀越小布施氏との間が密接な関係にあったということは想像に難くないのである。

「小布施方」が竜沢寺の檀越であり、如仲の師梅山と深い関係を持っていた小布施氏であるということになると、この箇所の意味は、「老僧開闢之地」つまり、自分が開いた大洞院は先師梅山を勧請して開山とした霊場であるから、師梅山と縁の深い小布施氏を本願の檀那とせよということになり、スムースな解釈ができるのである。なお、最後の「於修理造営者、時之住持、如形、如蟻之立塔而、可勤之、勉之」であるが、これは、最初に「橘谷山大洞院住持三箇年々季満、尽未末際、不可令断絶」とある如く、三か年充の輪住と定めたことと関連して述べているのであって、「小布施方」＝小布施氏と解釈したからといって、不自然さは生じないのである。

それでは、「縦有橘谷本主武藤方寄進、堅可辞」とあるように、武藤氏が寄進する態度を示しているにもかかわらず、それを辞退して、越前の小布施氏を本願の檀那とせよ、とした理由は、どこに存在したのであろうか。ただ、勧請開山梅山の縁の人物であったという理由のみではなかったようである。次に考察を加えてみよう。

ここで、遠江守護職について、秋本太二氏の研究に導かれながら論を進めることにする。(13)

今川了俊は応永二年（一三九五）九州探題を解任されたのち、駿河半国とともに遠江半国守護職にも補任されている。以後の遠江は了俊と、すでに補任されていた了俊の弟仲秋との両名が守護として在職することになる。しかし、了俊は応永六年に起った大内義弘の反乱に加担したかどにより、すべての官職を奪われている。その間に仲秋も遠江半国守護を解任されているのである。了俊没落後の遠江守護職は今川本宗の泰範が駿河守護職とともに兼帯することになる。しかし、その関係文書は応永十年（一四〇三）九月を最後として、跡をたち、以後、応永十二年十一月の史料を初見として斯波氏の名があらわれてくる。斯波氏の就任が、その間にあったことを意味する。以後、応永から永享にかけて斯波義淳の守護在職期間で、その領国支配は最も安定した時期であった。斯波氏は長期間に及んで越前の守護職に補任されており、同国を最も重要な根拠地としていた。守護代は甲斐氏が務めていたが、遠江も兼帯するところとなった。甲斐氏は遠江に在国することはなかったが、同国の各庄園においては応永二十年（一四一三）頃より同氏家人による代官請が一般化する状況となってくるのである。ここで、秋本氏は応永二十二年蒲御厨《かばのみくりや》の代官の地位についた大谷豊前守が永享四年（一四三二）ころには一宮庄代官でもあったことをあげておられる。

如仲の「遺命」は永享九年の成立であるから、これ以前に守護斯波氏支配の影響が、この大洞院の所在地一宮庄にも及んでいたことが知られる。

ここで、守護代甲斐氏と越前竜沢寺との関係をみておこう。梅山は応永二十一年（一四一四）五月に足利義持より斯波義重を通じて、足利義満七回忌仏事の拈香のために上洛するよう命ぜられている。(14) 斯波義重は守護代甲斐祐徳を通じ、甲斐氏は小布施氏を通じて、上洛するよう懇請するが、(15) 梅山が上洛を避けるために同寺を出奔したことにより実現しなかった。(16) 斯波氏は梅山出奔を聞いて、それまでのことを詫び、寺に帰るよう甲斐祐徳を通じて伝えている。(17) 梅山は上洛しなかったが、斯波氏あるいは甲斐氏には、悪感情が生じていたとは思えず、むしろ好感を持って接していたことは、詫びを入れて帰寺するよう述べていることからも察せられる。また、竜沢寺に存する「甲斐氏系図」をみると同氏が同寺の檀越であることが記されており「河北御品田公文職、松包名本主」とみえる。(18) 「寺領目録」には「河北庄内松包半名」が入っている。(19) これからして甲斐氏は竜沢寺に対して寺領を寄進していることが知られる。寄進の年代は不明であるが、甲斐氏と竜沢寺との間にも師檀関係が存在していたのであり、それは梅山の時代まで遡れるのではなかろうか。この守護代甲斐祐徳が遠江支配を行ない、その影響が大洞院の所在地一宮庄にも及んでいたという状況であったのである。

さて、如仲には「遺命」をみればわかるように越前竜沢寺も遠江大洞院も、その他の寺院等に対しても、門派全体のものとして考えており、各寺院を別々に考える感情は薄いと言える。如仲のこのような感覚と、当時の遠江の状況とが相俟って、彼をして、越前竜沢寺の檀越であり、同国大覚寺門跡領の代官であった小布施氏を遠江大洞院の本願の檀那とせよと言わしめたものと理解できるのである。

三　大洞院「鐘銘」中の「檀越沙弥玄本」について

この私の反論と見解に対して、鈴木氏から頂戴した批判は小布施方＝小農民達という立場を続けて取られ、乙名百姓層であるとされる。そして、大洞院に現在まで特定の開基檀越の名が残っていないのは多数の人びとの力によって開創されたためであるとされ、如仲が遺命を作る九年前に鋳造された「鐘銘」[20]にも、幾人かの人びとの名がみられるが、「檀越沙弥玄本」とは武藤方を代表する一人で、あるいは武藤盛家でなかったか、「信心施主沙弥聖有」とは天宮神主中村大膳何某でなかったか、「化主比丘周嶷」とは天台宗の古刹で近くの蓮華寺の住僧で如仲に帰依して門下に加わった人物ではないか、とされ、いずれも在地の人物であり、梵鐘の鋳造者も近くの太田川の近辺で、鋳物師の一群が居住していたから、その中の者であろうとされて、小布施氏のような越前あたりからの人物の入る余地はないと結論されている。そして、当初の檀越は武藤氏や中村氏であり、その後、すなわち梵鐘ができてから、九年後の遺命が作られるころには、一宮の武藤氏と、その摂社である天宮の神主である中村氏との不和が生じ、大洞院は天宮の中村氏とそれ以下の人びとと、すなわち小布施方の援助を受けて経営してゆくことになった。よって、現在の寺伝では、天宮神との関係が語られているのであると強調されるのである。

私も現在の大洞院が一宮でなく摂社の天宮神との関係を伝えているのは地理的関係[21]ばかりでなく、中村氏との争いが反映している可能性があると考えるが、この縁起の成立する以前のことに関する鈴木氏の見解には疑点を懐かざるをえない。

まず、鈴木氏がすべて在地の人間の力になって鋳造されたとする大洞院の「鐘銘[22]」をみてみよう。

日本国遠州路一宮庄大洞禅菴住比丘天誾。宓目吾山芟夷榛芥。爰雖レ刱二建梵苑一。未レ有レ鐘。安衆行道嘗不レ怠。啓レ昏導レ迷無レ先二於鐘一。仍発二大願心一。且欲下鋳二此大器一。一以警二無明之睡一息中迷邃之斗上。費用浩繁而非二一力之取レ及也。爰有二檀越沙弥玄本一。殊信心施主沙弥聖有一。大願有力揮二浄財一資助者也。加レ之釈氏周嶷比丘。応二儕命一偏扣二同道高人真俗貴賤一。甲乙檀門勧化而以拘二被善功一。不日成二比大縁一。豈易レ量哉。大扣大鳴。謹作レ銘曰。

稽首礼。拘留孫。治良功。是化元。爐鞴闊。大器存。鯨吼レ月。啓暁レ昏。息二輪苦一。超二聞根一。皇図固。鎮二乾坤一。庶檀信。開二仏門一。

旹正長元戊歳八月十五日謹書住持比丘天誾

檀越沙弥玄本　施主沙弥聖有

化主比丘周嶷　大工藤原権守盛家

この梵鐘自体は現存しないが、のちに掲載する「御前落居記録[23]」の中にも「玄本」という人物の名がみえ、互の信憑性を高めあっている。大洞院の成立は応永十八年（一四一一）ということになっているが、[24]とすれば、この梵鐘は、同院創立後一七年のことである。この時の檀越は玄本という人物であり、とくに施主の聖有が多くの資財を出したようであるが、そればかりでなく、周嶷という僧侶が、財施を集めて歩いたようである。大洞院は、ここにもみえるように「大洞菴」といったことは他の史料にもみえるが、[25]正長元年当時においても、「大洞菴」と称していたことが知られ、この時まで梵鐘がなかったことも理解される。しかも、「甲乙檀門」「庶檀信」すなわち特定の檀越以外の人びとからも寄進を仰いだことも理解できるのである。しかし、また「檀越沙弥玄本」と、とくに「信心施主沙弥聖有」の「浄財」が、その中心をなしたことも事実であった。小数の有力檀越の力に合せて、その外の「檀門」「檀信」からも寄進を受けて、寺院の発展を図って行った当時の姿をみることができる。さて、ここにみえる人びとは、鈴木氏のいわれるようにすべてが在地の人物であったろうか。まず、梵鐘を鋳造した「大工藤原権守盛家」は、鈴木氏のいわれるように、太田川近辺に居住していた鋳物師とみても、そう不思議ではない。また、「化主比丘周嶷」は勧化に歩いた人物であるから、同地方の者とみることもできるが、逆に他国の人物でも勧進する場合はあるであろうから断定はできない。そして「信心施主沙弥聖有」も、不明な人物であるが、資財を出しているので、ある程度富有の者、土豪クラス以上の者とみてよいのではなかろうか。

さて、「檀越沙弥玄本」であるが、鈴木氏は、在地の人物とされ、武藤方を代表する一人で、あるいは武藤盛家ではなかったかと推定されている。しかしこれは否定される。つぎの「御前落居記録[26]」の記載がある。

一武藤与次郎用定申遠江国一宮庄代官職事先代官大谷豊前入道玄本雖申子細、所領者可領主計哉、於負物者行結解之段、玄本既承伏之上者、任用定申請、可被成下御教書焉、

永享四年十二月二日　美作守秀藤

民部丞基世

「御前落居記録」には、このような室町幕府の裁許が記載されているが、現在は東京大学史料編纂所の影写本をみる以外にないようである。同時に影写されたと考えられる「御前落居奉書」には奥書があり、明治三十年に東京都多摩郡千駄ヶ谷町の宮崎道三郎氏原蔵のものを写した、とあるので、「御前落居記録」も同様であったと考えてよいのではなかろうか。ともかく、その伝来が、大洞院とは全然別のところであっただけに、その記載は信頼できるものである。

この記載は、当時の幕府奉行である斉藤基世（基恒）と松田秀藤の連署による記録となっているが、その内容は、さきの一宮庄の代官である大谷豊前入道玄本と武藤与次郎用定とが、同庄の代官職を廻って争いを起こしたようであ

る。これに対する幕府の裁許は、先の代官大谷豊前入道玄本が、とやかくいっているが、武藤用定が申請け、大谷玄本も承伏した以上、代官職は武藤氏の所有である、というものであった。すなわち、大洞院の所在する一宮庄の代官職は大谷豊前入道玄本から武藤用定に移ったが、両者の間には争いが生じていたということになる。

いずれにしても、永享四年（一四三二）十二月二日以前に、大谷豊前入道玄本が一宮庄の代官職を有していたことが知られる。とすると、永享四年十二月二日より、四年半前の一宮庄内に存する大洞院の「鐘銘」にみえる「檀越沙弥玄本」とを同一人とみてよいのではなかろうか。すなわち、私は「鐘銘」にみえる「玄本」とは一宮庄の代官職を有していた大谷豊前入道玄本のことであるとみる。

前述したように、越前の守護斯波氏が遠江守護を兼帯するに及んで、その守護代甲斐氏も両国を兼帯した。遠江の各荘園では応永二十年（一四一三）ころより甲斐氏家人による代官請が一般化する状況となってくるわけである。大谷豊前入道玄本は、甲斐氏の有力な家人の一人で、応永二十二年、すなわち、大洞院の創立された応永十八年から四年後には、近くの蒲御厨の代官の地位についている人物である。(27) 大洞院の所在する一宮庄の代官職もおそらくは、その前後に獲得したものであったろう。

さて、この大谷氏が、永享四年十二月二日には、一宮庄を廻って、武藤氏と争い、訴訟となっている。これは大谷氏の力が衰退し、在地の武藤氏の力が上回ってきたともとれるのである。

このようにみてきた場合、如仲天誾の遺命「縦有橘谷本主武藤方寄進、堅可辞、専以小布施方弐拾石、為本願檀那、可為寺家公物也」の箇所には、武藤氏と大洞院の檀越大谷玄本との間の争いが、反映しているのではなかろうか。なお、この武藤方を代表する人物は、さきの訴訟における武藤与次郎用定とみてよいであろう。さて、これによれば、武藤方が大洞院への寄進を申出ているが、同氏が一宮庄代官職を獲得し、力を有していた表れとみることができよう。

これに対して、如仲はその寄進を固辞させ、以前からの檀越である大谷豊前入道玄本との関係を重んじ、越前を通じて大谷氏とも関係の深かったと思われる小布施方の一〇石をもって、寺を経営せよと命じたものと考えられる。これをいま図示すればつぎのようになるであろう。

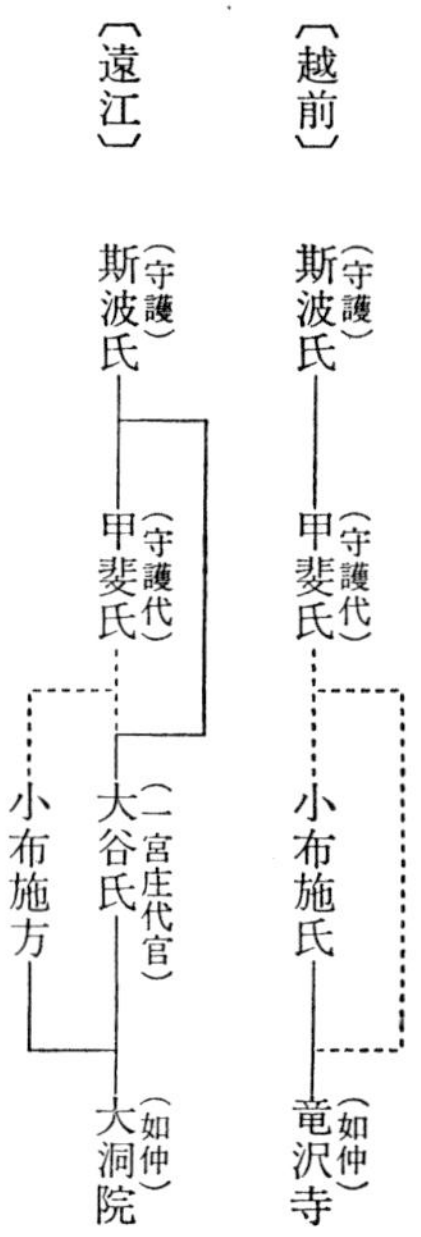

なお、「檀越沙弥玄本」が大谷氏であるということになると、「信心沙弥聖有」は資財も出していることから、あるいは小布施氏ということも考えられようが、推量に止めておくことにする。

結びにかえて

これまで、如仲の「遺命」第七条中の「小布施方」は越前竜沢寺の檀越であった小布施氏であることと、大洞院成立から一七年後の正長元年八月十五日に鋳造された「鐘銘」にみえる檀越が、甲斐氏の家人大谷豊前入道玄本であることを論証してきた。大谷氏が同寺開創当初からの檀越であったかどうか不明であるが、ともかく、梵鐘鋳造当時は檀越であった。彼は在地の人間ではなかったが、周嶷が勧化して歩いた「檀門」や「庶檀信」は在地の者達であったろう。大谷氏は在地の者を混じえた宗教的事柄に、檀越としてイニシアチブを取ることができたはずである。このことは一宮庄の代官職を獲得した彼が、より在地に密着しようとするのに役立ったに相違ない。しかも、四年後には、代官職を廻って、在地の勢力武藤氏と争い敗訴しているところをみると、正長元年当時、すでに両氏の対立が表面化していたかも知れない。とすれば一層のこと、大洞院の梵鐘鋳造は大谷氏にとって意義あるものではなかったろうか。ところが、九年後の如仲が遺命を作成する時点では、大谷氏は、武藤氏との争いに敗れ、一宮庄代官職を失った後のことであった[28]。そして、遺命にみえるように、武藤氏は大洞院に対して、寄進を申出ており、以前の大谷氏に取って替ろうとしたのではなかろうか。如仲が武藤の援助を辞退するように遺命しなければならなかったところをみると、大洞院内部に若干その動きがあったのかも知れない。ところが、如仲は、越前における関係を重んじ、大谷氏とも関係が深く、何らかの型で、遠江へ進出しており、以前より関係のあった小布施方の二〇石を中心とした寺院経営を命じたのであった[29]。

如仲の活動をみると、越前から遠江へ進出し、応永八年（一四〇一）崇信寺、同十年には近江塩津祝山に洞春庵、より奥に入って菅並に洞寿院、ふたたび、遠江へもどり同十八年に大洞院を開いているのである。遠江だけをみても、崇信寺は在地武士山内道美居士の外護により建立されたものであり、大洞院は最初からかどうか不明であるが、当初から外部の勢力の助力を受けた寺院であった。

すでに本章第一節において、第16表を掲載して曹洞禅僧の活動範囲規模についてみたが、それによれば、永平道元より数えて九世代目あたりまで、すなわち十五世紀前半までは遠隔地への進出、飛火的発展が顕著であるが、一一世代目＝十五世紀後半ごろから、急激に、この現像は薄れるのである。より在地に根ざした線から面への展開を物語っているとみることができる。

これを如仲の遠江進出でみた場合、やはり、越前から遠江へという飛火的発展とみることができる。しかも、十五世紀前半であって、その発展型態が、点から面へと移ってゆく時期であった。そして、崇信寺では在地の勢力の援助を受け、大洞院では、守護補任にともない代官請を進めた守護代の家人の助力を受けている。それに大洞院では、在地の勢力と外部の勢力との紛争に影響された遺命を残さざるをえなかった。如仲の遠江への進出・活動は彼の門下が、遠江を中心として、在地武士の援助を受けて、教線の網目を張り廻して行く時期との接点であったといえる。(30)

なお、十五世紀前半まで顕著であった曹洞禅の飛火的教線拡大の背景には、大洞院にみられるような守護職の改替や、代官の他国への入部などによる政治的なものが存在したものと考えられるのである。

なお、鈴木泰山氏は、曹洞宗の展開が禅僧の在地に密着した活動の中でなされたことを論証するために如仲の「遺命」を引用されたが、拙論はこの史料に関してはこれを否定する結果となってしまった。しかし、氏の視点は別の具体的史料を用いての以下の節の論述の中で継承させていただいたつもりである。

註

(1)「如仲天誾の『遺命』について――「小布施方」の解釈を中心として――」(駒沢大学曹洞宗宗学研究所『宗学研究』一七、一九七五年)。

(2)『小布施方』に関する広瀬良弘君の反論を謝し、疑義の一・二に及ぶ――反論に対する反論――」(『宗学研究』一八、一九七六年)。

(3) 拙稿「遠江大洞院檀越考」(『宗学研究』二〇、一九七八年)。

(4) 鈴木泰山「広瀬良弘君の稀覯新史料発見の労を称う――その一層正確な理解を君に求めつつ――」(『宗学研究』二一、一九七九年)。

(5) 葉貫磨哉氏の教示による。

(6) 順に「日本洞上聯燈録」四、「可睡斎年譜幷由緒書」、「延宝伝燈録」八、「日域洞上諸祖伝」二。近世において崇信寺・可睡斎等では永享十一年説が取られていたことが知られるが、永享九年正月二十五日付の「遺命」が自らの荼毘の方法で始っていることから死期が迫っていたことが察せられ永享九年説も有力となる。

(7)「日本洞上聯燈録」四、「日域洞上諸祖伝」二の両本ともに明記しておらない。

(8)「竜沢寺文書」（大久保道舟編『曹洞宗古文書』下、一九〇〇号文書、山喜房仏書林、一九六一年、のちに筑摩書房より再刊）。

(9) 同右、一八八五号文書。

(10) 同右、一八八六号文書。

(11) 同右、一八八八号文書。

(12) 同右、一九二一号文書。

(13)「遠江に於ける守護領国支配の推移――とくに遠江今川氏の没落を中心として――」（『地方史静岡』二）。

(14)「竜沢寺文書」（前掲『曹洞宗古文書』下、一八九三号・一八九四号文書）。

(15) 同右、一八九五・一八九六号文書。

(16) 同右、一八九〇号文書。

(17) 同右、一八九七号・一八九八号文書。

(18) 同右、一九〇二号文書。

(19) 同右、一九〇三号文書。

(20)『曹洞宗全書』金石文類、五三八頁。

(21) 大洞院の所在する橘谷を降ると天宮の所在する方面へ出る。

(22) 註(20)に同じ。

(23) 東京大学史料編纂所影写本。

(24)「日本洞上聯燈録」四（『曹洞宗全書』史伝上、二九五頁）。

(25)「梅山聞本置文」（前掲『曹洞宗古文書』下、七四一頁、一八八六号文書）。

(26) 註(22)に同じ。

(27) 註(13)前掲論文。

(28) 大谷氏は蒲御厨においても、同じ甲斐氏の家人応嶋に代官職を渡してしまっている(秋本太二前掲論文。大山喬平「十五世紀における遠州蒲御厨地域の在地構造」『オイコノミカ』三―一・二、菊池武雄「戦国大名の権力構造――遠州蒲御厨を中心として――」『歴史学研究』一六六号)。

(29) 鈴木泰山氏より註(3)論文に反論を頂戴した。氏は、拙論の「鐘銘」中の「沙弥玄本」は「御前落居記録」にみえる大谷豊前入道玄本であることは容認されているが、この大谷氏は当時対立していた武藤氏と同様に在地の勢力であり、太田川流域の鋳物師山田氏を統率する勢力であったのではないかとされるが、いずれも、この説を論証する史料はなく推測の域を出ていないし、秋本氏が前掲論文の中で、甲斐氏家人による代官請が一般化する中で、大谷豊前も永享四年ごろには一宮庄代官であったという論述をも否定する論証を行なっておられない。したがって、私の見解は氏の反論を頂戴した後も変っていないのでそのまま示すことにした。

(30) しかし、如仲の門下すべてが、遠江近辺において活動したのではなく、そのうちの幾人かは、遠隔地への進出を図っているが、それまでの曹洞禅僧の多くが遠隔地へ進出したのに比べれば極めて少数である。

第五節　北陸における戦国期の曹洞宗

――越中を中心として――

はじめに

越中における曹洞宗の展開は、鎌倉末期から南北朝期初頭にかけては瑩山紹瑾やその門弟あるいは門下の活動がみられ、南北朝後期から室町期初頭にかけては峨山韶碩の門弟である大徹宗令およびその門弟たちが立山信仰等と深くかかわりながら展開をみせたことは、すでに述べたとおりである。ところが、室町中期以降、すなわち十五世紀半ば以降から戦国期にかけて顕著な活動をみせるのは天真派である。大徹と兄弟弟子の通幻寂霊の門弟が天真自性である。天真自性の門派は越前の慈眼寺に輪住制を敷いて、同寺を中心に活動を展開していた。天真自性には幾人かの門弟がいるが、そのうちの機堂長応と希明清良の門派が越中において著しい展開をみせている。

この天真派の中の機堂長応門派と希明清良門派の二派の動向をみる中で、戦国期の越中曹洞宗がどのような活動と機能を持って展開を遂げたのかを考察してみたいと思う。また、鎌倉期から室町期初頭ごろまで隆盛を極めた五山派が戦国期には衰退し、これに替って何故に曹洞禅が隆盛となっていったのかという問題についても検討を加えてみることにしたい。なお、この際に朝倉氏の外護を受けた天真派を中心に展開した越前の曹洞宗についても触れ、考察の一助としたいと思う。

一　天叟祖寅門派の展開とその寺院

長禄二年（一四五八）、天叟祖寅（機堂―雪叟一純―天叟と次第）は、守山に光厳寺を建立している。当初は増山にあったとする説もあるが、もしそうであったとしても、「光厳東海和尚録」をみるかぎり、かなり早い時期から守山にあったことが考えられる。天叟の弟子である旗雲祖旭が同寺の中興開闢として第一世となっているところをみると、実質的な開山は旗雲ということになろうか。あるいは、一時衰微したのであろうか。ついで光厳寺二世となったのは、旗雲の弟子の東海宗洋（周洋）であるが、かれは神保氏の出身であった。このころの同寺は神保長誠や慶宗の外護を受けていたことが知られる。同氏の保護が創立当初からのものかどうかは不明である。あるいは、旗雲祖旭により中興開闢された折に同氏の外護を受けるようになったのかもしれない。その後、同寺は上杉謙信の越中進攻の際に焼失したが復興され、近世には前田氏の保護を受け、寛文二年（一六六二）に富山に移転している。なお、天叟は瑞泉寺を文安二年（一四四五）新川郡林崎に、同地の神保氏の外護により開創している。同寺は永禄年間に上杉謙信の兵火のために焼失し、以後草庵であったのを文政年中（一八一八〜三〇）花崎村に移転再興され、明治三年十一月には光厳寺に合併され、同四年に解寺により富山辰巳町に移っている。なお、跡地には法眼庵が建てられ加賀藩主の位牌などが安置されている。寺伝からすると、瑞泉寺の方が光厳寺よりも先に建立されている。神保氏にとっては、最初に他氏の勢力範囲と接する地域に、まず瑞泉寺を建立し、そののち、根拠地放生津に近い守山にも、より本格的な光厳寺を建立したということであろう。

天叟の門弟の亀阜豊寿は、すでに述べたように、五山派寺院であったと考えられる最勝寺を黒崎の地から移し、近くの蜷川の地に曹洞宗寺院として建立している。亀阜の没年が文亀元年（一五〇一）なのでそれ以前の成立であると考えられる。最勝寺二世の独歩慶淳は蜷川氏出身（寺伝では蜷川親隆の弟で親貞と称したという）であるので、同寺の曹洞宗改宗および再建に関しては、開山亀阜とともに少なからず関与したものと考えられる。また、亀阜は婦負郡片掛に文明九年（一四七七）須原の森田佐太郎という人物の助力をえて大淵寺を建立している。

同じく亀阜の弟子の幢雲長建は新川郡福沢に、大永七年（一五二七）徳林寺を開山している。清水市右衛門という人物の庇護によるものであったという。

旗雲祖旭は、さきに光厳寺の中興開闢であることを述べたが、武蔵国の忍《おし》に赴き、和庵清順（峨山の弟子実峰良秀の門派に属する人物）のあとを受けて同寺の一世になっている。同寺は成田氏の外護を受けていた寺院である。その武蔵忍の竜淵寺二世となったのは惟通桂儒であり、その弟子の以州順永は、同寺三世となるとともに、越中五位庄に永正

第21図　曹洞宗越中関係略系譜(3)

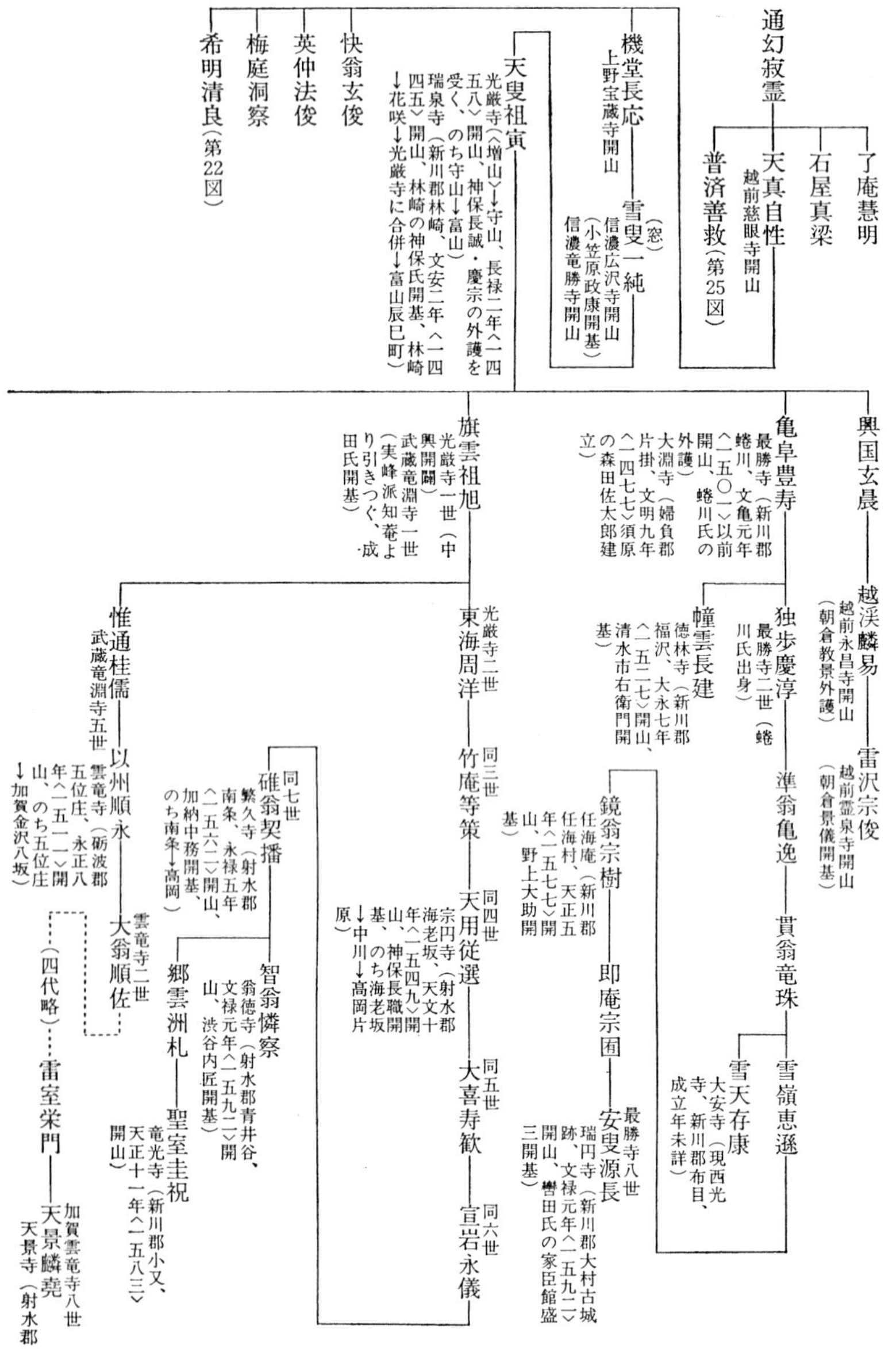

門野、天正二年〈一五七四〉開山、のち門野→高岡関町

娯渓自観――輔月豊佐――三友祖観――功雲慶紹――能山文藝

高徳寺（現永安寺、砺波郡矢波、永禄元年〈一五五八〉開山、のち矢波→今石動）
心足寺（砺波郡和沢、天正十八年〈一五九〇〉開山）

八年（一五一一）雲竜寺を開いている。同寺はのちに加賀金沢八坂に移転している。

これまでみてきたように、天叟祖寅の門派は十五世紀から十六世紀初頭にかけて、射水郡や婦負郡を中心に建立されている。それは神保氏の勢力圏と重なる部分が多いようである。そして、この当時は、神保氏と対立することはなかったのであろう蜷川氏の保護をも受けている。また、神保氏の外にも林崎の神保氏、須原の森田氏、福沢周辺の清水氏など、神保氏よりも小規模な武士、おそらく同氏の被官に組み込まれていたような武士にも受容されるようになったのが注目される。また、東海周洋や独歩慶淳が、それぞれ神保氏・蜷川氏の出身者であるということである。一族の者が、菩提寺の寺院の住持に就くというのも、この時期のようである。より在地に根ざした活動の表われとみてよいであろう。しかし、それとともに、光厳寺の旗雲は武蔵国の忍の竜淵寺の住持となっており、以州順永は武蔵から進出してきて、五位庄に雲竜寺を開山しているように、この時期は、いまだ禅僧の遠方の地への進出という活動の側面がみられる時期であったともいえよう。

つぎに、十六世紀半ば以降の同派の展開についてみておこう。まず、光厳寺の系統では、天用従選（光厳寺四世）が射水郡海老坂に天文十八年（一五四九）神保長職の援助により、宗円寺を開山している。同寺は神保長職の没落後、中川へ移転し、近世に入って高岡寺町さらには同片原に移っている。この天用の法孫になる光厳寺七世の碓翁契播は、

永禄五年（一五六二）射水郡南条に加納中務という人物の庇護を受けて繁久寺を開山している。のちに同寺は高岡に移転し、正保三年（一六四六）には前田利長の廟守寺院として再興されている。碓翁の弟子の智翁憐察は青井谷に文禄元年（一五九二）渋谷内匠の外護を受けて翁徳寺を開山しており、やはり碓翁の法孫である聖室圭祝（碓翁―郷雲洲札―聖室と次第）は天正十一年（一五八三）新川郡小又に竜光寺を建立している。最勝寺二世独歩の法孫で同寺四世貫翁竜珠の弟子の雪天存康は、十六世紀半ばごろであろうか、大安寺（現在の西光寺）を新川郡布目に建立し、最勝寺六世の鏡翁宗樹は天正五年（一五七七）野上大助の援助をえて新川郡任海《とうみ》というところに任海寺を創建している。そして、最勝寺八世安叟源長は新川郡大村古城跡に文禄元年（一五九二）瑞円寺を開創している。開基檀越は轡田氏の家臣である館盛三である。五位庄に建立された雲竜寺の開山以州順永の法孫で加賀雲竜寺八世の天景麟堯は射水郡門野に天正二年（一五七四）天景寺を開創している。同寺はのちに門野から高岡関町に移転している。また、天叟の弟子の娯渓自観の法孫の能山文芸が礪波郡矢波に永禄元年（一五五八）高徳寺（現在の永伝寺）を開山している。同寺は、天正十四年（一五八六）前田利次の外護を受けている。のち矢波から今石動の地に移転している。さらに能山は礪波郡和沢に天正十八年（一五九〇）心足寺を開山しているのである。十六世紀半ば以降の展開は散発的であったといえよう。しかも、文禄元年（一五九二）に創建された瑞円寺が、轡田氏の家臣である館氏が建立しているように、開基檀越の小規模化の傾向がみられるのである。

二　東海宗洋の関東・越中における活動と葬祭

光厳寺住職の東海宗洋には、かれが作成した法語や漢詩文などの集録、すなわち「光厳東海和尚録」(1)がある。この

「語録」により、十五世紀末期から十六世紀初頭に活動した曹洞禅僧の姿を具体的にみることにしたい。東海宗洋（一四五八―一五一五）は神保氏の出身で、天叟祖寅（応仁元年〈一四六八〉三月二十八日没）が開創した光厳寺をのちに中興開闢することになる旗雲祖旭（明応二年〈一四九三〉十月二十九日没）のもとで出家した。さきに述べたように武蔵国竜淵寺は、和庵清順が開創し、旗雲がその跡を受けて第一世になっている寺院であるが、同寺の「当寺年代記」[2]によると、旗雲が弟子の東海と惟通桂儒を伴い越中に赴き、光厳寺に移ったのは文明六年（一四七四）であり、当時の東海は竜淵寺の「鑑寺」（寺院の運営を担当する役）を勤めていた。その後、武蔵国竜淵寺に帰っていた東海は、文明十一年（一四七九）五月に越中に向けて出発し、光厳寺の二世になったという。その後、光厳寺に住し、明応五年（一四九六）十一月二日に、能登総持寺に三六世として出世《しゅっせ》（短期間の住持〈明応五年の出世者は五人〉を勤め「前総持」の称号を得る）し、永正十二年（一五一五）四月二十四日に没している。

さて、「光厳東海和尚録」についてみていこう。まず、細かい作品まで入れると、四二〇点余の作品が収録されており、そのうちで葬祭関係（下炬《あこ》・逆修《げきしゅ》・掩土《えんど》・香語《こうご》・追悼文）のものは追悼文を入れて一一二点であり、全体の四分の一を占めている。しかも、他の作品よりも長文のものが多く、『富山県史』史料編の頁量でみると、総頁は五三頁、葬祭関係は追悼文を含めて三八頁、除いても二五頁で、七〇％以上あるいは五〇％近くを占めているのである。これに反して、坐禅関係（上堂・小参・普説・法語）はみられず、いかに葬祭に関する活動が、当時の曹洞禅僧の活動の中で重きをなしていたかを知ることができよう。なお、同語録には年号あるいは干支が記されているものが三九点（推定できるものもあるが除く）あるが、その年別の点数はつぎのようである。

文明十一年（一四七九）――一点　長享二年（一四八八）――三点
文明十九年（一四八七）――一点　延徳元年（一四八九）――二点

延徳 二 年（一四九〇）――一点
延徳 三 年（一四九一）――一点
明応 元 年（一四九二）――二点
明応 四 年（一四九五）――三点
明応 五 年（一四九六）――二点
明応 六 年（一四九七）――一点
明応 七 年（一四九八）――四点
明応 八 年（一四九九）――七点
明応 九 年（一五〇〇）――六点
明応 十 年（一五〇一）――三点
文亀 二 年（一五〇二）――二点

したがって、この語録には文明十一年（一四七九）ごろより、文亀二年（一五〇二）ごろに作成されたものが収録されているとみてよかろう。

さて、さきに武蔵国成田竜淵寺の「当寺年代記」より、東海の行歴をみてみたが、この語録をみると、少し異なってくるようである。長享二年（一四八八）五月には、上野国新田金山の横瀬氏（笑山悦公庵主）の下炬《あこ》（火葬の時の引導法語）を作成している。なお、横瀬氏は主家である上野国金山城主岩松家純没後、国繁が権力を持ち、文明年間に天真派下希明派の在室長瑞（一族）を開山として金竜寺を開山している。同年八月には「竜淵館下」、すなわち竜淵寺周辺にいたことが知られるから、このころまでは成田氏のもとを中心として関東に在住したことが知られよう。ところが、翌延徳元年（一四八九）夏には倣禅人の来訪を受けているがその折、「余避東魯之紛」と述べており、太田道灌が殺されて以来の関東の紛争を避けて越中に向かったのであろうか。同年冬には越中利波（礪波）郡山田荘居住の中原勝章の父、一華善栄禅門の三周忌の法要を行なっている。同氏は京都中原氏の流れに属するものであろうか、京都の戦乱を避けて越中に下向してきたのかもしれない。しかし、その翌年の延徳二年（一四九〇）には関東に赴き、四月八日に竜淵寺の檀越である成田氏（「語録」では藤原顕泰となっているが、筆写の時の誤記でありその子の親泰であろう）とその兄弟の性金尼の請に応じて清岳成安禅定門（成田顕泰）の七周忌の法要を行なっており、(3)その他、上野国世良田長楽寺（臨済宗）の「真聞少年」に寄せた詩文を作成したりしている。翌年も関東にいたらしく明応元年（一四九二）春に「平胤貞」（千葉氏支流で、下総国海上郡に勢力を張った海上氏と考えられる。あるいは同郡内の横根郷主の教胤の子に胤貞がいるので、この人物かも知れない。また成田竜淵寺の近くにも海上という地名があり、そこに居住していた人物であるかもしれない）の館に数日滞留するなどしており、また、同年冬には巨福山建長寺の僧と考えられる惟深・雪径の二人と交流があり、関東に存在した。その後二年間は、年号の判明する法語がなく不明であるが、この間に越中に移ったのであろう。明応四年（一四九五）十一月十六日には越中五位庄居住の藤原直家の父松岩宗秀上座の一三回忌の法要を行なっている。なおこれより少し前の十月九日には、藤原景周の館で花岩春公大姉を追悼する詩文を作成している。この景周の館がどこに存在したかは不明であるが、あるいは、さきの藤原直家の居住する五位庄近辺であったかも知れない。両氏ともに神保氏の家臣であったろうか。その後、同年冬には越後に出かけたのであろうか、越後の竜雲寺にて旧友に遭遇している。明応五年（一四九六）正月初日には、越後西古志乙面保山俣村居住の三善朝政の父若州大守泊要廉綱居士の三回忌を宝珠寺（院）にて行なっている。氷見紹光寺の開基に三善氏がいるので、同氏は越中にも所領があったのかもしれない。その関係での越後への招請であろうか。また、その年には、源持知の館に数日滞留している。同氏は越中に所領を持った（高岡市の西に集中）大館持房の流れに属する人物であろうか。そして、その年の十一月二日には、前述のとおり総持寺に出世しており、(4)その入寺中の翌年一月二十四日には、伝法庵主宗雄の依頼により、大徹宗令の遠忌法要を勤めているのである。

その後は越中における活動が中心であって、越中に帰国後の明応八年（一四九九）には、「菩薩戒弟子」（戒名を授けた弟子）の元吉信士の依頼により、その父了室道因上座の十三回忌の法要を「私茅」（光厳寺カ）にて行なった（六月一日）。師旗雲祖旭の七回忌（十月二十九日）、さきにも触れた中原勝章の父の十三回忌（十一月十四日）、藤原直家の父の一七回忌の法要（十一月十六日）なども行なっている。なお、法要に際しては、さきにも述べた凉台寺（院）に文殊菩薩を安置したようである。翌明応九年（一五〇〇）には越後まで赴いたのであろうか（三善氏の方が光厳寺に来たのであれば、動かなかったことになるが）、三月二十三日、三善朝政の七回忌の法要を行なっている。しかし、九月六日には「三宝弟子」（授戒の弟子という意味であろう）定家の父、性岩上座の一七回忌法要を私茅（光厳寺カ）にて行なっている。この性岩上座は先師（旗雲祖旭）について受戒した人物であった。師弟、父子、それぞれ二代にわたる関係ということになる。つづけて、十月には太郎丸の依頼により宝舟浄金上座の一周忌を勤めている。太郎丸も神保氏に連なる人物であろうか。十二月十六日には越中射水郡野田村居住の理春尼の依頼により、その母の華庭祐須大姉の七回忌の法要を長寿禅庵において行なっている。同庵には理春尼が住していたのであろうか。ともかく、光厳寺の末寺的存在であったに相違ない。そして、理春尼は神保氏か、その家臣の出身者であったろう。文亀元年（一五〇一）十月十八日には越後刈羽郡佐橋庄山室保一瀬村居住の道栄の母の有隣妙徳禅尼の一七回忌法要を私茅（光厳寺カ）にて行ない、十一月には、射水郡放生津の神保長誠への追悼文を作成し、十二月八日には、その三七日（死後二一日）の法要を光厳寺において行なっている。また、明応十年（一五〇一）二月十八日には吉次という人物の母の花庭妙栄大姉の大祥忌を私茅（光厳寺カ）において、翌二年一月三日には吉忠という人物の母の幸岩明誉大姉二七回忌法要を行なっているのである。吉次・吉忠については不明であるが、同一族であるのかも知れない。そして、同年一月二十四日には棟公智蔵の依頼により花岩春公大姉の十三回忌を勤めているが、これ以降、年号を明記した法語はみられなくなる。死没する永正十二年までの行動は不明であるが、越中における活動がつづけられたことであろう。

以上のように、関東・越中の諸氏の庇護のもとで、それらが要望する仏事・法要を行なっているのである。また、東海は大徹宗令の法要を行なっているように、同派とも交流があり、蜷川氏の保護を受けた最勝寺開山の亀阜豊寿、越中諸山に列している長慶寺の僧侶と思われる稜道、椎名氏の外護を受けていた雲門寺と関係の深い大雄亮膺、越前の心月寺、法燈派加賀伝燈寺末寺定竜寺の徳岩などとの交流があった。神保氏以外の庇護を受けていた他派・他家の僧侶とも幅広い交流が知られるのである。

さて、これまで多くの武士・僧侶との交流が存在したことを述べてきた。とくに、関東では成田氏や隣接の在地武士、越中では神保氏をはじめ、その家臣と考えられる在地武士との交流が知られるのである。

また、同語録中には、独歩が「村斎」に赴いていることが記されているが、この文言からみて、神保氏の家臣、あるいは蜷川氏の家臣、あるいはこれ以下の人びとによる仏教的行事であったことが知られよう。東海宗洋においても、このような法要に赴くことがあったのではなかろうか。

さて、同語録の葬祭関係の法語には、戒名がみられるが、戒名には四文字（「〇〇〇公禅定門」などと「公」が付される場合は上より三字目が省かれ三文字となることが多く、四字戒名をより尊称する場合に用いられる）と二文字があり、前者の方が上層の者に与えられる。また、戒名の下の二文字を下文字というが、上座・庵主（ともに元来僧侶に付されるが、上層の在俗に付される場合も多い）、居士・大姉・信士・信女・禅定門・禅定尼・禅門・禅尼などがあり、上記のものほど上層の者に付されるとみてよい。つまり、二字戒名＋禅門（尼）が、ここでは最下位の戒名ということになろう。ところが、第22表をみれば分かるように、同語録の場合、四文字戒名＋禅門（尼）以上のものには、明らかに武士であることが知られる者が存在しており、二字戒名＋禅門（尼）とは区別されねばならない。

四文字戒名＋禅門（尼）以上の戒名は逆修《げきしゅ》（生前に自らの菩提を弔うために行なう法要）や年忌法要の香語、追悼文などにみられる。つまり、これらの戒名を与えられた人びとは、葬儀のみならず法要の仏事を行なう余裕のある階層と

第22表　東海宗洋の葬祭対象者

	下炬	逆修	賜火	掩土	香語	追悼	その他	合計	備考
●僧侶			1	1	9	6		17	
●上座(僧侶と武士)				1	7	2	1	11	五位庄藤原直家父・某定家父など含む
●庵主	2(公1)				1	1		4(公1)	上野国横瀬氏など含む
●居士	1				2			3	越後三善朝政・藤原顕泰など
○大姉	4	6(公1)	2		5	2(公1)		19(公1)	月戸理心大姉は東海の世俗の姉すなわち神保氏
●信士		2						2	
○信女		1						1	
●四字禅定門	1				1			2	藤原顕泰父など
○四字禅定尼				1				1	
○二字禅定尼		2						2	
●四字禅門	2			1	4(公2)	2		9(公2)	放生津神保慶宗・中原勝章父など含む
○四字禅尼	5	2			1			8	越後佐橋庄道栄母など含む
四字戒名(下文字なし)			1		2	1		4	
●二字禅門	5							5	
○二字禅尼	7							7	
二字戒名(下文字なし)	1	1				1		3	
童子・童女				1(女)		1(子)		2	
その他					3	7	1	11	周洋母・畠山殿など含む
合計	28	14	4	5	35	23	2	111	
(男)	(11)	(2)	(2)	(3)	(24)	(12)		(54)	
(女)	(16)	(11)	(1)	(2)	(6)	(2)		(38)	

註　●印は男、○は女。（　）内数字は内数。（公）は戒名下に尊称の「公」が付されているもの（「光厳東海和尚録」により作成）。

いうことになろう。ところが、二字戒名＋禅門（尼）は下炬《あこ》（火葬の際に唱えられる引導法語）のみにしかみられないのである。やはり前者の人びとより下層ゆえに、葬儀のみしか行ないえなかったということであろう。

この語録中、葬祭に関する法語は一一一点あり、このうち、葬儀に関するものは下炬と掩土（土葬）で三三点、そのうち二字戒名＋禅門（尼）は三分の一以上を占めることになる。これらの戒名を与えられた人びとには、神保氏の被官の中でも下位の者やあるいは上層の農民層などが含まれていたのではなかろうか。また、同語録には「四節下炬」という一二か月分の短い法語が掲載されている。これは、これまでみてきた人びとのように個人のために作成された引導法語が与えられることのなかった下層の人びとの葬儀に際して唱えられたものであろう。このような引導法語を受け、語録には記載されなかった、二字戒名＋禅門（尼）の人びとが多数存在したとみるべきであろう。すなわち、それらの不特定多数の人びとを対象にして作成されたのが、一二か月分の「四節下炬」であったのである。

以上のように、東海の語録により、当時の禅侶の広範な活動、他宗派の僧侶との交流、外護者である在地武士のみならず、葬祭を通じてその家臣や、それよりも下層の人びととの交流などが知られるのである。

三　雲門寺の成立

天真自性の門弟である機堂長応の門下の越中における展開については、すでに述べたとおりであるが、越中においては、やはり天真の門弟である希明清良の門派の展開もみられる。希明の孫弟子である桃庵禅洞は越前朝倉氏の外護を受けて、その拠城一乗谷に心月寺を開創している。その門弟の芥室令拾も朝倉頼景の外護を受けて永春寺を開山している。桃庵の弟子に海闉梵覚がおり、越前泰蔵院（もと今立郡南井にあり、現在は福井県美浜町北田にある）を開山して

第22図　曹洞宗越中関係略系譜(4)

- 天真自性
  - 機堂長応……天叟祖寅(第21図)　光巌寺開山
  - 希明清良　越前竜興寺開山
    - 大見禅竜　下野長雲寺開山
      - 傑伝禅長　岩代竜門寺開山
      - 桃庵禅洞　越前心月寺開山(朝倉氏外護)
        - 海闉梵覚　越前泰蔵院開山
          - 竜億祖易　越前岫慶寺(朝倉氏関係寺院)
          - 夫巌智樵　(雲門寺開山〈新川郡東山、椎名氏外護〉越前英林寺開山(朝倉孝景菩提のため))
            - 大雄亮磨　越前心月寺四世
            - 春郊裔幡―長栄
              - 悦伝紹欣　常泉寺(新川郡大熊、享禄二年〈一五二九〉開山、椎名氏菩提所、のち天正の乱後東城へ、慶長二十年魚津へ)
                - 梅室昌悦　常泉寺二世　紹陽院(常泉寺塔頭・天文二年〈一五三三〉開山)梅昌院(新川郡東山、天文元年〈一五三二〉開山)
                  - 松室文寿　同三世(椎名氏出身)　吉祥寺(新川郡吉祥寺村、弘治元年〈一五五五〉開山)全竜寺(新川郡下立、天文二十一年〈一五五二〉開山)雲谷寺(新川郡黒谷、天文二十年〈一五五一〉開山)
                    - 琴峡文宅　前名寺(新川郡生地、天正十七年〈一五八九〉開山、四ッ屋田村前名開基)神宮寺(新川郡松倉山、元亀二年〈一五七一〉開山)谷昌寺(新川郡虎谷、天正二年〈一五七四〉開山)
                      - 武山本藝
        - 芥室令拾　越前永春寺開山(朝倉頼景開基)

いるが、その門弟の竜億祖易も岫慶寺を開いており、同寺も朝倉氏関係寺院である。そして海闉の門弟である夫巌智樵も朝倉孝景の菩提のために建立された英林寺を開山している。越前における希明の門下は、一乗谷に心月寺が建立されて以来、越前の戦国大名朝倉氏と密接な関係があったのである(後述)。

さて、この越前英林寺を開山し、心月寺三世・泰蔵院二世そして慈眼寺五一世(同寺は輪住制)となっている夫巌智樵が、越中新川郡東山に雲門寺を開山している。同寺は近世には廃寺になっており、詳しいことは不明であるが、椎名氏の庇護を受けて建立されたものとみてよかろう。雲門寺のある東山は片貝川東側に位置し、徐々に扇状地が開けてゆくという部分にあたる。この地点から上流に向かって両岸に村落が点在している。末寺にあたる常泉寺にはつぎ

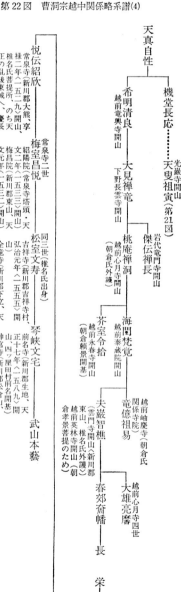

の文書[5]が所蔵されているが、内容や花押などから雲門寺に対して作成されたものであることが知られる。

(A)

（この部分破損裏打紙に補筆）
［禁］制　（泰蔵院夫巌）（花押）

一、常住塔中三□(時)之行事懈怠之事
一、一衆普請懈怠之事
一、出寮以後僧沙弥共出門外事
一、於寺中、置武具之類事
一、於僧中、米銭倍々出沽之事
一、寺領之中、或沽却、或譲同宿事
一、有公事俗漢許容之事
一、衆僧白衣仁而往来公界之事
一、持裸火受用之事

右、堅守此旨、寺僧可為如水魚者也、

旹大永六年丙戌六月十三日　心月寺 亮麿（花押）

(B)

壁書　（泰蔵院夫巌）（花押）

一、三時之行事除沙弥而一人懈怠事
一、常住之打飯之外、小寮仁世事之事
一、着打飯衆之普請掃地懈怠之事

一、於寺僧中、米銭共利々倍々之事
一、寺中仁置弓箭刀杖武具之類事
一、白衣仁而公界往来之事
一、小寮之内囲火炉持裸火之事
一、有公事俗漢許容之事
一、講(構カ)自倍堂対住持寺僧狼藉之事
右、堅守此旨、寺僧者可為如水魚、若違犯之輩者、早々可出院者也、仍壁書如件、
雲門寺方丈仁置之、

袖判が雲門寺開山夫巌智樵のものであることは、福井県慈眼寺文書の中にある享禄四年七月晦日付の「慈眼寺納所方置米之壁書之事」から知られるが、両文書が相互の関係より、大永六年（一五二六）六月十三日に同時に定められたものであり、ともに雲門寺に対するものであることが理解できる。(6) (A)文書が、寺中全体に示した禁制であるのに対して、(B)文書も寺中に対する定書であることに相違ないが、「雲門寺方丈仁置之」とあるように、方丈（住持の居室あるいは堂宇）に掲げるとともに、方丈室内に保管しておくという意味もあったものと思われる。(A)文書すなわち「禁制」の方は、夫巌の弟子であるが、越前心月寺四世となっていた大雄亮麿が年月日下に署名しており、本寺心月寺住持が寺開山夫巌の袖判を得て定めた形式を採っている。雲門寺が心月寺の末寺として、その統制下にあったことが知られる。(B)文書も、同様の形で定められたものかも知れないが、(A)の「禁制」と異なり、寺中全体に示す必要がなく、のちの住持に定置くというのが主旨であったために開山である夫巌の袖判のみとなったものと考えられる。この両文書からすると、夫巌は、この大永六年（一五二六）六月十三日の時点ではすでに雲門寺を退いていたのか、あるいは、

その直前ということになるであろう。当然のことながら、雲門寺の開創は大永六年以前ということになる。それも、つぎに述べる常泉寺の開創年（寺伝ではあるが）やそれまでの世代数から考えると、それ以前のことになるのであろうと思われる。なお、「光厳東海和尚録」に次の文がある。

疇昔廬山遠公有識記云、吾滅七百季后、有聞身人士、革吾道場、云々、故七百季后詔下、革彼東林律居、敦請照学総禅師、為禅席、始祖矣、今堂頭和尚革東林、為雲門、豈不復聞身大士乎、謹綴一偈而、録呈麐公貌座下、奉賀之云、伏乞一覧多幸、

把定雲門那一関　禅翁威気重於山　四来遊衲競〔請カ〕参詣　日照扶桑越上閑（所号東林寺、快庵和尚住後革号雲門寺、△革陌―大雄亮麐和尚二代也、）

これによれば、雲門寺は以前に東林寺と称し、どうも律宗関係の寺院であったもののようである。やがてこの漢詩文は大雄亮麐に呈されたが、その当時の住持が夫巌智樵の弟子である大雄であり、雲門寺と改称したのも、彼であったということである。雲門寺二世には一時大雄が入っていたのであろう。なお割注の記載によると、東林寺を雲門寺と改称したのは、大雄が住する以前に住していた快庵の時代であったということになる。この快庵は夫巌の師である「海闠《かいいん》」のことであろうか。そのように考えると、前掲(A)文書の示すように、心月寺住職大雄の名で雲門寺禁制を定めていることも、大雄の雲門寺前住職という立場によるものであることが知られるのである。ただし、右語録の細字の部分は後世の注記であろうから、全面的に信用することはできない側面もあるので、詳しいことは不明であり、今は右の史料を掲載するにとどめる。

雲門寺はのちに廃寺となってしまうわけであるが、永禄三年（一五六一）ごろには、存在したことが知られるから、永禄十二、三年ごろの越後上杉謙信の越中進攻による椎名氏滅亡までは存続したものとみてよかろう。次にその史料を示しておこう(7)。

謹尊答　抑玄翁派再擯之儀諸岳之衆評如尊慮相調申事、定可為御喜悦者乎、誠以宗門法度之再興不可過之者也、多幸々々、随而哀如今一度詣床下、遂拝客奉請貴言尊語度之欝望難散之儀、口惜存計也、於向後、此国往還僧徒相当御用不可有疎意之旨、於前尊御披露、恐惶敬白、

越中雲門寺
等門判

卯月十三日
（進上乗国寺衣鉢閣下）
如前

この史料は、従来、永平寺や総持寺への出世（短期間〈のちには一夜住とも称されるほど短期間〉住持に就くことにより「前永平」「前総持」を称する資格がえられる）が認められていなかった曹洞宗源翁派が、出世を果たそうとして起こった問題に関するものである。享禄元年（一五二八）源翁派の結城安穏寺が永平寺に出世しようとし、永禄元年（一五五八）には同派の会津示現寺の一〇世の江鷗誾也が総持寺一二五三世、弟子の荘室が一二五四世として、両人が同日に総持寺に出世してしまったことから起こった事件であった。これに対し、関東の了庵派や越前慈眼寺を中心とする天真派が反発したのである。この史料は、永禄三年の発給にかかるものと考えられ、源翁派示現寺排斥運動の急先鋒であった結城の乗国寺にあてたもので、源翁派を再度排斥したのはよろこばしいことであり、今後は、「此国」（越中）を往還する僧徒に対して疎意のないようにするという内容のものである。(8)

この史料により、永禄三年当時の雲門寺の住持が等門という人物であったことが知られることは無論のこと、関東の了庵派寺院とも交流があったことが知られ、関東から越前永平寺や能登総持寺へ赴く僧侶に対して便を与えてやっていたことが知られるのである。なお、越前の心月寺は、永平寺の運営に関して関東了庵派の窓口的役割を果していたことも、この事件の関連の史料から知られるが、(9)雲門寺もこのような事情から、関東寺院との関係を保持していたようである。このようなことからみると、後にも述べるが、外護者椎名氏にとって、雲門寺は関東に関する情報収集

や越前朝倉氏との関係など政治的にも重要な存在であったに相違ない。

それは、すでに述べたように雲門寺の開山である夫巌は越前朝倉氏の外護する英林寺の開山であるし、心月寺をはじめとしてその法系の人びとが開創し、住持する多くの寺々が朝倉氏の援助を受けていたわけである。このように朝倉氏と関係の深かった夫巌を雲門寺の開山に招いたのは、椎名氏としては、当然のことながら朝倉氏との関係を配慮してのことであったろうと思われる。その背景には、椎名氏が朝倉氏との間に何らかの連繫を意図したということがあったのかも知れない。もし、そのようなことがなかったにしても、椎名氏にとって雲門寺は、朝倉氏との関係で、種々の面で機能したに相違ない。

四　常泉寺の成立と椎名氏

雲門寺の世代は「四哲流派本鑑」(10)や常泉寺所蔵の史料によれば、開山夫巌のあとは二世春郊脩幡・三世長栄・四世悦伝紹欣とつづいたようである。(11)この悦伝が椎名氏により建立された常泉寺の開山となっている。同寺は椎名氏の拠城松倉城の近くの大熊の巌谷《いわいだに》に創建された。寺伝によると享禄二年(一五二九)の建立であった。同寺はのちの永禄十二、三年ごろ、上杉謙信の攻撃を受けて椎名氏が没落すると、天正四年(一五七六)に片貝川流域の東城というところに移り、また慶長二十年(一六一五)の魚津城主青山与三の城下縄張りに際して、寺地の寄進を受け、魚津(魚津市上村木)に移転している。さて、椎名氏の常泉寺建立は菩提寺を居城の近くに配したいという希望にもとづくものであると同時に、同寺の場所が角川を隔てて城とは別の峰にあるので、松倉城の外張《とばり》的意味も存在したのではなかろうか。また松倉には金山があり、その金の産出量は相当なものであったようであるから、武士はじめ工匠・商人・職人・農民等の諸職業、諸階層の人びとが存在したようである。それにともない寺院も多く存在したようで、旧所在地が松倉であったという寺社は、広田寿三郎・菅沼幸春両氏の研究によればつぎのようである。(12)

松倉から魚津へ移転した寺社（九か寺社）

厳谷山常泉寺（曹洞宗）　　玉蓮山真成寺（日蓮宗）
本行山長教寺（日蓮宗）　　金谷山大泉寺（浄土宗）
紫葉山勝楽寺（大谷派）　　金竜山法善寺（浄土宗）
光顔寺（本願寺派）最初、松倉鉱山次、金山谷　　照庵寺（山伏修験派）
金刀比羅社（大町）城主の鎮守

松倉から滑川へ移転した寺院（六か寺）

梅原山専長寺（本願寺派）　　光雲山明楽寺（本願寺派）
松倉山円照寺（大谷派）　　松倉山法専寺（本願寺派）
光沢山本竜寺（本願寺派）　　常光寺（大谷派）初滑川、現在泊

〈なお、宗旨は現在のもの〉

これらの外にも、松倉城跡周辺には寺名のような地名を持つ場所が多く存在するという。おそらく、金山関係の工匠などの帰依を中心に受けた寺院もあったであろう。それに比して常泉寺は、城主の菩提所として成立した寺院であったから、やはり、椎名氏をはじめ、その一族や家臣などの武士の帰依を受けたものと思われる。なお、同寺の所在する大熊には、椎名氏の家臣である江波氏が居たというから、同氏のような家臣およびその一族の帰依も受けたことであろう。

常泉寺は松倉における椎名氏や家臣およびその一族の帰依を受け、その要求に応じていたとしても、さきに述べたように、同地には諸階層、諸職業の人びとが存在したであろうから、ときには椎名氏や家臣と関連を持つ農民や工匠などの宗教的要求、たとえば葬儀・法要・祈禱・塔婆や石塔の建立に際しての法要や法語の作成などの要求にも応じうる寺であり僧侶でなければならなかったはずである。曹洞宗の寺院や僧侶が十分にその能力を持っていたことは明らかであり、[13]雲門寺もそうであったろうし常泉寺も同様の活動を行なったことであろう。さきにみたように、とくに松倉には多数の寺院が存在したであろうから（常泉寺よりも先に成立していたか後に成立したものかわからないが早晩建立されていったことにはかわりなかろう）、その中に建立された城主の菩提寺が、無計画に建立されるはずはない。城の縄張との関係や、松倉の住民の宗教的要求に応じうる宗教施設としての寺院であることなどが考慮されての、常泉寺の大熊巌谷への建立であったと考えられる。なお、雲門寺四世・常泉寺開山である悦伝紹欣の没年は天文四年（一五三五）八月十六日であり、すでに、その弟子梅室昌悦は常泉寺二世として寺院を開山するなどして活動していた時であった。

五　常泉寺門下の展開

常泉寺の歴代住持が開山した寺院は「三州寺号帳」および各寺の寺伝などによれば、つぎのようである。常泉寺二世の梅室昌悦は天文元年（一五三二）東山に梅昌院を建立している。この東山にはさきに記したように雲門寺が存在した。同寺の近くに建立されたものと考えられる。のちに雲門寺が廃寺となったの対して、梅昌院は存続し、檀家を有して近世に展開している。梅昌院のある場所が雲門寺跡であるとされている。雲門寺が廃絶した後に、近くにあった梅昌院が移築されたのであろう。また、梅室は翌天文二年に常泉寺の塔頭として紹陽院を創建している。当時、常泉寺開

第23図　越中における曹洞禅の発展図（室町・戦国期）

山の悦伝が存命中であり、塔頭が必要であったのであろう。同院は近世にはすでに魚津にあったので、おそらく、大熊の常泉寺内に建立され、常泉寺とともに東城さらには魚津へと移転したものと考えられる。なお、梅室は弘治四年（一五五八）五月二十六日に没している。

　常泉寺三世の松室文寿は天文二十年（一五五一）黒谷に雲谷寺を開いている。黒谷は雲門寺や梅昌院のある東山の上流に位置する。同寺は「三州寺号帳」にも「無檀」とみえており、明治十九年の「寺籍財産明細帳」の記載にも「信徒」のみで檀徒は存在しなかったとする寺院であり、創立当初から小規模な寺院であったようである。翌天文二十一年には、黒部川の扇状地の付根にあたる下立《おりたて》というところに全竜寺を開創している。北陸道は放生津方面から東に向ってずっと越中の海岸沿いを通過し、そのまま海岸沿いに行く道と、そのまま直線的に、同扇状地を横断する道、魚津を過ぎたあたりから内陸方面へ向い三日市から急に右に折れ、下立を通り、愛本で左に折れて明日や横道を通過して沼保に出て宮崎に至り、海岸沿いに境を通り越後に入る、つまり、黒部川扇状地の部分の横断を避けるようにV字形に内陸部に入り込むという三コースがあったようである(14)。当時、どのコースが最も重きをなした道であったかは不明であるが、下立が交通上においても重要地点であったことは相違なかろう。全竜寺は椎名氏にとって、重要地点に建立した寺院であったといえよう。越後方面に備える軍事的拠点にもなりえたであろうし、黒部川の扇状地および上流域支配の拠点ともなりえたはずである。常泉寺側からみれば、教線を北東に向かって伸ばしたことになる。全竜寺は近世においても檀家を相当数有しているところをみると、開創された当時から、ある程度の規模を持った寺院であったと推測してよいであろう。また、松室は全竜寺を建立して三年後の弘治元年（一五五五）には、吉祥寺村に吉祥寺を再興している。すでに第一章第三節三項の「吉祥寺」で述べにように、以前は臨済宗五山派系寺院であり、十五世紀半ばごろには、五山文学僧であった朴堂祖淳が住した寺院であった。そうしたかつての五山派系寺院を、椎名氏の外護を受けた松室が曹洞宗寺院として改宗し、再興したのである。吉祥寺村は、全竜寺のある下立から扇状地と丘陵地の境を海岸に向かって西に進んだ地点にあり、五〜六キロしか離れていない。雲門寺・常泉寺門派の教線が北に向かった時期であった。

さて、ここで常泉寺三世の松室についてみておかなければならない。つぎの永禄七年（一五六四）八月二十三日付の椎名康胤寄進状をみてみよう。(15)

為賀運慈慶菩提、賀積手作分之内参拾俵所、停止代官策配、百姓前直令寄進畢、於末代不可有相違者也、仍如件、

永禄七　　　　　　　　　　　　椎名

八月廿三日　　　　　　　　　康胤（花押）

常泉寺

この文書は巻子仕立てになっているが、その巻頭に、延享元年（一七四四）に書かれた寺伝が掲載されている。これによれば、松室は、椎名氏出身であり、その母は常泉寺のある大熊の江波氏の女子であった。松室の母が、右の文書にみえる賀運慈慶である。彼女の父の法名は「大光普照居士」であったという。これらのことをみると、さきにも述べたように常泉寺は椎名氏だけでなく、江波氏のような家臣の援助も受けていたであろうことが考えられる。ともかく、一族の者が菩提寺の住持となり、その者が勢力圏内や、前進拠点に教線を伸ばしてゆくという曹洞宗発展（同宗にかぎらなかったであろうが）の典型が、ここにもみられるのである。なお、松室は元亀元年（一五七〇）一月二十日に

没している。

椎名氏は永禄十二年ごろからの越後上杉謙信の猛攻を受けて滅亡してしまい、雲門寺は廃寺となってしまったようであるが、常泉寺は存続し、さきにも記したように天正四年（一五七六）、東山の梅昌院や黒谷の雲谷寺の中間地点にあたり、片貝川の支流に沿って少し東に入った東城というところに移転している。多くの末寺が松倉からみると北方に展開しているので、大檀越椎名氏を失ったこともあり、末寺統制のために北の片貝川流域に進出したのであろう。この時代の常泉寺住持は四世の琴峡文宅で、元亀二年（一五七一）松倉山（古鹿熊）に神宮寺を開創しているが、小庵であったらしく近世に入っても無檀であった。そして東城に常泉寺が移転する二年前の天正二年（一五七四）には、常泉寺の北の虎谷に谷昌寺を建立している。虎谷は早月川の支流小早月川の北岸にあり、松倉金山とともに金が産出された土地である。しかし、同寺は近世に入ってしばらくは同地にあったようであるが（「三州寺号帳」）、延享二年（一七四五）にはすでに、早月川河口の三か村に移転しており、安永二年（一七七三）八月には中絶し、天保十三年（一八四二）二月に高岡の瑞竜寺一八世真巌国常の尽力により射水郡川口村に移転されている。「三州寺号帳」にも「無檀」とあり、虎谷に建立されたものの、小庵であったのであろう。檀家を得ることができず、再度の移転をしなければならなかったものと思われる。

常泉寺も東城に移り、それまでの椎名氏の菩提寺から、小檀越の中で民衆の寺として存在してゆくことをそれまで以上に考えなければならなかったのであろうか。こうした中で、琴峡文宅は天正十七年（一五八九）四ツ屋の田村前名という人物の援助を得て生地に前名寺を建立している。生地は、黒部川扇状地の先端の海岸近くに位置する。「三州寺号帳」には、「無檀」とあり、小規模な寺院であったようであるが、前代の松室の代にすでに成立していた全竜寺や吉祥寺よりもさらに北であり、海岸寄りへの進出であった。

琴峡文宅が没したのは天正十九年三月十五日であった。常泉寺の五世となったのは武山本芸であった。同寺は戦国期に椎名氏の援助を得ていくつかの寺院を建立し、同氏の勢力内に教線を伸ばしてきたわけであり、東海地方のような曹洞禅の発展したところでは、戦国期に建立された寺院を中心に、むしろ天正年間以降、近隣の寺院が改宗再興され、あるいは新たに建立されるなどして、多くの末寺が成立していったのであるが、越中における曹洞宗外護者である神保氏や椎名氏が没落したということとともに、真宗の著しい発展が、各地域に曹洞宗寺院や同宗僧侶を必要とさせなかったことが、近世初頭以降の曹洞宗の展開が顕著にみられなかった理由である。魚津町に進出した常泉寺自身は、加賀前田氏の保護を受け、江湖会《ごうこえ》を行ない、民衆を多数動員するような法会を行なって、多数の檀家を獲得して、近世社会に生きのびることができたものの、戦国期に末寺を創立していながら、天正十七年に前名寺を建立して以降、末寺を建立できず、それ以上発展することができなかった理由はここにあったのである。

六　越前天真派の展開と朝倉氏

これまでの記述で、越中天真派は越前天真派と密接な関係にあったことが明らかになったので、多少繁瑣なことになるがここで越前における天真派と朝倉氏との関係を中心に、曹洞宗の動向についてみておくことにしたい。

永平寺をはじめとする越前の洞門寺院も戦国の動乱と無縁ではありえなかった。朝倉孝景（初代）の三男で妾腹の景総が文明十五年（一四八三）（実は文明十六年）七月十三日、本腹の舎弟教景を殺した時に、走り入って遁世出家したのが慈眼寺（福井県南条郡今庄町小倉谷）であった。同寺は通幻寂霊の弟子の天真自性が開山した寺で、当時天真派の中心寺院として輪住制が採られていた。慈眼寺に遁世した景総は、教景の母の憤りが激しく、京へ上り、細川政元に

仕え、元景と名乗った。(16)

一方、敦賀郡司であった朝倉景豊は元景の娘婿に当たり、また有力家臣や朝倉教景（宗滴と号す、さきの教景とは別人）などが縁者に当たる。景豊はそれらを味方に入れ、京にいる元景と結び、朝倉三代目の当主の貞景に謀叛を企てようとした。しかし、貞景は教景宗滴の注進を受けて、敦賀城を攻めた。景豊に味方する者はなく、京から来た元景も遅れてしまい。文亀三年四月三日に落城し、滅亡した。注進により功を上げた教景は、以後、敦賀城を領し、貞景の後見として、朝倉氏発展の要となってゆくのであるが、注進の前には、景豊に味方するか否かを迷ったようである。その思案する教景が居していたのが、本郷の竜興寺（現在廃寺、福井市八幡町地籍の八幡の山上）であった。同寺は、さきの慈眼寺の天真自性の弟子の希明清了が開山とした寺であった。(17)これをみただけでも、当時の越前曹洞宗寺院が、朝倉氏や戦国の社会と無縁ではありえなかったことをうかがうことができるのであるが、曹洞宗天真派の寺院が朝倉氏内部の乱に、深くかかわることになったのは、朝倉氏の居城一乗谷に天真派で竜興寺の門末である心月寺が初代朝倉孝景（敏景）の祖父教景の菩提所として存在したからに外ならない。なお朝倉氏は、この一族内部の紛糾を乗り切ることにより、一族をも家臣団に組み込み、戦国大名への道を歩んでいったのである。

さて、当時、越前には、永平寺はいうまでもなく、大野には寂円の開いた宝慶寺が在地の伊治良氏の外護を受けて存続し、のちには朝倉氏の外護を受けていた。また、周知のごとく、徹通義介が加賀大乗寺に進出し、弟子の瑩山は能登に永光寺・総持寺を開山した。したがって、越前から北上する形で加賀・能登へと進出したが、瑩山の弟子の峨山の門下が、逆に越前へと進出した。のち、同派が全国各地へと発展すると、それらの寺院と能登総持寺との中間における各派の拠点として存在することになった越前寺院が少なくないのである。

まず、峨山の弟子の通幻寂霊が丹波永沢寺とともに、越前にも至徳三年（一三八六）に竜泉寺（武生市南深町）を開山している。[18] ついで、通幻の弟子たちが寺を開山している。普済善救が応永十二年（一四〇五）に禅林寺（福井市徳尾町）、不見明見が応永三年（一三九六）に興禅寺（武生市村国町）、天真自性は前述の慈眼寺を、天徳曇貞は宗生寺（武生市新保町）、芳菴祖巌は願成寺（武生市土山町）を開山している。

また、峨山の弟子で、加賀仏陀寺を開いた太源宗真の弟子の梅山聞本は越前に竜沢寺（坂井郡金津町御簾尾）を開山しており、瑩山禅師の弟子の明峰素哲の門下の宝山宗珍（明峰―玄路―宝山と次第）が永建寺（敦賀市松島町）を建立している。

ここに挙げた寺院のうち、竜泉寺・禅林寺・宗生寺・慈眼寺・願成寺・竜沢寺・永建寺が、それぞれ輪住制を採っており、各派の拠点となり、結束の中心となっていたのである。このうち、慈眼寺の系統、すなわち、天真派は、信濃国から関東へと進出するとともに、越前や越中にも、かなりの発展をみせている。天真派と朝倉氏とのかかわりは、すでに述べたように、竜興寺三世の桃菴禅洞が心月寺の開山に招かれたことにはじまる。心月寺は、朝倉孝景が、祖父教景のために、一乗谷の一角に建立したもので、寺号は教景の法号からきている。このことは、臨済宗中峰派の僧でありながら、曹洞宗宏智派の開いた越前弘祥寺や善応寺に住した月舟寿桂が教景の三十三回忌に際して述べたものの中の文言により知られる。[19] 心月寺の成立は不明であるが、孝景の没年が文明十三年（一四八一）であるので、それ以前ということになろう。

朝倉氏は早くから、曹洞宗宏智派に保護を加えていた。宏智派は、同じ曹洞宗でも、永平系とは異なり、丹霞子淳の弟子宏智正覚の系統で、日本に伝来したのも遅く、延慶二年（一三〇九）、直翁徳挙の高弟東明慧日が来朝したことにはじまる。来朝後、北条貞時の庇護を受けて、円覚・建長などの鎌倉五山に歴住し、円覚寺内に白雲菴という塔頭を開いている。同派は、この白雲菴を中心に、臨済宗ばかりの五山叢林の中の唯一の曹洞宗として存在したのである。

ところが、東明の高弟別源円旨が、康永元年（一三四二）に越前の朝倉高景に招かれ、足羽郡安居の弘祥寺や善応寺を開山するに至った。以後も、同派は朝倉氏の保護を受け、高景の養子の紫岩如琳が弘祥寺に住し、大孝寺を開くなど、越前での展開を遂げていたのである。(20)

しかし、朝倉氏は孝景の代に坂井郡の黒丸城（福井市川西地区）から一乗谷に拠点を移し、ここに、曹洞宗永平系の心月寺や固山軒（固山は家景の法名）などを建立したのであった。朝倉氏が、天真派を中心に永平系曹洞宗に保護を加えることになったのは、同派の寺院が越前に点在しており、新しい拠城の一乗谷から山を越えた所に、永平寺が存在していたことによるのであろう。寺院は自軍の拠点にもなるが、逆に敵方の拠点にもなりうる可能性があることからみて、軍事的な意味もあっての外護であったとみることもできるのではなかろうか。

朝倉氏は文明三年（一四七一）二月に西軍から東軍へと寝返って以来、越前守護代の甲斐氏や斯波義敏などと対立し、十三年（一四八一）七月に朝倉敏景が死没した直後の九月には氏景が、甲斐氏や斯波義敏を破った。心月寺は、この少し前に建立されたことになる。しかし、約二〇年後の文亀三年（一五〇三）には、前述の一族の内乱が起こり、鎮めたものの、越中の一向一揆が、越前の一向一揆と協力して、敵対する構えをみせていた。実際に永正三年（一五〇六）七月、十月、翌年の八月には、越中より攻め込まれたが撃退した。

このように、朝倉氏の越前支配も安定したものとはいえない情況であったのであるが、この間にも、天真派は、同氏および一族の外護を受けて、いくつかの寺院を建立している。なお、すでに雲門寺のところで述べたことであり、関係法系図も前掲のものと重複する部分があるが、ここでは朝倉氏との関係を中心に述べることにする。心月寺の開山である桃菴禅洞の弟子の芥室令拾は永春寺（福井市）の開山となっている。この永春寺は朝倉氏の一族で北庄城主であった朝倉頼景が建立した寺院であった。なお、芥室令拾の法孫である勧雄宗学は、やはり、北庄城主の朝倉景行

第24図　越前曹洞宗および朝倉氏関係略系譜

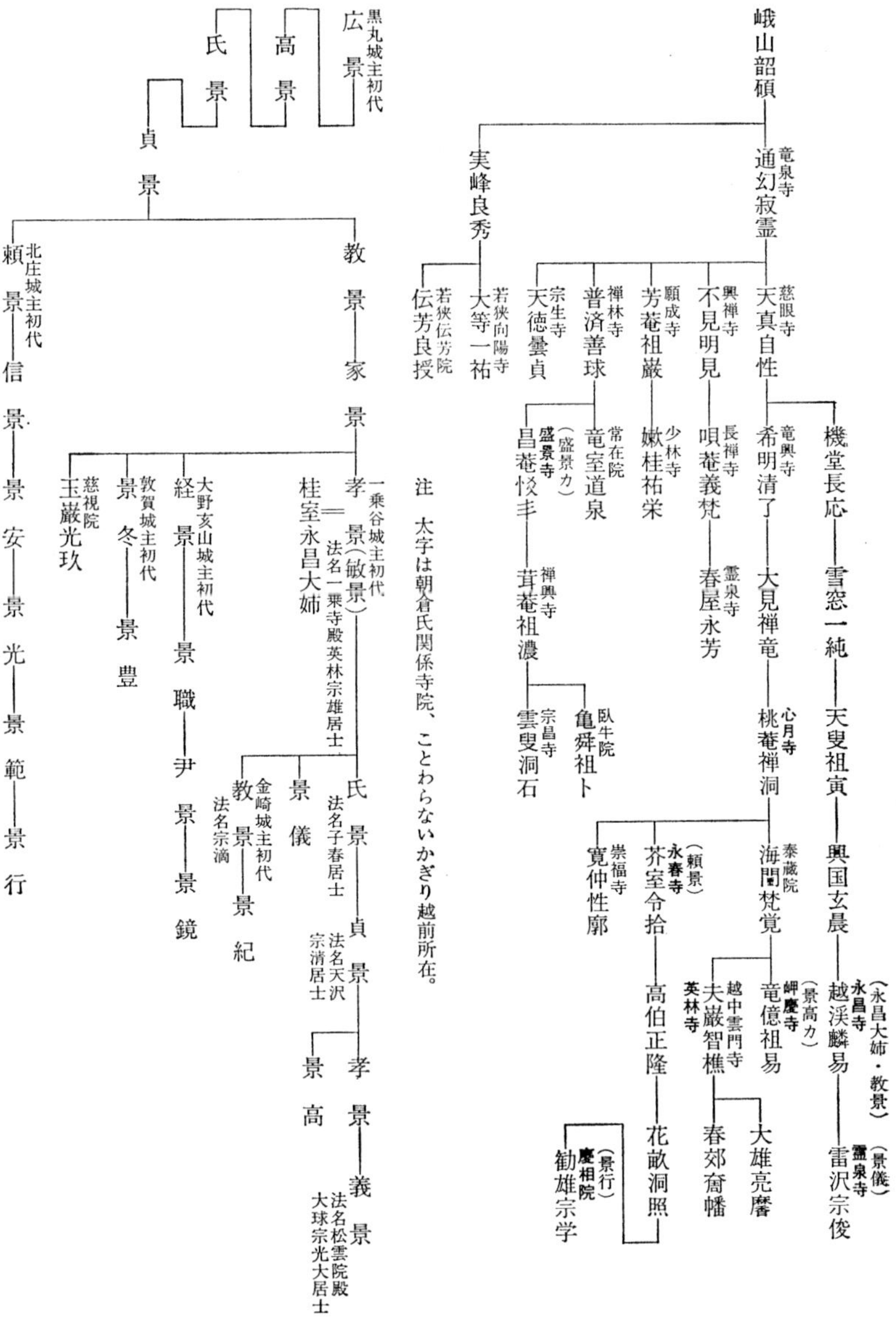

注　太字は朝倉氏関係寺院、ことわらないかぎり越前所在。

の援助を受けて慶相院を開山している。芥室令拾と同様に桃菴の弟子の海闉梵覚は泰蔵院（鯖江市南井。慶長八年松平秀康により福井に移され、昭和十八年、三方郡美浜町北田の東光寺跡に移る）を開山したが、その弟子の夫巖智樵は越中松倉城主の椎名氏の外護を受けて雲門寺（現在廃寺）を開山するとともに、英林寺を開山している。英林寺が朝倉孝景（英林居士）のための寺院であったことはいうまでもない。享禄四年（一五三一）七月晦日付の「慈眼寺納所方置米之壁書之事」に英林寺の名がみられ、住持は夫巖智樵の弟子大雄亮麿であったことが知られる。

夫巖智樵とは兄弟の竜億祖易が岫慶寺（大野市日吉町）の開山となっている。寺伝では開基は朝倉景高であった。また、心月寺の門流ではないが、やはり天真派で機堂長応の法孫である越渓麟易が永昌寺（福井市東郷）の開山となっている。この寺名は一乗谷初代の孝景の室である桂室永大昌姉からきている。彼女は、「月舟和尚語録」によれば、生前から寺に住んでいて、それが永昌寺となったということである。(21)しかも、その後は、子の教景が、同寺に保護を加えている。(22)永昌寺の開山である越渓麟易の弟子雷沢宗俊が霊泉寺（福井市東郷、もとは篠尾にあった）の開山となっている。開基は朝倉景儀である。

以上が天真派と朝倉氏の関係であるが、その他の派では、芳菴祖厳の弟子昌菴悛丰が盛景寺（武生市春日野町）の開山となっている。寺伝によれば、同寺は応永年間（一三九四～一四二八）の成立で、朝倉盛景の外護によるというのである。寺名も盛景の名からきているようである。朝倉氏一族の中に盛景と称する人物は見当たらないが、もし、朝倉氏の外護を受けたとすれば、曹洞宗の中では朝倉氏から早い時期に外護を受けた派ということになる。また、やはり通幻の弟子で天徳曇貞の法孫である竹香舜可は瑞洞院（武生市大虫町）の開山となっている。朝倉敏景すなわち孝景の外護を受けたとされている。また、宝慶寺の寂円派の建綱の法孫である以麿は曹源寺（大野市明倫町）を開山しており、太源・如仲・真巌派の梅翁存立は幸松寺（敦賀市葫生野）の開山となっているが、両寺ともに、朝倉義景の外護を受けた寺院であるといわれている。さらに、大野にあった宝慶寺は伊治良氏に外護されていたが、同氏が力を失った以後は、朝倉氏の外護を受けている。とくに、玉岩すなわち朝倉光玖からは、所領を安堵されるとともに、二四石五斗の寄進を受けている。(23) また、やはり大野清滝の洞雲寺(開山は宣畝元勅で峨山韶碩―太源宗真―了堂真覚―竹窓智厳―大中寿興―宣畝と次第する)が、光玖の寄進を受けて、手厚い保護を受けている。(24) 洞雲寺の開基家は、越前守護斯波氏の家臣の二宮氏であるとされる。同氏は朝倉敏景のために敗死したとされている。宝慶寺の檀越伊治良氏も、朝倉氏が勢力を持ってきた時期に姿を消している。これをみると、朝倉氏は自らと敵対した旧勢力の寺院に対しても保護を加えたとみることができよう。

以上のように、曹洞宗は天真派を中心に朝倉氏の保護を受けていたとみることができるのである。なお、『南越温故集』(25)に収録されている「吉祥山永平寺畧由来」によれば、永禄七年(一五六四)三月二十一日早朝、朝倉義景は一乗谷を出発した。父孝景の一七回忌に当たり永平寺に参詣するためであったという。この際に現住祚玖が永平寺の由緒を説明し書き記したものが、この「吉祥山永平寺畧由来」であるというのである。なお同書には明智十兵衛が義景に随行したことになっているが、この記載は『明智軍記』㈠(一七〇二年刊)のものと一致するという。(26) いずれも後世の記述なので、事実であるかどうかは不明であるが、前述のような関係からみれば、義景が父のために永平寺に参詣したとしても不思議なことではない。

結びにかえて――戦国期曹洞禅展開の意義――

これまでにみてきたように、曹洞宗は十五世紀後半ごろより、神保氏や椎名氏の外護、すなわち守護代層の外護を中心に発展を遂げている。つまり、戦国期に顕著な発展がみられたわけであるが、そこにはどのような理由が存在したのであろうか。

まず、受容された理由からみてみたい。いうまでもなく、守護や守護代が、その職の更迭を含めて、京都周辺における政治的な動向に強く影響されたことは、越中の場合も同様であったろう。そのような中で在地の武士は室町幕府の庇護を受け、京都に伽藍を構え、各地に荘園を持ち、各地の十刹、諸山寺院をはじめとする禅院を末寺のような形で統制していた五山派寺院に対して、それらとの関係を密接に保つことは、種々の面で必要なことであったろう。また、時期は降るが、例えば、『蔭凉軒日録』の長享二年（一四八八）九月二十六日の条によれば、南禅寺の住持が退院した後に住することが多かった常在光寺の寺領に、越中和沢村があったが、その代官職を結城越後守が望んだようであるが失敗している。それは俗代官の禁止という方針もあったが、結城は近ごろ「無理之仁也」ということもあってのことであった。これは、結城が京都周辺で「無理之仁」というレッテルを貼られてしまったがために、代官職を得られなかったということであり、むろん、結城の在地での具体的な行動があって、それゆえのレッテルであったろうが、いずれにしても、京都での風評が大きく影響していることは事実であろう。この場合、五山派寺院を通じてのパイプというものがいかに重要であったかを示しているのではなかろうか。このような意味においても、いかに在地武士が五山派寺院との関係を重要視していたかをうかがうことができよう。

ところが、椎名氏の場合、十五世紀半ば以降、禅院領においても押領をはじめるのである。つまり、椎名氏にとって五山派寺院の荘園支配は、敵対するものとして鮮明になってきつつあったわけである(27)。そのような中で、武士は禅宗を受容するものという伝統的な意識や、それまでの禅宗文化を享受してきた習慣というものもあったであろう。そこで椎名氏は身近で活動していた曹洞宗を受容することになったものと思われる。

また神保氏や椎名氏は曹洞宗のもつ機能の面からも受容したものと考えられる。椎名氏は心月寺を中心として、越前朝倉氏の庇護を受けていた天真派のうちの希明派を受容しているところをみると、さきに述べたように同氏との連繫ということも考えての受容であったものと思われる。このことを念頭において、つぎの享禄四年七月晦日付で作成された「慈眼寺納所方置文」をみてみよう。(28)

（端裏書）
「享禄四年辛卯七月晦日門末寄進書連印」

慈眼寺納所方置米之壁書之事

拾石　駿河大用和尚之寄進

拾伍石　徳願寺州乾和尚之代越中神保之内小嶋六郎左衛門寄進

右置米之内壱石毛於有未進者、新命并納所寺家御請取有間敷候、於此上給人名代口合候共、堅可令停止者也、

壁書置文如件、

享禄四年辛卯

七月晦日　徳願寺州乾（花押）

泰蔵院夫巌（花押）　心月寺大英（花押）

英林寺大雄（花押）　霊泉寺雷沢（花押）

慈眼寺方丈仁置之

これによれば、享禄三年八月一日から翌年七月晦日まで越前慈眼寺に輪住した徳願寺の州乾（駿河徳願寺四世の聖沢宗賢のことか）の代に越中神保氏の家臣である小島六郎左衛門が置米一五石を寄進しているのである。ところが、この事実を確認し、連署している泰蔵院の夫巌は椎名氏の庇護を受けて雲門寺を建立した人物であり、英林寺の大雄はそ

の弟子である。また、心月寺の大英梵策もその法系の人物であり、越中の雲門寺とは深く結びついている人びとであった。そのような中での神保氏の家臣小島氏の寄進であったのである。また、神保氏は、さきにもみたようにやはり天真派の機堂の門派を受容していた。つまり、ともに天真派を受容していたわけであるが、その天真派は、当時一年交替の住持期間である慈眼寺の輪住を展開していたのである。ここに、天真派は越前朝倉氏・越中神保氏・同椎名氏との間での問題に対して、いつでも仲介者のような役割を担いうる立場にあったのである。

この天真派は、通幻派に属して、能登総持寺の輪住制（当時は「出世」といわれるものになっていた）を支えていたし、また、同寺五院の一つであり、通幻派の塔頭である妙高庵の輪住制も支えていたから、総持寺の輪住制を通じては、立川寺を中心とする大徹派とも関係を維持していた。天真派は、立川寺の外護者となっていたと考えられる土肥氏などとの間における潤滑油にもなりえたのである。

天真派下機堂派は神保氏の外護を得るとともに武蔵成田氏の庇護による竜淵寺を持しており、今川氏の外護を得て駿河徳願寺（開山は天叟）を開いており、慈眼寺や総持寺の輪住制の関係ばかりでなく他国寺院やその外護者との関係から、越中神保氏からすれば、他国・他氏に対する情報入手の機能を持っていたことになる。また、椎名氏の外護した雲門寺は、さきにみたように、永平寺や総持寺の出世問題などを通じて、関東の通幻派下了庵派との関係があり、同氏にとっても他国の情報入手ということなどから、その存在は魅力的なものとなっていたに相違ない。

いま一つ、神保氏や椎名氏などにとっての魅力は、曹洞禅僧が偈頌（漢詩文）を作成できるばかりでなく、それらを用いた葬祭や法要を行ないうる能力を持っていたことにあったと考えられる。それは、自らの厚葬への願望を満たしてくれるばかりでなく、その葬祭や法要を通じて、曹洞禅僧や寺院が家臣団の帰依を受けたことや、それよりも下層の人びとにも受容されたことは在地支配上においても、有利に働いたであろうことは想像に難くない。

以上のような種々の点から、越中における曹洞宗とくに天真派は、神保・椎名氏の外護を中心に発展することができたのであろう。

つぎに、近世における越中曹洞宗の展開について簡単に触れて結びにかえたい。

近世に入ると、それまで発展を遂げていた天真派をはじめとする各派は、寺院を建立してはいるものの、散発的であった。さきにも触れたように浄土真宗が民衆の間に浸透していた越中（加賀・越前などでも）では、各村落で曹洞宗寺院や僧侶の活動が必要とされず発展がほとんどみられなかったためである。

近世初期のこのような状態の中で、曹洞宗の動きとして注目されるのは、射水郡高岡に広山恕陽が瑞竜寺を開山していることである。同寺の開創年代は、明暦二年（一六五六）であるが、その前身となるものは、これより以前に存在したものと思われる。同寺は前田利常が利長（法名は瑞竜院聖山英賢居士）の菩提のために建立した一大伽藍であった。広山は、これ以前に、放生津に長朔寺を天正十九年（一五九一）に奥村河内という人物の開基によって創建し、射水郡戸破村に長寿寺を元和元年（一六一五）に建立し、また同郡鶴巻の延暦寺を万治二年（一六五九）に改宗し開山するな

第25図　曹洞宗越中関係略系譜(5)

通幻寂霊
- 天真自性（第21・22図）
- 普済善救──直伝正祖（越前宝円寺（南条郡高瀬、嘉慶二年〈一三八八〉開山））──（五代略）──大透圭徐（越前宝円寺七世（天正三年〈一五七五〉前田利家菩提所とする）加賀宝円寺（金沢、天正十一年〈一五八三〉利家開創）玉泉寺（婦負郡板倉、慶長元年〈一五九六〉開山））──象山徐芸──広山恕陽（長朔寺（放生津、天正十九年〈一五九一〉奥村故河内建立）瑞竜寺（射水郡下関、明暦二年〈一六五六〉前田利長開創）長寿寺（射水郡戸破村、元和元年〈一六一五〉開山）延暦寺（射水郡鶴巻、万治二年〈一六五九〉開山））

ど活発な活動をみせているが、それは彼が前田氏の外護を受けていた加賀宝円寺の住持であったからに他ならない。

広山の法系は、天真自性と兄弟弟子の普済善救の門派に属する。普済から七世代のちの大透圭徐が、越前宝円寺の七世であったが、前田利家の帰依を受けた。利家が能登国の七尾に長齢寺を開創した時にも開山に招かれており、また、越前の宝円寺と同寺号の加賀宝円寺が建立された時にも開山に招かれているのである。加賀宝円寺も大伽藍であった。その後、やはり前田氏の庇護を受けていた天徳院（利常室の菩提のため建立）とともに、録所寺院として加賀藩の曹洞宗寺院統制の中心寺院となっている。なお、大透は能登総持寺を永平寺と並んで曹洞宗の本山とするために尽力した人物である。この大透の弟子の象山徐芸は両宝円寺の住持となるとともに、前田氏の庇護を受け、総持寺の側に芳春院を開山している。同院は前田利家室の芳春院華厳宗富大姉の菩提のために建立された寺院であったが、総持寺の運営にも大きくかかわるようになっている。

象山の門弟が広山恕陽であった。なお、瑞竜寺もまた、録所寺として越中曹洞宗寺院統制の中心的存在となっているのである。

註

（1）『富山県史』史料編Ⅱ中世、古記録、九三頁以下、本書の唯一の写本が光厳寺に所蔵されていたが、昭和二十年八月の富山空襲による同寺の火災により焼失してしまった。しかし、それ以前に東京大学史料編纂所によって蒐集され謄写本が作成されており、今日に残されることになった。表紙の見返りにある記載から寛永十三年以前の写本であったようである。

（2）長谷川宏編『武州竜淵寺史料』（私家版）。

（3）「当寺年代記」（同右）一七頁によれば、文明十六年（一四八四）四月八日に没しているのは成田下総守顕泰であり法名は「清岳成安居士」である。したがって七回忌は六年後の延徳二年（一四九〇）年四月八日ということになる。

（4）「同寺住山帳」。

（5）「常泉寺文書」（『富山県史』史料編Ⅱ中世、八三八・八三九頁）。

(6) 久保尚文「雲門寺成立史考――戦国期越中における曹洞宗通幻派の広布――」(『かんとりい』二、一九七八年。のち「雲門寺の成立と椎名氏」として同氏『越中中世史の研究』桂書房、一九八三年に収録)。
(7) 「会津示現寺沙汰書」茨城県結城市孝顕寺所蔵。『結城市史』第一巻、古代中世史料編、九一頁以下。
(8) 拙稿「源翁派の永平寺・総持寺出世問題と関東寺院の動向――『安穏寺沙汰書』『会津示現寺沙汰書』を中心として――」(曹洞宗宗務庁発行『曹洞宗研究員研究生研究紀要』第一二号)。
(9) 同右。
(10) 慈眼寺所蔵文書。
(11) 久保前掲論文。
(12) 広田寿三郎・菅沼幸春「松倉城の城下聚落について」(『富山史壇』七八号)。
(13) 拙稿「中世後期における禅僧・禅寺と地域社会」(『一九八一年歴史学研究別冊特集 地域と民衆』)。
(14) 『富山県歴史の道調査報告書――北陸街道――』。
(15) 「常泉寺文書」(『富山県史』史料編・中世、一〇〇四頁)。
(16) 「朝倉始末記」一(日本思想大系17『蓮如・一向一揆』(岩波書店、一九七二年、三三五頁)。
(17) 同右。
(18) 「日本洞上聯燈録」二(『曹洞宗全書』史伝上、一五九頁)。
(19) 「月舟和尚語録」(続群書類従完成会本『続群書類従』第一三輯上、二四六頁)。
(20) 今枝愛真「曹洞宗宏智派の発展と朝倉氏」(同氏『中世禅宗史の研究』四九八頁以下、東京大学出版会、一九七〇年)。
(21) 『続群書類従』一三輯上、二六二頁。
(22) 同右。
(23) 永正元年十二月二十五日付「宝慶寺領目録」(大久保道舟編『曹洞宗古文書』下、一七〇一号文書、山喜房仏書林、一九六一年)。
(24) 明応三年五月日付「洞雲寺領目録」(同右、一五八一号文書)。
(25) 寛文四〜十一年の成立。杉原文夫・松原信之編『越前若狭地誌叢書』上、五六〇頁。

(26)　大久保道舟『道元禅師伝の研究』四四一頁。
(27)　第一章第五節参照。
(28)　「慈眼寺文書」（前掲『曹洞宗古文書』下、八九一号文書）。

第六節　下野宇都宮・芳賀両氏およびその周辺の仏教

はじめに

本節では下野宇都宮氏とその重臣芳賀氏およびその周辺の仏教諸勢力の盛衰について概観する。そしてその中に禅宗の展開も位置づけてみたいと考えている。なお、それは関東の仏教諸勢力の展開をも概観できるものと思う。

一　宇都宮氏およびその周辺の仏教

宇都宮氏の周辺に、早くから浄土教信仰が存在したであろうことは、宇都宮朝綱が公田掠領の罪に問われ、土佐国に配流され、帰国した後に入道して「重阿弥陀仏」という法名を名乗り、(1)益子大羽に尾羽寺を造立し、そこに隠栖したことからも知られる。尾羽寺は阿弥陀寺とも称したという。同寺は平安時代から存在し、それを朝綱が拡大・整備したことが考えられる。(2)尾羽寺が建立された大羽には、「地蔵院（同院も朝綱の創建という）が存在し、綱神社も朝綱が建久五年（一一九四）に創建したものであるとされているし、同社に接して大倉神社があり、尾羽寺跡に隣接して宇都宮氏歴代の墓所も存在している。このように、尾羽寺の建立された場所は宇都宮氏にとって宗教上の重要地点であった。あるいは、そうなりつつあった地点ということができようが、朝綱の信仰の中心は前述したように彼の法名が「重阿弥陀仏」であったということから、浄土教の信仰であったといえよう。なお、朝綱は奈良東大寺の再建では大仏脇侍の観音菩薩像造立を担当している。(3)

さて、宇都宮氏の浄土教信仰を強く印象づけることになったのは頼綱であった。彼は元久二年（一二〇五）八月十七

第26図　宇都宮氏略系譜（『宇都宮市史』第三巻参照）

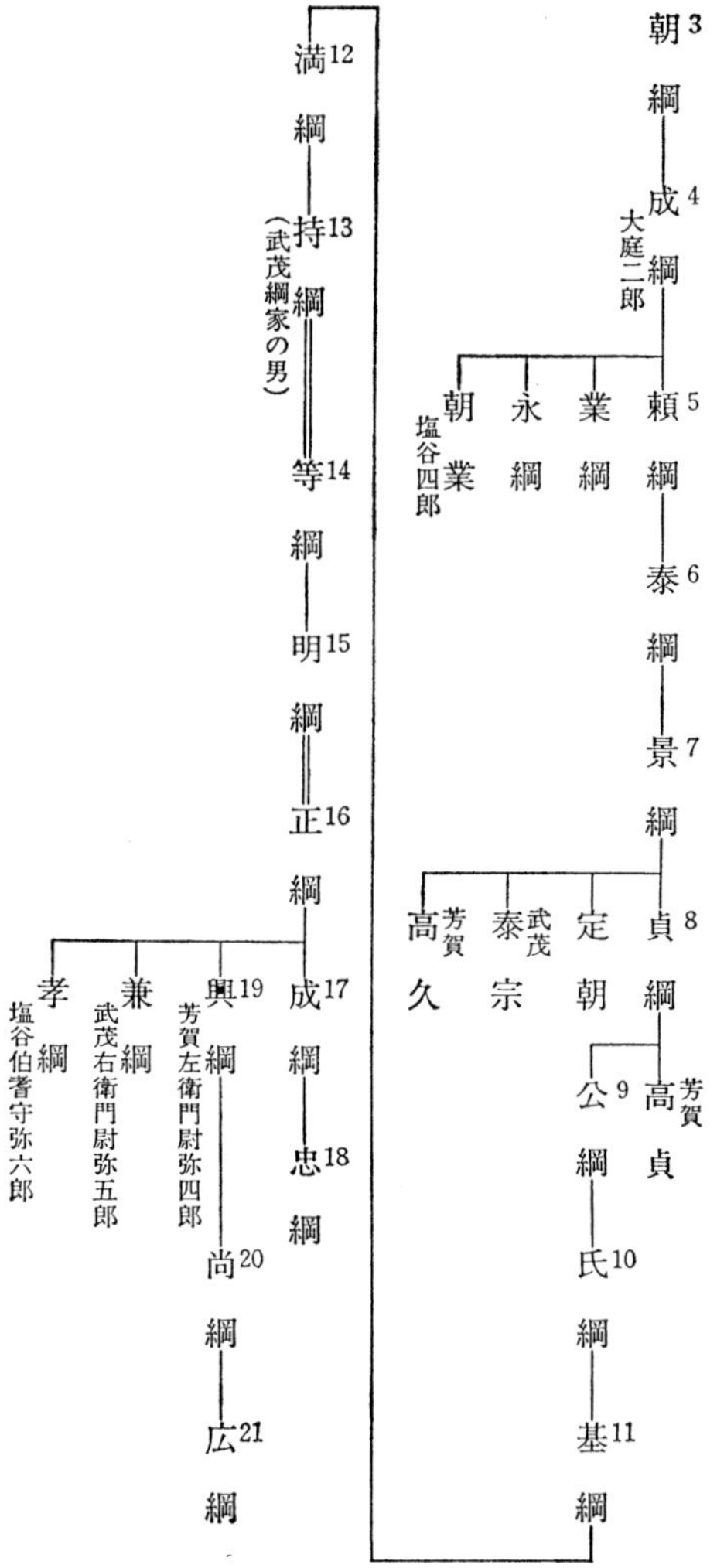

第27図　宇都宮・芳賀氏関係仏教宗派略系譜

〈浄土系〉　法然──証空──聖達──一遍智真（時宗開祖）
　　　　　　　　　├─親鸞（浄土真宗開祖）──真仏（高田専修寺）──顕智

〈禅系臨済宗〉　無学祖元（鎌倉円覚寺開山）──高峰顕日（那須雲巌寺開山）──夢窓疎石
　　　　　　　　　├─真空妙応（宇都宮興禅寺開山）
　　　　　　　　　├─大同妙喆（竹下同慶寺開山）
　　　　　　　　　└─不識妙宥（根本能仁寺開山）

日に郎従六十余人とともに出家した(4)。鎌倉幕府周辺では、六月の畠山重忠の乱後、七月には、北条時政の後妻牧氏の女婿である平賀朝雅が牧氏と謀り三代将軍実朝にかわって将軍になろうと企てたことが露顕し、討たれるという事件が起っている。宇都宮頼綱の妻は北条時政の女であったから、この謀反に連座することを避けるための出家であったという。

出家した頼綱は蓮生という法名を名乗り、京都において法然の高弟の証空（西山上人）に帰依し、証空の住した京都西山善峰堂や往生院（のちの三鈷寺）の復興に努めている。鎌倉末期の弘安六年（一二八三）に制定された「宇都宮弘安式条」にも、二荒山神社および神宮寺、あるいは代々の菩提寺であった尾羽寺の修理とともに、この京都における善峰堂や往生院の修理が規定されているほど、宇都宮氏によって大切にされた寺院であったことが理解される。また、この蓮生が証空に随って諸国を遍歴したという所伝が各地に存在しており、さらに、西方寺（郡馬県桐生市梅田）の古記録によれば、同寺は蓮生の弟子が開基したものであるという(5)。宇都宮頼綱（蓮生）の浄土宗西山派の祖証空への深い帰依の影響が、関東の宇都宮およびその周辺にもおよんでいたとみることができよう。

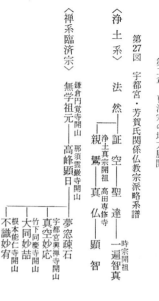

頼綱の弟の朝業は塩谷氏の祖となった人物であるが、やはり、浄土宗に帰依し、出家して信生と称している。彼は正治～建仁年間（一一九九～一二〇四）のころに塩谷に居住したとされるが、長興寺（矢板市館ノ川）を承久二年（一二二〇、寺伝）に建立している。同寺は戦国期の長享年間（一四八七～八九）に曹洞宗に改宗されるが、それ以前は浄土系か旧仏教（天台あるいは真言宗）系の寺院であったろう。

いずれにしても、頼綱・朝業兄弟すなわち蓮生・信生が浄土宗に帰依したことは、宇都宮氏およびその周辺に浄土信仰を定着させる結果となったと考えられる。なお頼綱・朝業等の力が中心となって作られた「新○《ママ》和歌集」の存在からも知られるように、両兄弟は同地域の文化発展に大きな影響力を持したことは疑を容れない事実である。

ついで景綱の代にも東勝寺（現廃寺、宇都宮市釈迦堂町）という大規模な浄土宗寺院が建立され、浄土宗への信仰は一層の高揚をみせたが、このころになると同じ浄土教系でも時宗の寺院が建立されるようになっていくのである。たとえば建治二年（一二七六）に一向寺（宇都宮市西原）という時宗の寺が景綱によって建立されている。宇都宮家の私家法である「宇都宮家弘安式条」を定めたのは景綱である。これによれば、そのかなりの部分が宇都宮二荒山神社をはじめとする関係諸寺院の修造や行事・奉仕に関するもので占められており、同氏が二荒山神社を中心とする寺院を政治的支配に最大限に利用しようとしていた様子がうかがえる。これら二荒山神社関係の諸寺に住していた供僧等は、旧仏教系の人物であったろうが、「宇都宮家弘安式条」の中にも「念仏堂時衆事」という条目があり、浄土宗の教法を専にすべき旨を述べている。念仏堂において、浄土教にもとづいた念仏や学問をしていた「時衆」がその統制の対象となっていたことが理解できるのである。この「時衆」は旧仏教系の「時衆」であろうが、いずれにしても宇都宮には浄土教にもとづいて念仏する「時衆」が存在したのである。

景綱はまた、彼の姉で長宮高知の母である妙正尼とともに、文永十一年（一二七四）に妙正寺（宇都宮市大通り）を建立しており、この時期に日蓮宗の教線も宇都宮氏の周辺にのびてきていたことが知られる。これより少し後のことになるが、徳治二年（一三〇七）には宇都宮氏の家臣の君島綱胤の母妙金尼が妙金寺（同仲町）を建立している。同寺はのちの天文五年（一五三六）には天文法華の乱後に京都本圀寺に日蓮自筆の本尊を送るほどの有力な寺院であった(6)。

貞綱は浄土宗寺院の東勝寺に母の十三回忌の法要を修して鉄塔婆を建立している。また、天台宗寺院であった応願寺（宇都宮市大通り）は、貞綱が願主となり、時衆第二世の他阿真教によって時宗に改宗されたという(7)。

他阿真教の法語を集めた『他阿上人法語』には「宇都宮与阿弥陀仏」「下野宇都宮上の三河の現一房」「宇都宮常陸前司泰宗」「宇都宮円阿弥陀仏」の四名もの宇都宮関係者に示された法語が収録されている。このうち「下野宇都宮上の三河の現一房」は宇都宮頼綱の子頼業が、横田四郎と称し、河内郡横田郷を領し、建長元年（一二四九）同郡上三川に館を構え上三河と号したというから、この頼業の系統の人物であろう(8)。上三川に正清寺という時宗寺院があるが、やはり、頼業一流の人による建立であろう。

これ以降、宇都宮氏およびその周辺における時宗受容は、継続されていった。一向寺四世の行蓮は同寺の末寺として下河原に長楽寺を建立している。のちの応永十二年（一四〇五）には、宇都宮満綱が願主となって、長楽寺の本尊である銅造阿弥陀如来を造立している。また、一向寺には、十四世紀後半から十五世紀半ばごろにかけての宇都宮氏・武茂氏・芳賀氏などの寄進状が保存されている。さらに、時衆二世他阿真教以降の歴代の遊行上人により書継がれてきた『時衆過去帳』には、十四世紀半ばから十五世紀末にかけて、一一人の宇都宮氏関係の人物の法名が記載されており、同氏の時宗受容の様子をうかがうことができる(9)。

これまで、宇都宮氏およびその周辺の人びとの信仰、とくに浄土教信仰および法華信仰についてみてきたが、「宇都宮家弘安式条」によれば、宇都宮二荒山神社（おそらく神宮寺である慈心院）では、三か月間（四月十五日より七月十五日まで）の修行を行なう安居が行なわれており、その安居が終る「夏末」には、常住の山臥が、同社においてその修行の結果の験を競うことが習慣であったことが記されていることからみても、山臥たちも、宇都宮氏の周辺での活動が活発であったとみてよかろう。日光山においては、熊野系の修験が導入されたのは弁覚の時代であり、その後、鎌倉後期〜末期にかけて本格的な展開がみられるという。[10]「宇都宮家弘安式条」にみられる山臥が、どの系統かは不明であるが、かれらの活動が活発となるのは、やはり、この「式条」が成立したころの鎌倉後期以降のころからであろうか。なお、下野国内における熊野の先達・旦那関係文書で下野国に関するものをみると、鎌倉末期から十六世紀初頭ごろにかけて残存しているが、永正十七年（一五二〇）以後、熊野御師文書は下野国に関しては見当らなくなる。[11]戦国期にはその活動は不活発になったようである。

これに対して伊勢信仰も鎌倉中期以後、御師の活動等により、全国に普及し、南北朝期を経て室町期になると民衆の間にも普及していった。また、戦国期に、熊野御師の活動が鈍ったのに対して、伊勢の御師が戦国大名に受容されて、活動していたことが知られる。御師である佐八家には、十六世紀初頭以降の宇都宮氏関係文書が多数存在している。

これまで、鎌倉初期に浄土宗、後半期には時宗および日蓮宗の信仰が宗都宮氏およびその周辺に普及してきたことをみてきたが、鎌倉末期になると、禅宗信仰が受容されるようになってくるのである。正和三年（一三一四）に貞綱が檀越となって臨済宗興禅寺（宇都宮市今泉町）を建立している。開山となったのは那須雲厳寺の開山、高峰顕日（仏国国師）の弟子の真空妙応であった。同寺は五山制度の中で、諸山に列せられている。なお、貞綱の息男公綱の菩提寺として正眼庵が建立されたが、江戸期には興禅寺の境内に移転されていた。また、宇都宮氏の家臣の螺良良左衛門綱武の息男が興禅寺にて出家し、祥啓と名乗り、鎌倉建長寺の書記となったが、この祥啓書記は、周文に師事して、画かろう。

を学び、画家として名声をはせた。興禅寺が諸山として、鎌倉五山・京都五山と深くかかわりあった表われとみてよかろう。

このように、まず、臨済宗雲巌寺からの展開がみられたが、戦国期になると、曹洞禅の展開がみられるようになる。ただし、宇都宮氏の場合は、応永三年（一三九六）に満綱内室の祖心院殿宮山玉芳（院殿号は後世付されたものと思われる）が開基となり、開山に美濃国の妙応寺（岐阜県不破郡関ヶ原町今須）三世竺山得仙を開山に招いて桂林寺（宇都宮市清住町）が建立されている。竺山得仙は近江国清滝の出身で、近江永源寺の寂室元光や下野国吉祥寺の大拙祖能などに参じ、のち美濃国の関ヶ原の近くの今須妙応寺の大徹宗令に参じその法を嗣ぎ弟子となり、のちに妙応寺の住持となった人物である。

この桂林寺はのちに成高寺（後述）の末寺となっている。それは、成高寺一一世（同寺の世代数は改変が多く検討が必要）の盛翁啓繁が桂林寺の八世として住持に就いていることによる。おそらく、七世まで続いた竺山得仙の法系の経営では立ち行かなくなっていたのであろう。成高寺から住持を迎えて再興しなければならなかったものと思われる。なお盛翁が桂林寺に入ったのは戦国末期であろうと考えられる。

桂林寺の末寺が成立するのは、成高寺から住持を迎えて後のことで、天正年間（一五七三～九二）以降のことである。林松寺（宇都宮市大通り）が天正十一年に一一世長山練道によって、光性寺（同市下川俣町）が天正十八年に一二世陽庵練的によって、長林寺（同市岩原町）が文禄元年（一五九二）に永井日向守の外護《げご》（援助）を受けて九世石雲宗眠（これが事実とすれば成立はもう少し早くなるが）によって建立されている。

桂林寺についで宇都宮氏が菩提寺として建立した曹洞宗寺院は成高寺（現在は宇都宮市塙田町）であった。宇都宮正綱（芳賀氏出身）は父芳賀成高の菩提のために中河原に伽藍を建立したが、志なかばにして文明九年（一四七七）に死去している。その志を継いで子の成綱が文明十八年（一四八六）に成高寺を建立している。実質上の開山は長林寺（足利市西宮町）二世にもなっている傑伝禅長である。傑伝は開山に希明清良を、二世にはその弟子で自らの師である大見禅竜を勧請して、自らは三世となっている。なお、長林寺であるが、同寺は文安五年（一四四八）に勧農《かんのう》（岩井山）城主の長尾景人が越前国竜興寺二世の大見禅竜を開山に迎え建立した寺院で、はじめ長雲寺と称し、のちに竜禅寺と改称した。最初に寺が建立された場所は不明である。享禄二年（一五二九）に大見は越前に帰るが、景人の孫の景長は寺を現在地に移し、大見の門弟の傑伝を住持に招いて、長林寺と改称した。この傑伝が宇都宮氏の保護を受けて成高寺を建立したのであるが、寺伝からみると傑伝が実質上の開山あるいは再興の住持としてかかわるのは長林寺よりも成高寺の方が早いようである。

なお、成高寺はさきに記したように城の近くの中河原にあったが、慶長二年（一五九七）に宇都宮国綱が追放されると、粉川寺などの他寺とともに破却された。その後の歴史はいくつかある寺伝も定まっていないようであるが、元和年間（一六一五〜二四）に田中（現在地）に移転し、元和八年に宇都宮藩主となって古河より来た奥平氏の外護を受けて再興されている。

さて、この成高寺は、さきに述べた桂林寺とは同じ曹洞宗ではあるが、門派が異なる。宇都宮氏にとっては、まったく新しい門派の受容といってもよかろう。しかも、芳賀成高は当主の正綱の実父、成綱の祖父であるとはいっても、家臣芳賀氏の当主であった人物である。その芳賀成高のための成高寺建立にはそれなりの理由が存在したに相違ない。宇都宮氏の内部では、芳賀を中心として宇都宮一族の塩谷・武茂の三氏間での主導権争いが激しかった。そうした中で、宇都宮満綱の養嗣子として家督を継承したのが武茂綱家の子である持綱であった。その後、宇都宮氏は持綱―等綱―明綱と武茂氏系によって家督が継承されてきた。武茂氏の力が増大していたとみることができよう。ところが、寛正四年（一四六三）に明綱が死去すると、芳賀成高の子の正綱が宇都宮家を継承することになった。この芳賀氏より宇都宮家に入った正綱が、同氏の中にいまだ受容されてなかった新しい門派の僧侶を招き、芳賀氏の当主であり、実父であった成高の菩提を弔うための寺院を建立し、同氏の菩提寺としようとした。それが、つぎの成綱にも継承されて文明十八年に完成をみたのである。芳賀氏から入った正綱およびつぎの成綱が、武茂氏の影響を一掃し、芳賀氏の力を背景に宇都宮氏を維持していこうとしたことが、この成高寺建立にもみられるのではなかろうか。もっとも、このような中でしだいに芳賀氏の力が増大し、のちにはその力を削ぐために芳賀高勝を生涯しなければならなくなり、「宇都宮錯乱」という状況が現出することになったのであるが。

すでに記したように、成高寺建立は正綱の発願によるものであったが、完成をみるのは成綱の代の文明十八年である。この前後の宇都宮氏の内部をみると、宇都宮成綱および力を増大させた芳賀氏に対して、文明年間の終りごろ（文明は十八年まで）に、武茂六郎が叛旗をひるがえしている。この武茂氏の反芳賀氏闘争の結末は不明であるが、成綱の弟兼綱が武茂氏の名跡を継承しているところをみると武茂氏の嫡流は滅亡したとみることができよう。また、塩谷氏の場合は教綱がすでに長禄二年（一四五八）に正綱によって殺害されており、のちにやはり正綱の子の孝綱が入嗣して再興されている。(12)

ここに宇都宮氏は正綱・成綱および芳賀氏に対立した宇都宮氏一族の有力者である塩谷・武茂両氏の当主を殺害し、正綱の子供たち、成綱にとっては弟たちをそれぞれの家へ入嗣させたのである。このような情況の中で、文明十八年に、成綱の祖父である芳賀成高の菩提を弔い、宇都宮家の菩提寺となるべき成高寺が建立されたのである。

芳賀景高が宇都宮家の中で当主成綱につぐ力を持っていたことは、文明十八年二月十三日付の施行状で、成綱の意向を執り次ぎ、一向寺（宇都宮市西原町）に対して岡本郷内の諸公事等を免除する旨を伝えていることからも知られる。(13)

また、延徳四年（一四九二）十月二日には成高寺に対して宇都宮成綱・芳賀景高が「大内庄之内大根田半郷」やその他の土地を寄進しているが、その寄進状に、芳賀景高は、宇都宮成綱の左側に一段下げてはいるが署名し花押を書いている。(14) これからも成綱につぐ地位にあったことが知られるのである。

なお成高寺には、宇都宮氏および芳賀氏の寄進が多くみられるが、「西方三沢郷之内福恩寺分並慶蔵院分、西形部（刑）郷之内福聚寺并広寿寺分」（延徳四年〈一四九二〉十月二日付「宇都宮成綱寄進状」(15)）、「乙連郷之内如意院給分」（永正九年〈一五一二〉九月十一日付「芳賀高孝寄進状写」(16)）、「神主郷之内直心庵給分」（永正十年四月二十六日付「芳賀高孝寄進状写」(17)）、「酒谷之郷之内東音寺」（永正十八年〈一五二一〉七月六日付「芳賀高孝寄進状写」(18)）、「玉生郷之内玉雲寺之事」（大永三年〈一五二三〉三月二十七日付「宇都宮忠綱寄進状写」(19)）、「光明寺之事」（天文三年〈一五三四〉八月三日付「宇都宮俊綱安堵状写」(20)）、「氏家郡之内円勝寺之事」（天文五年〈一五三六〉十二月五日付「沙弥道的芳賀高経寄進状写」(21)）とみえ、寺庵とそれに付随する土地が寄進される場合が多かったことが知られる。そして、その場合には、たとえば永正十八年（一五二一）七月六日付「芳賀高孝寄進状」に「長宗為菩提、酒谷之郷之内東音寺、雖少所候」とみえるように、さして広くない土地が多かったようである。

また、宇都宮成綱（永正十三年〈一五一六〉十一月四日没）は成高寺住持が本山である越前国永平寺に登山するに際してそれを祝賀し、一万疋（一〇〇貫文）の銭を助力している。(22) 当時の永平寺では出世（瑞世とも）といって、正式な住持の外に、全国の門下寺院から、力のある者が、短期間、永平寺の住持を勤め、「前永平」の称号を得、その栄誉に浴するという制度が行なわれるようになっていた。永平寺としては、その折に納められる金銭を伽藍の修造費に当てていた。その出世に際して一万疋の銭が必要であったことを示しており興味深い史料である。

これまで、成高寺についてみてきたが、同寺が成立した十五世紀末期以降、一般的には曹洞禅が展開していく時期である。はたしてこの地域ではどのような展開をみせるのであろうか。次項で考察することにする。

二　芳賀氏およびその周辺の仏教

芳賀氏が勢力をもった真岡地域には大前神社（真岡市東郷）が延喜式内社で古くから存在したことが知られ、別当寺として般若寺が存在した。なお同寺は十六世紀前半に芳賀高定により現在地（田町）へ移転されているが、同寺もまた古い由緒を持つ寺院である。中村八幡宮（中字宮本）も古くから存在し建久四年（一一九三）に源頼朝より社領の寄進を受けたという伝承を持つ神社である。円林寺（田町）も慈覚大師の開創であるという伝承を持ち、もとは横田

第28図　芳賀氏略系譜（＊印は芳賀氏当主）

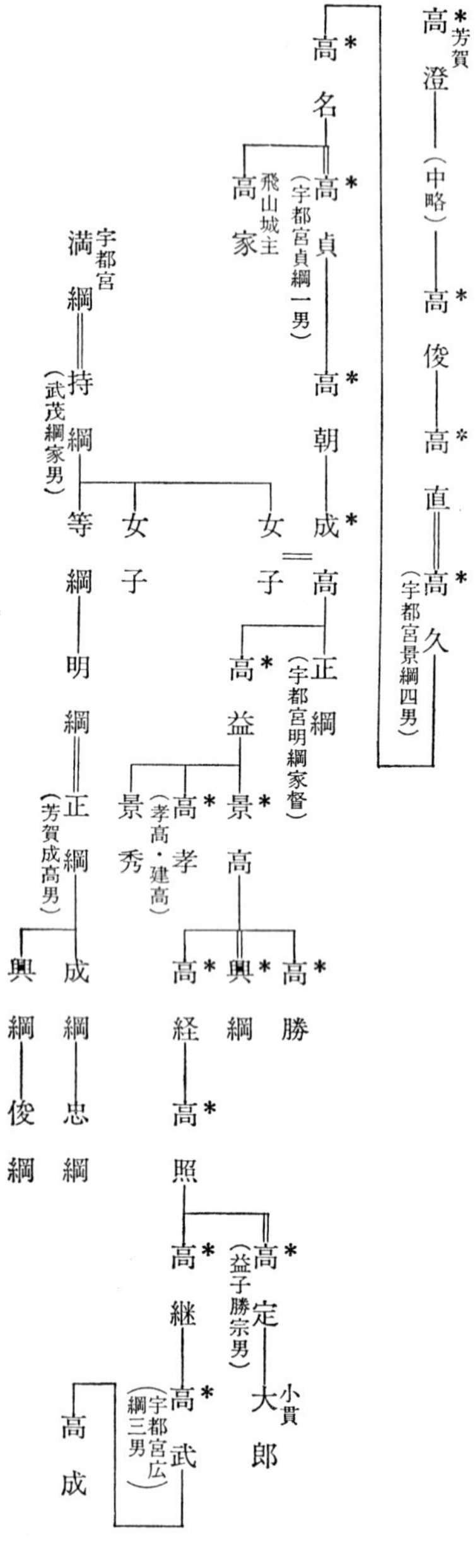

（二宮町）にあったが、永禄四年（一五六一）に芳賀高定により現在地に移転されたという。薬王寺（東大島）には鎌倉期の造立とされる仏像（薬師如来カ）があり、荘厳寺（寺内）も慈覚大師の開創で、源頼義や頼朝が参詣したという伝承を持つ古刹である。また、仏生寺（南高岡）は日光山を開いた勝道上人の出生の地に建立されたという寺院である。

これらの寺社の伝承のどの部分までが事実であったかは不明であるが、これらの多くが、鎌倉期以前から存在し、旧仏教系の教義や修法が伝承されていたに相違ない。また、南北朝期に入っても真言宗遍照寺（真岡市中）が醍醐三宝院賢俊（延文二＝一三五七年没）によって開山されている。同寺には暦応四年（一三四一）に五重塔が建立され、(23)大日如来が運慶五代の子孫である康誉によって貞和二年（一三四六）に造立されているので、(24)同寺の開創は一三四〇年代であったとみてよかろう。また、天台宗荘厳寺（寺内）の阿弥陀仏の胎内に、貞治二年（一三六三）十月十日と十一日付の祈願文が納められており、(25)このころ同阿弥陀仏が造立されたであろうことが考えられ、同寺が隆盛であったことが理解される。さらに、それまで浄土真宗高田専修寺の末寺であった無量寿寺（下籠谷）が永和元年（一三七五）に天台宗に改宗されている。籠谷政高（一説に螺良満重）の援助により定祐が開山となって改宗再興されたものであった。この浄土真宗であった寺院が天台宗に改宗されるところに、高田派の本山である専修寺が伊勢国に移転しなければならなかった理由が表われているようである。つまり、専修寺近くの末寺が他宗に改宗されるほど、この地域での布教が不活発であり、勢力を失っていたということがいえよう。

さて、これまで、真岡地域周辺の旧仏教系勢力が、鎌倉期以前より力を有し、南北朝期に入っても、その勢力を維持していたことについて簡単に述べたが、このような中に進出してきたのが、浄土真宗であった。

さきに、宇都宮頼綱が京都において法然の弟子証空に帰依したことは述べたが、やはり法然の弟子の親鸞が越後に流罪となり、同地にて赦免ののち、常陸国稲田に草庵を結び、浄土信仰の布教に尽力していた。なお、親鸞が稲田で布教中の在地の領主は笠間時朝であり、宇都宮頼綱とともに浄土教を信仰した弟の塩谷朝業の子であった。

さて、この親鸞が開いたという寺伝を持つのが高田専修寺であり、二世真仏、三世顕智と相続されている。三世顕智は越前・近江・三河・伊勢と教線を拡大し、のちの寛正六年（一四六五）には伊勢国一身田（三重県津市）に寺基が移され、専修寺派の本山とされた。

さきに記したように、下籠谷の無量寿寺は天台宗に改宗されるまでは専修寺の末寺であったというから、この真岡地域にも浄土真宗が進出していたことが知られる。また、文和四年（一三五五）には、真岡の空円や田井の光善などが、専修寺の如来堂の茅萱料を寄進していることからも、(26)専修寺の布教活動が同地におよんでいたことが知られるのである。

本山が一身田に移転した後も、高田専修寺は宇都宮成綱（永正十一＝一五一四年没）などの保護を受け、(27)塩谷孝綱からは亡父宇都宮正綱の菩提のためとして、永正十一年（一五一四）十月十四日、大内荘若色郷内簗内の地を寺領として寄進されている。

さきに、宇都宮氏およびその周辺の宗教をみた場合に浄土宗の進出についで時宗の進出がみられ、それは上三川あたりにも進出していたことを述べたが、それからすれば、真岡周辺でも高田専修寺系の浄土真宗の進出についで、時宗の進出と展開がみられたと考えてよかろう。

南北朝期になると時宗の僧すなわち時衆の広範な活動がみられる。当時の武士は、戦に時衆をともない、その時衆より死する直前に最後の十念（観無量寿経の説にもとづくもので、罪障深き凡夫でも臨終に十声念仏して極楽に往生できるとする）を受けて、極楽に往生をとげようとした。南北朝の内乱を描いた『太平記』の中にしばしば時衆が登場するが、たとえば「芳賀兵衛入道軍ノ事」にも時衆が十念を授けている記載があるので、(28)芳賀氏近辺にも時衆が存在したことが知られる。また、周知のように時衆は禅僧などと同様に戦陣の間を書簡等を持って往来する使者としての役割も果したが、興国二年（一三四一、推定）十月十六日付の法眼宣宗という人物が結城親朝に関城への援軍を依頼した書状[29]に長沼氏（芳賀郡二宮町長沼荘を本拠地とした豪族）の使節として時衆が活動していることがみられる。北関東においても南北朝期には時衆の活動がみられるのである。なお、宇都宮氏およびその周辺では鎌倉後半期以降、時宗とともに日蓮宗の展開がみられるが、真岡地域では興竜寺（荒町）が存在するものの顕著な活動を見出せない。ただ、のちの南北朝後半期に芳賀高名（応安五＝一三七二年没）が妙正寺に「むかひ宿、へいない二郎入道」知行の田畠を毎月の「御経」のために寄進していることが知られる。[30]

さきに那須雲巌寺開山の高峰顕日の弟子真空妙応が、宇都宮貞綱の保護を受けて興禅寺（宇都宮市今泉町）を建立したことを記したが、芳賀氏および真岡地域にも、この高峰の門下が進出してきていたことが知られる。芳賀高俊は正応四年（一二九一）ごろ、宇都宮の東方で鬼怒川の東岸の竹下（宇都宮市）に飛山城を築き、本拠を同城に移し、宇都宮城の守りを固めたというが、この飛山城の東北、数百㍍の台地に同慶寺を建立している。開山には、那須雲巌寺開山の高峰顕日の弟子の大同妙喆が招かれている。同寺の建立は、芳賀氏の禅宗受容の意欲を満たすものであったと同時に、新たに築かれた飛山城周辺の館として軍事的施設としての役割をも持たされたのではなかろうか。なお、同寺はのちに諸山に列せられている。[31]

やはり高峰顕日の弟子である不識妙宥は南北朝に入った康永二年（一三四三）に能仁寺（真岡市根本）を開山している。寺伝によれば、開基檀越（援助者）を足利尊氏であるとする。同寺の成立より少しのちのことになるが、永徳三年（一三八三）正月二十八日、鎌倉公方足利氏満より、鹿島神宮に対して、もとは高橋三郎の所領であった大内荘高橋郷やその他の地とともに、田井郷の地が寄進されている。[32]この田井郷のすぐ近くの根本に同寺は建立されている。あるいは同寺の地も南朝方勢力からの没収地であったかも知れないが、建立される当時には、北朝方の拠点となるような所となっていたのではなかろうか。むろん、宇都宮氏や芳賀氏などの北朝方勢力と密接な関係のもとでの建立であったと考えられる。

尊氏の開基ということもあってか、同寺は雲巌寺とならんで、五山制度の上で宇都宮氏の興福寺や芳賀氏の同慶寺が諸山であったのに対して、それよりも上格である十刹に列せられており、下野国における五山派寺院では最上位に位置した禅宗寺院であった。

このように鎌倉末から南北朝期にかけては、禅宗五山派である高峰顕日の門下の展開がみられた時期であったが、また、さきに記したように南北朝期に入っても、天台宗や真言宗を中心とする旧仏教系は依然としてその勢力を維持し、室町期に入っても同様であった。

大内荘（荘域は、芳賀町・市貝町・益子町・真岡市・二宮町にまたがる）飯貝郷の鎮守であった熊野神社に大般若経六〇〇巻が所蔵されている。この経典は応永十九年（一四一二）二月から九月にかけて数巻が書写され、ついで、その大部分が文安五年（一四四八）四月から宝徳三年（一四五一）三月ごろまで書写されている。また戦国期の天文四年（一五三五）十一月から十二月にかけても書写されている。とくに、文安五年（一四四八）から宝徳三年（一四五一）の書写が注目されるが、この写経の中心となったのは、熊野神社の別当寺であった箕輪寺（明治初期の神仏分離まで同社の別当寺であった）の尊栄律師であった。

この経典は別当寺である箕論寺の住僧が、祈禱法要を行なう時に用いるものであったわけである。そのうちの五二二巻に[33]「再興願主尊栄律師」とあり、尊栄が同経典を再備するという決意をもって書写活動を行なったことが知られる。三八六巻や三八八巻には「旦那祐円」とみえ、祐円という人物が尊栄を援助した。また、この写経活動における費用は、「十方旦那勧進」すなわち、広く多数の人びとから寄付を集めるという勧進によってまかなわれた部分もあったようである（四五七巻奥書）。宮内卿頼秀は、中村荘下中里（真岡市中字中里）において書写しており（四三〇、三六六巻）、亮慶という人物は「東真壁庄乙連中里」（同市下籠谷字中里）や「大内庄若色郷渋河村」（同上西郷渋川）において書写している（三四二巻・四八五巻）。また、益子の「長円法師」や（五九七巻）、さきの頼秀とともに「道慶・善阿弥・ひこ三郎」などの名もみられ（二二二巻）、同社周辺地域の人びとが、かかわった活動であったことが知られるのである。いずれにしても、箕輪寺の僧（おそらく天台宗系の僧）を中心とした活動であり、この地域に旧仏教系の勢力が維持されていたことを示すことがらであったとみてよかろう。

大前神社（真岡市東郷）にも大般若経が所蔵されているが、般若寺の寺伝では、もとは別当寺であった同寺が所蔵していたものであったという。同経典は、南北朝合一が成立した直後の明徳三年（一三九二）十一月六日に大江宣村が奉納したものであるが、この大江宣村については不明である。しかし、東光廃寺の本尊薬師如来（般若寺蔵）の正安四年（一三〇二）八月十六日付の胎内銘に大江氏の名がみられることから、同氏が以前からこの地域や大前神社と深い関係にあった人物であったことが知られる。なお、同経典はのちの文明十二年（一四八〇）に修理が行なわれている。たとえば一八〇巻の奥書には、「別当千妙寺法印亮禅代官十乗坊亮成修理之／文明十二庚子仲春自廿一日始修理之」とあり、千妙寺（関城町黒子）七世亮禅の代官である十乗坊亮盛が修理していることが知られる。この亮盛は、千妙寺四世亮慶の弟子で亮禅とは兄弟弟子にあたる。また、十乗坊はのちに千妙寺八カ坊と称された塔頭の一つであった。いずれにしても、戦国期に黒子の千妙寺の力が大前神社およびその別当寺にまでおよんでいたのである。[35] なお、千妙寺は文禄元年（一五九二）に宗光寺末寺一八か寺を自らの末寺であると主張するが、同年七月には、一八か寺が、宗光寺亮弁の法流を守る旨を明らかにしている。のちに、長沼の宗光寺は天正十九年（一五九一）二月下旬に下妻城主の多賀谷重経に堂宇を破壊されている。しかし、同年八月には、下野久下田城主水谷政村やその養嗣子の下館城主水谷勝俊の尽力により、寺基を長沼から久下田に移して新宗光寺が再興された。ところが慶長五年（一六〇〇）ごろには、長沼の旧地に宗光寺が建立され、末寺も旧地の宗光寺に帰属するよう宗光寺亮弁の活動もみられるが、一時は本末関係が相当に弛緩していたようである。しかし、慶長八年（一六〇三）に亮弁の招きに応じて天海が新宗光寺に入り、翌年には長沼の宗光寺に入ると、末寺一八か寺も長沼宗光寺の末寺として復帰したようである。(36) このように、宗光寺の動きがあるものの、文禄元年（一五九二）以前から、真岡地域の天台宗寺院のうち般若寺・円林寺・荘厳寺（いずれもさきの一八か寺のうち）は宗光寺の末寺であったのである。戦国期初頭に大前神社を管理した千妙寺の影響力はうすくなっている。

さて、宇都宮氏は二荒山神社の頭役等を通じて、領内の統治を円滑にしようとしたことは、鎌倉末期の「宇都宮弘安式条」成立当時以来同様であった。同祭祀が重要視されたことは、芳賀高孝が永正十一年（一五一四）十二月、成高寺に寺領を寄進した折に、(37) 諸公事免許としているが寺領百姓に対して頭役と流鏑馬銭だけは差し出すように命じているほどであることからもうかがえる。また、宇都宮氏および芳賀氏は氏家郡二四郷の在地武士を今宮神社（氏家町）の祭祀に参加させることにより、その統治の円滑化を図ろうとしたことが知られる。これらの神社祭祀には、(38) それぞれ別当寺の活動がみられたであろうから、これらの点からも旧仏教系の勢力は維持される結果となったことと考えられる。

真岡周辺における熊野御師の活動も活発であったろうことは、さきに記した熊野神社の写経にみられる繁栄からもうかがえよう。しかし、全体としては、先述したように、熊野御師の活動は鈍化し、それにかわって、戦国期以降は伊勢神宮の御師の活動が活発となり、芳賀氏も宇都宮氏との関係もあり、十六世紀前半ごろより同社御師の佐八家と密接な交流を持ったことが史料上からも知られるようになるのである。芳賀孝高は天文四年（一五三五ヵ）十一月十六日に伊勢神宮の内宮禰宜家である佐八美濃守に対して「御祓」「料紙」等の礼を述べており、[39]また、差出した年は未詳であるが、ある年の十一月十五日にやはり芳賀孝高が佐八美濃守に対して、「祓」「料紙」等の礼を述べ、伊勢神領の「栗嶋」（高根沢町栗ヶ島）の年貢分が例年どおり追納されるように約束している。[40]なお、この神領は宇都宮忠綱が寄進したものであり、天文四年（一五三五）十一月三日に宇都宮俊綱が安堵（証認）している。[41]また、のちの文禄元年（一五九二）十一月二十三日には、芳賀氏の一族で宇都宮氏の家臣である小宅高遙が伊勢神宮内宮へ最花二〇疋を進納している。ところで宇都宮国綱は慶長二年（一五九七）十月十三日に、その理由は判明していないが「御不奉公」があって（一説には朝鮮出兵に際しての軍役忌避とも）改易され、所領より追放されている。[42]その直後、国綱は命を受けて慶長三年（一五九八）三月に朝鮮半島に渡り、秀吉の二度目の半島出兵に加わるわけである。同家再興をかけての渡海であったろうと考えられるが、芳賀高武は伊勢内宮の佐八七神主に、慶長三年三月一日付の書状で、「唐入」の祈禱の礼を述べているし、[43]翌年の閏三月十一日には、宇都宮家臣の清水高信が佐八神主に対して、国綱の本領安堵がかなうようにという祈禱を依頼している。[44]これらの外にも、宇都宮氏および芳賀氏をはじめとする家臣たちと伊勢神宮内宮神主佐八家との関係を示す史料は多数存在し、その交流のほどがうかがえる。

さきに、芳賀氏が鎌倉末期に飛山城近くに同慶寺を建立し、南北朝前期に足利尊氏を開基として能仁寺（真岡市根本）が建立されて、芳賀氏および真岡周辺に、臨済宗の高峰顕日の門下が進出し、これらの寺院は五山派寺院としてくみ込まれていったことを述べたが、それから約一世紀半後には曹洞禅が進出してくる。海潮寺は永正七年（一五一〇）四月八日付の「宇都宮成綱安堵状」[45]によれば、同書状が、芳賀景高の寄進状を証認する形で出されていることが理解できるが、その宛名は宝珠庵である。したがって海潮寺の前身である宝珠庵は永正七年かそれ以前の成立という

第29図　禅系曹洞宗下野天真派略系譜

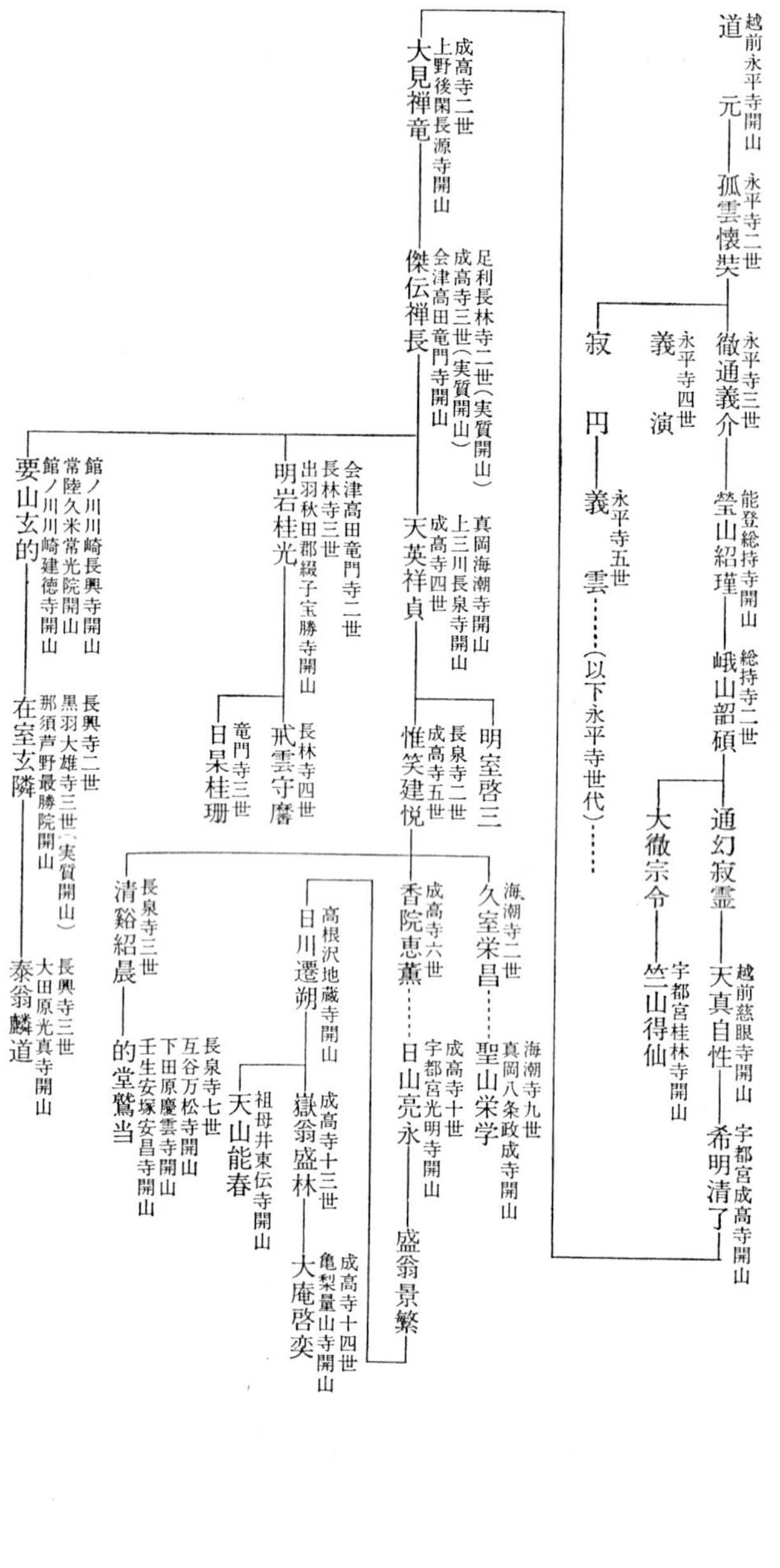

ことになる。建立された場所は、現在地ではなく、吹上（大田和）というところである。この永正七年四月八日すなわち、釈迦誕生の日に宇都宮成綱は自筆の「宝珠庵」という額字を納めている。芳賀景高の要請に応じた形で筆をとったものと考えられる。さて寄進・奉納の月日といい、その品目といい、かなりの法要が行なわれたに相違なく、お

そらく海潮寺の前身宝珠庵の成立は、この時であったものとみてよいのではなかろうか。さて、この建立された時期は、永正九年の「宇都宮錯乱」の少し前であり、芳賀氏の力が最大に伸長していた時期であり、それが、禅宗寺院建立となってあらわされたとみるべきであろう。なお、本尊が十一面観音であるので、それ以前は旧仏教系の寺院であったかも知れない。当初から禅宗であれば、本尊は釈迦如来になる可能性が強いからである。

そして開山には、成高寺四世（実質は二世）の天英祥貞（永正八年三月二十四日没）が招かれているが、これは形ばかりで、実際に同庵の運営に当ったのは、第二世の久室栄昌ではなかろうか。この久室栄昌は天英祥貞の弟子惟笑建悦（為笑見悦とも）の弟子にあたる人物である。天英が海潮寺の前身宝珠庵と直接にはかかわりあわなかったであろうことは、「日本洞上聯燈録」(46)七および「竜雲寺誌」(47)に掲載されている彼の伝記をみても、宝珠庵（あるいは海潮寺）の寺名がみられないことからもいえよう。天英は播州の出身で京都臨済宗建仁寺で出家し、奈良（おそらく東大寺）において戒を受け、上州後閑の曹洞宗長源寺の傑伝について修業しその弟子となった。文明十二年（一四八〇）に長源寺の住持となり、明応二年（一四九三）には信州佐久郡の大井氏の援助を受けて竜雲寺を開創し、同郡の正眼寺、槇島の興禅寺、長沼の妙笑寺、須坂の興国寺を開山している。明応九年（一五〇〇）八月十日に傑伝が宇都宮成高寺で死没したので葬礼のために成高寺に赴き、そのまま成高寺の住持となり一〇年後の永正八年すなわち、宝珠庵開創の翌年、三月二十四日に没した人物である。この行歴をみても宝珠庵との関連はみられないのである。形式的な開山といえよう。実際に同庵の運営に当ったのは、第二世の久室栄昌であったと考えられる。

芳賀氏は宇都宮氏の証認のもとに曹洞禅の寺院を成高寺から僧を迎えて居城からさほど遠くないところに開創したが、寺院の建立という点からすれば、それは芳賀氏だけのことではなかったのである。

長泉寺（上三川町上三川）はやはり宇都宮氏の家臣である今泉盛朝によって永正元年（一五〇四）に開創され、開山に宝珠庵（のちの海潮寺）と同様に成高寺より天英祥貞が招かれている。本尊も海潮寺と同様に釈迦如来ではなく十一面観音であることからすると、それ以前はおそらくは旧仏教系の寺院であったに相違なかろう。東伝寺（芳賀町祖母井）は宇都宮氏の一族であり家臣である祖母井吉胤が開基となり、明応三年（一四九四）に成立した寺院である。開山は天山能春（天文元年寂）という人物で成高寺一二世の日州遷朔の門弟であるとされる。成高寺の世代には不自然な点が多く、この場合にもそれがみられるが、いずれにしても成高寺あるいはその近辺の法流であるに相違なく、江戸期には成高寺の末寺になっている。なお、長興寺（矢板市館ノ川）は、さきにも述べたように鎌倉初期に浄土宗に帰依した塩谷朝業が建立した寺院であるが、長享年間（一四八七〜八九）に塩谷氏によって曹洞禅に改宗されている。開山には成高寺の実質上の開山である傑伝禅長の門弟で天英祥貞とは兄弟弟子の要山玄的が招かれているのである。

これらのことをみると、十五世紀末以降、ややもすれば芳賀氏主導のもとで受容された曹洞禅は、宇都宮氏をはじめとして、その家臣に受容されていったが、その各寺院は各氏の菩提寺としての機能を持たされたといえよう。また、宇都宮氏が保護を加える成高寺の世代や法系に連なる禅僧が招かれて宇都宮氏の同意のもとに寺院が建立されたことは、宇都宮氏としては、各自が菩提寺を持つほどに自立の意志をみせる家臣団に、逆にその寺院の建立を認め、寺領寄進を認める安堵状を与え、成高寺の末寺なり関連寺院として下位に連ねることにより、寺院建立を通じて主従関係の再確認や家中結束のテコとしようとしたのではなかろうか。自立意識の表われである寺院建立には、主従のさまざまな思惑が存在したものと考えられる。もっとも、鎌倉末期から南北朝期にかけて、宇都宮氏が那須雲巌寺系の臨済宗興禅寺を建したときに、芳賀氏が同系統の同慶寺を飛山城近くに建立しており、類似したケースがみられたが、その時とはまた少し状況が異なるようである。なお、前述したように宇都宮氏が成高寺住持が「前永平」の称号を得るための永平寺登山に一万疋もの多額の金銭を出して成高寺の権威を高めようとしているのも、家臣団が曹洞宗寺院を建立しはじめたこととあながち無関係ではないものと思われる。

さて、海潮寺は大永年間（一五二一〜二八）の初めに真岡市の現在地（田町）に移転したといわれているが、これは芳賀氏の真岡城および城下の形成と深くかかわっていたものと考えられる。また「宝珠庵」の名称は天文四年（一五三五）四月十日に芳賀高経が自筆の「宝珠庵」という額字を掲げており、この時点では宝珠庵と称していたことが知られる。(48) しかし、翌五年十月二十四日付の「芳賀建高寄進状」(49)は海潮寺に宛てて差出されており、寺名改称は天文四年四月十日から翌五年十月二十四日の間になされたといえよう。寺名を変えるほどであるから、よほどその環境に変化がみられた、と考えるならば、大永年間の移転ではなく、あるいは、天文四年から五年にかけてであったかも知れない。さきの天文五年十月二十四日付の「芳賀建高寄進状」に「大田和之郷□（宝カ）主庵免奉寄付候」とみえ、大田和吹上の宝珠庵の旧地が、移転後の海潮寺に寄進された、とみることもできよう。

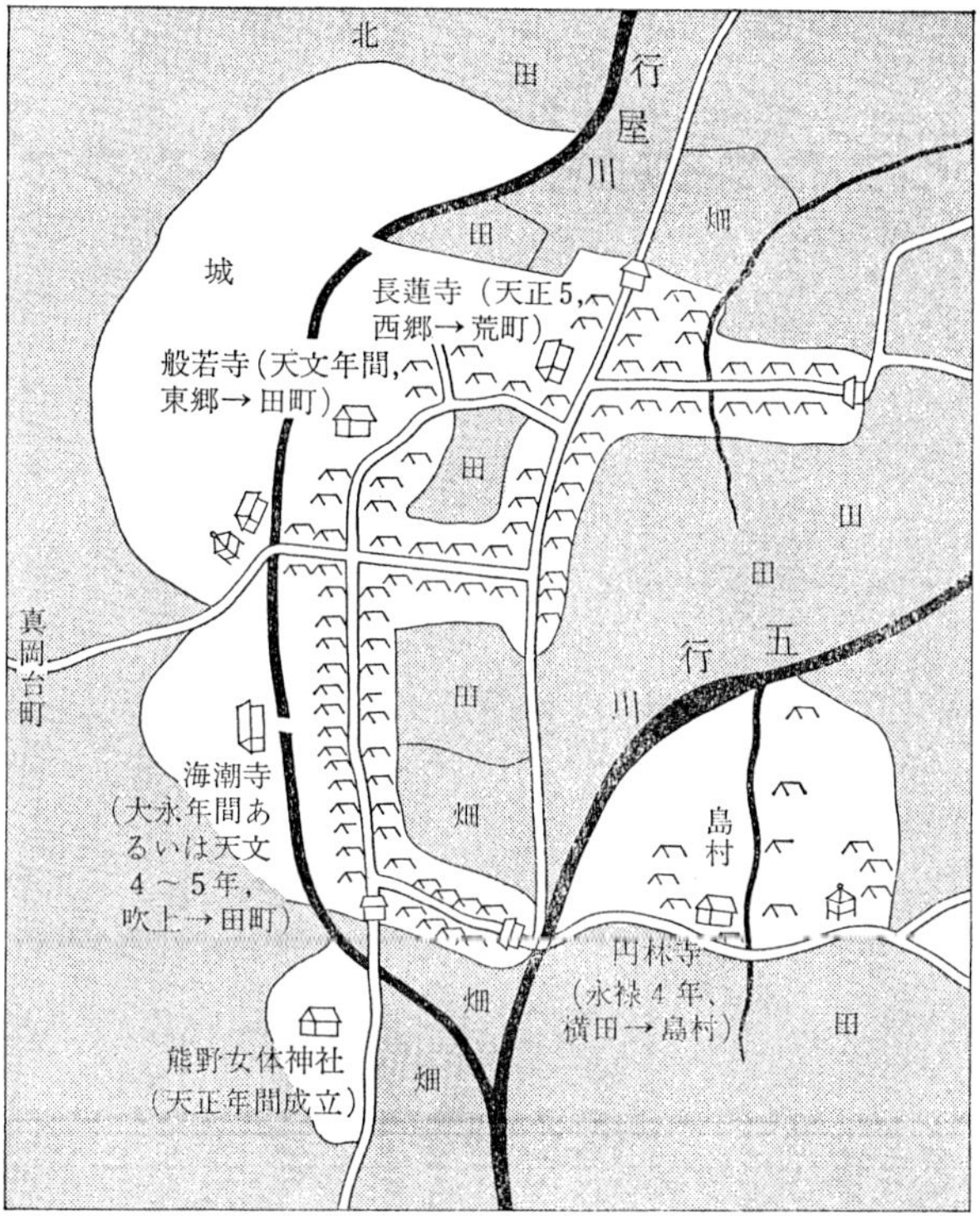

第30図　真岡城付近絵図（元禄6年「絵図」〈東郷大前神社蔵〉より作成）

大永から天文にかけての芳賀氏はつぎのような状況の中にあった。大永六年（一五二六）十二月、興綱が甥の宇都宮忠綱を撃破・追放し、宇都宮氏の当主の地位に就いた。それまで、興綱は芳賀高勝生害後の芳賀氏の当主として存在した人物であったので、大永六年十二月以降は芳賀高孝・同高経が芳賀氏の中心的地位に就くことになった。その後、宇都宮氏の重臣として権力を増し、天文三年（一五三四）以前に興綱の権力を簒奪し、天文五年（一五三六）八月十五日ないし十六日には「生害」するにおよんでいる。(50) 大永六年から天文五年ごろは、まさしく芳賀氏の権力が増大した時期であった。そのような時の真岡城の形成であり、海潮寺の城近くへの移転（と改称）であったのである。

天台宗で大前神社の別当寺でもあった般若寺が天文年間（一五三二〜五五、一説に天文元年）に、大前神社すぐ近くの古聖《こひじり》から少しばかり南西の真岡（田町）に移転している。真岡城の近く北東の位置への移転であった。やはり天台宗の円林寺は永禄四年（一五六一）に横田（あるいは物井、二宮町）から北上して五行川の流れが作った丘である島という場所に移転している。真岡城とは五行川をへだてて南東に位置している。

この二か寺の移転の場合も海潮寺の移転と同様に芳賀高定による真岡城の形成と深くかかわっていたとみてよかろう。芳賀氏の目的は菩提寺や祈禱寺、あるいは家臣たちの信仰を集める有力寺院を城近くに配することにあったが、それとともに城と関連させて、寺院を一つの郭として、一つの館として役立てようとしたこともあったものと考えられる。

寺院の移転・配置も真岡城形成の一部としてとらえるとすれば、同城の形成は十六世紀中葉前後に少しずつ行なわれていったものと考えられる。

のちの天正五年（一五七七）には、五行川を外堀に、行屋川を掘って内堀にするという真岡城の大規模な改築がなされているが、この時に久保から真岡（荒野）に移転してきたのが時宗の長蓮寺であった。長蓮寺を支えていた人びとの中には職人層や商人層が多く存在したのであろうから、これら一般民衆を城下に住まわせるための時宗寺院の移転であったと考えられる。このことからみても、前回の一五二〇年代から一五六〇年代ごろまでの真岡城の形成とは異なった大規模なものであったことが知られる。

ここで、周辺地域の成高寺・宝珠庵(のちの海潮寺)と関連する曹洞宗法系の展開をみておくと、成高寺四世で実質上の二世であり宝珠庵の開山である天英祥貞と兄弟弟子の要山玄的が寛正元年(一四六〇)に佐竹義舜の外護を受けて常光院(茨城県久慈郡金砂郷村久米)を建立している。大雄寺(黒羽町田町)は当初白旗城の東北端に却外久が大関氏の外護を受けて開山した寺院であったが、その後、大関忠増によって文安五年(一四四八)に再興され、大関高増が居城を黒羽城に移した天正四年(一五七六)に同寺も現在地に移転し、在室玄隣が住持として招かれている。大雄寺では在室を天英祥貞の弟子とし、同寺が以前に曹洞宗に改宗されたおりに住持に招かれたのは天英祥貞であるとしている。しかし、江戸初期の慶安元年(一六四八)当時の大雄寺は金砂郷常光院の末寺となっている。[51]常光院の開山は要山玄的であり、長興寺(矢板市館ノ川)の末寺である最勝院開山の在室玄隣も要山玄的の弟子となっていることから、大雄寺の在室玄隣も要山の弟子とみてよかろう。以前は長源寺(群馬県碓水郡後閑村)の末寺であった常光院あるいは長興寺などが正徳元年(一七一一)に成高寺の末寺となっているので。[52]この時に大雄寺も成高寺末となり、在室の師を天英とし、以前に同寺の住持となっているという寺伝を作成したものと考えられる。

要山玄的が建徳寺を開山し、前述したように在室玄隣が最勝院を開山している。また長興寺三世の泰翁麟道が天文十二年(一五四三)に那須七騎の一人大田原氏の外護を受けて光真寺を建立している。近世においては建徳寺・最勝院・光真寺はいずれも長興寺の末寺となっている。

天正元年には成高寺一四世(同寺の世代数は不自然な点が多いが)の大庵啓奕が千本氏の家臣鈴木重房の外護を受けて

量山寺（高根沢町亀梨）を建立している。また、成高寺三世で実質上の開山である傑伝禅長は奥州に赴き竜門寺（福島県大沼郡会津高田町尾岐窪）を開山している。同寺は近世においては末寺一一、孫末寺七か寺を持つほどに発展を遂げている。なお、ここに記した諸寺院は、桂林寺およびその末寺とともにいずれも江戸中期には成高寺の末寺か孫末寺として位置づけられている。「長林復古誌」[53]によれば、成高寺は正徳元年（一七一一）まで上野後閑の長源寺の末寺であったようであるが、この年に長源寺から離れ越前慈眼寺の末寺となっている。この折に足利長林寺は長源寺の末寺、長興寺や常光院は成高寺の末寺ということが決定されている。[54]

さきに記した那須雲巌寺高峰顕日の門下によって建立され、五山派にくみ込まれていた臨済宗寺院は、室町幕府・関東公方等の弱体化の中で、勢力を失い、同じ禅宗の曹洞宗の活動に圧倒されてしまったが、このように衰退した五山派禅院を、同じ臨済宗ではあるが、五山派とは一線を画し、地方展開を遂げた妙心寺派が改派していくという事実がみられる。まず、五山派、ついで妙心寺派、それについで曹洞宗が発展するという地域も少なくないが、北関東の場合には、妙心寺派の展開は遅いようである。

まず、能仁寺（真岡市根本）は一空宗愚によって、元和元年（一六一五）に妙心寺派に改派され、再興されている。興禅寺（宇都宮市今泉町）は、衰微していたのを宇都宮に入封してきた奥平家昌によって、慶長八年（一六〇三）に再興され、物外が中興開山となって、妙心寺派に改派されている。同慶寺（宇都宮市竹下）は寛永十年（一六三三）の「正法山妙心禅寺末寺并末々帳」[55]ではその名の記載はみられないが、寛政元年（一七八九）の「禅宗済家妙心寺派下寺院帳」[56]では興禅寺の末寺となっているので、それ以前に妙心寺派に改派されていたということになる。また、上三川の善応寺は、さきに触れなかったが、聖一国師すなわち円爾弁円の門弟の直翁智侃が元応二年（一三二〇）に上三川貞朝の保護を受けて開創された臨済宗寺院であった。直翁は、中国から帰国後に円爾の法を嗣ぎ、大友貞親の保護を受けて、豊後の万寿寺（大分県大分市新町）を開山している人物であるが、彼の出身が下野であったので、帰郷に際して建立したのが同寺であるという。同寺はその後の永正十三年（一五一六）には、今泉泰光の保護を受けて伽藍を復興させたようであるが、[57]ふたたび衰微したのか、おそらく近世初期に妙心寺派に改派されて存続したものと思われる。寛永十年の「正法山妙心禅寺末寺并末々帳」に興禅寺の末寺として記載されているので、寛永十年以前に、すでに妙心寺派に改派されていたということになる。

これまで禅宗の展開についてみてきたが、最後に、近世初頭に芳賀高継が浄土宗寺院を再興していることを記しておく。高継は文禄二年（一五九三）に寺基を寺町より現在地（宇都宮市大通五丁目）に移し、清巌寺と称し、芳賀高照の菩提を弔っている。同寺は、建保三年（一二一五）に宇都宮頼綱が「河向御室観音堂」の地に常念仏堂を造営したことに始まるという由緒をもつ寺院であった。[58]

結びにかえて

これまで宇都宮・芳賀両氏およびその周辺の宗教とくに仏教を中心としてみてきたが、つぎのようなことが明らかになったと考える。

旧仏教系が勢力を持っていたところに鎌倉初期より浄土教信仰が受容された。法然の弟子の証空（浄土宗）や同じく法然の弟子である親鸞（浄土真宗）の系統が受容され、浸透してくる。鎌倉後期以降になると時宗（時衆）の系統も受容されている。また、宇都宮氏の場合には、旧仏教系の「時衆」のようであるが、念仏する常行念仏堂さえ造営されていた。また、この時期には日蓮宗の受容もみられた。

鎌倉末期より、那須雲巌寺開山高峰顕日の門下を中心として臨済禅が両氏に受容され、進出してくる。そして十四世紀末ごろまでには五山派寺院として、五山制度の中にくみ込まれて隆盛をきわめた。室町期には、熊野御師の活動とともに旧仏教系の僧侶による写経などの活動がみられる。

戦国期に入ると、熊野御師の活動を圧倒して伊勢神宮の御師の活動が顕著となってくる。とくに両氏の場合には、伊勢神宮内宮の御師である佐八家との関係が多数の史料から知られる。

十五世紀後期より曹洞禅が受容されていく。両氏の場合でみると、芳賀氏の主導でその受容が進められていったようである。また、同宗の受容は宇都宮氏とその家臣との関係とかかわりあっていたであろうことが考えられる。とくに、宇都宮の成高寺、真岡の海潮寺の成立は、宇都宮氏とその重臣の芳賀氏との関係が深くかかわりあっていたことが知られる。

五山派禅林の衰退の中で、近世初頭に、妙心寺派が進出し、五山派寺院を改派していった。

以上のようにまとめることができると思うが、これは中世から近世初頭にかけての関東の仏教の流れの一般的な傾向としてみてよいのではなかろうか。

註

（1）「宇都宮系図」（『続群書類従』所収）。
（2）『宇都宮市史』第三巻、中世通史編、八四頁以下。
（3）『吾妻鏡』建久五年六月二十八日条。
（4）同右。
（5）『宇都宮市史』第三巻、中世通史編、三四九頁。
（6）「日助書状」（『宇都宮市史』第二巻、三〇～三五頁）。

（7）『下野国誌』（東京大学史料編纂所、明治初年）。
（8）『宇都宮市史』第三巻、中世通史編、三五七頁。
（9）時宗教学部編『重要文化財時宗過去帳』、『宇都宮市史』第三巻中世通史編、五九頁。
（10）『日光市史』上（日光市、一九七九年）九二八頁。
（11）『宇都宮市史』第三巻、中世通史編、六二五頁。
（12）市村高男「永正九年の『宇都宮錯乱』について」（『宇大史学』四）。
（13）『真岡市史』二、古代中世史料編、四四六頁。
（14）同右、四五〇頁。
（15）同右、四五〇頁。
（16）同右、四七六頁。
（17）同右、四七九頁。
（18）同右、五〇二頁。
（19）同右、五〇五頁。
（20）同右、五一二頁。
（21）同右、五二五頁。
（22）「宇都宮成綱書状写」（『真岡市史』二、古代中世編、四六〇頁）。
（23）「五重塔棟札」（同右、七〇七頁）。
（24）「大日如来座像像底銘文」（同右、七〇八頁）。
（25）「寂如願文」「侍阿弥等願文」（同右、三四三頁）。
（26）「如来堂修理料差文」（同右三二三頁）。
（27）「成綱書状」「成綱書下」（同右、四六二頁以下）。
（28）『真岡市史』二、古代中世編、三三四頁。
（29）同右、二九四頁。

(30)「芳賀高名寄進状」(『真岡市史』二、古代中世編、三四一頁)。
(31)『扶桑五山記』二。
(32)「鎌倉公方足利氏満寄進状」(『真岡市史』二、古代中世編、三四八頁以下)。
(33)『真岡市史』二、古代中世編、三八六頁。
(34)くわしくは拙稿「真岡地方の寺社」(『真岡市史』六、原始古代中世通史編、一九八七年、七六五頁)。
(35)増田俊信「真岡市内にある二つの大般若経について」(『真岡市史案内』一。市村高男「解説・第一章」(『関城町史史』料編1)。
(36)市村高男前掲論文。
(37)『真岡市史』二、古代中世編四八七頁。
(38)「今宮祭祀録」(『真岡市史』二、古代中世編七二二頁以下)。
(39)『真岡市史』二、古代中世編、五一八頁。
(40)同右、五一七頁。
(41)同右、五一九頁。
(42)『宇都宮市史』第三巻、中世通史編、五六〇頁。
(43)『真岡市史』二、古代中世編六四七頁。
(44)同右、六五一頁。
(45)同右、四五八頁。
(46)『曹洞宗全書』史伝上、八九〇頁。
(47)『続曹洞宗全書』寺誌史伝、一五九頁。
(48)『真岡市史』二、古代中世編、五一三頁。
(49)同右、五二一頁。
(50)荒川善夫「宇都宮興綱に関する一考察」(『中世の東国春』一二、一九八七年)。
(51)遠藤廣昭「久米常光院について」(茨城県金砂郷村『村史だより』六)。

(52) 同右。
(53) 『続曹洞宗全書』寺誌・史伝。
(54) 註(48)に同じ。
(55) 『江戸幕府寺院本末帳集成』上、二〇六頁。
(56) 同右下、一二一三頁。
(57) 『下野国誌』七。
(58) 「芳宮山縁起」(『真岡市史』二、古代中世編七五四頁以下)・「浄土宗寺院由緒書」(『増上寺史料』六)。

第七節　下総結城地方における禅宗の展開

はじめに

前節で、宇都宮・芳賀両氏周辺の宗教について検討を加え、関東における仏教史の流れを概観し、その中に禅宗の展開を位置づけた。そこで本節では、宇都宮・真岡の近隣の下総結城およびその周辺の禅宗の具体的な展開について論述してみたいと思う。いうまでもなくこの地域は、鎌倉期以降結城氏が勢力を持った地域である。同地域に展開した禅宗は、臨済禅・曹洞禅ともに同氏の外護を受けていた。また、戦国期には結城氏を盟主と仰ぎながらも独自の行動をとりつつあった。山川氏の外護を受けた曹洞禅が、山川地域に展開している。

結城・山川両地域で曹洞禅が顕著な発展をみせるのは戦国期であるが、その記述の前に、両地域での臨済禅の展開、および南北朝・室町期における曹洞禅の展開についてみることにする。なお記述に際しては、同地方における禅宗に関する諸事象の検出にも努めたつもりである。

一　臨済禅の進出

1　結城直光の禅宗信仰と復庵宗己の活動

「結城系図」(1)によれば、結城氏は朝光から時広までの四代は一向宗であったが、貞広は城下隣荘の小田林郷に禅法を聴聞しに行き、禅宗に帰依し、一寺を建立したとされる。禅宗信仰以前は一向宗であったという点は疑問だが、ともかく当時一般的であった念仏信仰であったと考えられる。このような中で貞広は小田林郷に禅法を聞きにいったとされるが、現在の小田林には禅寺はない。当時は禅僧が寓居していた場所が存在したのであろう。

貞広は禅宗に帰依したあとに一寺を建立したとされる。貞広の法名を正仲寺殿眼叟英清居士といったが、「結城系図」は「院号焼失」したので、後に諡したものであると記している。したがって、建立の一寺と、正仲寺は別のようである。のちの天正七年（一五七九）四月二十一日、結城晴朝が曹洞宗の乗国寺に宛てた書状(2)を見ると、「正中寺」《ママ》には住職が居ないので、乗国寺に管理を任せる、と述べている。ただ、この書状の中では「正中寺」は、「天海牌所之間」とあって、結城直光の位牌所ということになっているのである。以上のことからみると、「結城系図」にみえる貞広の建てた一宇は焼失し、のちに（直光の時代あたりであろうか）創建された正仲寺を貞広の寺号としたのではなかろうか。そして天正年間ごろには、貞広の牌所というよりも、直光の位牌を祭ってある寺として認識されるようになってしまっていたものと考えられる。正仲寺は曹洞宗の乗国寺に管理を任せられているが、建立の時期が、もし、直光の時代であったならば、進出の早かった臨済宗であった可能性の方が強そうである。江戸時代末期の嘉永二年（一八四九）三月に乗国寺から藩に差し出された「御尋件之御答書」によれば、正仲寺は、以前は中村にあり、天正年間の水害により乗国寺の境内に移転し、江戸中期の貞享年間に乗国寺が焼失した際に、同寺も類焼し、それ以後は廃寺となってしまった。ただ位牌のみは水戸結城家により寄進された、ということである。

いずれにしても、貞広の時代すなわち鎌倉末期ごろから、結城氏の信仰生活の中に禅宗が入りこんできたとみてよかろう。

結城氏の禅宗信仰を明確に伝えるのは直光の時からである。直光は「結城系図」(3)によると、延文三年（一三五八）五月に二十九歳で頭を剃り、出家している。師は復庵宗己という入元して修行した禅僧であった。復庵宗己の語録である「大光禅師語録」に「結城中書大卿居士逆修拈香」という表題を持つ法語がある。これは、直光とその妻（原文には「藤原氏女」とある）と考えられる者が、逆修《げきしゅ》を行なった時のものである。逆修とは、生前に自分の法要を行なっておくというもので、当時、武士の間でよく行なわれていたものであった。この法語の中で直光のことを「菩薩戒弟子」といっていることから、この法要を行なう前に、復庵宗己のもとで髪を剃り、出家していたことになる。ところが、復庵宗己は延文三年（一三五八）九月二十六日に常陸の法雲寺（新治郡新治村高岡）で死没しているのである。したがって、前述したように、直光の出家が延文三年五月であるとされるから、この出家とは、復庵宗己のもとで行なわれたものであり、九月二十六日の復庵宗己の死去までの間に、逆修の法要が行なわれたことになる。直光は復庵宗己の最晩年に剃髪し、それからまもなくして、逆修法要を行なったことになる。

直光の法名を「華蔵寺殿天海聖朝居士」という。寺号は彼が弟の基光とともに建立した寺を華蔵寺というためである。道号の「天海」は誰によって案名されたか不明であるが、諱《いみな》の「聖朝」は復庵宗己によって考案されたことが判明する。復庵宗己が入元僧であることはすでに述べたが、弟子の名も中国式に考えられた。同一字を名の上字に使う方法である。復庵宗己の弟子には一曇聖瑞をはじめとして、聖治、聖澄（椎尾ロ在住）、聖広（奥州田村氏）、聖慶、聖祐（新治郡高岡に在住で小田氏と考えられる）など「聖」の字を持つ者が多い。

さきに述べたように直光は、二十九歳で出家している。その理由は明らかではないが、父朝祐を建武三年（一三三六）九州多々良浜合戦で、兄直朝を康永二年（一三四三）関城の戦いで失っている。おそらく南北朝の戦乱に無常を感じての出家ではなかったろうか。ただ、直光にとって、復庵宗己の存在は、無常を感じた自らの仏道修行の指導者というだけのことではなかった。さきにみた逆修法要で復庵宗己は、直光夫妻の現世来世の幸福を祈り、子孫家門の繁栄を祈願している。また、直光は復庵宗己に、一族の女性であると考えられる妙仙禅尼の初七日の法要を依頼している。(4) 直光は入元の経験のある高僧復庵宗己に、逆修法要や一族亡者の冥福を祈ってもらうことにより、安心を得たものと考えられる。直光の信仰は禅僧に帰依したからといって、禅のみを求めたものとはいえない。

なお、前述の逆修の法語から直光の生年が元徳二年（一三三〇）であることが知られる。逆修の法語に「庚午本命元辰」とみえ、直光の生年が庚午の年、すなわち元徳二年ということを示している。どの系図も六十七歳での死没は一致するから、没年は応永三年（一三九六）ということになる。

華蔵寺の開山である復庵宗己とはどのような人物であろうか。彼は常陸小田氏の出身であるとされるが、宮家氏、羽生氏、あるいは佐竹氏ともいわれる。(5) 延慶元年（一三〇八）に入元し、天目山の中峰明本に参じ、その法を嗣いだ。中峰の没後も、その塔（墓）を守っていたが、その後帰国し、出身地に帰った。小田治久の外護を受けて楊阜庵を建立し、建武二年（一三三五）中峰の十三回忌に際し、正受庵と改名し、その法恩に酬いた。(6) 暦応元年（一三三八）には、上総二階堂氏の招きに応じて上総に赴き、二階堂行応禅門（時元）の十三回忌に際して、円照寺（千葉県夷隅郡大多喜町小沢又）を開山している。(7) このころ、小田氏は北畠親房を小田城に迎え入れ、南朝方の拠点として活動したが、暦応四年（一三四一）、高師冬に降り、北朝方に与した。北畠親房は大宝城・関城にて戦ったが利あらずして、康永二年（一三四三）関城が落ちたことにより、吉野に引き揚げてしまった。復庵宗己は康永三年、正受庵の仏殿・僧堂を完成し、翌四年にはそれぞれに本尊釈迦如来像・文殊菩薩像を安座し、文和二年（一三五三）梵鐘を掛け、翌文和三年には正受庵を大雄山法雲寺と改称し、同門の古先印元を招き、仏事法要を行なっている。(8) また、この間の文和元年、佐竹義厚（篤）が父貞義の卒哭忌（百ヵ日）に常陸古内清雲寺を建立し、復庵宗己を招いている。そして、前述したように、晩年の延文三年（一三五八）五月に結城直光を出家させ、その逆修法要を行ない、九月二十六日に七十九歳で死去している。

以上のように、復庵宗己は各地の武士に招かれて、寺院の開山となっている。いま、武士との関係をみると、常陸小田氏では、治久の法雲寺だけでなく、一族である筑波別当家の禅源寺、小田孝朝の大村崇源寺・椎尾妙光寺、やはり一族である上曽氏の上曽竜門寺がある。他氏では、上総二階堂氏の円照寺、陸奥高田祐義の会津実相寺・観音寺、陸奥田村氏の三春福聚寺などが挙げられる。(9) その外に、「大光禅師語録」をみると、薬師寺公義をはじめとして、椎尾聖治居士・聖澄信女、小山大方、高岡大方、高岡聖慶禅門、完戸筑後前司などの武士や、婦人と交流があったことを知るのである。復庵宗己の結城進出は、このような広範な活動の中の一つであったのである。なお、小田氏の場合には、各地に散在する一族が、復庵を開山に招いて寺を建立していることから、南北朝の戦乱以降、緩んだ一族の団結を、復庵の活動をテコにして再編成しようとしたとみることができる。結城氏の場合には、そのようなことをうかがうことはできないが、復庵宗己が小田・佐竹など、守護クラスの武士と密接な関係にあり、「大光禅師語録」をみると、前述のように「小山大方」すなわち小山氏とも関係を持っていたことがうかがえることから、他の武士団との対立緩和に何等かの役割を果したことが考えられる。

復庵宗己は関東北西部を中心に活動し、一生涯、京都や鎌倉の五山禅林に住職として出ることはなかった。のちに上曽の竜門寺に住した漆渓秀夫の「讃復庵和尚」(10)にも、天皇・将軍の再三の招きに応じなかった様子が記されている。復庵が入元僧であり、中央の禅林にも知られた人物でありながら、一度も五山禅林に住しなかったことは、当時から、かなり知られたことであったようである。

この復庵の姿勢は、師である中峰明本の禅風を受けつぐものであった。中峰は当時、古林清茂という禅僧とならび称され、入元僧が一度は参じて、聞法する人物であった。その禅の特徴は、禅浄一致というもので、禅と念仏を兼修するというものであり、隠遁的性格を持つものであった。中峰の法をついだ人たちを、中峰が居住した庵の名（天目山中の幻住庵）を採って、幻住派と称する。この幻住派の中には、中央五山を歴住した人物もいるが、中峰の禅風に習って、地方禅林で過した人物も少なくない。復庵も、そういった幻住派を代表する一人であったといえる。

2　華蔵寺の成立と変遷

華蔵寺は開山を復庵宗己とし、開基檀越《かいきだんのつ》を結城直光とする禅寺であるが、実際にはいつ成立したのであろうか。直光は、死去する前年の応永二年（一三九五）七月、家督を譲った弟の基光とともに、華蔵寺に梵鐘を寄進している。ということは、応永二年には、すでに華蔵寺は成立していたことになる。なお、この梵鐘は『新編武蔵風土記稿』（巻一四八、足立郡一四）によれば、慶長年中、浄土宗十八檀林の一つ勝願寺（埼玉県鴻巣市）に引き移されている。同書にはその銘文が記載されているが、それによれば、華蔵寺には旧鐘があったが、小さいので大梵鐘を鋳造したということである。したがって、それまで、旧鐘が掛けられていたことになる。これから考えると、華蔵寺の成立は、応永二年より相当以前ということになりそうである。「結城系図」(11)をみると、基光が華蔵寺を建立したことになっている。これは、基光が直光から家督を譲り受けたのち、すなわち基光の時代に建立されたことを意味するものである。

復庵と同じ幻住派に属する人物で、常陸・上野・相模・武蔵など関東を中心に活動した人物に大拙祖能（中峰明本―千岩元長―大拙と次第する）がある。この大拙の履歴を書いた「大拙和尚年譜」によると、貞治六年（一三六七）に、直光が大殿を建立し、大拙を招いて、その落慶法要を行なっていることが知られる。この大殿の完成により、華蔵寺が寺としての構えを持ったとみてよかろう。復庵の没後九年であった。すなわち、華蔵寺は、すでに出家し、家督も譲ってしまった直光により、すでに死没した復庵を開山として、貞治六年（一三六七）には大殿落成の法要を行なうまでに至っていたのである。

華蔵寺二世となったのは、復庵の弟子雪庭紹融である。雪庭は常陸大村の崇源寺二世として入り、貞治五年（一三六六）から応安五年（一三七二）までの六年間、法雲寺四世として住し、華蔵寺に退き、同寺にて死去しているのである。したがって、さきにみた華蔵寺の大殿落慶法要は雪庭が法雲寺に住職している期間に行なわれたことになる。

室町幕府は、鎌倉幕府がその末期に採った五山・十刹・諸山という官寺機構を踏襲した。そして、地方の禅寺を諸山に列し、その機構の中に組み込んでいった。復庵は五山からの招きにも応じなかったが、のちの華蔵寺は、いつのころからか諸山に列せられるに至っているのである。結城氏にしても、華蔵寺が官寺の機構に入ることを望んでの結果であろう。

そして、建長寺派の時代を経て、江戸時代に入った寛永年間（一六二四〜四四）、江戸駒込の養源寺二世の無尽祖張が入ることにより妙心寺派に変り、現在に至っている。一時期は衰微していたことが想像される。なお、「大光禅師語録」の巻末の方に「雪庭和尚牌入二華蔵一之法語也」と題するものが掲載されているが、その末尾に「応永辛己九月十有四日華蔵世界聖瑞謹書」とあり、復庵の弟子である一曇聖瑞も、応永八年（一四〇一）ごろ、華蔵寺の住職であったことが知られる。また、さきにみた「華蔵寺梵鐘銘文(12)」によれば、「本守当代住持月潭□印公大和尚」とあり、応永二年（一三九五）当時は、月潭□印という人物が華蔵寺の住持であったことが知られる。現在、同寺に伝えられている歴代住職以外にも、実際には住職に就いた人物がいたことが考えられるのである。

華蔵寺は現在、塔ノ下という所にあるが、以前は同じ塔ノ下でも、現在地からみると、右前方に位置していた。そこには、近くに聯芳庵や嫩桂庵《どんけいあん》もあった。両庵とも江戸期には華蔵寺の末寺として存続し、江戸末期には無住であったので、華蔵寺が維持していたが、現在は、華蔵寺に合併されている。

結城氏は慶長六年（一六〇一）越前に移封になるが、その際、同氏と因縁の深い寺院を越前にも建立している。華蔵寺もその一つであった。

3　臨済禅と結城氏歴代

結城直光の前々代の朝祐の法名を「松源寺殿寂円月堂」といった。彼は九州博多に足利尊氏軍として赴き、建武三年（延元元年、一三三六）四月十九日、多々良浜で戦死しているので、松源寺も、正仲寺と同様、後になって、その菩提のために建立されたものと考えられる。同寺は、後の戦国時代になって、結城政勝自作の木像を安置したことから御影堂《ごえい》ともいわれるようになったといわれている。政勝のことを後松源寺殿とも称することからみて、彼の時代に同寺の復興がなされたと考えられる。ついで、晴朝の時代の松源寺は、政治的・軍事的な方面に、相当の働きをみせたようで、「秋田藩採集文書」によれば、佐竹義重や宇都宮広綱から晴朝への取り成しの依頼を受けたり(13)、芳賀高規から晴朝と宇都宮広綱との和親を仲介するよう依頼を受けたりしている。[14] 近世の同寺は華蔵寺の末寺となっており、観音町（結城市内）に現存し、御影堂として知られている。

塔ノ下にあった聯芳庵は華蔵寺と同様、復庵宗己を開山としているが、実際には、復庵の塔所、すなわち墓所であった。法雲寺からの復庵の分骨が安置されていたとされる。[15] なお、「結城御代記」には、応永三十年（一四二六）二月十七日付の結城基光から聯芳庵主に対する寄進状が掲載されている。[16]「結城系図」では、基光は応永十八年（一四一一）に死去しているが、別の本によると、基光の没年は永享二年（一四三〇）であるともいわれているので、[17] それに従えば、存命中となる。その文書の内容は、直光の菩提のための法要料、灯明料としての寄進である。これからみると、聯芳庵は、復庵宗己の墓所であるとともに、直光の菩提所的な性格を持っていたものと考えられる。真偽はともかくとしても、このような内容の寄進状があるということは、聯芳庵には、華蔵寺の開山である復庵の塔所であるとともに、開基檀越である直光の菩提所であるという性格もあったことを物語るものである。同庵は華蔵寺に属する立場にあったといえる。

塔ノ下には嫩桂庵という現在は華蔵寺に合併されている寺があった。江戸期には寺領六石を有しており、相当の歴史を持っていたことがうかがえる。しかし、成立に関する詳しいことは不明である。

直光以前の貞広の正仲寺、朝祐の松源寺、直光の華蔵寺については、すでに述べたが、それ以後では、基光を広智院殿（広智寺殿とも）、満広を瑞光院と号した。広智寺は乗国寺の幕末の記録によれば、当時、結城本郷鉄炮宿にあり、乗国寺の末寺となっていた。[18] 乗国寺に属する以前は、おそらく臨済宗系の寺院ではなかったろうか。満広の瑞光院は、その存在を知ることができない。

つぎの氏朝の法名を円通院殿藤山明永大禅定門という。ところで、江戸期には華蔵寺の末寺で、現在は同寺に合併されてしまっている寺に、円通山明英禅寺延藤庵がある。氏朝の法名と、延藤庵との間には何らかの関連がありそうである。現在、華蔵寺が所蔵する延藤庵関係の文書の中に「下総国結城覚城山華蔵禅寺末円通山明英禅寺延藤庵略縁起」がある。これによれば、延藤庵は高橋村（元禄六年以降は下野国河内郡となる）にあった。そして、華蔵寺は結城氏二代朝広が復庵に帰依したことにより建立されたものであり、延藤庵は復庵の弟子一曇聖瑞が復興し開山したものである。一曇聖瑞は高橋次郎重安の舎弟である。これにより、延藤庵は華蔵寺に属するようになった。その後、結城合戦の折には、華蔵寺をはじめ、結城氏因縁の寺は焼失したので、氏朝・持朝父子は、ひそかに延藤庵に送られ葬られた。その後、延藤庵と称するようになった、というものである。華蔵寺の檀越が広綱というのは誤りであり、この「略縁起」がどれだけ事実を語っているかは疑わしい。しかし、一曇聖瑞が高橋重安の「舎弟」であるという説や、延藤庵が氏朝父子の葬られた所であるという説には興味が持たれる。いずれにしても、氏朝の院号である円通院と深い結びつきを持つと、江戸期には考えられていた寺が延藤庵であった。

二　曹洞禅の展開と結城氏

1　源翁心昭と安穏寺の歴史

復庵の活動にやや遅れて進出してきたのが曹洞宗の源翁心昭（源翁能照とも玄翁玄妙ともいう）という禅僧であった。結城に安穏寺（鍛冶町）を開いた人物である。江戸中期に刊行された曹洞宗禅僧の伝記集である「日本洞上聯燈録」二によれば[19]、安穏寺が源翁により建てられたのは応安四年（一三七一）であり、開基檀越は結城直光となっている。この成立年代が正しいとすれば、開基檀越が直光であることは不自然ではない。臨済宗華蔵寺の大殿が建てられてから四年後のことであった。

この源翁は那須で人や鳥獣に害を与えていた殺生石を砕き、退治した禅僧として知られている。このことから、石を砕いたりする鎚のことを「ゲンノウ」というようになったというエピソードを持つほど、那須地方および、源翁の門下が力を持った会津や白河地方では親しまれた禅僧であった。源翁の伝記には種々のものがあり、記述も少しずつ異なるが、前述の「日本洞上聯燈録」の記述を中心に略歴をみることにする。

源翁は越後国萩村に生れ、同国陸上寺に入り、経論を学んだが、身を禅宗に転じて、能登国総持寺（石川県門前町、現在は横浜市鶴見）の峨山韶碩に参学し、その弟子となった。のちに、伯耆国八橋郡に行き、延文二年（一三五七）保長氏の援助を受けて退休寺を開いている。ついで下野那須郡に行き、延文五年（一三六〇）には泉渓寺（栃木県那須郡烏山町）を開き、さらに結城に来て、前述のように応安四年（一三七一）安穏寺を開山した。ここに四年居住し、弟子の大仙英仲（大仙良碩ともいう）に譲って、会津耶麻郡に行き慶徳寺を開き、永和元年（一三七五）には近くの熱塩に行き、密教寺院であった慈眼寺を示現寺（福島県耶麻郡熱塩加納村）と改称し、再興している。至徳二年（一三八五）には殺生石を退治し、その後泉渓寺をさらに興隆させ、示現寺にもどり、応永二年（一三九五）正月七日に没している。七十一歳であった。また、永享元年（一四二九）に弟子の大仙良碩により記述されたという奥書を持つ白河常在院所蔵の「源翁能照大和尚行状之記」[20]では、応安七年（一三七四）に奥州白河に来ており、翌年の二月二十日に常在院（福島県西白河郡表郷村宗中寺）を開き、翌年の永和二年（一三七六）同寺を弟子の大仙良碩に譲って会津に行き、鎌倉より黒川に移されてきた佐原義連の菩提所である満願寺に居住している。その後に景徳寺（慶徳寺）を開き示現寺を開いたように記述されており、「日本洞上聯燈録」の記載とは異なっている。しかし、いずれにしても、応安三年（一三七〇）前後には、奥州南部を中心に活動していたことは確かである、なお、「東光寺由緒記」[21]は、上記二本が奥州南部で活動していたとする時代に、佐渡において東光寺（新潟県佐渡郡赤泊村徳和）などを開いたとする。しかし、この説には少し、無理があるようである。

源翁の活躍した時期は、曹洞禅が、それまで、北陸に止っていた教線を全国的な規模にまで拡大した時であった。永平道元から四代目に当る瑩山が能登総持寺を開き、それを受けた峨山韶碩は源翁を含めた多くの門人を養育した。とくに、そのうちの「二十五哲」は全国に活躍した。したがって、源翁の結城や会津などへの進出が、曹洞宗にとって、この地方への最初の進出であったのである。

貞治五年（一三六六）十月二十日、源翁の師である峨山が死去している。門人達により葬儀が行なわれているが、源翁の名はみられない。(22)また、峨山の没後の総持寺は門人達が交替で住職を勤め、一人一派の独占を避け、その栄誉を分ちあうという輪住制が行われた。しかし、源翁およびその門人達はこの輪住制に参加していない。このことからみて、源翁およびその門下が峨山門下、すなわち、総持寺教団から除外されていたことは事実であったと考えられる。

源翁が峨山門下から排斥された理由としてよくいわれるのは、公方より能登総持寺に那須の毒石を降伏させるように依頼があったので、同寺では相談の結果、峨山の弟子である大徹宗令を派遣した。しかし、大徹は石を少し動かし、汗を流させたにとどまり、帰ってしまった。これに対して、源翁はみごとに石を破裂させた。この結果、院宣を受け、法王大寂禅師（法翁大寂禅師とも）という禅師号を受けた。しかし、このことが、総持寺教団からねたまれることになり、排斥されたというのである。(23)

源翁が、かなりの活動家であったことは、伯耆国にも奥州にも開山寺院を持つことからみてもうかがえる。また、殺生石の話や、石工達が鉄鎚のことを「ゲンノウ」と称するようになったという話から、源翁およびその門下の人達は、石工や山の民などと何等かの関係があったのではなかろうか。「源翁能照大和尚行状之記」は、「国中貴賤大工道工作レ群作レ墜、四方聚来」して、示現寺が再興されたと記しており、源翁のまわりに職人達が存在したことを思わせるのである。源翁やその門下の人達のこのような活動ぶりが形成期であった総持寺教団の歩調から逸脱するものであったのではなかろうか。その結果の擯出《ひんじゅつ》（排斥）であったと考えられる。

源翁は、さきに述べたように応安四年（一三七一）に、結城直光の外護により、安穏寺を創建している。どのような経過で、源翁が結城に来て、直光の外護を受けるようになったかは不明であるが、源翁が関東に来てから一〇年も過ぎるころになると、相当に知られるようになっていたので、それを直光が招いたのであろうか。また、伯耆国から、関東・奥州へと進出してくるくらい活動家であった源翁のことであるから、この地方の有力武士であった結城の外護を受けて、寺を創建し、拠点を作ろうとしたとも考えられるのである。

「日本洞上聯燈録」二の源翁の項では、四年安穏寺に住し、弟子大仙英仲（大仙良碩とも）に譲り、会津に行ってしまう。ところが、「源翁能照大和尚行状之記」によれば、白河郡の常在院は、「白川城主」により、三〇貫の地の寄進を受けて創建されたという。そして、その後を、やはり、弟子の大仙に譲り渡しているのである。このことからみて、関東の結城・大仙と奥州白河の結城・大仙との間に何等かの関連があるのであろうか。あるいは、大仙という人物が、両結城氏と関連があり、源翁は、その縁によって、両地に寺院を創建するまでに至ったのかもしれない。

源翁のあとを受けて安穏寺に住職したのは大仙英仲であった。彼の没年は長禄二年（一四五八）三月二十六日であるから、源翁の死後、六三年にもなる。白河常在院の二世にもなっているから、断続的ではあったろうが、長年にわたって安穏寺を経営したことであろう。

大仙の没する四年前の享徳三年（一四五四）十月二十三日、結城成朝から多賀谷朝経へ宛てて書状が出されている。(24)この内容は、安穏寺跡（寺領のこと）のことは大仙英仲和尚の門下によって、受けつがれるとのことであるので、その土地の寄附を認める。万一、律院などが再興されようとしても、そこは禅宗を繁昌させるための土地として認めたところなので、そのようなことは許さないというものである。これによれば、安穏寺はもと律宗の寺院であった可能性が強い。そして、大仙英仲の晩年まで、若干ではあろうが、その律院が再興されるような動きもあったことが知られる。これは、大仙の住職している間に結城合戦があり、以後、同寺の経営が細々としたものであり、律院にもどってしまう可能性もあったほどの禅院であったことを意味している。この文面をみると、たとえ、源翁の時代の創立であったとしても、安穏寺が禅宗寺院として認識されるように整えられたのは大仙英仲の時代、しかも晩年になってからの可能性が強いと考えた方がよさそうである。結城合戦後の結城氏の旧領回復活動の中で安穏寺もその体裁を備えていったのではなかろうか。

前述の古文書から、もう一つ注目されることは、安穏寺が、結城氏の重臣と考えられる多賀谷朝経の外護を受けていたということである。

多賀谷朝経は、さきの文書でみたように、結城成朝に安穏寺領安堵の許可をえたあとの十二月十一日、常陸国下妻庄内の陰沢郷（下館市嘉家佐和）を、やはり、結城成朝の承認のもとで、安穏寺に寄進している。(25)さらに、翌年十月七日、下妻庄内古沢（下妻市古沢）の地を、薗新左衛門の菩提のために寄進しているのである。(26)なお、多賀谷朝経は、康正二年（一四五六）七月二十日には下妻の光明寺へ三貫五〇〇文の地を寄進し、(27)寛正六年（一四六五）には小山寺（岩瀬町富谷）へ三重塔を寄進している。(28)したがって、多賀谷氏の安穏寺への寄進は、同氏の力を示した一連の動きの中の一つであったようである。

ついで、安穏寺は結城成朝からも寄進を受けている。まず、長禄元年（一四五七）十二月二十九日に結城郡上高橋郷を禅智の菩提所として寄進を受け、(29)翌年十一月二日にも一〇〇貫文の地の寄進を受け、(30)寺領の違乱を停止する内容の

安堵状を受けている。(31)

その後、五世高庵嘯岳（延徳三年五月十二日没）の時代にも、多賀谷氏の外護を受け、ある年の九月八日、多賀谷氏家から寺領の寄進を受けている。さらに、明応元年（一四九二）十一月八日、多賀谷朝泰から、養父氏家の菩提のために下条の延島郷内堀内二〇〇〇疋分を寺領として寄進されている。このように安穏寺は、十五世紀後半には、結城氏の保護もさることながら、むしろ多賀谷氏の強力な援助を受けていたことを知るのである。

安穏寺における源翁派の力は、十六世紀前半期に衰えたようである。かわって同寺に進出したのが了菴派である。安穏寺は七世まで源翁派であるが、八世の伝葉全迦（禅迦とも）は、了菴派の人物で、永正寺（のちの孝顕寺）の三世であった。これは、源翁派の力が衰えたのに加えて、了菴派が進出し、結城政勝が同派の永正寺三世の伝葉全迦、乗国寺四世の信及前豚に参禅したことによる。(32)政勝が了菴派に強力な援助を加えた結果であると考えられる。安穏寺の八世には伝葉全迦の弟子である伝室存的が入っている。

結城政勝が安穏寺へ宛てた某年十二月二十六日付の書状(33)によると、彼は伝室存的と入魂の間であり、自分の安穏寺殿大雲藤長居士という位牌を仏壇の片隅に立て、「某《それがし》寺と存候」と述べ、なかば自分の寺と決めていたことが知られるのである。この書状には年号が記されてないが、自分の位牌を立てるほどであるから、すでに出家し、有髪僧となった後のことであることが知られる。彼が出家したのは弘治三年（一五五七）八月吉日であり、没したのは永禄二年（一五五九）八月朔日であるから、(34)この書状は、その間に出されたことになる。ここに、安穏寺は了菴派の寺となり、政勝の菩提所となったのである。そして、それとともに、以前に存在した多賀谷氏との関係も過去のものとなったことであろう。なお、多賀谷氏は家植、ついで子の家重が下妻において自立してゆく中で、すでに結城乗国寺から少伝宗誾という人物を招いて多宝院を建立している。政朝は天文三年（一五三四）、山川尾張守に命じ、平塚某をして多賀谷領内を侵略させている。ついで、天文六年（一五三七）には、古河公方晴氏の援軍を得て、小田政治と結城攻撃を企てていた多賀谷家重を逆襲している。このように、多賀谷氏が結城氏と対立するほどに独立してゆくにつれて、安穏寺への援助は薄れ、政朝の菩提所として再建されたといえよう。

寺領としては、高橋郷の存在が、某年七月二十一日付の政勝の書状により知られる。(35) 長禄元年（一四五七）結城成朝により寄進された下総国結城郡上高橋郷の寺領が継承されてきたものと考えられる。この高橋郷の寺領は晴朝の時代になっても同様であった。(36)

安穏寺は結城晴朝からも保護を受け、前代の政勝の牌所であったとともに某年五月二十九日には朝光以来の過去帳も納められ春秋の彼岸会および盂蘭盆の供養を行なっていた。(37) それとともに結城家の祈禱所は真言宗の釈迦堂（慶福山満福寺密澄院）であったが、(38) 安穏寺においては晴朝の吉凶をも占っていたことが知られる。(39) 常に死に直面していた武士に対して禅による人生への指導にも増して、葬儀、先祖の供養、吉凶の占いを行なうことが、当時の禅宗寺院の任務であったのである。

結城秀康からは、天正十八年（一五九〇）十月十二日、下坪山に五三石を寺領として寄進されており、のちの慶長元年（一五九六）一月二十日にも、結城本郷内に五三石を宛行うという黒印状を受けている。近世の安穏寺は、この五三石の寺領をもって経営されていったのである。

2　乗国寺門派の発展

「結城系図」によると、結城合戦により嘉吉元年（一四四一）四月十六日、二十一歳の若さで戦死した持朝の法名を福厳寺殿聖雄天英大禅定門という。(40) しかし二十一歳で死去した持朝が生前から寺院を有し、寺号を名乗っていたとは考えられないので、後になって付けられたものと考えた方がよさそうである。乗国寺の「寺伝」によると、同寺は、もと三国山福厳寺といい、結城合戦後の宝徳元年（一四四九）、持朝が松庵宗栄を招いて建立した。また、鬼怒川と田川に左右を挾まれた常陸・下野・下総の三国の境に創立されたことから山号を三国山とした、ということである。[41] しかし、持朝の建立というのは誤りで、死去した彼のために建立されたということであろう。

ところが、結城合戦の時には、すでに福厳寺が存在していたことが、「上杉家文書」から知られるのである。これは、永享十二年（一四四〇）九月二十六日付で、足利義教が結城合戦における長尾実景の戦功を賞した書状である。その中に「於二結城館福厳寺口一」[42]とみえ、結城館（城）には「福厳寺口」という出入口があったことが知られるのである。つまり、城から福厳寺の方へ通ずる出入口が「福厳寺口」と称されたに相違ない。ということは、当時、福厳寺という寺が現存したか、すでに廃寺となっていたとしても、以前には存在したことになる。反結城方の人びとが用いているほどであるから、「福厳寺口」という地名は、かなり以前から存在したことになる。とすると、その分だけ福厳寺も古くから存在したことになるのである。

以上のことを考慮すると、福厳寺という寺は結城城から福厳寺口を通って、その東方（宮ノ下庚申塚付近）に存在したが、結城合戦の折か、それ以前に無住となり、寺も廃寺同然になっていたのではなかろうか。それを、結城合戦後の宝徳元年（一四四九）ごろから松庵が住むことになり、再興された。それを戦死した持朝の牌所とし、彼の寺号を福厳寺殿と称した、と考えるのが妥当のようである。

前述のごとく福厳寺は結城城の出入口の東方に存在したのであるが、文明十一年（一四七九）洪水にあい、寺地が流出してしまったのである。それを結城氏広が現在地の上小塙に移転し、見竜山覚心院乗国寺と改称した。氏広の法名を乗国寺殿月峰宗光禅定門というが、彼の保護によって同寺が禅寺として再興されたために、彼の位牌所としての性格を強めたものと考えられる。

乗国寺の寺領は、すでに氏広の時代に「いさこわら」（栃木県芳賀郡二宮町砂《いさ》ヶ原）に一三貫文、それ以外の地と考えられる所に二〇貫文の寺領が存在したようである。[43]また、天文十七年（一五四八）には、結城氏の家臣である多賀谷政広から、結城政勝の嫡子三九郎明朝のためであろうか、大桑郷（結城市小森付近）に畠二反一貫文の地の寄進を受けている。[44]また、天文五年（一五三六）には、すでに、氏広のうばから五貫文の地を受けていたことが知られる。[45]それに、政勝の時代、すなわち、十六世紀なかばごろには、岩上刑部少輔から小塙郷の二貫文の地を寄進されているようである。[46]

結城政勝の寺号を、安穏寺殿、後松源寺殿と称するとともに、乗国寺では、後乗国寺殿と称している。政勝の相当の保護が行なわれたことが考えられる。

越前永平寺を開いた道元から四代目の瑩山紹瑾の弟子の峨山韶碩には多くの弟子が輩出したが、前述の源翁心昭もその一人である。同じく弟子の一人である通幻寂霊は越前の竜泉寺とともに、丹波永沢寺を開き、その弟子の了菴慧明が相模関本に大雄山最乗寺を開くにあたり、その門派が関東を中心に一大発展を遂げるに至る。そして、のちには曹洞宗最大の門派となるのである。了菴より五代目に当る松庵宗栄が乗国寺の開山となるにおよんで、結城地域に了庵派の勢力が進出することになったのである。この乗国寺の門派が、中世後半期の結城地域で、もっとも発展した門派であった。

松庵の弟子である日州幸永は、宝徳元年、結城氏の重臣である山川氏の外護を受けて、今宿のもと天台宗であった長徳院を禅寺とし、その後、長徳院三世の天祐舜貞は十六世紀前半、大木に東光寺を開いており、山川の地域へと進出している。一方、乗国寺の二世中明栄主の弟子である少伝宗誾は、やはり、結城氏の重臣であり、独立しつつあった下妻の多賀谷家植の外護を受けて、十六世紀前半に多宝院を下妻城の近くに開山している。同寺はもと旧仏教系の寺院で大串というところにあったものを移転して、禅寺としたものである。多宝院三世の祥山随貞は、多賀谷氏の重臣である桐ヶ瀬経頼の招きを受けて、元亀二年（一五七一）、桐ヶ瀬にもと天台宗であった正法寺を禅宗に改宗している。

乗国寺の三世中雄宗孚は十六世紀中期に大谷瀬の大勝寺の開山となっている。同寺はもと臨済宗であったが、衰微していたのを曹洞宗に改めたものであった。開基檀越は玉隣慶珎大姉、すなわち結城政朝夫人となっている。(47) なお、中雄の没年が天文十五年（一五四六）、政朝夫人の没年が天文十七年（一五四八）であるので、同寺の成立は、それ以前であると考えられる。ただし、現在の寺伝では、開基檀越を結城晴朝としており、正徳四年（一七一四）の没年である厳照印叢という人物が二世となっているところをみると、曹洞宗に改宗されてからも、江戸中期までは、幾度か寺運の盛衰があったことが考えられる。

乗国寺四世の信及前豚は、結城の松月院の開山となっている。開基檀越は、松月妙永大姉、つまり結城晴朝夫人である。信及の没年が元亀元年（一五七〇）、晴朝夫人の没年が天正十三年（一五八五）であるので、それ以前の成立であろう。のちに晴朝より、政勝の御廟所（いずれの廟所か不明）掃除料と松月妙永大姉への焼香料として、小田林村に高一〇石の寄進を受けたとされる。(48) また信及に帰依していた結城政勝が大谷瀬に慈眼院を創立し、天文二十二年（一五五三）、それまで、結城城内にあった初代朝光以来の結城家歴代の御廟所を、同寺に移転した。本尊は政勝が守本尊としていた観音菩薩であった。この本尊を安置した堂、すなわち、本堂ともいうべきものは、八尺四方に造られたところから、八尺堂とも称され、そこには政勝の遺骸も埋葬されたといわれる。(39) 慈眼院は中世・近世を通じて、乗国寺に属して存続したが、現在は廃寺となっており、小高い丘には結城家廟所のみが残っている。墓石は花崗岩で、墓の周

第31図　下総結城地方関係曹洞宗系譜

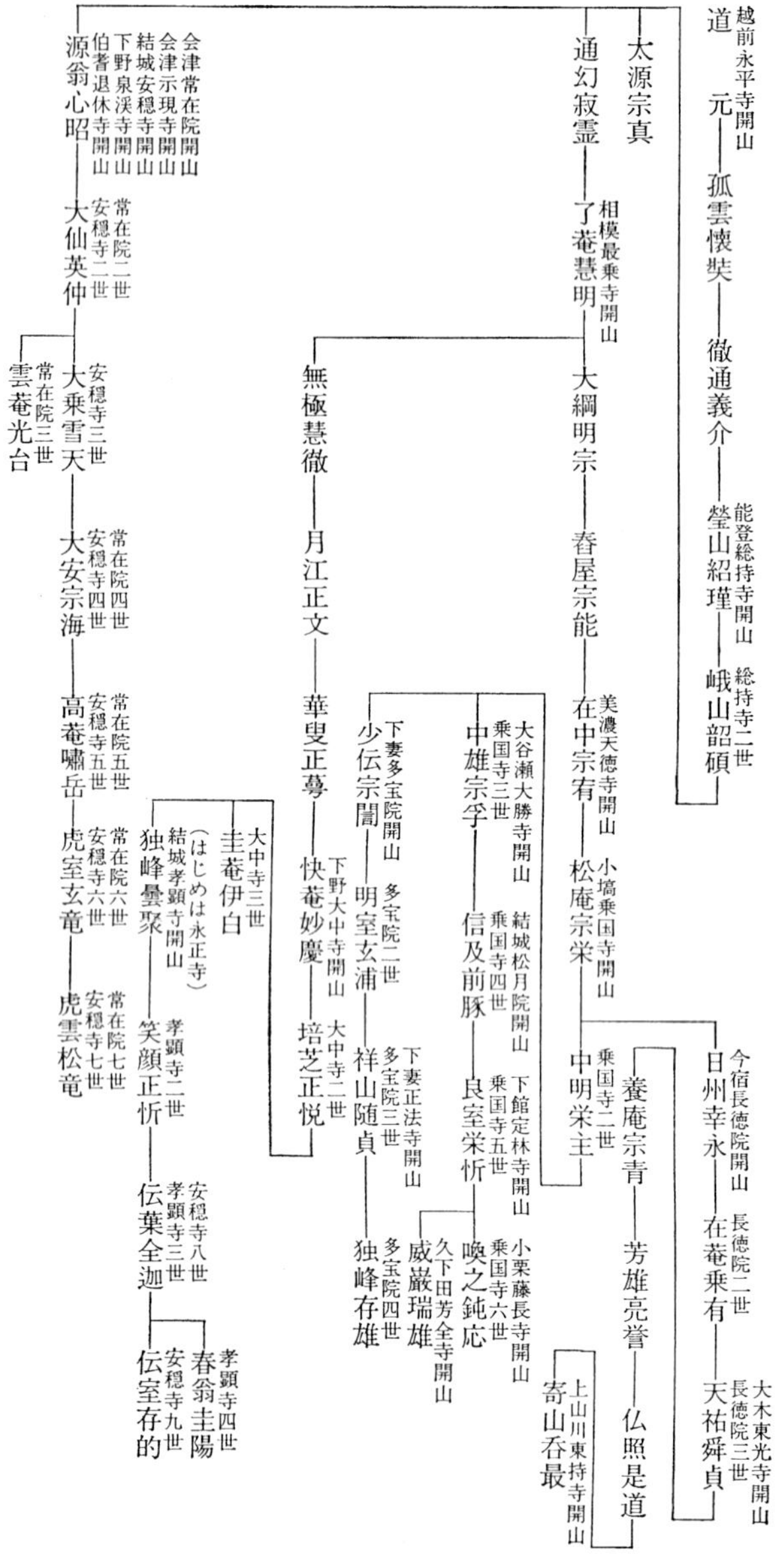

囲に堀を構える。土塁の上には玉垣がめぐらされ、塚全体には玉石が並べられている。床面には大谷石が敷きつめられていて、排水にも注意が払われており、往時がしのばれる。

乗国寺五世の良室栄忻は、結城氏の重臣で下館の城主であった水谷氏の招きに応じて、定林寺（下館市岡芹）の開山となっている。開基檀越は水谷勝氏とされるが、彼の没年が享禄元年（一五二八）であるので、十六世紀前半ごろの成立とみてよかろう。

　ついで、良室の弟子である威厳瑞雄は、天文十四年（一五四五）、水谷政村の招きに応じて、芳賀郡久下田に創建された芳全寺（栃木県芳賀郡二宮町久下田）の開山となっている。水谷政村は、結城家きっての名将であり、威厳について出家し、蟠竜斎芳全入道と号した。彼は天文十三年（一五四四）、宇都宮氏を圧して、久下田に城を築いており、芳全寺は翌年の建立であったのである。同じく、良室の弟子で、乗国寺の六世である喚之鈍応は小栗に建立された藤長寺（真壁郡協和町小栗）の開山となっている。同寺には結城政勝が開基として祭られている。小栗は、政勝が、弘治元年（一五五五）三月五日、高橋神社にその代官支配が末代まで続くように祈願しているほどの地であった。[50]したがって、あるいは、寺伝どおり、政勝みずから建立し、その支配を円滑にしようとしたものかもしれない。ただ、同寺は江戸期には芳全寺の末寺となっているので、下館の水谷氏が建立した、ということも考えられる。なお、「見竜山乗国寺門末弁曽孫末共ニ記帳」によれば、江戸期には茨城郡富谷に大雲寺（現在廃寺か）という寺が乗国寺の末寺として存在した。開山は乗国寺八世、すなわち、桂室芳嫩《どん》となっている。ところが、「結城御代記」には、前述の藤長寺とともに、政勝が開基として記述されている。あるいは、同寺も、政勝が富谷支配上の配慮から建立したものかもしれない。同寺には、天文二十一年（一五五二）に政勝が、自画像に讃をしたものが納められていたといわれる。

　以上、各寺の略歴を含めて乗国寺門派の結城地域への浸透についてみてきたが、乗国寺門派は、結城氏の重臣である山川氏、水谷氏、多賀谷氏にも受容され、多賀谷氏の家臣である桐ヶ瀬氏の外護や、水谷氏の進出に応じて建立された寺へも進出するなどして、結城周辺にその教線を張っていったのである。また、その際、真言宗や天台宗などの旧仏教系の寺院を改宗して禅寺とする場合も多かったようである。

乗国寺門派の発展の要素としては、他派に劣らない研鑽が行なわれ、結城氏をはじめとする武士団の受容に応ずることのできる力量を持った人材を生み出すことができたことが挙げられよう。乗国寺には「見竜山乗国開山松庵宗栄大和尚語録」すなわち、開山である松庵宗栄の語録の写本が存在する。この写本の末尾に写し書きされた経過をうかがわせる奥書がみられるが、一部破損しており、詳しいことは不明である。しかし、天正十九年（一五九一）二月二十七日、玉叟山定林寺（前述の下館城主水谷氏の菩提寺）において書写したものを、さらに写したもののようである。その内容は、語録、すなわち、松庵の示した言句を集録したものであるが、もう少し詳しくいうと、「代語」という形式をとるものである。この形式は、一つ一つの公案（修行者が分別・常識を払って参究悟了すべき問題）を提示し、それに対する返答を、門人達に替って自分で行なうという形を採るものである。つまり、本書には、松庵が、日ごろ重要と考えている公案（問題）に対しての模範解答が書かれているのである。したがって、本文中には、一つ一つの公案について「代」という文字が小さく書かれており、その下に松庵自身の解答が記述されている。すなわち、この「代語」をみれば、松庵の思想というものが理解できるのである。そのために、松庵の門下では、この「代語」が大切にされ、参学修行上の手引きとされたことは疑いない。本書も、乗国寺ではなく、定林寺において書写されたものであることからみても、そのことがうかがえる。乗国寺門派の人びとは、この松庵の「代語」を中心に、修行・学習に励んだことであろう。

こうした中で、乗国寺門派はすぐれた人材を出している。「結城家之記」(51)をみると、乗国寺の四世である信及前豚は、永正寺（同寺については後述）の伝葉全迦とともに、結城政勝の帰依を受けているほどである。政勝は、その影響で、「有髪僧」、すなわち、出家者となったといわれている。

さらに、乗国寺五世の良室栄忻の弟子である威巌瑞雄は、水谷政村の帰依を受け、久下田の芳全寺の開山となっていることは、前述したところである。ところで「水谷蟠竜記」[52]によれば、久下田城の政村は、天文十五年（一五四六）正月二十三日に、宇都宮氏の攻撃を受けている。しかし、政村は、これをことごとく敗退させ、その時の戦死者の遺骸を、侍と雑兵に分け、穴を二つ掘って、それぞれを埋葬している。埋葬に際しては、芳全寺の住職であった威巌を招いているが、威巌の法語について、政村も、死者への追悼の語を唱えたといわれている。政村の仏教的・禅者的素養は、威巌の指導に因るところ多大であったとみてよかろう。このような、威巌と政村の関係や、政村の言動をみるとき、威巌の力量は、結城家の有力な武将の一人であった政村の要求に十分堪えうるものであったといえる。

松庵以降も乗国寺門派は信及や威巌などの人材を輩出したことにより、結城地域に発展を遂げることができたのである。

3　結城政勝と宗教

政勝は安穏寺殿という寺号を持つとともに、乗国寺からは後乗国寺殿、臨済宗華蔵寺からは後松源寺殿（松源寺は華蔵寺系の寺）と称されている。以前に、政勝が安穏寺に対して、相当にテコ入れを行ない、自分の師を招いて、源翁派から了菴派の寺院に改派して再興したことをみたが、他の二か寺へも、かなりの援助が施されたことであろう。このように、結城氏の祖先と深いかかわりを持った寺院を復興した政勝は、天文二十二年（一五五三）には、慈眼院に結城家歴代の廟所を移転している。それまで結城家の歴代は、それぞれの寺院に分散されて祭られていたが、ここにはじめて、歴代すべてを祭る墓所を持った寺院が創立されたのである。

政勝が、弘治元年（一五五五）、高橋神社に家門繁栄や戦勝、それに、小栗の代官支配の存続などを祈願しているように、同社は、以前から当地域を代表する社であり、結城氏もまた、祈願の社としていたことが知られる。[53]また、結城氏は釈迦堂を祈願寺としていたようである。(54)同寺が、いつごろから祈願寺となっていたかは不明であるが、真言宗寺院であるので、かなり古くからその機能を担わされていたとみてよかろう。したがって、慈眼院の成立により、結城氏は、祈願社、祈願寺、歴代の菩提寺を有するに至ったのである。それに加えて、結城氏関係の寺々が復興された。よって、政勝の時代に、いわゆる結城氏の「家の宗教」が整えられたとみることができるのである。

「結城氏新法度」（以下「新法度」と略す）第六二条(55)と第八七条(56)をみると、夏中《げ》、すなわち、四月十五日〜七月十五日までの三カ月間、僧侶が寺外に一切出ないで、修行に専心する期間は、在俗でも戒律を守るような生活をした者もあったようであり、父母の命日や、四月八日の釈迦誕生日、盂蘭盆会などの時にも、精進、つまり魚鳥などを断ち、戒を守ろうとするのが、在俗にあっても普通であったようである。

ところが、政勝は「新法度」第九四条(57)で、「孝顕の日十三日」、すなわち、父である政朝（法名を孝顕といい、天文十四年七月十三日に死没）の命日である毎月の十三日には、公の寄合を禁じ、魚鳥を断つように命じている。つまり、父の命日という家の仏事を家臣にまで行なわせているのである。しかし、政勝は、この中で、寄合をつつしみ、魚鳥を断ったからといって、父政朝が成仏するとか、地獄に落ちるとか、というものではない。他所から、結城の家臣には、気ままで、主君に服従しない者がいる、統制がとれていない、と思われたくないからである、と述べている。これからみても、政勝が、父の菩提のために規定したものではないことが理解できる。しかも、ここでは、他所に対して、結城氏の統制ぶりを示すためであるとしているが、そればかりではなかったはずである。毎月十三日、家臣が、たとえ表面上ではあっても謹慎の態度をとることによって、同家への忠誠心を新たにする機会ともなったことであろう。政勝は毎月十三日の謹慎日が、家臣および領内民心の統一に作用することをも意図していたのではなかろうか。対外的見地からだけではなく、領内政策という見地から、父の命日を用い、亡君の霊に対する家臣・領民の畏崇の念を利用したことは十分考えられることである。なお、「新法度」第一二条(58)には、証拠がない事件は、神慮によって、無罪か有罪（斬刑）かを決定するとしている。これによれば、神判、すなわち、占いに近いような方法で、無罪か死刑を決定していたことになる。証拠がなく、決着がつかない事件に対して、神慮の名において裁き、周囲をも納得させ、支配者としての面目を保ち、治安を保つという方法を採っているのである。このような方法は、結城氏だけのことではなく、当時においては、かなり一般的な方法であった。したがって、当時の習慣を「法度」に採用したとみることができるが、いずれにしても、結城氏が家臣や領民の持っていた神への畏敬の念を用いた統治方法であったといえる。

宗教的習慣を統治に用いた政勝は、逆に家臣が寺院と結びつくことを警戒している。「新法度」第三〇条(59)で公界寺《くがいじ》（特定の檀越、保護者を持たない寺）を、自分が建てた寺のように、子や兄弟を置いて、何かとさしでがましいことをすることは、まことに「腹筋痛き事」である、と否定しており、寺の事は寺奉行以外の者が結城氏に取り次いではならない、と述べている。さらに、第八七条(60)でも、公界寺に子供・兄弟を置くのは、それが無能な者でも、住職にしてしまうという意図がみえすいていて、まことに誤った考え方である。般若心経の一巻も読めるようにでもなれば、奇特な尊い僧よなどといいたてて、褒めることはまったくおかしなことで、あさましい限りである。われわれのような俗人でも、仏教に関する一通りの知識は持っているのに、教理もよく知らない者がいる。一方の檀那だけに依怙贔屓する公界僧など、何の役にも立たない。もし、公界寺の住持となることを望むなら、それに相応した能力を身につけるべきである。寺々は人びとから信仰されなくなったために、今日の廃れようをみせているのである、と強い口調で述べている。

この二か条をみると、公界寺に子供や兄弟を置き、能力のない者でも、何とか住職とし、私寺としようとする者が、かなり存在したようである。しかも、公界寺に関して、何かと結城氏にいってくる者も存在したことが知られる。そのため、寺のことは寺奉行を通じてでなければ一切受け付けないということにしたのである。公界寺を私寺化しようとしたのは、おそらく、経済的にも力のある重臣たちではなかろうか。寺によっては、免税が認められている場合もあり、寺領も持っていたから、私寺化することにより、何らかの利点を得ようとしたためと考えられる。

政勝のころには、下館の城主である水谷氏が定林寺、水谷政村が久下田に芳全寺、下妻城主である多賀谷氏が多宝院を建立しており、最有力の重臣達が私寺を持つ傾向にあったが、それ以下の家臣達の間にも、公界寺を私寺化してゆこうとする動向があった。そのために、政勝は、このような条文を設けなければならなかったのであろう。なお、「新法度」の第八八条は、(61)自分の用で、堂宮の大木を伐ることを禁じ、もし伐るような時には、かならず届け出るように、と命じている。これによれば、家臣達は堂宮の大木に対しても、何とか自分の物にしようと考えていたことが知られる。しかし、この条目のように一般的には堂宮の大木も結城氏によって統轄されており、思うようにはならなかったのである。

結城氏が寺院に保護を加えたことは、さきに述べたとおりであるが、寺奉行を置いて、統制を加えたことも事実であった。とくに、気が配られたのが、下人・下女の寺院への駆け込みであった。政勝は「新法度」第九三条で、(62)結城氏の家臣達が召し使っている下人・下女が、少しの折檻でも、寺院が多く存在するので、「寺房・道場・比丘尼所」へ走り入り、際限がない、と述べている。さらに主人が返すようにいっても、寺々は返そうとしない、それは出家としてとるべき態度ではない、主人が返すようにいってきたならば、その是非には関係なく、返すべきである、寺々の奏者は、その旨を伝え置くべきである、としている。

下人・下女は、結城氏の家臣達にとっては、雑務を遂行したり、土地をも耕作したりする重要な存在であった。したがって、家臣同士でも、下人・下女や、その子供の帰属をめぐって、争いが断えなかったことが、「新法度」の第一四条や第一五条[63]などからわかる。したがって、寺庵に走り入ることをそのままにしておくことは、下人・下女の労働の上に、その生活を成り立たせている家臣達が困ることであり、結城氏にとっても都合の悪いものであったのである。

さきの条文にみえるように、下人・下女達は、「寺房・道場・比丘尼所」へ走り入ったというから、寺庵の大小にかかわらず、寺という寺に駆け込んだようである。これは、前述したように、寺庵に対して、結城氏自身が、家臣の直接の介人を禁じていたことからも知られるように、簡単には踏み込むことができないようになっていたし、寺によっては、結城氏ですら、むやみに介入できない、という伝統を以前から持っていたものもあったと考えられる。このような状況であったから、主人から折檻されたりすると、寺庵に走り入り、助けを求める下人・下女が多く存在した。しかし、寺庵の権威も、結城氏の権力が増大するにつれて、同氏に保護されることによって、はじめて保つことができるという関係にあり、同氏の力の前には屈しなければならなかったようである。しかし、それでも、下人・下女達は、寺に走り入れば何とかなるのではないか、という期待を持って、駆け込んだ者も少なくなかったのではなかろうか。このために、結城政勝も、条文を設けて、規制しなければならなかったものと考えられる。なお、「新法度」第一条[64]によれば、博奕をやって、「そら寺入」、すなわち、偽りの出家寺入りをする者もいたようであるが、むろん、そうはさせるべきではない、と述べている。この条文に、そら寺入りは「不可叶候」と、強く述べているところをみると、結城氏の力が増大していたとはいえ、やはり、寺に入れば、刑罰から何とか逃れることができると考える者がいたようである。

政勝は、寺院の特権を持ち出そうとする門前の者達に対しても強い姿勢で臨んでいる。「新法度」第三二条[65]によれば、町の木戸・門・橋が破れた場合には、侍・下人ばかりでなく、寺門前にも役銭をかけて、修理するように命じている。また、第九七条にも、[66]町々の普請、要害の堀・築地・壁の普請に際しては、寺門前の者も修理に出仕しなければならないことを規定している。たとえ、寺門前の者でも、重要な普請の場合には、夫役免除の特権を主張することを禁じているのである。

政勝当時の寺院統制の機関としては、寺奉行の存在が知られる。「新法度」第三〇条にみられるように、寺院に関するすべての事は、寺奉行を通じてでなければ、結城氏には伝達されないようになっていた。さらに、第九三条には、走り入りに関しては、「寺〳〵の奏者」が寺家中へ申し置くべきことを命じている。これによれば、寺々には、別々に奏者が存在したことが知られる。家臣と寺院との結びつきを警戒していた結城氏であったから、この奏者が家臣であったことは考えにくい。したがって、寺々の奏者は、各寺院内部の人物であった可能性が強い。結城氏は、寺奉行を置き、その下に、各寺院内部からの奏者を組込み、統制に当らせていたのではなかろうか。

「結城系図」によれば、政勝は禅を「参得」してからのちは「一生不犯」であったという。すなわち、禅を会得してからは、仏戒を犯すことなく過したというのである。この禅は「結城家之記」[67]によれば、曹洞禅で、永正寺（のちの孝顕寺）の伝葉全迦、乗国寺の信及前豚に参禅したものであった。また、後松源寺殿の寺号を持つように、臨済禅に対しても、相当の素養を身につけていたと解すべきであろう。

「結城御代記」によれば、天文十八年（一五四九）八月二十一日、天文二十一年（一五五二）月日未詳、天文二十二年（一五五三）七月二十四日に、自讃の自画像を作製している。そして、これらは、孝顕寺（当時は永正寺）・大雲寺・松源寺に納められたという。また、死去する二年前の弘治三年（一五五七）八月には、自分の像を彫刻しており、自讃の自画像をも作製している。「結城家之記」「結城系図」の両書によると、木像は松源寺に納められ（このことからその像を安置する堂を御影堂といった)、画像の方は、どこに納められたかは不明であるという。いずれにしても、その行ないおよび自讃の内容をみるに、禅僧に勝るとも劣らないものがある。自讃の中では、「半僧半俗」「非僧非俗」の言句がみられ、自ら「有髪僧」と称してはいるが、世間の僧侶にも劣らぬ気力が、その行間から読みとれるのである。

では、何故に、政勝が仏教ひいては禅に、これほど深い素養を身につけることになったのであろうか。政勝は「新法度」第六二条で[68]、あまりにも細かなことをいうと思うであろうが、と前置して、家臣達の寄合には、菜三、汁一、酒は好きな者に対しても飯椀に一杯、と定め、亭主の立場としては勿体ないと思いながらも、表の垣に吐くほど、飲め飲めと客にすすめるようなことはするな、と誡め、倹約・質素な生活ぶりを求めている。それに、前述したように、父の命日には、寄合や殺生を禁止し、力量不足の僧侶が寺院の住職になることを批判し、家臣達が領内寺院に子弟を住職として送り込もうとすることを警戒しているのである。このように、「新法度」をみても、結城氏の支配が宗教、とくに仏教と無縁では成立しえなかったことを物語っている。「新法度」の遵守を命ずる領主政勝自身が相当な人物でなければ、その実効性を少ないものにしたことであろう。このような「法度」を定める領主自身が、率先して実行できうる人物でなければならなかったはずである。このような領主の条件は、この「法度」が制定される以前以後を問わず、領内支配のためには必須のものであったに相違ない。領主が以上のような条件を満たすためには、仏教の素養を身につけ、僧侶にも劣らないほどの生活ぶりを示す以外にはなかったのではなかろうか。戦国の世に生きる自分個人の安心を得るための仏教・禅ではあったであろうが、それとともに、領主の立場としても仏教への深い素養が必要であったのである。それには有能であることを世間で自然と認める仏僧を指導者とする必要があった。そこで、近くに存在した禅僧が、その要求に答えることになったのではなかろうか。結城氏ばかりでなく、地方の領主が、曹洞禅をはじめとする地方の禅林、すなわち、林下の禅を受容していった背景には、このような理由が存在していたものと考えられるのである。

4　孝顕寺の歴史

了菴慧明が、相模国関本に大雄山最乗寺（南足柄市大雄町）を開創して以来、同派の関東への進出が開始されたことは、すでに述べたとおりである。了菴の弟子の無極慧徹は、美濃国大泉に補陀寺（のちに、群馬県松井田に移転）を開創したが、弟子の月江正文は、武蔵国の小山田氏の外護を受けて大泉寺（東京都町田市下小山田町）を開き、武蔵一宮の氷川社の近くに普門院（大宮市大成町）を開山している。その弟子の華叟正蕚《かそうしょうがく》は、美濃国に竜泰寺（関市下有知）を開いているが、その他の弟子達は、関東で活躍する者が多かった。泰叟妙康は文明四年（一四七二）太田道真・道灌父子の保護を受けて、武蔵国越生に竜穏寺（埼玉県入間郡越生町竜ケ谷）を建立し、一州正伊は、上野国に長尾氏の外護を受けて白井の双林寺（群馬県北群馬郡子持村大字中郷）を開山しているごとくである。ところで、華叟の弟子の快菴妙慶は下野国に大中寺（栃木県下都賀大平町）を開山し、小山氏の保護を受けた。その弟子の培芝正悦は大中寺二世となるとともに、やはり、小山氏の外護により建立された天翁院（小山市本郷町）や、上野国の竜源寺（群馬県勢多郡粕川村膳）の開山となっている。この培芝の弟子が孝顕寺の前身である永正寺を開いた独峰曇聚である。彼は、同寺のほかに、上野国の春昌寺（館林市大字大島）や常陸国の円通寺（水戸市千波町）の開山となっており、上野国の竜源寺の二世となっている。なお、円通寺は江戸氏の外護を受けて開創されたものであった。

了菴以下、独峰までの禅僧達が関東を中心に、つぎつぎと寺院を開創していった様子をみてきたが、独峰の永正寺開創には、このような、同派発展という背景があったのである。同じ了菴派であるが、乗国寺の門派とは、また別の派の結城地域への進出であった。なお「結城御代記」によれば、独峰の弟子で、永正寺の二世となっている笑顔正忻《しょうがんしょうせき》は、結城政朝の子であるという。これが事実であるかどうか不明であるが、もし、血縁の関係があったとすれば、笑顔が師独峰を結城に招くことに大きく関与したことも考えられる。

永正寺が開創されたのは、寺伝によれば、永正十二年（一五一五）となっているが、同年八月六日付の結城政朝の寄進状がみられるので、事実であったとみることができる。(69) この時、政朝が寄進したのは、小塙前の畠五反であった。また、同年九月八月には、結城氏の家臣と考えられる安福定則から毎年五貫文ずつの寄進を受けている。この文書の中にも「然者永正寺建立成就ニ付」とあり、この寄進が、永正寺の完成に際して行なわれたものであることが知られるのである。宛名には「永正寺曇聚和尚様」とあるから、同寺は、成立当初から「永正寺」という寺名であり、開山は独峰曇聚に相違なく、寺伝どおりである。同寺二世となっているのは独峰の弟子である笑顔正忻であった。前述したように、「結城御代記」には、政朝の子であるという記載がみられるが、「政朝公御子之由」とみえ、断定を避ける表現となっている。笑顔は上野国の竜源寺や常陸国の円通寺の二世にもなっているが、それらの「寺伝」や「結城御代記」も、彼の没年を天文五年（一五三六）七月十七日とする。政朝は天文十四年（一五四五）七月十三日、六十九歳で死去しているから、もし父子であったとすれば、笑顔は父政朝が六十歳のときに、死去したことになり、政朝の十代の子であったとしても、四十代で、父に先んじて死去した、ということになろう。ただ、「結城御代記」に、父子と記されるほどであるから、少なくとも、血縁関係にあった人物でなかったか、と考えられる。

政朝は、ある年の三月二十九日、永正寺に書状を送っている。(70) これによれば、今度は宗光すなわち父氏広（文明十三年三月二十九日死去）の遠忌（年忌）にあたるので、自分も血脈を頂戴し、袈裟を着けることを許してもらいたい、と述べている。血脈とともに袈裟許容をも求めているほどであるから、この時が、はじめての血脈受納ではなかったのではなかろうか。最初に法名（戒名）を受け、血脈を受領したのは、永正寺建立に際し、開基檀越となった時点であったとみるのが妥当のようである。したがって、血脈・袈裟許容を求めていることは、再度の血脈受納であり、禅に相当通ずるようになってのことであったと考えられる。この文書の宛名は「永正寺正忻東堂江」となっている。「東堂」とは住職を退いた人物に付される称号である。したがって、この時には、笑顔はすでに、永正寺の住持を退いていたのであろうか。もし政朝と笑顔が父子であったとすると、笑顔は四十歳代ですでに住職を退いて「東堂」と呼ばれる身となっていたことになり、疑問となるところである。しかし、五山派などでは僧階の一つとして用いられており、曹洞宗においても、永平寺や総持寺への出世を済ませた人などに対して単なる尊称として用いられることもあったかも知れない。いずれにしても、この書状の内容からみて、政朝と笑顔あるいは永正寺との間が親密であったことが知られるのである。

永正寺の三世には笑顔の弟子の伝葉全迦（善迦とも）が就いている。慶長三年（一五九八）八月八日付の結城晴朝から孝顕寺宛の文書をみると、政朝（孝顕）は、夫人（玉憐）とともに、伝葉からも血脈を受けていることが知られる。(71) 政朝がもし独峰から血脈を受けていたとすれば、つぎの笑顔・伝葉と、永正寺歴代の住職から血脈を受けていたことになるのである。また、伝葉は、乗国寺の信及前豚とならんで、政勝の参禅の指導者として活躍しており、近くの源翁派の寺院であった安穏寺の八世として入り、了菴派の寺院に改めてしまったことは、さきにみたとおりである。

永正寺は、はじめ西玉岡の地にあった。現在、永正塚と称される場所である。「結城御代記」（政朝の項）によると、成立当初は地名と当時の年号を採って、玉岡山永正寺と称したが、政勝の代に、釣城山孝顕寺と改められたとされる。

政勝が「結城新法度」の中で父孝顕（政朝）の毎月の命日を領内の謹慎日としことはすでに述べたが、そのことと、孝顕寺と改称したことは関連するのであろうか。もし、そうだとすると、何らかの理由から、「永正寺殿」よりも「孝顕」の方が、政朝を想起させる法名として通用するようになってしまっていた、ということが考えられる。そして、晴朝の代に弁天島（立町）の地が寄進され、秀康によって、慶長四年（一五九九）同地に新たに建立され、天女山永正禅林泰陽院孝顕寺と改称したという。晴朝の代に移転したとされるが、いつごろ、どのような理由により移転することになったかは不明である。ただ、慶長四年春に新たに建立されたことは「結城新孝顕寺御建立之覚」(72)によっても知られる。また、前年の慶長三年八月八日付、孝顕寺宛の「結城晴朝書状」(73)によると、門前の町割について問題が起っていることがわかる。したがって、これから推量して、慶長三～四年にかけての工事は、門前の町割を含めた、新たな孝顕寺の建立であったといえる。この当時は、秀康の時代となっていた。それにもかかわらず、この「書状」によると、隠居した晴朝が、門前町割のことで出向いている。これをみると、門前町割から孝顕寺建立の一連の工事は、秀康の政策上のことであったのではなかろうか。ところが、その政策実行の過程で、孝顕寺の門前町割のことで、同寺の意向と対立するということが起った。そこで、晴朝自身が、門前町割について、寺側を説得することになったものと考えられる。

晴朝はこの「書状」の中で、「当御代」すなわち、現住職の七世舜国洞授とは三十余年間、縁を結んできたことを、どうして忘れよう、結城には諸寺家が存在するが、一生涯、孝顕寺を「憑入」るほかはない、と述べている。いかに、晴朝が、同寺を自分の寺、自分の菩提所として考えていたかをうかがうことができよう。天女山永正禅林泰陽院孝顕寺と称したというが、天女山は、寺地が弁天島であるところからきたのであろう。永正禅林は、政朝の寺号で、以前の同寺名、泰陽院は晴朝の院号、「孝顕」は政朝の法名である。同寺は、政朝の菩提所という性格を引き継ぎながらも晴朝の寺として新たに建立された。

孝顕寺は、慶長元年（一五九六）正月二十日に、秀康より、「結城領鹿窪村内」に五〇石の寺領を宛行われている。また、「結城新孝顕寺御建立之覚」によれば、文禄三年（一五九四）の冬と、慶長六年（一六〇一）の夏に江湖会《ごうこえ》（修行僧が諸方から集まり、三か月の間、厳格な禅の修行を行なうこと）が行なわれ、それぞれ五〇〇人の禅僧を集めたという。「応太守命」とあるので、秀康の援助が相当にあったようである。この江湖会は、とくに曹洞禅において、戦国大名の援助を受けて、多くの禅僧を集めて行なわれたので、教団自体の団結強化のみならず、世間に対しても、教団の存在を示すことにもなり、禅の大衆化にもなった。それに加えて、援助者である戦国大名も、多数の禅僧を集めて行なうだけに、自分の力を示す絶好の機会ともなったのである。もし、この江湖会が事実であったとすれば、秀康は、その力を内外に示したことになり、また、養父晴朝にも満足してもらえたに相違ない。ただし、慶長六年の江湖会は、秀康がすでに前年の十一月には越前国を拝領し、この年の五月には越前に入っているので、晴朝のためのものであったとみることもできる。この江湖会は、夏安居なので、四月十五日～七月十五日の三か月間であった。晴朝は八月に越前に赴いている。

以上のように、秀康の援助を受け、晴朝の寺として新築された孝顕寺ではあったが、秀康は越前に転封となり、晴朝も赴いた。したがって、孝顕寺も、福居（福井市）に建立され、時の住職であった舜国も行き、新住職となっているのである。結城の孝顕寺は、その後も、秀康のころと同様、朱印地五〇石を持して存続していった。

三　山川地域の禅寺

華蔵寺（結城市塔ノ下）には、上山川先城谷《せんきだに》から出土した板碑がある。乾元元年（一三〇二）のもので「帰依世尊」と大きく書かれている。また、東持寺（結城市上山川）には文保元年（一三一七）の板碑があり、「南無仏」の銘文を持つものである。この二枚の板碑は、いずれも山川地域に出土したものであり、鎌倉末期のものである。それに、正面に記されているものが、弥陀や弥陀三尊の種子ではない。いわゆる禅宗板碑と称されるものである。この板碑が、禅宗信仰と関係深いものであったとすれば、山川地域には、すでに鎌倉末期には禅宗が受容されていたということになる。さきに、鎌倉末期ごろから、結城氏の信仰生活の中に禅宗が入り込んでいたことが考えられることを述べたが、山川地域も同様であり、山川氏の中にも禅宗が受容されていることが想像できることになる。

山川氏が禅宗を受容したことが明確となるのは長徳院（結城市大字今宿）の成立からである。江戸末期の慶応四年（一八六八）に書かれた「長徳院開基由来書」(74)は、同寺は明応八年（一四九九）山川朝貞が同氏初代重光以来の先祖と父景貞の追福のために建立したものであるとする。しかし、山川泰氏所蔵の「山川氏系図」(75)や、長徳院所蔵の「山川氏系図」によると、景貞は朝貞の祖父に当る。したがって、朝貞が祖父景貞のために建立した寺院であるとみることができよう。また、同院が建立されたとする明応八年は、景貞の死去した年である。したがって、同院の建立は、かならずしも、この年であったといいきれないのではなかろうか。同院が、景貞のために建立されたということから、彼の死去した年を、建立の年とするようになった感じがする。ただ、同院の建立が、景貞の死去する前後であったということに相違はなかろう。同院は長徳年間（九九五〜九九九）に建立されたことから、この名がつけられたといわれ、もと天台宗であったという。また、水海道（結城市内）にあった律院を移して禅寺として再興したものであるともいわれている。詳しいことは不明であるが、同院の本尊が禅寺で一般に安置する釈迦如来でなく、阿弥陀如来であることからみても、以前から存在した寺を禅寺に改宗したことは確かであるといえよう。開山には、乗国寺を開いた松庵宗栄の弟子である日州幸永が招かれている。結城氏の曹洞宗了庵派の受容に習ったものと考えられる、結城氏の重臣の中では、最も早い受容であった。以後、長徳院は山川氏の菩提所として存続した。

東光寺（結城市大字大木）が所蔵する「過去帳」によれば、同寺の開山は長徳院三世の天祐舜貞で、文亀二年（一五〇二）に現在地から少し離れた古屋敷の地に建立されたが、三三年後の天文四年（一五三五）に現在地に移転されたとされる。また、同寺には本堂に向かって、左前方に薬師堂があるが、やはり「過去帳」によれば、その薬師如来は天文十三年（一五四四）四月に建立されたものであり、その後、代々三人の家により護持されたという。その三人とは、大木村の池田兵庫・岩崎大学・吉川内膳という人物であると記されている。同寺の成立は、今宿長徳院からの教線が大木にも拡張されたことになるが、地理的な面からみても、やはり山川氏から何らかの援助を受けたものと考えられる。

東持寺（結城市上山川）は諏訪山という山号を持つが、それは、以前は原の諏訪社の傍にあり、別当寺であったことによるとされる。現在は、よく知られているように、中世武士の館跡に所在するが、原から移転し、長徳院七世の寄山呑最が開山となり、新たに発足したのは寛永三年（一六二六）四月八日の仏誕生日からである。「寺伝」によれば、文亀三年（一五〇三）、山川朝貞の外護により開創されたという。したがって、中世においては山川氏の保護を受けていたことが考えられる。同寺の「過去帳」には、現在地に移転してからの住職世代の前に

当寺前住開山梁庵□珉大和尚禅師　永正十七庚辰歳二月初日
当寺前住二世竜室是泉大和尚禅師　永禄十二己巳五月九日
当寺前住三世哭山長誾大和尚禅師　寛永三丙寅歳四月十日

とみえることからも、中世からの存在が知られる。また、三人の名の下に「大和尚禅師」とみえ、以前の宗派も禅宗であったことがわかる。ただ、前住開山の梁庵□珉の没年が永正十七年（一五二〇）であり、前住三世の哭山長誾の没年が寛永三年（一六二六）であることをみると、この間に三人の住職では少なすぎるのではなかろうか。以前の世代は正確に伝えられていないものと考えられる。

以上みてきたように、山川氏の禅宗信仰を伝える史料は少ないが、山川地域に禅寺がいくつか存在し、同氏が禅を

受容していたことは、各寺の「寺伝」や「過去帳」の端々にうかがうことができるのである。

結びにかえて

これまで、結城地方に展開した禅宗についてみてきたが、つぎのようなことが明らかになった。鎌倉末期ごろから結城氏の信仰生活の中に禅宗が受容されるようになってきたようであるが、本格的に受容されたのは、南北朝後半期に直光が臨済宗幻住派の復庵宗己を招き華蔵寺を建立してからである。直光の法名の「聖朝」は復庵が授けたものであった。復庵は五山からの招きにも応じなかったが、のちの華蔵寺は、いつのころからか諸山に列せられた。この系統の松源寺の住持は戦国末期から近世初頭にかけて、政僧として相当の力を持ったようである。復庵の活動にやや遅れたが、やはり南北朝末期に結城氏に受容されたのは、石工や山の民などと密接な関係にあったと考えられる曹洞宗の源翁心昭であった。その後、安穏寺は結城氏とともに家臣の多賀谷氏などの外護を受けたが、結城における同門派は衰微したらしく、八世には曹洞宗了庵派の伝葉全迦が結城の永正寺（のちの孝顕寺）から入寺した。

十五世紀半ばになると、了庵派の松庵宗栄が結城城東方の福厳寺に住したが、文明十一年（一四七九）の洪水後、氏広が上小塙に寺地を移転し乗国寺と称した。この乗国寺の門派は、結城氏を中心とする山川・多賀谷・水谷各氏との間の在地領主連合関係や、多賀谷氏―桐ヶ瀬氏という主従関係に添って、この地域に発展を遂げたといえる。また、大中寺の二世培芝正悦が、永正十二年（一五一五）に永正寺（のちの孝顕寺）を建立しているが、これは、結城氏と小山氏との間の一族関係（血縁・擬制的血縁関係）に添っての展開であった。しかも永正寺二世の笑顔は結城政朝の子といわれており、一族出身の禅僧であった。

このように、曹洞宗が結城氏および、その周辺の各氏に受容された理由としては、「結城氏新法度」を作成した結城政勝にみられるように、父孝顕の命日に殺生や寄合を禁ずるなど、宗教的・仏教的なものを領内統治に利用しようとし、また、禅僧をブレーンにして活用し、自らも禅僧に近い生活を実行するなど、身辺を禅宗的なもの、宗教的なもので飾ろうとしたためであると考えられる。禅僧もまた、「代語」による問答の習得など、修行・学習に励み、そのような領主層の要求に答えうる力量を持つことに努めているのである。

註

（1）『結城市史』第一巻、古代中世史料編、六六四頁。
（2）同右、一一三頁。
（3）『続群書類従』第六輯下、系図部。
（4）「大光禅師語録」（法雲寺蔵、写本が東京大学史編纂所に所蔵されている）。
（5）「法雲雑記便覧」、「大光禅師語録」行状。なお、復庵を含めて、幻住派に対する研究では大森正且「初期幻住派の発展について――東国に於ける檀越を中心として――」（『駒沢史学』二五）があり、本論文でも参考とした。
（6）「大光禅師語録」年譜。
（7）「大光禅師語録」。
（8）「法雲末山雑記」。
（9）同右。
（10）「大光禅師語録」所収。
（11）『結城市史』第一巻、古代中世史料編、六六六頁。
（12）同右、七四一頁。
（13）同右、三〇四・三〇五頁。

(14) 同右、三〇七頁。
(15) 「法雲末山雑記」。
(16) 『結城市史』第一巻、古代中世史料編、一七七頁。
(17) 同右、六六六頁。
(18) 嘉永二年成立「乗国寺起立・別記・見竜山乗国寺門末并曽孫末共ニ記帳」。
(19) 『曹洞宗全書』史伝上、二六二頁。
(20) 『続曹洞宗全書』史伝、五二七頁。
(21) 『続曹洞宗全書』寺誌、二〇七頁。
(22) 「峨山韶碩禅師喪記」(『続曹洞宗全書』清規、一八頁)。
(23) 「源翁能照大和尚行状之記」をはじめとするその他の行状記。
(24) 『結城市史』第一巻、古代中世史料編、七一頁。
(25) 同右、七一頁。
(26) 同右、七二頁。
(27) 「光明寺文書」。
(28) 『結城市史』第一巻、古代中世史料編、七四一頁。
(29) 同右、七二頁。
(30) 同右、七二頁。
(31) 同右、七三頁。
(32) 「結城家之記」(『結城市史』第一巻、古代中世史料編、六八六頁)。
(33) 『結城市史』第一巻、古代中世史料編、七三頁。
(34) 「結城系図」(『結城市史』第一巻、古代中世史料編、六七五頁)。
(35) 『結城市史』第一巻、古代中世史料編、七三頁。
(36) 同右、一二一九頁。

(37) 同右、七六頁。
(38) 同右、六五九頁。
(39) 同右、七五頁。
(40) 同右、六七二頁。
(41) 「乗国寺起立」（乗国寺蔵）。
(42) 『結城市史』第一巻、古代中世史料編、三九五頁。
(43) 同右、一一一～一一二頁。
(44) 同右、一一二頁。
(45) 同右、一一一頁。
(46) 同右、一一二頁。
(47) 「御尋件之御答書」（乗国寺蔵）。
(48) 同右。
(49) 「御尋件之御答書」・「結城御代記」（東京大学史料編纂所本は、明治二十二年二月に松平基則蔵本を書写したもの）。
(50) 『結城市史』第一巻、古代中世史料編、六四頁。
(51) 同右、六八六頁。
(52) 同右、七三四～七三五頁。
(53) 同右、六四頁。
(54) 同右、六五九頁。
(55) 同右、一六一頁。
(56) 同右、一六五頁。
(57) 同右、一六七頁。
(58) 同右、一五四頁。
(59) 同右、一五六頁。

(60) 同右、一六五頁。
(61) 同右、一六六頁。
(62) 同右、一六六頁。
(63) 同右、一五四頁。
(64) 同右、一五三頁。
(65) 同右、一五七頁。
(66) 同右、一六七頁。
(67) 「結城家之記」(『結城市史』第一巻、古代中世史料編、六八六頁)。
(68) 『結城市史』第一巻、古代中世史料編、一六一頁。
(69) 同右、七七頁。
(70) 同右、七七頁。
(71) 同右、七九頁。
(72) 同右、七九頁。
(73) 同右、七九頁。
(74) 同右、一四三頁。
(75) 同右、七〇五頁。

第八節　曹洞禅僧の地方活動

――遠江国における松堂高盛の活動を中心として――

はじめに

従来の禅宗史研究における曹洞禅に関する著述は、門葉の発展（あるいは展開）という観点のものが多かった。そして、禅風の変化（道元があくまでも坐禅を至上のものとする純粋禅を唱揚したのに対して、後世、機関・公案禅化したこと、密教的要素を導入し、祈禱を行なったことなど）の多くは教線の拡張と相俟ってなされたもので、外護者である在地武士や民衆の要求に安直に応じた結果であり、在俗への妥協した姿、あるいは民衆化であるととらえる場合が多かった。

そこで本節においては、たんにそのようにのみとらえるのではなく、地方文化という観点からすると、禅僧達の活動は民衆の生活、とくに郷村に生きた彼等とどのようにかかわって来たかを、遠江に活動した松堂高盛（一四三一―一五〇八）という人物と、その周辺の人びとを中心に考察してみたいと思う。

なお、曹洞宗が（他の禅林各派にも言えることだが）発展を遂げた要因として、密教的要素を導入し、祈禱を通じて活動したことなどが挙げられる。しかもその多くの事例を見出すことができるのである。しかし、従来、そのような事例を列挙し、民衆化の証とすることにとらわれて、禅僧が民衆と接するのは葬儀法要を除いては、祈禱や神秘的な霊験を通じてのことが唯一であるかのような錯覚に陥るという傾向があった。しかし、彼等が禅僧であったということを軽視してはならないのではなかろうか。旧宗教勢力が行なって来たのも、あるいは持していた機能を踏襲するのみであったとは考えられない。時には宗旨的なものが打出される場合が存在したに相違ない。この点に関しても言及してみたいと思う。

一　曹洞禅の東海地方における発展

松堂は、教線の規模を全国的なものに拡大させた瑩山―峨山門下に連なる人物であるが、彼が活動することになる東海地方の曹洞禅の動向についてみておこう。

能登総持寺の峨山に参じた通幻寂霊は応安三年（一三七〇）丹波に進出し、摂津との境に永沢寺を開山している。(1)彼の門下は東海地方（伊豆中心）・関東地方（相模・武蔵中心）・九州地方（薩摩中心）・中国地方（長門・周防中心）に発展を遂げ、曹洞宗随一の勢力を有するに至っている。その通幻からは了庵慧明が輩出している。彼は応永元年（一三九四）相模関本に大雄山最乗寺を開闢している。(2)その門下は東山・関東両地方に一大勢力を有することになるが、東海地方にも進出している。主に尾張・美濃・伊豆に拠点を構えたが、美濃においては不振で、守護土岐氏の保護を受けた五山派や、その後、応仁前後より勢力を伸ばした守護代斎藤氏の外護を受けた林下妙心寺系など、すなわち、臨済禅の強力な教線の前に圧倒されている。しかし、伊豆においては、後述する曹洞禅如仲門派と勢力を二分するほどになっている。尾張には了庵の弟子天鷹祖祐が赴き、応永元年（一三九四）青生直正の外護を受けて下津城東に正眼寺を開山し、(3)その弟子天先祖命は応永七年（一四〇〇）赤津の天台宗の廃寺を興し、雲興寺として開山しているが、

その教線を拡大させるまでには至らなかった。(4)

美濃には、早く、峨山の弟子大徹宗令が進出し、長江重景の外護により、延文五年（一三六〇）今須に妙応寺を開創している。同寺も応仁年間に長江氏の勢力が衰退したこともあり、以後、不振であった。(5)

大徹の弟子天巌宗越は摂津大広寺を開いている。(6)その法嗣大寿宗彭は遠江相良荘に大興寺を開山したが、後世、末寺二十数か寺を持するに留った。(7)また豊後泉福寺を本拠とした洞巌玄鑑の弟子直伝玄賢も遠江に進出し、二俣に栄林寺を開き、天竜川に添って活動したが、さして振わなかった。(8)しかし、東海地方発展の中心は遠江であった。それは、この地に進出した寒巌派と如仲派が一大勢力をなしたことによる。まず、寒巌派からみてみよう。

永平道元の弟子とも、あるいは二世懐奘の弟子ともいわれる寒巌義尹は、瑩山門派がいまだ北陸地方に留っていた時、早く、肥後に進出し、大慈寺を拠点に、同地方に教線を張っていたことは以前に述べたところであるが、寒巌より五世代目に当る華蔵義曇が、遠江に進出するに至った。彼は、肥後飽田郡銭塘古閑里海蔵寺の梅巌義東より嗣法を許された後、諸方を周歴し、遠江引間城主吉良兵衛尉の外護を得て、正長元年（一四二八）敷智郡寺島郷に随縁精舎なるものを構えたが、その後、水難に遇い、引間城北富塚に寺基を移して普済寺と号した。(9)彼の弟子達は遠江・三河を中心として活発な活動をみせている。利山義聡は三河刈谷楞厳寺、在天弘雲は遠江入野宗源院、月窓正運は同国富塚西来院、竜沢永源は三河滝口に松平信光の外護も受けて、万松寺を開山している。東海義易は三河豊川妙厳寺、透翁義能は遠江浜松新豊院を師華蔵の跡を受けて経営しており、天翁義一は遠江貝塚福王寺、傑堂義俊は同国玄黙天林寺および三河堀切常光寺を、天碉義倫は遠江飯田竜泉寺、命天慶受は同国堀江宿薝寺を堀江氏の外護を受けて開山している。南嶺義熏は三河高松法蔵寺を開いている。誓海義本は尾張熱田神宮の近くに円通寺を、鶏岳永金は甲斐に赴いて夏狩宝鏡寺の開山となっている。(10)

華蔵の弟子達の活動は遠江西部すなわち普済寺の近辺から三河にかけてを中心に行なわれた。普済寺には一人一派が住持職を独占することなく門派下の者達が一定年限で交替するという輪住制が敷かれるが、(11)これら華蔵の弟子達の各門下は普済寺一三門派と称され、同寺興隆に尽力している。

つぎに、東海地方曹洞禅において最強の教線を敷いた如仲門派についてみよう。松堂も同派に連なるので、彼の周辺の動きについてみることになる。

如仲天誾は信濃上田の海野氏出身、(12)九歳にして伊那郡恵明法師に釈典を習い、上野吉祥寺の臨済宗大拙祖能に参じ、具足戒を受け、越前に赴いて、坂井郡御簾尾の竜沢寺開山梅山聞本の会下に投じている。(13)のちに、彼は遠江に進出し、応永八年（一四〇一）飯田に在地領主山内道美の外護を受けて崇信寺を建立、(14)同十年には近江湖北の塩津祝山に洞春庵を開いている。(15)越前竜沢寺と遠江との中継地点的役割を担っていたものと思われる。その後、奥に入った菅並に洞寿院を開闢している。同寺から少し離れた所（僧伽沢であるといわれている）に住していた真言宗の僧真巌道空が如仲と問答してより、彼の弟子となっている。(16)同寺は真巌の協力により寺勢を盛んにして行ったことが知られる。応永十八年には、ふたたび遠江にもどり、さきの飯田崇信寺より北方の寂静の地、橘谷に大洞院を開山している。(17)

如仲の門下をみると第23表のごとくである。弟子喜山は、すでに、如仲の活動中に備中に赴いており、月因は石見に進出しているが、遠江・駿河・三河に活動したものが同派の主流を占めている。遠江においては勝間田・天野・原・久野・各和の各氏の外護を受けており、駿河においては今川氏および長谷川・朝比奈氏など、その家臣の保護を受け、三河においては菅沼・戸田氏、松平宗家および竹谷・深溝・五井の同氏庶家など東部の有力国人の外護を受けて教線を伸ばしているのである。

以上、曹洞宗発展の概略を述べ、東海地方への教線拡張の模様をみ、第23表により十六世紀初期までの如仲門派の

第23表　曹洞宗如仲門派寺院開山一覧〈東海地方中心〉

番号	禅僧名	生没年	寺院名	所在地 国名	所在地 郡名	所在地 郷名	所在地 村名	檀越・助力者および備考
1	如仲天誾	一三六三—一四三七	崇信寺	遠江	山名	飯田	飯田	山内道美
			洞春庵	近江	浅井	塩津	祝山	
			洞寿院	近江	伊香	丹生	菅並	真言僧牧渓（のちの弟子真巌道空）
			大洞院	遠江	山名	衾之谷	橘谷	
2	喜山性讃	一三七七—一四四二	洞松寺	備中	小田	草壁	舟木	
3	不琢玄珪	一三八〇—一四四九	雲林寺	遠江	周智	園田	中田	
4	物外性応	?—一四五八	海蔵寺	遠江	山名	山名	堀越	今川氏
5	大輝霊曜	一三七四—一四四六	円通院	遠江	佐野	寺田	高山	僧慶本
6	月因性初	?—一四三三	永明寺	石見	鹿足	能濃	津和野	吉見氏
7	川僧慧済	一四一〇—一四七五	一雲斎	遠江	長上	野部	野部	
8	大巌宗梅	?—一五〇二	洞慶院	駿河	安倍		久住	福島氏
9	盧嶽等都	?—一四七〇	竜渓院	三河	額田		桑原	土井氏
10	崇芝性岱	一四一四—一四九八	石雲院	遠江	蓁原	神戸	坂口	勝間田氏
11	月泉性印	一四〇八—一四七〇	開元院	美濃	土岐	日吉	平岩	土岐頼元
12	石宙永珊	?—一四八七	長松院	遠江	佐野	倉真	奥野	
13	逆翁宗順	一四三三—一四八八	乾坤院	尾張	知多	英比	緒川	水野氏
14	以翼長佑	一四一六—一五〇二	永江院	遠江	佐野	大池	飛鳥	

15	行之正順	?—一五一五	大祥寺 永明寺	駿河 駿河	有度 富士	他田 原	大谷 原田	
16	賢窓常俊	?—一五〇七	真珠院 瑞雲院	駿河 遠江	廬原 山香	 領家	梅谷 堀之内	天野氏
17	回夫慶文	?—一五二四	智満寺	駿河	志太	川根	千葉山	
18	松堂高盛	一四三一—一五〇八	長福寺	遠江	佐野	幡羅	本郷	原頼景
19	聞庵道見	?—?	泉竜院	三河	設楽		大洞	のちに菅沼氏
20	春岡慧盛	?—?	長興寺	三河	渥美	大壁	大久保	戸田宗光
21	大空玄虎	?—一五〇五	浄眼寺	伊勢	壱志	民太	浅香	
22	賢仲繁哲	一四三八—一五一二	林叟院 静居寺	駿河 駿河	益頭 志太		小河 伊太	長谷川氏（のち志太郡坂本に移る） 福島氏
23	界巌繁越	一四三五—一五一〇	梅林院	駿河	益頭	朝比奈谷	桂島	朝比奈氏
24	季雲永嶽	?—一五二六	円成寺	遠江	蓁原	細江	青池	
25	辰応性室	一四四〇—一五一一	増善寺	駿河	安倍		椎尾	今川氏親
26	大有良栄	一四四八—一四九八	元性院	下野	安蘇	佐野(荘)		（のち竜雲寺と改称）
27	隆渓繁紹	一四四九—一五〇四	華厳院 修禅寺	遠江 伊豆	城飼 田方	土形	落合 修善寺	北条氏
28	盛禅洞奭	一四三四—一五一八	福厳寺	尾張	春日井		大草	西尾氏
29	大路一遵	一三九九—一五一八	可睡斎	遠江	山名	久野	久野	久野氏
30	安雪是斎		竜昌院	遠江	佐野	幡羅	岡津	各和氏（のち各和に移り永源寺と改称）

31	助岑祥佐		蔵雲院	遠江	周智	天方	大鳥居	山内氏
32	字岡祖文		字岡寺	三河	設楽		字理	熊谷氏
33	兆山岱朕		心岳寺	駿河	志太	稲葉	稲葉	正親町三条実望の母（今川氏親の姉）
34	在天祖竜		祠雲寺	駿河	志太	稲葉	若王子	
35	祖菴英彭		興徳寺	三河	渥美	幡太	吉田	石田氏
36	克補契嶷	?―(一五二三)	全久院	三河	渥美		二蓮木	戸田憲光
37	模外惟俊	?―一五四一	竜海院	三河	額田		明大寺	松平清康（のち酒井党）
			全保寺	三河	宝飯		竹谷	竹谷松平氏
38	休屋宗官		竜拈寺	三河	渥美	幡太	吉田	牧野氏
39	希声英音		本光寺	三河	宝飯	形原	深溝	深溝松平氏
40	琴室契音		永住寺	三河	設楽		裏野	菅沼定継
41	祥山慧貞		長泉寺	三河	宝飯		五井	五井松平氏

註　各寺伝、「日本洞上聯燈錄」および『遠江国風土記伝』『掛川誌稿』『参河志』『尾張志』など各地誌より作成。

同地方における活動についてみた。すなわち、松堂高盛の周辺および彼の死没直後までの曹洞禅侶の動きはおよそ、このようなものであった。ここで、松堂についてみておこう。

松堂高盛は永享三年（一四三一）遠江佐野郡原田荘寺田郷に生まれている。在地領主原氏の一族寺田氏の出身である。七歳にて郷内の日高山円通院大輝霊曜のもとで出家している。同寺は橘谷大洞院如仲に参じていた大輝が僧慶本なるものの請に応じて開創したものであった。慶本は、おそらく旧仏教系の人物であったものと思われる。当初は小規模な草庵であったらしく、大輝はその興隆に尽力していたらしい。松堂が出家するに際しては祖父道印の勧めがあったことからみて、すでに寺田氏は大輝に帰依し、円通院の檀越となっていたことが想像される。松堂は大輝没後、その弟子古山崇永に参じ、二十二歳で足利学校に赴き、儒学・詩文を習い、二十八歳で帰郷し、三十歳で、師古山より印を受け、嗣法している。三十七歳の時に古山が示寂するに及んで、円通院の跡を継いで住持職に就いている。時に応仁元年（一四六七）、まさに戦国の世の幕あけであった。(18) すでに、本章第一節の第16表で、禅僧の活動範囲規模についてみたように、永平道元下六世代、すなわち南北朝期から十五世紀前半ごろにおいては、遠隔地間を往来し、寺院を建立、開山するものが多かったが、一一世代、つまり十五世紀半ばごろになると、その活動範囲規模が急激に縮小していったことが知られる。反面、この縮小は、さきにみた如仲門派の活動の如く、より在地に根ざした活動というものを物語っているのではなかろうか。松堂も一一世代に当たる。彼は一族の寺田氏が帰依する同郷内寺院の住持に就いているのである。彼こそ、まさしく、在地と深い関係を持った典型的禅僧の一人であったと言える。

二　いわゆる民衆化の諸型態

禅僧達が各地方において活動するに際しては在地武士の援助や民衆の協力を得なければならなかった。よって、参禅指導においても彼らに親近感を持たせるような方法を用いたであろうし、種々の手段を用いて、彼らと因縁を結ぶ方法を取った。時には、宗祖道元の頃には考えられなかったような宗教的活動をもってする場合も生じたことであろう。いわゆる禅宗の民衆化と称されるものであった。以下、曹洞禅の流れと民衆化の諸型態について触れ、松堂の活動と関連して、考察することにする。

道元は臨済禅に盛んに行なわれていた、修行者に対し諸祖の言句行動を示し、それを課題とし、精神練磨させ、悟の境地に導く方法をとる禅（＝公案禅）や、悟に導くために、いくつかの段階を設け、修行者の力量に応じて公案等を与えて行く方法をとり、宇宙の事理を、いくつかの段階を設けて解いてゆく禅（＝機関禅）に否定的態度を示している。坐禅が悟るための具となり、理に陥ることを恐れたためであろう。坐禅それ自体に本来の価値を見出し、坐禅する姿こそが仏の姿であり悟であるとする「只管打坐」を唱えたのである。[19]

しかし、四世瑩山（一二六八―一三二五）に至ると公案禅・機関禅の導入がみられ、[20]その弟子峨山（一二七五―一三六五）になると、五位（中国曹洞宗の祖、洞山・曹山の唱えた機関で、中国禅林においては、この五位こそ曹洞宗を代表するものとされていたが、道元は斥けている[21]）を中心とする機関禅が表面に打出されるに至るのである。[22]以降、五位を中心とする機関禅は盛んに行なわれ、越後耕雲寺の傑堂能勝（一三五一―一四二三）と、その弟子南英謙宗（一三八七―一四六〇）により体系化が行なわれるに至っている。[23]これは、中央禅林が公案禅・機関禅を行なっていたことによる影響もあろうが、それとともに次のことが考えられる。道元の「只管打坐」という無目的な坐禅よりは、坐禅に段階を設けたり、公案を想起させ、考えさせる、いわば、はりあいのある坐禅の方が禅侶達および在俗者に対する指導教化には効果的であり、また、機関禅は事理を説くのに都合がよいと考えられたためであると思われる。

相模最乗寺の開山了庵（一三三七―一四一一）の弟子であり実妹である慧春大姉の伝記は、近世の編纂物だが「重続日域洞上諸祖伝」[24]二、「日本洞上聯燈録」四に収録されている。それによれば、彼女は容姿端麗であったが、三十歳を過ぎて、実兄了庵の弟子になるときには焼火箸を顔面に烙して、その覚悟の程を示している。また、暮年に及んでは、自から火焔裏に身を投じ「尼熱乎」の問に対し「冷熱非二生道人之所一レ知」と答えているほどの峻厳さをもって知られている女性である。彼女には、少しく卑猥と思われるような鎌倉円覚寺の僧との問答や彼女の容貌に心を動かされた僧との逸話が伝えられている。女性といえども禅僧ともなれば気骨あることを示したことは、禅僧に対して畏敬の念を起こさせるのに役立ったであろうし、また、それとともに女性が問答に登上し、しかも、卑猥な内容を持ったものであったことは、禅に対して親近感を持たせるのに力あったと考えられる。彼女の行動および逸話は了庵門下の教化方法の一端を如実に示しているものと考えられるのである。

道元の純粋禅も、五位を中心として機関禅へと変化し、卑近禅とも称されるべきものも出現するに至るのである。松堂の場合、卑近な例まで引用して、禅の宗旨を説いたか否かは知ることができないが、『円通松堂禅語録』一の「講二碧岩集一」と題するものには、

文明庚寅歳、於二円通精盧一。与二数十員之禅徒一。遂二九旬長期会一。

と文明二年（一四七〇）の「九旬長期会」（おそらく、四月十五日あるいは五月十五日より三か月間の雨期に、外出を禁じて坐禅修行に励む法会、雨安居であろうと思われる）には、数十人の禅徒を前にして『碧巌録』を講じている。これ以外にも、『円通松堂禅師語録』一には「碧岩講読後作」、同語録二は「二回判二碧巌集一畢二首」と題する詩文がある。これらからみて、『碧巌録』に掲載されている公案を中心とした機関禅をもって、教化指導に当たっていたことは想像に難くない。また、五位について「和二虎泉主翁韻一」[25]と題する中で、

和為二五章一。準二擬於吾門五位一。以指二示君臣道合上下和融之古風一。

とみえることから、真理を正位（＝君）と立て事物を偏位（＝臣）とし、君位・臣位・君視臣・臣向君・君臣合の五位を以て事理の交渉一般を示した五位君臣を以て説いていたことが知られる。この五位君臣は、在俗者の接化には、宇宙の事理を説くのに都合よく、「君臣」の語から来る親近性が大いに役立ったことであろう。また、この五位君臣から派生する「上下和融」の考え方は、在地領主を檀越としながらも、郷村における民衆とも少なからず関係を持ち（後述）、階層を超越したところに存在した松堂の立場を裏付けるものであった。と同時に、逆に、このような立場に

あり、このような考え方を根底に持する禅僧の活動は、檀越である在地領主にとってその支配を有利に展開する格好なものとなる場合が多かったと言える。曹洞宗において、五位さらには五位君臣が教化指導に用いられ、説かれた所以の一端は、以上のようなことが相互作用したところに存在したものと思われる。

さて、つぎに密教的要素の導入、諸宗教勢力、諸信仰の包含利用、それからの影響についてみてみよう。

道元の純粋禅に対して四世瑩山には機関禅・公案禅の導入がみられることは前述したところであるが、彼には密教的要素の導入もみられる。『瑩山和尚清規』(26)上には「祈禱千巻読経」・「因病祈禱」等の項目が設けられている。また、彼の能登総持寺における「中興縁起」(27)には、同寺山門に安置する放光菩薩は産生平安の霊験あるゆえに櫛比荘の妊婦は祈願すべきであると記述されている。同寺は定賢律師の協力により行基菩薩建立の観音霊験の道場を禅院に改めたものであったが、いまだ、特定の外護者を獲得していなかった。よって、放光菩薩の霊験を持ち出し、荘民の信仰を促し、同寺経営の資としようとしたことが窺えるのである。

以降、各地に進出した禅僧達は祈禱師として活動したことはむろんのこと、素朴な信仰を集めていた無住寺庵の本尊の霊験を改めて強調したり、以前より、その土地に居住する行者の助力を受けたり、各地の土地神・山神等に戒を授けて、自ら（あるいは開山）の弟子とし、伽藍の守護神としたという説話を生み出し、それを強調するなど、旧来の諸信仰・諸宗教勢力を包含・利用する型を取って行ったことは枚挙にいとまない。

如仲には近江洞寿院において、近くの白山妙理岳の山神白山妙理権現が塩泉をもって施し、護法神となった説話が残されており、(28)遠江大洞院の開山に際しては、同寺南東の天宮社（遠江一の宮小国神社の摂社）の祭神天宮明神が、その寺境に至るまでの案内をしたという説話が存する。(29)如仲の弟子不琢玄珪（一三八〇―一四四九）は遠江田中雲林寺を開いているが、同地は応安元年（一三六八）十二月二十八日に思案法印なるものが入定した場所であるとされている。

不琢が再興する以前は真言宗寺院であったと伝えられているから、おそらく思案法印を祭る堂のようなものが存在していたものと思われる。同門下は禅刹に改宗してから後も、思案坊権現として山上に祀り、とくに火防の神としているのである。(30)

地方に存在する諸宗教の中を活動するうちに諸要素が導入されることになり、つぎのように、自らが入定を遂げ、信仰の対象となるものさえ生じている。如仲門派の中で、東三河に進出していた盧嶽の孫に宇岡祖文なる人物がある。彼は三河設楽郡千郷大洞の泉竜院開山聞菴に嗣法し、能登総持寺に住持した後、三河設楽郡宇理の熊谷氏の外護により宇岡寺を開山し、明応四年（一四九五）には千郷の泉竜院に入院、同七年には同国額田郡桑原の竜渓院に入寺し、七年間住して永正二年（一五〇五）に泉竜院に帰山し、同八年には同寺を弟子克補に譲り、自らは設楽郡作手の徳林寺に閑居し、二年後の同十年十二月九日に土中入定している。(31) 伝承によれば、生埋めとなり竹の筒を土中より出して、七日七夜、鐘を打ち鳴らしていたという。このような行動は作手の村民に深い印象を与えたに相違ない。いつのころからか「宇岡様」として祀られ、おもに歯痛を治す「仏」として崇拝されるようになったという。(32) 入定とは言うまでもなく、弥勒が釈迦の救い残した者達を救済するために出現するまで身を保つために、穀・塩等を断って、生きながらにして、あらかじめ築いておいた塚に入って死去する方法である。宇岡が何を目的として入定の方法を取ったのかは不明であるが、そこには修験者的・神秘的・密教的雰囲気が漂っているのである。

松堂の場合には特筆すべき霊験譚等は存在しないが、戦災により灰燼と帰した佐野郡原田荘本郷の長福寺が原頼景等の尽力により再興され、焼失した本尊五智如来に替って彫粧された大日如来一体の点眼法要に際し、「長福寺大日安座点眼」と願する法語を述べている。(33)

殊者祝ニ献日本大小神祇。聖八幡大菩薩。仏法大統領白山妙理大権現。当国一宮二大菩薩。当荘五所西宮両大明神。伽藍土地諸大権現諸大明神等一。仰願降二臨法筵一。各賜二証明一。

同寺は以前、大和吉野郡大峯山と関係を持した密教系の寺院であったようであるが、[34]再興されるに際しても以前の本尊五智如来の一つ大日如来を新たに安座して、改宗以前の姿を尊重しており、また八幡神・白山神とともに同寺近隣の諸神の降臨をも仰いでいるのである。

『円通松堂禅師語録』には月待信仰に関するものが一首ではあるが存在する。[35]「宿二性禅寺一」と題するものには、

臘月二十三夜。偶宿二于性禅寺之客櫓一矣。凡毎月今宵者。世人待レ月之夜也。

と述べられており、同地方においても毎月二十三日には月待の行事が行なわれていたことを知るわけであるが、否定的態度は微塵もない。また文明十二年（一四八〇）七月一日には富部郷あたりの村斎に赴いている。[36]この村斎がどのようなものであるか不明であるが、おそらく郷村に存在した宗教的行事であったと思われる。月待・村斎の行事には郷村民が多く集まったことであろうから、彼と民衆との関係を密接なものとする一助となったことであろう。

以上のごとく、松堂においても、諸宗教・諸信仰と対立するというよりは、むしろ包含する方向にあったと言える。しかし、たんに、以前からの宗教・信仰を包含・容認するのみではなかったことは後述する。

三　曹洞宗外の史料にみられる曹洞禅僧の活動ぶり

ここで、曹洞宗外の人びとが、その展開ぶりをどのようにみていたかをみることにしたい。つぎの史料は玉村竹二「日本中世禅林に於ける臨済・曹洞両宗の異同――『林下』の問題について――」（『史学雑誌』五九編七・九号、のち同氏論集『日本禅宗史論集』下之一に収録）に引用されているものであるが、一休が「自戒集」の中で、曹洞宗の明峰派下に

ついてつぎのように述べている。[37]

曹洞明峰和尚俗人ヲ印可アリ、其俗明峰身後ニ知識ヲタテ化ヲサカンニス。其児孫今ニアリ、彼和尚モソノ俗人ヲハサシタルモノトハオホシメサネトモ、結縁分ニ少分ノ御印可アリト世間ノ人申也。

これによれば、明峰が俗人に印可を与えるようなことがあり、その結果、教化を盛んにし、その児孫が一休の時代にまで至っているというのである。一休はこれにつづけて、師華叟宗曇の師である言外宗忠の直弟と称す人物に触れて「又言外ノ直弟トヤラン、其ヘンクレナイニ申ナシ、僧俗ヲタラシテ参学ト号シテ古則話頭ヲヲシエケリ」と、僧俗をだまして、参学と号して古則話頭を教えているというのである。一休は明峰派下の人びとに対しても、同様の目で見ていたものと思われる。しかし、俗人に対してこの古則話頭を教えて、印可を与えるという方法が「結縁分ニ少分ノ御印可アリト世間ノ人申也」と世間の人にはある程度の評価を受けていたことが知られる。

一休はいうまでもなく、大徳寺派の人物であるが、京都周辺の人びとは曹洞宗の地方展開をどのようにみていたのであろうか。玉村竹二前掲論文および圭室諦成『葬式仏教』[38]に引用されているものであるが、『蔭凉軒日録』長享二年（一四八八）六月四日の条に、[39]

午後闇蔵主来。勧二晩飡一。闇公話会。青野原去年臈八旦炎上。当住持自二越前一来。朝倉信仰之僧也。故人々扶助之儀過分也。寺家興隆当年中可二成就一也。後住者自二村雲東光寺一可レ出。能登国総持寺開山号二崴《ママ》山一。諱紹石考石恐碩其弟子印可者廿五員也。青野原開山通玄諱寂霊其一也。通玄云。印可者廿五員。内大半匪下可二印可一之仁上。可レ見レ破レ之云々。於レ爰破廿員。残五員真伝法也。于レ今五門跡云。世間往来而栖二堂宮一。号二道人一者皆彼廿人之子孫也。通玄之伝法者十員。其子孫輪番。一年住二持青野原一。依二其仁体一従弟或百人。或二百人。或三百人。不二相定一也。

とみえる。これによれば、摂津と丹波の境界にある青原山永沢寺が去年（長享元年＝一四八七）の十二月八日に炎上したが、当時の住持が越前の戦国大名朝倉氏の帰依僧であったので過分の援助がなされ、当年中（長享二年）には再興され、後住には丹波村雲の東光寺（洞光寺のことと考えられる。同寺開山は尾張正眼寺の開山天鷹祖祐、二世は澄照良源で越前出身）の住持が就くことになっていたという話から、総持寺開山（実際には二世となっている）峨山韶碩の二五人の印可の弟子のうちの一人である通幻寂霊が真の伝法の弟子は自分を含めた五人であるとし、これがいま五門跡と称されているという話題になり、通幻は他の二〇人の印可を否定したとし、世間を往来し、「堂宮」に住み「道人」と号する者はみなこの二〇人の門下であるといっているのである。当時の京都禅林の曹洞宗に対する認識はこのようなものであった。つまり、曹洞禅僧が村々の「堂」や「宮」に居住して活動していったことを述べているのである。そして、それらの人びとは曹洞宗の中でも、正統な門派でなく、五門跡以外の人びとであるとみていたのである（実際には、この五門跡が中心となり、他の二〇門派とともに発展していったのであるが）。また、圭室諦成前掲書は、和庵清順という曹洞禅僧の例を記している。彼は武蔵国埼玉郡皿尾村にやってきて、阿弥陀堂に住し、布教活動を行なった結果、信者が堂外に市をなすほどになり、領主成田氏に保護を受け、竜淵寺が応永十八年（一四一一）に建立された。同寺は民衆の信仰を集め、関東の高野と称されるほどになったという。これも、諸方行脚の僧が辻堂である阿弥陀堂に住したことから、一か寺を建立するまでになっていった例の一つであるといえよう。

連歌師宗祇の高弟である宗長が大永五年（一五二五）暮のある日、駿河今川氏の重臣朝比奈泰能の叔父である朝比奈時茂と閑談の折、借銭の返済や、扶持米のわけまえのことなどで暮の物が思うようにならないという話となり、それについで、つぎのように述べている。(40)

一、参禅学道の人あり。かたき大切の人なるべし。しかはあれど、なま〳〵の参禅、都鄙随分の侍、おほく進退をば損ず。

一、教外別伝・不立文字の宗師・即今誰人ならん。参者凡魔魘とも天狗ともいふべからむといふ人侍し。みなこれ世俗にいふ溝越天狗等にや、今程長老・坊主・会下、共にあるは官家に交はり、あるは土檀那をほりもとめ、山林土藪を結構し、奔走し、参者を接し、我身接する智識たれともきこえず、中〳〵念仏三昧こそあらまほしき修行ならめといふ人侍り。かゝるともこそゆかし（く）も侍れ。是つらは我等やうの愚癡暗鈍の修行こそ侍れ。

これによれば「なま〳〵の参禅」で進退を損ねる武士が存在したことが知られる。これは、さきの印可を安売りする禅僧の存在と関連することであろう。そして、これらの参禅者は、「溝越天狗」（溝を飛び越えるだけの力しかない下っぱの天狗のこと、つまり、力量のない禅者）と世俗で称されていたというのである。おそらく、参禅者および、その師である禅僧たちは、世間から、「溝越天狗」と称される場合も少なくなかったものと思われる。また、禅僧たちの中には「官家」に交わる者もいたが、土檀那すなわち地方の檀越を「ほりもとめ」、山林を行脚し、参禅者と接する僧が存在したことを記している。「ほりもとめ」というところに、禅僧たちが地方の檀越をいかに、努力して獲得していったかが表現されているように思える。この時期は、東海地方に曹洞禅が急速に教線を拡大していった時であるから、宗長がいう「土檀那をほりもとめて」いった禅僧の多くは曹洞禅僧であったし、「溝越天狗」と称され力量のない禅者といわれた人びとも曹洞禅関係の人びとが多かった、とみてよかろう。そして、それは長老をはじめとする、それ以下の「坊主」「会下」と称される人びとの活動ぶりであったのである。

四　葬祭よりみた禅僧の活動

禅風は、参禅者に親近感を持たせ、その要求に応えるようなものへと変化したが、宗旨を理解し、参禅した在俗者は、きわめて限られた者達だけであったろう。これに比して、密教的要素の導入や諸宗教・諸信仰の包含・利用は大衆性のあるものであった。しかし、禅宗としての独自性に欠けるばかりでなく、在俗者一人一人とのかかわりあい方も稀薄であったと言える。

これに対し、禅僧が直接民衆一人一人と因縁を結んだものに葬祭と授戒があった。これら自体は、純粋禅という立場から言えば、二次的なものであったが、当時の民衆にとっては、従来の諸宗教が満たしてくれない、禅僧が持していた機能であった。ここでは葬祭についてみてみよう。

圭室諦成氏は、その著『葬式仏教』の中で、禅宗は臨済宗・曹洞宗ともに中世後期に坐禅的なものから葬祭的なものへと移行しており、曹洞宗の方が、その傾向が強いのは、同宗が庶民層への進出を遂げて行ったためであると考究

第24表　臨済禅僧語録の坐禅・葬祭比較表（圭室諦成氏『葬式仏教』より引用）

番号	語録	著者	生没	総頁	坐禅関係	葬祭関係	坐禅対葬祭
1	大覚禅師語録	蘭渓道隆	一二〇三—一二六八	四八頁	四四頁	二頁	二二：一
2	夢窓国師語録	夢窓疎石	一二七五—一三五一	九六	三〇	六	五：一
3	大通禅師語録	愚中周及	一三二三—一四〇九	六五	五	一二	一：二・四〇
4	虎穴録	悟渓宗頓	一四一六—一五〇〇	三三	七	一五	一：二・一四
5	少林無孔笛	東陽英朝	一四二八—一五〇四	六五	二〇	二六	一：一・三〇
6	見桃録	大休宗林	一四六八—一五四九	六六	九	二三	一：二・五五

第25表　曹洞禅僧語録の坐禅・葬祭比較表（『曹洞宗全書』語録一・『続曹洞宗全書』語録一・『富山県史』史料編Ⅱ中世により作成。
※は圭室諦成氏『葬式仏教』より引用）

番号	語録	著者	生没	総頁	坐禅関係	葬祭関係	坐禅対葬祭	
※1	永平広録	道元	一二〇〇—一二五三	一一六頁	一一五頁	一頁	一一五：一	①
2	義雲和尚語録	義雲	一二五三—一三三三	三五	二六	二	一三：一	①
3	峨山和尚山雲海月	峨山韶碩	一二七六—一三六六	二〇	二〇	〇	二〇：〇	①
※4	通幻禅師語録	通幻寂霊	一三二二—一三九一	三三	一七	一五	一・一三：一	②
5	実峰良秀禅師語録	実峰良秀	一三一八—一四〇五	一五	九	一二	一：一・三三	②
6	普済禅師語録	普済善救	一三四七—一四〇八	四五	一八	二〇	一：一・一一	②
7	竺山得仙語録	竺山得仙	一三四四—一四一三	四三	一六	二一	一：一・三一	②
8	瑞巌禅師語録	瑞巌韶麟	一三四三—一四二四	三〇	一一	一九	一：一・七二	②
9	如仲天誾法語	如仲天誾	一三六三—一四三七	二九	〇	二九	〇：二九	③
※10	器之為璠禅師語録外集	器之為璠	一四〇四—一四六八	六一	〇	三六	〇：三六	③
※11	川僧禅師語録	川僧慧済	一四一〇—一四七五	八一	一	六二	一：六二	③
12	春日山林泉開山曇英禅師語録	曇英慧応	一四二四—一五〇四	二一	二	八	一：四	③
※13	円通松堂禅師語録	松堂高盛	一四三一—一五〇五	一三八	四	四九	一：一二・二五	③
14	光厳東海和尚語録	東海宗洋	一四五八—一五一五	五三	〇	二五	〇：二五	③
※15	菊隠和尚下語	菊隠瑞潭	一四四七—一五二四	五〇	〇	二九	〇：二九	③

されている。同氏は臨済宗・曹洞宗の語録の中から中世前期一・中世後期五を取り上げて、その総頁数・坐禅関係（上堂・小参・普説・法語）頁数・葬祭関係（仏事・下炬）頁数を比較しておられる。第24表が、臨済宗について示したものである。南北朝期に葬祭の比重が高まり、十五世紀はじめには、坐禅を上まわる。しかし、その後も坐禅が、かなりの比重を保ちつづけているとされている。

曹洞宗については第25表でみてみよう。同表は圭室氏の作成したものに、さらに『曹洞宗全書』語録一・『続曹洞宗全書』語録一から一五頁以上持する八名の語録と『富山県史』史料編Ⅱ（中世）から一名の語録を加えたものである。これによれば、道元から峨山までと、通幻から瑞巌までと、如仲以降の三段階に分けることができる。すなわち、①十四世紀半までは坐禅が上まわっており、②十四世紀半より十五世紀はじめまでは葬祭が上まわりながらも、両者の差は少ない時期である。ところが、③十五世紀初期以降は葬祭が圧倒的に上まわっているのである。『如仲天誾法語』などは全頁が葬祭関係であり、『円通松堂禅師語録』も葬祭が一二倍も上まわっているほどである。十五世紀以降の曹洞禅がいかに葬祭を盛んに行なっていたかを知るのである。それは圭室氏が述べたごとく、同宗が、より一般民衆との関係を深めて行ったことを意味するものであった。

なお、②の時期は本章第一節第13図の㋑の時期、すなわち曹洞宗寺院が多数建立されはじめた時期に相当するし、③の時期は㋺㋩㋥の時期、すなわち、曹洞宗寺院がさらに多数建立され、曹洞宗が一大発展を遂げた時期に相当するといえる。つまり、葬祭がいかに曹洞宗の発展と密接に関連していたかを物語るものとみてよかろう。

また、連歌師宗長はさきの朝比奈時茂との会話の中でつづけて、[41]

一、父祖の祭、父母過去聖霊の月忌斎粥。僧衆寄次第、座頭以下あまりに多人数はいかにぞや。盆・彼岸は各別。毎月人数さだめられるべきにこそ、一月の中、度々の月忌、寄次第粥飯の雑事、めにみえずして借物積るなるべし。（傍点筆者）

とある。「父祖」つまり先祖の祭りや、父母の月忌法要、あるいは盆・彼岸等に多くの僧を寄せすぎて、「斎粥」などの費用がかかりすぎ、借物が積る結果となる、と記し、当時の人びと（ここでは朝比奈茂時周辺の在地武士層か）が、厚葬への願望ゆえに、仏事法要のために借物が積るほどの出費をしていたことがわかる。朝比奈茂時も宗長も、借銭の返済に困るほどになる原因の一つに、仏事法要に出費が多すぎることを挙げているのである。この「月忌斎粥」や盆

・彼岸の供養に多くの曹洞禅僧がかかわっていたに相違ない。

畿内の例だが、「大覚寺文書」中の天文元年の「摂津尼崎墓所掟」[42]によれば、葬祭には、①火屋・荒墻・四方幕・引馬・龕の具備された火葬では一〇〇疋と収骨者に五〇文、②火屋・荒墻・幕・龕の火葬では三〇〇文に収骨者二〇文、③荒墻・輿の火葬では一〇疋に収骨者一〇文、④定輿あるいは桶に入れて土葬の時は五〇文、⑤莚に入れて無縁取捨の時は一〇文が必要となる五段階が存在したことが知られる。これは、かなり下層の人びとにまで金銭を出しての葬儀がおこなわれるようになったことを意味する。永禄年間に成立した禅寺内の規範を集めた「諸回向清規」[43]には戒名下文字を身分に応じて区別すべきことが述べられている。これも葬儀をおこなう風習が諸階層におよんだことへの教団側の対応の姿であるといえる。戦国期の厚葬の風習は、永禄四年（一五六一）当時、日本にいたキリスト教宣教師も[44]、

異教徒も死者のために祈り、また種々の儀式を行ひ、坊主および他の客を招きて、死者のため盛なる葬儀を行ふこと古来の習慣にして、もしこれをなさざれば世間の批評を受くるがゆえに、資力なき者はこれがため借金をなすほどなり。

と借金をしても、厚葬を行なうのが古くからの日本人の習慣であり、それができない者は世間の批評を受けるほどであったことを述べている。

以上のように戦国期の人びとの間に厚葬への願望とその習慣化がかなり進んでいたことが知られる。この習慣に深くかかわったのが禅僧であった。

甲斐武田氏の外護を受けて活動した菊隠瑞潭（一四四七―一五二四）の「菊隠和尚下語」には、つぎの、火葬に際しての法語（＝下炬・下火）「伝海禅源法印預求二下火一」がある[45]。

禅源激起後。性海絶二波濤一。涓滴不レ存処。滔天声亦高。恭維。新円寂伝海源公法印、継二役小角之後昆一。幾度登二十二因縁峯一。表二中道実相一。飛二行処処一。没二蹤迹一。応下無二所住一而生中其心上。今法印入二禅門室一。受二衣盂一。昔日役小角在二曹渓六祖大鑑禅師会裏一。参二得風幡話一。今日伝海法印亦如レ是。雖二然与麼一。法印即今向二什麼処一。見二得真面目一。以二火把一打二一円相一云。世界壊時渠不レ朽。本来面目無レ処レ蔵。

伝海禅源法印が修験者であることは文中より理解できるが、生前中に、あらかじめ下炬を求めているのである。彼のように「幾度登二十二因縁峯一」った修験者でさえも自らの葬祭に関しては禅僧の力を借りなければならなかったのである。来世における不安は、在地武士・一般民衆にとっても深刻な問題であったが、その不安を解消してくれたのが葬祭を行なう機能を持つ禅僧であった。しかも、その禅僧は、在地武士の保護を受けて、近辺に存在したのである。民衆は禅僧に対して、進んで、葬祭施行を願ったに相違ない。ここに、曹洞禅が各地に侵透して行った要因が存するのである。

さて、葬祭関係の法語、すなわち供養仏事法語・下炬等には、禅僧が授けた戒名が記されているが、この戒名の下文字から、ある程度、階層が推測できるのである。この問題に関しては、すでに松井昭典氏が[46]「噐之為璠禅師語録外集」「川僧禅師語録」「円通松堂禅師語録」「菊隠和尚下語」を用い、永禄年間に成立した「諸回向清規」[47]に依って、僧侶（上座・庵主・侍者・首座・監院等）、高家武士（禅閤・居士・大姉・信女〈禅定門・禅定尼・信士〉）、平人（禅門・禅尼〈禅定門・禅定尼・信士〉）、子供（童子・童男・童女）、その他未詳、に分類され、庶民（氏は平人を相当させている）を対象とした法語が高家武士のそれを上まわり、二倍弱となっていることを指摘されておられる。[48]

本節においては東海地方に活動した如仲（一三六二－一四三七）・川僧（一四一〇－七五）・松堂（一四三一－一五〇五）の語録について分類を試みた。戒名下文字の付し方は地方によって異なるので、ここでは松堂が開山した本郷長福寺

第26表　如仲天誾の葬祭対象者

僧・俗	戒名下文字	預修葬儀（預修下火）	葬儀（下火）	小計	合計	%	功徳主の称がついているもの
僧侶	禅師・比丘尼・院主等	1	4	5	5	3.2	
僧あるいは俗	庵主	1	8	9	17	11.0	
	庵大姉	1	7	8			3
	上座	0	5	5	5	3.2	
在俗	居士	1	6	7	47	30.3	
	大姉	4	36	40			5
	信士	0	0	0	3	1.9	
	信女	0	3	3			
	禅定門	0	6	6	7	4.5	
	禅定尼	0	1	1			
	優婆塞	0	5	5	6	3.9	
	優婆夷	0	1	1			
	婦女	0	3	3	3	1.9	
	禅門	4	18	22	54	34.9	5
	禅尼	2	30	32			3
	童女	0	1	1	1	0.7	
	その他	1	6	7	7	4.5	1
合計		15	140	155	155	100	

出典　「如仲天誾法語」（『続曹洞宗全書』語録一）より作成。

第27表　川僧慧済の葬祭対象者

僧・俗	戒名下文字	法要（十三仏事・逆修等）	葬儀（下火）	小計	合計	%	備考
僧侶	都寺・監寺・首座等	0	6	6	6	1.7	
僧あるいは俗	庵主	4	7	11	11	3.1	武士と判明するもの5
	上座	0	25	25	25	7.1	預修下火1を含む
在俗	居士	6	34	40	110	31.2	
	大姉	0	70	70			
	信男	0	4	4	10	2.8	
	信女	0	6	6			
	優婆塞	0	7	7	31	8.8	鍛治1を含む
	優婆夷	0	24	24			
	禅定門	2	53	55	153	43.3	鍛治1を含む
	禅定尼	1	97	98			
	禅門	0	2	2	6	1.7	
	禅尼	0	4	4			
	童女	0	1	1	1	0.3	
合計		13	340	353	353	100	

出典　「川僧禅師語録」（『曹洞宗全書』語録一）より作成。

第28表　松堂高盛の葬祭対象者

僧・俗	戒名下文字	法要拈香	追悼	葬儀〔土葬〕	小計	合計	%	身分が判明する者
僧侶	和尚・監院・蔵主・侍者・禅師等	0	7	8〔3〕	15	15	4.6	
僧あるいは俗	庵主	0	3	22〔2〕	25	25	7.7	武士と判明するもの3
	上座	0	4	15〔3〕	19	19	5.9	
在俗	居士	0	1	1〔0〕	2	41	12.7	
	大姉	4	5	30〔2〕	39			
	記室	0	0	2〔0〕	2	2	0.6	
	禅定門	3	6	9〔0〕	18	24	7.5	原頼泰の父等
	禅定尼	0	2	4〔1〕	6			
	禅門（4字）	1（1）	1（0）	40〔6〕（14）	42（15）	179（36）	55.4（11.1）	舞士1，鍛冶師1，農民1
	禅尼（4字・3字公）	2（2）	1（1）	134〔12〕（18）	137（21）			舞者の母1（土葬），農民2（1は土葬）
	童子	0	7	2〔1〕	9	11	3.4	
	童女	0	1	1〔1〕	2			
	その他・不明	0	4	3〔0〕	7	7	2.2	
合計		10	42	271〔31〕11.4%	323	323	100.0	

出典　「円通松堂禅師語録」（『曹洞宗全書』語録一）より作成。

に存在する寛文四年より元禄十六年までの『年忌過去牒』によりみると、およそ、つぎのようである。

（男）居士—庵主——信士—禅定門—禅門

（女）大姉—大姉—尼上座—信女—禅定尼—禅尼

これを参考にして作成したのが第26・27・28表である。ここで留意しなければならないのは、十五世紀前後においては各戒名下文字を、どの階層に相当させるかということが禅僧により、多少異なることである。とくに禅定門・禅定尼と禅門・禅尼である。如仲の「語録」では禅門・禅尼の数が多く、この中には村落の農民が少なからず含まれていたと思われるが、川僧の「語録」では禅定門・禅定尼が多く、その中には「鍛冶」と付されているものもあり、「祐義禅定門」(49)などは、その内容からみて、直接の耕作者であったことが知られる。耕作者でも、どのような階層であったかは不明であるが、その下の禅門・禅尼には、それ以下の農民が含まれていたに相違ない。ところが松堂の「語録」になると、禅定門の中には原頼泰の父など国人領主原氏の一族寺田氏などが含まれており、その数も少ない。(50) 多数を占めるのは禅門・禅尼で、その中の「道円禅門」には、(51)

農夫五十六年夢。東作西収黍一炊。祖父閑田今蹈著。孤円心月十分時。新物故某甲。還有下履践二弧円消息一底上塵。擲二下火把一云。火把子為二割折一。也太奇也太奇。

とあり、「祐慶禅尼」には、(52)

五十二年村裏人。忽離二家舎一出二迷塵一。長天雨霽不レ容レ髪。尊貴位中通二要津一。新物故某甲。即今試向二要津路一通二一気一去看。鑁一鑁云。針劄不入処。石上栽花辰。

とあり、「徳秀禅尼」には、(53)

身心倶脱落。熱殺到来時。六月漫天雪。青山秀怪奇。新物故某甲。八十九歳。下愚不レ移。打成一片。農務業レ之。無為道徳。日用不レ知。不知最親処。倒上二菩提枝一。即今向二菩提園裏一如何直入去。擲二下火把一云。紅爐焰上不レ容レ髪。撥転通天一竅機。

とある。しかも祐慶禅尼には「鑁一鑁」とあり土葬であり、農民であるという考えを強くさせる。他の禅門・禅尼に対する下炬法語からは、その身分を知ることは不可能であるが、このような農民が多く含まれていたものと思われる。また、禅門・禅尼の中には「鍛冶師也」「舞士也」「舞者之母也」と付されているものも含まれている。松堂の住する寺田郷円通院の北方に当たり、太田川の支流吉川流域に鍛冶島なる地名が存在するが、この「鍛冶師」は同地に居住していたものかも知れない。「舞士」も何処の人物であるか不明であるが、松堂には猿楽について詩っているものがあり、(54) また、飯田の山名神社の歌舞などは、中世の様相を持するものであるといわれている。(55) これからみて、松堂の当時、原田荘周辺の村落においても歌舞が行なわれていたことが知られる。この「舞士」あるいは「舞者之母」も、松堂の居住する寺田郷周辺の村落と深い関わりを持した人達であったと思われるのである。

ふたたび第26・27・28表をみると、十四世紀末から十五世紀初期にかけて活動した如仲においては村落農民を含んでいたと思われる禅門・禅尼が三四・九％が居士・大姉の三〇・三％を上まわりながらもさして差がない。つぎの、十五世紀中期に活動した川僧においては居士・大姉の三一・二％に対して、鍛冶や直接耕作者を含む禅定門・禅定尼が四三・三％と、上まわっており、その差をみせている。さらに、十五世紀後半に活動した松堂においては、居士・大姉の一二・七％あるいは、国人領主原氏一族を含む禅定門・禅定尼の七・五％に対して、農民・鍛冶師・舞士を含む禅門・禅尼が五五・四％と、圧倒的多数を占めているのである。なお、禅門（尼）の多くは〇〇禅門（尼）という二字禅門（尼）であるが、〇〇〇禅門（尼）や〇〇〇公禅尼など四字禅門（尼）・三字公禅尼が含まれている。これらは同じ禅門（尼）でも、やや上層の者かも知れない。しかし、これらの一一・一％を引いても四四・三％で他を圧倒していることには変わりない。

なお、さきの「摂津尼崎墓所掟」の五段階の中で土葬は四番目に位置し、莚に入れて無縁取捨の一段階上だけであり、葬儀のランクとしては下位に属する。土葬は火葬に比べれば総じて下層の者がおこなう方法であり、質素な方法であったといえよう。第28表によれば松堂のおこなった葬儀のうち、土葬は一一・四％である。各階層にわたっているが、庵主・上座などは僧侶の場合が多く、やはり、禅門（尼）の層に多い。

以上のことを考慮すると、これらの表からは、禅僧達が、在地武士層の葬祭を行ないながらも、時代が降るにしたがってそれ以下の村落農民およびその周辺の人びとを対象とする場合が増加して行った模様が窺えるのである。すなわち、経済的基盤を在地武士の援助に置きながらも、葬祭を通じて、郷村に生活するそれ以下の民衆とも交流を持し、因縁を結んで行ったことを物語っているのである。松堂はその典型的人物であったわけである。逆に民衆の側からみると、さきの禅門（尼）の多くは、国人原氏の支配下にあった鍛冶師であり、農民たちであったろうが、これら在地領主より下層に位置する者たちが、在地領主の外護する禅僧に葬儀の施行を求めていることに注目しなければならない。農民といっても、どの程度の農民にまで、これがおこなわれるようになったかは、不明であるが、少なくとも上層農民にまではこの風習が浸透していたことは確実であり、土葬の者も幾人かみられること、あるいは菊隠の「十二月下炬」の香語で葬儀を受けた者たちの存在を考えると、かなり村落の中に、このような葬儀の風習が浸透していたことが想像される。むろん村落内での葬儀は住民たちが協力してのものであったろうから、葬儀による僧侶と村落住民の結びつきは相当なものがあったと考えられる。つまり、村落内の葬儀に導師という最も中心的な役職を持って臨んだわけである。十五世紀後半には、村落農民（少なくとも上層農民）の葬儀には導師を勤めうる僧侶は欠くことのできないものとなりつつあったとみてよかろう。禅僧の存在は、これに応えうるものであった。このようなことが、禅宗のより小地域への浸透を可能にしたといえよう。

なお、葬儀の際に案名され、引導香語の中に読み込まれた戒名が、記録として残されないはずがない。現存するものは少ないが、おそらく過去帳に記載されたに相違ない。たとえば、関東の例だが、埼玉県嵐山町広野の広正寺は近世になって幕臣高木氏の外護を受けるが、それ以前の特定の檀越は伝えられていない。しかし、同寺の「過去帳」(56)には明応元年以降、在俗者に授けられた戒名が記されている。慶長二年までの一〇六年間に五三人（うち僧侶三人）の名がみられる。「過去帳」自体は近世の成立なので、作成の時点で判読できる者のみを書写したものかも知れないが、ともかく、杉山姓（院殿居士号）一人、青木姓（四字禅門〈尼〉）四人、越田の久保姓（二字禅門）一人の外は、姓を持たず、二字禅門が多く、「当郷」「下之村」など村名のみの者や「藤平」「与十郎」「作平」など名のみの者が多いのである。同寺の檀越家として寺伝には残されなかったが、最有力者は青木氏のようであるが、どのような者か判明しない。

まして、姓を持たない者たちが、どのような人物かは不明であるが、寺伝に名を留めえない青木氏よりもさらに下層の村民であったことは疑いを容れない。関東の曹洞宗は新義真言宗を中心とする旧仏教系と競合して発展したが、旧仏教系が勢力を保持し、近世を迎えることができた背景には、禅宗と同様、僧侶および、彼らと密接な関係を持っていた修験たちが、葬祭をおこなっていたからであろう。近世初期に山伏が禅宗と葬祭のことで争いを起こしていることはよく知られている[57]。これらの山伏を抱え込んでいたのが、旧仏教系の寺院であった。

また、埼玉県東松山市の正法寺には、元亀四年七月一日付の「引道（ママ）相承之大事」という葬祭に関する印信がある。つぎのようである。

引道（ママ）相承之大事

　先護身法如常

次　知挙印

観念ハ法仏成道ノ元初ヲ可思也

　次火下云

次　灌頂印明三種共ニ

次　法界定印ニ〆

可観元始已来妄執立処ニ除滅〆

風鬼不二ノ花台至ニト可案

源意細ニナレハ口伝アリト云々

其外ハ法則集ニ具ニ有リ云々

元亀四年癸酉七月一日従大智寺請之　　栄俊（花押）

印信とは法を伝える時に出される証明書のようなものである。この正法寺は、もと修験系の寺であったといわれているが、葬祭に関する印信の授受がおこなわれていたということは、同教団にとっても、いかに葬祭が重要な事項となっていたかを示しているといえよう。近世においては印信の授受が末寺統制に利用されたことを考えればなおさらのことである。

「摂津尼崎墓所掟」に火葬の場合、「収骨者」がいて、葬儀のランクに応じて金銭を払うということが記されていたが、「今川氏親公葬記」によれば、曹洞禅僧が火葬後の「取骨」の法要までおこなっていることが知られる。これは戦国大名今川氏に対するものであり、はたして農民層の取骨まで直接に担当したのかどうかは不明であるが（直接手を下した収骨者は身分の低い、宗教的力量が低いと考えられていた僧侶であったかも）、ともかく、禅僧は葬儀に際して、取骨まで担当できる。すなわち葬儀を一貫しておこなえる能力を持っていたことになる。この能力は村落内での葬儀という重要な儀式のイニシアチブをつねに取り、部分的にも他の宗教者に渡さないために必要なものであった。

五　松堂の活動と国人領主原氏と民衆

松堂が遠江佐野郡寺田郷に居住していた原氏一族寺田氏の出身であったことは前述したところである。彼の活動をみる場合、原氏との関係を看過することはできない。

同氏は原田荘地頭として勢力を養い、元徳三年（一三三一）十二月十五日には惣領忠益が最勝光院領原田荘細谷郷

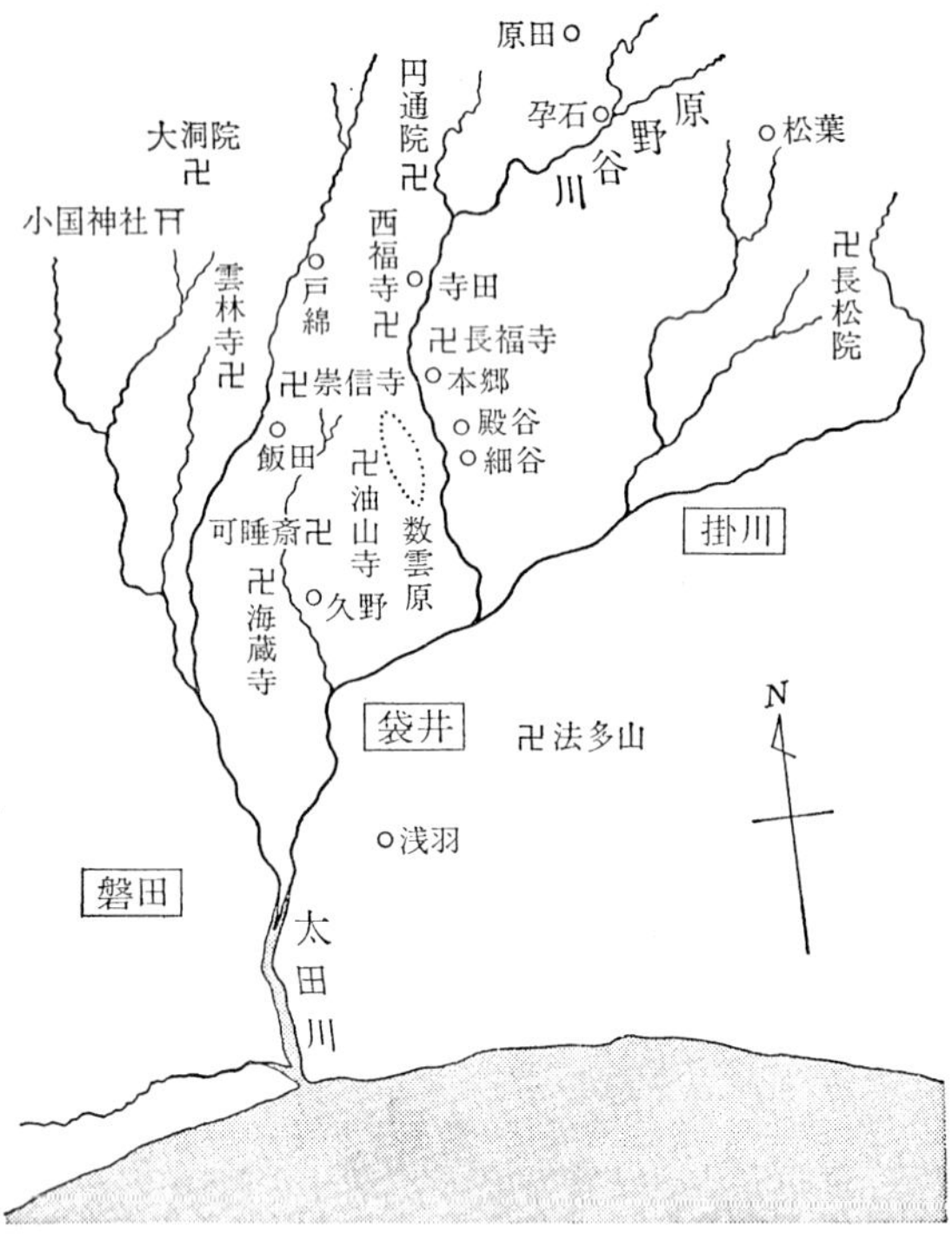

第32図　松堂・原氏関係中遠地方略図

の所務について雑掌直瑜と相論し、和与ということにしているほどである。しかも、当然のことながら、庶子の存在が知られるのである。(58) 秋本太二氏によると室町期を通じて有力な勢力に成長し、応仁の乱後は、同荘をすべて押領し、国人領主としての地位を確立したとされている。(59) 文明年間の当主頼景は遠江守を称しており、本郷・殿谷・高城等に城を構えていた。

寺田より、少しく奥に入った高山円通院は開山大輝の頃より、寺田氏の外護を受けていたことは前述したが、応仁元年、古山の跡を継いで入寺した松堂の代になると、国人領主の地位を確立して行った原氏の援助を得ることになる。松堂は足利学校に学習した詩文に堪能な禅僧であった。彼の語録に掲載されている法語・下火等の緻密さは、如仲のそれをはるかに凌ぐものであった。学識高く、一族出身の禅僧に当主が保護を加え、庶子家の人びとが交流を求めたことは当然のことであった。

ここで、松堂と交流のあったもので居住地の明らかになるものを「円通松堂禅師語録」から抽出してみよう。原氏当主頼景は本郷に根拠を置いていたとされる。(60) とすれば、猶子安芸守景保も本郷に居住していたことであろう。「原氏系図」[61]によれば景保の叔父原之兵部は忠永のことであり、やはり、本郷に居住していた。[62]同氏一族では、信泰および頼泰（安芸守景保の子）が寺田郷におり、[63]原田司農と称される人物も、原田（寺田か）に居住していた。[64]原氏と同様に藤原姓を名乗っており、同氏一族か、同氏と連繋して保身を図っていたと考えられるものに久野藤氏があり、久野に居住していたことが窺えるが、同氏出身の香心院主明智と松堂とは詩文を通じて親密であった。[65]藤原武庫は浅羽荘[66]

第29表　松堂の交流者一覧

人名	住所	関連記事
藤原頼景	（本郷）	（原氏当主）
原之兵部	本郷	頼景の猶子安芸守景保の叔父
信泰	寺田郷	景保の子
頼泰	同　右	同　右
原田司農	原田	藤氏
宗祐童子		原田司農の子、邦国之多難により、還俗
香心院主明智	久野	藤氏、歌をもって交流あり
藤原武庫	浅羽荘	
藤原通信	飯田荘戸和田郷	
藤原三郎通種	同　右	通信と兄弟
相順	同　右	通種の兄、歌をもって交流あり
藤原安儀	河勾荘岡郷	深見郷出身、同右
藤氏道泰庵主	住所不詳	
藤原直教	住所不詳	
藤氏陽山春公禅定門	住所不詳	
藤氏頼賢	住所不詳	
藤氏越州大守頼信	住所不詳	
藤氏信春	住所不詳	
上州刺吏藤氏栄藤信士	住所不詳	
愛菊丸	飯田荘観音寺	藤氏之子、奇童子（書をよくす）
菊源氏川井成信	（松葉）	
宣正等	富部郷	
貞瑣等	同　右	
「禅有緇田并孝男女」	宇刈郷	
貞信信女	垂本郷	
久行等	同　右	
珠蔵芳心大姉	平河郷	
光徳院主	住所不詳	医士

註　「円通松堂禅師語録」（『曹洞宗全書』語録一）より作製。

に、藤原通信・通種・相順兄弟は飯田荘戸和田郷におり、[67]深見郷出身である藤原安儀が天竜川河口の河匂荘岡郷に居住していた。[68]そのほかに、藤氏道泰菴主[69]・藤原直教[70]・藤氏陽山春公禅定門[71]・藤氏頼賢[72]・藤氏越州大守頼信[73]・藤氏信春[74]・上州刺吏藤氏栄藤信士[75]の名がみえるが、これらの多くは原氏一族と思われ、原野谷川流域に居住していたものと思われる。また、やはり原氏と連繋を保っていた菊源氏川井成信は原野谷川上流で孕石（原氏一族の孕石氏の居住地）の東方、松葉に根拠に置いていた。[76]姓が記されず、居住地のみが記載されているものに、富部郷の宣正等[77]・貞瑱等[78]がおり、宇刈郷居住の「禅有緇田并孝男女」が、母親の十三回忌の法要を行なっており、[79]貞信信女・久行等が垂木郷に居住していた。[80]また、円通院の梵鐘を寄進した珠蔵芳心大姉は、菊川流域平河郷に居住していた。[81]

以上みてきたごとく、原田・寺田・本郷・富部・垂木などの原野谷川流域および近隣の戸和田・久野、少し離れた南方の浅羽荘、さらに離れた所では北東の松葉・東方の平河・西南の河匂荘などに松堂と交流を持ったものたちが存在した。

松堂は国人領主原氏の外護を受けて、その勢力範囲および同氏と連繋を保持していたと思われる各氏の間で活動していた。たとえば、飯田荘戸和田郷には、前述のごとく藤原通信・通種・相順の兄弟が居住していたが、通種と兄相順は歌をもって松堂と交流があり、[82]また通信・通種は二人して母親明琳大姉の十三回忌法要の施行を求めている。[83]松堂と戸和田郷原氏との関係が親密なものであったことが窺える。この藤原通信が文明十九年（一四八七）正月吉日、同郷内の加茂神社に鰐口を寄進している。それには、つぎの銘文がある。[84]

奉懸鰐口賀茂三所大明神御宝前、右遠州周智郡飯田庄戸和田郷願主、文明十九年、正月吉日藤原通信敬白

国名・郡名そして、自らの支配地の郷名までを刻んだものを寄進しているのである。藤原通国という人物が、応永十四年（一四〇七）九月九日、この加茂神社に同内容の銘文を刻んだ鰐口を寄進しているが、[85]通信の祖先に当たるも

のと思われ、同氏が以前より同郷内の支配を押し進めて来たことを知るのである。同社は郷内の民衆とも深い関係を持っていたであろうから、松堂は同氏との交流を通じて、それらとの関係を深めて行ったものと思われる。

　松堂は在地領主の間で活動しつつ、そのもとに存在したもの達とも交流を持ち、前述した授戒・葬祭などで深く因縁を結んで行ったということがいえよう。

　さて、松堂の時代には、すでに橘谷の大洞院・飯田の崇信寺をはじめとして、中田の雲林寺、堀越の海蔵寺、野部の一雲斎などの曹洞宗寺院が近辺に存在しており、各寺院の周辺には、幾人かの禅侶が出入りしていたに相違ない。松堂の場合においても、文明二年（一四七〇）の九旬安居には数十人の禅徒が参じ、修行生活を送っていたことが知られ(86)、同十七年の冬安居にも、学侶数十人が参じており(87)、何年かは不明であるが、十二月二日、垂木郷居住の戒弟貞信信女・久行等が不変了常禅門の卒哭忌（百ヵ日）の法要を行なった時には数十人の僧が請ぜられている(88)。松堂の周辺には、多数の禅徒がおり、事あるごとに参集していたものと思われる。

　さて、以上のような状況のもとに、つぎの法会が行なわれている。「円通松堂禅師語録」三には「看読法華経一千部窣都婆」と題する詩文および法語がある。煩雑ではあるが全文を掲載する。

　一心願力放二身命一。驀地儼然霊鷲山。顕実方墳層落落。開権菌萏影団団。閉城鬼畜離二三悪一。無酒人天証二涅槃一。塔即是経円満処。黄絺幼婦不レ言端。

右旨趣者。爰有二沙門性音者一不レ知二何許人一。跡如阸梗而掣顚也。漂二泊於扶桑国遠江之涯一年又年焉。文明甲辰春中一六日。詣二于当州山名郡東西谷油山寺薬師如来殿前一。自発二大誓願云一。我今欲レ令下勧二化於近郷遠郷之貴賤男女千万人一。拝二請諸山林樹下羅漢辟支若干衆一。而旬日之間読中誦芬陀利華経一千部上。若不レ容二所願請一。七日之中截二断命根一若聴二許所願一。七日之後余生猶存。以レ是為レ験。若然者。行レ乞随二七仏之儀式一必矣。至誠至誠。至禱至禱。僅終二七昼夜一之明旦。身心安楽衆病悉除。誠以相二合如来慈意一者乎。自レ爾以来提二兎角杖一。扣二檀度門一。持二無底盂一。破二慳貪塁一。不レ択二魚行酒肆一。弘二六度開普門一。甘露涌レ前。香飯堆レ後。是故就二于油山寺麓。佐野郡原田荘数雲塚原一。化二草屋一。荘二厳道場一。恰作レ如二草窟化寺一也。南寺北院之六和清衆雲臻。東鄰西村之男女老幼市聚。白衣之輩者具二衆口一味之珍膳一。緇田之徒者為二異口同音之仏事一。已是一千部。不レ足二一句一而成就畢矣。今当二満散一。虔備二盂蘭盆大斎一。因奉レ諷二誦大仏頂光聚無上神呪一之次。願発沙門。聊命二野僧一。奝揷二高顕一尊一。以表下将二一茎草一建二梵刹一畢之儀上者也。先祈。以二此鴻因一天地清寧。兵革消滅。十万檀越。現当平安。次願。三界万霊。戦場幽魂。斉霑二甘露法雨一。同坐二微妙蓮台一。専希。大会禅流。法輪常転。在在搆二梵宇一。処処立二法幢一。雖二然与麼一。畢竟施受等心一句。如何慶讃去。霜天月落夜将レ半。誰共澄潭照レ影寒。（筆者傍点）

文明十六年（一四八四）二月十六日、沙門性音という者が、山名郡油山寺薬師如来の殿前において大誓願を発した。性音は永年の間、遠江国中を転々として来た僧であり、当時は種々の病を持った身であった。油山寺（現在、通称油山）は開山を行基とし、本尊薬師如来は彼の作であるとされている真言宗寺院である。また、同山内瑠璃滝の水は孝謙天皇の眼病を治癒したといわれている。(89)

さて、性音の発願とは「近鄰遠郷之貴賤男女千万人」の布施を募り、僧侶を請じて法華経一千部を読誦せしめることであった。もし、この発願が如来の意にかなうものでなければ自分の命は七日の間になくなるであろう。もし七日を経ても存命の場合は如来の意にかなったものとするというものであった。七日後、彼の病は平癒した。そこで、「魚行酒肆」を選ばず、どこにでも仏法を広めて歩き、多くの寄進を受けることができた。仏事は佐野郡原田荘数雲塚原の草屋にて行なわれることになった。数雲原は蟫田原とも書き、東方に原野谷川、西方には油山寺のある油山を望む位置にあり、幾箇かの古墳が散在する場所である。この草屋に「南寺北院」の僧侶が雲集し、「異口同音之仏事」

すなわち法華経を読誦し、「東鄰西村之男女老幼」が市のように聚り、「衆口一味之珍膳」を用意した。一〇日足らずで法華経一千部が読み終わった。これに因み、「盂蘭盆大斎」、すなわち施餓鬼会が行なわれ、兵革消滅、十万檀越(この法会に参加した人びと)の現世来世の平安、三界の万霊、戦場の幽魂の冥福などが祈願され、松堂が性音の依頼を受けて、「看読法華経一千部」の卒塔婆を建立したのであった。

まず、注目せねばならぬのは、性音が「近鄰遠郷之貴賤男女千万人」を勧化することを発願し、「東鄰西村之男女老幼」がその法会に参加していることである。幾分かは誇張されて記されているかも知れないが、「市聚」とあるので、多数集まったことには疑を容れない。国人領主原氏一族の中に参加したものが存在したかも知れないが、「近鄰遠郷」「東鄰西村」、すなわち原野谷川流域およびその周辺の村落民衆が大部分を占めていたに相違ない。一般に中世村落は孤立的であったとされるが、同地方においても同様であったとみてよいであろう。たとえば、原野谷川と数雲原の間に位置する吉岡郷などは、数雲原の下から湧出する水を利用しており、大概、孤立していた。このような村落から民衆が雲集し、一〇日間近く続けられた法会に参加し、協同して膳の準備などをしているのである。同法会は孤立的な中世村落の枠を越えるものであり、それは新たなる空間の創造であった。

性音という者にとっては身命を賭しての大誓願であり、事実、人びとを勧化するには、それなりの努力を必要としたが、十分に挙行し得るという予測があったからこそ発願することができたとも考えられる。つまり、性音をして、仏事を行なった場合に人びとが各村落を越えて参集するであろうと予測させるだけの雰囲気が存在していたといえる。この地方における禅僧達の活動、そして松堂の原野谷川流域を中心とし、原氏一族およびその他の在地領主の援助を基盤としながらも、各村落民衆とも深く結びつくという、村落・階層を超越した活動も、このような法会に参加させる雰囲気を生み出すのに、資するところがあったものと思われる。

この法会は松堂が僧侶達を「大会禅流」と称していることからみて、禅僧を中心に禅宗式に行なわれたに相違ない。また法会の場所は「法華経」一千部読誦は草屋内で、施餓鬼会は卒塔婆を建立する関係から屋外で行なわれたようであるが、禅宗は、松堂の「九旬安居」「冬安居」にもみられるごとく、集団生活を基本として来たので、仏事法要も集団で行なう場合が多く、起立したままで行なうので、流動性のある活気ある法要が営め、屋外・屋内を問わず、いかなる場所でも支障ないのである。この点こそ、この期の民衆の要求に合致し得るものであった。しかも、前述のごとく、この地方には如仲門派下の寺院が散在し、禅侶が出入しており、松堂の周辺にも、多数の禅徒が存在していたので、このような法要には、かなりの動員力を持っていた。性音の僧侶を請じて、法華経を読誦せしめるという発願も、このようなことが念頭にあって、はじめて、なしえたものと思われる。この法要自体は、純粋な禅の宗旨という立場からすれば、ややかけ離れたものではあったが、禅僧達も全力を投入したであろうし、参集した人びとは、禅宗的なものとして、旧仏教系にはみられない新鮮味を感じ取っていたものと思われる。

この法会は旧仏教系の僧侶と思われる性音が、古くから霊験を顕わし、伝統的な信仰を集めて来た真言宗油山寺の薬師如来に病気平癒を求めて発願したことに始まる。しかし、法会自体は性音の努力もあったが、それまでの禅僧達および松堂の活動、あるいは動員力などに頼るところも多かった。また、禅僧達も、このような機会を逃すことなく積極的に参加し、法会の主導的役割を果たしているのである。それは、旧仏教の伝統的勢力を包含利用しながらも浸食して行った曹洞禅の姿を象徴するものであったと言える。以上のことに民衆の気運が相互に作用した結果、孤立的中世村落を越えて雲集することになり、新たなる空間を創造するものとなったのである。

なお、松堂が性音は「近鄰遠郷之貴賤男女千万人」を勧化することを発願したと述べているところをみると、実際に「貴賤男女」が参集していたものとみてよいであろう。大部分は村落の民衆であったろうが、諸階層に渡っていたものと思われる。この法要は村落を越えるものであったと同時に階層を越えるものであったのである。これが、松堂の大檀越として、その活動を保護して来た国人領主原氏にどのような影響を与えたかは不明であるが、おそらくは同氏の在地支配に有利に働いたことであろうことは予想されるところである。

六　松堂の説法とその意義

数雲原の法会が行なわれてから一〇年後の明応三年（一四九四）には、今川氏の遠江侵入が開始される。

今川氏は斯波氏が応永十〜十二年ごろに遠江守護として登場するまでの同国守護であった。同氏は斯波氏守護の時代においても、河井・堀越・中村湊などに所領を有しており、中遠地帯に勢力を保持していた。しかし、長禄三年（一四五九）八月、今川治部少輔＝範将が斯波家内紛の表面化に乗じ、国人原遠江入道などをまきこみ、反乱を起こしたが、幕府の追討を受けて、駿河葉梨に敗死しており、遠江の所領はすべて没収されている。一方、この没収所領をめぐり、斯波およびその守護代甲斐氏の家人同士の主導権争いが生ずるほどであり、斯波氏・甲斐氏とともに権威を失墜して行った。

今川氏は文明五年（一四七三）十一月に掛川荘の代官職を預置かれることになり、遠江に進出する名目が与えられたが、斯波氏ないし甲斐氏家人狩野宮内少輔などの抵抗があった。狩野氏一党は討滅することができたが、文明七年には勝間田・横地両氏を中心とする反乱があった。義忠は翌文明八年春、総力を挙げて遠江府中城を攻め、完全に敗退させるに至らしめたが、凱旋の途中、不慮の死を遂げてしまう。

義忠死後の今川氏は家督相続をめぐって紛糾するが、その過程において戦国大名への転換が進められ、氏親が敵対勢力を打倒し領国支配を確立し、ふたたび遠江侵入を開始するのである。同氏は、文明五年に預置かれた幕府領掛川荘の代官職を依然として保留していて、進出再開の拠点としたであろうが、その北西に勢力を張っていたのが国人原氏であった(90)。原氏は前述のごとく、近鄰の在地領主・土豪とともに一揆的結合を構築していたのである。

「円通松堂禅師語録」一「和下藤氏題二士峯一之韻上」には

藤氏金吾大夫。為二遠州鎖撫一南下。

同語録三「謝下藤氏金吾大夫見上レ訪二於円通院一并引」にも、

藤氏金吾大夫頻年以来鎮二撫遠州一。文徳化二疲民一。

とある。この藤氏金吾大夫とは、おそらく原氏の当主頼景であろう。遠江鎮撫のための南下が何時のことであるか不明であるが、今川氏侵入を控えての軍事的行動であったものと思われる。なお、同語録三には「和下義俊武衛題二九州羅漢寺一韻上」「附下義俊武衛題二羅漢寺一詩上」なる詩文があり、松堂と斯波氏との交流がみられることからみて、原氏の背後には斯波氏の存在が考えられる。

明応三年八月の今川軍の侵入について、松堂はつぎのように述べている(91)。

玆明応甲寅秋中之頃。平氏早雲者。引二率軍兵数千一。乱二入当州三郡一。推二落高城一。殺二戮官軍一。狼煙亙レ天。焼二卻民家一。不レ知二其幾千万一。小人道長時節於レ今者乎。臏毒焔及二於山林一。不レ残二一宇一為二灰燼一畢矣。

また、円通院についても、つぎの記載がある(92)。

沙門高盛者。居二住于高山円通禅院一年又年矣。玆明応甲寅秋中。院為二兵火一化二灰燼一去。

大軍を率いた今川氏親方の早雲が三郡すなわち原野谷川近辺の佐野郡・山名郡・周智郡と思われる中遠地帯に侵入した。原氏拠点の高城を陥落させ、「官軍」すなわち原氏側の軍勢を殺戮し、多くの民家を焼き払い、しかも松堂の住する高山の円通院を焼失させているのである。また、この時、松堂が住持となっていたいま一つの寺、本郷の長福寺を焼いている。(93) 円通院・長福寺の両寺が兵火の難に遭遇した松堂は河勾荘の東漸寺に一年間身を寄せ、翌明応四年に円通院跡に帰っている。(94)

原氏当主頼景は焼失した本郷長福寺を再興し、灰燼と帰した本尊五智如来像に替えて、大日如来を彫粧し、住持松堂に開眼供養の法要を行なわしめている。(95) おそらく、自らの根拠地本郷に存する長福寺の再興、本尊の開眼法要により、反今川勢力再結束の契機としようとしたことであろう。しかし、今川軍は強力であった。明応五年九月十日には原氏と連繫を保っていた松葉の川井成信が戦死し、(96) 原氏も翌文明六年には最終的に討滅されたとされている。(97)

その翌年、すなわち明応七年（一四九八）には同地方に大災害がもたらされている。「円通松堂禅師語録」一の「因二大風大雨地震氷雹等一示衆」は、この災害に因んで、僧侶・在俗を前にしての説法である。

爰明応七年。歳次二戊午一。七月十四十五日。疾風迅雨。谿澗横流。江河泛溢。左右之田畦尽崩落。遠近之民屋総吹倒。海辺之怒潮激奔而打二砕塩竈一。老父無レ由レ焼レ塩。林里之黄潦浸爛而朽二腐稼苗一。疲民不レ及二秋収一。是一不熟也。自二同八月八日晩一。至二来九日午時一。大風大雨。万年巨松変レ操而摧残。数囲大樹和レ根而推倒。官家民戸撃砕而化二微塵一。仏宇神社頽落而為二埃壒一。破裂之板牆舞二於天一飛揚、粉砕之枝葉飜二於空一飄蕩。走獣出レ窟似レ失レ拠。飛禽迷レ枝難レ投レ宿。男女老幼携レ手悲号。山叟野老攢レ眉驚歎也。是二凶年也。同月二十五日辰之刻。忽然而大地震動。万民膽喪。或倒レ地而匍匐。或抱レ柱而待レ滅。老翁者合レ掌而念二仏名一。幼弱者叫喚而号二父母一。地破裂而立涌二出三五尺波濤一。巨岳分破而忽崩二奔万仞余之懸崖一。従前風雨破落之残家残屋。一等震卻而半陥二墜乎地中一。就二于中一最可レ憐者。旅泊之海辺。漁浦之市鄽。聚者遠国之商人。群者近隣之賈客。八宗之仏民架二寺院禅房一。幷歌舞伎楽遊燕之輩。一朝不レ渉二乎時刻一。洪濤滔天来。而一弾指頃掃レ地総巻去矣。不レ識二俗舎仏宮幾千間一。不レ記二緇白貴賤幾万人。牛馬鶏犬等衆類豈レ足二称計一哉。此外当年中之洪水充満。大風暴二乱民一。欲レ為レ魚已及二度度一。
并五月之氷雹庭上積如レ玉。田頭之麻麦等傷損無レ限。如レ是之事備不レ堪二記録一也。（傍点筆者）

まず、災害についての記述を整理すると、同年五月に氷雹が降り、麻・麦などの傷損、限りないほどであった。七月十四日・十五日の二日間は疾風迅雨が襲い、田畦を崩落させ、民家をすべて吹き倒し、塩田の竈を砕き、稲苗に害を与え秋の収穫を不可能にした。さらに八月八日晩より九日午時に至る大風大雨があり、民家を毀つなどの大被害をもたらしている。また、その一七日後の八月二十五日辰の刻には忽然として大地震が起こり、これまでの風雨にも耐えてきた残りの家屋もすべて崩壊し、海岸には津波が襲い、多くの犠牲者を出した。この外、当国には当年中、洪水が充満し、大風が民を暴乱しており、惨澹たるありさまであった。

したがって、この説法は兵火により家を失い、度重なる災害により家を失い度重なる天災により秋の収穫も不可能となった人びとを前にして、自らも円通院・長福寺（ただちに再興されているが）を焼かれ、檀越であり身内であった原氏および檀越川井氏が討滅されている松堂が発したものである。すなわち、自他ともに緊迫した情況の中での説法であった。

彼はこのような災害に相遇したことに対して、つづけて、つぎのように述べている。

愚老全不レ問レ他。問二取自己一。大三災者非二従レ他起一。人人自身之三毒即是三災也。火災者自身貪欲也。水災者自身瞋怒也。風災者自身癡闇也。欲界自身貪欲是也。色界者自身瞋怒是也。無色界者自身癡暗是也。畢竟三毒三災者地水火風四相成也。成住壊空四却不レ離二此四相一也。三毒三災泯滅時。帰二空劫一時節也。故云。無辺刹境。自他不レ隔二於毫端一。十世古今。始終不レ離二於当念一。以レ是念レ是。大風大雨地震洪水等豈二従レ他起一哉。自作自受之理分明者乎。（傍点筆者）

人心の荒廃が災害をもたらしたのであって、他より起こったものでないことを示し、

嗚呼悲哉盛。人人貪欲熾盛。忘二仁義之本一。不レ撫二恤生民一拚二孝之道一。卻侮二罔君父一。故天下国家一等大乱。君子与二君父一戦。庶弟与二長兄一争。是何言哉。（傍点筆者）

と、戦乱の世に対しても批判をしている。また神仏に対して、みだりに祭酒を薦めて託詮を請い、巫女に宣言せしめたりする者に対しても、

故曰。君子無二終レ食之間違一レ仁。造次必於レ是。顚沛必於レ是。又曰。朝聞レ道夕死可矣。人人尽迷二本来心地一還向二他方界一無レ故怨二他天一尤二他人一者。愚癡之中大愚癡也。謄自不レ得下省二罪愆一帰中本念上。而向二他諸神諸仏一。妄薦二祭酒一強請二託詮一。煩二他巫祝一而令二宣言一。以為二神真言一。故男女老幼相信。叩レ頭預悲二号世界之滅一。雖レ然更無下起二善心善念道心道念一之人。万之中有中一人上誠是林下野人可二悲嘆一之事也。（傍点筆者）

と述べ、痛烈な批判を加えているのである。

そして、彼が最後に示した災害から救われる方法は、自分の行ないを正すことであるとし、僧侶に対しては、

若為二緇衣一人者。一心帰二敬三宝一。無二瞻二仰独尊一。単単修二六度之行門一。早出二離於六趣輪廻之苦海一。時時持二十善之禁戒一。頓崩二裂於十悪険難之業山一。若然者。心王不レ動六国通。幻妄魔軍退散。寃親平等。内外和融。止非二自利如レ斯。善益二天人群類一。斉登二覚岸一、同致二楽邦一矣。

とあり、修行に励み、戒律を守ることであるとし、在俗者に対しては、

若為二白衣一人者。内信二仏法僧一。外学二儒門道一。孜孜蹈二於五常要路一。密密居二於本有之心田一。若然者。得レ天下二天下安全。得二国家一国家豊饒。上和下睦。八方歌二有道君一。君仁臣忠。四海楽二無為化一。寿山高聳。福海無辺矣。

と述べ、内には仏法僧の三宝を信じて心の安定を図り、外には儒門の道を実践することを強調しているのである。

さて、ここで着目しなければならないことは、天災は人災であるとし、そこから救済されるには、神仏の加護を期待し、巫祝の占いに嘆き、おののいているのみでなく、自らの行ないを正すことであるとしていることである。戦乱・災害に直面した人びとが、神仏の加護に頼り、巫祝に託宣を請うことは、むしろ当然のことといえる。しかし、彼はそのような解決方法に対して否定的態度を示し、自分自身の行ないを正すこと、すなわち、自分達の力によって、災害から脱することを説いているのである。

これは、災害を受けたり、不幸な事件が生じた場合に、祈禱や占いに頼るという、従来の旧い形の宗教的観念を打破するものであった。

しかも、この松堂の説法に耳を傾ける「為二白衣一人」すなわち、在俗者が存在していたということは、このような説法が、当時の人びとから遊離したものではなかったということを物語っているのである。

また、つぎの点にも注目しなければならない。従来の通説としては瑩山の密教的要素の導入をはじめとして、以来、曹洞禅僧達が祈禱師として活動したり、霊験譚を生み出したりしたこと、また、従来の諸宗教勢力を包含利用する形を取ったりしたことが曹洞禅発展の一大要因であったとされてきた。そして、その例が多数挙げられ、民衆化の証とされて来た。事実、松堂の周辺、すなわち東海地方においても、前述した如仲・不琢・字岡などをはじめとして、多くの類例をみることができるのである。しかし、彼等は諸宗教勢力の中に教線を張って行った禅僧であったということを看過してはならない。ただたんに、旧勢力が行なってきたものや、持していた機能を踏襲し、無条件に包含利用するのみであったとは考えられない。対立的立場を取る場合も生じたものと思われるのである。

如仲は近江菅並に洞寿院を開山しているが、以前より近辺に住していた真言宗の僧牧渓（のちの同寺二世真巌道空）の協力を得ていることは前述したところである。しかし、如仲が牧渓を門人とすることができたのは「示以二関捩子一」

したこと、すなわち、宇宙の事理を示してからのちのことであるとされている。(98)如仲は無条件で真巌の援助を受けたわけではなく、禅の宗旨を説き「欽服」させたことにはじまるのである。旧勢力の包含利用ということにのみとらわれて、この点を看過してはならない。

松堂の場合、民衆が戦災・天災を受けて、精神的にも、肉体的にも疲弊しており、まさしく祈禱など現世利益をもって、人心をより一段と引きつける絶好の機会であったはずである。ところが、むしろ、そのようなものに対し、否定的態度を示し、自立的精神を換起させるような説法を行なっているのである。それは旧い宗教的観念を打破すべく、禅宗的なものであったわけである。禅僧が常に祈禱など密教的・神秘的なものをもって、民衆と接し、発展を遂げて行ったとのみ考えられない事実である。

結びにかえて

これまで、戦国期中遠地帯を中心に活動し、国人領主原氏およびその近隣の在地領主の保護を受けながらも、葬儀法要などを通じて、深く村落民衆と交流を持した松堂およびその周辺の禅僧達についてみてきた。が、それと同時に曹洞宗が葬祭を通じて発展を遂げ、村落農民（少なくとも上層農民までは）にまで葬儀を行ない、その風習の浸透に少なからずかかわったことも明らかとなった。

松堂および禅僧達が主導的立場を取って行なわれた数雲原の法会には「近隣遠郷」「東隣西村」の民衆が雲集している。また、度重なる戦災・天災に疲弊し、神仏の託宣を請い、巫祝に宣言せしめては、それにおののいている民衆に対する松堂の説法は、そのようなことに否定的態度を示し、民衆自身の自立的精神の喚起を促しているのである。

松堂を中心とする禅僧達の言動は地方文化の飛躍、すなわち、孤立的中世村落の枠を越える空間の創造および旧い形の宗教的観念の打破に重要な役割を担ったといえるのである。

また、松堂が神仏の託宣や巫祝の宣言などに対して否定的態度を取り、自立的精神を喚起したということは、禅僧が、たんに旧宗教勢力の機能を踏襲し、包含利用するのみではなく、時として、旧勢力が持っていなかった禅宗的なものを打出す場合もあったことを物語るものであった。今後の研究においては、密教的要素の導入・活用が曹洞禅発展の要因であったと単純に考えるのみではなく、松堂の場合のような事例にも留意し、旧勢力と緊張関係を生む場合や、禅宗的なものを打出すことによって発展を遂げて行った面をも考慮しなければならない。この問題に関する従来の視点は改められなければならないと考える。

註

（1）「日本洞上聯燈録」二（『曹洞宗全書』史伝上、二五九頁）。

（2）同右二（同右、二七三頁）。

（3）同右三（同右、二七八頁）。

（4）同右四（同右、三一一頁）。

（5）同右二（同右、二六三頁）。「妙応寺文書」（大久保道舟編『曹洞宗古文書』下、一七三二〜三六号文書と一七四四号文書、山喜房仏書林、一九六一年、のちに筑摩書房より再刊）。

（6）「日本洞上聯燈録」三（『曹洞宗全書』史伝上、二八七頁）。

（7）同右四（同右、三一五頁）。鏡島宗純『延享度曹洞宗寺院本末牒』（大本山総持寺、一九四四年。のちの一九八〇年に名著普及会より覆刻）。

（8）「日本洞上聯燈録」四（『曹洞宗全書』史伝上、二九八頁）。

（9）同右四（同右、一〇二頁）。『遠江国風土記伝』二。

(10) 以上、『遠江国風土記伝』『参河志』『参河雀』『尾張志』『甲斐国志』あるいは各寺の寺伝などによった。
(11) 「普済寺文書」前掲(『曹洞宗古文書』下、一六三六号文書)。
(12) 如仲の「如」の字を「恕」とする説もあるが、永享九年正月十一日付の如仲より弟子真巌道空に与えた柱杖譲与の書状にみえる朱印文によれば「如」の字であることが判明する。
(13) 「日本洞上聯燈録」四(『曹洞宗全書』史伝上、二九五頁)。
(14) 応永八年正月吉日付「山内道美寄進状」(「崇信寺文書」『静岡県史料』四、六八二頁より)。なお、同文書には十分な検討が必要であるが、ひとまず、これによった。
(15) 「洞春庵殿鐘銘」。
(16) 「日本洞上聯燈録」五(『曹洞宗全書』史伝上、三二四頁)。
(17) 同右四(同右、二九五頁)。
(18) 「十境幷序」(「円通松堂禅師語録」一、『曹洞宗全書』語録一、五〜七頁)。
(19) 『辨道話』および『正法眼蔵』各巻(日本思想大系『道元』上下)。
(20) 「坐禅用心記」「三根坐禅説」(『曹洞宗全書』宗源下)。
(21) 『正法眼蔵』(春秋社)。
(22) 「峨山和尚山雲海月」(『曹洞宗全書』語録一、四三〜六四頁)。
(23) 「顕訣耕雲註種月捃摭藁」「重離畳変訣」(『曹洞宗全書』注解五)。
(24) 『曹洞宗全書』史伝上所収。
(25) 「円通松堂禅師語録」二(『曹洞宗全書』語録一、四一八頁以下)。
(26) 『曹洞宗全書』宗源下所収。
(27) 「総持寺文書」(前掲『曹洞宗古文書』上、四六号文書)。
(28) 「日域洞上諸祖伝」下(『曹洞宗全書』史伝上、六三頁)。
(29) 同右下(同右、六四頁)。『遠江国風土記伝』九。
(30) 同寺には文明二年正月七日付の三世覚証の「定」、天正三年正月七日付の九世昭屋の「当寺山神思案法印縁起」が存するが疑点が残るので、ここでは天明五年八月吉日に作成された「竜渓山神入定以来年譜」（表紙には「竜渓山雲林寺派輪番記録」とある）によった。
(31) 今泉忠左衛門著『大洞山泉竜院』千郷村史八編による。
(32) 『作手村誌』四、文化。
(33) 「円通松堂禅師語録」四（『曹洞宗全書』語録一、一〇五頁）。
(34) 『遠江国風土記伝』一一、大峯山には「遠江国佐野郡原田郷長福寺鐘、天慶七年六月二日」の銘を持する梵鐘が存するという。
(35) 「円通松堂禅師語録」一（『曹洞宗全書』語録一、四一五頁。同三、四六四頁）。
(36) 同右二（同右、四二三頁）。
(37) 新撰日本古典文庫5『狂雲集』三七七頁（現代思潮社）。
(38) 圭室諦成『葬式仏教』二二〇頁（大法輪閣、一九六四年）。
(39) 『大日本仏教全書』七六巻、日記部一。
(40) 「宗長手記」（嶋津忠夫校注『宗長日記』七二頁、岩波文庫）。
(41) 同右。
(42) 日本思想大系22『中世政治社会思想』下、一九八頁。
(43) 『大正新修大蔵経』八一。
(44) 「一五六一年十月八日〔永禄四年八月二十九日〕付、イルマン・ジョアン・フェルナンデスが豊後より耶蘇会のイルマン等に贈りし書翰〔原註、スペイン語よりポルトガル語に翻訳す〕」（新異国叢書1『イエズス会士日本通信』上、二四八頁）。
(45) 『曹洞宗全書』語録一、五六二頁。
(46) 松井昭典「宗門における葬祭の展開——曹洞宗伝道史研究の一環として——」（『教化研修』一〇）。
(47) 註(43)に同じ。
(48) 註(46)に同じ。
(49) 「川僧禅師語録」中（『曹洞宗全書』語録一、三二七頁）。

(50)「円通松堂禅師語録」四（同右、四八八頁）。

(51)同右五（同右、五一四頁）。

(52)同右五（同右、五一五頁）。

(53)同右五（同右、五一八頁）。

(54)同右三（同右、四五八頁）。

(55)足立順司・西尾昭功「遠江飯田庄加茂社銘の鰐口二例（上）」（『森町考古』五・六）。

(56)埼玉県立文書館に史料の提供を受けた。

(57)文禄四年九月三日付「竜派禅珠書状」（「養竹院文書」『改訂武州文書』下）。

(58)『東寺百合文書』こ、『東寺文書』射一至一二。

(59)秋本太二「遠江に於ける守護領国支配の推移――とくに遠江今川氏の没落を中心として――」（『地方史静岡』一）・同氏論文「今川氏親の遠江経略――とくに信濃小笠原氏と関連して――」（『信濃』二六ノ一）。同氏は原宮内少輔が寛正五年十月、全剛王院領原田荘の代官職に補任されていることと（『東寺百合文書』サ五五―六五）、東寺領細谷郷の関係文書が、応仁の乱後は全く認められないことから、原氏は応仁の乱後、原田荘をすべて押領したと推定されておられるようである。

(60)『遠江国風土記伝』一一。

(61)原家二八代義一氏が昭和四年六月に家譜を筆写し、吉岡の春林院へ寄贈したもの。

(62)「円通松堂禅師語録」一一（『曹洞宗全書』語録一、四二七頁）。

(63)同右四（同右、四八八頁）。

(64)同右、四七二頁。

(65)同右、四二三頁。

(66)同右四（同右、四七三頁）。

(67)同右、四八九頁。

(68)同右三（同右、四九一頁）。

(69)同右、四六八頁。

(70) 同右四（同右、四七二頁）。
(71) 同右、四七四頁。
(72) 同右、四七五頁。
(73) 同右、四七七頁。
(74) 同右、四七九頁。
(75) 同右、四八七頁。
(76) 同右、四七五頁。
(77) 同右、四九〇頁。
(78) 同右、四九二頁。
(79) 同右、四九三頁。
(80) 同右、四九〇頁。
(81) 同右三（同右、四七一頁）。
(82) 同右二（同右、四二三頁）。
(83) 同右四（同右、四八九頁）。
(84) 足立順司・西尾昭功両氏前掲論文に掲載。
(85) 同右。
(86) 「円通松堂禅師語録」一（『曹洞宗全書』語録一、四一二頁）。
(87) 同右（同右、四〇六頁）。
(88) 同右四（同右、四九〇頁）。
(89) 『遠江国風土記伝』九。
(90) 以上、今川氏に関する記述は、秋本太二氏前掲二論文によった。
(91) 「円通松堂禅師語録」三（『曹洞宗全書』語録一、四六〇頁）。
(92) 同右、四六三頁。

(93) 同右四（同右、四九三頁）。
(94) 同右三（同右、四六三頁）。
(95) 同右四（同右、四九三頁）。
(96) 同右、四七五頁。
(97) 秋本太二前掲論文「今川氏親の遠江経略――とくに信濃小笠氏と関連して――」（『信濃』二六ノ一）。秋本氏は、明応六年に原氏一族の孕石氏が今川方に通じ原要害を攻略したことに対し、忠節を賞する明応七年十一月十三日付の今川氏親判物（『蠹簡集残編』三）をもって、原氏討滅の証とされている。
(98) 「日本洞上聯燈録」五（『曹洞宗全書』史伝上、二九五頁）。

第九節　曹洞禅僧における神人化度・悪霊鎮圧

一　神人化度・悪霊鎮圧

禅僧たちが、山神や土地神などをみずからの弟子とするという神人化度の説話に関しては葉貫磨哉「洞門禅僧と神人化度の説話」(1)があるので、それに導かれながら、再度検討を加えてみたい。また、住民に害を加える悪霊とか竜神を鎮圧したという説話についても合せて考察してみたいと思う。

まず、禅僧たちが、山神・土地神などをみずからの弟子とするという神人化度の説話についてみておこう。

了庵慧明（一三三七―一四一一）は相模国に到り、一寺を建立しようとして山を選択していたところ、一丈夫が出現し大雄山を指して案内し、終わって、実は大山明王であることを告げて去った。貴賤の助力をえて、諸伽藍が成立した。これが大雄山最乗寺であった。その後、二異人が夜間に了庵の室を訪れるのをみた侍僧が、その跡をつけてみたら、飯沢明神と矢倉沢明神であった。二神が参禅問法に訪れていたのであった。(2) また、伽藍建立に際しては弟子の道了という怪力の持ち主が活躍し、その後は天狗となり護伽藍神となった。(3)

大雄山は禅宗に改宗される以前は大山と並ぶ修験の行場であった感じが強く(現在までおこなわれてきた同寺の行事の中にもホラ貝を吹いておこなうものなど修験的なものがある)、また了庵の弟子となったという道了にも修験者的要素が感じられよう。これは了庵およびその門下が、修験の行場に進出を遂げ、禅宗に改宗し、修験者たちを自らの宗派に取り込み、地域に受容されていて否定できない修験的要素は生かしながら、もと修験の行場での自派の存続を意図してきた姿をみることができる。飯沢明神は大雄山山下に位置する神であり、矢倉沢明神は近世には苅野川流域の足柄上郡中十八か村の鎮守となっていた神である。また、大山へ通ずる矢倉街道があり大山とも深い関係にあった。古くから同地域の信仰を集めていた神であり、大山とも関係の深い神であった。了庵の門下には、大森氏の外護を受けた寺院などが建立されたが、同氏滅亡後も、苅野川流域に発展を遂げている。飯沢・矢倉沢両明神が弟子となったという説話の成立にも、同派が同地域の中で展開を遂げ、地域の宗教として市民権を得ていった姿をみることができる。

この地域の神(あるいは宗教的勢力)を取り込んでゆく方法は、とくに檀越を持たない寺院の場合に強く打ち出された方法であると考えられるが、檀越を持ちながらも、一方でこの方法がとられる場合には、僧侶の側では、さらに地域への浸透を図ろうとした結果であろうが、檀越である領主の側からすれば、支配地域民衆の信仰を持つ神を、自らの外護する禅僧・禅寺の宗教の中に取り込むという地域支配上の問題であったとみることができる。

了庵には、いま一つの説話がある。応永元年(一三九四)の冬、老人に変じて問法に来ていた箱根権現に十日後血脈を授けた（授戒）。これに対して、箱根権現は山中の水不足を知って、箱根の水を湧出させたという。(4)他の禅僧にも神に授戒し、その結果、塩泉・甘泉あるいは温泉を得たという説話がある。小地域の開発や、それにともなう水との問題などとかかわるのではなかろうか。ヤト田の奥に寺があり、水源や池があるというケースは少なくない。

信濃前山城主伴野氏の出身で同氏の外護を受けていた節香徳忠（一五七〇年没）は前山城外の小宮山村で射猟を業としていた天性暴悪の柏山宗左衛門なる人物が死去した際の葬儀に赴いた。黒雲たちまち起り、迅雷震動し、衆人は恐怖におののいたが、節香は念珠をもって棺を一打して法語を唱え、悪霊がとりつきかけた死者を鎮めた。その後、彼は領主たちに受容されて五か寺を建立している。(5)また、源翁心昭（一三九六年没）には那須の殺生石を退治した説話があり、同派の山の民、石工たちとの関係を示す。(6)あるいは毒竜を済度した説話、そのまま放置すれば悪霊となって地域住民に害をおよぼすことになったであろう草中の髑髏を取り除いた説話などが存在する。これらの場合、禅僧の持つ祈禱の能力とともに、対象が悪霊（死者）であるだけに葬祭に関する能力が必要であった。

備中小田郡に隠棲の地を求めていた説通智幢は群賊を説得して、彼らの巣窟となっていた場所に寺を建立している。(7)このような能力は悪霊鎮圧の能力とともに従来足を踏み入れなかったところを開発する場合に、ぜひ必要なものであったろう。

武蔵越生竜穏寺の門下であった節菴良筠は文亀元年（一五〇一）、郷民に祟り疫病を起していた山神の社にゆき、その廟を大喝一声して打破している。(8)神を神とも思わない、神と同格あるいは、場合によっては、それ以上であると自負する精神を持つ僧侶が、戦乱によって従来の宗教が権威を失墜してゆく中で悪神を圧する宗教を必要とした地域では求められたのである。

二　曹洞禅僧の霊験譚的説話の分類

『曹洞宗全書』史伝上には、中世・近世に成立した二一種類の僧伝集が収録されており、ここに登場する曹洞禅僧は九四三人である。これらの中には近世に活動した人物も相当数にのぼるので、厳密な比較は困難であるが、中世の曹洞禅僧で、霊験譚的な説話を持つ者が四九人確認できる。すなわち、さきの数の五%である。この数値は小さいとは一概にいえないのではなかろうか。この数は地誌類などからの抽出を進めれば、はるかに多くなることであろう。これらの説話は「日本洞上聯燈録」など、近世の編纂物に掲載されている場合が多い。したがって、その信憑性が問題となろうが、たとえ、その説話が当人のものでなかったとしても、活動上その説話が必要であった門下の人びとが史実として支えてきたものであることを考えるとき、その説話からは、当人および門下の人びとの活動内容をうかがうことができるのである。簡単には無視しえない史料となる。

さて、曹洞禅僧四九人の霊験譚的説話を分類すると、第30表のごとくである。なお一人の説話が幾つかに分かれる場合があるので合計数は四九人よりは多くなる。つぎの表をみても理解できるように、分類で一番多数を占めるのは、神から、その力量を認められたり、寺院建立地への案内を受けたものである。これは取りも直さず、曹洞禅僧が、地方展開を遂げるに際して、従来からの土着信仰の神から承認されるという形で、各地に浸透して行ったことを物語るものである。したがって、各地の中心寺院を開創して行った人物に関するものが多い。すなわち、十五世紀に活動した人物に関するものが多いのが特徴である。

これに対して、より、地域の神や悪霊に積極的な働きかけをした説話を残した派も少なくない。表の分類の中で、

第30表　霊験譚的説話をもつ曹洞禅僧一覧

分類	項目	人名（　）内は没年	人数	合計人数
奇瑞	1 寺院建立に関する奇瑞	天真(一四一三)・天徳(一三九)	2	2
神（あるいは仏）の助力を受ける	2 神（あるいは仏）から出生・出家・修行上の助力を受く	梅山(一四一七)・竺山(一三)・器之(六八)・拈笑(八二)・盛禅(一五一八)	5	29
	3 神（あるいは仏）から力量を認められる	了然(〜一三五一〜)・竹居(一四六一)	2	
	4 神（あるいは仏）が布教地あるいは寺院建立地を示す。神（あるいは仏）の助力を受けての布教・寺院建立	慶屋(一四〇七)・大等(一五)・月庵(二五)・梅栄(一五)・字堂(三七)・青岑(七二)・即庵(八四)・冷嶽(五五)・雲岡(一五一六)	11	
	5 神（あるいは仏・蛇）が寺院建立地あるいは境内地に案内す（この場合、4に比べると、より近隣の神や土地神のことが多い）	了庵(一四一一)・如仲(三七〈近隣の神と廃寺であった時からの本尊との二説話あり〉)・盧嶽(七〇)・大林(八四)・大路(一五一八)	5	
	6 山神・竜神（以前からの土地神・守護神）が力量を認め慶瑞などを現ず。または護法神となる	天庵(一三六一)・慶屋(一四〇七)・大徹(〇八)・一径(応永年間)・智翁(三六)・曇英(一五〇四)・桃岳(一八)	6	
神人化度（神に授戒，のちその礼を受く）	7 神に授戒	無著(一三九九)	1	13
	8 神に授戒、のちに出家・在家の援助によって寺院建立さる。あるいはのちに紫衣下賜さる。	大等(一四一五)・大空(一五〇五)	2	
	9 神に授戒（あるいは説法）、神のちに護法神となる	了庵(一四一一〈三神との説話あり〉)・月江(六三)	2	
	10 神（あるいは毒竜）に授戒、水(池)・塩泉・甘泉・温泉が涌く	無著(一三九九)・了庵(一四一一)・定菴・仲翁(四五)・曇英(一五〇四)・金岡(一三)	6	
	11 神に助力（あるいは説法）、神、特殊能力を禅僧に与う	実庵(一四三一)・天海(一五二七)	2	
悪霊鎮圧	12 悪霊・妖怪を鎮める、毒竜を済度す。悪霊（盗人）に引導（葬送）。ドクロを頓除す	源翁(一三九六)・梅山(一四一七)・天先(五八)・大空(一五〇五〈地極谷の火焔・竜を鎮める〉)・盛禅(一八)・天海(二七)・光国(六一)・大用(五三)	8	11
	13 群賊を説諭す	説通(?)	1	
	14 悪疾をもたらす山神に授戒。疫病の山神の廟を打破す	天先(一四五八)・節菴(?)	2	
その他	15 その他（かつて、船を覆す竜のために建立された寺を再興す）	大嶽(一五〇三)	1	1

神人化度・悪霊鎮圧に関するものは二四を数える。神人化度の分類に属するものは、神に戒を授けた返礼として、護法神として寺を守護してもらったり、水や泉を出してもらったりしているものが多い。悪霊鎮圧に関するものでは、悪霊や盗人を鎮圧することによって、その地域に受容されて行ったことを示すものが多い。両分類に属するものは、さきのものよりも、地域の神を圧するという型で浸透して行ったことを物語るものであるといえよう。また、神人化度に属するものでは、その活動した時代は十五〜十六世紀はじめに散在しているが、悪霊鎮圧に属するものでは、十五世紀の者もいるが、十六世紀前半に活動した人物に多いことが注目される。

さて、ここで何故に禅僧は祈禱を成功させることができ、地域の知識として受容され、存在することができたのであろうか。まず、戦乱によって、不測の事故が生じ、従来の宗教の祈禱が実効性のないものとして映り、権威を失った。これに対して、死者の多く出る中で、祈禱・授戒（神にさえ授戒し弟子とする）・葬祭の能力を持つ禅僧が新しい宗教として力を発揮した。地域における小開発にともない、悪霊の住む所としてそれまで足を踏み入れなかったような場所を開発しなければならなくなったとき、悪霊を鎮圧する必要、土地神を地域（寺も含めての）の守護神に変ずる必要があったが、禅僧には授戒の能力があり、それに応える結果となった。また、水を得るための方法、知識をも、何らかの形で持っていたのではなかろうか。さらにまた、禅僧が知識として存在しえたのは、禅僧の元来持つ修行方法、輪住制による諸方回遊、法類間による連絡網などにより得た知識に裏づけられたものであったろう。

神に授戒したり、悪神を打破したりできた背景には、禅僧に神と同格である、神におもねらないという精神が存在したためである。これは道元以来根底にあったものである。なお、神におもねらない精神は、場合によっては権力者にもおもねらないという、独立心にも通ずるものであった。

さらに、禅僧の祈禱そのものを成功したかのように映らせたのは、禅僧が宗教的力量や道元以来の連綿として継承してきた法脈の正統性を主張しえたことによって（禅宗は法脈を重視する）、地域の宗教的オピニオンリーダーたる存在であったろう修験者や小寺庵に住した中間的な僧尼（中世曹洞禅僧の授戒会の史料をみると、在俗の戒弟の中に、このような僧尼の存在が知られる）を取り込んでいったためもあったと考えられる。つまり、禅僧達は自分を師と仰ぐ者たちに囲まれての祈禱の場を作り出しえたわけで、そこでの祈禱に失敗はありえなかったし、成功したことが地域に宣伝される結果となったのである。

註

（1）『駒沢史学』一〇。
（2）「日域洞上諸祖伝」上（『曹洞宗全書』史伝上、二三頁）。
（3）「小田原記」、永禄三年に北条氏康が当山に詣でし時の記事、『新編相模国風土記稿』。
（4）最乗寺蔵「了庵大和尚当山開闢并九人老人之機縁守護来歴之事」。
（5）「貞祥寺開山歴代略伝」（『曹洞宗全書』史伝上所収）。
（6）本章第七節参照。
（7）「日本洞上聯燈録」（『曹洞宗全書』史伝上、三二〇頁）。
（8）「万年寺五祖伝」（『曹洞宗全書』史伝上所収）。

第十節　中世禅僧と授戒会
――愛知県知多郡乾坤院蔵「血脈衆」「小師帳」の分析を中心として――

はじめに

中世の禅僧たちが葬祭を行なうことによって、かなり多くの民衆と交流を持っていたことは、かれらの語録[1]により知られることはすでに述べたところであるが[2]、人びとを多数集めて一度に多くの戒弟を生み出すという授戒会が、はたして中世において行なわれていたのであろうか。

従来、曹洞禅の授戒会については田島柏堂氏[3]や松井昭典氏[4]などによる諸論文があるが、いずれも中世における授戒会については示唆するに止まり、近世とくに江戸初頭に成立したいわゆる近世以降の「授戒会」の考究に力点がおかれている。ただ、今枝愛真氏が十六世紀半ごろの史料を用いておられるが、やはり数行にわたる論述に止っている[5]。このように中世における授戒会については、ほとんど触れられず、江戸期初頭の成立であるという見解が出されてきた理由は、具体的史料に乏しかったことにあった。

しかし、ここに掲げた愛知県知多郡東浦町緒川沙弥田の乾坤院が所蔵する「血脈衆」「小師帳」の二本により、従来の見解は大幅に改められなければならない。十六世紀どころか、すでに十五世紀後半期に授戒会が盛んに行なわれていたことを如実に示しているのである。しかも二本には参加者の在地名や名前が多数みられる。従来、禅僧と師弟関係を結んだ人びとの居住地や実名をこれほど多く掲載した史料はみることができなかった。同書は禅宗史研究に新展開をもたらすばかりでなく、東海地方の社会を知る上にもきわめて貴重な史料である。

本論では、まず禅宗における授戒会の流れの中での「血脈衆」「小師帳」両本の位置をみ、その信憑性について検討する。ついで、授戒・授戒会における禅僧達および小寺庵の僧侶達の活動やその模様について言及する。さらに受戒者にはいかなる階層の人びとがおり、どのような村落からの参加であったのかをみ、禅僧の授戒・授戒会活動が当時の社会にどのような意味を持ったのか、とくに国人・土豪など在地領主層にはいかなる意味があったのか、村落社会にはどのような影響を与えたのか、などの問題について論究する。なお、ここにおいて乾坤院の檀越であった水野氏と禅僧との関係についても検討を加える。そして、十五世紀から十六世紀にかけて曹洞禅が在地武士に受容されて全国各地に発展して行った理由はどこにあったのかについて言及することにする。

一 禅宗における授戒会の流れ

鎌倉新仏教がつぎつぎと誕生した時代に旧仏教系の僧として、厳しく戒律を守り、律宗の復興につとめた叡尊（一二〇一—一二九〇）が武家・公家・民衆に対して戒を保つことの利益をとなえ、授戒を行なったことは周知のところである。(6) 禅僧では栄西が建久三年（一一九二）香椎宮の側に報恩寺をひらき、大乗菩薩戒を授ける禅宗式の授戒会を日本で最初に行なっている。(7) また、栄西とともに想起されるのが夢窓疎石である。観応二年（一三五一）八月二十四日、没する少し前であるが、彼が病に臥したとき、かれと師弟関係を結ぶことを願った僧老・武士・民衆が雲集している。

夢窓はかれらに衣を与え、戒を授けたが、その人数は二五〇〇〇余にも達したとされている。(8)

夢窓は中央禅林で活躍した僧であるが、地方において活動した禅僧も授戒を教化の手段としていたことがつぎのことから知られる。

臨済宗法灯派の孤峰覚明の弟子に抜隊得勝（一三二七—一三八七）という人物がいる。彼は甲斐塩山の向嶽寺の開山として知られている人物である。彼が没したその年のうちに明道という人物が「抜隊和尚行実」を作成している。(9)これには、抜隊が出雲雲樹寺の孤峰に参じているときのことを記述して、抜隊と一老僧との会話を掲載している。(10)

老宿曰。還持血脉麼。師曰。血脉在何処。老宿曰。上座未知。堂頭和尚自洞谷和尚相伝。而今盛行之。（傍点筆者）

これによれば、堂頭和尚（孤峰覚明）が洞谷和尚（瑩山紹瑾）から受けた血脈を盛んに授与していることが知られる。また、同書はある久参の僧との会話を載せている。(11)

有久参僧。語師曰。何欲早去乎。公暫在這裡。堂頭和尚必教勝公相承血脉。当是為化道方便。師云。化道利益只宜依実豈求方便立之乎。

血脈の授与が教化の方便として役立てられていたことを物語っている。むろん血脈の授与は戒法授与にともなうことはいうまでもない。

以上のことから、抜隊の師である孤峰は、曹洞宗の僧で、能登洞谷山永光寺を開き衰退ぎみであった同宗の復興につとめていた瑩山から受けた血脈を教化の方便として用い、しかもさかんに他に授けることを行なっていたことを知るわけである。したがって、孤峰に血脈を授けた瑩山あるいはその周辺の曹洞宗僧侶の間でもさかんに同様のことが行なわれていたことは想像に難くない。事実、抜隊が瑩山の高弟である峨山韶碩に参じ、そのもとを去ろうとしたとき、他の僧達が彼につぎのように言ったという。(12)

公之参学既如此。何暫在這裡。相承戒法。不作証明哉。（傍点筆者）

しばらく峨山のところにいて、戒法を受けて、学の成った証明としたらどうかと、すすめたというのである。瑩山の弟子である峨山およびその周辺の僧達の間で、戒法の授受が相当に重んじられ、得道の証明として用いられていたことが理解される。なお、同行実によれば、のちに抜隊は相模に庵を結んでいる。このときに、殺生を業とする者、すなわち狩猟を職業としていた者たち全部に、戒を授けたり、出家させたりしている[13]。このことは、授戒が禅僧たちの地方における教化活動に重要な役割を果たしていたことを物語っている。

ともかく、「抜隊和尚行実」からいえることは、瑩山や峨山など曹洞禅の僧たちが、戒法と血脈の授受をさかんに行なっており、しかも授戒は禅僧の地方活動に重要な役割を担ったということである。

さてここで、曹洞禅僧の授戒に関する記事を概観しておこう。道元以下の系譜は第33図のごとくである。

道元には「仏祖正伝菩薩戒作法」があるが、この方法で、越前永平寺の檀越波多野氏等に菩薩戒を授けたであろうし、また宝治元年（一二四七）八月には、北条時頼の請に応じて鎌倉に赴き、彼とその他道俗男女多数に菩薩戒を授

第33図　曹洞宗如仲派略系譜

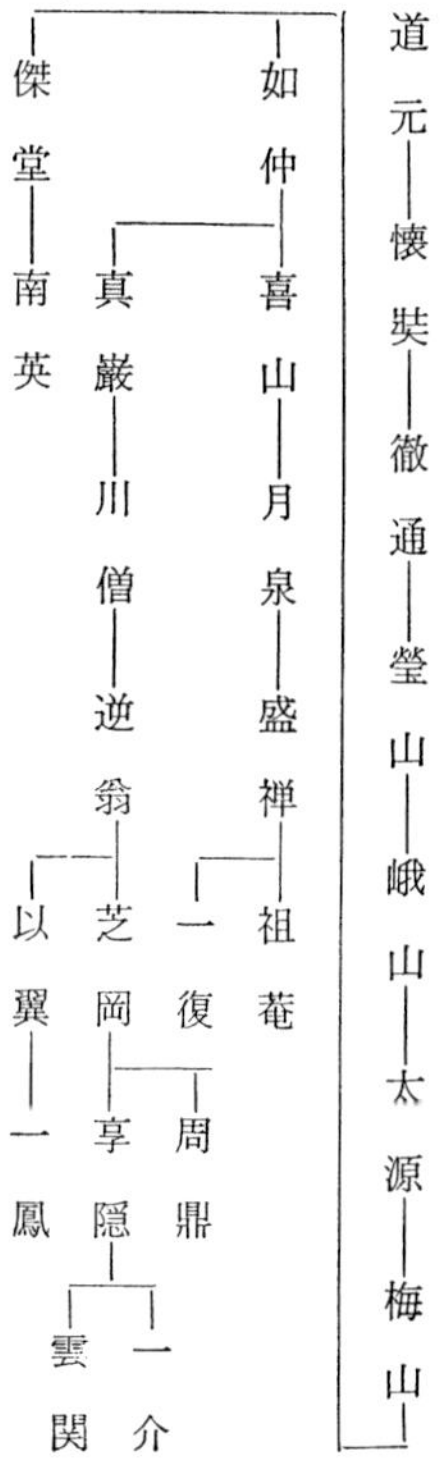

けたとされている。[14]瑩山が血脈の授与をさかんに行なっていたであろうことは、すでに述べたところであるが、彼の伝記によれば、永仁四年（一二九六）の冬、阿波城満寺において、はじめて戒法を開き五人に授戒し、のちに七五人に戒を授けている。[15]その弟子峨山についても前述したところであるが、多数の戒弟が存在したとされている。[16]南英謙宗は在明三年にして永享十一年（一四三九）九月五日、長崎に帰朝したが、その際、八百余の人に菩薩戒を授けたといわれる。[17]また、各地において、古来より素朴な信仰を集めていた山神・土地神などに戒を授け、弟子とし、護法神あるいは護伽藍神としたという類の、いわゆる神人化度の説話は枚挙に暇ない。これらの説話・寺伝の生み出された背景には、禅僧たちの各地・各地方での広範な授戒による活動が存在していたのであろう、という見解も出されている。[18]

これらの記載・見解は、いずれも後世に編集された僧伝によるものであり、推量の域を出るものではないが、当初修行僧の教化指導の方便として使用された戒法・血脈の授与が在俗者との接触に役立てられていたことを知るのである。

さて、以上のように中世における曹洞禅が授戒あるいは授戒会を行なうことにより、在俗者への接触を深めて行ったことが十分に推測されながらも、その具体的な史料を欠くという状態の中で、発見することができたのが「血脈衆」「小師帳」の二本であった。まず両書の史料としての信憑性について検討を加えることにしよう。

二　「血脈衆」「小師帳」の信憑性

「血脈衆」「小師帳」の二本は袋綴の冊子で表紙のみが新しいものとなっている。前者はタテ二五・四㌢×ヨコ一六・

九㌢の大きさ、二三枚で一枚目ウラと一八枚目ウラから二三枚目オモテには記載がない。いわゆる本文は二枚目オモテから一八枚目オモテまでであり、最後の二三枚目ウラの記載はメモのようなものである。後者はタテ二五・八㌢×ヨコ一六・四㌢の大きさ、一一枚で、一枚目ウラと五枚目オモテから一一枚目ウラまでには記載がない。いわゆる本文は二枚目オモテから四枚目オモテまでで、四枚目ウラには元和五年の戒弟が一名記録されているだけであり、後筆である。裏表紙の見返しには朱文で「祖庵」とある香炉印が五個押されている。

両本とも表紙の裏に記述がある。「血脈衆」には、

二代和尚血脈衆也、寛永年間輝州暾和尚代修補、依大破、今享保乙卯養円唯審重加修補、図不朽

と記載され、「小師帳」には最初の部分が「二代和尚小師帳也」となっており、以下は前者と同文・同筆である。二本ともに寛永年間に同寺七六世の輝州雄暾[19]により補修され、享保十九年ふたたび、一五二世養円唯審[20]の修補が加えられたことが知られる[21]。本文に比べて表紙は新しいが、この享保十九年の修補に相違ない。二冊ともに楮紙で、天地がいずれかの修理の際に裁断されたようである。さて、一枚目から紙も古くなっているが、「血脈衆」の場合は、

血脈衆（朱印、三宝印カ）　文明九年丁酉孟穐吉日（朱印、宗順）

と中央に書かれており、「小師帳」には、同様の形式で、

小師帳（前者と同印）　延徳二年庚戌十月十日（朱印、印文未詳）

と書かれている。二本ともに年月日が入っているが、この日付は一枚目裏から始まる授戒会の最初にみえるものである。一枚目の表は、おそらく成立当初の表紙であったと考えられる[22]。

この二本は表紙、本文一枚目の表、それ以下の記載方法などすべてが同様であり、本文の成立が寛永年間以前まで遡れることは表紙見返しの記述、本文の紙の古さから判断できる。しかし、二本は異筆であるため、その成立は別々に検討しなければならない。

「血脈衆」の本文には文明九年（一四七七）七月十七日夜から長享二年（一四八八）、二月十日までの記述がみられ、後半は少し粗雑となるが同一人の筆で終始しており、書き継がれた様子もないので、長享二年以降の成立である。(23) しかし、本書成立には、相当に詳しく、授戒・授戒会の内容を伝える原本か、あるいは、それに近い資料が存在したことが知られる。本文中に、

文明九年丁酉八月八日時正初日　（傍点筆者）

とある。時正とはいうまでもなく春分・秋分の日、あるいは彼岸会を意味するが、『実隆公記』にも同日の条に「自今日時正也」とみえ、彼岸会の初日であることを伝えている。(24) また、「血脈衆」には、

文明九年丁酉八月十一日時正中　（傍点筆者）

とあり、彼岸会の中日であることが理解できるが、『兼顕卿記』もこの日が「時正中日也」となっており、日付が一致する。(25) さらにまた、

文明十年戊戌二月時正日十九日終　（傍点筆者）

にも授戒会を開催しているが、『実隆公記』によれば時正の中日は十六日である。(26) したがって最終日は十九日となる。つまり、時正（初日ならば十三日、中日ならば十六日）から始った授戒会が彼岸会の最終日の十九日に終わったことを意味している。なお、文明十年二月十九日が春彼岸の最終日であることは『言国卿記』が同じ日の条に「今日拔岸《（彼）》結願間」と記していることからも知られる。(27) 結願とは彼岸会の最終日のことである。

このように日付が正確に記述してあることは原本の正しさを示すとともに、本書が詳しく、それを伝えていることを意味し、当時の様子を伝えるものとみることができる。

「小師帳」の場合、期後の記事が異筆で、元和五年以降のものであるが、それ以外の年次不明の記述、延徳二年(一四九〇)十月十日から、同三年七月十七日の記載は本書成立当時のものとみてよい。同一人の筆であることから、本書成立が、延徳三年七月十七日以降であると判断できる。さて、本書の内容が信憑性のあるものかどうかが問題であるが、「血脉衆」のように判断の材料となる記述がない。

「血脉衆」の場合は、表紙裏の記述にも、「二代和尚」とあるように、乾坤院二世の逆翁宗順の授戒・授戒会の様子を伝えている。その日付・場所も、逆翁の行動とほぼ一致しており、疑点はない。ところが「小師帳」の場合には、問題がある。同書の表紙裏では「三代和尚」となっており、乾坤院三世の芝岡宗田のことを指しているが、越前坂井郡御簾尾の竜沢寺の「平田山竜沢禅寺前住帳」(28)をみると、芝岡宗田が延徳二年、三三世として入寺したことになっている。しかも、三四世行之正順の入寺は明応元年であるから、二年間は越前竜沢寺の住持であったということになる。しかし、「小師帳」によれば、延徳二年十月一日から翌三年七月十七日の間に数回授戒会を行なっており、不自然である。いま一つの問題点は裏表紙の裏に無造作に五個おされている「祖庵」という朱文の印である。この人物は祖庵英彭であろうか。祖庵は「血脉衆」「小師帳」の両本に授戒会における仲介の僧として活動している来鳳一復と法の兄弟である。かれらは如仲派下ではあっても乾坤院開山である川僧慧済の系統ではない。この印がいつ、どこで押されたのか、本書の伝来にもかかわる問題であるが不明である。

さて、以上のことから「小師帳」の戒師は乾坤院三世芝岡宗田ではなく、祖庵英彭・来鳳一復の系統の人、すなわち彼らの師である盛禅洞奭のようであるが、否定される。それは授戒会が乾坤院で行なわれており、一度は有脇の洞泉庵で行なわれているが、有脇も乾坤院の南にあり、盛禅やその師月泉性印の活躍した尾張北部ではないからである。やはり、乾坤院を中心に活動している人物であれば、同寺関係の門流であるとみなければならない。延徳年間に乾坤院を中心として授戒会を行なうことができた人物といえば、芝岡宗田である。したがって、越前竜沢寺輪住の問題、「祖庵」という印文の問題があるものの、「小師帳」の主役は芝岡宗田と考える。なお、別人であったとしても、かれの近隣の人物であったに相違ない。さて、戒師が芝岡宗田ということになると、乾坤院の門派である大中一介の活動とともに、同じ如仲門派ではあるが、他流である来鳳一復の活動を記している「血脈衆」「小師帳」がかえって後世、意識的に作成されたものでないことを証明しているといえよう。

以上、「血脈衆」「小師帳」ともに、記述されている年次当時の授戒会の様子を伝える史料として扱うことができると判断した。

三　授戒会における禅僧たちの活動と村落の小寺庵

「血脈衆」により、逆翁宗順の授戒・授戒会の模様をみると第31表のようである。

逆翁は尾張の源氏姓の出身であったとされている。墳典史籍をはじめ、とくに易学に精通し、のちに遠江長上郡野部の一雲斎の開山であった川僧慧済（一四一〇―七五）に参じ、その高弟となり、尾張知多郡緒川の城主水野貞守の帰依を受けて、同地に乾坤院を開いている。それは文明七年（一五七五）のことであったとされている。なお、逆翁は水野氏の出身であるとする説もある。(29)これはおそらく事実であろう。とすれば、一定の修行を経た逆翁が一族の水野氏の外護する寺院に迎えられたということになる。このような例は多数あり、珍しいことではない。

「血脈衆」によれば第31表に示したように文明九年七月十七日夜より、つづけて授戒会を行なっており、乾坤院開創後の活動を知ることができる。授戒会の開催地は記されていないが、多くの戒弟達の所在地が知多半島北東部であることから、乾坤院であったに相違ない。文明十年十月十三日には知多郡の野間において五八人の戒弟を生み出しているが、開催地は記されていない。しかし、参加者の中には「報恩寺」の僧がいる。あるいは、野間奥田の報恩寺であったろうか。寺伝によれば同寺は鎌倉期、鎌田政清の乳母である乳宝貞哺禅尼の創立で真言宗であったのを、永正

第31表　「血脈衆」における授戒・授戒会表

年月日	戒弟数	注記・備考
文明9・7・17	一四	血脈衆文明九年丁酉七月十七夜
9・8・8	三四	文明九年丁酉八月八日時正初日
9・8・11	六〇	文明九年丁酉八月十一日時正中
9・8・19	四二	
9・9・7 9・10・2	一六 二三	
10・2・(16) 10・3・17	二三 一	文明十年戊戌二月時正日十九日終
10・8・27	七	文明十年八月廿七日時正
10・10・13 11・1・24	五八 一 一	文明十年戊戌小春十三日尾陽智多郡野間
11・2・1	一四	文明十一年二月時正

11・7・19	一九	
11・8・17	五	
11・11・20	一	
11・11・2	一	
11・12・13	一	
11・12・19	一	
12・1・11	一	
12・3・13	三	
12・8・12	五七	文明十二年庚子八月時正十二日一雲斎行之一約引
12・8・17	六一	同十七日一雲斎一鳳蔵主一約引
12・9・7	一	
	一二	
13・5・16	一七	文明十三年辛丑五月十六日千頭衆
13・6・17	一	
13・6・20	一	
	六	
13・7・12	三	
	七	
13・7・26	一	文明十三年辛丑七月廿六日於一雲
	一	
13・10・5	一	
14・10・2	一	
14・11・3	一	
	一	
(15)・2・15	一	智多郡刈屋叢蔵主引文明十四（マヽ）亥卯仏涅槃日

15・8・16		六四	
15・9・下旬		一一	文明十五年亥卯九月下旬野間観音寺
16・4・6		二七	文明十六年甲辰卯月六日大谷曹源寺中関慶三引〔抹消一を含む〕
16・4・8		五四	仏誕生日　長訓珠盈引　珠盈引借屋分〔重複八を含む〕
	17・9・(7)	一	
	18・6・9	一	
		一六	
	16・12・30	一	
17・8・10		四	文明十七年乙巳八月十日於大洞院
	17・8・17	一	
	17・8・(17)	一	
	17・10・20	一	
	17・11・10	一	
	18・1・10	一	於橘山
	18・2・5	二	
	18・2・18	一	
	18・3・13	二	
	18・5・16	八	
	18・7・21	二	
	18・9・1	一	
	19・7・20	二	
19・9・6		二三	文明十九年丁未九月初六日時正於雲蓋庵
	長享2・2・10	一	
合計		七二四	重複八・抹消一を含む

註「年月日」欄の上段は大見出しで記されているもの、下段は戒名の下に記されているか、あるいは小見出しで記されているもの。

十二年（一五一五）雲関珠崇（川僧―逆翁―芝岡―享隠―雲関と次第する）によって曹洞禅に改められたとされている。しかし、これによれば、永正以前から曹洞禅との関係ができていたことを知る。このような前提があってこそ、雲関が曹洞禅に改宗し、開山となることができたのである。なお、雲関は文明九年八月八日に授戒会に参加し、延徳三年五月十六日には仲介僧となって活動した人物である（後述）。

「一雲斎住山牒」によれば、同十一年から十三年まで遠江一雲斎に輪住しているが、この間の「血脉衆」をみると、同十二年八月十二日に一雲斎で五七人、五日後の十七日には六一人の戒弟を出す授戒会を開いており、十三年七月二十六日にも同寺にて一人の戒弟を出している。一雲斎輪住の間は同寺を中心とした活動を行なっていたことを知るのである。

文明十五年九月下旬には尾張知多郡野間の観音寺にて一一人の戒弟を出している。野間は知多半島西側に位置する。野間奥田の観音寺は同村の報恩寺の末寺となっている寺院であるが、当時から曹洞禅と深い関係を持していたことを知るのである。同寺は布土村心月斎の末寺、天文三年（一五三四）七月の開山と伝えられているが、当時すでに存在しており、授戒会の開催地となっている寺であった。

二日後の四月八日には戒第五四人の授戒会を行なっているが、場所は不明である。しかし、二日後ということであれば、大谷の曹源寺かその近辺であろう。

逆翁は「日本洞上聯燈録」(30)七をみると、文明十六年（一四八四）に如仲門派の拠点、遠江大洞院に輪住している。翌十七年九月十九日、文芸僧として知られていた万里集九が関東に赴く途中で立寄っているが、彼の詩文集「梅花無尽蔵」二によれば、当時の住持が逆翁宗順であったことが知られる。(31)「血脉衆」では十七年八月十日に大洞院において、四人に授戒し、十八年一月十日にも「橘山」において一人の戒弟を出している。「橘山」とは橘谷山大洞院のことである。大洞院に輪住している期間にも、幾人かの戒弟を出していることが知られるのである。ただ同じ輪住期間であっても、一雲斎のときに比して、はるかに少ない戒弟であるのは、一雲斎が師川僧の開いた寺であるのに対して、大洞院は、川僧の師如仲が開き、すでに幾つかの門下で経営している寺であったので、逆翁の親密度が多少薄かったためであると考えられる。一雲斎においては授戒会を開きうる基盤が存在した。

文明十九年九月六日には雲蓋庵にて、二二人の戒弟と授戒会を開いている。この雲蓋庵は戒弟達の住居地からみて、中遠地帯であることが想像できるが、不明である。

その後、逆翁は長享元年（一四八七）秋には乾坤院を弟子の芝岡宗田に譲り、法弟の石宙永珊が没したので、その遺跡寺院である遠江佐野郡倉真の長松院に住した。翌二年八月十五日に寂しているが(32)、その半年前の二月十日に、一人の戒弟を出している。

以上のように「血脉衆」には文明九年（一四七七）から長享二年（一四八八）二月十日まで、およそ一〇年半の間に授戒した七二四人の戒名が記されている。年間平均六八人を戒弟にしていることになり、最多を数える文明九年には半年で一八九人に達するほどである。なお、逆翁が一雲斎や大洞院に輪住したときは同寺院で授戒・授戒会を行なっていることが知られ、「血脉衆」の史料的信憑性を高め

第32表　「小師帳」における授戒・授戒会表

年月日	戒弟数	注記・備考
不明	一八	
延徳2・10・10	二三	延徳二年庚戌十月十日於有脇洞泉庵
3・5・16	八	
3・7・7	二七	延徳三年辛亥七月七日於乾坤院
3・7・17	一九	延徳三年辛亥七月十七日於乾坤院
〔元和5・5・1〕	〔一〕	〔後　筆〕
合計	九五〔一〕	

註　「年月日」欄の上段は大見出しで記されているもの、下段は戒名の下に記されているか、あるいは小見出しで記されているもの。

ている。

つぎに「小師帳」にみえる授戒・授戒会の模様をみると第32表のようである。戒師をひとまず芝岡宗田としておいたが、彼は延徳二年（一四九〇）から三年の間は越前竜沢寺の住持となっており、疑問が残る。しかし、いずれにしても乾坤院関係の人物であることは確かであり、前述したとおりである。

延徳二年十月十日、有脇の洞泉庵において二三人の戒弟が出されている。有脇は知多半島の東側で、緒川の南方に位置するが、洞泉庵については現在不明である。翌三年七月七日には二七人、一〇日後の十七日にも一九人の戒弟を乾坤院において出している。およそ九か月間に七七人に達した。

さて、この二本をみると、たとえば、

Ⓐ文明十二庚子八月時正十二日一雲斎行之一約引
与広　慶周野部市場

とあり、また、延徳三年七月七日の授戒会には、

Ⓑ妙細篠嶋知岳引（以下戒名略）（傍点筆者）

とみえ、「〇〇引」とあって、戒師と在俗者との仲介役を務める僧侶が存在したことが知られる。Ⓐの行之と一約との二人は、与広・慶周以下五七人の大部分の授戒会参加者を仲介したと考えられる場合であり、また、文明十六年仏誕生日（四月八日）の戒会などは「珠盈引借屋分」と付されており、珠盈が多数を引率して参加したことを物語っている。Ⓑの知岳は授戒会に参加した篠島の妙細という人物個人の仲介役を務めた場合であるとみてよかろう。なお、Ⓐの行之は「行レ之」と読んだ場合には人物ではなくなる。その外、「〇〇取立」「〇〇指南」と表記されているものも、受戒者各個と以前から関係を持っていた人物であるから、仲介役か、それに近い役割を担った場合も多かったと

考えられる。いまそれらを示すと第33表のようである。

これら仲介役を務めた僧侶達について若干触れておこう。文明十二年八月十二日、同十七日の再度の一雲斎における授戒会で活躍した一約（⑬⑱㉑）については不明であるが、二度目の授戒会を仲介した一鳳蔵主（⑰）とは竺雲一鳳のことであろう。戒師逆翁と一鳳の師以翼長佑とはともに川僧慧済の弟子である。文明十六年四月六日、知多郡大谷郷曹源寺の授戒会を仲介した中関（㉛）は、これより以前の文明十二年正月十一日に逆翁より戒を受けた「尾州智多郡僧」と付されている「中関」と同一人であると思われる。同じく、曹源寺の戒会を仲介した慶三（㉜）も、文明九年九月九日に戒を受けており、曹源寺の僧であることが記されている。この両者のように、以前に戒を受け、後に授戒・授戒会の仲介者として活動した人物は外にも存在した。三省（④）は文明九年八月八日に受戒した人物であろうし、同十六年仏誕生日（四月八日）の戒会を仲介した長訓（㉞㉟）も同九年九月七日にすでに受戒した人物であった。記載によれば、かれは知多郡大谷郷瑞芳庵の僧侶であり、文明十八年四月六日に大谷曹源寺で戒を受けた彦兵衛（戒名は道紺）は父であり、妙林は母である。長訓の両親も大谷郷の住人であったに相違なかろう。また、「道紺」という戒名から紺屋であった可能性が強い。戒会はその土地出身の僧侶の仲介により施行される場合もあった。知岳（㊷㊸）は「小師帳」に登場し、延徳二年十月十日、知多郡有脇の洞泉庵において行なわれた授戒会に心清と妙殊を引いている。二人とも篠島の人物であった。ところが、知岳も、これよりさき、文明十八年正月十日、遠江大洞院において受戒しており、「血脉衆」には彼自身も篠島の人であることを記述している。篠島は知多半島の先端師崎の東方、すなわち渥美湾の入口に浮ぶ小島であるが、知岳は出身地での活動も忘れなかったようである。なお、知岳の父親も、有脇洞泉庵における戒会で道種という戒名を受けているが、当時は知多郡藤江に住居していたと記載されている。

仲介僧の中で、のちに東海地方の曹洞禅を代表する人物となっているものに一復（㊿51㊿56㊿67）と一介（㉗㊹㊿61）がいる。

第33表　「血脈衆」(①〜㊴)・「小師帳」(55〜67)における授戒・授戒会の仲介者一覧

番号	仲介者名	授戒・授戒年月日	備考
①	海蔵庵(引)	文明9・8・19	小垣江海蔵庵
②	〔列蔵主〕	9・9・7	
③	乗泉(引)	9・9・7	細目曹源庵
④	三省(引)	9・9・7	
⑤	珠哲(引)	9・9・7	
⑥	〔鑑仲〕	10・10・13	鑑仲ノ小師
⑦	曹源寺(引)	11・8・17	
⑧	禅興(引)	11・11・20	
⑨	禅興(引)	11・11・2	
⑩	字〈宗〉田(引)	11・12・19	
⑪	祥繁(引)	12・3・13	
[12]	「行之」(引)	12・8・12	於一雲斎
[13]	一約(引)	12・8・12	於一雲斎
[14]	〔三代和尚〕	12・8・12	三代和尚ノ小師
⑮	一斗(引)	12・8・12	
⑯	玄聖僧(引)	12・8・12	
[17]	一鳳蔵主(引)	12・8・17	於一雲斎
[18]	一約(引)	12・8・17	於一雲斎
⑲	〔三代和尚〕	12・8・17	三代和尚ノ小師
⑳	〔高山〕	12・8・17	高山小師
㉑	一約(引)	12・8・17	
㉒	〔三代和尚〕	12・8・17	三代和尚也
㉓	字〈宗〉田(引)	14・10・2	
㉔	叢蔵主(引)	〔15〕・2・15	
㉕	〔瑞西堂〕	15・8・16	瑞西堂小師
[35]	長訓(引)	16・4・8	
[36]	珠盈(引)	16・4・8	
㊲	□□(引)	16・4・8	
㊳	正瑞(引)	17・9・(7)	
㊴	与朴(引)	18・6・9	
㊵	洞本(引)	17・8・10	
㊶	契旭(引)	17・8・17	
㊷	高祢(引)	17・10・20	
㊸	一補(引)	17・11・10	
㊹	一介(取立)	18・2・5	一介取立喝食落髪
㊺	永祢(引)	18・2・5	
㊻	洞済(引)	18・2・18	天宮華蔵庵
㊼	洞不(引)	18・3・13	
㊽	聖泉蔵主(引)	18・5・16	
㊾	祖玉(引)	18・7・21	
㊿	与密(引)	18・7・21	
(51)	一復(引)	18・9・ー	
(52)	一[雲](引)	19・7・20	
(53)	太郎兵衛(引)	19・9・6	
(54)	〔川僧和尚〕		川僧和尚小師取名失却
(55)	広厳庵(取立)	ー・ー・ー	
(56)	一復(取立)		
(57)	与運(取立)	ー・ー・ー	
(58)	鼎蔵主(取立)	ー・ー・ー	
(59)	永真(指南)	ー・ー・ー	

㉖	〔南英〕	15・8・16	種月南英小師
㉗	一介（引）	15・8・16	
㉘	林香庵（引）	15・8・16	
㉙	曹源庵（引）	15・9・1	細目曹源庵
㉚	泉蔵主（取立）	15・9・1	泉蔵主取立沙弥
[31]	中関（引）	16・4・6	曹源寺
[32]	慶三（引）	16・4・6	曹源寺
㉝	正慶（引）	16・4・6	
㉞	長訓（引）	16・4・6	
(60)	〇蔵主（引）	延徳3・5・16	
(61)	一介（引）	3・5・16	
(62)	知岳（引）	3・5・16	
(63)	梵寿（引）	3・5・16	
(64)	極楽寺（引）	3・7・7	
(65)	知岳（引）	3・7・7	
(66)	宗用（引）	3・7・17	
(67)	一復（引）	3・7・17	

註　番号に□は授戒会全体の仲介者、それ以外は個人もしくは小人数の仲介者、〔　〕内は以前に受戒者と関係を持っていた人物。

両者ともに、逆翁・芝岡両人の授戒を仲介している。緒川乾坤院には表紙に「一枚紙写第一共廿九品」と記されている冊子がある。以下これを「一枚紙写」と称することにするが、同書は宝暦二年（一七五二）同寺一七〇世として入院した万国義春の代に書写されたものである。同書には、おもに住持交替などに際しての土地売券や祠堂銭の額などを記述した目録が書写されているが、その中に明応七年七月二十四日付の文書がある。それには「一復方」とか「大夫一復」とみえ、その当時、一復が知多郡大夫（大府）に住居しており、住職の芝岡宗田のもとで、乾坤院の経営に加わっていたことが理解できる。この一復とは、おそらく来鳳一復のことであろう。来鳳は、尾張春日井郡大草に福厳寺を開いた盛禅洞奭（一四三四—一五一八）の弟子で尾張愛知郡岩崎に丹羽氏の外護を受けて妙仙寺を開き、福厳寺六世として輪住している人物である。[33] すなわち、同じ如仲天誾門下であるが、のちには川僧の門下に入らなかった人物である。字田（⑪㉓）は宗田である可能性がある。とすれば、芝岡宗田が師のもとに引いてきたことになる。

一介は大中一介（一四四七—一五二二）に相違なかろう。彼は来鳳一復とは異なり、乾坤院三世芝岡宗田の弟子である享隠慶泉の法を嗣ぎ、以後も川僧門下に連なって、乾坤院の運営にも尽力した人物である。かれは永正五年八月一日、同十一年、同十七年に、それぞれ八世、一〇世、一三世と三度も乾坤院に住職している[34]。この間に、師亨隠の遺跡寺院である三河宝飯郡小坂井の東漸寺二世となり、永正七年には遠江一雲斎に輪住[35]、同十三年には能登総持寺に輪住している[36]。また知多郡横須賀に長源寺、三河本宮（一の宮）に松源寺、知多郡加木屋に普済寺などを開山している[37]。

その外、泉蔵主（㉚）は芝岡宗田の弟子で大中一介の師である亨隠慶泉であろうか。また、鼎蔵主（㊾）は同じく芝岡の弟子である周鼎中易——周鼎が道号であるとすると鼎蔵主と称するのは疑問であるが——であるかもしれないし、あるいは盛禅の弟子の周牧三鼎であるかもしれない。また、仲介僧の中には「一」の字をもつものがいるが、それは川僧の孫弟子達に多く付けられている名である。かれらも川僧会下に連なる人びとであったに相違ない。なお、文明十九年九月六日に遠江敷地岩室の「トキ」という人物が妙悟という戒名を受けたときに、その仲介を務めたのは太郎兵衛（㊸）という人物であった。まれには在俗者も仲介役を務める場合もあったようである。

授戒・授戒会において多くの戒弟を出した戒師の活躍の背後には、以上みてきたような仲介僧たちの活動が存在したことを看過してはならない。

これまで、授戒・授戒会の仲介僧をみてきたが、戒を受けた者達をみると、その中にも僧侶および寺院関係者が多く存在している。その数は一〇九人にも上り、「血脉衆」「小師帳」にみえる戒弟数の一五％にも達する。かれらは出家するときに戒を受けているはずであるから、再度かそれ以上の回数の受戒ということになろう。これらの多くは小寺庵の庵主か、あるいは、第32表をみても理解できるように、祥光庵・三河小垣江海蔵庵・尾張村木極楽寺などの「同宿」や尾張奥田報恩寺の「僧」など、各寺庵に寄宿した者達であった。

これらの中には、前述した亨隠慶泉がおり、文明九年八月八日の戒会のときに受戒しており、「蔵主尾州野間」と付記されているところをみると、当時は知多郡野間に存在したことが知られ、蔵主と称されていたことが理解できる。

第34表 「血脈衆」「小師帳」における寺庵一覧表

番号	寺庵名	所在地	「血脈衆」「小師帳」の記載から	備考
①	乾坤院	尾張知多郡小河（緒川）	授戒会二七人（延徳3・7・7） 授戒会一九人（延徳3・7・17）	○文明年間の多くの授戒会は同寺にて施行されたと思われる ○文明七年成立 ○開基檀越は小川城主水野重郎左衛門蔵主貞守 ○現存
②	莅済庵	〃 〃 村木入日	妙泉〔典座〕（文明9・8・19） 省麟（文明11・9・19）	
③	海印庵	〃 〃 村木	梵喜（文明19・7・19） 省源〔同宿〕（文明11・7・19） 正椿〔同宿〕（文明15・8・16）	○現存
④	東光寺	〃 〃 村木	慧忠（文明11・7・11）	○現存は緒川屋敷一区にある
⑤	臨江庵	〃 〃 村木	梵菊（文明11・9・19） 周念〔弟子〕（延徳3・7・7）	○現存
⑥	極楽寺	〃 〃 村木	霊心・恵憩〔同宿〕・慧球〔同宿〕（文明11・9・19） 引〔妙芳・大嶋殿・大嶋殿内方〕（延徳3・7・7）	○現存 ○極楽寺が上記三人を引く
⑦	妙法寺	〃 〃 村木	周廩（延徳3・7・7）	○現存
⑧	常昭庵（浄祥庵）	〃 〃 生道（生路）	祖参〔同宿〕（文明9・8・8） 正安〔祖山ノ老母生道浄祥庵母〕（文明15・8・16）	○現存
⑨	御庵	〃 〃 生道	理延（文明9・9・7）	
⑩	景泰庵	〃 〃 藤江	梵昌（文明9・8・8）	

⑪	竜雲庵	〃	〃	有脇	珠栄妨主	(文明9・8・19)	
⑫	洞泉庵	〃	〃	有脇	正厳 慶善〔同宿〕 授戒会二三人 道林〔洞泉庵親父〕	(文明9・8・19) (文明12・8・12) (延徳2・10・10) (延徳2・10・10)	
⑬	玉林庵	〃	〃	大夫(府)	祖玉	(文明9・9・7)	
⑭	青雲庵	〃	〃	古場郷	祖恩	(文明16・4・8)	
⑮	安[養]寺	〃	〃	古場	正春	(文明16・4・8)	
⑯	曹源寺			大谷	慶三 引〔澄千・周五〕 引〔妙用・善空〕慶全〔沙弥〕 授戒会二七人	(文明9・9・7) (文明11・10・19) (文明19・8・17) (文明16・4・6)	○現存
⑰	瑞芳庵			大谷	長訓	(文明9・9・7)	
⑱	慶雲庵			大谷	祥慧〔比丘尼大谷慶雲庵兄弟理延同宿〕	(文明9・9・7)	
⑲	巡礼堂			大谷	慧梵〔坊主〕	(文明16・4・8)	
⑳	竜雲庵	〃	〃	西枳豆志借屋(刈谷)	等琳	(文明16・4・8)	
㉑	観福寺	〃	〃	枳豆志郷市原	慧薫	(文明16・4・8)	
㉒	観音寺	〃	〃	野間	授戒会一一人	(文明15・9・下旬)	○現存
㉓	妙雲庵	〃	〃	野間	正永(?)		

㉔	如海庵	〃　〃　野間奥田	珠篋〔首座〕（文明19・9・下旬）	
㉕	報恩寺	〃　〃　奥田	慶玉・禅悦〔僧〕・正泉〔僧〕・宗用〔僧〕・梵稠〔僧〕・ 知聞〔僧〕・樟寿〔鑑仲小師〕（文明10・10・13）	○現存
㉖	曹源庵	〃　〃　細目	堯泉引〔智舩〕（文明9・9・7）	
㉗	洞春庵	〃　〃　小野浦	聖貞・妙祐〔母〕（文明10・10・13）	
㉘	隆徳寺	〃　〃　内海	道覚〔同寺百性〕（延徳2・10・10）	
㉙	清印庵	？	理用（文明15・8・16） 理慶〔小比丘尼〕（文明15・8・16）	○「一枚紙写」にもみえることから、小河に近い所に存在したと思われる
㉚	林香庵	？	引〔妙香庵〕（文明15・8・16）	○おそらく尾張知多郡周辺であろう
㉛	阿弥陀院	？	長因〔山臥〕（文明15・8・16）	○同右
㉜	徳隣寺	尾張？	永恩（文明17・8・10）	
㉝	安楽寺	？	祖堂（文明16・4・8）	○おそらく尾張知多郡周辺であろう
㉞	祥光庵	？	妙林〔弥蔵主姉首座〕（文明9・8・8、同15・8・16） 祥音〔同宿〕・祥就〔同宿〕・祥三〔同宿〕・祥誕〔同宿〕・ 智清〔下女〕（文明9・8・8） 了充・智福・智祥・智光・智玉〔下女〕・了心〔兵衛次郎〕（文明9・8・19） 智益〔三河智鯉鮒長見殿内方祥光庵兄弟〕（文明9・9・7）	
㉟	海蔵庵	三河碧海郡小垣江	宗祥〔同宿〕宗久〔同宿〕 継成〔同宿〕有隣〔同宿〕（文明9・8・11） 引〔道縁・妙衆・道成・妙関・智竜・智海〕（文明9・8・19）	○海蔵庵が上記六人を授戒会に引く

㊱	禅向庵	三河 ―― 上司	宗隆	（文明9・8・11）	
㊲	大洞院	遠江山名郡橘谷	授戒会四人 授戒〔智岳〕	（文明17・8・10） （文明18・1・10）	○現存
㊳	華蔵庵	〃　〃　天宮	妙泉〔洞済引〕	（文明18・2・18）	
㊴	一雲斎	〃　長上郡野部	授戒会五七人 総鑑〔門前比丘尼〕・常妙〔門前比丘尼〕 授戒会六一人 授戒〔周養〕	（文明12・8・12） （文明12・8・12） （文明12・8・17） （文明13・7・26）	
㊵	広厳庵	〃　〃　野部	取立〔玄浦〕	（？）	
㊶	雲蓋庵	？	授戒会二二人	（文明19・9・6）	○おそらく遠江であろう
㊷	竹林庵	？	貞賢〔竹林庵母〕	（？）	○おそらく遠江であろう
㊸	畊雲寺	？	慶琳〔喝食〕	（文明17・8・10）	○遠江大洞院周辺であろうか
㊹	円明寺	？	明禅〔喝食〕	（文明19・7・20）	
㊺	天徳□	？	妙林〔留守〕	（文明9・9・7）	
㊻	（種月寺）	越後蒲原郡石瀬	長因〔南英小師〕	（文明15・8・16）	○現存

また、前述の「一枚紙写」の永正元年七月晦日の文書には「納所慧球」とある。これは文明十一年二月時正に授戒した慧球のことではなかろうか。ともかく授戒・授戒会を通じて僧侶たちの参加を得たことは、その他多くを占める在俗者の参加を促すものであったろう。

さて、「血脈衆」「小師帳」にみえる寺庵を列挙すると第34表となる。やはり、乾坤院の位置する知多半島に集中しており、大府（大夫）・緒川（小河）・村木・生道・藤江・有脇の東側をはじめとして、古場・大谷・刈谷（＝借屋、三河の刈谷ではない）・市原・野間・奥田・内海と西側さらに南部へと散在している。それ以外では遠江大洞院・一雲斎とその周辺の数か寺が注目されるところである。これは、逆翁や芝岡の活動範囲を物語っているといえよう。なお、これらの寺庵には現存するものが少なくないが、それらの寺伝では成立年代・改宗年代が、この「血脉衆」「小師帳」の時代、すなわち文明延徳年間を降るものが多い。しかし、すでにこのころから曹洞禅と関係を持った僧侶たちが住居し、寺名まで有していたことが知られるわけである。たとえば、生道の常昭庵⑧は現在常照寺と称し、寺伝では享禄元年（一五二八）正月、周鼎中易の徒である惟信□忠が開創したことになっている。この授戒会当時から約半世紀も後のことになる。ところが文芸僧万里集九の「梅花無尽蔵」三上に延徳三年（一四九一）に詩った「蓬州智多郡生道邑常照菴薬樹之詩[38]」と題するものがあり、同書六には、この詩に関する序が掲載されている[39]。これによれば、常照庵があったことは勿論のこと、惟信に関しても記述が及んでいる。よって、寺伝の開創年時以前の存在が知られ、常照庵が「血脉衆」に記されていても不自然ではない。同庵もまた、文明年間当時から曹洞禅と関係を持っていたことが理解できるのである。また、知多郡奥田の報恩寺の場合もすでにこの時点で幾人かの僧侶が授戒会に参加しているわけであるが、寺伝によれば同寺はのちの永正十二年に雲関珠崇によって曹洞宗として改宗されているのである。しかも、開山となった雲関珠崇は、文明九年八月八日の授戒会に「珠崇蔵主生道」と出てくる人物で、当時生道に居住していた人物であり、延徳三年五月十六日に「才椿　ヨノワラ崇蔵主引」と出てくる崇蔵主がかれであろう。とすると、仲介役として活動していることが知られるわけである。報恩寺は真言宗であったが、住僧が授戒会に参加し、曹洞禅との関係を持ち、のちには、その授戒、授戒会などで活動していた僧侶を開山として曹洞宗に改宗したということになる。ここに曹洞宗寺院成立の一つの型をみることができる。なお、東光寺は現在緒川屋敷一区に存在するが、当時村木に存在したことは「一枚紙写」からも知られる。

第33表に示されたような寺庵が各授戒・授戒会の開催地や仲介僧の活動の拠点となり、同宿の僧を参加させたりして、曹洞禅の浸透に力あったことは疑を容れぬところである。

さてこれまで、授戒・授戒会が戒師の活躍の外に、仲介僧や各村落の寺庵などの参加により、なしえたものであることを述べたが、ここで、その内容について少し述べておこう。

まず、第31・32表をみても理解できるように、一度に多くの戒弟を出す、いわゆる授戒会の場合と、仲介者に引かれるなどしてきた者に個別に授ける、たんなる授戒とに分けることができる。

各個人への授戒の場合は期日も散発的でまちまちであるが、授戒会ともなるとやはり春秋の時正（二月と八日）すなわち彼岸会、あるいは仏涅槃日（二月十五日、釈迦入滅日）や仏誕生日（四月八日）など、仏教と関係の深い日を選んで行なわれる場合が多かったようである。とくに彼岸会の前後に多く開催されている。なお、彼岸会のような時に授戒するということは当時の貴族社会にもみられ、一般的なことのようである(40)。

さて、「血脈衆」「小師帳」には、いうまでもなく授戒会の年月日が記されているわけであるが、それが授戒会最初の日であるか、最終日であるかである。

文明十年戊戌二月時正日十九日終　（傍点筆者）

とあることからみると、文明十年二月時正（初日ならば十三日、中日ならば十六日）から始まり、十九日に終わったということであろう。とすれば、大見出しで書かれている期日は始まった日であり、最終日はこの例のように書される場合はほとんどなく、省略された場合が多かったとみるのが妥当のようである。

ところで、授戒会の期間は何日ぐらいであったろうか。

文明九年丁酉八月八日時正初日　（傍点筆者）

すなわち秋彼岸の初日に三四人の戒弟を入れており、つぎの戒会は、

文明九年丁酉八月十一日時正中　（傍点筆者）

とあって、彼岸会の中日に六〇人の戒弟を入れている。最初の組がこの日に戒と血脈を受けて後の組と交替したとすれば、四日間で初日に始まった組は終わっているはずである。またつぎの例をみると、

文明十六年甲辰卯月六日大谷曹源寺中関慶三引　（傍点筆者）

と、四月六日に二七人の戒弟を、ついで、

仏誕生日長訓珠盈引　珠盈引借屋分

と、仏誕日つまり四月八日に五四人以上の戒弟を入れている。この場合もやはり前の組がこの日に戒と血脈を受けて、この五四人と交替したとすれば三日である。よって、これからみると、前に入った戒弟達と後から入った戒弟たちが重なって生活することがなかったとみるかぎりでは、二〜三日間の修行生活をさせたあとで戒を授けたとみることができる。しかし、近世においては七日間であるので、この二〜三日は最短の期間であろうか。

さて、「血脈衆」「小師帳」をみると、戒名の右上あるいは下に「血斗」「血脈斗」と付されている者がある。これは、おそらく前述した一定期間の修行生活を経ないで、血脈だけを受けた者を意味するとみてよいであろう。とすれば、「血斗」「血脈斗」と付されていない大部分の人びとは、戒師をはじめ仲介僧達とともに修行生活を送ったことになり、親密な関係を結ぶ結果となったのである。

さて、これまでは、戒を授けた禅僧達を中心にみてきたが、つぎに戒を受けた在俗者について検討を加えることにする。

四　遠江国における受戒者

「血脈衆」「小師帳」にみえる授戒会が尾張知多郡の緒川乾坤院・野間観音寺・大谷曹源寺と遠江橘谷大洞院――四人ではあるが――や野部一雲斎あるいは遠江と思われる雲蓋庵であったことから、参加者もその周辺からのものが多くを占めている。尾張知多郡と三河の西部、それに中遠地帯からの参加者がほとんどである。まず、遠江の各村落から集まった者達についてみよう。

遠江における受戒者の多くは文明十二年八月十二日の彼岸に野部の一雲斎において行なわれた授戒会および同年同月十七日の同寺にて開催された授戒会に参加した者達であった。第31表に示したように前者には五七人、後者には六一人以上の者が参加している。まず前者に参加した者達で戒名の下に居住地や俗名が書かれているものをみてみよう。

文明十二年庚子八月時正十二日一雲斎行之一約引

与広　　慶周　野部市場

（四名略）

妙性　血斗谷田川　　妙賀

妙瑚　　妙佐

妙念　　狸薫　楠宮子

宗意　赤子　　妙如

妙山　血斗五郎子　　妙於

（六名略）

道清

妙貞　血斗

昌慶

道山　五郎四郎了常ノ妙孫也

（八名略）

正玄　右近尉血斗

妙現　血斗左近尉之内

妙太　楠子孫左近妻

慶善　門前常妙ノ尼公伊勢殿 母儀与菊優婆

昌才　ヤタ河ノブン木子

理薫　堀内楠宮子

妙性　谷田河ノ赤子

妙密

妙香　玄聖僧引

全悦

妙現　甘草左近尉之内血斗

浄貞

昌達

成永　甘艸(草)ノ六郎馬二代和尚小師

道観　甘艸(草)左近尉

妙歴　甘艸(草)四郎子

総鑑　門前比丘尼

妙西　堀内五郎子

妙祐　谷田河ノ初楠子

昌等　ヤ田カワノ右衛門五郎

正山　カメ井ド血斗 右衛門五郎

正晴　宇刈山梨郷一斗引

与広　喝食

この授戒会の部分では、狸薫（理薫）と妙現の記載が重複している。何らかの誤記であろう。さて、この戒会には野部市場・甘草・堀内・谷田川・亀井戸それに一雲斎の門前から集まっている。門前・野部市場は勿論一雲斎の所在

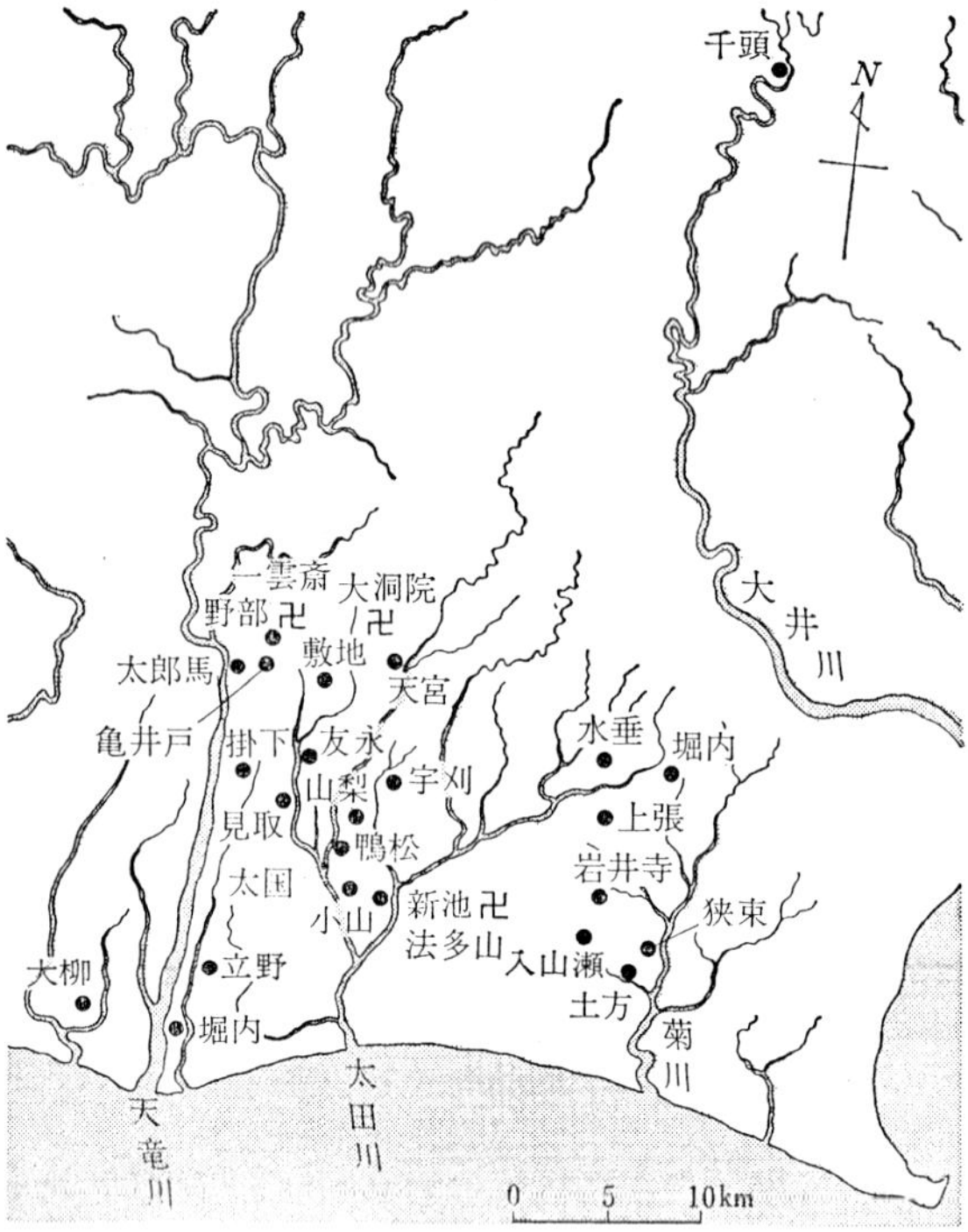

第34図　「血脉衆」「小師帳」関係遠江国略地図

する近辺であり、谷田川は現在不明であるが、昌等と正山の記載から亀井戸の近くであることが理解できる。この亀井戸も野部一雲斎からは遠くない南西にある。これらの村落住民は近くからの参加であるが、堀内はおそらく野部から天竜川を南下した所に位置する堀内を指すものと思われ、野部からは二〇キロメートル以上も離れている。なお、甘草の位置する場所は不明であるが、左近尉、「血斗」と付されているが左近尉之内、それに六郎馬・四郎子の少なくとも四人の参加者がみられる。左近尉と左近尉之内との関係は、おそらく身内か従属関係とみてよいであろう。それは「妙太」という戒名を受けた人物が「左近妻」であるからである。しかし、「内」「内方」の表現には夫婦・身内・従属の三つの意味があって厳密には断定できない（後述）。ところで、左近尉はその名からして、甘草において相当の力を有した人物に相違なかろう。六郎馬や四郎子は、この左近尉の一族か、それよりも下層に位置するものであろう。また、この授戒会には、兄弟および夫婦とその縁者という関係で参加していることが知られる。戒名の付記により、図示するとつぎのようになる。

谷田川
赤─┬─宗意
　　└─妙性

楠─┬─初・妙祐
　　└………………妙太
　　　　　　　　　＝甘草 左近尉・道観

堀内
楠宮──理薫

宗意と妙性は谷田川の「赤」の子であり、兄妹（あるいは姉弟）の関係であり、「楠」の子の「初」（戒名は妙祐）は谷田川に居住し、「楠」の子孫である妙太は甘草左近尉（法名は道観あるいは正玄、いずれかの記載に混乱あるいは不足がみられる）の妻である。その夫の左近尉は甘草から他の者とともに参加している。それに堀内に居住する「楠」の「宮」の子である理薫も戒名を受けているのである。そして、これらの親類の人びとが居住する在々所々から多くの人びとが参加しているのである。

つぎに、五日後にやはり一雲斎で行なわれた授戒会についてみてみよう。

同十七日一雲斎一鳳蔵主一約引

道秀	市場次郎兵衛	道心	同所四郎大夫
昌洞	小山六郎三郎	昌臨	同市場大夫大郎
昌坤	小山又次郎	道金	市ハ藤内三郎
昌倍	同所弥九郎	昌海	号大嶋ノ源六
昌悟	同所左近次郎	◯昌祐（ママ）	カケ下ノ六郎大郎

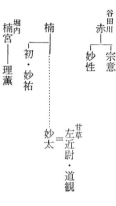

昌参　カケシタノ八郎次郎
昌廓　カケ下ノ八郎三郎
昌卜　ヤ田川ノ弥大郎
昌観　大田平三郎
道珎　新池ノ人
昌哲　同所弥三郎
昌柳　大柳殿
昌勲　タテ野ノ平三郎
昌茂　門前松子
昌民
（一六名略）
血斗妙僧　ヤ田川ノ人
妙定
総和　三代和尚之小師
妙初　河ハタノツイタチ
玄春　ヤ田川ノ番匠高山小師
（五名略）

昌澄　同所伊勢法師
昌琳　ヤ田河衛門大夫
正永　同所
昌意　敷池ノ平大夫
昌積　敷池ノ左近大郎
道本　同右近次郎
昌聚　小山源五郎
道受　市場ノ次郎右衛門
昌梵
与億
妙円
血斗清弥　市場与四郎内
血斗妙見　市場菊子
妙立
理玖　同所一約引

門前・市場・敷池・谷田川・掛下・小山・大田・立野・大柳・河ハタからの参加である。市場は前掲の野部市場であろう。門前・市場・敷池・谷田川は一雲斎近辺であり、とくに市場・敷池からの参加者が多い。しかし掛下からは一〇キロメートル近く、小山からは二〇キロメートルもあり、立野・大柳からはそれ以上の距離にある。また、「大柳殿」とあって地名に殿が付されている土豪層と思われるものや、「市場次郎兵衛」「小山六郎三郎」などとあって名前に地名が付されているもの、「ヤ田川ノ人」のように居住地のみが記されているもの、居住地すら記されてないものもある。あるいはまた、掛下の伊勢法師や谷田川の番匠なども受戒している。これは各村落を越えての集会であるとともに、諸階層を含んでの集会であったといえよう。

第35表　遠江野部（野部市場）における受戒者一覧表

番号	戒名	記載	受戒年月日
①	慶周	野部市場	文明12・8・12
②	道秀	市場次郎兵衛	12・8・17
③	道心	同処四郎大夫	12・8・17
④	昌臨	同市場大夫大郎	12・8・17
⑤	道金	市ハ藤内三郎	12・8・17
⑥	道愛	市場ノ次郎右衛門	12・8・17
⑦	血斗 清珎	市場与四郎内	12・8・17
⑧	血斗 妙見	市場菊子	12・8・17
⑨	禅秀	野部紺屋入道殿 周印之老父文明十七乙巳九月十七	17・9・17
⑩	成果	野部治部殿 川僧和尚小師取名失却 長享二年二月十日戊申年也	長享2・2・10
⑪	玄甫	遠州野部広厳庵取立	？

註「血脈帳」「小師帳」より作成。

この一雲斎の授戒会をみても理解できるように、谷田川と野部・野部市場からの参加者が多い。谷田川からの参加者は、この二度の戒会に参加したものがすべてであるが、野部・野部市場の受戒者は他にも散見するので一覧表にした。第35表である。なお、「市場」の地名は山名郡飯田の近くにもあるが、前述のように文明十二年八月十二日の野部一雲斎の授戒会で、最初の行下段に「慶周　野部市場」とあることからみれば、野部に市場と称される所が存在したことは疑を容れない。また、「市場」からの参加者が他村からのそれよりも多いことからみれば、単に「市場」とある場合も一雲斎の近辺にある野部市場からの参加とみてよかろう。さて、第35表にみえるように野部・野部市場（同地に市場が存在し、「野部紺屋入道殿」の記載からそこには紺屋が存在したことが知られる）からの受戒者を両本から抜き出すと一一名が確認できる。文明十二年八月十二日に一名、同十七日に七名、そして同十七年九月十七日に一名（「禅秀　野部紺屋入道殿　周印之老父文明十七乙巳九月十七日」）、長享二年二月十日に一名（「成果　野部治部殿川　僧和尚小師取名失却　長享二年二月十日戊申年也」）、受戒年月日不詳一名である。しかし、文明十二年八月十二日、同十七日は村内の一雲斎での授戒会（戒弟五七人、六一人）だけに無記載の者の中に相当数の同村住民が存在したことであろう。両授戒会に受戒した八名は、野部市場あるいは市場という所在地名のみの者（一名）と「道秀　市場次郎兵衛」のように所在地名と名を付された者（七名）とに分けることができる。後者の中には「道心　同処（市場）四郎大夫」「昌臨　同市場大夫大郎」と、「大夫なり」を思わせる名が存在することから、村落内でも上層の農民たちであったと考えられる。すると、在地名のみの「慶周　野部市場」（文明十二年八月十二日）は、それと同等かそれ以下に位置する者であったろう。これらよりも上層の者が「殿」と付されている「野部紺屋入道殿」「野部治部殿」である（両者の関係は不明）。のちの文亀元年（一五〇一）八月十二日付の斯波義雄から信濃国小笠原定基に宛てた書状の中に「野部入道」なる人物がみられる。野部入道は、信濃守護小笠原定基の守護被官として活動していることが知られる。野部紺屋入道が、この野部入道に連なる者であったとすると、野部市場で紺屋を営みながら力を有し、場合によっては守護の被官として把握されるような在地領主であったということができる。一雲斎には平道安、俗に野部殿と称される人物が開基檀越として伝えられているが、詳しいことは不明である。さほどの有力者ではなかったものと思われる。同寺は開基の野部殿やのちには野部紺屋入道らを中心に、それよりも下層の上層農民以下の人びとによって支えられていた寺院であったと考えられる（のちには輪住制により門末寺院によって支えられることになるが）。このような状況の中で授戒会を開き、同地域の在地領主をはじめとするそれ以下の地域住民の戒名を記載したものを残すことは寺院経営上必要なことであったろう。

なお、周印という僧は野部紺屋入道を父とする。この地域出身の僧侶であったことが知られる。逆翁周辺がすでに彼のような在地に根ざした人物を抱え込んでいたことになる。なおまた、野部紺屋入道、野部治部と他の農民たちとは別の日に受戒していることに留意しておきたい。

前述した一雲斎における再度の授戒会はともに、遠近各村落から数人ずつの参加であったが、文明十三年五月十六日に受戒した千頭郷の人びとのように一地域から集団で参加する場合もあった。

永千　　　　　　　　　　　　　宥昌　千頭
全林　文明十三年辛丑五月十六日千頭衆　全栢　同
全久　同　　　　　　　　　　　宥光　同
宥為　同　　　　　　　　　　　永松　同
宥堅　同　　　　　　　　　　　永安　同
全証　千頭娘下臈　　　　　　　道千　千頭殿
妙慶　同　　　　　　　　　　　理宥　同コメコ
妙心　同　　　　　　　　　　　理言　同
誠心　同　　　　　　　　　　　妙提　同

千頭郷とはおそらく遠江榛原郡の大井川上流の千頭郷であろう。この戒会が一雲斎で行なわれたか、千頭郷まで逆翁が赴ての施行であったかは不明であるが、記載の前後からみると、一雲斎で行なわれた可能性が強い。しかし野部一雲斎からは六〇〜七〇キロメートル以上も隔れている。「千頭殿」とは同郷の土豪であったろうか。また、「千頭衆」がどのような者達であったかは不明であるが、千頭殿の一族か、あるいは惣の構成員であったかも知れない。「道千」という人物に「千頭殿」とあるものの、彼が最初に記されているわけでもなく、下段に記されているところをみると、彼と他の「千頭衆」との階層差はさしてなかったのではなかろうか。「千頭殿」を中心としてそれよりもやや下層の「千頭衆」たち一七人が一堂に会し、戒師逆翁とともに一定期間修行生活を送り、戒と血脈を受けたわけである。「千頭殿」と千頭衆の結束等に役立ったに相違ない。なお、同年六月十二日にも三人が受戒しており千頭郷の受戒者は二〇人になる。

以上、遠江における「血脈衆」「小師帳」にみえる主な授戒会と戒を受けた人びとについてみてきたが、言及しなかった所では天竜川上流と考えられる満島《みつしま》の筏師や、やはり天竜川流域で一雲斎から遠くない太郎馬の村民、同寺からみると東南に当たり、少し離れた所では友永・見取・鶴松・二宮や、さらに遠くでは水垂・上張・岩井寺の住人、土方《ひじかた》の鷲山殿、狭束《さつか》・入山瀬の村民など各地の受戒者が散見される。

五　知多半島とその周辺の受戒者

逆翁宗順および芝岡宗田が根拠地とした乾坤院が尾張知多郡の緒川（小河）にあったことから「血脈衆」「小師帳」にみえる寺庵は第34表にみたように村木に多くを数え、大府（大夫）・生路（生道）・藤江・有脇といった知多半島北部の東海岸線に連る各村落、それに衣ヶ浦湾を隔てた対岸の三河小垣江などに散在したが、それら寺庵を有する村落を中心として各域から受戒者が出ている。

まず、緒川と刈谷に城を構えていた水野氏の受戒についてみると、「水野修理亮殿」（宗全、文明十一年二月時正受戒）・「水野九郎左衛門殿」（珠蓮、同日）・「水野宗左衛門殿上」（延徳三年五月十六日受戒）・「水野藤七殿」（全慶、同三年七月十七日受戒）が水野という姓をもつものである。この四人の関係は不明であるが、水野一族であることには相違ない。また、延徳三年七月七日に受戒した貞富には「御米修理殿御レウニン」とあり、水野修理亮の娘であり「御米」という名であった。日は異なるが父娘で受戒していることになる。さらにまた延徳三年五月十六日に受戒した妙珍には「宗左衛門殿下女」とあって、水野宗左衛門のところでは妻と下女が受戒している。同氏においては一族・家族をはじめ下女のような従属する者さえ受戒するに至っているのである。同氏の場合何処に住居していたかは記されていな

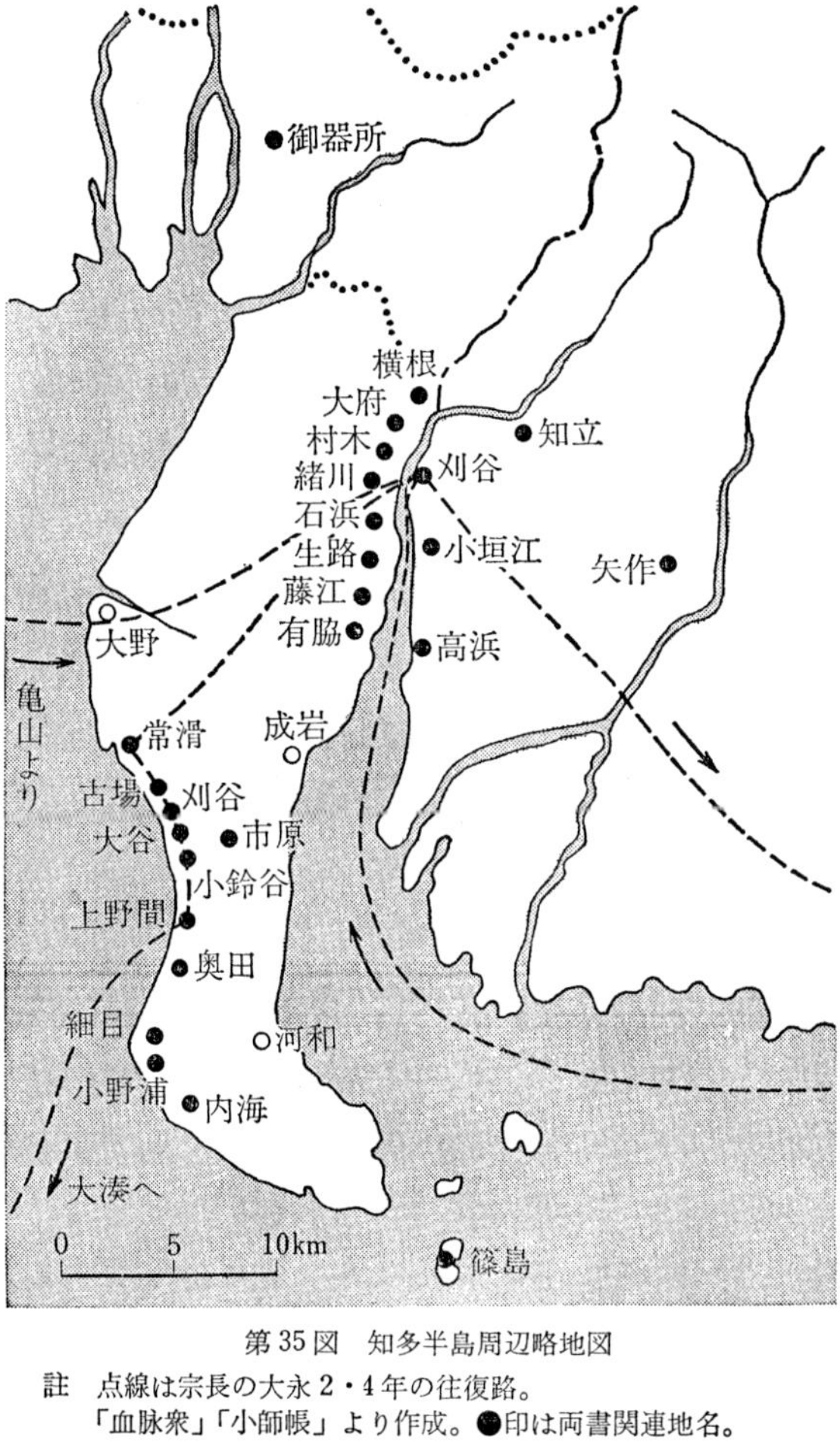

第35図　知多半島周辺略地図

註　点線は宗長の大永２・４年の往復路。
「血脈衆」「小師帳」より作成。●印は両書関連地名。

いが、緒川・刈谷の城か、その周辺の地域であったに相違ない。

また、延徳三年七月十七日乾坤院において行なわれた戒会に「左谷宗右衛門殿」と付された人物が受戒しているが、同日はこの「左谷殿」の妻や若衆、それに「ユワ左谷殿アヤノ子也」と付されている人物が「血斗」であるが受戒している。また同年五月十六日には僧一介の仲介により「一介引左谷殿彦右衛門内」と付された人物が戒を受けている。この「左谷殿」とはどのような人物かというと、「梅花無尽蔵」五に「画軸参河之佐谷需」と題する一篇の詩文がある。(41)よって「左谷殿」が三河に居住した人物であることがわかる。さらに同書五には「佐谷公夫人薫心貞富済儀画像賛」がある。(42)これにより佐谷には貞富という戒名を持つ夫人がいたことが知られるが、前述の「左谷殿」の妻の戒名も「貞富」である。おそらく同一人物であるとみてよいであろう。ところが、これよりも一〇日ほど前の延徳三年七月七日の授戒会に「水野修理亮殿」の娘で「御米」という人物がやはり「貞富」という戒名を受けていることは前述したところである。この「貞富」は同一人物であろう。とすれば、水野修理亮の娘御米が三河に居住する「左谷殿」の妻となっていることになる。おそらく御米（貞富）は延徳三年七月七日、乾坤院で行なわれた戒会に参加し、引き続き行なわれた一〇日後の戒会にも参加したものと思われる。この土豪と思われる左谷氏は水野氏と婚姻関係にあったことが知られるわけである。しかも居住地が三河とあるが、おそらくは、水野氏が城を構えていた刈谷周辺であったことが推測されよう。水野氏と左谷氏は婚姻関係ばかりでなく、乾坤院の授戒会に参加することにより、一層の連係を強めたことであろう。

さて、知多半島北東部から刈谷周辺においてとくに多くの受戒者を出しているのが緒川・村木・石浜という乾坤院に最も近い村落であった。まず緒川からみてみよう。緒川（小河）は前述したように乾坤院の檀越水野氏が城を構えていた場所であり、同氏の勢力拡張の根拠地となった所であった。「血脈衆」「小師帳」に掲載されている戒弟の中で

「小河」の地名が付されているものを列挙すると第36表のようになる。これらの多くが文明九年八月十一日に戒を受けた人びとである。この日の授戒会は緒川の乾坤院において開催されたものと思われる。衣ヶ浦湾の対岸に位置する三河高浜の者や小垣江海蔵庵の同宿、緒川の北方横根郷や南の藤江景泰庵の者などが幾人か参加しているが、大部分が緒川の者達である。また妙金（⑰）のつぎに智水・智育などと「智」の字を持った戒名を受けた者達が二二人いるが、あるいは緒川住人の妻子たちであったかも知れない。とすると、同日の授戒会に参加した緒川の村民は四〇人近くに達したことになる。

さて、第36表にもどると、まず着目されるのが、紺屋である。了金（③）・妙金（⑰㉒）の二人が受戒している。了

第36表　尾張知多郡緒川（小河）における受戒者一覧表

番号	戒名	記載	受戒年月日
①	道徳	小河	文明9・8・11
②	道充	小河六郎右衛門	9・8・11
③	了金	紺屋小河	9・8・11
④	(性永)	彦兵衛内	9・8・11
⑤	浄川	小河孫右衛門	9・8・11
⑥	宗瑚	男□ッ小河	9・8・11
⑦	浄金	小河	9・8・11
⑧	源珎	小河	9・8・11
⑨	常妙	小河	9・8・11
⑩	香春	小河	9・8・11
⑪	妙琳	小河女房五郎馬姨	9・8・11
⑫	妙椿	同	9・8・11
⑬	(妙昌)		9・8・11
⑭	(永金)	孫衛門ノ母	文明9・8・11
⑮	妙清	小河千代子	9・8・11
⑯	妙祐	小河アモウセ	9・8・11
⑰	妙金	小河紺屋内	9・8・11
⑱	智本	小河	9・8・19
⑲	智秀	小河女	9・8・19
⑳	宝春	小河左近次郎	10・2・時正
㉑	妙心	小河犬一	10・2・時正
㉒	妙金	小河紺屋之内	15・8・16
㉓	道徹	小河左衛門四郎	延徳3・7・7
㉔	妙瑞	小河了監御前	3・7・7
㉕	妙果	小河左衛門太郎内	3・7・7
㉖	賢貞	血斗、小河上様	3・7・17

註　「血脈衆」「小師帳」より作成。

金は紺屋の頭首であろうか。妙金は二度も授戒会に参加している人物であるが、「小河紺屋之内」と付されている。その戒名からして女性のようである。この「内」が妻子を意味するか抱えられた人物を意味するかは不明であるが、二度も受戒するほどの人物であれば、少なくとも宗教的には紺屋の内で指導的立場にあった人物であったと思われる。また、五郎馬の伯母（⑪妙琳）は「小河」に女房として仕える身分であった。この「小河」とは水野氏のことであろう。妙瑞（㉔）には「小河了監御前」とあって、了監の妻であることが知られるが、「御前」とあることからも了監は、小河において相当の力を有した者であろう。あるいは水野氏の一族かも知れない。しかし、この了監や六郎右衛門（②道充）・左近次郎（⑳宝春）あるいは伯母が水野氏に仕えていた五郎馬や紺屋など、この表に示された者達の多くは水野氏のように姓および「殿」が付されていないところをみると、在地領主水野氏に少なからざる影響力を及ぼされていた農民達であったに相違なかろう。

ではつぎに、緒川の北に隣接する村木における受戒者達についてみてみよう。第37表である。村木と付されているものに、同村の住人に相違ないと判断できるものを加えると、この表のように一四年間に四七人にもなり、文明九年から同十五年の六年間でも三五人に達する。注記されてない者が多数存在することを考慮すれば、実際の参加者は、それ以上であったに相違ない。最多の受戒者を出している村落である。因みに近世の村高は八八三石（慶長十四年）、戸数は七六戸（寛文十一年）、人口は四八八人（同上）である。[43] これに比べれば文明年間での四七人を越える人数というのは、当時の同村住人のかなりの部分を占めたものと考えられる。とすると、参加者は上層農民にとどまらず、かなり下層の人びとにまで及んだことであろう。なお、村木のみならず、授戒会が行なわれた村や隣村では同様の情況であったと考えられる。

村木における受戒者は文明十五年八月十六日に受戒した正椿（㉟）以外は、文明九年八月十九日、同十一年七月十

第37表　尾張知多郡村木における受戒者一覧表

番号	戒　名	記　　　載	受戒年月日	備考（成立年は寺伝）
①	善　久	村木兵衛大郎	文明　9. 8.19	㊷をみよ
②	善　秀	尾陽智多村木	9. 8.19	③をみよ
③	性　永	善秀内	9. 8.19	
④	了　意	大衛門二郎村木	9. 8.19	
⑤	道　仙	村木崎	9. 8.19	
⑥	了　菊	村木坐頭	9. 8.19	
⑦	正　金	村木道林内	9. 8.19	
⑧	道　善	同大郎左衛門	9. 8.19	㊳をみよ
⑨	道　本	村木入日孫衛門	9. 8.19	
⑩	妙　泉	入日莅済庵典座	9. 8.19	この庵不明，⑳をみよ
⑪	（了忠）	刑部次郎	9. 8.19	
⑫	（智楊）	酒屋	9. 8.19	
⑬	（了永）		9. 8.19	
⑭	忠　慶	村木岡田太郎五郎女	9. 8.19	
⑮	妙　金	ヲカ田彦大夫内道泉	9. 8.19	⑱をみよ
⑯	妙　等	岡田	9. 8.19	
⑰	道　円	ヲカ田四郎大夫	9. 8.19	
⑱	道　泉	ヲカ田彦大夫	9. 8.19	
⑲	道　林	トビカイツ村木	9. 8.19	
⑳	省　麟	村木莅済庵	文明　11. 7.19	
㉑	梵　喜	村木郷海印庵	11. 7.19	永享年中，㉛㉟をみよ
㉒	恵　忠	同東光寺	11. 7.19	文明年中
㉓	梵　菊	臨江庵	11. 7.19	永禄6年
㉔	霊　心	同極楽寺	11. 7.19	文安年中，㉘㊺をみよ
㉕	省　岑	村木郷	11. 7.19	
㉖	珠　得	同	11. 7.19	
㉗	正　省	同	11. 7.19	
㉘	恵　憩	極楽寺同宿	11　7.19	
㉙	（智泉）		11. 7.19	
㉚	慧　球	同々宿	11. 7.19	
㉛	省　源	海印同宿	11. 7.19	
㉜	（正瑞）		11. 7.19	
㉝	（一乗）		11. 7.19	
㉞	貞　寅	村木郷女	11. 7.19	
㉟	正　椿	村木海印庵同宿	文明　15. 8.16	
㊱	血斗 周廩	村木妙法寺	延徳　3. 7. 7	天文元年
㊲	周　悆	村木臨江庵弟子	3. 7. 7	
㊳	道　益	村木大郎左衛門	3. 7. 7	
㊴	道　会	村木虎	3. 7. 7	
㊵	教　道	村木右衛門二郎	3. 7. 7	
㊶	道　俊	村木太郎四郎	3. 7. 7	
㊷	善　心	村木兵衛二郎	3. 7. 7	㊼をみよ
㊸	血斗 道本	村木五郎右衛門内	3. 7. 7	㊻をみよ
㊹	道　藤	村木孫兵衛	3. 7. 7	
㊺	妙　芳	村木極楽寺引ウハ	3. 7. 7	
㊻	血斗 忠慶	村木五郎右衛門内	3. 7. 7	
㊼	玄　秀	村木兵衛二郎子息松	3. 7. 7	

註　「血脉衆」「小師帳」より作成。

九日、延徳三年七月七日のいずれかの授戒会に参加した人びとであった。文明九年八月十九日の戒会には、三河の小垣江や知多郡の緒川・有脇・生道などからの参加者もみられるが、村木からの受戒者が多い。同十一年七月十九日の戒会には知多半島南西部の大谷曹源寺や小野浦などからの参加者が若干みられるが、多くは村木の寺庵からの参加者が多くを占めている。以上、二回の戒会は開催地が記されておらないが、おそらく緒川の乾坤院においてであったろう。延徳三年七月七日の戒会は乾坤院で開かれたことが記されているが、この場合も村木の参加者で多くを占め、その外では緒川やその南の石浜からの参加が幾人かみられる。

まず、村木に酒屋（⑫智楊）が存在し、また、坐頭（⑱道泉）と「内」の関係にあり、両人は同日の参加である。道本（㊸）と忠慶（㊻）にはともに「五郎右衛門内」と付されており、五郎右衛門の家族か、従属する人物かのいずれかであることが知られる。兵衛二郎（㊷善心）と松（㊼玄秀）は父子であり、同じ日の参加である。村木においても、諸階層の参加および父子など家族での参加がみられる。また、同村の住民には「殿」が付されているものがなく、多くは一般農民達であり、在地領主水野氏に従属していたものも少なくなかったと思われる。なお、村木には岡田をはじめ「入日」「トビカイツ」の地名が存在したことが知られる。

文明九年八月十九日、「村木兵衛大郎」という人物が「善久」（①）、同時に受戒した人物が「善秀」（②）という戒名を受けており、「村木兵衛大郎」の一族、あるいは子と考えられる「村木兵衛二郎」が延徳三年七月七日には「善心」（㊷）、「村木兵衛二郎」の子の「松」が「玄秀」（㊼）という戒名を受けている。戒名にも「家」の系字が使用されるという傾向にあったのではなかろうか。「村木兵衛大郎」「村木兵衛二郎」の「家」の系字は「善」か「秀」ということになろう。文明九年八月十九日に「大郎左衛門」が「道善」という戒名を受け、延徳三年七月七日にはその子と考えられる「大郎左衛門」が「道益」という戒名を受けている。この場合の「家」の系字は「道」ということになろう。これは、当時、上層農民にまで「家」意識が存在したことを意味するものであろう。そして、それは父祖への葬祭への意識へと通ずることになったのではなかろうか。

さきにも記したが、文明十一年七月十九日の授戒会では、村木からは寺庵からの参加が多く、村木関係一五人中九〜一一人が寺庵関係の者である。莅済庵（現在不明）・海印庵・東光寺（現在緒川に入る）・臨光庵・極楽寺からの参加であり、海印庵・極楽寺からは同宿（身分の低い僧侶で、雑役に使用された）が参加している。なお、延徳三年七月七日には妙法寺、臨江庵からの参加がみられる。村木に現存する寺堂は七であるが、開眼寺・薬師堂・地蔵堂以外は両本にみえている。極楽寺・海印寺は以前の成立、臨江庵・妙法寺は以後の成立となっている。しかし、文明年中から曹

第38表　尾張知多郡石浜における受戒者一覧表

番号	戒名	記載	受戒年月日
①	道慶	尾州智多石浜権守	文明9・8・8
②	了松	石浜	9・8・8
③	了江	同	9・8・8
④	了通	同	9・8・8
⑤	浄祐	同	9・8・8
⑥	道旧	同	9・8・8
⑦	道善	同	9・8・8
⑧	了円	同	9・8・8
⑨	了珍	同	9・8・8
⑩	妙泉	同	9・8・8
⑪	妙散	同	9・8・8
⑫	祐慶	同	9・8・8
⑬	妙有	同	9・8・8
⑭	慶心	石浜	文明9・8・8
⑮	妙忍	同	9・8・8
⑯	妙円	同	9・8・8
⑰	妙珎	同	9・8・8
⑱	智泉	同	9・8・8
⑲	智鶴	同	9・8・8
⑳	智善	同	9・8・8
㉑	道伯	石浜平右馬	延徳3・7・7
㉒	道委	石浜与太郎	3・7・7
㉓	道符	石浜与四郎	3・7・7
㉔	道珉	石浜左衛門四郎	3・7・7
㉕	妙喜	石浜アマウ	3・7・7
㉖	妙忍	石浜助五郎内	3・7・7

註　「血脈衆」「小師帳」より作製。

洞禅僧の授戒会に参加していたことが知られるのである。村木村民の参加には、これら寺庵に住する僧侶たちの動向は少なからず影響を与えたことであろう。禅僧たちが、村の寺庵を取り込んでいった様子をうかがうことができる。

ついで緒川の南に隣接する石浜からの受戒者についてみると、第38表のようである、大部分のものが文明九年八月八日に参加した者達である。同日の戒会には生道の往人や常照庵同宿・祥光庵同宿など九人の参加がみられるが、それ以外の二〇人はすべて石浜の住人である。このうち、「道慶」という戒名を受けた人物のみ「尾州智多石浜権守」と付されており、そのほかの者には「石浜」か「同」としか付されておらない。黒川正宏「権守」（『日本歴史』一五〇号）によれば、浦刀禰が「権守」を附称する事実が多くあり、これらの者が小規模漁業経営の利権を独占する立場にあったという。石浜権守は、石浜という漁村の利権を独占する人物であったろう。そのほかは、それよりも下層の者たちであったと考えられる。この一九人の人物の中に「妙忍」という戒名を受けている者がいるが、延徳三年七月七日の授戒会に参加して「妙忍　石浜助五郎内」と記されている人物であろう。したがって、「石浜」「同」としか付されていない人たちも、㉑道伯平右馬以下のような人びと、すなわち延徳三年七月七日の授戒会に参加した人びとと同様の人びとであったとみてよかろう。これまでみてきた村落の人びとと同じような在地名と名前が付された人びとであったものと考えられる。しかし、文明九年八月八日の授戒会では、石浜権守の指導のもとに参加したことから、禅僧側からは、石浜権守とそれに属する者として一轄して把握されてしまったものと考えられる。しかし、禅僧側で石浜権守に属する者として把握していればよいと考えられただけ、従属性の強い人びとであったと考えられる。漁民の石浜権守に対する従属性が強かったのであろう。

なお、この石浜権守は、緒川の水野氏と連係を保つ立場か、あるいはその影響下に置かれた立場のいずれかであろう。おそらくは、後者の可能性が強く、なんらかの形で、石浜権守は水野氏の下に属する立場にあったのではなかろうか。その石浜権守の下に石浜の村民たちが存在し、こぞって授戒会に参加したことになるのである。

以上述べた緒川・村木・石浜の外では北方の横根・大府（大夫）の住人、さらに北西の愛知郡御器所（御貴所）のサクマ平右衛門殿、南方では生路（生道）の土豪と思われる長坂大炊頭助の関係者、それに藤江・有脇の寺庵同宿や村民、渥美湾上の篠島（神島とも書されている）の住人などの参加がみられる。三河では水野氏の刈谷城（借屋城）の人物あるいは知立（池鯉鮒）の長見殿の内方、小垣江の住人や海蔵庵の同宿、築地、高浜や少し西方の矢作の住人など各地から受戒者を出している。

これまで、知多半島東側と対岸の三河からの授戒・授戒会参加者についてみてきたが、つぎに、同半島北西部から南西部にかけてみることにしよう。

この地方における逆翁・芝岡両禅僧の授戒に関係した寺庵は第34表にみたように、古場・大谷・借屋（刈谷）・市原・野間・野間奥田・小野浦内海に散在したが、とくに大谷と野間に多くを見出すことができる。そして、野間の観音寺では文明十五年九月下旬に一一人の戒弟を出す授戒会が開かれている。細目・野間・大谷からの参加があった。また大谷の曹源寺では翌十六年四月六日に二七人（抹消を含む）の戒弟が生み出されている。地名が全く示されていないが、曹源寺の近く、すなわち大谷周辺からの参加であったろう。これらの中には「妙心　権守太郎」（妙心は女性の戒名の可能性が強いので、権守太郎の妻か）、「浄泉　権守太郎」と権守太郎の参加がみられる。石浜権守と同様、大谷の権守太郎も同漁村の利権を独占する立場にあった人物であろう。授戒会に際して逆翁と在俗者との仲介役を果たした僧侶長訓の父彦兵衛が紺屋であり、夫婦で受戒していることが知られる。ただし、小河乾坤院で行なわれたと考えられる文明九年八月十一日の授戒会に、「彦兵衛内」の「性永」という人物が参加しており、大谷の紺屋であったろう長訓の父彦兵衛は小河の紺屋となんらかの関係が存在したのではなかろうか。さらに「道春　右馬大夫」「妙本　孫大夫」

など「大夫」を名乗っている者がおり、村落の上層を構成した人びとの存在が知られる。これに対して「道貞　彦六」などは、それ以下の者であろう。同村においても、村落上層とそれ以下の層の参加がみられる。

さて、受戒者をみると、北から順に常滑・古場・刈谷（借屋）の住人、大谷からは前述したように曹源寺などの僧や権守太郎、あるいは紺屋であったろう彦兵衛夫妻とともに、村木・小河などでみたような農民達と思われるもの多数、市原・小鈴谷上野間の大工・同鍛冶をはじめとする住人、奥田・細目・小野浦の人びと、内海の代官増田の子息や同村隆徳寺の百姓などである。やはり、多くの受戒者を出しているのは多数の協力寺庵を擁した大谷と野間の二村であった。

知多半島北西部から南西部における授戒会も、時には数か村の住民が集まったり、また時には一か村の住民がほとんどを占めるような場合と種々あったようである。また受戒者は常滑から内海の間の各村落から集まっており、各階層に及んでいるのである。

これまで、知多半島とその周辺から授戒・授戒会に参加した者達についてみてきたが、ここで、当時の同半島における諸勢力の動向と水野氏について触れなければならない。『東浦町誌』(44)・『半田市誌』(45)（本文編）に導かれながら論を進めることにする。

知多郡は十四世紀末には、尾張守護の管轄から外され、三河守護一色氏の支配下にあった。一色氏支配は半世紀以上続くが、応仁の乱勃発以前に半島南端の波津ケ崎では牢人一揆が起こっている(46)。同氏の被官石川佐渡守入道道悟が押えているが、一色氏支配に反抗する勢力の動きがみられるのである。その後、文明二年（一四七〇）を最後として一色氏の知多郡における動向はうかがうことができなくなる(47)。一色氏のあと、知多郡守護が補任された形跡や尾張に台頭してきた同国守護代織田氏の支配が及ぶということもなかったようである。

文明年間以降は緒川・刈谷を中心とした水野氏や大野を根拠地とした佐治氏、渥美半島から知多半島南端波津ヶ崎に進出し佐治氏と対立した戸田氏の動きが活発となる。

文明年間から天文年間にかけて南知多をめぐっての佐治・戸田両氏の争いが続いたようである。この間に戸田氏は河和にも進出しているが、佐治氏は内海に城を構えて勢力の維持を図っていた。と同時に同氏は根拠地大野を中心に半島西海岸に勢力を持ち伊勢と大野を結ぶ海上交通路を掌握していた(48)。

戸田・佐治の両氏が南知多で争っていたころ、水野氏は緒川に城を構え知多半島北東部に勢力を持ち、対岸の三河刈谷に進出している。すでに文明十七年(一四八五)当時、刈谷に城を持っていたことは、さきにも触れた「梅花無尽蔵」二から知ることができる(49)。「血脉衆」では文明十一年二月時正の戒会に参加した竜珠に「借屋城」と付されており、その存在が知られる。しかも、その城主が水野氏であることは、竜珠が受戒した日に「水野修理亮殿」「水野九郎左衛門殿」と付された者達も参加していることで明らかとなる。また今川氏の招きに応じて駿河に向った文芸僧連歌師宗長の『宗長日記』は大永二年(一五二二)当時知多半島西海岸の常滑城に水野紀三郎という人物が存在したことを記載している(50)。すでに常滑周辺にまで勢力を拡張し、北の大野に拠点を置く佐治氏と対していたわけである。常滑への進出は三河大浜から成岩―常滑―大野―伊勢へ、あるいは常滑から直接伊勢へという知多半島を横断して伊勢へ通ずる交通路の掌握にあったといわれる。

さて、ここで逆翁・芝岡の活動および受戒者の居住地の範囲と、十六世紀前半には水野氏の勢力範囲となっていた地域とが、ほぼ一致することに着目しなければならない。これを直ちに禅僧達と水野氏との相互の活動と結びつけて考えることは危険であり、事実、大野の斎年寺などは佐治氏の外護により永正二年に建立されている。しかし、発展当初においてはやはり禅僧達にしてみれば、檀越の勢力の及んでいる所あるいは及びつつある所の方が、他氏の勢力範囲よりは活動しやすかったであろう。水野氏にとってみれば、土豪層をはじめ、それよりも小規模・下層の農民達、あるいは従属していた人びとの心をとらえて各村落から戒弟を出した禅僧の活動は、それらを支配したり、連係を保つのに都合よく作用する結果となったに相違ない。

六　受戒者の階層と授戒活動の意義

これまで、各地における授戒会や受戒者についてみてきたが、水野氏のように「殿」が付されている殿原すなわち土豪層の受戒者が存在したことが知られる。それは第39表にみられるごとくである。(51)これら土豪層よりも小規模な一般農民層と思われるものについては、すでに各地で具体的にみてきたわけであるが、この外に受戒者の中には土豪などに仕えていた「上郎」や「女房達」「下女」(52)、寄宿していたと思われる「若衆」(男色関係の少年か)、遠江の千頭衆のように土豪千頭殿とともに同郷の運営に携ったと思われる人びと、寺庵に従属していた百姓、あるいは知多郡内海荘の代官や同郡藤江の代官に従属していた中間などがおり各階層に及んでいた。なお第40表に示したように「内」「内方」の問題がある。これには、さきに幾度か触れたように三つの場合が考えられる。一つには妻の場合である。妙林(⑭)をみると、長訓の母であり、彦兵衛はその父であるから、両人は夫婦の関係となる。二つには一族・家族の場合であり、三つには従属する場合である。妙栄(⑰)には「左谷殿内彦右衛門内」とあって「左谷殿内」は妻を意味しないことは確かであり、一族・家族か従属者を意味する「内」であろう。第40表には土豪や農民達に従属していた下人などが幾人か存在していたと考えてよいであろう。

さて、戒会に参加した者は農民ばかりではなかったことは、すでにみてきたところであるが、職業がわかる者達を

第39表　「血脈衆」「小師帳」における階層分類表

階層	人名・戒名	記事	受戒・関連年月日
殿・尉・その他	①秋山殿	全徹　秋山殿	文明9・8・19
	②	寿聖　秋山殿内	9・8・19
	③長見殿	智益　三河智鯉鮒長見殿内方祥光庵兄弟	9・9・7
	④吉原殿	理光　永春院殿吉原殿後室	9・10・2
		慈参　吉原殿御子	9・10・2
		慶俊　永春院殿小比丘尼	9・10・2
	⑤由利殿	常秀　由利殿	10・10・13
	⑥今村殿	貞全　今村殿母儀	11・2・時正
	⑦水野修理亮殿	宗全　水野修理亮殿	11・2・時正
		貞富　御米修理殿御レウニン	延徳3・7・7
	⑧水野九郎左衛門殿	珠蓮　水野九郎左衛門殿	文明11・2・時正
	⑨水野宗左衛門殿	妙祥　水野宗左衛門殿上	延徳3・5・16
		同妙珍　宗左衛門殿下女	3・5・16
		道鏡　横根宗左衛門	3・7・17
	⑩水野藤七殿	全慶　水野藤七殿	3・7・17
	⑪サクマ平右衛門殿	誠栄　サクマ平右衛門殿尾州御貴所	文明11・2・時正
	⑫(伊勢殿)	慶善　門前常妙ノ尼公伊勢殿母儀与菊優婆	12・8・12
	⑬大柳殿	昌柳　大柳殿	12・8・17
	⑭平井入道殿	成珎　三嶋平井入道殿　文明十二年庚子九月七日	12・9・7
	⑮千頭殿	道千　千頭殿	13・5・16
		全林　文明十三年辛丑五月十六日千頭衆	13・5・16
		全証　千頭娘下臈	13・5・16
	⑯中山殿	明慧　中山殿内方	15・8・16
		貞栢　中山殿之女房達	15・8・16
	⑰須田殿	叡全　須田殿	15・9・下旬

番号	檀那	法名	備考	年月日	
⑱	鷲山殿	道貞	鷲山殿土方	16・4・8	
⑲	ツハタ殿	浄香	ツハタ殿	（16・4・8）	
⑳	野部治部殿	成果	野部治部殿	長享2・2・2	
			川僧和尚小師　取名失却		
			長享二年二月十日戊申年也		
㉑	岩見殿	禅春	血脉斗山城八幡人也シマ田岩見殿子息	?	
		全高	山城八幡人禅春兄シマ田岩見殿子息		
㉒	左谷宗右衛門殿	全忠	左谷宗右衛門殿	延徳3・7・17	
		全英	入道御左殿若衆	3・7・17	
		貞富	左谷殿上様	3・7・17	
		血斗 妙珎	ユワ左谷アヤノ子也	3・7・17	
		妙栄	一介引左谷殿内彦右衛門内	3・5・16	
㉓	大嶋殿	道訓	大嶋殿極楽寺引	3・7・7	
		妙心	大嶋殿内方極楽寺引	3・7・7	
㉔	北原新兵衛殿	妙範	北原新兵衛殿内方	3・7・7	
㉕	林五郎左衛門殿	血斗 貞琮	林五郎左衛門殿上	3・7・17	
㉖	甘草左近尉	道観	甘草左近尉	文明12・8・12	
		妙現	甘草左近尉之内血斗	12・8・12	
		成永	甘草ノ六郎馬三代和尚小師	12・8・12	
		妙歴	甘草四郎子	12・8・12	
㉗	石浜権守	道慶	尾州智多石浜権守	9・8・8	
㉘	春近右京進	全英	春近右京進	9・8・11	
		妙喜	春近右京進上郎 三省姉横根郷	9・8・11	
㉙	長坂大炊頭助	契喜	長坂大炊頭助母藤内太郎右衛門姉	9・9・7	
㉚	妙喜		春近右京進上郎 三省姉横根郷	文明9・8・11	上郎

		全英　春近右京進	9・8・11
女房達	㉛ 貞栢（外二～八人）	中山殿之女房達	15・8・16
	㉜ 妙安（外二人）	大師庵旦方女房達	15・8・16
代官・	㉝ 元樹	智多海《ママ》内代官増田子息	?
代官中間	㉞ 道本	藤江ノ代管《ママ》中間珠哲引	文明9・9・7
衆	㉟ 千頭衆（一八人以上）	全林　文明十三年辛丑五月十六日千頭衆	13・5・16
		為一　千頭七月十二日	13・7・12
若衆	㊱ 若衆	全英　入道御左谷殿若衆	延徳3・7・17
下女	㊲ 智清	同（祥光庵）下女	文明9・8・8
	㊳（智玉）	祥光庵イチャ（＝下女カ）	9・8・19
	㊴ 妙鏡	母清鑒里ノ下女	延徳2・10・10
	㊵ 妙珍	宗左衛門尉下女	3・5・10
		妙祥　水野宗左衛尉上	3・5・16
百姓	㊶ 道覚	内海隆徳寺百姓	延徳2・10・10

いま一度整理してみると第41表のようになる。

酒屋・紺屋・大工あるいは筏師など諸職業に携わる者がみられ、「小河紺屋内」などと付されている者もある。各種職業者に従属する身分のものも存在したことであろう。

つぎに、第42表は戒名の下に「○○父」あるいは母・子・姉などと付されているものを挙げたものである。これは受戒者が一家族・一族の中に幾人か存在したことを想像させ、受戒ということが家族・一族の内部にまで浸透していたことを意味するものである。なお、それは受戒者に「妙」や「貞」のつく者が多く、女性が多かったことからもうかがえる。

第40表　「血脈衆」「小師帳」にみえる「内」「内方」一覧表〔番号に□は内方〕

番号	戒名・記事	関連戒名・記事
①	性永　彦兵衛内（文明9・8・11）	道紺　彦兵衛長訓父（文明16・4・6）
②	性永　善秀内（9・8・19）	善秀　尾陽智多村木（9・8・19）
③	正金　村木道林内（9・8・19）	道林　トビカイツ村木（9・8・19）
④	妙金　ヲカ田彦大夫内道泉（9・8・19）	道泉　ヲカ田彦大夫（9・8・19）
⑤	寿聖　秋山殿内（9・8・19）	全徹　秋山殿（9・8・19）
[6]	智益　三河智鯉鮒長見殿内方祥光庵兄弟（9・9・7）	
⑦	妙金　権助内（10・10・13）	
⑧	妙順　藤兵衛内（10・10・13）	
⑨	妙西　左衛門大夫内（10・10・13）	
⑩	妙現　甘草左近尉之内（10・10・13）	道観　甘草左近尉（10・10・13）
⑪	清珎　市場与四郎内（12・8・17）	
⑫	明慧　中山殿内方（15・8・16）	
[13]	妙雲　上同（須田殿）内方（15・9・下旬）	叡全　須田殿（15・9・下旬）
⑭	妙林　彦兵衛内長訓母儀（16・4・6）	道紺　彦兵衛長訓父（16・4・6）
⑮	妙珠　道金内（16・4・8）	
[16]	妙茂　藤江くつ子助二郎内方（延徳2・10・10）	
⑰	妙栄　一介引左谷殿内彦右衛門内（3・5・16）	全忠　左谷宗右衛門殿（3・7・17）
[18]	妙範　北原新兵衛殿内方（3・7・7）	
⑲	妙賀　左近右衛門内（3・7・7）	
⑳	忠慶　村木五郎右衛門内（3・7・7）	
㉑	妙心　大嶋殿内方極楽寺引（3・7・7）	道訓　大嶋殿極楽寺引（3・7・14）
㉒	妙果　小河左衛門太郎内（3・7・7）	
㉓	妙忍　石浜助五郎内（3・7・7）	

さて、以上みてきたように禅僧達の行なった授戒・授戒会に参加したものが、各村落・各階層、一族・家族の内部にわたって存在したわけであるが、このような活動を行なった禅僧は「血脈衆」「小師帳」の逆翁・芝岡の二人のみではなかった。「血脈衆」の巻末に、控のような形で九人の禅僧名と年・人数が記されている。これは各禅僧の、そ

第41表 「血脈衆」「小師帳」における職業分類表

職種	名称	記載	受戒・関連年月日
酒屋	①（村木）酒屋	智楊 酒屋	文明9・8・19
鍛冶屋	②野間鍛冶	道歓 野間カチ	延徳2・10・10
紺屋	③小河紺屋	了金 紺屋小河	文明9・8・11
		妙金 小河紺屋内	9・8・11
		妙金 小河紺屋之内	15・8・16
	④野部紺屋	禅秀 野部紺屋入道殿 周印之老父文明十七乙巳九月十〔七日〕	17・9・(17)
番匠大工	⑤野間大工	道法 野間大工	10・10・13
	⑥法多大工	永金 番匠法多大工左衛門次郎	13・6・17
	⑦谷田河ノ番匠	玄春 ヤ田河ノ番匠高山小師	12・8・17
	⑧万勝寺郷大工	永万 万勝寺郷大工六郎左衛門六月廿日	13・6・20
筏師	⑨満嶋筏師	道性 十郎左衛門満嶋筏師	16・4・8
坐頭	⑩村木坐頭	丁菊 村木坐頭	9・8・19
猿楽	⑪一王大夫猿楽	妙了 一王大夫母猿楽也	10・2・時正
山臥	⑫阿弥陀院山臥	長因 天狗小僧阿弥陀院山臥也 今ハ藤八郎殿種月南英小師	15・8・16
禰祈	⑬懸河天王禰祈	浄祐 禰祈懸河天王	19・9・9

第42表　「血脈衆」「小師帳」にみえる血縁関係記載表

血縁	戒名	記述	受戒および関連年月日
父母	① 道誓	三河高浜珠栄ノ父	文明9・8・11
	② 永金	孫衛門ノ母	9・8・11
	③ 契喜	長坂大炊頭助母藤田太郎右衛門姉	9・9・7
	④ 貞全	今村殿母儀	11・2・時正
	⑤ 貞普	賢得僧母儀	11・8・17
	⑥ 慶善	門前常妙ノ尼公伊勢殿母儀与菊優婆	12・8・12
	⑦ 浄円	与菊父	13・7・13
	⑧ 正安	祖山ノ老母生道浄祥庵母	15・8・16
	⑨ 宗久	大谷昌桂ノ母儀	15・9・下旬
	⑩ 道紺	彦兵衛長訓父	16・4・6
	⑪ 禅秀	野部紺屋入道殿周印之老父	17・9・[17]
	⑫ 道観	道号善室聖泉蔵主老父	18・5・16
	⑬ 道休	ヲビ二郎右衛門与阿父	？
	⑭ 貞賢	竹林庵母儀	？
	⑮ 道休	洞泉庵親父血脉斗	延徳2・10・10
	⑯ 道種	藤江知岳親父	2・10・10
	⑰ 道実	野間奥田守賢老父	2・10・10
子	⑱ 妙山	血斗五郎子	文明12・8・12
	⑲ 妙西	堀内五郎子	12・8・12
	⑳ 妙歴	廿屮（草）四郎子	12・8・12
	㉑ 理薫	堀内楠宮子	12・8・12
	㉒ 昌才	ヤ田河ノブン木子	12・8・12
	㉓ 妙祐	谷田河ノ初楠子	12・8・12
	㉔ 妙性	谷田河ノ赤子	12・8・12
	㉕ 昌茂	門前松子	12・8・17
	㉖ 妙見 血斗	市場菊子	12・8・17
	㉗ 契祐	ハシツ午子	16・4・8
	㉘ 元樹	智多海内代官増田子息	？
	㉙ 禅春	血脉斗山城八幡人也シマ田岩見殿子息	？
	㉚ 全高	山城八幡人禅春兄シマ田岩見殿子息	？
	㉛ 玄秀	村木兵衛六郎子息松	延徳3・7・7
	㉜ 妙源 血斗	マツ子	3・7・7
	㉝ 妙珎 血斗	ユワ左谷殿アヤノ子也	3・7・17
女	㉞ 忠慶	村木岡田太郎五郎女	文明9・8・19
	㉟ 智秀	小河女	9・8・19
	㊱ 貞寅	村木郷女	11・2・時正
	㊲ 全証	千頭娘下﨟	13・5・16
	㊳ 妙琛	女	16・4・6
	㊴ 妙円	松女	16・4・8
	㊵ 貞冨	御米修理殿御レウニン	延徳3・7・7
姉	㊶ 妙喜	春近右京進上郎　三省姉　横根郷	文明9・8・11
	㊷ 契喜	長坂大炊頭助母藤田太郎右衛門姉	9・9・7
孫	㊸ 道山	五郎四郎了常ノ孫也	文明12・8・12
姨	㊹ 妙琳	小河女房五郎馬姨	文明9・8・11
	㊺ 妙輝	野間宗用ヲハ	延徳2・10・10

妻			
㊻	妙太	楠子孫左近妻	文明12・8・12
㊼	永妙	犬子サウセン妻（借屋上）	16・4・8
㊽	妙幸	ソクラ兵衛大夫妻	16・4・8
㊾	妙秀	二郎子進大夫妻	16・4・8
㊿	妙桂	米子孫左衛門妻	16・4・8
51	妙春	宮一子六郎左衛門妻（宮市六郎左衛門妻）	16・4・8
52	妙泉	ツルマツ妻（鶴松）	16・4・8
53	契繁	アイマスコ藤二郎妻	16・4・8
54	妙祥	水野宗左衛殿上	延徳3・5・16
55	妙瑞	小河了監御前	3・7・7
56	賢貞	小河上様	3・7・17
57	貞富	左谷殿上様	3・7・17
58	貞琮	林五郎左衛門殿上	3・7・17

註　優婆と付されている者も存在するが姨の項に入れなかった。記述の（　）内は重複して記されており、記載が異なる場合。

の年か、その年のある日一度の授戒者を示しているとみてよい。ただ、霊嶽の場合には「寛正三年八日三日」とあるので、その日の授戒者数が八九人であったことが知られる。これを整理し、かれらが本拠とした寺院を付け加えると第43表のようになる。法山阿浄については不明であるが、彼も含めてすべて如仲門派の人びとである。この記事も本文と同様、同派の人物の手になるものであったことを示しているが、これは同派禅僧の活動を示すとともに、他派の禅僧達においても、同様の活動がみられたことを想像させるに十分である。なお、ここでは、逆翁は文明十九年に二七六人の戒弟を出したことになっているが、「血脈衆」本文では二二人しか記されていない。同書本文に記載されなかった授戒会もあったようである。

ともかく、十五世紀において前述したような在地

第43表　曹洞禅僧による授戒者数

番号	人名	本拠寺院	年月日	授戒者数
①	如仲天誾	遠江大洞院	応永二五年（一四一八）	九〇二人
②	法山阿浄	？	永享一〇年（一四三八）	一一九
③	月因性初	石見永明寺	文安　？年（一四四四～九）	三三一
④	茂林芝繁	備中洞松寺	宝徳　四年（一四五二）	二五六
⑤	雲嶽洞源	備中円幢寺	寛正　三年（一四六二）八月三日	八九
⑥	崇芝性岱	遠江石雲院	文明　六年（一四七四）	一五七
⑦	石宙永珊	遠江長松院	文明一〇年（一四七八）	二〇三
⑧	盛禅洞奭	尾張福厳寺	文明一六年（一四八四）	一四六
⑨	逆翁宗順	尾張乾坤院	文明一九年（一四八七）	二七六

註　「血脈衆」巻末より作成。

に根ざした活動が広範に行なわれていたわけであるが、はたして当時の社会にどのように作用したのであろうか。

各村落のものが、その村落を越えて一堂に会する場合、その授戒会は基本的には孤立していたと思われる中世村落の枠を越えさせる作用をなしたであろうし、一つの村落から各階層のものが一堂に会したり、同じ禅僧から戒名を受けたりしたことは、諸々の矛盾を包み込んだままではあったろうが、その村落の結束を強める作用をなしたことであろう。この二つの作用は矛盾するものである。この意味では禅僧達の活動は相反する二面性格を持っていたといえる。

しかし、それは各村落・諸階層を越え、しかも一族・家族の内部にまで及ぶ普遍的な性格をも意味していた。この禅僧の持つ普遍性こそ在地支配を有利に展開しようとした国人や土豪、あるいは戦国大名の要求に自ずと合致するものであった。授戒・授戒会活動は曹洞禅が十五〜六世紀に国人や土豪に受容されて全国各地に発展した理由の大きなウエイトを占めるものであった。

結びにかえて

まず曹洞禅僧の間で授戒・血脈の授与が盛んに行なわれており、教化の方便として用いられていたが、それが一般在家にまで及ぶようになったことをみた。ついで授戒・授戒会の具体的な考察では愛知県知多郡緒川乾坤院所蔵の「血脈衆」「小師帳」の二本を用いた。この分析でつぎのことが明らかとなった。授戒会は戒師となる禅僧の行動にともなって各地で開かれるもので、そこには戒師の活動とともにそれを仲介する僧や小寺庵の僧侶の助力があった。開催の期日は彼岸会などの仏教と関係の深い日が選ばれ、期日は最低二〜三日で、中には血脈だけを受けるものもいたが、大部分は禅僧と一定期間修行生活を共にした。それは禅僧と受戒者との関係をより強める結果をもたらした。

そして、授戒・授戒会に参加した人びととは、土豪をはじめとするそれよりも小規模な農民達や、諸職業の人びとなど諸階層にわたった。参加してくる村落も多くを数え、また一族・家族の中から共に参加する場合も少なくなかった。

それは村落の側からみれば村落の枠を越えさせる作用、村落の結束を強める作用の二面性を持つものであった。しかし、在地支配者の側からみると、普遍的な授戒活動を行ないうる禅僧こそ受容するに足るものであった。授戒・授戒会活動は十五〜六世紀における曹洞禅発展の重大要素であった。

さて、圭室諦成『葬式仏教』は、一五六四年と一五六五年の『耶蘇会士日本通信』に、日本人が極楽に往生するために金銭をおさめて「書き付け」を得ていたことや、僧侶は人が死すると死後に「かの地」に至ってその報を受けられるように「御血脈と称する書きつけ」を交付していたことが記されていることを指摘している。つまり、戦国期の日本人は、極楽往生のために、あるいは、死後、「かの地」において、その功徳を受けるために血脈（=書付け）を受けており、僧侶は金銭を取って授けていたのである。

また、一五五一年（天文二十年）のキリスト教宣教師の書簡には、つぎのようにみえる。[53]

このほか当国のパードレ等（日本の僧侶等）が教ふる多くのことがあるが、皆俗人より金銭を引出さんがためにして、この世においてこれに報ゆべしと言ひ、またパードレ（日本の僧侶）の証明書を持参してこの世より他の世に赴く時は、悪魔は何の害も加ふることなく通行せしむべしと説けり。而してこの証明書を買ふには多額の金銭を要し、俗人の大多数は死する前にこれを受領す。（傍点筆者）

この「証明書」とは血脈のことであるとみてよかろう。これを、俗人の大多数は死する前に、すでに多額の金銭を出して受領していたというのである。さらに、一六〇三年に日本イエズス会によって刊行され、翌一六〇四年にその補遺が出版されたという『日葡辞書』における「Qetmiacu」（ケツミャク、血脈）の項にはつぎのような説明がなされている。

そして坊主（Bonzos）は、往々この表を教区内の信者に授けてそれで、霊が救われるとか、その表に赤インク〔朱墨〕で記されている著名な人々の数に仲間入りするとかと信じさせるのである。（傍点筆者）

これは、キリスト教宣教師からみて、「教区内」と表現される程度の信徒圏のようなものを当時の寺院が持っていたことを物語るものとみてよかろう。そして、僧侶はその「教区内」の信者に血脈を授けていたのである。

以上のことから、僧侶は「教区内」の信徒から多額の金銭を取って血脈を授けていた。また、多くの俗人は生前に血脈を受ける場合が多かった。人びとは、極楽往生を遂げるために、あるいは死後の世界にいく途中で悪魔に害せられたりしないために血脈を受けた、というようなことが知られるのである。

血脈相承が行なわれたのは禅宗と密教であったが、(54) 血脈を在俗の者に授けた僧侶の中には多くの曹洞禅僧が存在したことは想像に難くない。

すなわち、これまで考察してきたような、授戒会における曹洞禅僧やそれに参加した武士・民衆をキリスト教宣教師たちは、このようにみていたのである。

註

（1）『曹洞宗全書』語録一・『続曹洞宗全書』語録一所収の中世禅僧達の各語録。

（2）禅僧と葬祭の問題に関しては、本章第七節参照。

（3）「洞上戸羅会の成立とその展開」（駒沢大学『実践宗乗研究年報』三）。

（4）「授戒会の成立とその伝道史上における意義――曹洞宗伝道史研究の一環として――」（駒沢大学『教化研修』八）。

（5）史料は近江の「徳昌寺授戒牒」である（「曹洞宗の発展」、川崎庸之・笠原一男編『宗教史』〈体系日本史叢書18〉二三九頁）。

（6）「興正菩薩伝」（『群書類従』五、続群書類従完成会本）。

（7）今枝愛真『中世禅宗史の研究』（東京大学出版会、一九七〇年、六頁）。

（8）「天竜開山夢窓正覚心宗普済国師年譜」（『続群書類従』九下）。

（9）『続群書類従』九下所収。

（10）同右、六三八頁。

（11）同右、六三九頁。

（12）同右、六四〇頁。

（13）同右、六四一頁。

（14）「建撕記」下（『曹洞宗全書』史伝下、二一七頁）。

（15）「洞谷記」（『曹洞宗全書』宗源下、五〇五頁）。

（16）「総持二世峨山和尚行状」（『曹洞宗全書』史伝下、二六四頁）。

（17）「種月南英謙宗和尚行業記」（同右、二九〇頁）。

（18）駒沢大学曹洞宗教化研修所編『授戒会の歩みと伝道』。

（19）「宇宙山住山記」（乾坤院蔵）、同書には世代数が付されてないが、輝州は七六番目に記載されている。

（20）同右書一五二番目に記載がある。

（21）「血脈衆」「小師帳」二本ともに、本文が表紙の大きさに切り整えられている。よって本文の一部が切られている場合もある。寛永年間か享保十九年かいずれかの修理の時に切られたものと思われる。

（22）「血脈衆」の場合、題簽には「血脈集」とあるが、内題にはすでに述べたように「血脈衆」とある。内題が新たな表紙が作られるまでの外題であった可能性が強いし、また戒を受けた人びとの名が記されていることからして内容からみても「血脈衆」が適当であると考え、書名を「血脈衆」として論を進めてきた。また「小師帳」も題簽は「小師牒」となっているが内題が「小師帳」となっているので、「血脈衆」と同様の理由で「小師帳」とした。

（23）本文中の数か所に「三代和尚之小師也」とみえる。三代和尚とは逆翁の弟子の芝岡のことであるが、この芝岡が乾坤院三世となった時期以降の記事でなければならない。芝岡が三世となったのは長享元年であるから、このことからもそれ以降の成立となる。

(24) 同日の条、続群書類従完成会太洋社本、巻一上、二三六頁（以下頁数は同本による）。
(25) 同日の条、岩崎文庫所蔵本。
(26) 同日の条、二六七頁。
(27) 同日の条、史料纂集『言国卿記』二、二四五頁。
(28) 大久保道舟編『曹洞宗古文書』（山喜房仏書林、一九六一年）下、一九二一号文書。
(29) 「日本洞上聯燈録」七（『曹洞宗全書』史伝上、三七〇頁）。愛知県豊川市西明寺蔵「乾坤院開山二世三世禅師伝」（佐藤悦成「逆翁宗順と尾張の曹洞宗」〈『宗学研究』二七、一九八五年〉に掲載）。
(30) 同右。
(31) 『続群書類従』一二下、八一九頁。
(32) 註(29)に同じ。
(33) 妙仙寺・福厳寺、各寺伝。
(34) 註(27)に同じ。
(35) 「一雲斎住山牒」（同寺蔵）。
(36) 「総持寺住山記」、永正十三年九月七日付「一介書状」（長源寺所蔵）。
(37) 長源寺・松源寺・普済寺、各寺伝。
(38) 『続群書類従』一二下、八七六頁。
(39) 同右、九八七頁。
(40) たとえば『実隆公記』文明九年八月八日の条（巻一上、二三六頁）には、「八日癸卯晴、小浴、自今日時正也、始精進、今夕於二尊院、大樹羽林上﨟局被受円頓戒法名、了祐、為結縁罷向、少時遂面謁了」（傍点筆者）とある。
(41) 『続群書類従』一二下、九六一頁。
(42) 同右、九四五頁。

(43)『寛文村々覚書』下(『名古屋叢書続編』3、名古屋市教育委員会)。同上書の解説(九〜一〇頁)が元高は慶長十四年の検地、戸数・人口は寛文十一年の指出しに基づくとする見解による。「知多郡旬行記」(同叢書8)。
(44)東浦町教育委員会発行、五二頁以下。
(45)半田市発行、一五一頁以下。
(46)「応仁別記」(『群書類従』二〇、四八三頁)。
(47)『半田市誌』は「八社神社棟札」と「岩屋寺年代記」により記述している。筆者は、いまだ両史料をみる機会をえていない。
(48)連歌師宗牧が天文十三年(一五四四)、十一月に桑名から大野へ渡っているが、佐治氏の警固により賊難から逸れ無事に渡航できた、とかれの「東国紀行」(『群書類従』一八、八一七頁)にみえる。
(49)『続群書類従』一二下、八一七頁。
(50)岩波文庫本一五頁。「宗長手記」(『群書類従』一八、二六一頁)。
(51)「殿」が付されているものがすべて土豪層とはいえず、それよりも上層のものが存在したと思われるが、いまは一つの表に整理した。また、これらの多くは、その所在地が不明であるが、春近右京進(㉘)は関連記事から三河の横根郷に居住していたようである。水野・左谷の両氏についてはすでに述べた通りである。
(52)「一五五一年九月二十九日(天文二十年八月二十九日)付、パードレ・コスモ・デ・トルレスが山口よりインドの耶蘇会のイルマン等に贈りし書翰」(新異国叢書1『イエズス会士日本通信』上、一二三頁)。
(53)土井忠生・森田武・長南実編訳『邦訳日葡辞書』四九〇頁。
(54)櫛田良洪『続真言密教成立過程の研究』(山喜房仏書林、一九七九年刊)五八九頁によれば、近世おいては切紙や血脈などを相伝したものは生前はこれを大切に護持し、死亡の時は棺の中に納め、これによって悪鬼を払い、その妨害を封じて浄土往生を可能ならしめようとしたという。

第十一節　禅僧と戦国社会

——東国に活動した禅僧達を中心として——

はじめに

五山叢林の研究は史料の豊富さや、直接、中央政権と深いかかわりをもったことから、続々とその成果を挙げてきたことはいうまでもない。一方、林下禅林に対する研究者も少しずつ増加しており、また、各地方の地頭や在地武士、あるいは戦国大名などの研究が進むにつれて、各地に進出し、それらと交渉を持った林下禅林に対する考察を避けて通れなくなるという種々の事情もあって、ようやく、研究も進展をみせるようになり、周囲からも関心がもたれるようになってきた。

しかし、教線拡大や発展形態を探究するのに急であり、筆者も同様であった。禅僧達がどのように社会を見ていたのか、どのようなことを在俗者に説いたのか、社会とどのようにかかわりあったのか、などという方面に関する研究は多いとは言えない。そこで本節では戦国初期に遠江中部で活動した松堂高盛（一四三一—一五〇八）という禅僧の「円通松堂禅師語録」(1)を中心史料とし、東国に活動した曹洞禅僧達について考察する。

一　禅林と戦国社会

松堂高盛についてはすでに述べたが、永享三年（一四三一）遠江国佐野郡原田荘寺田郷に生まれた。国人原氏の一族寺田氏の出身である。七歳の時、寺田郷内の円通院で出家し、二十二歳で足利学校に赴き、二十八歳で帰郷、三十七歳の時円通院の跡を継いで住持となった。応仁元年（一四六七）、まさしく戦国時代到来の時であった(2)。

なお、松堂高盛の住する円通院の所在する原野谷川流域に勢力を持っていたのが原氏であった。同氏は周辺の在地領主や土豪とともに一揆的結合を構築し、駿河の今川氏の侵入に備えていた国人であった(3)。これを念頭に置いて論を進めることにしよう。

禅僧の世間に対する見解をみる前に、禅僧は自身の世界、すなわち仏教界・禅宗界をどうみていたか、一まずみておくことにする。

松堂の語録には「嘆二緇林之凋零一(4)」とか「世閒仏種已如レ麻。何事都無レ学二釈迦一。凋落禅林秋欲レ暮。誰春二鷲嶺一枝華一(5)」とかみえ、緇林（仏教界）禅林の凋落を嘆く語がみえる。さらに「不レ厭老来身化埃。宗門只恨属二傾頽一。一灯欲レ滅膏油尽。霊焔何人発二死灰一」「今代禅流大胆腸。殺生偸盗是家常。時時道念無二毫髪一。輸郤門李四郎(6)」と、宗門の傾頽を嘆き、禅者に道念すなわち求道の精神が全くないことを述べている。むろん、すべての禅僧がこのようなあり様であったということではなく、また松堂も自から「老余閑吟十五首」と題する中の二首であるので、老いも手伝って、近年の禅者への批判も強くなった、とも考えられるが、中には、このように道心のない禅侶も存在したことは事実であったようである。また、「嗟二嘆禅林衰廃一。十三首(7)」と題するものの序文には、

凡禅林者。陶二鋳凡聖一。弁二別金鍮一之窟也。然今諸方羣居類聚無二緇素之異一。与二流俗一同レ途。雖二末代一季運去レ聖時遙。霄壌隔二雲泥一猶以明矣。悲哉。苟竊二一朝之声利一。謾喪二千古之道風一焉。余嗟嘆之余。書二十三首之閑語一。以示二愚蒙諸童子一。不肯為二江湖俊流一矣。

とあって、禅林が修行の道場であるにもかかわらず、今の僧侶は在俗者と相異がないと「愚蒙諸童子」に苦言を吐くのである。

「十戒偈」(8)と題する詩の序文には、

夫出家児者修二定慧三学之楫舟一。度二貧瞋癡三毒之苦海一。転二八万四千煩悩一。成二八万四千法門一。与二歴代祖師一把レ手倶行。及二三世諸仏一眉毛断結。欲二同一眼見同一耳聞一矣。然今代禅流不レ行二六波羅密之行一。違二犯五戒十善之法一。口談二作家之手段一。意溺二愛欲深泥一。膽雖レ無二師資相伝之儀一。未レ得謂レ得。未レ証謂レ証。自称二長老一。而拠二師席一。顕レ異惑レ衆者如二稲麻一。吁嗟何人直回二正派之倒流一。扶二起法城之頽破一乎。（後略）

とある。現今の禅者は彼岸に至るための六波羅蜜の大行を修せず、「五戒善之法」を犯し、口では、祖師達の修行者教化の手段などを談じながらも、その心は愛欲の深泥に溺れている。いまだ、奥義を会得していないのに会得したといい、証せずを証したといい、自らを長老と称し、師の寺に居して、宗旨に反した見解を示して、衆を惑わす者がいるというのである。「悲嘆十首」(9)の序文では次のように述べている。

近来世俗各争二威権一築レ塁憑レ山。劃レ土立レ界。飛箭互如レ雨。歩卒乱似レ雲。道途無二去来一。市廛絶二売買一。臣子不レ致二忠孝一。君父無レ行二恵慈一。溺二於愛水一徒捨レ身。逼二於欲火一不レ惜レ命。誠是闘諍堅固之時節。無明闇蔽之長夜者乎。是故吾釈門徒遐避二塵境一。晦二跡於幽谷一埋二名於雲堆一。清眼嶺頭偸レ閑而眠。洗耳岩底掬レ水而飲。以二今世迷之迷倒一為二警策一。恋二古人之隠逸一作二家風一。禅悦足二珍羞一。法喜富二家宝一。晴嵐度レ松。奏二無生曲一。清風入レ竹。嗚二微妙音一。定後遊二戯三昧門一。乗レ興製二作十章韻一。半悲レ及二乎宗門傾頽一。半嘆レ致二乎王道之衰世一。若有二同志之士一。伏乞賜二哀怜一焉。

とあり、その最後の一首は「嗣法今容易甚為。朝伝夕印稲麻滋。見不鷲嶺無多子。百万叢中花一枝」というものである。宗門の傾頽を「王道之衰世」とともに悲嘆し、嗣法（法を師より受け嗣ぎ一人前の僧となること）が簡単に行なわれ、伝法や印可証明（師が弟子の力量を認可すること）も簡単に、その授受が行なわれることを批判するのである。ただ、この中で今世の迷を自分自身の警策とせよといっているところは注目すべきことである。また、文明五年（一四七三）の夏、松堂が円通寺にいた時のことと思われるが、疫病が流行したらしい。この時の「一衆罹レ疫因示偈」(10)と題する詩の序文には、

文明癸巳之夏。衆罹二疫鬼之災一。十而二三。辛酸労苦已逾月也。故告レ徒云。滅二卻心頭一火自涼。是衆僧怠慢之警策也。各請向二堂中一端坐七日。疫曷二退散一哉。因定暇書二俚偈一一章一示レ衆云。

とみえる。疫病が流行した原因は衆僧の怠慢によるものであり、その警策（坐睡を注意するために打つ棒）として受止め、それを坐禅によって封じようとしたことが知られる。災害や戦乱の世を、自らの怠慢の警策であるとし、修行に励むことにより、苦境から脱しようというのが彼の態度であったようである。それは一応禅的な対処の仕方とみることができるのではなかろうか。

さて、松堂がその傾頽を悲嘆する禅宗界も戦国の世と無関係ではありえなかった。

宗祐童子還俗(11)

宗祐童子者。遠陽原田司農藤氏之家産也。依二邦国之多難一。薙レ髪投二禅林一。侍二余巾帷一年又年矣。一日司農請レ令二還俗一。余許可云。豈不レ見。古語云。父母不聴不得出家矣。本非レ可レ惜。本非レ可レ惜。即辞去也。経二数月一。

率二一門親眷左右従侍一。而来二於山中一。具二他日提携之礼一。余対面談二今古因一。観二浮世之変化一。嘆二聖道之衰微一。故託二興於六義一。聊記二妄語一。示二妄人一。妄人笑云。寂語為二甚麼一。余亦微笑而已。

元是丹山紫鳳姿　来儀投レ宿碧梧枝
忽嘆衰世聖明絶　化作二武林鷹隼児一

これをみると、「遠陽原田司農藤氏」すなわち中遠原野谷川流域に勢力を持っていた国人原氏の一族原田司農の願いによって子息宗祐童子の還俗を許可せざるをえなかったようである。原田司農が原氏一族であったとすれば、同一族寺田氏出身の松堂とも同一族であったわけで、原田氏の要請を許可せざるをえなかったであろう。原田氏は家督相続かあるいは戦闘上のことで吾子の還俗の要請をしたらしい。松堂は「聖道之衰微」を嘆きながらもやむをえなかったものと思われる。しかし、この天然宗祐童子は、しばらくして死去する運命にあった。それは「悼二天然祐公童子一之詩。五首」(12)の序文によって知ることができる。

天然祐公童子者。司農藤氏季子也。天性正直。聡敏過レ人。九齢之冬。出家投二於吾門一。侍二奉左右一僅三四霜。孜孜積二日新学一。挙二一隅一以二三隅一友。余摩須云。天然奇童也。必可レ為二法門之良材一。偏如下蜾蠃負二螟蛉之子一。祝云中類我上者乎。爰文明戊戌之春中阿兄戦死矣。父司農請レ令二童嗣一レ後。余許可而還レ焉。更レ依不レ経二数月一。罹二父之難一而夭死矣。愁傷慟哭之余。書二賛言五章一。以成二掃レ愁之帚一而已。

天然宗祐童子は原田司農の末子で、兄が文明十年に戦死したのにともない後を嗣ぐために還俗したが、数か月後に父が難に遭遇した時にともに死去したとある。おそらく戦死であろう。このように世俗の社会のことが禅林の中にも入り込むという状態であったのである。

禅僧達は基本的には戦乱の世には批判的であったようである。松堂は「五戒第一誡㆓殺盗㆒。殺盗今人第一好」(13)と、今の人は仏教徒の第一に守らなければならない不殺生戒と不偸盗戒を好んで犯す、と批判する。さらに、松堂は次のようにみている。「乱余聯句」(14)では、

宇宙風塵暗。三年笛裏情。君臣分匹敵。昆弟互相争。懸吏走伝㆑命。田夫来役㆑兵。運㆑籌張㆓八陣㆒。憑㆑嶮築㆓高城㆒。烽火揚㆓層嶺㆒。鼓鼙響㆓五更㆒。未㆑論興与廃。何計辱兼㆑栄。突将腰㆓弓箭㆒。前車弭㆓旆旌㆒。凱歌出岳動。鉄騎電雷轟。巧発㆓千鈞弩㆒。竊穿㆓尋丈阬㆒。勇豪頻献㆑馘。劣士屢偸㆑生。魄落経㆓閒道㆒。脊瘻過㆓抑営㆒。雌雄終叵㆑決。勲伐底還宏。親友半為鬼。禅衣多復㆑氓。天公瞋降罰。早颮激行㆑鯨。海内忽飢餓。市鄽都刺荊。斤余花濺㆑涙。焼後竹猶貞。屋破迷㆓巣燕㆒。揚残啼㆓暁鸎㆒。大児随父死。稚子逐㆑嬢悍。骨白戦場月。血腥荒草程。人間蝸角闘。浮世蝶魂驚。五曲委㆓灰燼㆒。六韜比㆓玉瑛㆒。愁吟同㆓杜甫㆒。暴虐類㆓秦嬴㆒。豈識一朝怒。致㆓斯犟国傾㆒。濫觴依㆓偕上㆒。覆轍誡㆓肥軽㆒。百勝元能忍。諸侯盍㆓会盛㆒。何時帰㆓駿馬㆒。俄頃掃㆓攙槍㆒。刻㆑石頌㆓功烈㆒。賦㆑篇記㆓武成㆒。九垓開㆓聖域㆒。側陋挙㆓賢英㆒。稍看尭風扇。定応㆓舜日明㆒。東西南野老。撃㆑壌唱㆓昇平㆒。

農民が戦争に駆り出され、陣が張られ、城が築かれて、烽火があがるなどと記し、また「世上聯句」(15)では、

古今霄壌際。物類最尊㆑人。恩義覆無㆑外。育生載絶㆑畛。下恭厳㆓礼節㆒。上愛恵㆓慈仁㆒。致㆑孝父兼㆑子。尽㆑忠君与臣。箭弓牧有櫜。刀剣倚無輪。時世重㆓奸佞㆒。国風乱㆓等倫㆒。青山城作塁。平地掘成㆑津。中夜荷㆑戈走。深更鳴㆑拆巡。寒窮多寡婦。傜役幾疲民。土曠蓬高茂。田荒稂莠新。悪行加㆓夏桀㆒。暴虐勝㆓嬴秦㆒。嘶㆑野戦㆓瘢馬㆒。奔山驚

竄麏。水洪漂溺夥。歳饉餓殍塡。放火焼二村落一。挙家吟二水浜一。後凋孤愍レ柏。直立永留レ筠。諂笑士攸愧。忠恕聖所レ均。拌如泥二典籍一。貧欲宝二金銀一。富厥浮雲暗。名其垢濁塵。吾憐迷倒子。自若老羸神。願一同和睦。念長久共親。斉為二兄弟約一。再復二帝皇淳一。安枕林間客。唱歌市陌賓。太平豊楽代。叡算万年春。

と、青山は城の土塁となり、平地は掘られて津となり、傜役に使われた民は疲れ、田畑は荒れ、村落は焼かれると、戦乱による村落の荒廃ぶりを描写する。

松堂は、このような乱世の原因は、さきの連句にも記述しているように君と臣とが分れ、対等となって敵対し、兄と弟が争うなど、儒教的倫理の乱れにあるとし、下剋上の世を批判するのである。さらに、さきに掲載した「悲嘆十首」(16)の序文にも「臣子不レ致二忠孝一。君父無レ行二恵慈一」とあり、臣子に忠孝の心がないことを批判しながらも君父にも慈恵の心がないとするのである。

さて、ここで禅僧達が戦国の武士をどのように見、どのように位置付けていたのかみてみたい。

松堂の住する円通寺が国人原氏の援助を受けていたことは前述したが、松堂はこの国人＝君子を、つぎのように評価している。「謝下藤氏金吾大夫見上レ訪二於円通院一引并」(17)に、

藤氏金吾大夫頻年以来鎮二撫遠州一。文徳化二疲民一。武威討二奸賊一。上和下睦。民如二父母一焉。誠是無二君子一莫レ治二野人一。無二野人一莫レ養二君子一之謂乎。（後略）

とある。「鎮撫遠州」とは原氏が中遠の原野谷川流域を支配したことを表現しているものと考えられる。そして、それは原氏の文徳が戦乱に疲れた民を善に移らせ（徳化）、武をもって賊を討った結果であるとし、上下和睦し、民は父母のように思っていること、原氏が文武両道に通じており、その支配が理想的であることを讃えている。そして、君子（原氏）の存在なくして野人（民）の治ることなく、野人（民）なくして君子（原氏）の存在はないと言うではない

かと、君子・野人すなわち国人原氏と農民の双方の存在を意義付けている。しかし、この詩が、原氏の円通寺訪問の折に作製されたものであるだけに、原氏を讃えるものであり、原氏の在地支配という現実を意義付けする結果となっていることはいうまでもない。また、ここに原氏を讃えながらも、文武両道を兼備し、支配下の民からは父母のように親しまれ、敬われ、上和下睦という状態の支配を行なう者こそ君子であるという松堂の考え方が出ている。原氏にしてみれば、庶民寺田氏の出身で、足利学校で学問を修めてきた高僧が、自からの在地支配をこのように意義付けてくれるのであるから、それを保護するだけの価値は十分に存在した。

他の禅僧はどうであったろうか。上野白井長尾氏や越後の長尾能景、上野室田の長野業尚などの外護を受け、白井双林寺に住し、武蔵大成郷の普門院を復興、春日山林泉寺・室田長年寺を開き、北関東を中心に活動した曇英慧応[18]（一四二四―一五〇四）も「別府清岩宗玄庵主十三回忌香語」[19]で「夫以。清岩宗玄庵主。使レ民有レ恵。奉レ君以レ忠」を述べている。これは、文亀二年（一五〇二）五月二十四日に武蔵の別府定幸の依頼により、父清岩宗玄庵主の十三回忌の法要を行なった時の香語である。別府定幸の父を讃えた法語であるが、民に対しては恵、君に対しては忠を実行することが、曇英の考えていた領主の理想的な姿であった。

甲斐の武田信昌の外護を受けて建立された落合永昌院二世の菊隠瑞潭[20]（一四四七―一五二四）は永正八年（一五一一）九月十六日の武田信昌の七回忌に信虎の依頼により法要を営んだが、その時の香語[21]に、

恭惟。永昌院殿文武兼備。忠孝竝行。作二無限増上勝縁一。末後安二牌於永昌一。道徳為レ主。朝無二殺戮之刑一。無為為レ常。野無二攻戦之乱一。

とみえ、武田信昌（永昌院殿）が文武両道を兼備し、忠孝をともに行なう人物であり、実際はともかくとして生前中は殺戮の刑を行なうことなく、攻戦の乱がなかったことを称讃している。これは死者に対する評価であるが、この法

要には武田信虎をはじめとする一族や家臣の者達も参加していたであろうから、香語でこのように述べるということは、その場の参加者に菊隠の武士に対する考え方、すなわち君子論を示したことにもなり、説法と同様の意味を持ったと考えられる。また、別号を求めてきた武田賢良新五侍郎に対しても「武田前左金吾。清和描裔也。長子賢良新五侍郎者。法諱浄椿。篤二君臣義一。正二父子之要道一。俯同二塵俗一。応二万邦之歓心一。仰合二自然一。順二一義之造化一。論二三皇教一。無レ徒二驥馬於錙壇之宮一。談二五帝風一。無レ盛二鶡列於麗譙之下一。由レ是無二攻戦之乱一。無二殺戮之刑一。公有二与レ予防外交一」[22]と、やはり君臣の義に篤く、父子の要道を正す人物であることを称讃している。さらに中河の縫殿衛門尉が大永二年三月、師弟の縁を結びにきた時に、次のようにいっている。[23]

中河之縫殿衛門尉者。秀鉄叟長子也。常雲水客投宿。談二論四七二三。日域伝灯老和尚之法語一。可レ謂老李翶後昆也。加之。在二俗家一則学二孔老一。正五常。専忠臣文武兼済七事随身。大丈夫猛烈漢。入二百万軍陣一。則如二苕箒掃二落葉一。勇兵一時分散。帷幄之籌勝二千里外一。公大永春。迎予受二衣鉢一。諱道仁。字義田。夫義者。入二文宣王室一。則五常也。入二禅門一則百千門無量妙義。或第一義門矣。具見二丁百丈和尚問答一焉。維時大永第二蓂竜集壬午暮如意珠日。

縫殿衛門尉が孔子の教えを学び五常の道に通じ、忠臣であり文武兼備の人物であることを称讃し、義田道仁という字《あざな》・諱《いみな》を与えている。そして、義田の義は五常の義であり、禅門では百千法門無量妙義あるいは第一義などの義であると説明を加えている。しかし、ここで注目しなければならないのは義田という戒名を説明するのにも、まず五常すなわち儒教の義であるとし、ついで禅門での義を挙げていることである。菊隠が武士に対して、儒教的倫理を前面に出して接していた現れであるとみることができるのである。[24]

これまで、三人の禅僧の武家に対する考え方をみてきたが、忠孝を重んじ文武両道に通じ、支配に関しては民をみだりに酷使せず、父母のように思われ、上下和睦し、殺戮は行わず、攻戦も起さないというのが君子であり、真の武家であるとみていたようである。語録には直接述べられているものはみられないが、おそらく、そのようなことが説法となって、強調されていたものと考えられる。禅僧達は武家社会に対して、儒教的倫理を十分に活用し、武士の存在あるいは日常の行動を意義付けてやっていたのである。

なお、曹洞禅には法の実態を正中偏・偏中正・正中来・兼中至・兼中到の五つに分類する五位説というものが盛んに行なわれており、これを偏正五位といったが、五位を説明するのに君臣関係を用いるものに君臣五位説というものがある。これは君位・臣位・君視臣・臣向君・君臣合の五つである。すでに触れたことであるが、禅僧達が五位を説明するのに君臣五位を用い、また君臣和合を説くのに君臣五位説が多く用いられたであろうことは、松堂の「和㆓虎泉主翁韻㆒」(25)と題するものの序文に、曹洞宗の五位に擬して「指㆓示君臣道合上下和融之古風㆒」とみえることからも知られる。つまり、宗旨を述べるのに儒教の君臣論を用い、世俗の君臣の関係を説くのに曹洞禅の五位説を用いるというように両者の混用をみることができるのである。

さてこれまで主に仏事における法語などから禅僧達が武士に対して、儒教的倫理を説いたことをみてきたが、ここで平素においても儒教的倫理の実践を説いていたことを窺わせる史料をみてみることにする。それは松堂の「因㆓大風大雨地震氷雹等㆒示衆」(26)である。この史料もすでに考察を加えたのでそれを引用しながら論を進めることにする。(27)これによれば、明応七年（一四九八）の中遠地帯は氷雷・大風雨・大地震と津波・洪水等が頻発したために、不作であり、塩田の竈は砕かれ民家は倒壊するという惨状極まりなかった。しかも、当地方は、前年に北条早雲が率いる今川氏親方の軍勢が襲来し、原氏の軍兵は殺戮され、民家は焼かれたばかりであった。(28)

つまり、中遠原野谷川流域は二年にわたる人災・天災の襲来であった。松堂自身も寺を失い、外護者であり出身家の一族である原氏も多大の損害を受けた時であった。松堂の示衆は、このような状況のもとに行なわれた。よって、ある程度、松堂の本音が出ており、平素説いてきたことが、ここにも出ているとみてよかろう。

　松堂は災害の様子を記した後につづけて示衆する。まず、「大三災者非㆓従㆑他起㆒。人人自身之三毒即是三災也」と、災害は他より起こるのではなく、その原因は自分自身にあるとし、当時の人びとを批判するのである。人びとは仁義を忘れ、生民を撫恤せず、忠孝の道を弁えず君父を侮る。ゆえに天下は大乱となり、臣子が君父と戦い、弟が兄と争うというありさまとなるのであると、下剋上の世を批判する。そして、自からの罪を反省せずして、他の諸神諸仏に向って、みだりに祭酒を供えては、無理に託宣を請い、巫祝に頼んでは、宣言せしめ、それが神の真言であると信じて、世界の滅亡することを恐れおののくのである。しかし、善心善念、道心道念を起こす者は万人中一人もいない、と批判する。そこで、このような災害から脱するためには、出家は修行に励み、「十善之禁戒」を持守することであり、在俗者は内では仏法僧の三宝を信じ、実生活では儒教の道を学んで、五常の要路を実践し、上下和睦することであるとしている。

　ここに松堂の姿勢が現れている。とくに在俗者についてみると、仏教を信じ、儒教の道を実践することこそ、彼の理想とする在俗者の姿であったとみることができる。禅僧達が武士に対して忠孝など儒教倫理を説いたことは、さきにもみたところであるが、平素から、このようなことは説かれていたものと考えられる。

　さて、仏教と儒教との間では常に問題となってきたのが孝の問題である。松堂の「記㆓盛智童子発心初㆒」[29]と題するものの序文にみえるように「断㆓父母之恩愛㆒」じて出家の道に入る、すなわち出家者は父母への孝ができないことになる。むろん出家するには「宗祐童子還俗」[30]の序文にも「父母不㆑聴不㆑得㆓出家㆒」とみえるように父母の許可がなければ出家はできないわけであるが、出家後は孝を実行できないことにはかわりない。

ところで、人生中途にして出家を願う者に対する禅僧の考え方はどうであったろうか。松堂の「悼二藤原朝臣武庫女一」(31)の序文をみると、遠州中部にある浅羽庄居住の藤原武庫は一人娘を藤原信安に嫁したが、その娘が先立たれた夫のあとを追って自からの命を断った。悲嘆に暮れた彼は袈裟を縫ったりして娘への供養を種々行なった上で出家を思い立つのであるが、彼には八十余歳の老母がいる。そこでの松堂の意見は、つぎのようである。

父又云。某甲剃髪染衣。汲水搬柴。荘二厳淑魂報地一。解二脱自己苦輪一矣。余諭云。天地有二覆載之徳一。父母有二慈愛之恩一。尽二霑其恩一。倶受二其徳一。故云。天地之性人為レ貴。人之行莫レ大レ於レ孝。夫孝徳之本也。聞説。公有二八十之老母一。倚門之望不レ断。若下棄二父母之恩一。入中無為真境上。真実報レ恩者也。夫以離二生死海一。遊二正覚園一。上報二四恩一。下資二三有一。十九出家。瞿曇沙弥大難大難。夫公行年過二知命一。不レ堪二難行苦行一。矧母八十余。性命如レ懸レ糸平。早遂二剃素意一。帰レ家令レ忘二萱堂憂一日営二甘旨成定省計一。全二孝順道一合二彼天真一。即是本源自性天真仏也。

公謹受二宗海一而去。異日記以為二三章一。略述二父母丹誠之毛彩一云。

比翼鴛鴦夢一双。一双夢覚月空江。同帰坐断蓮台上。即是西方安楽邦。悼レ女。

親携二亡女旧羅衣一。遠上二雲山一投二石扉一。雪裏芭蕉霜後菊。染為二無相福田衣一。袈裟。

二十四年癡愛根。剃刀截断不レ留レ痕。回心一念帰家後。為報北堂慈育恩。落髪。

父母の恩を捨て、無為の真境すなわち仏門に入ってこそ四恩すなわち父母恩・国王恩・衆生恩・三宝恩に報いることになるのであって、三有すなわち三界の衆生を資ける結果となるのである。母の余命幾ばくもないからこそ、早く剃髪して出家の姿となることである。これこそ真の孝順の道を全うしたことになるのであるとし、まず出家すべきことを述べているのである。剃髪した藤原武庫のその後の生活がどのようであったかは不明であるが、禅僧松堂の出家こそ真の恩に報ゆることであり、孝順の道であるという考え方が出ているのである。この考え方自体は、中国以来のものであり禅僧独自のものとか、新しい解釈とかいうものではないが、彼らの孝に対する基本的な考え方を窺うことができるのである。

さて、禅僧は多くの在俗者に対して法要を行なってきたが、武士に対するものが圧倒的である。さて松堂より少し前に、やはり中遠地帯の野部という所に一雲斎という寺を開創するなどして活動した川僧慧済（?―一四七五）という禅僧がいる。[32] 彼は長禄元年（一四五九）十二月十六日を前にしたある日、玉山道美居士の三十三回忌に香語を述べている。玉山道美居士とは、遠江周智郡飯田庄に居住し、如仲天誾[33]（一三六三―一四三七、森に大洞院を創立し曹洞宗の東海地方発展の基盤を作った人物で、川僧や松堂の祖師にあたる）を外護して同地に崇信寺を創建した山内道美のことである。法要は彼の子息久通により営まれたのであるが、[34]

（前略）南贍部州大扶桑国東海路遠江州周智郡飯田庄居住奉三宝弟子孝男久通孝女等。来十二月十六日。伏値二先考玉山道美庵主三十三回忌之辰一。

と、久通等を孝男孝女としている。

曇英慧応は文亀二年五月二十四日の武州別府景行（清岩宗玄庵主）の十三回忌に際して、「欲レ報二劬労之恩一」[35]と、子の別府定幸が父の恩に報ゆるために行なった法要であることを述べている。

松堂は遠江原田荘寺田郷居住の藤原信泰（原氏一族寺田氏か）が珪蔵宗珍禅定門の三十三回忌を営んだ時に「山僧感二孝子粉骨之精誠一。聊焚二此朽木一」[36]と述べ、彼を孝子とみている。

菊隠瑞潭も同様で永正十年（一五一三）十月三日に花庵妙祐大姉の三十三回忌を行なった万力郷の人達を「三宝弟子孝子等」[37]、永正八年四月八日に月庵明泉大姉の「五七日忌」を行なった道純という人物を「孝子道純」[38]、永正十一年九月二日に徳翁誉公庵主の七周忌を営んだ万力郷の長安を「孝子長安」[39]というなど、父母のために法要を行なった者達を孝子・孝男・孝女と呼んでいるのである。

禅僧達が施行する法要は死去した父母への孝養の手段であったわけである。さきに、禅僧達は在俗者に忠孝を説いたことは述べた。よって在俗者に対して、健在の父母を持つ者に対しては孝を実行することを説き、死去した父母を持つ者に対しては供養という形での孝養に自から手助けをしてやっていたわけである。よって、出家者自身は父母への孝は不可能であったが、出家して仏道修行することこそ仏への報恩であるとともに、父母への孝にも通ずるものであると規定し、在俗者には孝を説き、孝養の手助けをしたわけであるから、禅僧達は孝というものに積極的な対応の仕方をしていたといえよう。

三　戒・授戒について

従来一般に江戸期成立といわれていた曹洞禅僧による授戒会が、実はすでに十五世紀後半には盛んに行なわれており、しかも、戒を受けた者には在地領主をはじめとして、農民や酒屋・紺屋、あるいはそれらに従属していた下女など諸階層・諸職業にわたっていたことはすでに述べたところである[40]。また、各禅僧の語録をみると「菩薩戒弟子将甲賢孫源朝臣信直公[41]」とか「大日本国東海道遠江州佐野郡原田荘寺田郷居住、三宝弟子藤原朝臣信泰等[42]」などと、生前に三宝の弟子、すなわち戒名を受けていた者が少なくないことを知る。

そこで、では、授戒あるいは授戒会の際に禅僧達は在地領主や民衆に一体、どのようなことを説いたのであろうか、という問題が残るわけである。以下、この問題と戒について考察を進めてみることにする。

まず、禅僧の戒に対する見解についてみてみたい。そもそも禅僧にとって戒は第二義的なものであって、坐禅修行に励んでいれば、おのずから戒は守られるはずであるというものであったと考えられる。松堂自身、五戒あるいは十戒を守ることを説きながらも（後述）、「感二野老至楽一」(43)は、正月に村落の住民が持参した自家醸の酒に酩酊した時の詩であって、不飲酒戒に違犯していることになる。よって禅僧の説く戒というものは、厳格に守り、一時でもそれを犯すことは絶対に許されないという性格のものではなかったようである。そうかといって、松堂は「十戒偈」(44)で「然今代禅流不レ行二六波羅密之行一。違二犯五戒十善之法一」といって五戒十善の法を守らない当時の禅僧達を批判しているように、基本的には禅僧あるいは出家の最低限守るべきものであると考えていたことには相違ない。

さて、つぎに授戒、授戒会についてみることにする。戒を受けに来たものには在俗者ばかりでなく、小寺庵に住する庵主や同宿なども存在したが、彼らは一応戒を受けて出家したはずであるから、再度戒を受けていることになる。また、在俗者でも再度受戒しているものがある。(45)ところで、前に受けた戒を守っていれば、再度の受戒というようなものは不要なわけである。しかしふたたび受戒する理由は、一つには、できるだけ多くの法会に参加することが、死後、極楽の世界に生まれることができると、一般に信じられていたこと、また受戒の際に血脈をもらうことができたからである。血脈には釈迦より戒師（戒を授ける人）を経て、自分の戒名に至るまでの系図が書かれていたので、仏と直接連なることが出来たことを実感として得ることができたからであると考えられる。よって受戒の意味は、純粋に戒を受けて、以後それを守って行くという意味のみではなかったわけである。しかし、授戒・授戒会に参加した人びとを小師（弟子という意味）あるいは血脈衆ということもあるが、「戒衆」(46)ともいうように、戒ということが前面に出ている以上授戒会の中心は戒について説くことが第一であったとみるべきである。

では、どのような戒が授けられ説かれたかについてみておこう。

松堂の語録をみると前遠州大守円海周公菴主の牛前を「為㆓法門之外護㆒。帰㆓敬吾法王尊㆒。護㆓持五戒之宝鏡㆒(47)」と表現しており、彼が不殺生・不偸盗・不婬欲・不妄語の五戒を受け、それを護持した生活を送ったことを讃えている。また、仁室寿公大姉の死に際しては「預受㆓三帰五戒㆒(48)」、保春永公大姉の死に際しても「故受㆓三帰五戒㆒(49)」と、帰依仏・帰依法・帰依僧、すなわち、三宝に帰依することという三帰依と五戒を授けてから葬儀を行なっている。これは死者に対してであるが、生前に戒を授ける者にも同様であったと考えられる。よって、在俗者には五戒を授けるのが一般的であったようである。

つぎに、菊隠が永正十五年七月二日、永昌院において施行した長渓香久大姉の逆修の香語をみると、つぎのようである。(50)

上来説戒。本朝赤甲城爰有㆓優婆夷長渓香久大姉㆒。雖㆑在㆓俗家㆒。不㆑混㆓俗塵㆒。預追㆓憶没後之因㆒。永正十五年七月有二日。謹就㆓于永昌精舎㆒。請㆓現前英衲㆒。営㆓弁香斎㆒。施㆓仏及僧㆒之次。諷㆓誦大仏頂万行首楞厳秘密神呪㆒。因諷㆓演梵網戒経㆒。以奉㆑祝㆓献三世諸仏㆒。(後略)

また、永正十年三月四日、月庵明泉大姉の三回忌が子の道純により永昌院において行なわれているが、その時の菊隠の香語には、(51)

上来説戒。大日本国甲州当県居住奉菩薩戒弟子孝子道純。永正十年三月四日。伏値㆓月庵明泉大姉三回忌之辰㆒。謹就㆓于永昌禅院㆒。説㆓伊蒲塞供㆒。施㆓仏及僧㆒。仍造㆓立高顕一基㆒。諷㆓演大仏須万行首楞厳神呪㆒之次。令㆔山僧演㆓説十重禁戒㆒。転㆓閲四十八軽㆒。(後略)

と述べている。両者ともに、その冒頭に「上来説戒」とあるように、法要に際して、説戒が行なわれた場合が少なくなかったようである。そして、その折には、前者では梵網経、後者では十重禁戒・四十八軽戒を説いたことが記されているが、梵網経の内容が十重禁戒・四十八軽戒であるので、両者とも同様のことが説かれたことになる。「菊隠和尚下語」には、このような時の香語を「説戒之分」(52)として集めており、一五を数える。その中で、「梵網経」「梵網経心地戒品」「十重禁戒」「十重禁戒・四十八軽戒」など、梵網経に関することが説かれたことが明らかなものは一二を数える。この場合、表現は種々であるが、梵網経・梵網経心地戒品はすべて梵網戒すなわち十重禁戒・四十八軽戒の意味で用いられているとみてよい。なお、十重禁戒とは不殺戒・不盗戒・不婬戒・不妄語戒・不酤酒戒・不説過罪戒・不自讃毀他戒・不慳戒・不瞋戒・不謗三宝戒の十戒である。四十八軽戒とは、犯した場合に、十重禁戒に比べれば、その罪が軽いものをいう。

以上みてきたように、法要の時などに十重戒・四十八軽戒が説かれることは少なくなかったようである。したがって、法要の時ばかりでなく、授戒・授戒会の際にもむろんこの梵網戒が説かれたことは想像に難くない。

さて、在俗者は禅僧から十重戒・四十八軽戒に関する説法を受け、五戒を守ることを誓して戒名と血脈を受けたわけであるが、この五戒を守ることも容易なことではなかったはずである。さきに掲載した菊隠の永正十五年七月二日の長渓香久大姉の逆修に「蓋戒者但此一念。不ㇾ属二去来一。不ㇾ属二聖凡一。不ㇾ属二善悪一。十二時中専一。般若上留ㇾ心。念念真実。則念念真実」(53)とみえ、戒の究極は古今、去来、聖凡、善悪にさえ執れず、十二時中、般若上すなわち悟りの世界に心を留めておくという一念であるとするのである。また、「今日大檀那一念受持」(54)という語もみえ、この一念を強調している箇所がある。これは事例としては少ないが、戒の授戒は守・不守ということよりは、戒を受けることによって仏教の宗旨に基づいた世界観を持ち、実生活を送ろうという精神的なものを重んじていたことの現れではなかろうか。戒の授受の際に、守・不守の確認はあっても、もし違犯したらこのような刑罰を施すという、禅僧側からの説示がないのも、その証左であろう。なお戒を授ける禅僧自身が、必ずしも戒を守るということを第一義としてい

第44表　葬祭対象者の男女別人数表

語録	「如仲天誾法語」		「川僧禅師語録」		「円通松堂禅師語録」	
性別	男	女	男	女	男	女
戒名	庵主 9	庵大姉 8	庵主 11	──	庵主 25	
	上座 5	──	上座 25	──	上座 19	
	居士 6	大姉 36	居士 40	大姉 70	居士 2	大姉 39
	信士 0	信女 3	信男 4	信女 6		記室 2
	禅定門 6	禅定尼 1	禅定門 55	禅定尼 98	禅定門 18	禅定尼 6
	優婆塞 5	優婆夷 1	優婆塞 7	優婆夷 24		
		婦女 3				
	禅門 22	禅尼 32	禅門 2	禅尼 4	禅門 42	禅尼 137
	童子 0	童女 1	童子 0	童女 1	童子 9	童女 2
合計	52	85	144	193	115	186

なかったことは前述したごとくである。

なお、これまで、授戒・授戒会に際して授けられた戒、あるいは説かれた戒がどのようなものであったかをみてきたが、在俗者と生活をともにする授戒会において、もし、戒とともに、それ以外に説いたものがあるとすれば、それは、さきに在俗者に対して忠孝などを説いたことをみたごとく、やはり、儒教的倫理であったと考えられる。

四　禅僧と女人・農民

禅僧達に葬祭や授戒会などで、何らかの交流を持った在俗者は多数に上るが、その中で多くを占めるのが女性である。例えば、如仲天誾・川僧慧済・松堂高盛の語録より葬祭の対象者を戒名の下文字により男女を区別すると、第44表のようである(55)。

これをみても、男性の倍数まではいかないまでも圧倒的に女性が多いのである。

曹洞禅の宗祖道元（一二〇〇―一二五三）は「祖師のいはく、仏法を会すること、男女貴賤をえらぶべからずときこゆ」といい(56)、男女貴賤を問わず、誰でも正伝の仏法を行ずることができることを説いており、男女を全く区別しておらず女人成仏の立場に立つが、戦国期の禅僧達は在俗の女性をどのようにみていたのであろうか。

「円通松堂禅師語録」（巻二）(57)に「万民何事曰辛苦、唯為二夫妻一恩愛多」とあり夫妻の恩愛多きが故に世人の辛苦があるとしている。男・女は双方の辛苦の因である。すなわち男（夫）にとって女（妻）は辛苦の因ということになる。しかし、世俗の女性との交流が持たれる上で、女性は男性の辛苦であるといってはおれぬ事態となったことであろう。松堂が「仁室寿公大姉」の葬儀に行なった引導香語をみると、つぎのようである(58)。

芳叢胡蝶夢中春。一夜落花風後塵。端的清香二出岸一。即無量寿仏通津。新円寂某甲。懐二貞潔志一。投二誠仏真一。預受二三帰五戒一。要レ結二覚路正因一。忽脱二女身垢穢一。入二尼総持等倫一。一見不再見処。涅槃路特地新。且道。特地新底以二甚麼一為レ験。擲下火把云看看火急処。擬議乙卯寅。

これは死者に対する法語であるから、どこまでが生前の女性に対応できる内容であるか、吟味しなければならないが、ひとまず、みてみると、三帰すなわち仏宝僧に帰依を誓し、五戒を受けて、悟道に入るための正しい因縁を結び、女身垢穢を脱するとある。つまり、仏教の一般的な考え方であるが、女身垢穢すなわち女性は惑業により穢れているというのである。また、川僧の「清数禅定尼」の葬儀における引導香語は、つぎのようである(59)。

恆河沙数仏菩薩。尽向二斯中一転二法輪一。百錬精金無量鉱。悪鉗鎚下見二全真一。共惟。名脱二出五障三従苦一。即成二南方無垢人一。娑竭竜宮忽枯竭。四大海中生二蓬塵一。正当恁麼時節子。不レ知何処著二渾身一。炬江波釣尽遇二金鱗一。

これも死者に対するものであるが、彼女も生前中は五障三従苦から脱することができない身であったことになる。五障も仏教では女性が有する梵天王・帝釈・魔王・転輪王・仏となることができない五種の障礙をいったり、信・進・念・定・慧の五善根の障となる欺・怠・瞋・恨・怨をいったりする。三従苦は女性が幼にして親、少にして夫、老いて子のそれぞれに従わなければならない苦しみである。

禅僧達の語録から女性への引導法語をみると、女身垢穢・五障の語が多くみられるのである。これは法語の表現上の定型ということもあると思うが、やはり禅僧達が女性の身をこのようにみていたと考えてよいのではなかろうか。この女身垢穢・五障ということは、一般的な考え方で、当時の社会においても、そういわれていたことであったろう。つまり、女性は男性よりも仏の世界に入るのに障となることが多いとされていたし、禅僧達も一応そのように考えていたといえる。しかし、死者達は、禅僧から三帰五戒を受けて仏弟子となり、引導を渡してもらうことにより、その苦界から脱して、仏の世界、悟の世界へと入るのである。これは死者への法語であるが、生前の女性が授戒会などで三帰五戒を受けたとすれば、この女人垢穢・五障三従苦から脱することができ、仏の世界に入ることができる。あるいはそこまでいかなくても、その手助けにはなると考えられたであろうし、禅僧達も授戒会の際に女性の受戒を、そのように位置付けたことは想像に難くない。死者のみが三帰五戒を受けて仏門に入ると考えてはいなかったはずである。よって、生前は授戒会の仏事に参加し、死に際しては禅僧の葬祭を願う者に女性が多く占めるのは、禅僧が対象としていた社会の男女数差の現れかどうかを考えなければならぬが、当時一般的に考えられていた女身垢穢・五障から脱することができるということも原因となっていたのではなかろうか。なお、禅僧達が当時の社会で一般的に考えられていた「女人垢穢」「五障三従苦」を梃子に女性に対して受戒の勧めを行なっていたとするならば、女性への差別を助長し、再生産するのに大きな役割を担ったともいえよう。

さて、つぎに禅僧が農民をどのようにみていたかについてみることにする。禅僧達は在地領主層ばかりでなく、葬祭や授戒会を通じて、それ以下の農民層とも接するようになって行った。ここで、川僧慧済の農民に対する引導法語をみる。(60)

祐義禅定門

百丈開レ田説二大義一。大義分明離二文学一。汝等毎日已開田。大義如何得二指示一。共惟。名山前有二箇間田地一。開来月不レ可レ記。一箇泥牛痛加レ鞭。牽レ犂拽レ把無レ不レ利。今日息レ耕忽帰レ家。撃壌村村歌既酔。且道。息耕帰家底時節。如何挙揚。炬無レ偽亦無レ真。長伸二両脚一睡。

中国の禅匠百丈慧海が作務を通じて説法したことを引用して、農民は毎日田作をしており、説法そのものである、と讃えている。つぎに松堂の農民に対する引導法語をみよると、例えば、すでに本章第八節第四項で引用した引導法語であるが、「道円禅門」(61)という戒名を授けた五十六歳で死去した農民には、

農夫五十六年夢。東作西収黍一炊。祖父閑田今蹈著。弧円心月十分時。(中略)也太奇也太奇。

と、「也太奇《やたいき》」(すばらしいことだ)という語をもってその生涯を讃え、「徳秀禅尼」(62)という戒名の八十九歳で死去するまでおそらく鍬を持ち続けたであろう老農婦へは、

身心倶脱落。熱殺到来時。六月漫天雪。青山秀怪奇。新物故某甲。八十九歳。下愚不レ移。打成一片。農務業レ之。無為道徳。日用不レ知。不知最親処。倒上二菩提枝一。

と述べて、ただ、無心に農業を営み、むしろその徳を意識しないところこそ、最も宗旨に親しいところであるとしている。

以上の三首のように禅僧は農民の境涯にかなりの価値を見出している。ここで、川僧慧済のつぎの詩をみることにする。これは、すでに鈴木泰山氏が引用されたものであるが、次のようである。(63)

自賛二首

無慚愧川藞苴。百不知百不能。非レ俗而乃是俗。是僧而全非レ僧。名不レ得状不レ得。好箇烏鼠道人。亦如二五技鼯

鼠。五一一持陳。染レ翰不レ書二一字一。読レ書不レ終二一篇一。文不レ華詩不レ巧。居二禅室一不レ会レ禅。喫飯只知二屙屎一。困則眠。寤則行。与二野老一倶争レ席。与二農夫一互勤レ耕。平生稟質最陋。多レ虱把搔無レ休。不レ欲レ狂二其天賦一。豈以二全椀一盛溲。臭骨頭臭皮袋。臭気炙レ地薫レ天。傍観両指播レ鼻。咄咄倒退三千。
身処二禅林僧舎一。意在二酒肆婬房一。話欄伝レ処為レ実。卦爻内柔外剛。亀背刮毛手段。鷺股割レ肉家常。蜜口魔二魅閭里一。梔貌売二弄諸方一。屢唱二阿弥陀仏一。人皆謂二之風狂一。若不レ啜二洋銅汁一。決然坐二熱鉄状一。即是無眼長老。免二得仏祖膏肓一。飯袋子飯袋子。落魄六十余霜。一生作業供欵。結レ案以為二賛揚一。

これは自賛であるので、どこまでが川僧の本音かは疑問とせねばならぬところであるが、ある程度彼の心境を語っており、理想とする自からの姿というものを察することができると思う。一首目では、自からを非僧非俗の身であるとし、禅林にありながら、禅を会得せず、ただ、喫飯して日を送るばかりであり、眠くなれば農老と席を争って良い場所を取って眠り、農夫とともに、耕作をする自分であると述べている。「与二農夫一互勤レ耕」とあることからみて、川僧は自から農耕を行なっていたことは事実であり、この賛は非僧非俗の農民のような生活をよしとする彼の理想が表現されているといえよう。禅僧にこのような考え方が根底にあったからこそ、在地領主層ばかりでなく、より下層の農民層とも接することができ、理解を示すことができたものと考えられる。

また、二首目に、禅林にありながら、その意識は酒肆婬房の方へ行っているといい、人は皆、風狂と称していると詩っている。川僧はむしろ風狂といわれることを心好く思っているようである。禅僧の風狂をよしとする態度にも、下層の人びととも接し得た要素を持していたといえよう。

なお、一首目の賛を持つ「川僧自賛頂相」が滋賀県伊香郡菅並洞寿院に所蔵されている。賛の文章は当然のことながら同一であり、最後の行に「皆康正丁丑孟冬日　一雲老衲賛」(64)とある。川僧は近江洞寿院の三世であり、遠江野部の一雲斎の開山であり、中部遠州地帯を中心に活動した人物である。この自賛は、康正三年に一雲斎において作成されたものであるが、ここに画かれている像をみると、梅花模様と思われる柄の入った衣を着し、普通ならば払子か如意を持つところを彼は軍配を手にしており、全体として洒脱な恰好で画かれている。自賛の通りの自由奔放な彼の性格がうかがえる頂相であるといえよう。

また、これもすでに詳述したことであるが、松堂高盛は文明十六年（一四八四）、遠江を漂泊した風顚と称されるような病気持の僧侶性音の要請を受けて、一〇日間にわたる法華経一千部読誦の法要、そして、盂蘭盆大斎会、すなわち施餓鬼会を修行している。この時には貴賤の男女が雲集した。(65)この場合にも松堂が融通なる風顚の境涯を理解していたからこそ、法要に協力しえたと解釈できるのである。

禅僧達が農民層やその他の下層の人びとにも戒を授け、葬儀を行ない、在地に受容されて行った根底には、禅僧自体に一心に耕作する農民の姿こそ修行の姿と相通ずるものがあるとし、風狂・風顚をも理解し、むしろそういう境涯をよしとする考え方を持っており、時として、そのような行動をとる人物も存在したためであるとみることができる。

五　戦国期における禅宗寺院と在地領主

禅僧たちが檀越である領主の存在を意義付け、君主論を持ちそれを、説いたことは、前述したところである。以上のことや、信仰生活の面だけでも領主たちにとって禅僧・禅寺の存在価値は十分にあったろうが、つぎのような面でも、その価値を発揮したといえよう。

曇英慧応は文亀元年（一五〇一）八月二十八日に、長野業尚の外護により新たに建立された上野国室田の長年寺に

おいて、禅道場としての開堂と入院の仏事を行なっている。この時の香語には、(66)

娑婆世界南瞻部洲大日本国上州路居住奉三宝弟子石上信州大守長野業尚公。為下酬二祖父之養育一貽中児孫之福禔上。施二私財一。刱二梵刹一。雖レ不レ布二金於八十頃之林園一。自有二勝地一。欲レ堅二固礎於百千年之長久一。親築二鴻基一。加之。嫡嗣憲業左金吾氏。庶子金刺明尚諏訪公。并慈母松畝正貞優婆夷。下臣下田近江守家吉一門親族家眷。姨母淑女鄰人鄔波索伽等。各抽二信心之志一。或建二立一宇一。若施二捨良田珍貨一。号二山於室田一。山顕二三禅那含妙薬之相一。名二寺於長年寺一。

とあり、この長年寺の建立に力あったのは長野業尚のみならず、嫡子の憲業、庶子の金刺明尚、母の松畝正貞優婆夷、家臣の下田家吉とその一門、さらには姨母や淑女、鄰人たちまでであった。同寺建立に、長野業尚が一族・庶家・家臣の協力を得ることにより、その結束をより強固なものとし、同寺をそのシンボルとしたことは想像に難くない。しかも、その開堂・入院の式には、かれらすべてが集まっていたであろうし、そこでの香語には、このように、長野業尚以下の名が挙げられるのであるから、彼等の間における結束の意識や平素の秩序・序列が新寺建立の仏事の場においても確認されるという意義を持ったものと思われる。また、それ以降の同寺で行なわれる仏事法要でも、同様の場を創出したに相違ない。

つぎに、「青原山永沢寺行事之次第」(67)をみてみる。丹波永沢寺は摂津との境、青原峠にある。能登総持寺二世峨山韶碩の弟子通幻寂霊が応安元年に細川頼之の外護を得て建立した寺院であった。その後は通幻の門派下の者たちによる輪住制が取られており、戦国期には、近くの青野氏を檀越としていたようである。「青原山永沢寺行事之次第」は、その奥書によれば、原本は明智一乱の時に紛失したが、それ以前の天文二十四年(一五五五)奥州津軽の長勝寺の住持が永沢寺に輪住した時に書写して持ち帰っていたものを、慶長九年に長勝寺が輪住した時に持参した。それを寛永十年、上野国補陀寺の天性堯の代に堯缶という人物が書写し、補陀寺に所蔵されたものである。よって、本書は天文二十四年以前の永沢寺の行事次第を伝えるものである。さて、本書の最後につぎの項目がある。(68)

　檀那青野殿年始之礼正月十三日本走ノ次第

一、総門山門仏殿諸堂ノ唐戸尽ク開ク也、維那三門閣訖出テ、維那寮ニ請スル也、菓子茶透テ住持維那寮ニ行一礼スル也、次室閒ニ請ス、青野殿牌所ノ坊主身類ナドツルレバナヲス、亭主方ハ、維那侍真老僧衆二三人之閒ナヲス也、殿原衆ヲバ礼閒ニ一所ニナヲス也、維那アイテニ居ル也、中原衆ハ侍香寮、同侍香アイテニ居ル也、荷持共ハ庫下客殿ニテ、是誰ナリ共時ノアイテヲ置ク也、(後略)

これによれば、青野氏は年始の礼に正月十三日に訪れる。その折には牌所の坊主や身類とともに殿原衆・中原衆、それに荷持などを従えての礼であった。これに対して永沢寺側では、青野氏に対しては住職が相手をし、殿原衆に対しては維那《いの》(衆僧の進退威儀を掌る重要な役)が礼間において相手をし、中原衆に対しては侍香《じこう》(住持の従者)が侍香寮(侍香の居る寮舎)において相手をし、荷持たちに対しては、だれでもよいから庫下(台所)か客殿において相手をすることが規定されている。同項目は、この後に「三献組肴冷酒例式」、「二ノ膳三ノ膳」のことや茶・風呂など接待の方法が記されている。以上のことをみると、青野殿―(牌所の坊主や一族)―殿原衆―中原衆―荷持共(下男あるいは下層農民であろう)の序列に対して、寺側も住持〔方丈間カ礼間カ〕―維那〔礼間〕―侍香〔侍香寮〕―誰なり共〔庫下客殿〕と、各層に応じた役と部屋を設定しているのである。そして青野氏は風呂の接待まで受けて帰るわけである。ここにおいても、青野殿の在地支配における秩序・序列が、そのまま寺に持ち込まれ、正月の行事の中で歴然と再確認されるわけである。この場合積極的ではないが、在地の秩序維持に大きな効果を持ったことは確実である。なお、このような寺と在地との関係は禅宗寺院に限ったことではなかったであろうが、在地領主層にまで広く受容されて行った禅宗の場合には、より多く、このようなケースがみられたのではないかと考えられる。
領主の年中行事と寺院のかかわりを、いま一つみてみたいが、その前に上野国世良田長楽寺の「永禄日記」永禄八年正月十一日の条をみると、(69)恒例の吉書が行なわれている。そして、この後に、大工の手斧ハジメが行なわれ、そして「如此事ハジメ過テ、ザウニヲイタシ」云々とあるので、この日は、吉書をはじめとして、種々の事始めの行事が行なわれる日であったようである。したがって、住職をはじめとする長楽寺の住僧たち、そして大工・鍛冶などの職人、それから「殿原共」その「下ノ女男マデ」が、その場に参加していたことになる。さて、このような者たちが集まっている中で行なわれた吉書では次のことが書かれている。

吉書之文
新古寄附寺領等吉書条々事
一、神事
右、専如在例可成不朽之勤、
一、農業事
右、於三農之術可期九穂之祥、
一、酒具事
右、励所々土貢可遂合期之進納、
以前条々子細依仰下知如件、
永禄八年正月十一日

この神事・農業事・酒具事（年貢を納めること）は同寺がまったく領主と同様の吉事を行なっており、寺領を有する立場自体が領主と同様であったことを物語るものである。ところでこの吉書をし、読誦したものは、同寺の維那という役職のものであることが記されている。維那は、禅宗寺院では六知事の一つで僧衆の進退威儀を掌る重要な役職であるとともに、挙唱回向をも掌っていた。したがって、美声でよく通る声の持ち主が配役されたに相違ない。そして、そこには職人や殿原やその下人などが参加していたわけであるから、神事・農業・酒具の事は、再確認され、例年通りの秩序維持に相当に役立てられたと考えてよかろう。

さて、ここで、以上のように禅宗寺院で吉書が行なわれていたことを念頭において、永禄年中の「色部年中行事」(70)をみることにする。色部氏は奥山庄に隣接する小泉庄に鎌倉時代初頭入部し、以来小領主として発展、のち戦国時代に上杉氏の統制に服した典型的国人である。(71)「色部年中行事」によれば正月三日の夜、青竜寺によって吉書が行なわれている。(72)その場には、家内衆および百姓衆が参加している。前代までは百姓衆には御酌はなかったが、長真の代からは、かれらにまで御酌するようになったと記されている。吉書の内容は前述した長楽寺のものと同様であったとみてよかろう。この吉書の中心は青竜寺である。青竜寺の詳しいことは不明であるが、正月八日には「青竜寺・最明寺を始め、其外衆徒御出之時(73)」と最明寺と並記されている。最明寺は近くの岩船にある真言宗寺院と考えられるので、同宗派の寺院と思われる。色部長真は明応年間、本拠地である平林に千眼寺を建立し、曹洞宗の玄甫大沖を開山とし、以後、同氏の菩提寺としているので、青竜寺もあるいは曹洞宗寺院とも考えられなくはないが、さきの理由から、その可能性は薄い。ともかく、いずれの宗派としても、寺院が国人領主の年中行事の主役を勤め、その在地支配秩序維持に重要な役割を持ったことは事実である。色部氏の場合、吉書を行なった青竜寺は禅宗寺院ではないようであるが、やはり、武家に一番受容されていった禅宗では、長楽寺のように寺内でも吉書を行なっているほどであるから、在地領主の吉書を行ない、維那がそれを読誦するようなことも多かったのではなかろうか。

寺領を有し、祠堂を貸付けていた寺院は、その意味では在地領主と変わりなく、百姓の逃散や、百姓が田畑とともに他家の被官となるようなことは不都合であった。しかしまた、守護や戦国大名から不入権を獲得していたこともあって、百姓が逃散の折に、あるいは下人が折檻された時に走入るということもあったことは周知のごとくである。「結城氏新法度」にも、(74)

当方下々にて召仕候下人・下女、其主少の折檻にも、寺多候へば、寺房・道場・比丘尼所へ走入事、際限なく候。然に其主所申候処、返すまじきと寺々より被レ言候事、誠沙門のあやまり、無道沙汰の限之事に候。所望申候はゞ、被レ拋二是非一急度被レ返可レ然由、寺〳〵の奏者かねて寺家中へ可二申置一候、

とある。これによると下人が走入る場合には、寺房・道場・比丘尼所とあるように、さして大寺でもない寺にさえ走入ったことが知られる。下人たちは寺の大小に関係なく、走入れば、救済されるというイメージを持っていたことが知られる。しかも、下人の主人から返すように言われても、それを渋る寺が多かったようである。それに対して結城氏は「被レ拋二是非一」と、その是非に関係なく返すべきことを寺院に要求するのである。

曹洞宗ではないが、やはり禅宗寺院である上野世良田長楽寺に永禄八年二月三日の五〜六日前に雨笠一右衛門尉の下女が走入った。雨笠氏が頻に所望するので暮に返したということである。(75)長楽寺と雨笠氏との間に何らかの交渉があったことを窺わせる。さきの「結城氏新法度」にみえるごとく、領主側の要求するままに、是非に関係なく返すようなことはなかった。この場合、結局下人を返したわけであるから、寺院は、結果的には支配・被支配の矛盾を緩和させる役割を担い、領主支配の秩序維持に貢献していたとみることができよう。

結びにかえて

以上、戦国期における禅僧達が当時の社会をどのようにみ、どのようなことを説き、どのような態度で臨んできたかをみてきたが、簡単にまとめると、つぎのようである。

禅宗の世界は戦国の世と無関係に過すわけにはいかなかった。一度出家した児童が、戦争のためや、家を嗣ぐために還俗するという事態も起こる。禅僧達は禅林の衰微を嘆きながらも許可せざるをえなかった。自からも武家出身であったり、その外護を受けていたからであった。

禅僧達は戦乱の世、下剋上の事に対しては批判的であった。戦乱の世となる原因は儒教的倫理の乱れにあるとし、忠孝を武士に説いた。また、在地を支配する者には、文武両道の兼修、忠孝の実行、殺戮の刑を行なわず、攻戦の乱を起こさず、撫民して上下和睦の在地支配を行なう、ということを説き、求めた。そして、儒教的倫理を十分に活用し、武士の存在、日常の行動を意義付けた。なお、出家こそ真の孝順であると自らを位置付け、在俗者には平素の孝義を説き、父母のために法要を行なうことは死後における孝養であるとし、施主を孝子と称して讃え、孝に対しても積極的な対応を示している。

武士や民衆に授けた戒は三帰五戒であり、法要や授戒会などで説かれたのは梵網戒すなわち十重戒・四十八軽戒であった。また、授戒の際一念が強調され、戒の守不守が厳しく問題となるわけでなく、むしろ、戒を受けることにより仏教徒として実生活を送ることが大切であるという精神的なものが重んじられたようであった。なお授戒会で、戒以外に説かれたものがあるとすれば忠孝など儒教的倫理であったと考えられる。

禅僧と接した在俗者は男性より女性の方が圧倒的に多かった。禅僧達は女人は垢穢であり五障三従苦が存するという従来の仏教一般の考え方に立っていたようであるが、この苦から脱するには、三帰五戒を受ければよいとしていたようであり、おそらく、授戒会でも参加した女性にはこのようなことが説かれたであろうと考えられる。しかし、これが女性差別の再生産や助長に繋がったこともまた事実であった。

また、禅僧達が在地領主層ばかりでなく、それよりも下層の農民やその他の人びととも接しえたのは、禅僧達が、心底に農民や風狂・風顛の境涯を理解する心を持っていたためであったと考えられる。

以上みてきていえることは、禅僧達の交流の中心は在地領主層であり、そこで説いたことは忠孝であり、彼らの存在を意義付けることであった。つまり忠孝を説き、下剋上を否定することは、在地領主の支配を、すなわち現状の秩序を、そのまま容認する立場に立っていたということになる。葬儀や法要などの時には庶民や家臣などを呼んで行ない、自からの威を示す場合も多々あった。この場合の禅宗寺院も、やはり、在地の秩序を再確認する場であったと考えられるのである。また、禅僧・禅宗寺院は在地領主の年中行事などに関係し、また一方では駆込者の還住を斡旋する機能を持つなど、その対応の仕方は積極的ではないにしても、在地の秩序維持に少なからざる役割を果していたといえる。なおまた、外護者である領主が、それよりも上層の者と戦う場合には、それなりの理由付けを行なったに相違ない。例が少し的を得ないが、原氏が今川氏の侵入を受けた時に、松堂は原氏の軍を「官軍」と正統付けている。(76)これからみても、禅僧達は外護者が上層の者と戦った場合には、さらに上層の者への忠という型で擅越を正統付ける方法を取ったものと考えられる。このように、在地支配に必要な秩序を時には積極的に、時には消極的にではあるが支えた結果となったことは事実であったといえよう。ただ、禅宗寺院・禅僧にはもう一つの要素があった。それは農民層や下層の人びととの接触であり、また、風狂や風顛への理解であり、漂泊する人びとを寺で保護したりしたことや、多くの男女を集めた法要や授戒会などを行なったことである。これらのことは、在地領主の支配と直接には関係しなかったであろうが、禅僧のこのような老若男女の動員力が在地領主の在地支配・民衆支配と深くかかわりあったのである。

註

(1) 『曹洞宗全書』語録一所収。
(2) 松堂高盛についての考察は、本章第八節参照。
(3) 原氏に関しても本章第八節を参照されたい。
(4) 「円通松堂禅師語録」一(『曹洞宗全書』語録一、四一六頁)。
(5) 同右三(同右、四五三頁)。
(6) 同右二(同右、四二五頁)。
(7) 同右三(同右、四五四頁)。
(8) 同右三(同右、四五一頁)。
(9) 同右三(同右、四五八頁)。
(10) 同右一(同右、四一二頁)。
(11) 同右二(同右、四一八頁)。
(12) 同右四(同右、四七二頁)。
(13) 同右一(同右、四〇四頁)。
(14) 同右二(同右、四二四頁)。
(15) 同右二(同右、四四一頁)。
(16) 註(9)と同じ。
(17) 「円通松堂禅師語録」三(『曹洞宗全書』語録一、四五三頁)。

(18)「双林寺聯燈録」(『曹洞宗全書』史伝上、六六〇頁)。
(19)「春日山林泉開山曇英禅師語録」(『曹洞宗全書』語録一、三七三頁)。
(20)「日本洞上聯燈録」八(『曹洞宗全書』史伝上、四〇一頁)。
(21)「菊隠和尚下語」(『曹洞宗全書』語録一、五五九頁)。
(22)同右、五四九〜五五〇頁。
(23)同右、五五〇頁。
(24)武士に対して儒教的倫理を説いたのは、この時代の禅僧にかぎらなかった。例えば、南北朝期に活動した大智も外護者であった菊池氏に対して内に仏法を信じ、外に儒教的倫理の実践を説いている。本章第三節参照。
(25)「円通松堂禅師語録」二(『曹洞宗全書』語録一、四二一頁)。本章第八章参照。
(26)同右一(同右、三九〇〜五五〇頁)。
(27)本章第八節参照。
(28)「円通松堂禅師語録」三(『曹洞宗全書』語録一、四六〇・四六一・四六三頁)。同四(同、四九三頁)。
(29)同右二(同右、四一八頁)。
(30)同右二(同右、四一八頁)。
(31)同右四(同右、四七三頁)。
(32)「日本洞上聯燈録」九(『曹洞宗全書』史伝上、三四九頁)。
(33)同右四(同右、二九五頁)。
(34)「川僧禅師語録」上(『曹洞宗全書』語録一、二八九頁)。
(35)「春日山林泉曇英禅師語録」(『曹洞宗全書』語録一、三七一頁)。
(36)「円通松堂禅師語録」四(『曹洞宗全書』語録一、四九一頁)。
(37)「菊隠和尚下語」(『曹洞宗全書』語録一、五三三頁)。
(38)同右(同右、五三三頁)。
(39)同右(同右、五三四頁)。

(40) 本章第十節参照。
(41) 「菊隠和尚下語」(『曹洞宗全書』語録一、五三一頁)。
(42) 「円通松堂禅師語録」四(『曹洞宗全書』語録一四九一頁)。
(43) 同右一(同右、四一三頁)。
(44) 同右三(同右、四五一頁)。
(45) 本章第十節参照。
(46) 「円通松堂禅師語録」三(『曹洞宗全書』語録一、四五四頁)。
(47) 同右五(同右、五二六頁)。
(48) 同右四(同右、四九七頁)。
(49) 同右四(同右、五〇〇頁)。
(50) 「菊隠和尚下語」(『曹洞宗全書』語録一、五三二頁)。
(51) 同右、五三三頁。
(52) 同右、五三一頁以下。
(53) 同右、五三三頁。
(54) 同右、五三一頁。
(55) 「如仲天誾法語」(『続曹洞宗全書』語録一)、「川僧禅師語録」(『曹洞宗全書』語録一)、「円通松堂禅師語録」(同上)。
(56) 「正法眼蔵弁道語」(日本思想大系『道元』上、一二五頁)。
(57) 「円通松堂禅師語録」一(『曹洞宗全書』語録一、三九九頁)。
(58) 同右四(同右、九七頁)。
(59) 「川僧禅師語録」下(『曹洞宗全書』語録一、三四八頁)。
(60) 同右中(同右、三三七頁)。
(61) 「円通松堂禅師語録」五(『曹洞宗全書』語録一、五一四頁)。
(62) 同右(同右、五一八頁)。

(63)「川僧禅師語録」上(『曹洞宗全書』語録一、三〇六頁)。鈴木泰山「『曹洞土民』禅の展開と貴族主義」(『宗学研究』一六、一九七四年)

(64)軸裏書に正徳に修飾していることが記されている。

(65)「円通松堂禅師語録」三(『曹洞宗全書』語録一、四七〇頁)。本章第八節参照。

(66)「春日山林泉開山曇英禅師語録」(『曹洞宗全書』語録一、三七三頁)。

(67)『曹洞宗全書』清規、五四九頁。

(68)「青原山永沢寺行事之次第」(『曹洞宗全書』清規、五五三頁)。

(69)勝守すみ「未刊史料『永禄日記』について」(『群馬大学教育学部紀要』一三、七九頁)。

(70)井上鋭夫編『色部史料集』(新潟史学会、一二一頁)。なお同書については藤木久志「一在地領主の勧農と民俗――「色部氏年中行事」ノート――」(『新潟史学』九)が詳しい分析を行なっている。

(71)井上鋭夫「序にかえて」(『色部史料集』一頁)。阿部洋輔「色部氏について」(同書、一五六頁以下)。

(72)『色部史料集』一三〇頁。

(73)同右、一三四頁。

(74)日本思想大系『中世政治社会思想』上、一七二頁(岩波書店、一九七二年)。

(75)註(69)論文、八六頁。

(76)「円通松堂禅師語録」三(『曹洞宗全書』語録一、四六〇頁)。

第十二節　曹洞宗発展の型態と要因

一　曹洞宗展開の二類型

これまで、曹洞宗の各時代・地域での展開の様子を、さまざまな角度から考察してきたが、ここでその発展の型態や、その要因について、改めて考察することにしたい。

曹洞宗の展開は特定の檀越を持つ展開と、持たない展開の二類型に分けることができる。まず、第一に特定の檀越を持つ寺院についてみることにする。

本章第一節の第13図でいえば、②の区画すなわち十五世紀半ば以降に成立した寺院には、在地領主層の外護を受けて建立されたものが少なくない。さきに近世成立の僧伝「日本洞上聯燈録」の分析から、十五世紀半ばごろから禅僧の活動範囲規模がしだいに縮小していったことを述べ（第16表）、これは、より在地に根ざした活動に重点が置かれるようになったことを物語っていることを推測したが、三河の場合、十五世紀半ばに同国発展の端緒を開くような寺院が建立されており（檀越を持つ寺、持たない寺の両方が存在）、一五〇〇年をピークにその前後に国人領主層に受容されて多くの寺院が建立され、郡単位、あるいはそれよりも小地域への発展を決定づけている。さらに、時代が降るにしたがって、国人領主の家臣や、より小規模の在地領主にも受容されていった。

相模の場合、同国足柄上郡の寺院数が江戸期に一三八、うち曹洞宗寺院は六〇で、四〇%を占める地域であるが、一三八か寺のうち、寺伝（『新編相模国風土記稿』）から成立年代が判明するもの一二一、そのうち、一五七五年から一六〇〇年の間に成立か、もしくは開基の没年をもつ寺院が八、このうちの曹洞宗広応院（法名広翁宗沢）、同東光院（須藤長戸）、同浄徳院（諸星清作）、古義真言宗浄蓮院（星野外記）、曹洞宗瑞雲寺（本多豊前守信親）の五か寺までが、村民の祖を開基に持つ寺で、四か寺が曹洞宗である。このように天正年間前後になると江戸期に村民となるような在地小領主あるいは上層農民層が寺院の開基檀越となるようになる。しかもこれらの寺院の開山は近隣寺院から赴いた僧侶の場合が多かった。関東では、天正末年以降、徳川家家臣の外護を受けて造立・再興される寺院が少なくなかったが、全体としては、十五世紀半ばから近世にかけて、国人―在地小領主・上層農民という開基檀越の小規模化という流れが指摘できよう。

在地領主層への浸透とそれを通じての発展には三類型が指摘できる。これをさきにも考察を試た結城氏との関係の中でみることにする。下総結城氏の場合、南北朝期に念仏系の信仰に加えて臨済宗、ついで曹洞宗源翁派（安穏寺、直光外護、源翁心昭開山、一三七一年成立）を受容し、結城合戦ののちの宝徳元年（一四四九）に相模関本の大雄山最乗寺系統の曹洞宗了庵・大綱派の松庵宗栄という僧を招き福厳寺（のちの一四七九年に洪水に遭い移転し乗国寺と改称）を建立している。その後、松庵の門下は結城氏を盟主に仰ぎながらも独自の行動を取るような関係にあった山川の山川氏（長徳院、一四四九年成立開山は乗国寺開山松庵の弟子）、下妻の多賀谷氏（多宝院、十六世紀前半成立、開山は乗国寺二世の弟子）、下館の水谷氏（定林寺、十六世紀前半成立、開山は乗国寺五世）の各氏に受容され、寺院を建立している。しかも山川今宿長徳院の三世は近くの大木東光院を十六世紀前半に、下館岡芹定林寺の弟子威巌は水谷政村が宇都宮氏を圧して久下田に城を築いた翌天文十四年（一五四五）、同地に芳全寺を創立している。この結城氏から山川・多賀谷・水谷氏への進出は①在地領主連合（一揆的結合）関係に添っての展開といえる。結城政朝は永正十二年（一五一五）、やはり相模最乗寺の系統である了庵・無極派の培芝正悦を招き永正寺（のちに孝顕寺と改称）を開いている。培芝は小山氏の外護を受けていた大中寺の二世で同氏の外護で天翁院をも開いていた禅僧である。当時結城政朝の次男高朝が小山政長の養子となっていた。なお、永正寺二世となっている笑顔正忻は結城政朝の子であるとされる。(1)事実かどうか不明であるが、血縁の関係があったのであろう。このような大中寺門派の結城への進出は、②一族関係（血縁・擬制的血縁関係）に添ってのことであったといえよう。さらに、多賀谷氏の外護を受けて下妻に進出し、多宝院を建立した小伝宗誾の門下で、同院三世の祥山随貞が、多賀谷氏の家臣桐ヶ瀬経頼の招きを受けて桐ヶ瀬に正法寺を元亀二年（一五七一）に開創している。多賀谷氏―桐ヶ瀬氏と、多宝院―正法寺の関係をみるとき、③主従関係に添っての展開とみることができる。なお、新行紀一「禅宗の布教と農民文化の源流」（『佐久間町史』）は、北遠の天野氏に受容された曹洞禅について触れ、国人天野氏からその被官の花島氏・松下氏にも受容され、結果的には天野氏の支配地域に展開を遂げ、近世にはその地域に末寺を擁したことを論証している。また、山本世紀「地方武士団の曹洞宗受容について」（今枝愛真編『禅宗の諸問題』所収、雄山閣出版）も上野横瀬氏の場合について述べ、惣領から一族、さらに被官層上層から下層へと浸透していったとする。これらのことから、主従関係に添った展開では、国人―在地小領主・上層農民―（国人の支配地域）という発展の仕方が指摘できる。

ここで、在地領主層が何故に曹洞禅を受容したのか、について考察してみたい。この受容の理由を探るには禅僧・禅寺が在地領主層に対して果たしていた機能をみることによって可能となると考える。まず、禅僧は菩提寺として祖先供養・葬送の機能を持った。越後の国人色部氏の「色部年中行事」（永禄年中成立）をみると、祈禱的なこと、すなわち正月の行事（吉書など）は青竜寺や最明寺という真言宗と考えられる寺院に任せているのに対して、七月十三日、すなわち盆行事には耕雲寺・諸上寺・千眼寺など曹洞宗寺院に供物を納めている。このように色部氏の年中行事の中で真言宗が祈禱の機能、曹洞宗が菩提寺の機能を持っていたことは、真言宗よりもあとからこの地に進出したに相違ない曹洞宗が、まず菩提寺の（葬祭）機能を持って同氏に受容されていったことを物語っている。ただし、曹洞禅僧が祈禱の機能を持って受容されていった面に関しては前述したところであり、のちにも触れることにする。

菩提寺では一族・家臣を集めて父祖の法要がおこなわれたわけであるから、それらの結束の場として機能したはずである。これも、すでに述べたことであるが北関東に活動した曇英慧応の語録によれば、(2) 彼は文亀元年（一五〇一）八月二十八日に長野業尚の外護により上野国室田の長年寺を開創しているが、同寺の建立に力あったのは長野業尚のみならず、嫡子の憲業、庶子の金剌明尚、母親、家臣の下田家吉とその一門、さらに姨母や隣人たちであった。長野氏が一族・庶家・家臣の協力を得ることにより、結束をより強固なものとし、同寺をそのシンボルとしたことは想像に難くないことである。同寺では、それ以降、たびたび同様の人びとを集めた法要がおこなわれたことであろうから、家中の結束の場、秩序維持の場として機能したはずである。また結城政勝は「結城氏新法度」(3)（弘治二年成立）の中で、父政朝の命日の毎月十三日には、公の寄合や殺生を禁じている。その理由は結城の家臣には、気ままで主君に服従しない者がおり、統制がとれていない、と思われたくないからである、としているが、それだけの理由ではなく、政勝は父の命日を梃子として家臣および領内民心の統一を図ろうとしたに相違ない。このように父祖の霊を用いての家中統制の装置としても、菩提寺およびその住職は必要であったのである。しかも結城氏が自家の家臣だけ、父の命日に慎まないでいると、外部から統制がとれない、と思われる恐れがある、と述べているところをみると、祖父や父の命日に公の寄合や殺生を禁止するという風習は結城氏のみならず他氏においても同様であったと考えられる。当時の在地領主には、父祖を祭るための菩提寺が家中統制の装置としても必要であったといえる。

また、家中の禅的趣味や逆修・葬送・法要などの要求を満たすためにも必要であった。甲斐武田氏の外護を受けた菊隠瑞潭（一四四七―一五二四）の語録には武田氏の一族や家臣たちの要求に応じて、道号・別号を与えたり、逆修法要をしてやったりした際の法語が多数存在する。(4)

在地領主にとって禅僧はブレーンとしても必要であった。「結城氏新法度」をみても政勝は家臣に対して、さまざまな要求・規制を出しているが、逆に、それを守らせるためには、自身を律し、高い教養を身につけなければならなかったはずである。政勝は禅を「参得」してからのちは仏戒を犯すことなく過したとされる。この禅は曹洞禅で、さきに触れた永正寺の伝葉全迦や乗国寺の信及前豚に参禅したものであった。また、水谷政村も久下田芳全寺の開山となった威巌瑞雄に参禅し、禅僧にも劣らぬほどの仏教的・禅的素養を身につけている。(5)

さきに曹洞宗が在地領主連合関係に添って教線を拡大したことをみたが、逆に禅僧の活動が、その連合関係の潤滑油として機能したことは想像に難くない。しかし、一方では独立を示すシンボルとして存在することもあった。多賀谷氏が十六世紀はじめに下妻多宝院を開き、結城乗国寺から僧を招いて開山としたことは、さきに述べたところであるが、この時期は多賀谷家植が急速に勢力を増大させた時であり、結城氏から分かれ独自の行動を取るようになっていた時であった。多賀谷氏にとって独立を示すシンボルとしての多宝院建立であったに相違ない。ただ多賀谷氏は、独自の行動を取るようになったといっても、結城氏を盟主と仰ぐ連合関係は保っており、このあたりの微妙な関係が、独立のシンボルたる多宝院に結城乗国寺関係の僧侶を招き、その門下寺院に連ねるという型となって現れているといえる。

在地領主が曹洞宗を受容した理由として、今まで述べてきたこと以上に重要なことに、在地支配・民衆支配との関係が挙げられるが、これはのちに言及することにする。なお、禅僧たちが在地領主に説いた君子論は、文武両道を兼備し、支配下の民からは父母のように慕われ、上下和睦という状態の支配をおこなう者こそ君子であるというものであった。中遠地帯に活動した松堂高盛は外護者の国人原氏に対して領主と農民は相互の存在により成り立っているとして、国人領主の存在を意義づけている。(6)

ここで留意したいのは、禅僧・禅寺は在地領主の外護を受けながらも宗教的には自立していた面を看過してはならないということである。さきに触れた上野国室田の長年寺は外護者の長野氏より不入の掟を得ているし、(7)多賀谷氏の外護を受けていた多宝院四世の独峰存雄には、同寺は城主といえども不入の地であったにもかかわらず、同氏が駆け込んだ罪科人を処罰したことを怒って、一時期、寺を出てしまっていたという説話がある。(8)なお、この自立心は無縁所寺院にも通ずるものである。

これまで、檀越を持つ展開についてみてきたが、つぎに特定の檀越を持たない展開についてみよう。

本章第一節の第13図の①の区画、すなわち一三九〇年代をピークに、その前後に成立した寺院の中には、地方展開の一大拠点となった寺院が含まれている。源翁心昭は会津耶麻郡熱塩に示現寺（一三七五年成立）、了庵慧明は相模関本に最乗寺（一三九四）、如仲天誾は遠江森に大洞院（一四一一）、華蔵義曇は遠江引間に随縁精舎（普済寺の前身、一四二八）を開いている。示現寺は密教系の寺院を改宗したものであり、最乗寺の外護者は「本朝高僧伝」によれば大田氏、また、「小田原記」によれば大森寄栖庵とも伝えられるが、寺伝にはいずれも存在しない。最乗寺の門下には大森氏の外護を受けて狩川流域に成立した寺（長泉院）や一族出身の僧（安叟宗楞、総世寺開山）が存在することから、最乗寺自体も同氏の保護を受けた可能性は強いが、場所自体が大山などとともに修験の行場であった感じが強く、それらの勢力を取り込むかたちで展開した面などからみて、当初から同氏の外護を受けたのではなく、またのちに受けたとしても同氏の外護のみに頼っていたわけではなかろう。また、明応四年（一四九五）に同氏が北条早雲に亡ぼされてからは、いっそう、檀越を持たない寺院として展開していったことは確実である。大洞院にも、当初、小布施方や大谷氏という、越前守護斯波氏が遠江守護を兼帯したことにより、越前とともに遠江守護代を務めた甲斐氏の関係で遠江に進出してきたと考えられる武士の外護を受けたようであるが、さほど強力な外護ではなかったことは、開山如仲の置文に蟻が塔を造るがごとく寺院を経営せよと述べられていることや、寺伝に檀越名が伝えられていないことから知られる。また、越前からきた大谷氏は遠江に土着できなかったから、それ以後は、まさしく檀越のない寺としての展開を強いられる結果となったのである。(9) 普済寺も吉良氏の外護を受けて成立し、さきの斯波氏の外護なども受けたようであるが、(10) 同氏が遠江から力を失うこともあって、檀越を持たない展開をしなければならなかった。このように、本章第一節第13図の①区画（一三九〇年代をピークにその前後）に成立した寺院には、各地方最初の進出ということから、いまだ曹洞宗が市民権を得る前のことであったことから檀越を持たない寺院もあり、また檀越があったにしても、十五世紀の変動の中で、それを失う場合が多く、檀越を持たない寺院となったのである。しかし進出の早い寺院であったから各地方の拠点寺院に成長したものが含まれているのである。それらの寺院の多くは在地領主の外護を受けた門末寺院の輪住制（一〜二年で住職を交替する住持方法）によって運営される場合が多かった（最乗寺・大洞院・普済寺など）。

檀越を持つ寺も、そうでない寺も、曹洞宗発展の当初から、全時代を通じてみられるわけであるが、以上のような傾向が指摘できる。本章第一節の第13図の場合、小本寺以上の寺院なので、檀越を持つ寺院が相当数になるが、第17表の三河の場合は末寺も入るので檀越を持たない寺が多い。第45表は三河国における成立数の多い時期の開基檀越の有無についてみたものである。この表で和尚・首座以下・不明は檀越を持たない寺院ということになる。檀越を持つ寺が多いのは一五〇〇年代（五二%）と一五七〇年代（三一%）だけで、それ以外は総じて無檀越の寺が多い。首座以

第45表　三河曹洞宗寺院開基檀越表

年　代	寺院総数	檀越を有する寺	和尚が開いた寺	首座以下の僧が開いた寺	不　明
1391～1400	7	0(0)	3(43)	2(29)	2(29)
1461～1470	14	2(14)	7(50)	0(0)	5(35)
1501～1510	17	9(52)	2(12)	0(0)	6(35)
1531～1540	32	5(16)	8(25)	1(3)	18(56)
1541～1550	15	3(20)	6(40)	1(7)	5(33)
1571～1580	26	8(31)	9(35)	1(4)	8(31)
1591～1600	30	4(13)	5(17)	7(23)	14(47)
1641～1650	16	2(13)	5(31)	3(19)	6(38)
1671～1680	15	4(27)	4(27)	2(13)	5(33)

註　(　) 内は寺社総数に対する百分比.
出典　昭和11年の書上および寺伝.

下の僧、すなわち身分の低い僧の開基にかかる寺が多いのは一三九〇年代（この年代の寺院すべてが曹洞宗として成立したわけでなく、のちに首座以下の僧によって再興される場合もあり、それらもここに入っているので多くなる）と一五九〇年代から一六七〇年代までが多い。とくにこの時期は開基檀越を持つ寺院の建立は少なくなり、無檀越の寺院が多い。和尚やそれ以下の僧侶の檀越のない小寺庵への進出や小寺庵の住者を弟子として取り込んだことを物語るものである。なお、小寺庵には首座以下の僧侶が住居し、師を勧請して開山とし、自らを開基としない場合が多いので、実際には首座以下の小寺庵への進出、あるいは小寺庵の禅宗への末寺化は、より高い割合であったろう。

檀越を持たない寺院は、それを有する寺院より以上に地域社会の中での維持経営を考えなければならなかったはずである。この点に関してはつぎに触れることにする。

これまで、特定の檀越を持つ展開と、持たない展開の二類型についてみてきたが、両展開は曹洞宗のいずれの派にも混在してみられたものである。

二　曹洞宗発展の要因

年代が降るにしたがって、小規模な檀越を持つ寺院の建立や、僧侶の無住寺院や堂・庵への進出により、檀越を持たない寺院が増加したことは、すでに述べたとおりである。こうした禅宗のより小地域への進出を可能にしたのは、とりもなおさず、地域社会・民衆の側にそれを受容する理由が存在したことを意味する。この理由がどのようなものであったのかを直接示す史料はきわめて少ないと言わざるをえないが、それは禅僧たちの活動をみる中で、地域社会あるいは民衆が、どのようなかたちで禅宗とかかわりあったのかを考察することで可能となると考えられる。

すでに、これまでのいくつかの節でこのような視点から考察を試みてきた。禅僧たちが葬祭、授戒会・卒塔婆建立法要、祈禱（神人化度・悪霊鎮圧）などを通じて、国人・在地領主層ばかりでなく、民衆・地域社会の中に受容されていったことを論述してきたが、ここで、いま一度、前節までに考察してきたことを整理し、曹洞宗発展の理由について考えてみると、つぎのようなことになるであろう。

曹洞宗発展の理由は在地領主層、およびそれ以下の地域民衆に受容されたことに帰因するといえる。在地領主層に受容された理由は種々挙げておいたが、最も重要な理由は禅宗が地域民衆に受容される要素を持ち、実際に受容されていったがゆえである。曹洞宗は在地領主層の外護を受けて地域に浸透した面があるが、逆に在地領主層は、地域民衆支配の面から、禅宗を受容せざるをえなかったといっても過言ではなかろう。曹洞宗が地域に展開された理由は、この在地領主層との相互作用によるといえる。

曹洞宗が地域社会、地域民衆に受容された理由は、葬祭（葬儀・法要）・授戒・祈禱の能力を持っていたことによる。

地域社会の中で新たな祈禱能力を持った宗教者として、葬祭を一貫しておこなえる宗教者として、民衆のだれもが望んだであろう戒と血脈を授ける能力を持った宗教者として受容され、また知識として存在しえたといえる。そしてその活動の際に、中遠地帯で活動した風顚の性音や授戒会の仲介僧のような、中間僧を取り込んでいったことも地域に存在しえた理由である。また逆に中間僧たちも新しい宗教の持ち主である禅僧の傘下に入らなければ地域社会の要求に応じられない情況となっていたといえよう。しかし、禅僧は必ずしも地域に密着しない部分を持っており、このことが、逆に地域社会に存在しうるための能力を身につける結果となっていたのである。

また、これまでの考察の中で、村落民衆の相当の部分にまで、禅僧のような宗教者による葬儀の風習が浸透しており、生前に戒名を受けておくという受戒の風もかなり下層住民にまで及んでいたことを明らかにしえたと思う。

註

(1) 「結城御代記」(東京大学史料編纂所蔵、明治二十二年二月に松平基則家蔵本を書写したもの)。
(2) 『曹洞宗全書』語録一、三九〇頁以下。
(3) 弘治二年成立(日本思想大系『中世政治社会思想』上、岩波書店、一九七二年)。
(4) 『曹洞宗全書』語録一、五二九頁。
(5) 本章第七節参照。
(6) 本章第十一節参照。
(7) 網野善彦『無縁・公界・楽』(平凡社、一九七八年)。
(8) 『常総誌略』、「日本洞上聯燈録」一〇(『曹洞宗全書』史伝上、四五四頁)。
(9) 本章第四節参照。
(10) 「宗長手記」上(嶋津忠夫校注『宗長日記』一二頁、岩波文庫)に「武衛又子細ありて出城。ちかき普斎寺と云会下寺にして御出家。供の人数〳〵出家。尾張へ送り申されき」とある。

第三章　曹洞禅僧と宗学

第一節　『正法眼蔵』の謄写と伝播

はじめに

道元の著作『正法眼蔵』の編集本には七十五巻本・十二巻本・六十巻本・梵清本（八四巻）・卍山本（八四巻・拾遺五巻）・晃全本（九六巻）・永平寺本（玄透開版本・九五巻）などがある。一巻一巻は道元の撰述になるものであるが、編者によって全体の巻数が異なり、一方の編集本に入っている巻が他方のものには入ってなかったりする。このうちすでに先学が述べたところであるが、七十五巻本・十二巻本は道元の親輯、六十巻本は義雲の編集とされているが、六十巻本については、なお種々の問題が含まれている。義雲については、梵清や、近世に入っては卍山・晃全等により、それぞれの編集謄写が行なわれている。また永平寺本は玄透即中が編集に努力し、印刻したものである。各編集本の間には、各巻の出入があり、『正法眼蔵』研究に複雑さを増加させる原因となっている。

『正法眼蔵』の伝播には、授与・謄写・印刻開版の三つの形式が存在したことが考えられる。(1) 授与の形式はすでに道元自らが、天福元年（一二三三）中秋のころに鎮西の俗弟子の楊光秀に「現成公按」の巻を、また、仁治二年（一二四一）夏安居日には慧達禅人に「法華転法華」の巻を与えていることに始まる。(2) のちには、永平寺の復興に尽力した器之為璠の弟子の大庵須益に、永平寺住持の宋吾が書写した『正法眼蔵』（六十巻本）二部のうちの一部を授与している例などがあるとされる（後述）。

つぎには謄写による伝播である。すでに道元は直弟子たちに書写を許していた。いうまでもなく、懐奘は道元の生前中に書写を許されており、その後も謄写を続け、建長七年（一二五五）には義演に命じて「袈裟功徳」（瑠璃光寺本）や「八大人覚」（寛巌本・玉潭本中の同巻奥書、以下カッコ内は同様の意味、各本の概要は永久岳水『正法眼蔵の異本と伝播史の研究』〈中山書房、一九七三年〉・永平正法眼蔵蒐書大成刊行会編『永平正法眼蔵蒐書大成』〈大修館、一九七四年以降〉に記されているが、とくにことわらないかぎり前者による）、「袈裟功徳」（千栄寺本・一雲斎本・長養寺本）、「伝衣」（長養寺本）などの各巻を書写させている。また、詮慧・経豪の法系に『正法眼蔵抄』の著作があることは、そのテキストになる『正法眼蔵』が、この法系にも謄写されて伝えられていたことになるのである。『正法眼蔵』の巻によっては、道元の手が幾度か加えられたものもある。したがって、同名巻であっても、書写した年月が異なれば、その内容も少しずつ変わってくる。また、逆に異本があるということは、道元存命中に『正法眼蔵』の書写を許された者が懐奘だけでなかったことを物語っている。このように謄写による伝播も、道元の存命中から存在し、以降、各人、各地において進められて行った。

第三の形式は印刻開版による伝播である。延文二年（一三五七）に曇希が宝慶寺の檀越であった藤原（伊治良）知冬の援助を受けて『学道用心集』『義雲和尚語録』を立版しているが、『正法眼蔵』の開版はかなり遅れ江戸期に入ってからで、それも中期以降のことである。玄透即中が天明七年（一七八七）に「行持」、翌年に「辦道話」を、父幼老卯が寛政元年（一七八九）に『正法眼蔵那一宝』（二一巻）を開版した。そして、玄透即中が寛政八年（一七九六）十二月の開版禁止令の解除によって、いわゆる『本山版正法眼蔵』（九五巻）の印刻を開始するのを待たなければならないのである。

以上のように、伝播には三形式があるが、謄写による伝播が主なので、これを中心に、編年体で述べることにしたい。なお、以下の記述する内容に関しては、諸先学の研究に負うところが多いが、私見を加えさせていただいたところもあるので、繁雑の観を逸れえないが、あえて論述することにしたい。また、本節を設けた理由は単に『正法眼蔵』の謄写を中心とする伝播をみるばかりでなく、同書がどのような寺院で謄写され、どのように寺院に保存されたかをみるためである。『正法眼蔵』という書物は宗祖道元の著作であり、しかもかなり大部なものである。同書を書写し保持することは教団内外に対して一定の意味を持ちえたと考えられるからである。この点にも留意してみていくことにしたい。

一　曹洞宗発展期の『正法眼蔵』の謄写

孤雲懐奘が、道元の『正法眼蔵』著述後に、それを書写していったことは、周知のごとくであり、また、建長五年（一二五三）二月九日には「三時業」などを書写している（金岡本・瑠璃光寺本）。道元没後の同七年には義演に命じて、書写させたりしているのであるが、一方、文永十年（一二七三）十月二十日には、越前足羽郡の波著寺において、「仏性」を書写した人物が存在したようである。(3) この頃も永平寺あるいは道元門下と波著寺の関係が相当に親密なものであったことを物語っている。なお、水野弥穂子「正法眼蔵の成立について」(駒沢短期大学『研究紀要』二、一九七四年)は、建長七年から以下で述べる弘安二年(一二七九)六月二十三日までの、すなわち懐奘生存中の『正法眼蔵』各巻の書写はすべて彼の意思のもとで行なわれたことであるとしている。以下で述べる私見も同氏の説を補強することになろう。また、建長七年四月九日以降に懐奘を中心とする書写活動がはじまるが、それより少し前の同年二月二十四日に「嗣書」が首座寮で書写され、義鑑(=義介)が校合している。『御遺言記録』(『曹洞宗全書』宗源下)によれば、建長七年二月二日に義介は懐奘の室に入り、その領解が認められ、同十三日夜半子の刻より翌朝にかけて、嗣法の儀式一切が完了している。「嗣書」の書写・校合はその一〇日後に行なわれたことになるが、一月半後の安居中から始まった懐奘を中心とする『正法眼蔵』謄写活動には、現在知りうるところでは参加していない。懐奘は、嗣法を許した義介を修行面での中心人物に、懐奘自身と義演は謄写活動の中心に、という分担を行なったのではなかろうか。いずれにしても、この謄写が事実であったとすれば、このころから「嗣法」の巻は単独巻として嗣法を証する書としての性格が付されるようになっていたとみることができよう。

建治元年(一二七五)と同三年には寛海という人物が書写している。すなわち、建治元年七月二十六日に「古鏡」(一雲斎本・妙心寺塔頭霊雲院本)、同二十九日に「有時」(妙心寺塔頭霊雲院本)、同晦日には「観音」を書写していることが知られる。(一雲斎本・妙心寺塔頭霊雲院本)(4) また、同年五月二十五日には「袈裟功徳」が書写されているが、あるいは寛海かも知れない(金岡本・寛巌本)。六月十六日には懐奘が「阿羅漢」を書写している。しかし、これも実際には寛海が行なったのかも知れない(金岡本)。また、七月十一日に「渓声山色」を書写したのも寛海であろうか(祖山本)。このうち、金岡本・寛巌本の「袈裟功徳」の奥書をみると、(5)

第四十一袈裟功徳

ときに仁治元年庚子開終日在観音導利興聖宝林寺示衆

建長卯夏安居日令義演書記写畢

以御草案為印

建治元年丙子五月二十五日書写了

とあり、建長七年に義演が書写したものを再写している形となっているのである。この奥書が諸本の校合の結果から成立したものでないとすれば、懐奘の命を受けて義演が書写したものを、建治元年五月二十五日に寛海が書写したことが考えられる。建治元年から三年にかけての永平寺周辺での書写活動の主力は寛海とみてよかろう。ついで、寛海は建治三年夏安居日に「摩訶般若波羅蜜」(金岡本・長養寺本)・「仏性」(金岡本・輪王寺本)(6)・「身心学道」(金岡本・長養寺本)・「即心是仏」(同上)・「一顆明珠」(金岡本)・「人悟」(同上)を書写している。

弘安二年(一二七九)の三月と六月には永平寺において、晩年の懐奘と、その関係者が書写しているようである。同年三月十日に「発無上心」(金岡本・一雲斎本、輪王寺本では「発菩提心」)を書写しているので、同月五日に書写されている「竜吟」(金岡本)も同関係の人物の謄写であろう。同年六月二十二日には「祖師西来意」(一雲斎本・通和尚本・千栄寺本・輪王寺本)を写している。ついで、書写者の名はみられないが、やはり永平寺で、同年六月二十三日には「如来全身」(金岡本・寛巌本・輪王寺本)と「供養諸仏」(金岡本・千栄寺本・戒伝本・一雲斎本、ただし寛巌本は同月二十六日の書写となっている)が書写されている。同日に二巻が書写されているので、一人の所作ではないと考えられるが、おそらく懐奘と関係のある人びとの書写であろう。

また、この弘安二年には、義雲が越前中浜の新善光寺において、書写を行なっている。五月十七日には「虚空」(金岡本・寛巌本・通和尚本・玉潭本・千栄寺本・一雲斎本・輪王寺本）二十日には「安居」（金岡本・輪王寺本など）二十一日には「帰衣仏法僧宝」（同上）を謄写していることが知られる。義雲が宝慶寺にて、寂円に参じて、幾年も経ていないころである。

水野弥穂子氏は前掲論文で、懐奘をはじめとする義演・寛海・義雲の『正法眼蔵』書写は懐奘の存命中のことであり、彼の指導のもとで書写や校合の活動が行なわれたとされるが、筆者はその場合にも、義演・寛海・義雲のそれぞれの活動の時期に差異があると考える。義演が活動したのは建長七年（一二五五）前後であり、金岡本の「袈裟功徳」の奥書でみられたように義演の書写したものを書写したりして寛海が活動したのは建治元年〜三年（一二七五―七七）である。義演が活動した時期から二〇年前後が経過していた。ただ義演の活動より寛海が活動する二〇年余の間は、懐奘自からが中心となって書写活動を行ない、永平寺における『正法眼蔵』の充実を図ろうとしたものと考えられる。寛海の活動から二〜三年後の弘安二年（一二七九）になると、宝慶寺の寂円に参じて幾年も経ていない義雲が、中浜の新善光寺などにおいて書写を行なっているのである。

懐奘（永平寺二世）・義演（永平寺三代、相論で知られる人物）・義雲（永平寺五世）はいずれも永平寺と深い関係にある人物であることは周知のことであるが、寛海はどのような人物であるかというと、義雲の永平寺住持時代における語録に「寛海塔主下火《たっすあこ》」がある。(7) すなわち、義雲が寛海の葬儀における導師を行ない、引導法語を作成しているのである。したがって、のちに義雲が永平寺に住していたころ（正和三年〈一三一四〉―正慶二年〈一三三三〉）には、寛海は「塔主」として存在していたことが知られるのである。永平寺住持の義雲が「塔主」と称していることからすると、永平寺開山道元の塔の「塔主」とみてよいのではなかろうか。すなわち寛海は建治元年〜三年のころには、懐奘のもとで『正法眼蔵』の書写に活躍し、のちには「塔主」（おそらく永平寺開山塔の）職として永平寺に存在した人物であるとみることができよう。寛海という人物は懐奘存命中における『正法眼蔵』書写活動を通じて、義演・義雲とかかわりを持ち、とくに義雲とは親密な関係にあり、のちには永平寺住持と永平寺開山塔の塔主という関係にあったとみてよかろう。

弘安三年に孤雲懐奘は示寂しているが、同十年（一二八七）十一月十八日には、道元の漢字における『正法眼蔵三百則』の上中下三冊の内の中巻を写し終わっている人物がいる。(8)

また、同十一年三月晦日、永平寺知賓寮南軒において、「唯仏与仏」を書写している人物もいる。(9) さらに、正応四年（一二九一）四月十四日に「海印三昧」、五月二十八日には「観音」、九月九日には「古鏡」を何人かが某所で書写していることが知られる（いずれも妙昌寺本）。おそらく、この人物は、この正応四年に他の巻も書写したことであろう。妙昌寺（愛知県東加茂郡松平町簗山）が所蔵する妙昌寺本は六十巻本であるので、それであったかも知れない。さて、これらの巻のうち「海印三昧」（同上）は、七年後の永仁六年（一二九八）七月十二日に再写されているし、同年十一月十一日には「十方」（同上）が書写されている。妙昌寺本に掲載される各巻は、正応四年四・五月ごろにまず書写され、永仁六年七〜十一月ごろに再写されたものが多かったのではなかろうか。これらの奥書は妙昌寺本（六十巻本）の特徴である。なお、永久岳水『正法眼蔵の異本と伝播史の研究』（一三六頁、中山書房、一九七三年）によれば、妙昌寺本自体は鉄忍が豊後泉福寺に晋住した寛延三年（一七五〇）より、翌年六月ごろまでの間に謄写されたものであろうことを、第一冊目や第二冊目の奥書等によって推測している。

嘉元二年（一三〇四）八月十二日には何人かによって「仏性」が書写されている（永平寺蔵「仏性」〈異本〉）。徳治元年（一三〇六）ごろには懐奘の書写集輯した『正法眼蔵』が焼失したといわれるが、確実な史料は存在しない。(10) ちょうどこのころ、京都に在住した経豪が、道元親輯といわれる七十五帖本によって、乾元二年（一三〇三）から始めた『正法眼蔵抄』を延慶元年（一三〇八）十二月二十二日に完成させている[11]。なお、一般にこの経豪が抄したと考えられている『梵網経略抄』が半年後の延慶二年六月十六日に完成している。嘉元二年（一三〇四）十二月に六十巻本の第五七巻目の「安居」、同月五日には第六〇巻目の「帰依仏法僧宝」が越前大野郡の宝慶寺において書写されている（いずれも妙心寺塔頭霊雲院本、同本は六十巻本）。嘉元三年正月の初めにも宝慶寺で、六十巻本の第一二巻目に当たる「法華転法華」（この巻が存するのは六十巻本の特徴）が書写されている（梵清本）。当時、宝慶寺の住持は義雲であるので、彼が中心になっての謄写に相違ない。さきの「安居」の奥書には「嘉元第二甲辰十二月於同国大野郡小山庄木本郷宝慶寺首座寮令書写之」とあり、「帰依仏法僧宝」には「嘉元第二甲辰十二月五日在同国大野郡小山庄木本郷鷹福山宝慶寺書写ス」とあることからみて[12]、「安居」は住持である義雲が首座寮に命じて書写させていることが理解できるのである。六十巻本系の各巻の書写活動が宝慶寺住持義雲によって進められていたとみることができよう。

延慶三年八月六日に「出家功徳」を筆写している人物がおり（千栄寺本・一雲斎本）、さらに、翌日の八月七日には「菩提四摂法」を書写している人物がいる（泰心院本・寛巌本・台橋本・通和尚本・千栄寺本・一雲斎本・養国寺本）。このうち、泰心院本・寛巌本は永平寺晃全が編集した晃全本の系統であるが、それらの奥書によれば、各巻は延慶三年八月七日以降にも永平寺の宋吾（康応元年夏安居）や、やはり永平寺の善皓（応永十八年六月二十七日）によって書写されている。したがって、延慶三年八月七日に筆写している人物も永平寺の近辺に存在した僧であろう。なお、一日前に「出家功徳」を謄写した人物も同人である可能性がある。さらに推論すると、延慶三年八月前後に、「出家功徳」「菩提薩埵四摂法」を含む『正法眼蔵』を書写した人物が存在した、ということであろう。永平寺周辺の人物の書写であるとすると、おそらくは六十巻本ではなかろうか。また、正和三年（一三一四）二月六日に「優曇華」を写した人物がおり（瑠璃光寺本・泰心院本〈可山本とも〉）、さらに「祖山本正法眼蔵空華」の奥書によれば、文保二年（一三一八）

八月二十八日、永平寺の延寿堂で同巻を書写し終わっている人物がいる。そして、元徳元年（一三二九）五月、永平寺義雲が『正法眼蔵』六〇巻の品目頌および序を撰述したことは、よく知られているところである。

なお、石川力山「義雲禅師伝の研究——その出自と参学をめぐる作業仮説——」（『義雲禅師研究』、祖山傘松会、一九八四年）は懐奘の存命中に行なわれた書写活動では六十巻本にしか存在しない巻が書写されているが、その活動に参画していたのが義雲であったと考えれば、義雲の六十巻本の編集および六〇巻の品目頌の作成は、懐奘時代からの活動を考慮しなければならないことを指摘している。すでに述べたことであるが、義雲が嘉元二年（一三〇四）から三年にかけて、六十巻本の書写活動を行なっている。この事実も義雲の六十巻本とのかかわりが以前からのものであったことを示しているといえよう。

正慶二年（一三三三）四月二日、通源という僧が但馬国菟束《うつか》（兎束）庄において『正法眼蔵』を筆写している（瑠璃光寺本・寛巌本・吉祥寺九十三巻本各奥書、輪王寺「出家」の巻、正法寺本では「出羽州菟束荘」となっている）。それから二四年後の延文二年（一三五七）、永平寺では宝慶寺の檀那藤原（伊自良）知冬の援助を得て、永平寺曇希が先代義雲の『語録』を開版している。多くの門人を出し、曹洞禅の全国的発展の基盤を築いた峨山が示寂した翌年の貞治五年（一三六六）四月二十六日には、桃隠正仙という人物が栗田島という所で「渓声山色」を書写し終わっている（「祖山本正法眼蔵渓声山色」）。

二　宋吾・善皓の謄写

元徳元年（一三二九）前後の義雲以来、まとまった巻数を書写したことが明らかであるのは宋吾の活動ぐらいである。まず永徳元年（一三八一）三月二十八日から翌年夏にかけて、永平寺蔵主寮において書写している。

書写年月日	巻名	六十巻本による巻数	書写場所	出典・備考
永徳元・3・28	現成公按	1	永平寺蔵主寮	瑠璃光寺本奥書
永徳2・2・1	洗面	50	永平寺蔵主寮	瑠璃光寺本奥書（宋吾の名はみえない）
永徳2・4・15	観音	18	永平寺蔵主寮	瑠璃光寺本奥書（夏安居日）
永徳2・4・15	摩訶般若波羅蜜	2	永平寺蔵主寮	瑠璃光寺本奥書（夏安居日）

つぎに、その七、八年後の嘉慶三年（一三八九）正月十三日から五月二十一日にかけて、永平寺衆寮に在って書写している。

書写年月日	巻名	六十巻本による巻数	書写場所	出典・備考
嘉慶3・正・13	摩訶般若波羅蜜	2	永平寺衆寮	金岡本奥書
嘉慶3・正・20	仏性	3	永平寺衆寮	金岡本奥書・※輪王寺本
嘉慶3・正・26	身心学道	4	永平寺衆寮	金岡本奥書
嘉慶3・正・28	即心是仏	5	永平寺衆寮	金岡本奥書
嘉慶3・2・3	一顆明珠	7	永平寺衆寮	金岡本奥書・※輪王寺本（宋吾の名なし）
嘉慶3・2・6	古仏心	9		金岡本奥書
嘉慶3・2・7	大悟	10		金岡本奥書
嘉慶3・2・29	光明	15		※輪王寺本（宋吾の名なし）

嘉慶3・4・4	古鏡	19	泰心院本・寛巌本奥書
嘉慶3・4・10	有時	20	寛巌本
嘉慶3・4・20	授記	21	泰心院本・寛巌本
嘉慶3・4・21	全機	22	寛巌本
嘉慶夏安居日	画餅	24	寛巌本
嘉慶夏安居日	都機	23	※輪王寺本（宋吾の名なし）
嘉慶夏安居日	仏向上事	26	泰心院本・寛巌本
嘉慶3・4・26	夢中説夢	27	泰心院本・寛巌本
嘉慶3・4・26	菩提薩埵四摂法	28	泰心院本・寛巌本・※輪王寺本（宋吾の名なし）
嘉慶3・5・3	恁麼	29	泰心院本・寛巌本・※輪王寺本（宋吾の名なし）
嘉慶3・5・7	看経	30	輪王寺本（宋吾の名なし）・※輪王寺本（宋吾の名なし）
嘉慶3・5・13	道得	33	泰心院本・寛巌本
嘉慶3・5・20	神通	35	寛巌本（宋吾の名なし）・台橋本
嘉慶3・5・21	阿羅漢	36	泰心院本・寛巌本

註　輪王寺本に関しては永久岳水『正法眼蔵の異本と伝播史の研究』（中山書房、一九七三年）と圓野弘之「輪王寺蔵正法眼蔵」（『宗学研究』二九、一九八七年）が奥書・識語を掲載しているが、大幅に異なるので、前者によるものは無印、後者によるものは※印を付した。

宋吾の書写は前期と後期に分けられる。前期の分は四巻しか奥書がなく、判断しにくい。散発的であるようだが、六十巻本（?）全巻を写したのであろう。後期にも、七十五巻本にはなくて六十巻本にしかないという「菩提薩埵四摂法」が存在することから、六十巻本の書写であったことが知られる。宋吾が永平寺に伝わる義雲の六十巻本を書写したことは確実である。しかも、嘉慶三年（一三八九）正月から五月中旬までに第一巻から三六巻まで、ほぼ六十巻本の順にしたがって書写している。残りの二四巻の書写のことは奥書として後世に伝えられなかったので、詳しいことは不明であるが、第三六巻目までの経過からすれば、遅くとも年内には終了したことであろう。この後期の書写は、文明十一年（一四七九）・同十二年に永平寺光周によって書写され、さらに永正七年（一五一〇）に金岡用兼によって書写されるに至るのである。なお、宋吾が師喜純から「仏祖正伝菩薩戒作法」を受けたのが応永七年（一四〇〇）十月十五日で、五十八歳の時であるから、それから類推すると前期の書写は三十九歳で蔵主の役にあった時であり、後期の書写は四十七歳の時で、嗣法以前のことであったようである。なお、滝谷琢宗『正法眼蔵顕開事考』によれば、宋吾は、六十巻本を二部書写し、のちにそのうちの一部が、永平寺復興の功労の賞として大庵須益に与えられ、それが大庵の開山地である紀伊の安楽寺に伝えられ、さらにその末寺である山城物集女《もずめ》の永正寺に伝えられたという。同書は現存しないが、江戸期の天桂伝尊『正法眼蔵弁註』や不養老卯『正法眼蔵那一宝』に永正寺に所蔵されていたことがみられるという。永久岳水『正法眼蔵の異本と伝播史の研究』（三三〜三四頁）は、この記載につづけて、この宋吾の六十巻本が、安芸洞雲寺の金岡本や周防の瑠璃光寺本と関係があるであろうとされているが、金岡本は宋吾・光周の謄写を経てのものであるし、瑠璃光寺本は宋吾・覚隠永本（摂津永沢寺で書写）を経ての六十巻本に越中大林寺で書写された巻を含む七十五巻本から二三巻が加えられたものであるので、宋吾の書写したものが直接に書写されたものではない。

応永三年（一三九六）十月二十三日、徳宗という人物が能登国高鼻庄の永得寺において、「出家」を書写している。

このことは、能登国の永光寺が所蔵する十二巻本以外の一二巻の『正法眼蔵』の中の一巻「出家」の奥書によって知ることができる。(13)

正法眼蔵七十五、爾時寛元四年丙午九月十五日、在越宇永平寺示衆、彼本奥書云、于時応永三年丙子十月二十三日、於能州高鼻庄永得寺書写功畢、法孫比丘徳宗拝書、此正本申出於紹燈菴御影侍者寮写畢、爾時永享十一季正月二十日書始、同七月二日書終、伏願世々良結縁、頓證諸仏無上道、永平之雲孫小新戒比丘、祥在拝書、生年三十四歳（傍点筆者）

この奥書によれば、三十四歳の祥在が永享十一年（一四三九）正月二十日に書き始め、七月二日に書き終わったとみえることから、この「出家」の巻が七十五巻本の最終巻として存在したことがわかる。したがって、応永三年（一三九六）の時も、この「出家」は七十五巻本の最終巻として書写されたとみてよかろう。したがって、永光寺にも七十五巻本が伝えられていたことが知られるのである。また、筆写者の徳宗とは応永五年から同十三年の間に永光寺二五世として住山した要綱徳宗ではなかろうか。(14) 要綱徳宗は明峰素哲の高弟である珠巌道珍の弟子である。

永平寺では宋吾につづいて善皓が応永七年（一四〇〇）八月四日から十五日にかけて（前期）、一一年後の応永十八年（一四一一）二月十二日から同二十年（一四一三）六月十三日まで（後期）、断続的であるが六十巻本が書写されている。宋吾が書写したものを謄写したに相違ない。

まず、前期からみてみよう。永平寺記室寮で謄写している。

書写年月日	巻名	六十巻本による巻数	書写場所	出典
応永7・8・4	行仏威儀	6	永平寺記室寮	泰心院本奥書

〃 7・8・14	三時業	8	〃	寛巌本奥書
〃 7・8・15	古仏心	9	〃	

つぎに後期をみてみよう。

書写年月日	巻名	六十巻本による巻数	書写場所	出典
応永18・2・12	空華	23		寛巌本奥書
〃 18・2・14	光明	15		泰心院本・寛巌本奥書
〃 18・5・22	有時	20		寛巌本奥書
〃 18・5・25	授記	21		泰心院本・寛巌本奥書
〃 18・5・27	全機	23		寛巌本奥書
〃 18・6・3	画餅	24		〃
〃 18・6・26	仏向上事	26		泰心院本奥書
〃 18・6・27	菩提薩埵四摂法	28		〃・寛巌本奥書
〃 18・6・28	恁麼	29		〃・〃
〃 18・7・3	道得	33		〃・〃
〃 18・7・6	神通	35		寛巌本奥書
〃 18・7・7	阿羅漢	36		泰心院本・寛巌本奥書
〃 19・6・11	四馬	39	永平寺首座寮	〃・〃
〃 19・6・13	栢樹子	40	〃	〃・〃

〃	19・6・13	竜吟	51	〃	〃・〃
〃	19・6・29	鉢盂	42	〃	寛巌本奥書
〃	19・7・4	眼睛	44	〃	泰心院本・寛巌本奥書
〃	20・4・26	無情説法	46	〃	〃・〃
〃	20・5・1	法性	48	〃	〃
〃	20・5・3	陀羅尼	49	〃	〃
〃	20・5・10	優曇華	54	〃	〃
〃	20・5・10	如来全身	55	〃	〃・寛巌本奥書（癸巳は応永二十年同二十一年は誤）
〃	20・5・12	虚空	56	〃	寛巌本奥書
〃	20・5・20	安居	57	〃	〃
〃	20・6・5	供養諸仏	59	〃	泰心院本・寛巌本奥書（癸巳は応永二十年同二十一年は誤）
〃	20・6・13	帰依仏法僧宝	60	〃	〃・〃

応永十八年五月二十二日に第二〇巻目の「有時」を書写し終わってからは、第六〇巻目まで同十九年、同二十年と、いずれも夏安居の一定期間を書写の期間としていたようであり、ほぼ六十巻本の順序にしたがって謄写されている。したがって第一巻目から一九巻目まで、すなわち、全体の三分の一の巻は、あるいは応永十八年二月以前、十七年あたりから始められていたものと考えられる。応永十八年における書写の場所は不明であるが、同十九年になると、永平寺首座寮において行なわれているので、同年から翌二十年にかけて、善皓は永平寺の首座を勤めていたのかも知れない。泰心院本・寛巌本ともに永平寺晃全が江戸期に編集した晃全本系（諸本を集め九六巻と最多巻数を納めている）の

写本であるので、善皓の書写本は以後、永平寺に伝承されたことにより晃全本に納められることになったのである。なお、この前・後の謄写の間、応永十六年（一四〇九）三月三日に、「嗣書」の伝授を行なっている者がいるが、名前やその場所は不明である。(15)

三　梵清本・十二巻本・乾坤院本などの謄写

応永二十六年（一四一九）二月一日（あるいは七日）から十月二十一日にかけて、加賀国仏陀寺（現存せず、旧地は能美郡仏大寺か）に輪住した大容梵清（?—一四二七）が同寺において八四巻の『正法眼蔵』を謄写している。まず、応永二十六年二月一日から五月晦日までに七十五巻本を、ほぼその順序にしたがって書写している。ただし、「行持」は上下に分かれている。したがって、七十五巻本によりながらも「行持」の所では六十巻本のものを謄写したものと考えられる。この七五巻を本集とする。そして、三か月半の間を置いて、九月十九日から、七十五巻本になくて六十巻本に納められている「三時業」（九月十九日書写、六十巻本第八巻目）、「法華転法華」（九月二十三日書写、同一二巻目）、「菩提薩埵四摂法」（九月晦日書写、同二八巻目）、「四馬」（同日書写、同三九巻目）、「袈裟功徳」（十月八日書写、同四一巻目）、「出家功徳」（十月十一日書写、同五八巻目）、「供養諸仏」（十月十五日書写、同五九巻目）、「帰衣仏法僧宝」（十月十六日書写、同六〇巻目）「発菩提心」（十月二十一日書写、同三四巻目）の九巻を書写し、別集としたのである。書写の順も、本来だと五番目に書写されるべき「発菩提心」が最後に書写されている以外は六十巻本の順番にしたがって書写されている。

梵清の書写本は、法嗣の雲希宗璵が開創した丹波国徳雲寺に伝えられたが、文化十一年（一八一四）に同寺が火災に遭遇した際に、そのほとんどを失い、集められた焼け残りが、その面影をとどめるにすぎない（『永平正法眼蔵蒐書大成』四）。しかし、その書写本が近くの玉雲寺（梵清が開山となっている）に所蔵されており（但し本集七五巻のみ、『永平正法眼蔵蒐書大成』二五）、また、愛知県長円寺にも、同寺二世の暉堂宗慧が寛永二十一（正保元）年、正保二年に謄写したものが存在し、その全容を知ることができる。なお、梵清は応永二十六年中に八四巻の書写を終了したが、その後二十八年十二月九日まで、句読点の書き入れなどに尽力したようである。(16) また、梵清本は別集の「法華転法華」「菩提薩埵四摂法」「四馬」の三巻以外は片仮名で謄写されているのが特徴である。

従来、「梵清本」は梵清の編集とされているが、あくまで謄写であり、その原型は、昌慶寺旧蔵本（一四冊、室町末期頃の書写本。栃木県某家所蔵）からうかがわれるように八十三巻本が梵清以前に蒐集されていたと思われ、梵清本はこれを順序をただして「発菩提心」一巻を加えて八十四巻本として謄写したものであろう。(17)

梵清が八十四巻本を書写し終わった翌年、すなわち応永二十七年（一四二〇）の四月上旬、十二巻本を永安寺（明峰素哲の弟子玄路統玄の開山になる加賀永安寺か）の衣鉢寮において書写している人物がいる。名は不明である。この十二巻本は、永光寺から発見されたもので、一二巻のうちの「八大人覚」の奥書にみえる懐奘の記述から道元親輯の十二巻本が存在することが明らかになり、その最終巻が「八大人覚」であることが判明した。奥書はつぎのようである。(18)

正法眼蔵八大人覚第十二
彼《ノ》本《ノ》奥書《ニ》曰《ク》、建長五年正月六日、書《ス》二于永平寺一、
如今建長七年乙卯解制之前日、令《メ》二義演書記《ヲシテ》書写《セ》一畢《リヌ》、同《ジク》一二校《セリ》之《ヲ》一、
右本《ノハ》、先師最後《ノ》御病中《ノ》之御草也《ナリ》、仰以《ギオモンミルニ》、前《ニ》所《ノ》レ撰《シタマフ》仮字正法眼蔵等、皆《ナ》書《キ》改《メラル》、竝《ビニ》新草具《サニ》都盧一百巻、可《シト》
レ撰レ之云云、

既《ニ》如《ノ》草之御此巻、当《ル》二第十二《ニ》一也、此《ノ》之後、御病漸漸重《ニ》増《リシタマヘリテ》、仍御草案等《ノ》事《モチ》即止《ミヌ》也、所以《ニ》此《ノ》御草等、先師最後《ノ》教勅也《ナリ》我等不幸《ニシテ》不レ拝二見《セ》一百巻《ノ》之御草《ヲ》一、尤《モ》所《ナリ》レ恨《ムル》也、若《シ》奉《ラン》レ恋二慕《シ》先師《ヲ》一之人《ハ》、必《ズ》書《シテ》二此《ノ》十二巻《ヲ》一、而可《シ》レ護二持《ス》之《ヲ》一、此《レ》釈尊最後《ノ》之教勅《ニシテ》、且《ツ》先師最後《ノ》之遺教《ナリ》也、

懐弉記レ之

今応永廿七稔孟夏上旬日、於二永安精舎衣鉢閣下一拝二書之一、于レ時文安三年三月八日、能州蔵見保、於二薬師堂一書レ之、

之意趣者、以二此良結縁一、生生世世見仏聞法、出家得道、供養三宝、済度衆生、成等正覚、永平末流小新戒比丘、

この奥書の後半部によれば、この十二巻本は、応永二十七年に書写された後に文安三年（一四四六）三月八日に能登国蔵見保の薬師堂で謄写され（筆写者不明）、現在に至ったものであることがわかる。ともかく、十二巻本は永光寺周辺、すなわち明峰派の人びとにより伝承されてきた『正法眼蔵』といえる。なお、応永二十八年（一四二一）十二月九日には、永平寺義雲撰述の『永平正法眼蔵品頌並序』（長野県中野市片塩の大徳寺蔵）が書写されているが、書写した人物は不明である。(19)

応永三十一年（一四二四）四月二十七日、道元親筆の「転法輪」が授受されている。永平寺の檀那波多野元尚が越後耕雲寺の開山である傑堂能勝に贈与したものである。傑堂能勝は即日、道元のための斎を設け、翌日、弟子南英謙宗に二冊筆写させ、一部は自分が持ち、もう一部は南英謙宗に持たせたという。(20)

永享二年（一四三〇）春ごろ、越中国高瀬庄北市村の大林寺において七十五巻本を書写している人物がいる（乾坤院本・瑠璃光寺本）。乾坤院本（七十五巻本）は、「現成公按」（第一巻目）・「摩訶般若波羅蜜」（同二）・「仏性」（同三）・「身心学道」（同四）・「即身是仏」（同五）・「行仏威儀」（同六）・「一顆明珠」（同七）・「心不可得」（同八）・「古仏心」（同九）・

「大悟」（同一〇）の一〇巻に「永享二年正月書」の奥書をもつ。そして、第七三巻目の「他心通」の奥書に、(21)

于時爾永享二年三月十日、越中劦高瀬庄北市村於大林寺書之、

とみえ、同巻が永享二年三月十日に、越中国高瀬庄北市村（富山県東礪波郡井波町高瀬）大林寺（現在廃寺）において写されていることが知られる。なお、筆写者は不明であるが、熊本県聖護寺が所蔵する『正法眼蔵』（七五巻一二冊）の第三七巻「葛藤」の奥書に、(22)

永享二年二月十四日於越中州高瀬大林寺書之、金烏子校了、

とあることにより、「金烏子」という人物が校合していることが知られるのである。ただ、この校合が、大林寺における書写と同時期のことなのか、後世のことなのかは不明である。したがって、さきの同年正月に「現成公按」以下の巻を書写したのもこの「金烏子」という人物であったとみてよかろう。とすると、この人物は、永享二年正月から三月にかけて、七五巻を書写したことになる。なお、瑠璃光寺本に納められている「密語」の奥書をみると、同巻も大林寺で永享二年二月二十一日に写されている。瑠璃光寺本は六十巻本に七十五巻本の中から二三巻を加えたものである。「密語」は七十五巻本から納めたものである。したがって、瑠璃光寺本のうち七十五巻本から納めた巻の中には、永享二年ごろに越中の大林寺で謄写された系統の『正法眼蔵』が入っているといえよう。聖護寺本もすでに示したように七十五巻本である。なお、大林寺は廃寺となっており、存在しないが、同寺の存在した高瀬庄北市村の近くには、高瀬神社が存在する。平安期には、別当寺としての真言宗高麗山深法寺が繁栄したという。(23)また、井波には明徳元年（一三九〇）に本願寺綽如が端泉寺を建立している。同寺は、のちの文明年間（一四六九―八七）には蓮如が北陸において活動した後は、本願寺系浄土真宗の拠点寺院として再興されている。これらのことを考えると、高瀬庄北市村および、その周辺の地域は種々の面でかなり重要な地点であったようである。また、やや西方の礪波郡福野には、

応永十年（一四〇三）に大徹宗令の門人の月桂玄乗が恩光寺を開山しており、当時の越中では、大徹派を中心に曹洞宗が顕著な展開をみせていた。そのような地域に『正法眼蔵』を持した同寺が存在したということになる。

越中国大林寺で七十五巻本が謄写されてから三年後、永享五年（一四三三）九月から翌六年にかけて、摂津国永沢寺（通幻寂霊開山、摂津と丹波の境に所在）において覚隠永本（通幻寂霊―石屋真梁―永本と次第）が、永平寺宋吾の書写した六十巻本を謄写している（瑠璃光寺本）。永本が「現成公按」（永享五年九月書写、瑠璃光寺本・長養寺本）、「摩訶般若波羅蜜」（同九月上澣日、同上）、「海印三昧」（同十月二十二日、瑠璃光寺本。永沢寺において書写されたことがみえる。永本の名はみられないが、彼の書写とみなした）、「観音」（同十二月二日、同上、永本の名あり）、「袈裟功徳」（永享六年二月日、同上、永本の名なし）、「鉢盂」（同二月日、同上、同上）、「家常」（同二月、同上、同上）の各巻を書写したことが知られる。いずれも六十巻本にみられるものであるので、彼の謄写はそれであったとみてよい。しかも、瑠璃光寺本の「現成公按」や「摩訶般若波羅蜜」などの奥書には永徳二年に永平寺宋吾が書写したものを永本が写したことになっているので、この六十巻本とは、宋吾の写した『正法眼蔵』とみてよかろう。永本は第一巻目の「現成公按」を永享五年九月に書き終わっているが、翌年二月には、まだ四三巻目の「家常」を書写しているところであるから、全六〇巻の謄写が終了したのはそれよりも少し後のこととなったはずである。

ここで瑠璃光寺本についてもう一度みておくことにしよう。これまでみてきたように、同本は六十巻本に七十五巻本の中から六十巻本にない二三巻が加えられたものであるが、六十巻本は永平寺宋吾が書写したものを永本が永沢寺において写したものであり、七十五巻本から納められた二三巻は永享二年に越中国大林寺で書写されたものである。ただし、「出家」の奥書が正慶二年（一三三三）に但馬国菟束庄において通源が書写したものであることを伝える内容を持つことから、この「出家」と幾巻かを通源書写のものから納めたのか、大林寺で写された七十五巻本すべてが通源の筆写したものを謄写したもので、それが瑠璃光寺本に伝えられる結果となったのかは不明である。すなわち、通源書写本↓大林寺書写本という関係になるのか、二者は別々の経路で瑠璃光寺本に入ることになったのかは不明であるということである。ともかく、瑠璃光寺本は、こうした書写経路をもつ六十巻本と七十五巻本の二三巻を延徳二年（一四九〇）から三年にかけて周防国竜文寺において、同国の元賀・昌闇が筆写し、伊予国の祖蘁が校正し朱を引いたものである。なお、尾張国の乾坤院本は七十五巻本であるが、これは、瑠璃光寺本の「密語」の奥書にもみえる永享二年に越中国大林寺で写されたものを明応四年（一四九五）ごろ、乾坤院三世の芝岡宗田とその弟子の雲関珠崇が書写したものである。瑠璃光寺本中の七十五巻本からの部分と乾坤院本（七十五巻本）とは永享二年に越中国大林寺で写されたという共通の経路を持つのである。

永享十一年（一四三九）正月二十日から七月二日にかけて、祥在という人物が七十五巻本を筆写している。[24] 祥在が正本の披見を永光寺の明峰の塔頭である「紹燈庵御影侍者寮」に申し出てそこで筆写したものである。このことは永光寺蔵「出家」の奥書により知られるが、この奥書は、すでに応永三年（一三九六）に徳宗が能登国高鼻庄永得寺において七十五巻本を書写している、という記述の部分に掲載しておいた。この「出家」奥書によれば、徳宗（応永三年書写）↓祥在（永享十一年書写）と伝写された七十五巻本が永光寺周辺に存在したはずであるが、現在は不明である。

文安三年（一四四六）三月八日、能登国蔵見保の薬師堂において十二巻本が書写されているが、すでに応永二十七年（一四二〇）の記述で触れたので、そこに譲ることにする。[25]

長禄元年（一四五七）八月日、周防国竜文寺の室内で「嗣書」を伝授している人物がいる。この「嗣書」は建長七年（一二五五）二月二十四日に永平寺首座寮で書写されたもので義鑑（＝徹通義介）が校合したものであり、応永十六年（一四〇九）に授受が行なわれたものである。さらに長禄元年の授受から一一年後の応仁二年（一四六八）十二月八日、すなわち成道会の日に大寧寺の室内で授受が行なわれている。[26] なお、永久前掲書が掲載する瑠璃光寺所蔵本奥書により記述したが、旭伝院（静岡県焼津市保福島）内の岸沢文庫が所蔵する「嗣書」も同一内容のものである。[27]

また、永久前掲書が掲載する瑠璃光寺蔵「永禄本嗣書」と岸沢文庫蔵「永禄本嗣書」は同一内容のものであるが、長禄三年（一四五九）に南寿慎終（石屋真梁―覚隠永本―南寿と次第、南寿は山口県泰雲寺六世）から笑巌宥誾（鳥取県譲伝寺一世）に伝授されたものである。[28] 同本はその後も伝授に伝授が繰り返されて、永禄二年（一五五九）二月十五日に、祖山から性屋に伝授されることになる（後述）。

寛正二年（一四六一）には、禅林という人物が、丹波国玉雲寺（京都府船井郡丹波町字市森小字滝見、開山は太容梵清）において、『正法眼蔵品目頌弁序』を書写している。同本は永平寺五世義雲が嘉暦四年（一三二九）に『正法眼蔵』六〇巻（六十巻本）の品目について、著語と頌を附して各巻の大意を示したものであることはいうまでもない。[29]

応仁二年（一四六八）六月に六十巻本の五七巻目の「安居」、同月に五八巻目の「出家功徳」、同月二十四日には六〇巻目の「帰依仏法僧宝」、同月二十六日には一一巻目の「坐禅儀」を、栄能という人物が多福庵において書写していることが知られる。[30] 多福庵は永平寺の近くの花谷にあり、永平寺への拝登者が途中で立寄るような諸塔頭の一つであり、[31] この応仁二年六月の前後に書写された六十巻本も、永平寺周辺に伝えられてきたものに相違あるまい。

四　総持寺における七十五巻本の謄写

文明四年（一四七二）四月二十三日に「現成公按」が書写されて以来、九月二十三日に「出家」が筆写されるまで、五カ月間に七十五巻本がほぼ順番通りに日を追って書き写されている。場所は能登国総持寺の大徹派の塔頭である伝法庵客寮の北窓軒下である[32]。筆写者は正法寺本の第一五「光明」と第七三「他心通」の奥書から道梅という人物であったことがわかる。この道梅は、後述するが、最上の竜門寺（山形市北山形）関係の人物であるということから、のちに同寺三世となる雪江道梅であることが理解できる。さて、ここで、輪王寺本の「祖師西来意」と「出家」の奥書をみてみよう。なお、㈠・㈡は永久岳水前掲書によるものであり、㈢は園野弘之氏の近年の日光輪王寺への調査の結果である[33]。

㈠祖師西来意　第六十二、爾時寛元二年甲辰二月四日在越宇深山裏示衆、◎于旹文明四年壬辰九月十日能州諸岳山総持寺於伝法菴客寮北牕軒下、謹誌之校、

㈡出家　第七十五、能登国鳳至郡櫛比荘諸岳山総持禅寺伝法菴客寮於北窓軒下、謹誌之、校了、◎料紙之半檀那最上長瀞、祖春沙弥、◎今又日本天文十五年丙午十月吉日、長印書之、◎羽州最上之住僧主是道、

㈢第七十五出家

　爾時寛元四天丙午（以下省略）

　正慶癸酉孟夏第二日出馬馬州菟束庄終書写功伏願世々結良縁頓入諸諸仏無上道矣永平末流菩薩比丘通源

　能登国鳳至郡櫛比荘諸嶽山総持禅寺伝法菴客寮北窓軒下謹誌焉

　料紙之檀那最上長瀞祖春沙弥

　今又日本天文十五年丙午十月吉日長印書之

　羽州最上之住僧主是道（傍点筆者）

輪王寺本は、六十巻本と七十五巻本から合計七五巻を採ったものであるが、この㈠・㈡の奥書から、同本には文明四年に総持寺伝法庵客寮北窓軒下において謄写されたものを、さらに天文十五年前後に長印が書写（後述）したもの

が納められていると判断できる。そこで、㈡の奥書をみると、「料紙之……」記載は天文十五年の長印の筆写以前のこと、すなわち、文明四年の謄写の時のものであることがわかる。したがって、文明四年の謄写には料紙を寄進した最上長瀞の祖春沙弥という人物の援助があったことになる。この最上長瀞の祖春沙弥の詳しいことは不明であるが、のちに戦国大名として最上一帯を領国とした最上氏の一族が、長瀞あたりを本拠とし、長瀞氏を称していたので、長瀞氏のことかも知れない。となると、最上氏の一族でもある長瀞の祖春沙弥の援助によって最上竜門寺の関係者でのちに同寺三世となる雪江道梅が総持寺に赴き、大徹派の人物であったから同派の塔頭である伝法庵において謄写してきた可能性が強くなる。正法寺本は文明四年に書写されたものが、竜門寺に存在することを知って、永正九年に謄写することになった『正法眼蔵』である(後述)。つまり、最上竜門寺に文明四年に謄写された『正法眼蔵』が存在したという事実を考えるとき、その可能性はますます強くなるといわざるを得ないのである。また、そうだとすると、竜門寺は最上義秋が父義春の菩提のために文明二年(一四七〇)に向川寺五世朴堂良淳を開山に招いて建立した寺院であるので、文明四年の総持寺での『正法眼蔵』の書写はあるいはその寺院建立を記念してのものであると同時に、最上義春菩提のための善行の一つであったのかも知れない。

五　永平寺光周・金岡用兼などの謄写活動

文明十一年(一四七九)十二月十三日から翌十二年四月二十二日までの約五か月間に、永平寺光周は同寺の承陽庵において六十巻本第四一「袈裟功徳」から第六〇「帰依仏法僧宝」までの二〇巻を書写している。(34) したがって、第一巻目を書写し始めたのは、これよりかなり以前であったことが考えられる。書写の原本は永平寺宋吾が嘉慶三年(一三八九）に写した六十巻本である。永平寺は文明五年（一四七三）に火災に遭遇しているが、これは焼失しなかったようである。

文明十三年（一四八一）二月五日には、ある人物が『真字正法眼蔵』（六巻）を美濃国脛永の法幢寺（岐阜県揖斐郡揖斐川町脛永）において書写している。このことは成高寺（栃木県宇都宮市塙田）に所蔵されている『真字正法眼蔵』（六巻一冊）から知ることができる。[35] 同書は、第一巻に五〇則、第二巻に五〇則、第三巻に四七則、第四巻に五四則、第五巻に四一則、第六巻に五九則の古則が掲載されている。この成高寺本最終巻には、

于時文明十三辛丑歳二月初五日濃刕他田郡脛長法幢寺於侍者寮書之従文明十三年至正徳五年二百三十五年也、
旹正徳五乙未年晩秋日

と書されている。成高寺には『卍山編輯八十九巻本正法眼蔵』一八冊（本集八四巻・拾遺五巻）の写本が存在するが、『真字正法眼蔵』は同書の「附録」として同一の筺に収録されている。収蔵筺の上面に、

正法眼蔵全合札拾九巻／奉納／下野国宇都宮／東盧山成高禅寺

とあり、左側面には、

宝暦二壬申十一月吉祥日／奉謹書写／百拝／露暁

とみえ、本書題簽には「永平寺正法眼蔵附録」とある。以上のことから、本書は文明十三年に筆写されたものが、二三四年後の正徳五年（一七一五）に筆写され、さらに宝暦二年（一七五二）十一月に露暁という人物によって、『卍山本正法眼蔵』とともに書写されたことが知られる。本書の原本である法幢寺本については、すでに面山瑞方（一六八三―一七六九）が『正法眼蔵闢邪訣』[36]に、

次以二嘉禎改元乙未冬至日一、編二集古徳機縁三百則一、分為二六巻一、自題曰二正法眼蔵一、為二序於巻首一、余駆烏時始聞二

之受業本師一、自後行脚到二相州岡崎紫雲寺一、主人天年老宿親出二示其本一、此是文明辛丑二月五日、在二濃州脛長法幢寺一所写之古冊也、余喜レ愜二素聞一、再写祕焉、通幻喪記所謂三百則、通幻和尚親筆者蓋写レ此也、

と記している。すなわち、面山が相模国岡崎の紫雲寺（神奈川県平塚市岡崎）で住持天年から示された『真字正法眼蔵』（三百則とも称される）もまた文明十三年二月五日に法幢寺において謄写されたものであった。面山は同本の原本を『通幻喪記』(37)に、

寄二附聖興寺一若干

一三百則通幻和尚親筆三冊　　一襪子　壱緉
一香盒唐　壱枚　　一法被　壱幅
一卓袱雑組附緉圍　壱襲

とあることから、通幻寂霊の葬儀に際して、聖興寺に納められた遺品の中の通幻真筆の三百則が法幢寺本の原本ではないかと推量している。聖興寺（加賀国能美郡安宅村）は通幻が開いた寺院である（『曹全』語録一、七〇頁）。なお、法幢寺本は同寺に現存していないので、成高寺本によって、その内容を知る以外にない。成高寺本はすでにみた金沢文庫所蔵『真字正法眼蔵中』（成高寺本等の第三・四巻に相当するが、その中に二カ所の脱丁がある）と比べても、全巻揃っているという点からするとそれ以上に重要なものである。

延徳二年（一四九〇）から三年にかけて、さきに述べたように、周防国竜文寺客寮において、周防出身の元賀や昌誾によって六十巻本全部と七十五巻本からの二三巻（何故か「嗣書」と「春秋」がない。両巻が入ると二五巻だが）が書写され、伊予国出身の祖噩によって朱引が行なわれている。瑠璃光寺本（表面上は八三巻だが、六十巻本は「行持」が上下巻に分かれて六〇巻なので、実際には八二巻）の成立である。

『正法眼蔵抄』(泉福寺本)の存在はよく知られているが、各巻の第一紙層標には、

大用代直如叟真前寄附之(「之」のない巻もあり)

の記載がある。同書は無雑派の直如□超(泉福寺輪仕第一一三世、泉福寺五院帝釈寺六世、文亀三年〈一五〇三〉七月二十九日寂)が、泉福寺輪住が無雑派の時(文亀年間)に大用寺(土佐国幡多郡中村、現廃寺)の代理(あるいは住持)として住した折に寄附したものか、あるいは彼の没後、彼の名で無雑派が輪住したと考えられる永正六年(一五〇九)に寄附された可能性が強い。(38)

それから数年後の永正七年(一五一〇)阿波国勝浦の桂林寺において、永平寺復興の功労者として知られている金岡用兼が六十巻本を謄写している。同本は、前述したように永平寺光周が文明十一年・十二年に書写したものである。(39)宋吾―光周と永平寺で謄写されてきたものが、金岡用兼に伝わり、書写される結果となったのである。第一巻「現成公按」の表紙の次の第一紙の裏面に、(40)

於阿州勝浦之桂林寺金岡和尚与昌桂首座誌之也、

とあるので、金岡用兼の筆写活動を昌桂が助力したことが知られる。金岡本をみると金岡用兼の筆写活動が知られるのは、永正七年五月二十日に第一四「空花」が写され、八月一日に第三四「発菩提心」が筆写されるまでの間である。したがって、この期間の前後に六〇巻が写されたに相違ない。なお、第八冊目と最終冊である第二〇冊目の巻末によれば、同本には元禄四年(一六九一)三月、備州三原の法常寺の住持であった昊峰が総持寺妙高庵へ輪住するに際して、京都に持っていかれ、補修が加えられている。

六　最上川流域寺院における書写活動と正法寺本の成立

金岡用兼が六十巻本を筆写してから二年後の永正九年（一五一二）八月二十四日から九月二日までに、出羽国最上郡山形郷の竜門寺妙善院において七十五巻本が書写されている（正法寺本）。原本は、さきに述べた文明四年（一四七二）に能登国総持寺伝法庵において書写されたものである。きわめて短期間で写されているのは、幾人かで書写したからで、為頊・祖闇・佑遵・宗迪・秀範・文益・枢容の名が知られる。この正法寺本の由来は第一巻目の巻末によって知られる。少し煩雑ではあるが示しておこう。(41)

正法寺正法眼蔵の由来　寿雲椿

右当山開闢之時代、仁王九十八代、光明院之御宇、貞和四年戊子四月五日也、洞谷第六世、当寺開山大和尚之俗寿、三十四歳之御時也、為二洞谷四世総持一代峨山大和尚之上足一、受レ旨下二此地一、草二創当寺一也、仍号二寺於正法一給事、忝悲二愍末代之児孫一故乎、愚考レ之、本朝五畿七道、南北東西之四裔八荒、狄戎夷蛮、皆僻地而、邪心多端也、何況於二澆季之世一乎、若以二正法一不レ制レ之、則迷妄之衆生、受二永劫之沈淪一矣、爰以、本朝開闢之曩祖、永平大和尚、渡二宋之地一（理宗宝慶三年、日本安貞元年也）、親入二天童之室一、伝二五種之法財一矣、帰朝以来、二十余年、於二山城之国、宇治県、観音導利興聖宝林寺一撰レ之者乎、殊今此北狄之地、猛悪強盛、而難化、故開山大和尚、洞谷御住世之時、手自記以正法眼蔵一百余冊、与二六代之伝衣一（道元、懐弉、徹通、瑩山、峨山、月泉）、収二在斯地一、而作二山之大名一也、如レ斯有二証拠一、為二児孫之亀鑑一給者乎、悲哉、歎哉、吾此宗門破滅畢、一夕焼亡、作二死灰一去矣、若不二大恵禅師一、争相二続宗旨一乎、自レ爾以来、愚徒衆没二正法之光輝一、何以照二破後昆之迷暗一、愚寄二住本庵一以来、六六時々、向二真前一、奉二歎憶一耳、不レ図、一日最上竜門主盟、来二臨当山一、江談湖話之次、問二正法之由来一、答曰、法祥之堂上朴堂老衲者、予師也、往年、峨山大和尚百年之大忌斎之導師也、此時、沈金之祕録之中、写以帰寺、至二于今一、為二重宝一云云、愚聞レ之、不レ勝二抃蹈歓善一、聊嚢祖悲二愍後学一事無レ疑者乎、於レ茲、愚永正九年之秋、承二門中之評議一、登二最上一、彼書再写、以欲レ為二末代重宝一者也、伏希、真慈、重垂二霊鑑一、宗門再回レ春、拈華頻長二枝葉一、法輪常得レ転、道価永宣揚焉、至祈至禱、敬白、

永正九年壬申仲冬吉宿日、

　正法眼蔵中興住山比丘寿雲叟良椿於続灯之寝室下書之、

当山開闢自貞和四年戊子、至今歳永正九壬申、百六十八年也、為後人記之者也、

これによれば、正法寺（岩手県水沢市黒石町字正法寺）の一一〇世に入った続灯庵の五世の寿雲良椿が書写したことになっている、おそらく、彼がさきにみた僧侶たちに命じて書写させたものと考えられる。さて、寿雲良椿が書写することになったのは、最上竜門寺の住持が正法寺に来た時に良椿に「朴堂は自分の師だが、その師朴堂が峨山の百年忌に際して住山した折に、写し帰った『正法眼蔵』が存在する」と話したことによる、というのである。しかし、この「由来書」には少し前後を取り違えているところがあり、疑問が残る。各巻の奥書によれば文明四年（一四七二）に総持寺伝法庵で写したものを書写したことになるが、「由来書」によれば、峨山の百年忌に朴堂が写して帰ったものを書写したようになっている。しかし、峨山の百年忌は寛正六年（一四六五）である。事実、総持寺の「住山記」によれば朴堂は、寛正六年（一四六五）八月三日に、総持寺二二六世として入院している。したがって、この時に写したものであれば、後の文明四年の奥書は入らなかったはずである。何か誤認が生じたのであろう。前述したように文明四年の総持寺の謄写は最上竜門寺関係者でのちに同寺三世となる雪江道梅が祖春の援助を得て行なったものであ

る。したがって、朴堂の総持寺入院が、七十五巻本書写に関係があるとすれば、朴堂は、その際に七十五巻本の存在を知って、帰郷し、文明四年の謄写となったということであろう。ともかく、総持寺伝法庵に伝わった七十五巻本が最上の竜門寺からさらに正法寺へと伝えられることになったことは事実である。

また、この永正十二年八月二十八日、すなわち、道元の二百六十三年忌に因んで、寿雲良椿は、流布本とは別の内容を持つ「辦道話」を掲載する『正法眼蔵雑文』を書している。(42) これは、元徳四年（一三三二）能登国永光寺知賓寮で旨国という人物が筆写したという奥書を持つものである。

享禄二年（一五二九）四月十三日、これまで幾度となく触れてきた瑠璃光寺本が安芸国洞雲寺から周防国の瑠璃光寺に贈与されている。最終の第一六冊目の巻末に、(43)

瑠璃光寺常住、前総持悟宗頓東堂の御代寄附之、十六冊之内、

享禄二天己丑卯月十三日、

石屋和尚七世之孫、現住藝州二十日洞雲寺比丘前永平興雲宗繁　印　印

とある。これによれば、瑠璃光寺の悟宗圭頓が東堂のとき、洞雲寺四世の興雲宗繁が寄贈したことになっている。(44) なお、これは悟宗圭頓が洞雲寺住持の遷化に際して秉炬師を勤めたことに対する謝礼だといわれている。ただ寺伝によれば贈り主の興雲宗繁の寂年月日は大永三年（一五二三）四月十九日で、享禄二年（一五二九）には、すでに没していることになる。寺伝の誤りであろうか。

さて、天文元年（一五三二）三月十一日には「安居」（輪王寺本）を総持寺伝法庵客寮北窓軒下で、同五年には「観音」（天道本）が、同十一年（一五四二）には「山水経」（台橋本）が、同十六年（一五四七）二月には「有時」（天道本）が、何者かによって、それぞれ書写されている。

七　長印の七十五巻本謄写

さきに、文明四年（一四七二）に、何者かによって、能登国総持寺の伝法庵において、七十五巻本が書写されていることを述べたが、天文十四年（一五四五）・十五年を中心に、長印という人物が、やはり総持寺伝法庵において『正法眼蔵』を書写している。おそらく、原本は文明四年の筆写の時のものと同一本であったのではなかろうか。長印の筆写活動はつぎのようである。

書写年月日	巻名	書写場所	出典・備考
天文14・4・18	坐禅箴	（記載なし）	泰心院本
天文14・4・24	海印三昧	総持寺	寛巌本・通和尚本
天文15・3・3	礼拝得髄	（記載なし）	遵古本
天文15・3・―	伝衣	（記載なし）	通和尚本・泰心院本
天文15・4・―	春秋	総持寺伝法菴	寛巌本・長印の名なし
天文15・4・―	仏教	総持寺伝法菴北窓下	寛巌本・泰心院本（後者には最長印の名なし）
天文15・4・―	嗣書	総持寺伝法菴	寛巌本・泰心院本
天文15・4・―	神通	総持寺伝法菴	泰心院本
天文15・4・―	説心説性	総持寺伝法菴客寮	泰心院本
天文15・5・―	仏経	総持寺伝法菴客寮北窓軒下	寛巌本・泰心院本（後者は客寮以下の文字なし）

天文15・5・―	仏　道	総持寺伝法菴客寮北窓下	泰心院本・台橋本（前者に北窓下の文字なく、後者に長印の名なし）
天文15・8・―	優曇華	（総持寺伝法菴客寮北窓軒下）	輪王寺本（この筆写場所は文明四年の時のもので、長印書写の時のものは、同所なので省略か）
天文15・8・―	三昧王三昧	（記載なし）	泰心院本
天文15・9・―	自証三昧	（総持寺伝法菴客寮北窓軒下）	輪王寺本（この筆写場所は文明四年の時のもので、長印書写の時のものは、同所なので省略か）
天文15・9・―	大修行	（総持寺伝法菴客寮北窓軒下）	輪王寺本（この筆写場所は文明四年の時のもので、長印書写の時のものは、同所なので省略か）
天文15・10・―	他心通	（総持寺伝法菴客寮北窓軒下）	輪王寺本（この筆写場所は文明四年の時のもので、長印書写の時のものは、同所なので省略か）
天文15・10・―	王索仙陀婆	（総持寺伝法菴客寮北窓軒下）	輪王寺本（この筆写場所は文明四年の時のもので、長印書写の時のものは、同所なので省略か）
天文15・10・―	出　家	（総持寺伝法菴客寮北窓軒下）	輪王寺本（この筆写場所は文明四年の時のもので、長印書写の時のものは、同所なので省略か）
天文18・7・28	心不可得	（記載なし）	泰心院本

このように、筆写活動は天文十四・十五年に集中しており、この期間に七十五巻本の大部分が謄写されたとみてよいと考えられるが、「心不可得」のように天文十八年（一五四九）に写されているものもあるので、かなり長期間における筆写活動であったようである。これをみると、輪王寺本の「安居」が天文元年三月十一日に、総持寺伝法庵客寮北窓軒下で書写の奥書を持つが、これも長印によるものであったかも知れない。

天文十六年（一五四七）二月から六月にかけては、竜門寺（石川県七尾市小島町）三世喆囱（＝窓、喆叟とも）芳賢が能登国の興悳（徳の古字）寺（現在廃寺）において七十五巻本（＝「竜門寺本」、七五冊、片仮名表記）を書写している。喆囱はこの『正法眼蔵』とともに同年に『伝光録』（五巻五冊）を書写し、同一の表装をしているが、永禄十年（一五六七）には興徳寺四世徳岩春播が、箱を新調している。箱裏には、本書は興徳寺二代哲囱（窓）の遺物であったが、のちに竜門寺常住として置かれた旨が記されている。なお、興徳寺二世哲囱（喆囱）は天文十六年に本書を作成した後、同十八年に竜門寺三世として入院し、同二十年に寂している。その後、興徳寺四世徳岩春播が竜門寺に昇住するに際して、興徳寺は廃寺となっている。(45)

弘治三年（一五五七）十月ごろより翌年六月にかけて片仮名書きの七十五巻本（一五冊）が「出羽州最上郡小田嶋庄夷沢県」の黒滝山向川寺（山形県北村山郡大石田町横山）において書写されている。富山県の大川寺（上新川郡大山町上野）が所蔵する七十五巻本で、各冊の末尾には奥書がみられるが、それらのうちの注目されるべきものを示しておこう。

〔第一巻〕

正法眼蔵第四終

弘治三季丁巳小春晦日　大岑叟書写畢

出羽州最上郡小田嶋庄夷沢県黒瀧山向川寺於南窓下誌之

〔第二巻〕

正法眼蔵第十終　校了

尓時仁治三季壬寅春正月廿八日住ニ観音導利興聖宝林寺ニ示ㇾ衆

于時弘治三季丁巳霜月初五日　大岭叟書写畢

出羽州最上郡小田嶋庄夷沢県黒瀧山向川寺於侍真寮誌之

〔第三巻〕

正法眼蔵光明第十五終　仁治三年壬寅夏六月

二日夜三更四点示ㇾ衆於観音導利興聖宝林寺于時梅雨霖々簷頭滴々作广(ママ)生是《カレ》光明蔵大衆未(ママ)ㇾ免雲門道覰破

于時弘治三年丁巳霜月仲三日　大岭叟受椿謹誌之
出羽州最上郡小田嶋庄夷沢県黒瀧山向川禅寺
侍真寮於南窓下書写早　四十七歳

〔第一〇巻〕

正法眼蔵第四十六終
尓時寛元元年癸卯十月二日　在越州吉田県吉峰古寺示衆
弘治四季戊午暮春初八於出羽州最上郡夷沢県黒瀧山向川禅寺侍真寮南窓下書之　曹源第七世受椿謹誌

〔第一一巻〕

正法眼蔵第五十弐終
尓時寛元元季癸卯十月廿日在㆓越宇吉田県吉峰精舎㆒示衆
東山道出羽国最上郡小田嶋庄夷沢県於　黒瀧山
向川寺侍真寮南窓軒書旃早
弘治四季戊午二月仲五日　曹源看子大岑叟謹誌之

〔第一二巻〕

正法眼蔵第六十三
尓時寛元二年甲辰二月十四日、在㆓越州吉田県吉峰精舎㆒示衆
弘治四季戊午孟夏初三日　筆者江月院主塔長全也
出羽国最上郡小田嶋庄夷沢県黒瀧山向川禅寺於侍真寮南窓下書之　曹源第七世受椿叟誌之

〔第一四巻〕

正法眼蔵第七十弐

尓時寛元三年三月十二日　在二越宇大仏精舎一示衆

弘治四季戊午　浪如意珠日　　圓甫書之

出羽最上郡小田嶋庄夷沢県黒瀧山向川寺侍真寮謹誌之

〔第一五巻〕

正法眼蔵第七十五

尓時寛元四季丙午九月十五日在越宇ノ永平寺示衆

弘治四季戊午六月初五日出羽国最上郡小田嶋庄夷沢県

黒瀧山向川寺於南窓下長吉書写早（傍点筆者）

これらの奥書から、大岑（岭）受椿という人物が中心となり、江月院主の長全や円甫あるいは長吉等により書写されたことが知られる。江月院がどのような寺院であるか不明であるが、長全と長吉はその名からしても同一法系の人びとと考えられる。円甫についても不明であるが同様の人物とみてよかろう。

この書写の中心人物である大岑（岭）受椿であるが、当時四十七歳であり、「曹源七世」・「曹源看主」とあるので、「曹源」（院あるいは寺）の七世である。いうまでもなく、総持寺の「住山記」は、歴代の輪住者を記載しているが、後世には輪住住持＝出世者ということになり、出世者の記録となっているが、同書の記載の中から関連の世代の部分を抜書するとつぎのようである。

一百十三世模菴範和尚嗣月澗印和尚 同（嘉吉）二年二月初五日入寺

三百卅三世孝岳舜和尚嗣法模菴和尚 文正二丁亥三月六日入寺
三百七十二世種伯種和尚受業弁嗣法孝岳和尚 明応七年戊午五月二日入寺
五百六世泰月掬和尚受業孝岳和尚 嗣法種伯和尚 永正九天壬申三月廿七日入寺
大徹派 九百七十八世一宙純和尚受業種佰和尚 嗣法泰月和尚 同年九月廿三日入寺
大徹派 千百七十六世大岑椿和尚受業泰月和尚 嗣法一宙和尚 同年（天文二十三年）六月廿八日入寺

これらの記載から系図を作成すると、つぎのようになる。

(A)月澗□印——模菴□範——孝岳□舜——種伯□種——泰月□掬——一宙□純——大岑□椿

また、『曹洞宗全書』大系譜一（九六五・九六八頁）をみると、

(B)峨山韶碩——大徹宗令（富山立山（川）開山）
　├竺山得仙（富山立山（川）2）
　├日山良旭（富山立山（川）3）——月閑常印（富山立山（川）4（同曹源開山））——模安受範（総持寺一一三世 富山立山（川）5（同曹源2））——孝岳桂舜（富山立山（川）6（同曹源3））——樹白宗樹（富山立山（川）7（同曹源4））——泰月紹掬（富山立山（川）8（同曹源5））——一雨宗純（富山立山（川）9（同曹源6））
　└月江応雲（富山大川開山）

とある。この部分がどのような史料にもとづいて作成されたかは不明であるが、この派が大徹派であり、大徹宗令が開山した富山県立山（川）寺の世代を継承し、同県の曹源寺を開創し、継承してきたが、同寺は廃寺となり、法系も「一雨宗純」で絶えたことを示している。ただ、立山（川）寺は大徹派の輪住制が採られたはずであり、この派だけで

継承してきたように記されているのには疑点が残る。

(A)図と(B)図を比較すると、文字が異なるものもあるが、同一法系を表示しているとみてよい。したがって、『正法眼蔵』を最上郡の黒滝山向川寺で書写した曹源七世の大岑（岭）受椿は泰月紹㴱のもとで出家し、一雨（宙）宗純の法を嗣いだ人物であるとみてよい。弘治三年（一五五七）に『正法眼蔵』を書写したのが四十七歳の時であるから、その三年前の弘治二十三年六月二十八日、四十四歳の時に能登総持寺に一一七六世として出世していることが知られるのである。なお(B)図によれば曹源寺は富山県内に所在したことになっているが、向川寺の近くに、同寺の末寺であった曹源院（北村山郡大石田町横山）が存在するので、むしろ、向川寺で書写した大岑受椿の住した「曹源」は近くの曹源院であるとみた方が自然であろう。ただ、曹源院の世代には大岑受椿の名がみられないし、廃寺扱いになっている「富山県曹源寺」は単なる「山形県曹源院」に対する誤記なのかどうかも不明であり、多くの疑問が残るところである。なお、大岑受椿の「岑」が「岭」とも書されているところをみると、大川寺所蔵のものは本人が書写したものでなく後世に書写されたものであるかも知れない。また、大川寺に伝えられた理由は、(B)図に示したように、大岑受椿の派祖である日山良旭と大川寺開山の月江応雲とがともに大徹宗令の門弟であることから、同じ大徹派に伝わる『正法眼蔵』として伝承されてきたとみることができると思う。

さきに最上竜門寺（山形市北山形）には文明四年（一四七二）に能登総持寺において書写された七十五巻本が存在し、それは、最上長瀞の祖春沙弥が料紙を半分寄進したものであり、のちに竜門寺三世となる雪江道梅が書写したものであったことを述べた。この最上氏が建立した竜門寺は向川寺五世の朴堂良淳が開山に招かれた寺院であり、向川寺の末寺であった。したがって、弘治三年十月以降に向川寺において書写された七十五巻本も、最上竜門寺に所蔵されたものと関連するものであった可能性もあるのではなかろうか。文明四年に総持寺で書写された七十五巻本が竜門寺に存在し、弘治三年十月以降に向川寺において、やはり七十五巻本が書写されているので、それ以前から向川寺には同本が所蔵されていたことは確実である。しかも向川寺と竜門寺は本末関係にあった。以上のことから大徹派の最上川流域の寺院には七十五巻本が所蔵され、書写活動が行なわれていたことが指摘できる。また、総持寺が所蔵した七十五巻本が、出世を通じての関係などから、地方の寺院に書写伝承され、さらにその地域の他の寺院に書写伝承されていった様子を知ることができるのである。永禄二年（一五五九）二月十五日には、祖山宗印（鳥取県東伯郡東郷町中興寺の竜徳寺三世）が「嗣書」（静岡県焼津市保福島旭伝院内、岸沢文庫所蔵、「長禄本嗣書」と合本）を書写し、性屋宗清（同寺四世）に伝与している。同書は、のちの元禄五年（一六九二）照庸秀暾（鳥取県気高郡鹿野町大字今市譲伝寺六世）より独外知峰（同寺七世）へ、智峰より享保五年（一七二〇）に白峰へと伝与されている。なお、すでに述べたことであるが、同書の永禄二年に書写されるまでのことをみると、まず長禄三年（一四五九）、南寿慎終（石屋―覚隠―南寿と次第。山口県泰雲寺六世）から笑巌宥誾（鳥取譲伝寺一世）へと伝えられ、さらに竜叔智雲（同寺二世）、学海宗勤（同寺三世）、長索（琴雪長素カ、同寺四世、同竜徳寺開山）、祖山宗印へと伝写されてきたものである。(46) すなわち、周防竜文寺から因幡譲伝寺、さらには伯耆竜徳寺の世代へと伝えられた「嗣書」である。

八　江戸初期の謄写

天文十五年前後における長印、および同十六年の喆囱（窓）の書写活動以降、しばらくの間、『正法眼蔵』の謄写活動に関しては特筆すべきものがないままに、江戸期に入らなければならない。長印書写の奥書を持つ巻をいくつか収めているものに輪王寺本があることは、すでに触れてきたことであるが、同本は寛永三年（一六二六）から十一年までの間に成立している。同本は六十巻本に七十五巻本からの一五巻を合わせて七五巻としたもので、日光輪王寺慈眼堂に保存されているものである。この慈眼堂には天海が蒐集したものや、天海が寄進を受けたもの、それに後世納められたものなどが所蔵されている。書写者としては、「山門中納言憲海」「乾海」「右原門」「右筆大輔海運」「三位光尊」などの名がみられ、天海が自からの弟子たちに命じて謄写させたのが同本である。(47) ただし、七十五巻本から抄取した巻で、たとえば「優曇華」の奥書などには、(48)

優曇華　第六十四、能登劦鳳至郡櫛比荘諸岳山総持禅寺伝法菴客寮北窓軒謹誌之、◎今亦日本天文十五年丙午八月吉日、長印書之、◎羽劦最上之住僧主是道（傍点筆者）

と主是道の名がみえる。他に「大修行」「王索仙陀婆」「出家」の各巻にもほぼ同様の奥書があり主是道の名がみえる。いずれも七十五巻本から採った巻である。これらをみると、七十五巻本は、さきの天文十五年の長印の書写と、寛文十一年以降の書写との間に、この最上の住僧であった主是道という人物の書写活動が存在したことが考えられる。

さて、それから十数年後の寛永二十年（一六四三）九月二十六日には、清源院安叟自穏上人が「嗣書」を書写している。これは道元真筆本の写しであり、広島県三原市高坂町の香積寺に保存されており「香積寺本嗣書」と称されるものである。自穏上人が用いた三四四行の真筆本は、その後二六に分割され、僧侶や俗人に分与されたがその前に、写本を一本作成したのが「香積寺本嗣書」である。同寺には別に真筆の「嗣書」の五行からなる断簡がある。それは、二六分された一部である。これには、

道元遺墨　分施諸人　片言隻字　要見□□　前住興聖藤木堂□□

という証明書が下層に付されている。(49) 藤木堂とは興聖寺の懶禅舜融である。「香積寺本嗣書」には四種の資料が収められている。①真筆本「嗣書」の写し、②道元の伝記、③真筆本「嗣書」の分施先、④五行の「嗣書」断簡の由来縁

起、である。このうちの③をみると、永平寺良頓、随岸寺万安、大乗寺月舟、宇治興聖寺などに分施したことが知られるが、その中に、この懶禅の名もみられる。なお、分施は書写されてから二年後の正保四年から享保六年まで七四年間にわたって行なわれている。

道元真筆の「嗣書」が分与に先立って謄写された翌年の寛永二十一年（＝正保元、一六四四）から翌年にかけて梵清本が書写されている。これは「長円寺本」と称される。梵清本は京都府下の徳雲寺に秘蔵されていたが、先年火災に遭い、ほんの一部分を残して灰燼に帰した。(50) この長円寺本は、徳雲寺の梵清本を写したとは書かれていないが、直接写したのではないかとさえ考えられているほどの善本である。同本は、いうまでもなく、本輯が七五巻、別輯が九巻、合計八四巻で、綱目一冊、本輯二〇冊、別輯五冊、合計二六冊に収録されている。綱目をはじめ各冊に書かれている記述をみると、綱目が寛永二十一年八月十二日に写され、以降、順次書写されていき、最終冊の第二五冊が翌年の正保二年六月二十一日に写されている。一〇カ月余の日数を費して謄写された。筆写したのは三州幡豆郡の中島山長円寺（西尾市貝吹町）二世の暉堂宗慧である。当時五十八歳であった。なお、長円寺は、やはり寛永二十一年八月に、暉堂宗慧が書写した『随聞記』（康暦二年＝一三八〇の奥書を持つ）を所蔵することでも知られる。

その『随聞記』が慶安四年（一六五一）六月に中村長兵衛によって刊行されている。また、寛文三年（一六六三）に、畠山牛庵という人物が、「嗣書」（京都市、里見忠三郎氏旧蔵）を道元の真筆と鑑定している。この「嗣書」は「里見本」と称されるものである。同本には畠山牛庵の鑑定書と、彼が後藤覚兵衛に与えた消息が存する。(51) さきに、分施された真筆の「嗣書」が存在したことを述べたが、この里見本とはどういうことになるのかというと、二本ともに真筆本ということになる。つまり、分施された「嗣書」と里見本と、「嗣書」は二回書かれたということになるが、二本の間には少し差異がある。前者が、筆跡も若々しいことと、(52) これを分施する以前に書写した香積寺本をみるに前題も後題も「嗣書」という二字のみで「正法眼蔵」という総号や「第一」「第二」などという編次番号も書かれておらず、『正法眼蔵』が七十五巻本として編集される以前に撰述された「嗣書」であることを示していることから、[53]後者よりも先に書かれた真筆本であることがわかる。

延宝四年（一六七六）八月二十八日、吉祥寺（東京都文京区本駒込）住職の離北良重が八三巻一七冊の『正法眼蔵』を書写している（吉祥寺八十三巻本）。[54]最初の七五巻は七十五巻本から、残りの八巻は六十巻本から採っているが、「発菩提心」が入っていない。これは、七十五巻本の「発菩提心」と同名異本にもかかわらず同一内容としてしまった結果である。千栄寺本と同類の『正法眼蔵』であったが、戦災で消失したようである。

吉祥寺八十三巻本が書写されてから八年後の貞享元年（一六八四）には、卍山道白が八四巻の『正法眼蔵』の謄写編集を行なうに至るのである。

結びにかえて

以上、編年体で『正法眼蔵』の謄写と伝播についてみてきたが、永平寺とその周辺にのみ伝承されたのではなく、各地方、各門派に伝えられてきたことはいうまでもない。

道元の没後は永平寺二世となった孤雲懐奘を中心に徹通義介と永平寺三代を争った義演、その義演と関係を持していてのちに永平寺開山塔の塔主となった寛海、その寛海と深い関係にあり、のちに永平寺の五世となる義雲等をよって謄写活動が行なわれた。とくに義雲は、のちの元徳元年（一三二九）に『正法眼蔵』六〇巻の「品目頌」を作成しているが、この六十巻本の編集は懐奘時代以降の書写活動によることが知られる。

その後、六十巻本の謄写が宋吾（康応元年＝一三八九）・善皓（応永十八年＝一四一一）・光周（文明十一年＝一四七九）により永平寺を中心に行なわれ、摂津永沢寺を経て伝播したものもあるが、ともかく中国地方の石屋真梁門派下の覚隠永本や金岡用兼等の門派に伝承されていったのに対して、七十五巻本は総持寺伝法庵に伝承され、総持寺の輪住制などを通じて最上地方の竜門寺や向川寺などに伝えられ、正法寺本が成立したように東北地方に伝播していったとみることができよう。

また、早くから京都永興寺に伝えられた七十五巻本は道元の弟子の詮慧から経豪へと伝えられ、延慶元年（一三〇八）七十五巻本による注解書である『正法眼蔵抄』が成立したが、同抄は豊後泉福寺の無著妙融の門下に伝えられることになり、それが、おそらく泉福寺の輪住制の結果であろう、無著派に伝播し、それがまた、輪住制により、本寺泉福寺へ納められているのである。

七十五巻本は、能登の興徳寺や同国七尾の竜門寺にも伝えられ、また、越中大林寺でも謄写が行なわれており、能登永光寺にも伝えられていたことが知られ、能登総持寺伝法庵をはじめとして北陸地方の諸寺院に存在したとみることができる。

能登永光寺に七十五巻本が存在したことはすでに述べたが、それとともに十二巻本も存在したことが知られる。このように北陸には諸本が存在したことはいうまでもないことであるが、加賀仏陀寺（現廃寺）の大容梵清が七十五巻本（「行持」のみ六十巻本からの上下巻を一巻として採っている）と六十巻本から九巻を採って八四巻の「梵清本」を成立させている。しかも、これに先行するものが存在するのではないかとさえいわれているほどであるから、同本が成立した応永二十六年（一四一九）には、北陸地方では、七十五巻本と六十巻本と合するものが成立するようになっていたことが知られるのである。延徳二年（一四九〇）から翌年にかけて六十巻本に七十五巻本から二三巻を採った瑠璃光寺本の前提となるものが周防竜文寺で書写されており、中国地方でも二本が校合されて編集されている。また、泉福寺に七十五巻本を注解した『正法眼蔵抄』が伝承されていたことはさきにも述べたが、無著妙融（瑩山紹瑾—峨山韶碩—無外円昭—無著と次第）の弟子の無染融了の門派に六十巻本が伝えられていたことが妙昌寺本によって知られる。これもおそらく泉福寺への輪住を通じて無染派に伝えられたものと考えられる。よって、泉福寺の輪住制によって結束を保持していた無著派にも、七十五巻本に基づいた『正法眼蔵抄』と六十巻本との二書が伝えられていたことになるのである。

「嗣書」の巻が応永十六年（一三九九）・長禄元年（一四五七、於竜文寺室内）・応仁二年（一四六六、於大寧寺室内）と授受が行なわれ、いま一方の「嗣書」の巻も、長禄三年（一五五九）に南寿慎終が弟子の笑巌省誾に授けてからのちは、その門下の師から弟子へと授受が行なわれている。『正法眼蔵』が嗣法の証として授与されている例である。また波多野氏が傑堂能勝に「転法輪」を贈与しているように、贈与という形で伝播する場合もあった。いうまでもなく『正法眼蔵』の書写には、多くの日数をかけることが必要であったが、安居の期間が利用される場合が多かったようである。安居中の浄行・修行としての書写ということができよう。最上長瀞の祖春沙弥は書写のための料紙を寄進しているが、『正法眼蔵』書写という浄行に対して、それを援助する善業としての料紙寄進とみることができる。すなわち、『正法眼蔵』書写が、浄行・善業として把えられていた証左とみることができるのである。

永平寺・総持寺・能登永光寺・摂津永沢寺・周防竜文寺・同瑠璃光寺・豊後泉福寺・最上向川寺・同竜門寺や陸奥正法寺など、各地の門派の中心寺院には『正法眼蔵』が存在していたことが知られるが、信仰としての書写、浄行としての書写で内容の研究にまでおよぶということは少なかったようである。ということは、門派の中心寺院は大部の『正法眼蔵』を書写し維持していくことに意義があったことになる。それは、このことによって、門派の中心寺院としての権威を飾るとともに、宗門の「奥義」を手中におさめることによって、宗学の上でも、中心寺院として、門下寺院の上に君臨することができることになるからであった。輪住制を敷いた寺院などでは、中心寺院のシンボルの一つとして安置されたとみることができる。

註

(1) 永久岳水『正法眼蔵の異本と伝播史の研究』(中山書房、一九七三年)。なお、本節の論述に際しては、同上書や佐野文翁『正法眼蔵書写年表』(私家版、一九八二年)等を参照した。
(2) 永久前掲書、三〇・三一頁。
(3) 「瑞長本建撕記」(河村孝道編著『永平開山道元禅師行状建撕記』一〇三頁、大修館、一九七五年)。
(4) 『永平正法眼蔵蒐書大成』六、例言六頁(大修館)。
(5) 永久前掲書、一七五・二六八頁。
(6) 以下このあたりの輪王寺本に関しては圍野弘之「輪王寺蔵正法眼蔵」(『宗学研究』二九、一九八七年)による。
(7) 『曹洞宗全書』語録、一一八頁。
(8) 金沢文庫蔵『正法眼蔵』中の奥書。
(9) 『永平寺秘密正法眼蔵』二十八巻本・「素明本」。
(10) 大久保道舟『修訂増補道元禅師伝の研究』三三六頁(筑摩書房、一九六六年)。
(11) 『曹洞宗全書』注解二、五六八頁。
(12) 河村孝道「例言」(『永平正法眼蔵蒐書大成』六、例言一三頁)。
(13) 永久前掲書、一三〇頁。
(14) 『永平正法眼蔵蒐書大成』一、例言四頁。
(15) 瑠璃光寺本「嗣書」、永久前掲書、一八八頁。
(16) 永久前掲書、一三九頁。
(17) 河村孝道「正法眼蔵」(講座道元Ⅳ『道元の著作』、春秋社、一九八〇年)。

(18) 大久保道舟編『古本校定正法眼蔵』全、七二六頁（筑摩書房、一九七一年）。
(19) 「宗宗調査委員会調査目録及び解題(54)——長野県大徳寺——」（『曹洞宗報』六〇五号、一九八六年）。
(20) 「耕雲種月開基年譜私録」（『続曹洞宗全書』史伝、五七〇頁）。同書は永禄元年（一五五八）五月吉日に書かれたという奥書を持つが、さらにのちの安政五年（一八五八）に越後種月寺の三四世高巌が再写したものである。
(21) 永久前掲書、一六三頁。
(22) 聖護寺（熊本県菊池市竜門大字班蛇口字鳳来にある寺院で開山は大智）が所蔵する『正法眼蔵』（七五巻一二冊）で二九巻「山水経」の識語に「于時延宝五丁巳孟冬十月十五日、長庵医士半白而豊之後於森城下書畢」とあり、七五巻「出家」の識語に「尓時延宝八庚申秋七月十七日、在豊後州球珠群《マヽ》帆足郷森城下安楽禅林帰依医翁大和氏長庵諱見春、行年五十三書写焉」とある。医士である大和見春（号を長庵）が安楽寺（大分県玖珠町森）において延宝五年（一六七七）に書写したものであることが知られる（松田文雄「宗宝調査委員会調査目録及び解題㊿」『曹洞宗報』六〇一号、一九八五年）。
(23) 「宝永誌」。「貞享二年、越中射水郡礪波郡新川郡私触下神主由来書付写之帳」（『加越能寺社由来』下、一三三頁、石川県図書館協会、一九七五年）。
(24) 永光寺蔵十二巻本以外の一二巻の『正法眼蔵』中の「出家」奥書。
(25) 永光寺蔵十二巻本の一二巻目「八大人覚」奥書。
(26) 瑠璃光寺「嗣書」奥書、「瑠璃光寺本」とは別（永久前掲書、一八八頁）。因みに同本には「嗣書」と「春秋」の二巻は納められていない。
(27) 岸沢文庫蔵「長禄本嗣書」（『永平正法眼蔵蒐書大成』四、四頁）。
(28) 同右。永久前掲書、一八八頁。
(29) 河村孝道氏蔵本、『永平正法眼蔵蒐書大成』一八。
(30) 妙心寺塔頭霊雲院本（河村孝道「例言」、前掲『永平正法眼蔵蒐書大成』六、例言四頁、三頁）
(31) 中世の多福庵については、拙稿「永平寺の衰運と復興運動」（『永平寺史』上、四八五頁、大本山永平寺）がある。
(32) 正法寺本・輪王寺本「祖師西来意」・寛巌本「梅花」。
(33) 永久前掲書、二二一・二二二頁。圜野弘之「輪王寺蔵正法眼蔵」（『宗学研究』二九、一九八七年）。

(34) 金岡本。
(35) 前掲『永平正法眼蔵蒐書大成』一、一頁。
(36) 『続曹洞宗全書』注解一、二頁。
(37) 同右、清規、二九頁。
(38) 前掲『永平正法眼蔵蒐書大成』一四、七七〇頁。
(39) 金岡本（洞雲寺本とも）。
(40) 永久前掲書、一八〇頁。
(41) 同右、一九四頁。
(42) 同右、二〇九頁。
(43) 同右、一八一頁。
(44) 同右、一八一頁。
(45) 前掲『永平正法眼蔵蒐書大成』二、一頁。
(46) 前掲『永平正法眼蔵蒐書大成』四、四頁。
(47) 永久前掲書、二一九頁。圜野弘之「輪王寺蔵正法眼蔵」（『宗学研究』二九、一九八七年）。ここでは、とくに後者を参照した。
(48) 同右、二三一頁。
(49) 同右、一一五頁。
(50) 同右、二三三頁。
(51) 大久保道舟『道元禅師伝の研究』三八〇頁。
(52) 大久保前掲書、三八一頁。
(53) 永久前掲書、一二〇頁。
(54) 同右、三三三頁以下。

第二節　「大雄山最乗禅寺御開山御代」について

はじめに

『正法眼蔵』の書写・授受以上に曹洞禅僧の師資の間で書写や授受が行なわれてきた書に嗣書・血脈があり、道元撰「教授戒文」・同「出家略作法文」（＝「出家略作法」）・同「仏祖正伝菩薩戒作法」などがある。また、禅籍や禅語・公案などの注釈書である抄物、問答の手引書としての性格を持つ門参・代語・下語《あぎょ》などの書写・授受も十五世紀後半ごろより隆盛となった。また、問答の手引、仏事法要の作法等を一枚の紙片に書き記したものに切紙がある。石川力山氏はこれらを「洞門抄物」と総称している。氏の作成した図を参照し(1)、あらためて作図すれば左図のようである。

これらのうち、本節（第二節）と次節（第三節）では代《だい》・代語《だいご》・下語《あぎょ》についてみることにし、第四節では切紙について考察を加えることにしたい。

「大雄山最乗禅寺御開山御代」とは、最乗寺開山すなわち了庵慧明の代語という意味である。代語は下語とも称される。広い意味での語録である。禅宗には悟境に導くための多くの公案《こうあん》（中国の歴祖の言動を素材として作られた問題）があるが、これに関して見解や解説を示すことや、自己の考えを示すことを下語という。また、問題を提示して門人に答えを求めるところを、これに代って、自ら答えを示す方法をとるところから代語ともいわれる。代語・下語では、一問題提示ののちに、「拶云」「代云」「又云」「取云」などと、つぎつぎに解説・解答が示されていく。この下語が、一

第36図　曹洞禅僧相伝書分類図

- 曹洞禅僧相伝書
  - 祖録・語録（従容録・碧巌録・無門関等、道元以下の祖師の語録）〈冊子〉
  - 道元・瑩山の著作（正法眼蔵・伝光録等）〈冊子〉
  - 教授戒文・出家略作法・仏祖正伝菩薩戒作法〈巻子・状〉
  - 洞門抄物〈冊子〉
    - 語録抄（聞き書抄、漢文抄・仮名抄）
    - 代・代語下語・（漢文抄）
    - 代語抄・再吟（漢文抄・仮名抄）
    - 門参（本参・秘参・伝参・秘書、漢文抄・仮名抄）
  - 切紙（儀礼の方法を書いたものと、門参の一項目のようなものが一枚ごとの切紙になっているものがあり、漢文抄・仮名抄的なものの両方がある。のちに冊子にまとめられるようにもなる）〈状〉
  - 三物（嗣書・血脈・大事〈切紙のうちの宗旨に関するものが大事として入り三物となった可能性あり〉）〈紙本・絹本〉

年を通じて、ことあるごとに行なわれ、仏涅槃日（二月十五日）・仏誕生日（四月八日）などの仏教的行事や、歴祖の忌日、あるいは端午・七夕・冬至などの季節のかわり目に行なわれた。これを門弟達が、参考にするために、編纂したものが下語集・代語集である。しかも、編纂にあたっては年代順に整理される場合があり、その禅僧の思想とともに、行歴や場合によっては外護者である在地領主などの動向をもうかがわせることもある。

本節では代語の一つである「大雄山最乗禅寺御開山御代」について検討を加えることにする。

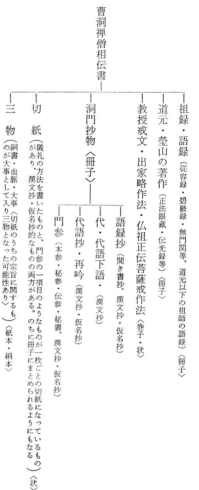

一　本書の概要

大雄山最乗寺に「大雄山最乗禅寺御開山御代」という冊子が存在する。すなわち、この内題からすると、最乗寺の開山である了庵慧明の「御代」、つまり「代語」（＝語録）であるということになる。内題からしても、かなり重要なものであることに相違ない。なお駒沢大学図書館編『禅籍目録』には「了庵慧明禅師語録／②二巻　③了庵慧明」とあり、了庵慧明の語録の存在が知られているが、それ以上のことは不明であり、ここで紹介する最乗寺本とは同じものかどうかも不明である。

表紙題簽には「御開山語録」とあるが、扉オモテに「大雄山最乗禅寺御開山御代」とあるので、後者が正式な書名となろう。全体は表裏の表紙二枚。扉（本文と同紙）一丁。本文九〇丁。本文はおよそ一頁一二行。一行の字数は二一字前後。枠は四周単辺。欄外上部に勘注（頭注）があり、ここには代語が述べられた月日や、語句の引用典籍名などが記されており、本文と同筆のものと、そうでないもの（後筆と考えられる）がある。

本文最後、すなわち九〇丁ウラ奥に、

紙数九十丁欤／于時寛永十年酉四月吉日

とあり、本文九〇丁のこの冊子が寛永十年（一六三三）に書写されたことが理解できる。また、裏表紙見返しには、

大雄山最乗禅寺／了庵大禅仏御代／上総州／真如寺十七世天巌全播和尚／之代／奉寄附／同真如住僧堯揆／者也

とある。「最乗禅寺輪董牒」（最乗寺蔵）によれば、真如寺（千葉県木更津市）一七世の天巌全播が最乗寺に真如寺世代の太年伊椿の代住として輪住したのは寛永八年八月から翌九年七月までである。同本筆写の年が寛永十年四月吉日で

あるので、約一年のずれがある。したがって、一つには、寛永八年八月から九年七月までの真如寺一七世の天巌の輪住を機に、約一年後にはなったが、天巌の代の寄進として真如寺の住僧であった尭拶が筆写して大雄山に納めた。二つには「輪董牒」の方が一年ずれているのであって、天巌の輪住中に尭拶が納めた。三つには、寛永十年に筆写したものを、のちの真如寺の輪住の折（寛永十六年、明暦元年などに輪住）にでも、その住僧が天巌全播の代の寄進として納めた、などのことが考えられる。なお、表紙見返しには、

寛政十二庚申年六月吉旦／真如寺桂秀叟／表紙寄附之

とある。のちの寛政十二年（一八〇〇）五月に、北洲恵海の代住として輪住中であった真如寺の桂秀が、同書が真如寺から納められたということからか、表紙を新調している。

さて、本書には種々問題もあるが、ここでは了庵の代語ということで、ひとまず論を進めたい。

二　引用の代語・話頭・典籍

まず注目されることは、了庵の師である通幻の代語が本書の中で八一回も用いられていることである。全体が九〇丁であるので、一丁に一度近く用いられていることになる。たとえばつぎのようである（傍点筆者）。

（2オ）　王子未登九五時如何代初雪封古路般印当八国葉山語也幻代天生位至尊取五彩不粧容自異

正当九五時如何代雪覆千山峰不白幻代満取太平天子四相太平後代雪満々々不雪満十道安隠叶明簾取句天下殿子上

前殿蟬蛻不傾(頂)

八一箇所のうち、右に示したような「幻代」がほとんどであるが、その外には

（8ウ）翌日通幻ハ是出給也（頭注）
乾峯和尚云春力不到処枯樹亦生花代野老拈｜春故徳云驀然一陣狂風至｜跡此意如何代似即似｜是取有位不
天上蟬蛻未当異
（30ウ）古徳云覚王如来不三礼、老婆同姓本来天、代文叔成子｜泆　通幻御代物カタリトメ立給也
（65オ）脱身一色不守同風如何……通幻代……
（72オ）木人功尽――針代ハ通幻下語物語シテ立給也
（75ウ）正堂僧問如何是法眼宗師曰切忌違時失候代揮剣一客不眨眼、的々一心一処座、百丈語也幻之代物語シテ立給
也前之代誰見夜――頭取句本来無一物恵春着語也メ直指人――仏メ千出岩――痕
（77オ）雪峯在洞山作飯頭淘米……幻之代嗄

とある。「通幻御代」「通幻代」「代ハ通幻下語……」「幻之代」とあり、これらのことから、「通幻下語」（あるいは「通幻代語」）の存在が知られるのである。これを、了庵がしばしば引用していたことが知られるのである。なお、8ウの頭注の意味は詳しくは不明である。下の本文が通幻の語であることを示すのか、通幻忌を意味するのか不詳である。

さて、右に示した75ウからは、いま一つのことが知られる。了庵が師通幻寂霊の代語を引用して物語をしたことに対して、その場であろうか、のちのことであろうか、慧春尼（了庵の実妹で、弟子）が着語を付しており、同書が、了庵以降の人びとによって作成されてきたものであることが知られるのである。このことは、つぎの部分からも知られる。

（1オ）建昌軍資聖南禅師聖節上堂顧視左右曰諸還知广夜明簾外之主万化不渝、瑠璃殿上之尊四臣不昧、端拱而治
不令而行、寿逾百億須弥、化洽大千沙界、如何得意代躰得那辺這裡行履取満無極着不知妙岩国土鋪銀恵春大姉

〆恁麼即両重公案大綱

つぎに注目されることは、右の1オにもみられるように、了庵の代語の後に、その弟子の無極恵徹、恵春尼、大綱明宗の着語が記されていることである。この外にも、恵春尼の着語は40オ・50ウ・60ウ（頭注の指摘）・61ウ・63オ・83オにみられる。また無極のものは、右の1オとともに20オに、

（20オ）永明云銀河到来廓而忘位如何得意代一足垂下取参内白衣相天子霊然心永明語也無極和尚之着語也

とみえ、42オ・56オ・83オ（大綱の着語とともに）・83ウにもみえる。大綱明宗のものは、やはり、さきに示した1オとともに、83オ（無極の着語とともに）・83ウにもみられる。

そして、

（83オ）大功統転、借為誕生、一色消方名尊貴代円同大虚無欠無余取芦花明月不似他大綱 取飽満家風上下円無極

と、了庵の高弟である無極と大綱の着語がともにみられる。

本書には道元における「心身脱落」に関する言句が、

（45ウ）天童浄老禅師……参禅者須心身脱落祇管打睡恁麼

（85ウ）一葉落眨天下秋一塵起大地収、如何得意代一身三世百雑砕取身心脱落々々身心

とある。とくに前者は話頭のように用いられている。中世の曹洞禅林では、よく用いられた「話頭」であったらしい。さらに、中世の禅僧は、この「身心脱落」の言句が、曹洞宗の祖師の一人である薬山惟儼の弟子道吾円智（七六九―八三五）であると承知していたのである。

（13オ）道吾智上堂云、一道霊光周触処、花落残梢虚空明、青梅枝々古仏心、脱落心身古廟去、脱落々々全躰空、下堂而良久大衆会广自代云無心道者能如是未得無心亦大難畢竟如何代本色被僧笑点頭

挙則として用いられている古則では、やはり、曹山・丹霞・青原・南泉・臨済などに関するものが多い。ただ、曹洞宗の中国における祖師のものも、かなり存することが目につく。また本書には代語に引用された語句の出典が、その末尾に注記されている。それによれば引用語句の出典の様子はつぎのようである。

1 丹霞語 1ウ
2 薬山語 1ウ・36オ・67ウ・75オ
3 薬山概伝 70ウ
4 霊岩語 2オ
5 竹庵語 2ウ
6 五祖語 3オ・61オ・83オ
7 打地和尚語 5オ
8 慈照禅師語 7オ
9 瑞岩語 10ウ
10 六祖語 13オ
11 六祖概伝 41ウ
12 明極語 19オ・24ウ・24ウ・32ウ・33ウ・37オ・46オ
13 泉和尚語 19ウ
14 永明語 20オ・37ウ・76オ
15 同安察語 20オ・26ウ・58ウ
16 乾峯語 20ウ
17 真歇語 20ウ
18 趙州語 22オ
19 長芦語 24ウ・62ウ
20 青原語 25オ
21 天童宗珏法語 28オ・65オ
22 南陽忠語 30オ
23 方会語 30ウ
24 宗元庵主語 34ウ
25 三祖語 37オ
26 雪豆語 38オ
27 天竜語 38オ
28 道林語 38ウ・40オ・57ウ・63オ
29 子胥語 42ウ
30 仏心才語 43ウ
31 南岳語 44ウ
32 投子語 50ウ
33 青原語 54オ・63ウ
34 密印語 54オ
35 芙蓉語 58ウ・65オ
36 踈山語 60オ
37 石頭語 60オ
38 洞山語 61オ・63ウ・88ウ
39 四祖語 62ウ
40 道吾語 67ウ
41 石霜語 69オ
42 文殊能語 71オ
43 大梅智語 72オ・86オ

44 能州語 72ウ　45 香林遠 74オ　46 仰山語 74ウ
47 雲門語 74ウ　48 楚安方語 74ウ　49 雪豆智鑒語 75オ
50 百丈語 75ウ　51 睦州語 79オ　52 二祖語 89ウ

ここで注目しなければならないのは、「明極語」が代語の中に最も多く引用されているということである。明極とは、曹洞宗宏智派の明極慧祚か、あるいは、中国から渡来した臨済宗松源派の明極楚俊かのいずれかであろうが、不明である。

なお、代語中の引用でなく挙則として「明極語」が用いられている場合も三例ほどある。それを示せば、

(22オ)　明極仲秋上堂云不到々也古人旨……

(34ウ〜35オ)　大洪云合面睡着五更鐘与鶏鳴他問如何静合面正切辰、明極拈云親亦還踈如何委悉、代ナシ 発句物語
人ノ問カト思テソヌル取鳥ノ声鐘ノ響モフクル夜ニ

(35オ)　明極云　古人有ニ丁宿客一、山僧不恁麼、参禅須ニ累却一卒心而曹洞家風細密難弁、大功守后合大功、畢竟如何、自代云七間僧堂朽成塵刹此道正高、此意如何、代蝉蛻冠不一朝士、三尺氷豈一夜寒

である。とくに35オの箇所では、「曹洞の家風は細密にして弁じ難し」(原漢文)というところを引用しており、曹洞宗の宗風に関するものとして、明極の語が引用されている。

日本の臨済宗の人物からの引用が一箇所みられる。それは、

(12オ)　長慶陵(ママ)禅師示衆云撞着遵伴交着過一生参学叓畢代風光都買尽不費一文銭円覚寺二代隠居メ遷化ノ時出給也

というものである。円覚寺二代すなわち大休正念の遺偈が引用されているのである。これは、慧春尼と円覚寺の僧侶とが問答をしたという説話があり、また、のちに最乗寺輪住者は、住持に就くに際して、同寺近くにある円覚寺末寺

の極楽寺に必ず挨拶に行くということが恒例となっていたことなどと無関係ではなかろう。すなわち、了庵以下その門下は鎌倉禅の一大勢力であった円覚寺をつねに意識してきたことと関連するのではなかろうか。

三　年中行事と上堂

この代語が了庵のものであるとすれば、了庵は、ことあるごとに上堂をし、その時の代語が集められたのが本書の原型となったものであるということになる。それは、

（6オ）　廿日法衣之因代　広得周之語也（頭注）
　興教明禅師云、釈迦十六丈袈裟……代三世了達連綿、心、通身無骨過身骨
（10ウ）　三月五日通幻忌出也（頭注）
　教外別伝叓最寄兜羅綿手挙華時、如何竟代須看経具眼取心眼相対実不真、閑ゝ不閑是道場、瑞岩語也
（13ウ）　仏誕生（頭注）
（15ウ）　端午（頭注）
（17ウ）　送行（頭注）
（19オ）　古語云、暁日不明花蓊欝秋風難韻長凄、栽培肯向無河有、不落青黄鎮四時、長韻上座行履作麼生代渠無相身而天地曽不礙取唯有中心樹子六窓之趣不堕南岳譲語也長韻侍者十八早世了庵和尚弟子之子也七月五日取骨之朝参也
（19ウ）　七夕（頭注）
　合面睡着幻代毫釐有ー又……

（56オ）　雲居云父母不知儲有子此人……代今日通幻和尚相当忌日取青山常――児無極

（58オ）　立桂諷誦最乗寺（頭注）

速礼三拝代仏殿我与拈来与你商量取窮渠口谷直下円又代命脈一線不長短当概大道鴛鴦心、取浄瓶躍処有来由、

後是行人不利

（87オ）　山門桂之立因（頭注）

趙刕四門長開不礙諸方往来代霜重風厳景舜寥玉関金――敲、后代山頂不高海不深、霜雪自白難運歩、月日到中秋満、風従八月涼……

などであり、仏誕生日や七夕、あるいは通幻の忌日などに法語（代語）を述べている。また、19オは七月五日、十八歳で死去した長韻侍者の取骨（火葬三日目に行なう）の日の朝参において述べられたものである。

なおこの19オに長韻侍者が「了庵和尚弟尼之子也」と述べられている。了庵の「弟尼」が恵春尼であるとすると、長韻は恵春尼の子であるということになる。気骨のある尼僧としての説話を持つ慧春尼に子があったことになる。

また、58オによれば、最乗寺仏殿を建立するに際して、立柱の仏事をした時に代語が行なわれていることが知られる。さらに87オからは、山門の建立が、仏殿建立から四年後（年月に関しては後述するが）に行なわれたことがわかるのである。

そして、僧侶の指導には、

（53ウ）　……〆昨日春薗風雨悪……

（57ウ）　……代昨夜疾風巻地吹今朝日暖霜柱秀

などと、身近なことを用いてなされた様子もうかがえる。季節や月日が知られるものを示すと、

5ウ春、6ウ三月、7オ二月、9ウ桃花、10ウ三月五日通幻忌出也（頭注）、11ウ春、12オ青春已過夏景……、12ウ結夏既五日了、13オ七日（又は月）出給無着語、13ウ仏誕生（頭注）、14ウ五月、15オ五月、15ウ端午（頭注）、16オ六月、17ウ送行（頭注）、17ウ秋、18ウ秋、19オ七月五日取骨之朝参也、19ウ七夕（頭注）、20オ八朔、20ウ中秋、21オ秋、21ウ明月秋……、22オ明極仲秋上堂云……、23ウ重陽日、24ウ霜、24ウ雪、25ウ霜天、26ウ如何是初雪、26ウ雪月、27オ雪、27オ水面ニ光月波、27ウ雪、28オ雪、28ウ雪、29オ臘月、29ウ臘月、30オ薬山堂云初雪、30ウ乾峯歳末①」、35ウ遠山桜、40ウ霜夜月花笑心園春、42オ芦花、43ウ桃花爛熳、45ウ春、46ウ落花天、47ウ秋光、48オ秋、48ウ月明月不知秋、50オ臘月二十五、51オ水ノ面ニ光月……（冬に水面が月に光るのを秋の最中とたとえている）、51ウ雪、53ウ昨日春薗風雨悪、56オ今日通幻和尚相当忌日（五月五日、但し五日のことで五月ではないかも知れない）、57ウ昨夜疾風巻地吹今朝日暖霜柱秀②」、58ウ似青春三月裏、63オ芦花……秋……、63ウ月、66ウ芦花明月③」、69オ花柳、69オ不待春、69ウ江月照春風吹、73ウ花開三月、75オ秋④」、76ウ桃花、78オ春風春雨……桃花雨……、81ウ雪、82ウ月冷……松寒……、83オ芦花明月⑤」、83ウ花香、84オ今日麦、84オ明月（春の月か）、85ウ十洲春尽花彫残、86ウ秋山、87オ霜重風厳⑥」、88オ二月……⑦」

のようになり、この代語はおよそ七年間に行なわれた代語であったことになる。したがって、さきの最乗寺の立柱諷誦に際しての代語が、この代語集の三年目に当る中に入っている。寺伝によれば、了庵の最乗寺建立は応永元年（一三九四）であったというから、この代語は、その二年前の、明徳三年（一三九二）からの代語ということになろうか。了庵慧明が、最乗寺を開く前に相模に上曽我村竺土庵を開いているが、それは明徳二年（一三九一）であるから、その翌年最乗寺の方に移り、この時以降の代語が本書に収録されたといえようか。また、山門は仏殿の建立から三年後に建立されたことも想像がつくのである。

さらに学人の接化には、

(23ウ)　重陽日近金菊開深水魚行暗動砂投子青意旨如何代発句物語在アダ花ノ色香留メヨ旅ノ人

(27オ)　識取天台把箒人、寒岩有雪無人掃、如何委悉代水面ニ光ル波ヲカソウレバ今夜ゾ秋の最中ナルラン取今夜
一輪光―処

(35ウ)　代見又方ノ遠山桜吹越テ――コソアレ取……

(38ウ)　趙州東院西代十分明月為誰白〆今夜無月又風流　后代ナカメハ七夕秋ヨリ外ノ病モ――ケリ又代……

(51オ)　水ノ面ニ光月浪ヲカゾウレハ今宵ノ秋ノ最中ナルラン

(55ウ)　代簾外ニ独ヤ月ノフケヌラン、ヒコロノ袖ノ涙尋テ

(62オ)　後代見渡セハ柳楼ヲコキマセテ――ラン

(63オ)　代物語アリセンテイノ身ナケ

(65オ)　代イモカコワハヤホウ程ニナリニケリ只タモリ取リテヤシナイニセヨ

(75ウ)　如何是潙仰宗師曰目前無異草代紫ノ一本故ニ武蔵野ノナベテノ草モナツカシキカヤ取満山緑樹影青々幻代
誰家竈裡火不――針

(83オ)　但向道三季一潤代戸蔵之明神ノ物語御聞走ヘ

(86ウ)　代我心ナグサメカ子テサラシナヤウバステ山ニ照月ヲミテ

(87ウ)　代サレバコソ人カヨイケンヲサ、ハラ子タシヤ今夜露モコボレス取生不見君王面――門

(87ウ)　代我愚ハ三輪ノトリイノ二柱立千双ツ、季ハ経トモ取説至駈季不点須

(90オ)　代物語頼朝之大仏参詣叓

（90ウ）……三世諸仏歴代祖師天下老和尚風穴老漢你者一隊禅和子畢竟如何代ウソノ皮ノヒウチ袋トシテカゴヲ扣テ走

とあることからみて、代語とともに、あるいは代語のかわりに発句を用いたり、物語をしたことも明らかとなり、中世の禅僧の接化活動の様子をうかがい知ることができる。とくに83オに戸蔵明神の物語をしていることなども注目される。

これまで本書を了庵の代語集として扱ってきたが、つぎのような問題がある。

本書は、型としては、了庵慧明の代語に、幾度か了庵の弟子の無極慧徹や大綱明宗、さらには了庵の実妹で弟子の慧春尼などの著語《じゃく》（短評）がみられる。そして、語句の末語などに「〇〇着（著）語也」などと記されており、また頭注も本文などと同筆である。したがって、本書の原本は、了庵よりも後世に編集されたことは明らかである。しかし、「通幻御代物カタリトメ立給也」（30ウ）などという臨場感あふれる文言が示すように、型としては、了庵が最乗寺において説いた代語を収録したものが、本書の原本ということになる。したがって、万一、了庵に仮託して作られたものだとしても、少なくとも了庵の門下の人びとの中から成立した代語集であったということは指摘できよう。

では本書の原本は、了庵に仮託して後世の人が作成したものか、という疑問が出てくるが、これに関しては何ともいえない。ただ仮託した場合には矛盾する要素が文中に散見されることが多いが、本書には後世の人が注記などを加えたりしたことはわかるが、それ以外は矛盾する部分はみあたらない。原本が了庵の代語を編集したものか、了庵に仮託して作成されたものかは不明であるが、仮託されて作成された場合の矛盾する部分がみあたらないという代語集であるといえる。つまり他の人びとの著語等がみられることから代語抄への方向をみせている代語といえよう。

結びにかえて

本書でとくに注目すべきは、通幻の「代語」が頻繁に引用されているということである。このことと、やはり了庵慧明の作あるいはその門下の中から成立したとされる「天童小参抄」の存在なども合わせて考える必要があろう。群馬県茂林寺の「財物記録帳」というべき一巻に、「開山和尚代語附二世三世之代語一巻」という項目があり、その解説文の中に、日本禅林では総持寺二世峨山韶碩の弟子無端祖環（総持寺内洞川庵開基）や通幻以降、了庵門下の大綱や無極のころに代語がさかんに行なわれ、一洲正伊や泰叟妙康のころには、各門派間で代語・下語の内容の優劣が云々されるようになるほどさかんであったということが記されている(2)。

本書は、まさしく、通幻以降のこのような情況を裏付けるものということになる。また、次節で詳述することになるが、最乗寺門末の下野大中寺系には「竜洲文海下語」や「天嶺呑補下語」が存在し、とくに門参や代語がさかんであったが、この「竜洲文海下語」には「了庵代」「月江（正文）代」（西光寺本56オ）とあることからみれば、了庵の代語の存在も考えられる。あるいは、この最乗寺の本書が、その「了庵代」ではなかろうか、以上のことを考えると、了庵に仮託して作成されたものとしてかたづけてしまうことは許されない。本書は、代語・抄物・門参類の中でも、重要な位置を占めるに違いない。なお、道吾円智の上堂語「脱落心身」に関しては、これが円智の語であったならば、道元の「身心脱落」の言句は、それを用いてのものであったことになるが、本書の引用の典拠が問題となる。現在のところ、円智の言句であるとは考えられない。しかし、さきにも記したように、「心身脱落」の語は円智の言句であると考えていた人、および時期が存在したことには注目せねばならないだろう。

註

（1）石川力山「中世禅宗史研究と禅籍抄物資料」（『飯田利行博士古稀記念東洋学論集』所収、一九八一年）。

（2）金田弘『洞門抄物と国語研究』一〇頁（桜風社、一九七六年）。

（3）拙稿「小川町西光寺所蔵の禅籍二点――『竜洲文海下語』『天嶺呑補下語』――」（埼玉県立文書館『文書館報』八、一九八〇年）、本章第三節参照。

第三節　「竜洲文海下語」「天嶺呑補下語」について

はじめに

本節では埼玉県比企郡小川町下小川西光寺が所蔵する「竜洲文海下語」と「天嶺呑補下語」の二本に対して考察を加えることにする。(1)

「竜洲文海下語」とは下野小山氏の保護を受けて建立された大中寺（栃木県下都賀郡大平町西山田）四世の竜洲文海（一四八〇―一五五〇）の下語、「天嶺呑補下語」とは大中寺七世の天嶺呑補（一五一六―一五八八）の下語ということである。

前節で述べように了庵派の派祖である了庵慧明（一三三七―一四一一）が開山した最乗寺（神奈川県南足柄市大雄町）には「大雄山最乗禅寺御開山御代」、つまり了庵慧明の代語が存在する。形態は西光寺の二本とほとんどといってよいほど似ている。寛永十年（一六三三）四月日の書写である。したがって西光寺の二本は、後述するが、慶長十年（一

第37図　曹洞宗了庵派略系譜

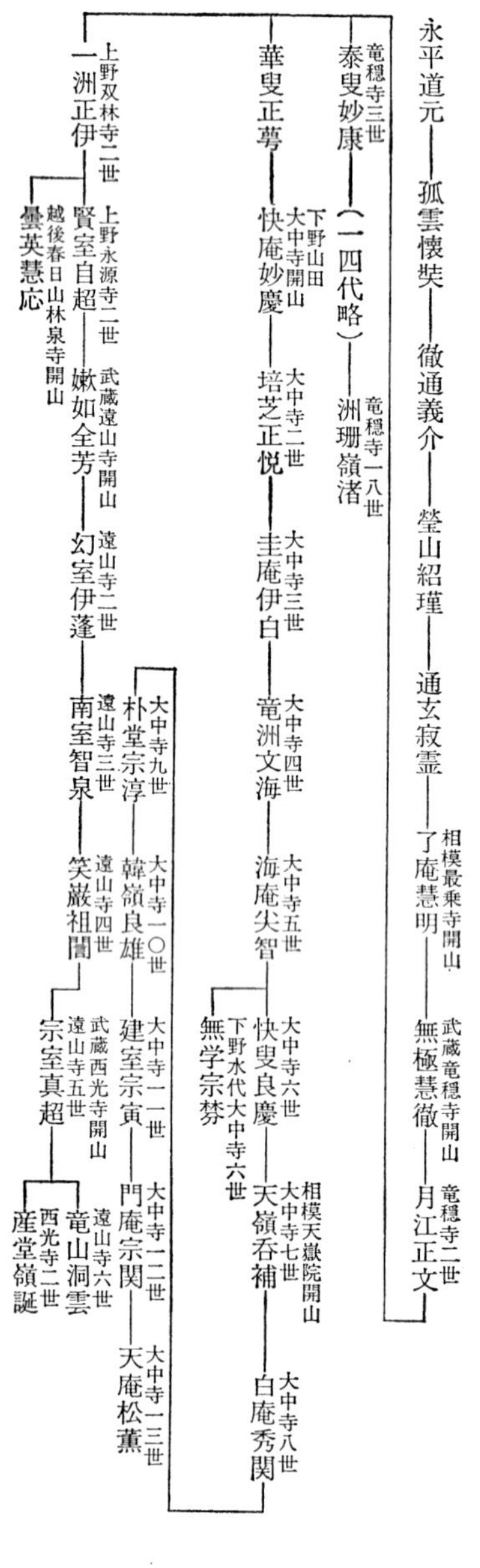

六〇五）の筆写であるので、第37図でみると、法系的には竜洲や天嶺よりも了庵の方が上位であるが、筆写年代では古いことになる。

前節の「結びにかえて」で触れたことであるが、茂林寺（群馬県館林市大字堀工）蔵の「什物記録帳」に、「開山和尚代語附二世三世代語二巻」の項があり、茂林寺の開山（大林正通＝一四八四没）以下二世・三世にも代語が存在したはずであり、とくに十五世紀に入ると了庵慧明門下では代語・下語が盛んに行なわれている。これらのことを考えると、「竜洲文海下語」「天嶺呑補下語」の存在も、それを裏づけるものである。また、大中寺門派の代語・下語・門参（公案の解釈の方法や門派の見解が示されたもの）・抄物（語録・代語・下語の注釈書）という点からみると、江戸初期に活動した大中寺一三世の天庵松薫の「大平山大中禅寺嫡伝透本参」や「天南代語抄」（三冊）があるが、西光寺の二本はこれに先立つものとして位置づけることができる。

以下、二本の個別の検討に入りたい。

一 「竜洲文海下語」

西光寺所蔵の「竜洲文海下語」(写本一冊)は柱上部の丁数により九七丁であったことがわかるが、一丁〜五丁が欠けている。したがって全体で九二枚。本文は一頁一二行が基本。枠は四周単辺で、欄外上部に勘注の形で月日や、引用典籍名が記されている。大概は本文と同筆。一行における字数は二四〜二七が基本だが、細字の場合は三二〜三三が基本。タテ二七・八チセン×ヨコ一九・五チセン。撰者は大中寺四世の竜洲文海。筆書者および筆写年代は不明。しかし、のちに述べる「天嶺呑補下語」と同一形態、同一紙質であることから慶長十年(一六〇五)筆写と考えられる。それ以前の伝来の経過も同上書と一致するのではなかろうか。ただし、字体は少し異なるようなので、同一人の筆ではなさそうである。一丁〜五丁を欠くために本文以外の記載では九七丁ウラ最終行の記載が唯一で、

太平山大中四世竜洲海大和尚御下語之終全部

とある。おそらく内題も「太平山大中四世竜洲海大和尚御下語」に近いものであったろう。ただし、ここでは「竜洲文海下語」とした。なお、すでに述べたように、欄外上部に下語の行なわれた月日や出典が記され、本文の後にも出典が示されたり、また、「私云」(87丁オモテ)とあり、のちの人物の注釈が入っており抄物的要素もある。また「私云」の「私」は誰なのか、も問題であるが、不明である。

なお、駒沢大学図書館にも「竜洲文海下語」がある。上・下二巻二冊本で、表紙題簽には「竜洲代語　上」「竜洲

代語　下」とあり、下巻巻末（76丁ウラ）に、

大中開山快庵四世孫竜洲海和尚代語之終

万治己亥仲秋吉旦

寺町誓願寺前

西村又左衛門新板刊

とあり、万治二年（一六五九）八月に京都の西村又左衛門のところより出された版本である。本文は上巻七三丁、下巻七六丁、合計一三九丁である。内容は、西光寺本と本文はほぼ同内容であるが、頭注はやや簡単となっている。したがって、西光寺本を原本にして、万治二年本が出版されたとするならば、その折に頭注が幾分か簡略化されたということであろう。さきに述べたように、西光寺本は一〜五丁までが欠けているが、両本を比較するとつぎのようである。

西光寺本	万治二年本
6丁オモテ1行	上巻7丁ウラ3行
45丁オモテ10行	下巻1丁オモテ1行
97丁ウラ5行（本文終）	下巻76丁ウラ3行

そして、万治二年本の上巻オモテ一行目頭注に「杲泰寺入院」と記されており、竜洲文海が杲泰寺に入院した時からの下語のようである。いずれにしても、西光寺本の筆写年代の方が古いと思われるし、頭注も詳しいので、以下、西光寺本の分析を試みることにしたい。

注目すべき所は、天文元年（一五三二）二月一日と推定されるところに「守久遠行因」（16ウ、守久出陣の意か）、天文

三年十一月十五日と推定されるところに「守政死去ノ因」(27オ、つぎの記載から、この時に死去したのではないらしい)、天文七年九月十五日と推定されるところに「守政仏事因七年忌」(36ウ)とみえる。この守久・守政がどのような人物か不明だが、大中寺檀越小山氏と関係の深い者たちであろう。また、天文十七年一月十六日と推定されるところに「至夜間大乗妙典之金文清衆一時頓写、以備建幢勝公禅定門霊前」(90オ)とあり、建幢成勝禅定門、すなわち皆川成勝の霊前に僧侶たちが大乗経(おそらく法華経)を頓写して供えている。また、同十八年九月二十二日と推定されるところに「今日ノ亡霊建幢成勝公」(94オ)とみえる。皆川成勝の没年は天文二十年二月二十六日とされるが(皆川系図)、これによれば、すでに死去していることになっている。あるいは逆修なのであろうか。のちの天嶺呑補が皆川氏の外護を受けて傑岑寺《けっしんじ》(栃木市皆川城内町)や建幢寺(栃木県下都賀郡都賀町深沢)を建立しているが、大中寺門派と皆川氏との関係は、それ以前から存在したことが知られる。また、何処の軍勢かが小山へ乱入したことも知らせてくれる(61オ、天文十二年四月十五日と推定)。

それから、月待(16ウ、天文元年一月二十三日と推定、以下同)、師圭庵伊白の百箇日(36ウ、天文七年八月十五日〜九月一日の間)、三回忌(44オ、天文九年五月九日)、圭庵の位牌を最乗寺に入れる(51オ、天文十年五月九日)、大中寺新客殿の入仏の法要行なわれる(56オ、天文十一年十一月十五日以前)、大中寺庫裡造営(69オ、天文十三年あるいは十四年の四月一日)、圭庵伊白の御影筆初(66オ、天文十三年十月十五〜二十六日)、同完成(66オ、同年十一月九日)、常陸新治郡宍倉杲泰寺客殿に入院(76ウ、天文十四年十月五〜十五日)、培芝二十五年忌行なわれる(83ウ、天文十六年一月二十日、実際は翌年)、芳室の三十年忌行なわれる(96ウ、天文十九年四月二十六日)などの記載が注目される。また天文十一年八月十五日と推定される箇所に「了庵代」「月江代」(56オ)とあり、「了庵慧明代語」「月江正文代語」の存在をうかがわせる。とくに前者は、前述した最乗寺蔵本のことかもしれない。

二　「天嶺呑補下語」

西光寺所蔵の「天嶺呑補下語」（写本、一冊）は九四丁、本文は一頁一一行が基本。一行二六〜二七字が基本。細字の場合は一段下げて記述されているので一行二七〜二八字が基本。タテ二九・〇チセン×ヨコ二〇・六チセン。撰者は大中寺七代の天嶺呑補。一丁すなわち表紙は白紙であって、二丁オモテに、

洲[a]山[b]渚衲　（花押）[c]
　附授主嶺誕[b]禅老[c]
大中[a]七代氷複天嶺補大和尚

（a朱三宝印〈?〉　b鼎朱印　c角朱印　が文字の上に捺されている。なお、三宝印・鼎印・角印はそれぞれ同じもの）

とある。「氷複」とは天嶺呑補の表号である。二丁ウラは白紙で、本文は三丁オモテからである。また、九三丁オモテ最終行に、

已上（以上カ）紙数九十弐丁ナ（有カ）之　　主嶺[b]誕[c]（花押）
　（鼎印・角印ともに二丁オモテのものと同）

とある。本文の丁数は右記のように九一枚である。さらに九三丁ウラには、

持主嶺誕法兄天嶽精合被掛錫之因予踈筆之望不浅間、不顧且月錯書達早于時慶長十白乙巳沽洗念吉刻

とみえ、九四丁は表裏ともに白紙である。以上のことをみると、つぎのようであろう。大中寺天嶺呑補の「下語」を竜穏寺（入間郡越生町竜ケ谷）一八世の洲珊（山）嶺（渚）緒が所持するところとなり、これを当初竜穏寺系に身を置いていたと考

えられる嶺誕が書写し、洲珊から授与する旨の証明書をもらって本文の前に付して所持した。これを相模玉縄天嶽院（神奈川県藤沢市渡内）で、ある人物が嶺誕から借りて書写し、本文末の署名・花押などを嶺誕からもらって一冊としたのが同書である。時に慶長十年（一六〇五）三月二十日であった。これが、西光寺二世嶺誕に関する書物であるということから、同寺に所蔵されるようになったのであろう。西光寺は近くの遠山寺（比企郡嵐山町遠山）五世の宗室真超が建立した寺で、近世には遠山寺の末寺として位置づけられていた。したがって、元来、大中寺とは直接には関係のない寺であったが、二世産室嶺誕が同書とかかわったことから、前述の経過で同寺に所蔵されるようになったのであろう。なお、他派の人びとによって書写・授受されるほど、大中寺系の下語集がもてはやされていたということがいえよう。また、逆に嶺誕が竜穏寺門中と関係があり、さらに大中寺系の天嶽院（開山は天嶺呑補）にも住していたことが同書から判明した。

なお、駒沢大学図書館編『新纂禅籍目録』（同館、一九六二年）に、

天嶺和尚語録

②二冊③天嶺呑補④天正一五京都敦賀屋久兵衛

天嶺代

イ、②二冊③天嶺呑補④(木活本)⑤岸沢

ロ、②二冊④刊⑤駒大一四九―一三

とある。これによれば、天正十五年（一五八七）刊の「天嶺和尚語録」が存在するようであるが、その所在は不明である。また、「天嶺代」は岸沢文庫に刊本で存在し、近世初頭のもののようであるが、刊行年も不明である。駒沢大学図書館本は、本文は西光寺本とほぼ同内容であるが頭注には差異があるようである。前者は、題簽が「天嶺代上」

「天嶺代下」とあり、上巻六九丁、下巻六二丁、合計一三一丁である。「天嶺代下」の一丁オモテ一行は、西光寺本の五四丁一一行に相当する。以下、書写年が明記されている西光寺本によって考察を進めることにする。

「大中寺縁記」によると、天嶺呑補は永禄八年（一五六五）十月一日に洞林寺に住持となり、元亀元年（一五七〇）八月一日には箕輪の竜門寺（群馬郡箕郷《みさと》町東明屋）に入り、元亀三年四月一日には福地氏の外護を受けていた春昌寺（群馬県館林市大字大島）に入り、天正二年（一五七四）には皆川氏の外護を受けて傑岑寺に入院し、同三年八月十一日に大中寺に入る。同寺は永禄三年以来、快叟良慶と無学宗棼とが主席を争い、快叟は寺を出てしまった。その後、寺は富田から水代というところに移され、小山氏や結城氏の保護を受けて、無学の系統が住持に就いていた。天嶺は荒廃した富田大中寺に入り、寄山良勝居士（皆川山城守俊宗＝傑岑文勝居士の弟皆川広勝のこと）の保護を得て復興に尽力したのである。ここに二つの大中寺が成立した。その後、同七年七月九日には大中寺を弟子に譲り傑岑寺に入り、同十年十月には武蔵埼玉郡内牧伝叟院（現廃寺）を開き、同十四年九月十三日に傑岑寺に戻り、同十五年八月一日には最乗寺に輪住し一年後に退いて同十六年十月十五日に死去している。また、この間に相模天嶽院の開山ともなっている。

「天嶺呑補下語」は年代順に編集されており、永禄九年（一五六六）十月から天正十六年（一五八八）八月までの下語が収録されている。月日のずれはあるが、各寺院への入院は「大中寺縁起」と一致する。ただし、「天嶺呑補下語」が竜門寺入院を永禄十二年七月二十八日とする（13ウ）のは、元亀元年の誤りであり、後者の年号のところに編集されている。また大中寺入院は元亀三年でなく、明らかに天正三年の誤記である（40ウ）。むろん編集されている場所はともに正しい。天嶺の行歴の中で、本書によって明らかになったのは元亀二年二月二十八日、五十七歳のときに越前永平寺に出世（綸旨を受けて、同寺に短期間住職し、「前永平」の称号を得る）していることである（15ウ）。

在俗者に対する法要では、桃林□悟の三十三回忌（12ウ、元亀元年五月二十七日と推定、以下同）、看叟澄存の三回忌

（33オ、天正二年七月二十日）、月窓□心禅定尼（38ウ、同三年四月二十六日）、籌山良勝庵主のために法華経を頓写す（50オ、同五年二月二十日）、同人卒哭忌（百箇日、51オ、同年二月二十七日、これからすると二十九歳で没した皆川広勝の没年月日は、天正四年十二月八日ということが判明）、同人仏事（54ウ、同五年十一月日）、同人仏事（61オ、同六年十一月日）、伝邦玄隆居士仏事（同十年十一月日）、呑春上座一周忌（83ウ、同十三年六月十五日〜七月十五日までのある日）などがある。僧侶の仏事で主なものは、師快叟良慶の中陰仏事（60オ、同六年八月）、華叟正蕚百年忌（65オ、同八年六月六日、実際は翌年同月同日なのだが）、快庵明慶百年忌（89オ、同十四年十二月二十六日、実際は八年後なのであるが）である。

それから注目すべき事柄では、皆川の傑岑寺に住している時であるが、「佐竹陣因」（64ウ、天正八年四月二十八日と推定）の記載があることである。この時、皆川氏は佐竹氏と対陣していたようである。このころの皆川城は天正六年には北条氏政に攻められ、翌七年には佐竹義重に攻められているので、天正八年にも攻撃されたものと思われる。

結びにかえて

戦国期の語録は、すでに述べたように[2]、そのほとんどが葬祭に関するものであったので、その編集や書写は、引導法語の学習や参考にするためであったとみてよかろう。それに対して、下語・代語・抄物の書写は、参禅・問答の手引書とするためであったとみてよかろう。もっとも、下語・代語にも、外護者の死に因んで述べた「代語」が収録されていることが少なくない。そして、むしろ戦国期から近世にかけては、嗣法の問題とかかわることなので、この代語・下語・門参・抄物などの書写や授受の方が語録の編集や書写などよりも多数にのぼったほどであった。「竜洲文海下語」の中に「了庵慧明代語」「月江正文代語」の書名がみられ、下野大中寺系の下語が、同じ了庵派ではあるが、上野双林寺系の寺院である西光寺に写本として伝えられていることからみても、この類の書物がいかに盛んに書写されたかを物語っている。

さて、前節の「はじめに」で述べたように、下語・代語は広義の語録であるので、禅僧本人はもとよりその外護者の動向なども判明する。禅僧本人の大中寺や最乗寺への入院の年月日や、それらの寺院の客殿の新築や庫裡の造営、あるいは外護者である在地領主の死去や年忌法要なども知ることができるのである。また外護者の敵対する勢力に対する出陣の事実なども知らせてくれるが、「竜洲文海下語」の「守久遠行因」や「天嶺呑補下語」の「佐竹陣因」などは、外護者である武士が出陣するに際しては、それに因んで上堂のようなことが行なわれ、代語が述べられるような風習が存在したことを物語るものではなかろうか。死後に引導を授けてもらう禅僧に、死と直面する出陣に際して、問答・法戦を思わせる代語を述べてもらうという風習が存在したものと考えられる。

註

（1）　埼玉県立文書館では、かつて五か年計画で県内寺院聖教文書調査を行なったが、一九八一年三月四日の西光寺調査の折に調査員であった私も拝見させていただいた。同寺ならびに埼玉県立文書館の関係各位に感謝申し上げる次第である。

（2）　第二章第八節参照。

第四節　曹洞禅僧の相伝書「切紙」について

はじめに

曹洞禅僧の師資の間で、伝法すなわち嗣法《しほう》の時に授受が行なわれるものに嗣書《ししょ》がある。また、この時には血脈《けちみゃく》(得度の時にも得度の師から受けるが嗣法の時にも師の持している血脈をあらためて受ける)も受ける。さらに、嗣書・血脈とともに大事《だいじ》の授受が行なわれるようになる。大事は切紙《きりがみ》のうちの宗旨に関するものを代表する形で、嗣書・血脈の二物に加わり三物《さんもつ》として嗣法時(同期日とはかぎらないが)に授受が行なわれた。(1)

嗣法に前後して、三物と同様に秘密裏に師から弟子へと授けられたものに切紙がある。切紙は宗旨や法要儀式の作法などを一項目ごとに一枚の紙片に書いて師から弟子に授与したものである。実際には、弟子が師から嗣法を許された時点で筆写が許され、それの一枚一枚に、あるいは幾枚かに師が署名し、花押などを書いて授与したものと考えられる。

切紙には、宗旨が書され、問答の手引書となったものと、法要や儀式などの作法書としての機能を持ったものとがある。したがって、切紙は曹洞禅僧の活動と密接な関係にあったとみてよい。以下、切紙の中から、注目すべきもの幾つかについて検討を加えることにしたい。

一　中世後期から近世初頭にかけての相伝書と「切紙」

中世後期から近世初頭にかけて授受された切紙で、現存するものは少なく、多くみられるようになるのは寛永期以降である。例えば、西明寺（豊川市八幡町）が所蔵する相伝書（そのほとんどが切紙）は弘治三年（一五五七）ごろのものと考えられる「自家之訓訣」という切紙が最古であるが、これ以降、元和二年（一六一六）の「居士号之切紙」までが一二点であるのに対して、寛永三年（一六二六）から同六年までの三年間のものが二一点、寛永七年一年間だけで二九点と急増している。寛永三年から寛永二十二年までの二〇年間のものは九二点にもなる。(2) 香林寺（小田原市板橋）に現存する相伝書（ほとんどが切紙であるが嗣書・血脈類も若干含まれる）では、永正五年（一五〇八）から文禄三年（一五九四）までのもの一八点、慶長年間のもの一七点、元和年間のもの一八点であるのに対して、寛永年間のものは一一三点と急増している。(3) 正竜寺（埼玉県寄居町藤田）では天文十五年（一五四六）二月九日付「空塵書」以降、元和三年（一六一七）以前のもの、すなわち三〇年間に授受されたものが二六点である。しかし、詔堂という延宝四年（一六七六）に死没した人物は、それ以前の一時期に三六点の切紙を書写したことが知られる。(4) また、高安寺（府中市片町）には貞享四年（一六八七）以前のものが七点であるのに対して、貞享五年の三月と五月に家岩意仙が保禅という人物に授与した切紙が五〇点も残されているのである。(5) 寛永年間以降は一度期に授受された切紙が大量に残されることが多くみられるようになるようである。これに対して、それ以前のものは現存するものが少ないといわざるをえない。

ここで、切紙の相伝が多くみられるようになる以前の相伝書についてみることにしたい。中世後期より近世初頭にかけての相伝書で現在知りうるものの数は第46表のようである。(6)

第46表　中世後期～近世初頭の曹洞禅僧相伝書数

年　代	相伝書数
1435～1500	7
1501～1510	4
1511～1520	1
1521～1530	0
1531～1540	3
1541～1550	4
1551～1560	9
1561～1570	9
1571～1580	25
1581～1590	40
1591～1600	31
1601～1610	62
1611～1614	12

むろんこの表は今後の調査が進むにしたがって変化していくが、全体の傾向はみることができよう。これをみても、十六世紀後半、特に末から十七世紀初頭にかけて、しだいに増加しているということができる。時代が下降すればするほど残存率が高くなるということもあろうが、授受の量も増加したとみてもよいのではなかろうか。つまり、寛永期以降に急増するが、それ以前にも、時代が下降すればするほど、しだいに増加する傾向はみせていたといえよう。

ではどのような切紙が現存しているか、管見のおよぶかぎりでいうと、切紙が授受されるようになるのは十五世紀以降とみてよいと思うが、それ以降で慶長以前の相伝書をみると第47表のようである。(7)

第47表　中世後期（十五世紀以降）～近世初頭（慶長以前）の切紙点数

相伝書名	点数	初見年月日
嗣書血脈袋作法	一	永享7・2・18
仏祖正伝菩薩戒作法	七	文明12・11・13
七仏御大事之参禅	二	長享3・3・3（写）
安叟派伝授後参禅	一	長享年中・3・3
教授戒文	三	文亀4以前
血　脈	一一	永正5・4・6
嗣　書	一〇	〃5・4・6
済下之血脈	一	〃6・3・｜
出家略作法（出家略作法文）	六	〃9・3・9
教授戒文・出家略作法・授衣鉢加法・剃度授戒文・垂感降共作証明	一	大永2・｜・｜
七仏六十代	一	（天文元・7・7以前）
略受戒受衣作法	一	（　〃　）
空塵書	六	天文15・2・9
嗣書切紙	一	〃18・8・7
大　事	一	弘治2・9・1
仏祖正伝菩薩戒血脈最極無上事	四	永禄元・8・28
夜参切紙	一	〃2・2晦
国王（皇）授戒作法	七	〃2・9・13〔註1〕
月両箇石蛇問答切紙	一	〃3・｜・｜
竜天授戒作法	四	〃9・4・吉〔註2〕
付法切紙	一	〃9・9・｜
十法界（達磨大師一心戒）	二	〃10・正・11
没後受戒之作法	一	〃10・正・11
普門品相承之事	二	〃12・6・｜
帰朝本則之参	二	〃13・8・｜〔註3〕

〔付法状〕	二	元亀4・10・5
長源寺目録外・亦本目録之内参了之分	一	〃4・10・5
伝授戒儀式	一	天正4・9・28
大陽警玄代附口訣	一	〃6・12・13
大摩境ノ切紙	三	〃6・4・20
七仏以前之血脈切紙	一	〃7・8・｜
三宝印大事（三宝印切紙）	三	〃7・6・18
縮縦通	一	〃7・8・15
倶胝一指本則	二	〃7・8・｜〔註4〕
三宝大事切紙	一	〃7・8・5
自家訓訣	五	〃7・9・17
天童十三則目録	一	〃（7）・8・｜
〔伝授之儀戒〕	一	〃8・4・28
道元帰朝本則	一	〃8・4・28
〔袈裟〕	三	〃8・8・23
栄西僧正記文	一	〃8・11・23
道場荘厳儀式	一	〃9・正・11
鎮守之切紙	一	〃9・8・｜
仏子起縁	一	〃10・正・20
白山誕生一色切紙	一	〃10・2・｜
切紙目録	一	〃10・9・23
山居図大事	一	〃11・6・21
半紙之大事	一	〃11・（9）・6
拈華図大事	一	〃12・3・｜
〔切紙付法状〕	二	〃12・7・28
山居判形截紙	一	〃12・12・13
嗣書焼却切紙	一	〃14・7・10
勃陀勃地大事	一	〃15・4・28
月両箇之図	一	（〃15か）
普所大事肝要之句儀	一	〃15・12・5
諸珍首座七堂図	一	（〃15か）
小儀口伝授之作法	一	〃15以前
臨済之門風之嗣書（済家之嗣書）	二	〃15以前
白山授戒之切紙	一	天正17・2・｜
七堂図	一	〃17・5・28
戒脈	一	〃18・7・10
当門派之切紙	一	〃18・8・28
仏祖正伝勃陀勃地参ノ切紙	一	〃19・｜
曹渓伝授之儀式	一	〃19・2・15
密参透句目録	一	〃19・4・15
達磨知死期切紙	三	〃19・5・｜
居士之嗣書	一	〃20・2・｜
宗門向上一大事	一	〃20・10・｜
生死事大之切紙	一	〃20・12・｜
峩山和尚不識上之語	一	（天正頃か）
竜天白山之切紙	一	文禄元・12・28
山居之切紙	一	〃元・12・28
合血之切紙	一	〃3・12・6
嗣書相承之時礼散儀式	一	〃4・12・13
受付属之命精進修諸堂之巡行并道場荘厳之事	一	〃4・12・13
峩山和尚一枚法語	一	（文禄頃か）
峩山和尚一枚法語之参禅	一	（〃）
華叟派之目録	一	（〃）
宗門秘密之切紙	一	（〃）
竹篦之切紙	一	慶長元・5・｜
迦文勒之三説写	一	〃3・5・7
三国法伝血脈	一	〃4・2・｜
点眼安座之切紙	一	〃7・7・｜
鉗斧住山ノ切紙	一	〃8・3・16
密参切紙	一	〃9・11・｜
宗旨約束ノ切紙	一	〃10・3・26
拈花切紙	一	〃10・4・15
正法内意	一	〃10・5・3
夜中伝授法	一	〃10・5・3
三宝証明之所	一	〃10・7・10

天童山景徳禅寺樹上之切紙	一	〃10・10・23
七仏以前血脈天竺一枚紙	一	〃10・11・―
〔七仏嗣承道場荘厳ノ儀式ノ切紙〕	一	(慶長10頃か)
廟移并廟火消	一	慶長11・5・2
古則密参ノ切紙	一	〃11・5・12
伝授之判物切紙	一	〃11・10・5
〔大事之目録〕	一	〃12・正・28
伝授之参	一	〃12・5・―
問訊之切紙	一	〃12・8・28
続松之参	一	〃12・12・吉
曹洞大事	一	〃12・12・吉
仏説最第一切徳円満知死期経	一	〃12・12・―
目録之次第	一	〃13・5・8
門参写	一	申(慶長13)・6・24
月両箇参	一	申(慶長13)・6・29
口辺白漢参	一	慶長13・7・28
拈花参	一	〃13・7・―
一返消炎呪参	一	〃13・7・―
焼香参	一	〃13・7・―
曹山霊衣ノ参上参	一	〃13・―・―
護法竜天善神数日ヲ歴ル事也	一	〃13・―・―
珠数大事	一	〃14・正・2
仏祖正法眼蔵血脈	一	〃14・正・28
大白峯法合血図	一	〃14・―・―
火焔裡	一	〃14・11・吉
祝聖一句之大事	一	〃15・3・―
室中授戒灑水法	一	〃15・5・―
〔戒律之大事〕	一	〃15・9・6
祝聖之切紙	一	〃15・11・3
自家訓訣別伝	一	〃15・11・3
焼香作法	一	〃15・11・3
曹洞門下拝塔相続徹所之大事	一	〃15・11・24
曹洞切紙之大事	一	(慶長15頃か)
非人并天癰切紙	一	慶長16・5・20
〔拈笑派之大事切紙〕	一	〃16・5・―
嗣法論之次第	一	〃16・8・―
大源門徒傑堂派参詣之目録	一	〃17・正・28
最初壱連切紙	一	〃17・11・吉
宝瓶之参	一	〃19・10・吉
夜参盤図	一	〃19・10・吉
炬下切紙	一	〃19・―・―
蜀之問之切紙	一	〃19・―・―
正法之内意大事	一	(慶長頃)

〔註1〕〔註2〕「竜天授戒作法・国王授戒作法」を含む。
〔註3〕「帰朝之本則」参禅を含む。
〔註4〕「倶胝一指禅」大事を含む。

この表も今後の調査で変化するが、全体の傾向はみることができると思う。まず、「血脈」(一一)・「嗣書」(一〇)という、嗣法時に授受されそれを直接証明するものが多い。ついで、「仏祖正伝菩薩戒作法」(七)や出家略作法(出家略作法文)(六)・「教授戒文」(三)という授戒に関するものが多い。出家得度や授戒に関することは教団内部においても重要なものであったし、すでにみた授戒会活動におけるこの書物の所持がその精神的支えになったことは想像に難くない。「空塵書」（六）も歴代祖師の名が記されており師資相承を示す系譜的なものであり、「仏祖正伝菩薩戒血脈最極無上事」（四）も血脈に関する切紙である。以上の相伝書はいずれも師資相承に直接関するものであり、初見が永禄元年以前であり、相伝書の中では、早くから授受が行なわれていたものとみることができる。

これに対して、やはり授戒に関するものであるが、少し趣を異にするのが「国王（皇）授戒作法」（七）と「竜天授戒作法」（四）であり、数も多い。また、両者は一紙に書かれたものもあり、同日に授受が行なわれたものもあって、同時に授受されていたことが知られる。「国王（皇）授戒作法」の初見は現在のところ永禄二年であり、相伝書としては、やや遅れるが、切紙の中では最多を数え、さほど遅いというわけではない。「自家訓訣」（五）は宗旨に関するものであり多数にのぼる。そのほかでは、「大摩境ノ切紙」（三）・「三宝印大事」（三）・「達磨知死期切紙」（三）が多くを数える切紙である。そして、その他のほとんどの相伝書、とくに切紙は天正年間以降に初出のものであることが知られるのである。

これまで現存する相伝書（切紙を含む）についてみてきたが、ここで、相伝書授受の際にその目録の授受も行なわれる場合があったので、それについてみてみたいと思う。石川力山「中世曹洞宗切紙の分類試論㈢――叢林行事関係を中心として――」（『駒沢大学仏教学部研究紀要』四二、一九八四年）は、長野県松本市入山辺徳雲寺所蔵の天正二十年（一五九二）の年記をもつ「切紙数量之目録」を掲げている。つぎのようである。

（史料一）

〇切紙数量之目録

(1)家々之御大事、(2)七仏伝授之大事、(3)円相勃陀勃地図、(4)天竺一枚紙之大事、(5)印形未分之図、(6)自家之訓訣同図、(7)他家訓訣、(8)作僧之切紙同儀規、(9)普門品相承同血脈、(10)大魔之秘図、(11)三星之図、(12)上来之話同図共ニ、(13)血脈略作法、(14)檀望仏殿礼、(15)満字書同切紙、(16)了畢之判形、(17)勘忍之判形、(18)拈華之図、(19)嗣続物之図、(20)嗣法之書、(21)大儀規之大事、(22)小儀規之大事、(23)夜参盤同血脈、(24)嗣法合血之抄、(25)永平坐具之文、(26)道元和尚一坐具、(27)竹鼻之切紙同払子、(28)峩山和尚一枚法語、(29)空塵書之大事、(30)迦葉勤之三説、普灯在之、(31)曹洞三主君、拈花春□□掟切紙、訓訣之始終ニ、(32)文殊手裡剣、(33)問訊之大事、(34)祝聖一句切紙、(35)大悟之切紙、(36)血脈記墓、(37)太白峯記、(38)栄西記文録、(39)応身之録、(40)十則正法眼蔵、(41)竜天勘破之記、(42)竜天授戒之血脈同作法、(43)国王授戒之切紙同作法、(44)達磨知死期、(45)仏知死期、(46)梅花嗣書之切紙、(47)松竹梅之切紙、(48)伝語判形、(49)宝鏡三昧、(50)釈迦判形。(51)達磨判形、(52)三宝印之図、(53)八句之切紙、(54)宝瓶拄杖白払図、(55)道場荘厳之儀規、(56)宝中酒(ママ)水之作法、(57)十八般之妙語、(58)椅棹荘厳切紙、(59)戒文授文之作法、(60)三滲漏之書、(61)五位之図、(62)安坐点眼之切紙、(63)嗣書焼却之切紙、(64)悉曇之切紙、(65)達磨三心之図、(66)心空之図同切紙、(67)居士之嗣書、(68)三国流伝之切紙、(69)正法眼蔵血脈、(70)達磨伝法之偈、(71)永平之密語、(72)血脈包話之次第、(73)倶胝一指之話、(74)巡堂焼香之儀規、(75)七堂之図、(76)嗣法血脈之図、(77)心王主三昧、(78)隠身三昧、(79)嗣法論、(80)達磨頌歌、(81)生死事大安楽之図、(82)小蔵之誰切紙、(83)三宝印之切紙、(84)錦嚢之図、(85)袈裟嚢之図、(86)那時三人之図、(87)曹洞機之大事、(88)摩頂手護(守)、(89)菩薩戒之作法、(90)頂門之眼一中十位、(91)涅槃之作法、(92)三界之図一句之切紙、(93)山神授戒之切紙、(94)水神授戒之切紙、(95)住吉五ヶ条、(96)血脈鉄漢、(97)命脈之一点、(98)取骨之切紙、(99)十界之切紙、(100)衣鉢血脈伝授作法、(101)曹洞旨訣五大老切紙、(102)白紙之切紙、(103)心水枕之切紙、(104)鎮守之切紙同白山切紙、(105)一辺消災咒之切紙、(106)山門之切紙、(107)舎利之切紙、(108)性之参同灰之大事、(109)曹洞二柱作無作参、(110)樹上之切紙、(111)万機休罷同当頭始末、(112)円覚再居、(113)六外之一句、(114)不識上之機縁、(115)夜参廿八透目録、(116)山居之図、(117)入棺作法、(118)三悟道切紙、(119)那時淵底、(120)最極参上之切紙

以上百廿通、天童如浄禅師伝附而永平和尚嫡々相承到今日、伝来子孫一人可得、可秘々々

茲歳天正廿辛卯九月日

傑心盾英謹書

(原本は横紙に各切紙一行ずつ列記してあるが、ここでは追い込みにした。番号は整理上便宜的に付したものである)

これによれば、一二〇点もの切紙が天正二十年には存在し一時に授受されたことになり、近世の切紙のほとんどすべてが記されているといってもよい。しかし、さきにみたように現存する慶長以前の切紙からは、とてもこれほどの数が一度に授受されたとは考えられない。そこで、この目録の年月日の所をみると、石川氏自身が記されるように、天正二十年の干支は辛卯ではなく壬辰であることや識語者の盾英は徳雲寺ではなく下野大中寺末寺の傑岑寺の僧であることからあるいは再写本である可能性がある。いずれにしても現存するものからすると、あまりにも多種類の切紙を記した目録である。

そこで、やはり徳雲寺所蔵の切紙目録である「宗門秘密之切紙」をみてみよう。(8)

(史料一二)

宗門秘密之切紙

〽空塵書(朱書、下同ジ)　〽自家訓訣　〽竜天勘破話

〽大義機　〽小儀機　〽梅花巻

〽十八般妙語　〽栄西記文　〽印形図

〽国王授戒	〽竜天授戒	〽俉位図
〽達磨伝法偈	〽七仏伝授義機	〽同伝授義機
〽勃陀勃地梵語	〽普門品相承次第	〽拈華微笑話
〽永平開山密語	〽血脈袋(様)羨子	〽道場荘厳次第
〽卍字嗣書法	〽明星羨	〽天童山十三則
〽了畢判形之図	〽達磨知死期法	〽六祖半紙切紙
〽倶胝一指本則(様)	〽月両ヶ話	〽順堂焼香義機
〽亦道場荘厳羨子	〽嗣法血脈図	〽心王主之三昧
〽陰身三昧	〽没後作僧	〽嗣法論
〽達广之歌	〽仏知死期法	〽生死支大
〽三行切紙	〽八句夜参行作法	〽亦夜参行作法
〽亦夜参血脈	〽目録数四十三	

○従仏祖過去荘厳劫以来如浄道元嫡々　南室叟

○相承而先達祖翁到今日伝来的孫一人可附、

これは、南室正頓が安室正盛に与えた切紙の年記等からすると文禄元年（一五九二）か翌年の授受と考えられるものであるが、四三種類の切紙を挙げているにすぎない。

この史料二よりも一〇年ばかり以前のものに長野県小県郡真田町信綱寺所蔵の切紙目録である「当門徒之切紙」がある。(9)

（史料三）

当門徒之切紙
勘忍之判
拈華之判
。祖師禅之判
了畢之判
三宝印之判「（朱書）并印証之切紙」
。曹渓伝授
。本書伝授
半満字　勃陀勃地
自家訓訣
僧正記文
普所大事　迦文勧三説
拝問并周羅一結
空塵書
大儀記
小儀記
竜天授戒同授戒之作法同義式

国王（皇）授戒
坐具宝瓶主丈白払大事
如浄道元嗣法論
法衣応器大叓
伝授已後畢竟知識所作免許
教授戒文　血脈行大叓
袈裟嚢図幷嗣書嚢図
　以上廿二
此満字之切紙　印刻之切紙
付与　嫩察老衲
　天正十壬午天九月廿三日
　　　　　　　　　　　　　　　　　順堯（花押）
（端書）
「当門徒ノ目録也」
（天真自性門徒）

これは天正十年九月二十三日に高井郡の興国寺住持の順堯が嫩察に授与した目録であり、二二種類が記されている。また、寛永十年九月に書写された『室中切紙』（駒沢大学図書館所蔵）の中に、永正十三年（一五一六）・天文二年（一五三三）・同二十年（一五五一）・寛永十年（一六三三）と書写されてきたことが記されている「嗣書諸目録之切紙」が掲載されている。この目録が実際に永正十三年まで遡れるか否かは疑問であるが、ひとまず示すことにしよう。(10)

（史料四）

〇嗣書諸目録之切紙

・梅絹二切、・国王授戒作法一枚紙也、〽菩薩戒作法長続之紙也、・受業命時椅子作法一枚紙也、・戒律伝授作法一枚紙也、・自家訓訣・竜天授戒作法一枚紙也、・栄西記文一枚紙也、・達磨一心戒作法一枚紙也、・応量器梅絹一尺四方一切以上嗣書ノ内数ノ十六様、・仏祖正法眼蔵血脈一枚也、・没後授戒作法一枚也、・嗣法論作法一枚紙也、〽印形図一枚也、空塵書三枚続紙也、〽永平仏祖正伝受経儀軌一枚也、・臨済下血脈一枚也、〽無極授二月江一記文長続紙也、〽夜参図三枚続紙也、〽三光普所大叓肝要句儀一枚也、〽嗣書巻一冊、〽曹洞合血本則一冊、・普門品相承之次第一冊、〽三位之次第并月両箇二枚也、〽如浄老師授道元和尚儀軌、〽夜参廿八透一冊、此内一透ハ秘極ノ々也、〽梅絹嗣書巻一冊、〽十八般抄共ニ、二冊、〽続物卅一様、本一冊、〽小参之秘訣一冊

〽夜参出標牓天如節田相承次第朝参計謹共宗門一大事因縁禅相伝附既畢、

　　永正十三歳丙子極月十三日夜半

宗門一大事不遺一物正忠伝既畢、

　天文二季癸巳十月廿七日夜半於最乗金剛寿院宗門一大事不遺一物宗長伝附既畢、　此外伝後之参敲換十六則最秘極也、若流布他見輩者瞎却正法眼編却命者也、

日本天文廿年辛亥　今寛永十歳癸酉九月吉日

この目録でも三一種類の相伝書しか記していないのである。さきにみた、現存する相伝書の情況や、目録等をみると、一度に授受された相伝書あるいは切紙は史料一のような多数ではなく、史料二・三・四のように二〇〜四〇種類前後であったとみてよいのではないかと考えられる。また、さきにみた現存する相伝書の中で点数の多いものは、これらの目録の中のいずれにも掲載されているものであることが知られる。

二　「国王授戒作法」「竜天授戒作法」について

これまで、中世後期から近世初頭にかけてみられた相伝書およびその中の切紙の授受についてその概容をみてきたが、これ以下では、注目すべき切紙のいくつかについて考察してみたいと思う。

まず、さきにみたように現存する切紙の中で七点と最多を数えた「国王（皇）授戒作法」と、これと同時に授受されることが多く、現存する切紙の中でも四点と多くを数えた「竜天授戒作法」についてみることにするが、ここでは正竜寺（埼玉県寄居町藤田）が所蔵する二枚の切紙について検討する。(11)

（史料五）

国王授戒作法

若在内裡奉授／国王、御座在東西向、設別椅／教授戒用一座以／一師作法奉授、
礼数如常　又如常人奉授叓在之、此者信心／無二而、或御入寺受戒時也、縦雖寺中／国皇御座間去方丈而為御所、
毎柱以／黄紙画竜挿《テカイテ》之也、住持下座下奇／宿不奉同宿也、相見時居賓位、受戒／時縵（幔）外左右太（ママ）臣帯剣候、
旹永禄二（ママ）年九月十三日　（異筆）「于時永禄壬戌十二月十三日
（異筆）（丸印）（鼎印）「布川東播老衲（花押A）」　東播附与印越
附与舜説首座　（花押B）」

（史料六）

（三宝印）竜天受戒作法

先荘厳道場如常、在所不定或者／室中幷社中宮中主人幷侍者教授／師可入道場、土地神(三宝印)或竜天初授戒(三宝印)／時作神戒(ママ)或作位牌、寺中首座泊／監寺其外老僧可侍者也、／臨時受戒作法如常人、所以者何、／神竜皆是凡位也、如斯、我門／大儀善能護持、未達者不可渡／是、三世諸仏代々祖師秘之、

于時文禄(三宝印)四年乙未極月十三日

前総持(三宝印)(印)繁室叟栄(印)老衲（花押）

附与泰雄上座　（／線は改行の意、句読点は筆者）

史料五からみると、本文全体を筆写したのは、永禄二年九月十三日に正竜寺開山（曹洞宗に改宗されてからの開山）の布州東播（天正元年十二月二十九日没）から筆写を許され授与された舜説（正竜寺二世教庵舜説で天正九年正月三十日没）であると考えられる。また花押Aと同Bを比較すると、Aを少し上から押しつぶしたような形となっているが同一人物のものであることが理解できる。したがって、永禄二年に舜説が書写し布州東播が署名し花押を書し、舜説に授与されたものが、そのまま再利用され、三年後の永禄五年十二月十三日に布州東播から「印越」（正竜寺三世格叟寅越で天正十五年正月十七日没）に授与されたものであろう。あるいは、永禄五年十二月十三日の記載は後世の加筆であるのかも知れない。史料六は文禄四年十二月十三日に繁室良栄（正竜寺五世）が泰雄に授けたものであり、同時に「国皇授戒作法」「嗣書相承之時礼散儀式」「受付属之命精進修諸堂巡行幷道場荘厳之事」の切紙を授けていることが知られるので、永禄二年の史料五（「国王授戒作法」）が授けられた時にはおそらく「竜天授戒作法」も授けられたものと考えられる。すなわち、史料五も同六も戦国期にはその授受が行なわれていたと考えてよかろう。

史料五は国王すなわち天皇に戒を授ける作法である。授戒そのものの作法は一般在俗者と同様であるが、住持も座を下り、天皇とは同宿してはならないなどと記し、書き方も天皇を敬う形式をとっている。当時の曹洞宗の禅僧たち

が永平寺や総持寺に出世（短期間住持に就くことで「前永平」「前総持」の称号を得る）する場合に綸旨を受けて入寺しており、最高権威としていたのであるから当然であるといえるが、ここで問題となるのは、当時、天皇に戒を授けた曹洞禅僧はおそらく一人も存在しなかったのではないかということである。それ以降においても、おそらく使用することがなかったであろう作法書の授受を師資の間で行なっていたということは、この切紙は所持していることに意味があったものと考えられる。それは、王法（俗権）における最高の権威である天皇に対してさえ、何時でも授戒できる作法書を所持しているということで、戦国大名の領国化が進み、宗教統制が厳しさを増す中で、禅僧たちは自らの宗教的権威としての立場を保持しようとしたのではなかろうか。むろん、この切紙の所持が地域社会における知識として、権威として活動するための精神的な支えにもなったに相違ない。

史料六は、竜神（や土地神）に対して戒を授けるための作法書である。授戒の道場に神戒（神像のことと考えられる）や位牌を安置して行なうべきことを記しているが、授戒そのものは常人と同様の作法で行なうべきことを記している。ここで注目しなければならないことは「臨時受戒作法如常人所以者何神竜皆是凡位也」と記していることである。つまり、常人と同様の授戒作法である理由は神竜といえども、皆「凡位」であるからである、というものである。禅僧の伝記をみると、地域の神に戒を授け、弟子とし「護伽藍神」としたり、悪霊を鎮圧したり、神を神とも思わない行動（社廟の打破など）をとったりしていることが知られるが、(12)その背後には、前記のような切紙の授受による「自信」が存在したのである。禅僧の持つ竜神をはじめとする諸神に対して授戒し弟子としてしまう能力は地域における小開発にともなう悪霊鎮圧や地鎮の必要に応ずるものであったといえよう。このような切紙は地域社会の中で活動していた曹洞禅僧を精神的に支える相伝書であった。

三　葬祭に関する切紙

曹洞宗の発展と葬祭とが密接な関係にあったことは、すでに論証したところである。授戒会に参加した人物であれば、戒名の下の二文字、僧侶の名でいえば諱《いみな》の部分は戒師より受けているので、それに、道号《どうごう》の部分を付す者には付し、戒名の下に禅門・禅尼や居士・大姉等の文字を付していわゆる戒名となし、僧侶に対する葬儀に準じて行なわれる。しかし、生前に受戒していない者に対しては、戒名を授けてから葬儀を行なうことになる。そのための切紙が「没後授戒之作法」である。すでに石川力山「中世曹洞切紙の分類試論(二)――竜泰寺所蔵『仏家一大事夜話』について――」(『駒沢大学仏教学部論集』一四、一九八三年)が、三重県広泰寺に所蔵される永禄十年(一五六七)六月一日付「没後授戒之作法」の切紙を掲載しているが、ここでも改めて示しておくことにする。

(史料七)

先対亡霊按二椅子一於二中央一有二棹子一脚一、掌二裳衣一、兼掛之、香炉明燭立造花瓶灑水器入浄水香炉明燭之間置之、次導師教授師同時入二導師道場一、先焼香□沈香繊香等也、次教授師立二椅子《ノ》左辺一、次導師合掌唱《ノトナフ》教授師同音《ヲ》唱《ニ》レ之、所謂送音之偈是也、

但以《スルニ》二衆生《ノ》法一、々合《ノ》成二此身《ト》一、々々起時《ニ》不レ言二我起《ト》一、此法滅時不レ言二我滅《ト》一、霊前《ユク》拈二袈裟鉢盂一、教授師代二亡霊《ニ》一戴レ之、次《ニ》亡霊合二威儀一、次導師終向椅子礼拝出、上不修正戒相下不取邪念心、洞家嫡々相承之時専這為大叓伝授者也、永徳七(三カ)年癸亥能州総持紹瑾伝授之、

永禄十年乙卯六月朔日授舜桂(花押)

金竜山海眼院住持融心叟（黒印）　（黒印）

附与英和畢

これによれば、教授師が死者に代って導師から戒を受けるという形で亡霊を僧侶にしており、導師から亡霊の代理である教授師が僧侶の日常の生活に必要な袈裟や鉢盂を受けている。そして「亡霊合二威儀一」とある。これは、やはり石川力山前掲論文が記載している石川県永光寺所蔵の元和二年（一六一六）正月付「没後授戒作法」（内容は広泰寺のものとほとんど同じ）に「亡霊令《ニシム》二著衣威儀《セ》一……次導師示《シテ》二亡霊新僧《ニ》一云《ク》」（傍点筆者）とみえる部分と同じであろう。とすると、導師から衣鉢等を受けた教授師は、亡霊に対して「著衣」すなわち衣を着せていたことが知られ、そしてはじめて亡霊は「新僧」となり、僧侶に対する葬儀を受けることができるということになる。いいかえれば、曹洞宗（臨済宗でも同様であると思われる）には、基本的には僧侶に対する葬儀の方法しかなく、在俗のままの死者は戒を授け（戒名を授けること）一度僧侶にしてからでないと葬儀が行なえないということでもあったのである。なお、所蔵する寺院が異なるので一概にはいえないが、永禄十年のものより元和二年のものの方が若干詳しくなっている。この傾向は他の切紙にもいえるようである。

　最初北陸に展開したことから、曹洞宗は加賀白山信仰と密接な関係にあるともいわれている。この問題は初期曹洞宗教団を考える上で重要であるが、それ以降の曹洞宗の展開の中でも、白山神との関係は重要な意味を持つようになる。白山神が護伽藍神として、あるいは鎮守として寺院の裏山に祀られているということが少なくない(13)。また、文禄元年（一五九二）十二月二十八日付の「竜天白山之切紙」（長野県松本市徳雲寺所蔵）の存在でわかるように(14)、「竜天護法善神」と「白山妙理大権現」とが曹洞禅僧の活動の「守護神」的存在として考えられるようになっていた。なお、江戸中期以降になると、曹洞禅僧たちが「竜天護法善神」「白山妙理大権現」という二行書を小軸に表装して携帯したことが知られており、曹洞宗寺院の調査の際などにはよくみかける軸である。初期の北陸における曹洞宗教団と白山との関係はともかくとして、のちの曹洞宗と白山神との関係はどのようなものであったのであろうか。この関係を明らかにしているのが、「鎮守之切紙」（あるいは「白山鎮守之切紙」）である。江戸初期のものになってしまうが、つぎのようである。小田原市香林寺所蔵のものである。(15)

（史料八）
（端裏）「鎮守之切紙」

天童山如浄和尚道元和尚付与
師云白山ヲ云ヱ学代云一色ニ顕ガ白山デ走
○白山　師云妙裡ヲ言ヱ学代云妙裡ワ不白之処デ走
師云大護（ママ）現ヲ代云生ニ在ル死爰ハカリノ
宿デ走師云若語ヲ　代云両脚蹈」天ヲ　師云
其ノ句ヲ生ニ用ルカ死ニ用ルカ代云生ズル時キモ
倒ニ死スル時キモ合竜ヲ代倒々攪出ス物デ走
●妙裡　心得ワ白ノ処ニワケカレノ沙汰ガ走諷テ妙
之処ニ至テワ汚穢《ヱ》聞ノサタワ走ヌゾ
于時元和四戊午年極月吉日沙門鴦道（判）□

（傍点筆者）

この切紙により、白山と死に対する「ケガレ」「汚穢」が密接な関係にあることが理解できる。白山鎮守に参詣し諷経することにより浄不浄に関係のない世界に入ることができることを記している。寛永十五年（一六三八）のものであるが、これに関連する切紙をつぎに示すことにする。やはり香林寺所蔵である。

（史料九）
（端裏）「鎮守貴裡紙」
（三宝印）
天童如浄禅師云曹洞宗ニ鎮守ヱ参ルニ参禅未了ノ人トハ
洞山ノ不レ可レ為ニ導師一道元明洲ノ津ヨリ御皈リ有ル
舟ニ天童山ニ廿日御皈リ在ツテ此ノ話ヲ参得在ル故ヱニ廿日皈リノ
参ト号スル也◯人ヲ葬而七十五日神ヱ不レ参バ大地七尺烈（ママ）破也
故ニ此ノ参ヲ参得シテノ其場ヨリ参イル也日参ニモ可レ念レ之、
師云鎮守ノ建立羊シヲ　　　代此ノ円相ヲ作ス師云其ノ主ヲ
代云良久ハ師云当人ナラバ　◯　説破ヲ代諸神モ諸仏モ三
宝共ニ従リレ円出皈テツ円タト見レバ汚穢《ヲエ》不浄ハ走ヌ　師ム
人ヲ引導シテ参ル叓羊ヲ代クルリ〳〵ト廻ツテ走
師云句ヲ　代出テ二円通一亦入ヨリタツ二円通ニ一　師安云説破ヲ
代諸仏諸神モ従レ円出テタニ亦円皈シタト見レバ汚染不浄
ワ走ヌゾ
（三宝印斜押）
于時寛永拾五刁戊年霜月吉辰
捴寧寺勝国尊和尚

永平道元和尚鎮守之参大叓（三宝印）
（異筆）「大樹派　香林十三代
伝附宗達義泉叟」

これにより、寺院に白山神が鎮守として祀られたり、禅僧の「守護神」として祀られる意味が鮮明になる。すなわち、人を葬ってのち七五日間、白山神へ参詣しなければ大地が七尺も裂けるほどの大変事が起こるので参詣しなければならないことや、この切紙の内容を理解して、葬儀の場より即刻参詣すべきことを示している。また、その参詣する場合の心得は、すべてのものが円より出て円に帰るのであり、そのように「見レバ汚染不浄ワ走ヌゾ」というものであった。史料八・九は白山鎮守は葬儀を行なってきた、あるいは日ごろ行なっている曹洞禅僧を「清める」神であったことを如実に示している。「鎮守之切紙」（「白山鎮守之切紙」）の存在は葬祭に積極的にかかわった曹洞禅僧の触穢観を払う精神的な支えになったはずである。

葬送に関する切紙も江戸期に入ると詳しいものが出来てくるようである。「四門三匝大事」（元和八年八月、永光寺所蔵）は、葬送に際して四門を設け、その周囲を右に三匝（三回廻る）することを記しており、「四句文参禅」（寛永七年二月、愛知県西明寺所蔵）や「四句文之切紙」（寛永十三年六月、同上）は、葬列の際に立てられる四流の白幡に書される四句の偈文（「諸行無常、是生滅法、生滅滅已、寂滅為楽」の四句）について記している。また「下炬大事」（他の切紙から寛永十年ごろと考えられる、永光寺所蔵）や「炬下切紙」（慶長十九年、香林寺所蔵）、あるいは「続松之切紙」（寛永十六年、三重県広泰寺所蔵）などは火葬にする際の続松（たいまつ）に関する作法や意義について記している。[16] これらの切紙には、右に三匝する儀礼などが記されており、民俗的な儀礼が仏教的に説明されていることなどが理解できて興味深い。その意味ではつぎの「病（廟）移之指図切紙」（香林寺所蔵）も興味深い。

（史料一〇）

病移《時》先祖痛《ノウツス》所無《レバ》金神ノ方惑死人可㆑出方ヲ見テ吉キ方ノ地ヲ
取テ移スベシ其ノ后ノ手前ノ墓ヲ平ラゲテ如《ニ》㆑本可㆑種㆓草木《ヲ》㆒旧キ
墓ノ下ニワ経陀羅尼ヲ書テ可㆑埋亦此円相ヲバ本ノ墓エ
可㆑置ク廟移時キ先祖ノ廟在レバ如㆑是可㆑移先祖ノ位イヲチ
カエズ次第々々上ニノボセテ其ノ下ニ今マノ廟ヲ立ル也是レ周之世《シュ》ノ時
ヨリ始ル也周ノ時信公文紹子穆《ボク》ノ位ヲチカエテ信公ノ廟カヲ
上ニ立ル所テ周ノ世乱ルヽナリ亦廟ヲ出ス時キ□《（吉カ）》方エ五輪石
塔ヲ出スナリ落処ワ何ノ方《カタ》成トモ大叓無シ亦新キ墓ヲ立ル
ニ河《カ》ワ石七ツ丸テ死人ノ字ヲ書シテ洗マイト銭トヲ袋エ
入墓ヲ納ムル也畢竟心身亦平等性知ナリ

沙門驚道
沙門玄国

于時元和五己未年正月吉日

「（奥裏）⨯病移之指図也」

これは廟すなわち墓を移す時の切紙であるが、新しい墓を立てる時には、河原の石七箇を丸めて、死人の字を書き、洗米と銭とを袋に入れて墓に納めるべきであることなどが記されており、米と銭を入れるという民俗的な儀礼が元和五年（一六一九）当時に行なわれていたことを知らせてくれる。

曹洞禅僧の葬祭における活動は、すでに戦国時代においてもかなり下層の人びとに対して行なわれるようになっていたので、近世初期にはさらに下層の人びとに対しても行なわれるようになっていったものと考えられる。そして慶長十六年（一六一一）には、非人の葬儀に関する切紙が成立することになった。すなわち「非人引導之切紙」といわれるものである。「非人引導之切紙・天狂（癲）病之叓」の切紙は、従来は寛永七年（一六三〇）年記の西明寺所蔵のものが最古のものとされてきたが、[17]すでに『信濃史料』補遺下（一八九頁）に慶長十六年五月二十日付の「非人幷天瘂（狂病）切紙」（長野市金箱信叟寺所蔵）が掲載されている。

（史料一二）

（端裏書）「非人幷天瘂切紙」

非人亡者之叓

自家初世具・雑具・衣裳・刀共悉送捨、其身乞食渡時、弓絃男左、女右脇絵渡非人、引動時、子不持者後手截、其後截刀身代相添送時之、文曰、因果業性、霊々除滅、尽未来際、直截根源、此文書死人可添、亦其出入門揩（階カ）下可埋、其後人間成引導可有（如常）、此法可秘ゝゝ、

天瘂（狂病）病之叓

我自家風上不置、居座敷不居、不呑盃、平生如是、人間不類也、亦死生。（時）、引導大切也、幡天蓋何黒色可致、此簿書引導七日居座可敷、其親兄弟子共、此簿百日之間不可捨、供養亦替平人、亦無回向、下炬曰、汝元来不生不滅、無父無母無兄弟、此土自去再不来、輪廻顛倒直断絶、

右此文図書、其家門出入楷下可埋、亦塚所可埋者也、

昔慶長拾六辛亥五月廿日書之、賢隆叟（朱印）

前永平信叟主盟従宗甫和尚相伝之、（朱印）

この切紙は非人と精神的に障害があるとみなされた人物に対する葬儀の方法を記したものである。非人の死者の場合、死者を乞食に一度渡すが、その時には脇を縊り、身代（銭）を添えるなどの儀礼を行ない、右の図のように「父母縁断絶」「兄弟縁断絶」などと書かれた「断絶符」を死者に添え、出入の門や階下にも埋めるというようなことを行ない、「其後人間」と成してから引導をすべきであるというのである。すなわち、当時の曹洞禅僧は一定の手続きを踏むまでの非人の死者を人間としてみていなかったということになる。この切紙が差別切紙といわれるゆえんである。非人として厳しい生活をしいられた「仏」を人間として扱っていなかったという宗教者としてはあまりにも配慮に欠けた行為をしていたことになる。近世初期の社会の身分差別をそのまま容認し、宗教の世界にまで持込んだこと

は、曹洞宗教団の体質として厳しく問われなければならない。

また、精神的に障害があるとみなされた人物の葬儀に関しても、「自レ我風上ニ不レ置」、「盃不レ飲」、天蓋幡はすべて黒色とし、「断絶符」を書いて引導を行ない、それを七日間は座敷に敷く。また、親兄弟は百か日の間、その符を身につけており、供養も「平人」と異なり回向は行なわない。そして、引導の時には父母・兄弟は無く、ふたたびこの世には生れ来ないようにという旨の語を唱えるべきであるというのである。この場合も精神的な障害を持って死去した人物を「平人」としてみていないばかりか、僧侶自身はもとより父母兄弟にも「断絶符」を持たせ、供養の際回向を受ける路さえ断つという態度で臨んだのである。これ以降、「非人引導之切紙」はほぼ同じ内容で各地に散見されるようになっていく。ここに曹洞宗教団が、最下層の民衆にまで葬儀を行なうようになったことを示すとともに、社会の支配秩序を容認し、また支配の末端機構の一部として機能していった姿をみることができる。

結びにかえて

曹洞禅僧たちの相伝書の授受は十五世紀中葉から増加しはじめるが、切紙もこのころに出現する。しかし、とくに盛んになるのは十六世紀後半から十七世紀初頭にかけてで、しだいに増加し、寛永期以降は急増した。

中世後期から近世初頭にかけての年記をもつ切紙の中で多数現存し、当該期の相伝書目録や切紙目録でも授受されたことが明らかになっている「国王（皇）授戒作法」は、天皇に授戒することがなかったにもかかわらず授受が行なわれた。それは戦国大名の領国化が進み、宗教統制が厳しくなる中で、禅僧たちは自らの宗教的権威としての立場を保持するために、この切紙を必要とした。「竜天授戒作法」の所持も地域の神に戒を授けたり、地域の小開発にともなう悪霊鎮圧や地鎮の必要性に応じていった曹洞禅僧にとって、精神的な支えとなった。

「没後授戒之作法」は曹洞宗の葬儀が、僧侶に対する方法しかなく、在俗の死者に対しても、戒を授けて僧侶にしてから葬儀を行なっていたことを示す切紙であった。また、「白山鎮守之切紙」は、葬祭を積極的に行ない教団を発展させた曹洞禅僧たちの死者に接したという触穢観を払拭するための切紙であり、白山神の曹洞宗寺院の中での機能を知らしめるものでもあった。差別切紙として知られる「非人引導之切紙」は慶長十六年五月二十日のものが初見であり、これの成立は曹洞宗教団が最下層の民衆にまで葬儀を行なうようになったことを示すとともに、近世初期の社会における身分差別をそのまま容認し宗旨に関する部分にまで持ち込んだ曹洞宗の体質を示すものでもあった。

なお、史料六の最後にも「未達者不可渡……代々祖師秘之」とみえるように、曹洞宗における相伝書の多くには、神秘性が持たされていた。授受を秘密裏に行ない、その僧侶が行なう祈禱や誦経に神秘性を持たそうとしたのは曹洞宗ばかりでなく、同宗とともに十五〜十七世紀にかけて発展を遂げ、とくに関東地方では同宗と競合して発展した真言宗の掟にも「剰以真言秘密血脈、於俗家諸家人前守露顕云々先代未聞之次第也、云袷云恰、重犯雖(難カ)遁者乎」[18]とみえ、「真言秘密血脈」を露顕することを禁じていることがみられる。この時期に地域社会に浸透していった真言・曹洞両宗に神秘的要素がみられるのは、両宗ともに葬祭とともに祈禱によって、それを成し遂げ、地域の知識（不可思議なことや神秘的なことを解決し解答を与える人物）として活動していったためであると考えてよかろう。

註

（1） 埼玉県大里郡寄居町藤田の正竜寺には天正九年正月十一日に嗣書・血脈の授受が行なわれているが、それ以降、寛永四年十一月二十八日、同十年九月二十日（血脈は吉日）、の授受も嗣書と血脈の授受であり、嗣書・血脈・大事のいわゆる三物の授受がみられるのは寛永十八年五月二十八日の授受以降である。このように大事の授受が嗣書・血脈の授受に加えられるのは、一般に近世に入ってからであると思われる。ただ、長野県木島平の泉竜寺所蔵の嗣書・血脈・大事は弘治二年九月一日に節香徳忠から楽翁正佶に授与されており、中世の三物授受はこれ一例である。中世における他の場合はいずれも嗣書・血脈の授受のみである。

(2)「西明寺調査目録」(『禅宗地方史調査会年報』三)。
(3)「宗宝調査委員会調査目録及び解題」四七(『曹洞宗報』五九八、香林寺)。
(4)『埼玉県寺院聖教文書遺品調査報告書』(同県教育委員会編)。
(5)「高安寺調査目録」(『禅宗地方史調査会年報』二)。
(6)以下の諸書を参照して作成した。『禅宗地方史調査会年報』一(雲松院)・『同上』三(西明寺)、「宗宝調査委員会調査目録及び解題」三五(『曹洞宗報』五八六、新潟林泉寺)・「同上」三七(『同上』五八八、東正寺・米沢林泉寺)・「同上」四一(『同上』五九二、広泰寺)・「同上」四三(『同上』五九四、松石寺)・「同上」四七(『同上』五九八、香林寺)。埼玉県内寺院の史料は『埼玉県寺院聖教文書遺品調査報告書』(同県教育委員会編)によった。耕雲寺文書は遠藤廣昭氏の提供による。長野県内の寺院史料は『信濃史料』一〇〜二一巻及び補遺上・下巻によった。『信濃史料』よりの史料検索にも遠藤氏の協力を得た。なお、この表の基礎になった具体的な書名・所蔵寺院等を記した表は紙面の都合で別の機会に掲載することにしたい。
(7)註(6)に同じ。
(8)『信濃史料』一七、四八四頁。
(9)『同右』一五、四五七頁。
(10)石川力山「中世曹洞宗切紙の分類試論(二)――竜泰寺所蔵『仏家一大事夜話』について――」(『駒沢大学仏教学部論集』一四、一九八三年)に掲載。
(11)『埼玉県寺院聖教文書遺品調査報告書』(同県教育委員会編)。
(12)第二章第九節参照。
(13)「菊隠和尚下語」(『曹洞宗全書』語録一、五三〇頁)に掲載されている「永昌院鎮守白山妙理入壇之香語」によれば、武田信昌の菩提のために武田信縄が建立した甲斐の永昌院では、裏山ではなく本堂内ではあるが、永正八年(一五一一)に同寺の鎮守として白山神を勧請していることが知られる。

(14) 『信濃史料』一七、四八〇頁。

(15) 曹洞宗宗宝調査委員会が小田原市香林寺の調査をした際に私も同行させていただき拝見させていただいた。また、掲載を許可して下さった香林寺住職松田文雄師(同調査委員会委員・駒沢大学教授)に御礼申し上げる。

(16) 「四門三匝大事」以下の葬送に関する切紙については石川力山「中世曹洞宗切紙の分類試論(十)——追善・葬送供養関係を中心として(下)——」(『駒沢大学仏教学部論集』一八、一九八七年)に詳しい。

(17) 石川力山「中世曹洞宗切紙の分類試論(四)——曹洞宗における差別切紙発生の由来について——」(『駒沢大学仏教学部論集』一五、一九八四年)。

(18) 天正三年九月二十九日「東寺年預等書下」(金剛寺文書、『神奈川県史』史料編3、八一四頁)。

結　章

中世後期における宗教と地域との関連という観点からの研究の代表的なものとしては一向一揆研究が挙げられる。一向一揆研究の進展は、浄土真宗の展開した地域、真宗寺院・道場・坊主・門徒武士・門徒農民などの実態を明らかにしたといえる。しかし、禅宗の一派である曹洞宗をみても十五・十六・十七世紀に多数の寺院がつぎつぎと建立され、真宗につぐ勢力を有するほどに発展している。したがって全国各地に一向一揆が展開されたわけではなく、中世後期の社会を考える場合には、それ以外の宗派に関しても考察を加え、そのうえで、とらえなおしてみる作業が必要であろう。そこで、本書は、このような観点から禅宗各派の中でも、地方に展開し、もっとも多数の寺院を有した曹洞宗教団を研究対象の中心に据え、禅宗と当該社会との関連について考察することを課題の中心に置いた。

この中心的課題を多方面から考察し、合せて禅宗史研究の進展に資するためもあって、京都五山禅院領が多く存在し、五山派の展開がみられ、臨済宗法燈派の展開もみられた越中国の禅宗を研究対象とし、諸事象の検出につとめた。また、曹洞宗教団に関しても、中世後期の課題を解明するためには、それ以前の時期の諸問題についての考察が必要であったし、曹洞禅僧たちが書写し所持した諸書に関する考察も、地方展開や教団維持との関連のうえで是非とも必要なものであった。

まず、越中の五山派寺院と京都五山禅林との関連や展開を論述した最大の目的はつぎの点にあった。一般的に、鎌倉末から室町期にかけて隆盛であった五山派禅林が戦国期に入ると衰退し、各地で五山派寺院に代って、曹洞宗や臨済宗妙心寺派の寺院が建立あるいは再興され、隆盛となっていくといわれているが、その背景に存在することがらについて論証しようとしたためである。越中五山派禅林が京都五山派禅林と密接な関係にあったこと、越中五山派寺院の存在した場所は同国の支配拠点と考えられる場所であったり、その近辺であったことから、守護あるいは守護代勢力と密接な関係にあったことが考えられること、越中にも京都五山やその塔頭の荘園が多数存在したが、越中五山派寺院は、その寺領運営に少なからず資していたことなどを明らかにした。しかし、戦国期に入るころより、五山禅院領は椎名氏や他の在地武士勢力などに押領されるようになっていき、京都五山禅院は知行することが不可能となり、越中五山派寺院も衰退し、他宗派に改宗されたり、廃寺となったりしていくのであるが、その五山禅院領を押領していった椎名氏や神保氏をはじめとする在地武士勢力の外護を受けて越中に発展を遂げたのが林下禅林の曹洞宗であった。五山叢林の隆盛から林下禅林の発展へという一般的傾向の背景にあるものを越中禅宗史は物語っている。

越中法燈派の展開に関する考察の目的は、曹洞宗以外の禅宗教団の地方展開はどのようなものであったのかを具体的にしておくことにあった。鎌倉末期から建武新政・南北朝期初頭のころになると京都・鎌倉の五山系の人びとと交流を保ちながら、紀伊国由良の西方寺を中心に発展を遂げつつあった法燈派が越中に進出した。恭翁運良が興化寺、慈雲妙意が国泰寺を開山したことによって越中での同派の活動がはじまる。北陸の初期における曹洞宗教団にとって最重要拠点寺院であった大乗寺に住したほど曹洞宗と密接な関係にあった恭翁運良の交通路に沿っての活動、八幡神に放尿したりした奇抜な行動、あるいは燈台のような役割を果した唐島の岩上への石塔造立、政治的・経済的な重要地点で、葬送の場の近くであったと考えられる放生津での興化寺の開創や、やはり北陸の初期曹洞宗教団と密接な関係にあった孤峰覚妙の門弟であった慈雲妙意の政治・軍事・交通の要地近くである二上山での国泰寺開創などは、同時期およびそれ以降の曹洞禅僧の活動と相通ずる部分がある。

越中における法燈派は、相互に交流を保ちながらも、十刹に列せられ、五山派寺院としての道を歩んだ興化寺とその門派、林下として地方活動に力点を置いた国泰寺とその門派とに分かれる。とくに国泰寺は歴代の住持が朝廷より住持辞令の内容をもつ綸旨と紫衣被着許可を受けて権威付けを行なっている点や、同寺の門派が十五・十六世紀に神通川の支流である飛騨高原川に沿って展開をみせている点など、曹洞宗が永平寺や総持寺の出世（＝瑞世）を綸旨を受けて行なっていた点や、十五世紀以降、各地域に展開していった点など、林下禅林として類似点がみられる。

曹洞宗が最初北陸に勢力を張る結果となったのは、道元が寛元元年（一二四三）に越前志比荘に赴き、のちに永平寺を開創したことに始まることは言うまでもないが、南北朝期以降になると、その教線が全国的な規模へと拡大されていった。南北朝期に越中に展開した大徹宗令およびその門下は、立山信仰と深くかかわりながらの発展であった。大徹宗令には立山神に戒を授け材木の提供を受けたという説話があり、立山参詣路に沿って、大徹派の寺院が建立されている。曹洞宗が山岳信仰や修験などと関連を持ちながら展開した例は少なくないが、大徹派と立山信仰との関連はその典型であった。

また、同じく南北朝期に肥後菊池氏の外護を受けた大智は、氏寺聖護寺の住持として同氏結束の中核としての役割を果した。彼は自らの持つ「正法」と菊池氏の現実の世俗的活動とを結びつける論理として内には仏法を信じ、外には儒教的倫理を守るべきことを強調している。南北朝期における武士団結束に果した氏寺および禅僧の機能をみることができる。戦国期とは種々の面で異なった様相をみせている。

曹洞宗は、十五世紀前半までは遠隔地への進出、飛火的発展が顕著であるが、十五世紀後半ごろから、急激にこの傾向は薄れ、近隣への寺院建立が顕著となる。遠隔地への点の展開から近隣への面の展開へと変化したことを物語るものであるが、このような時期に活動したのが如仲天誾であった。彼は越前から遠江へ進出した禅僧であるが、その「遺命」によれば、大洞院の経営は、本寺越前竜沢寺の檀越でもある小布施氏の寄進により行なっていくべきであり、在地の武藤氏の寄進は辞退すべきであると指示している。この武藤氏は、越前守護の斯波氏が遠江守護に補任されるにともない荘園の代官請を進めた守護代甲斐氏の家人の一人である大谷氏と一宮荘の代官職を巡って争っていた人物であった。如仲の「遺命」は、このような在地勢力と越前守護斯波氏関係の勢力が対立している中で作成されたもので、その影響が表れているとみることができる。如仲の越前から遠江への進出、大洞院建立と越前守護斯波氏の遠江守護補任による越前勢力の遠江進出と密接な関係にあったことが知られるが、同じ如仲開山の崇信寺は在地の山内氏の外護を受けており、以降の如仲門派の東海地方における展開は在地領主層に受容されての展開が多かった。如仲の活動は点から面への、遠隔地から近隣への発展へと変化していく時期の典型としてみることができよう。

曹洞禅僧たちは戦国期に多数の寺院を建立し、同宗の一大発展をもたらしたが、「曹洞宗展開の二類型」と「曹洞宗発展の要因」については、すでに第二章第十二節で論述したので、簡単に要約するにとどめたい。曹洞宗の展開は特定の檀越を持つ展開と、持たない展開の二類型に分けることができる。

檀越を持つ展開の場合、時代が下降するにしたがって、国人領主、その家臣、より小規模の在地領主と、檀越の小規模化の傾向がみられた。それは同宗がより小地域への発展を遂げていった証左でもある。また、国人や在地領主の間には①在地領主連合（一揆的結合）関係、②一族関係（血縁・擬制的血縁関係）、③主従関係、に添って展開していった点を指摘できる。なお、主従関係に添って寺院が建立されていき、檀越の小規模化の傾向が進み、ついには、檀越を持たない小寺庵が低位の僧侶や村落の住民たちによって建立（あるいは再興）されるという展開を遂げる場合も少なくなかった。

同宗の一大発展の要因としては在地領主層に受容されたということが挙げられるが、それならば、何故に受容されたのであろうかという問題になる。それは、禅僧・禅寺が在地領主に果していた機能をみることによって明らかになる。①まず、禅僧は菩提寺として祖先供養・葬送の機能を持った。②菩提寺では一族・家臣を集めて父祖の追善法要が行なわれ、それらの結束の場として機能し、家中統制の装置としても機能した。③家中の禅的趣味や逆修・葬送・法要などの要求を満すためにも必要であった。④禅僧はブレーンとしての役目を果した。⑤在地領主連合関係の潤滑油として機能した。⑥国人領主の存在を意義づける機能を果した。⑦さらに、重要なことは、在地支配・民衆支配との関連で重要な役割を果した。以上のような機能を持ったが故に、在地領主層に受容されたのである。

特定の檀越を持たない寺院の場合には、比較的早い時期に建立された寺院で、地域の霊場が曹洞宗に改宗されたものが多い。また、当初の檀越が衰退したりしてその後は特定の檀越を持たない寺院となった例もある。これらの寺院は、地域の信仰を集めたり、成立が早かったことから、多くの末寺を持つことができ、末寺が交替で住持に就き維持するという輪住制の方法がとられるなど、末寺に支えられて、地域の中心寺院として存続した場合が多い。しかし、それ以外で特定の檀越を持たない寺院は、十六世紀末から十七世紀にかけて成立した村落の小寺庵が多い。これらには寺伝では首座以下という低位の僧が開いたことになっている寺院もある。これらの寺院は、より村落と密着した活動により存続をはからなければならなかった。葬祭・祈禱などを通じて村落社会に受容され、その中で維持されていったものと考えられる。

在地領主が曹洞宗を受容した理由として、曹洞宗が在地支配・民衆支配との関連上で必要な存在であったことを述べたが、それは曹洞宗が民衆に受容されたことが一大要因であった。また、戦国期以降、一大発展を遂げたのは、同宗がより小地域への進出を果したからにほかならないが、それを可能にしたのは、地域社会・民衆に受容されうるだけの能力を持っていたからにほかならない。①卒塔婆建立などの地域民衆が多数参加した大法要において中心的な役割を果した。②葬祭を通じて、在地領主ばかりでなく、農民・「舞士」「鍛冶師」などの民衆とかかわった。③授戒会を行なうことにより、やはり国人や在地領主ばかりでなく、多くの農民、「酒屋」「鍛冶屋」「紺屋」「番匠」「大工」あるいは浦刀禰と漁民たちと考えられる人びとなど諸階層諸職業の人びとや「下女」などにも戒名や血脈を授けた。④神人化度や悪霊鎮圧などの新たな祈禱の能力を持っていた。それは戦乱により、従来の宗教（真言宗や天台宗など）が、その権威を失墜していった時期ではなかったろうか。曹洞禅僧の祈禱は新鮮なものとして受容されたことであろう。以上のような諸能力により、在地領主ばかりでなく、民衆にも受容され、地域社会の中で宗教者として、知識として活動することができたのである。曹洞宗は在地領主層の外護を受けて地域社会に展開していった面もあるが、逆に在地領主は、在地支配の面から、民衆に宗教者・知識として臨む能力を持っていた曹洞禅僧を積極的に受容していったのであり、受容せざるをえなかったのである。なお法会等には村落の枠を越えさせる面と秩序維持の面とがあった。

なお、序章「課題」で設定した中心的な三つの課題であるが、①・②に関しては、これまでの論述で、おおむね解答を出せたと思うが、③の曹洞宗の発展する場合の地域的偏差の問題で、大都市や商工業発展地域ではなく、いわゆる後進農村・山村地域であったという特徴については、次の点があげられる。一つには禅宗であり、坐禅を中心とした教団であるということである。寂静の境地を選ぶという教団の性格が影響を与えていると考えられる。二つには、これと関連して山岳信仰と深くかかわりながら発展した例も少なくなかったということである。三つには当初の発展地が北陸であり、京都・鎌倉には、五山派禅林・臨済宗が早くから進出しており、地方の都市にも、越中の五山派禅林の展開のところでみたように、早くから五山禅林や臨済宗が進出しており、曹洞禅僧が当初からそこで活動するというわけにはいかなかったということである。そして四つには、最重要点であると思われるが、曹洞宗が在地領主層に受容されて展開した部分が相当に存在したということとかかわっているのではないかということである。在地領主の宗教・文化等が村落・地域社会の宗教・文化等にまでより強い影響を与えやすい地域、すなわち、それが後進農村、山村地域であったと考える。

曹洞宗の宗祖道元の著作である『正法眼蔵』は謄写されて、永平寺・総持寺をはじめ有力寺院に所蔵された。信仰としての書写、浄行としての書写がほとんどで、内容研究にまでおよぶということは少なかったようである。門派の中心寺院は大部の『正法眼蔵』を書写し維持していることにより、門派の中心寺院としての権威を飾るとともに、宗門の「奥義」を手中にすることにより、宗学の上でも、門派の中心寺院であることを示したのである。

しかし、十五世紀中葉以降になると、この『正法眼蔵』の謄写以上に盛んに授受や書写が行なわれたのは「教授戒文」「得度略作法」など授戒に関するものや「嗣書」「血脈」などの嗣法に関するもの、あるいは抄物・門参・代語・下語・切紙等の禅籍・公案等の注解書や法要仏事の手引書であった。これらの流行の理由としてつぎのようなことが考えられる。まず、曹洞宗が地域社会に受容されていく場合、必ず、その地域には従来の宗教が存在したはずであり、それに替るものとして受容されたに相違ない。その場合、曹洞禅僧が持っていた葬祭・祈禱・授戒などの能力が受容されたといえるが、それと同時に、従来から地域に存在した宗教者（例えば小寺庵に住居した僧侶や山伏など）を圧倒し、自派に取り込んでいかなければならなかったはずである（授戒会や葬祭に関する史料には、寺庵に住居する尼や山伏に戒を授けたり葬祭を行なってやったりしている例がある）[1]。そのためには、宗旨に関する知識を深め、いわゆる宗論や問答に勝たなければならなかったはずである。なお、中世後期から多くみられる切紙の中に「竜天授戒作法」が存在するが、この切紙の所持は、祈禱の際に神を神とも思わない禅僧の行動を可能にしたものと考えられる。「竜天授戒作法」の文中に「神竜皆是凡位也」とあることから知られる。

いま一つはつぎの点である。禅僧たちは国人層の外護を受けて、それ以下の在地領主層に受容され発展したという側面を持っているが、発展にともなって増加していく寺院に門弟を送り込まなければならなかったし、譲与しなければならなかった。そこで門人の養育ということが問題となってくる。一方、戦国大名の領国化が進み、禅寺の檀越も戦国大名に成長する者もあったが、その家臣団に組み込まれる者が多かった。戦国大名の領国化が進むと、寺院・僧侶もその支配統制の対象となった。結城氏は能力のない僧侶が公界寺に住持として入ることを誡めている。(2)権力者が、このような規定を出している以上、結城氏の菩提寺となっていた曹洞宗寺院は一層、その規定に対応できるだけの力量を持たなければならなかったし、同様の門弟を創出しなければならなかっはずである。つまり、能力を身につけなければならなかった。

以上の点から曹洞宗においては抄物が流行し、密参・門参が成立し、さかんに書写された。いうまでもなく、抄物は祖師たちの言動を記した『碧岩録』などの祖録の注解書であり、密参・門参も、いわば公案の解説書である。また、代語も問答における模範回答のようなものであり、公案の解説書的なものといえる。また、のちには、代語の抄物も作られている。さらに、切紙授受は禅の宗旨から公案の解き方、諸法式の作法、あるいは祈禱の仕方など、あらゆる知識を一つずつ小紙（切紙）に書いて師から弟子へと伝えていく方法である。このようなことは、真の意味での力量はともかくとして、ある程度の力は身につくことになるし、書物であったから身につけていて常に参考にすることができた。これらの書物を持っているかぎり、対社会的には、ある程度の力量を持った僧としての行動は可能となったわけである。従来より、安直に門弟を世間に送り出せることになったといえる。

しかし、そのような形で身につけた能力・学識を客観的なもので証明しなければならなかった。そのために、祖師から代々伝えられた嗣書・血脈という師弟の正統性を示す系図的なものや「教授戒文」「得度略作法」など授戒に関する書物（これも師弟関係を結ぶ作法書であるが）の授受が重要視され、それを持つことによって、師から法が伝えられたことの証とするような風習もできた。また、さきの抄物・門参・切紙等の授受や書写も嗣法と関連して行なわれるような場合も多くなり（とくに切紙）、法の相承ということを、より神秘的なものとした。なお、抄物自体はある禅僧の祖録の講義における速記録的なものであるから、元来、神秘的なものではなかったはずだが（例えば川僧慧済の「人天眼目抄」(3)は川僧が聴講生を前にして講義したものである）、しだいに、その書写は秘かに行なわれるようになっていったようである。また、切紙の中で、宗旨を総体的に表わしたもの（図によって表現したものが多い）が大事として嗣書・血脈と並んで三物と称され、嗣法の証の一つとして重要視されるという事態にまでいたるのである。このようなことは嗣書・血脈の授受とともに門参や切紙の授受によって、嗣法ということに神秘性を持たせようとする傾向の延長線上のこととしてとらえることができよう。なお、中世末から近世初期の切紙は、授戒に関するもの以外は公案の注釈書的なものが多い。しかし、時代が下降するにしたがい、作法書的なものも多くなる。また、公案の注釈を一箇ずつ別々の紙に記されたものが切紙であり、多くの公案の注釈が一書にまとめられたのが門参や密参であるということもできる。

抄物・門参・切紙等の流行は応仁の乱以降、公家や僧侶などの文芸を持った人々が京から地方に脱出した結果、その影響を受け、和歌にみられる口伝が切紙として書され授受されたことと時期を一にしており、抄物は五山派の禅僧が行なっていた抄物の影響があったのではなかろうか。また、曹洞宗が地域に進出する以前の宗教として存在した天台・真言宗が多数の印信の授受によって、その宗旨に神秘性を持たせていたが、曹洞宗ではそれとの対応上、門参・切紙の授受に神秘性を付加させ行なうようになったのではなかろうか。

さらにもう一つの理由は、曹洞宗発展にともなって、各門派の中心寺院では江湖会が行なわれた。それは、しばしば戦国大名の援助を受けて行なわれる場合もあったことは、よく知られているころであるが、その江湖会の折に、よく問答が行なわれたことが挙げられよう。武士の法要などの法語も代語形式で行なわれていることからみても、かなりさかんに問答が行なわれていたことが知られる。武将の出陣に際して、代語が述べられるほどよく行なわれた。その問答に際して、抄物以下のものが参考書として役立てられたことはいうまでもない。この問答によってもある程度の力量を持った僧侶が養育されたとみることができよう。

以上のような理由で、曹洞宗の発展にともなって、抄物・門参・密参・切紙が流行するようになったものと考えられる。なお、切紙についてであるが、師から弟子へ渡す分量が急増するのが寛永年間以降である。寺院の過去帳がコンスタントに村民の戒名を記録しはじめるのも寛永年間であり、(4)寺請業務が行なわれはじめるのが寛永年間である。おそらく大量の僧侶が必要となってきた時であったろうと思われる。大量の切紙が必要であり、細部にわたることまで記した切紙が求められた時期であったといえよう。

種々の形で身につけた能力・学識を客観的なもので証明するために、嗣書・血脈の授受とともに「教授戒文」や抄物・門参などの授受も行なわれるようになったことは、これまでに述べたことであるが、この外にも証明する方法があった。本書では教団の組織に関することについては論述することができなかったが、それは、輪住制によって古刹の住持となることであり、朝廷からの綸旨を受けて、永平寺・総持寺の住持となる（出世・瑞世という）方法であった。古刹の住持となるということからみると、都合よく当時各門派の中心寺院は、門弟たちの分裂を恐れたいわゆる「派祖」たちが短期間で住職を交替するという輪住制を敷いていったので、(5)はからずも、その時代的要求に答える結果となった。各地に散在する各派の中心寺院における輪住には祖跡を護持するという義務とともに、それによって一人前の僧としての市民権を得るという意義も存在したのである。ところが、たとえば曹洞宗の場合には、永平寺と総持寺が、朝廷の綸旨によって住持につくということであったから、(6)これ以上の権威付けはなかった。したがって、総持寺の輪住制は、しだいに短くなり、一年に何十人もが住持に就くというような形式的なものに変化した。永平寺も永正四年（一五〇七）ごろにはすでに、出世道場としての資格を持っていたと考えられる。そして正規の住職以外にも、出世の住職が入寺しては、「前永平」の称号を得るようになっていった。

こうなると、永平寺・総持寺への出世を望む派が多くなった。源翁派の結城安穏寺が享禄元年（一五二八）に永平寺に出世しようとし、同派の会津示現寺も永禄元年（一五五八）に総持寺に出世しようとして問題を起しており、遠江普済寺の一派寒巌派も永禄年間に永平寺への出世を果そうとして運動を展開しているがごときである。(7)これらの永平寺・総持寺出世への動きの背景には、前述のような在地の理由が存在したと考えてよいと思う。このうち、示現寺が総持寺の出世を果すと、直ちに江湖会を行なっていることもそれを証明している。出世を果さないと江湖会を開催するだけの資格がないという不文律のようなものが存在したものと考えられる。なお、さきにも述べたように、曹洞宗においては、戦国大名の援助や保護を受けて大規模な江湖会を開く寺院僧侶が存在したが、これは、門派の結束を示すとともに、大名側も、その力を示すことになったのである。

戦国大名今川氏のブレーンであった駿河臨済寺の住持太原崇孚のものといわれている「太原崇孚覚書」（天文十九年）は、今川氏における諸宗に対する接し方を記しており、曹洞宗についても述べている。(8)それによると、永平寺は不出世の寺でありながら紫衣・黄衣を随意に被着しているが、認められていないものであり、真の紫衣は総持寺のものだけである。御礼を出す時には、よく尋ねるべきことを記しているのである。実際には、誤認であり、永平寺・総持寺はともに出世道場であった。しかし、ともかくも、僧の資格が他宗派との比較の中で云々されていることに注目しなければならない。大名領国化が進むにつれて、他の地方においてもこのようなケースが多く存在したに相違ない。また、大名の統制が強まる中で、古来持っていた権利が圧迫されていくという寺院も存在したであろう。このような場合に、別の権威に頼る以外に方法がなかったろう。そうなると、ますます永平寺や総持寺など、紫衣勅許の出世道場への入院が重視されるようになる。ここに各地に輪住寺院がありながら、永平寺・総持寺への出世者が増加し、二大本山が成立していった理由が存在したのである。また、こうした情況であったからこそ、「国王授戒作法」の切紙を持つことにも意義があった。しかし、輪住制は輪住制で領主間の潤滑油的存在となりえたことは想像に難くない。越前慈眼寺を中心に輪住制を展開していた天真派が越前朝倉氏・越中神保氏・同椎名氏との間での問題に対して、いつでも仲介者のような役割を担いうる立場にあったことや、(9)輪住による僧侶の移動や交流の中で得た情報が、地域の知識として活動する場合に役立てられたに相違ないことなど、その機能にも留意しなければならない。

今後の曹洞宗教団に対する研究においても、葬祭・授戒会・地域での卒塔婆建立・祈禱などを通じての戦国期から近世初頭にかけての発展と、抄物・門参・切紙等の流行、輪住制や綸旨を受けての永平寺・総持寺への出世（瑞世）の問題などを総合的に考えていく必要があろう。

註

(1) 第二章第八節第四項参照。
(2) 第二章第七節参照。
(3) 中田祝夫編『人天眼目抄』（勉誠社、一九七五年）。
(4) 拙稿「結城の寺と民衆」（『結城市史』五、一九八三年）。
(5) 拙稿「禅宗の教団運営と輪住制度――加賀仏陀寺・越前竜沢寺の場合――」（今枝愛真編『禅宗の諸問題』、雄山閣出版、一九七九年）。
(6) 拙稿「永平寺の衰運と復興運動」（共著『永平寺史』上〈永平寺、一九八二年〉三七九～四一一頁）。

(7) 同右（四三五〜四五三頁）。
(8)『静岡県史料』三、五七三頁。
(9) 第二章第五節「結びにかえて——戦国期曹洞禅展開の意義」参照。

付録史料「血脈衆」「小師帳」

愛知県知多郡東浦町緒川沙弥田の乾坤院が所蔵する「血脈衆」「小師帳」の全文をここに掲載するが、その体載・概要および内容の分析等すべてを第二章第十節で行なっているので、詳細はそれに譲ることにする。なお、両書の全文の紹介は拙著刊行の折と考えているうちに遅くなってしまい、関心を持たれた方には御迷惑をおかけしたと思う。ここに深くお詫び申し上げる次第である。二冊ともに本文は楮紙であり、寛永年間か享保十九年の修理の際に天地が裁断されたようである。

この付録史料に限って、使用した文字や付号はできうる限り原本のままとした。例えば「寶」と「宝」は区別して記した如くである。また、文字の位置や大きさの関係も、可能な限り原本に近い形で示した。虫喰いなどにより判読し難い個所は、字数がわかる場合は□□□、字数が不明な場合は［　　］で示し、文字が推定できる場合は右脇に（　）に入れて示した。見せ消は「ミ」で示した。その他の表記も一般に行なわれている史料の表記法に準じた。

表紙

（タテ二五・四㌢×ヨコ一六・九㌢、楮紙、袋綴一冊）

血脈集

表見返し

二代和尚血脈集也寛永年間
輝州暾和尚代修補依大破今
享保乙卯養圓唯審重加修
補圖不朽

（以上表紙は本文と紙質を異にし比較的新しい）

1オ

血「脈衆」（三宝朱印）　文明九年丁酉孟穐「吉日」（朱印・印文「宗順」）

1ウ

（白紙）

2オ

血脈衆　文明九年丁酉七月十七夜（ママ）

與亨　与玖
与勗　与説
与端　与暹
珠徹尾張智多藤江　与全
与督　慶集
与秧　智久
智遠　智榮

文明九年丁酉八月八日時正初日

三省珠益上司三川　慶泉蔵主尾州野間
慶瑞野間　珠崇蔵主生道

2ウ

祖參常昭庵同宿　妙琳祥光庵珎蔵主姉首座
祥音祥光庵同宿　祥就同
祥三同　祥誕同
智清同下女　道慶尾州智多石浜権守
了松石濱　了□（江ヵ）同
了通同　浄祐同

3オ

道舊同　道善同
了圓同　了珍同
妙泉同　妙散同
祐慶同　妙有同
慶心同　妙忍同
妙圓同　妙珎同
智泉同　智玄同
智善同　智鶴同
智清生道　智秋

文明九年丁酉八月十一日時正中

梵昌藤江景泰庵　宗隆上司禅向庵
道誓三河高濱珠榮ノ父　了清
了浄　了寶
了本　了行
了圓　了満
了威　了充
了金　了剛
道徳小河　道充小河六郎右衛門

3ウ

了金紺屋小河　性永彦兵衛内
浄川小河孫右衛門　宗瑚男□ッ小河
浄金小河　源珎小河
常妙小河　香春□小河
妙琳小河女房五郎馬姨《ヲハ》　妙椿同
妙昌　永金孫衛門ノ母
妙清小河千代子　妙祐小河アモウセ
妙金小河紺屋内　智永
智育　智貞
智祐　智勲
智安　智観
智明　智徳
智範　智鏡
智高　智翼
智見　智勢
智音　智満
智千　智光
智延□　智祥

4オ
智香　宗祥三河小垣江海蔵庵ノ同門(宿カ)
宗久同海蔵庵同宿　継成同
有隣同　妙寿
妙珍
全英春近右京進　妙喜春近右京進上郎 三省姉横根郷
文明九年丁酉八月十九日
善久村木兵衛大郎　善秀尾陽智多村木
性永善秀内　了意大(右)衛門二郎村木
道仙村木嶋　了菊村木坐頭
正金村木道林内　道善同大郎左衛門
道本村木入日孫衛門　妙泉入日莅済庵典座
了忠刑部次郎　智楊酒屋
了永　忠慶村木岡田大郎五郎女
妙金ヲカ田彦大夫内道泉　妙等岡田

4ウ
道圓ヲカ田四郎大夫　道泉ヲカ田彦大夫
道林トビカイツ村木　道縁海蔵庵引
妙衆小垣江海蔵庵引　道成同
妙関同　智竜同

智海同　智秀小河女
智本小河　智鑑同
全徹秋山殿　壽聖秋山殿内
清旭有脇竜雲庵珠栄妨(ママ)主　正巌有脇洞泉庵
了充祥光庵　智福祥光庵
智祥同　珠玄生道正才
妙鑒同　常満生道彦内三郎
智光祥光庵　智玉祥光庵イチヤ
了心同兵衛次郎　与鎌小河弥
文明九年丁酉九月七日

5オ
慶三尾張智多大谷郷曹源寺　長訓同瑞芳庵
了満　如音比丘尼
智融大谷　理延生道御庵
祥慧比丘尼大谷慶雲庵兄弟理 延同宿　契喜長坂大炊頭助母藤田大郎 右衛門姉
智益三河智鯉鮒長見殿内方 祥光庵兄弟　妙林天徳留守優婆
宗玖内海列蔵主喝食　智船細目曹源庵乗泉引
智能　妙祐道香優婆生道
慧桂三省引 比丘尼　道本藤江ノ代管(ママ)中間珠哲引

孟冬二日
祐玉大夫玉林庵　理光永春院殿　吉原殿後室
妙因同宿　慈參吉原殿御子
智旭　智心
慶俊永春院殿小比丘尼　智妙
妙宗御宿　智蓮
5ウ
妙高孫左衛門母　了善
了音　了藤
智安　智松
妙本　智泉
妙整　智正
妙祐　妙登
了慶
文明十年戊戌二月時正日十九日終
与元　与進
宝永　洞春
宝春小河左近次郎　宝全
宝琳　貞布

6オ
貞虎　貞見
貞舟　貞船
貞樹　貞音
貞厳　妙心小河犬一
貞乙　貞増
貞三　貞本
妙了一王大夫母猿楽也　宝了
貞石　貞芳三月十七日
文明十年八月廿七日時正
与昱
全通　貞秀
全徳　貞祐
貞幸　貞意
6ウ
文明十年戊戌小春十三日尾陽智多郡野間
全祐　貞琮
全祥　貞球
了全　妙金権助内
道清　聖貞洞春庵小野浦

妙祐同母　妙順□(藤)兵衛内
道春　性暁女　小野浦
□(祖)悦僧　慶玉報恩寺
正泉僧　宗用僧
梵稠同　樟寿鑑仲ノ小師
知聞僧　真観
道法野間大工　貞瑚
貞瑞　貞璘
明観　令久
周藻　全祝
7オ
常秀由利殿　妙清
妙祐竹内　貞珪
妙西左衛門大夫内　道祐八郎兵衛
浄久左衛門大郎　妙心
浄光　妙祐左近左衛門内
妙祐南坊　貞琤
貞珊　永誾
妙香　貞珠

貞琛　貞珀
慶曰　妙順田上《カミ》
玄儒　貞理細目
妙意中村　玄郁千代上野間
妙金上野間　妙昌同
妙清奥田　玄邦
7ウ
妙石　玄誓
貞芳文明十一年己亥孟春廿四日　貞光
文明十一年二月時正
永珍尾陽智多僧　倉金神嶋《シノシマ》人事篁
与匾　慶祐尾州智多常滑郷僧
常貞常滑郷　玄春同
龍珠借屋城　貞全今村殿母儀
宗全水野修理亮殿　誠栄《サクマ》平右衛門殿　尾州御貴《キ》所《ソ》
誠願　珠蓮水野九郎左衛門殿
貞安大夫女　全浦波付坂
同十一年孟秋十九日
省麟村木莅済庵　梵喜村木郷海印庵

惠忠同東光寺　梵菊臨江庵
8オ
霊心同極楽寺　省岑村木郷
珠得同　正省同
恵憩極楽寺同宿　知泉
慧球同々宿　省源海印同宿
正瑞　一乗
貞寅村木郷女　澄千曹源寺引
周五曹源寺引　妙祐小野浦
恵性小野浦　妙用曹源寺引八月十七日
賢得智多郡僧八月十七日　慶全曹源寺之沙弥八月十□(七日カ)
善空曹源寺之引八月十七日　貞普賢得僧母義八月十七□(日カ)
8ウ
常鵜宇刈禅興引霜月廿日　妙永宇刈禅興引霜月二日
元東文明十一年己亥臘月十三日三州奥郡僧　永粱尾州智多生道字(宗カ)田引同年十二月十九日
中関文明十二年庚子正月十一日尾州智多郡僧　妙喜祥繁引六月十三日
貞普　永満
貞充
文明十二年庚子八月時正十二日一雲斎行之一約引
與広　慶周野部市場

妙意　妙忍
妙樞　妙球
妙性血斗谷田河　妙賀
妙瑚　妙佐
妙念　狸(理)薫楠宮子
9オ
宗意赤子　妙如
妙山血斗五郎子　妙於
妙珠　妙蓮
妙紺　妙染
妙寅　妙祖
道清　妙現廿草左近尉之内血斗
妙貞血斗　浄貞
昌慶　昌達
道山五郎四郎了常ノ妙孫也　成永廿屮(草)ノ六郎馬三代和尚小□(師)
昌充　昌忻
昌昆　昌実
昌蔵　昌安
昌益　昌到

正玄右近尉血斗　道観廿屮(草)左近尉
9ウ
妙現血斗左近尉之内　妙歴廿屮(草)四郎子
妙太楠子孫左近妻　総鑑門前比丘尼
慶善門前常妙ノ尼公伊勢殿母儀与菊優婆　妙西堀内五郎子
昌才ヤタ河ノブン木子　妙祐谷田河ノ初楠子
理薫堀内楠宮子　昌等ヤ田カワノ右衛門五郎
妙性谷田河ノ赤子　正山カメ井ド血斗右衛門五郎
妙密　正晴宇刈山梨郷一斗引
妙香玄聖僧引　与広喝食
全悦
同十七日　一雲斎一鳳蔵主一約引
道秀市場次郎兵衛　道心同処四郎大夫
昌洞小山六郎三郎　昌臨同市場大夫大郎
昌坤小山又次郎　道金市ハ藤内三郎
10オ
昌倍同所弥九郎　昌海号大嶋ノ源六
昌悟同所左近次郎　○昌祐カケ下ノ六郎大郎
昌參カケシタノ八郎次郎　昌澄同所伊勢法師
昌廓カケ下ノ八郎三郎　昌琳ヤ田河衛門大夫

昌トヤ田川ノ弥大郎　正永同所
昌観大田平三郎　昌意敷地ノ平大夫
道珎新池ノ人　昌積敷地ノ左近大郎
昌哲同所弥三郎　道本同右近次郎
昌柳大柳殿　昌聚小山源五郎
昌勲タテ野ノ平三郎　道受市場ノ次郎右衛門
昌茂門前松子　昌梵
昌民　与億
妙勢　妙鏡
10ウ
妙浦　妙利
妙光　妙和
妙与　妙通
妙鶴　妙藕
妙穏　妙存
貞宮　貞周
妙昔　妙巴
血斗妙僧ヤ田川ノ人　血斗妙圓
妙定　清珎市場与四郎内

総和三代和尚之小師　血斗 妙見市場菊子
妙初河ハタノツイタチ　妙立
玄春ャ田河ノ番匠高山小師　理玖同所一約引
妙善　妙観
11オ
昌音　義光
妙菊　成祢三嶋平井入道殿 文明十二年庚子九月七日
宥性　玄金
玄剛　玄般
宥西　宥泉
与圓　宥春
与右　総春依失却旧名改春 三代和尚也
永千　宥昌千頭
全林文明十三年辛丑五月十六日千頭衆　全栢同
全久同　宥光同
宥為同　永松同
宥堅同　永安同
11ウ
全証千頭娘下﨟　道千千頭殿
妙慶同　理宥同コメコ

妙心同　理言同
誠心同　妙提同
永金番匠法多大工左衛門次郎 六月十七日　永萬万勝寺郷大工六郎左衛門 六月廿日
与楽　与歴
与珪　宥了
宥信　宥悦
為一千頭七月十二日　妙心千頭
祐清千頭　永真
正祐　妙香
宝玉　洞玉
12オ
道幸　浄圓与菊父
周養文明十三辛丑七月廿六日於一雲　宝聚
慶善有脇洞泉同宿辛丑十月五日　総由同光明院優婆 文明十四壬寅十一月三日
霊幢尾州大ドマリノ僧 字(宗カ)田引文明十四壬寅十月二日　玄會
慶昌智多刈屋叢蔵主引文明十四癸卯仏涅槃日
文明十五年八月十六日
集睦侍者江州人事 瑞西堂小師　全妙旦那
貞光　慶傳珪言法春

与鉐　正椿村木海印庵同宿
与桂　榮賢慶厳坂東人事所也
与暾　与琨
妙琳祥光庵　理用清印庵
12ウ
理慶清印庵小比丘尼　長因天狗小僧阿弥陀院山臥也 今ハ藤八郎殿種月南英小師
全譽藤五郎殿　全隆
見真　見周
永守　正安祖山《三》ノ老母生道浄祥庵母
賢貞ヲタマウ藤四郎殿内方　明慧中山殿内方
貞千　貞松
正祐　貞宗
貞満　貞富
妙安大師庵旦方女房達　妙智アチヤゴ
妙見せうく　貞栢中山殿之女房達
妙観松風　妙香井ノクマ
貞竹　貞宇
13オ
貞鶴赤鶴　貞巨千鳥
智勢　貞芳梅カキ

貞久　貞音
貞奥　貞貫
貞寅　貞妙
妙忍　貞根
貞需　貞能
妙金小河紺屋之内　正永
正銀　道藤
智泉　正真
正勲　正忍
13ウ
正玉　正積
正賀　正民
妙珎右衛門三郎妻一介引
妙祐林香庵引　正立
（朱線）
文明十五年癸卯九月下旬　野間観音寺
妙泉細目曹源庵引　妙金上同
周得泉蔵主取立沙弥　珠篋首座野間奥田如海庵
叡全須田殿　妙雲上同内方
妙智太郎女井ドハタ　道金

宗久大谷昌桂ノ母儀　梵虎大谷

14オ

中継大谷

(墨円)＼(朱線)
○文明十六年甲辰卯月六日大谷曹源寺中関慶三引

理久念空　妙喜ヒメツル

妙心権守大郎　道眼

性香　道明

常泉九郎兵衛　道貞彦六

道宣大郎兵衛　道春右馬大夫

道慶右馬兵衛　智秀左衛門五郎

道泉庄士大郎　浄泉浄泉権守大郎

浄慶九郎右衛門

＼(朱線)
同正慶引　妙本孫大夫

14ウ

祖連ハツコ　祖西小西クロ

妙中道久御前　妙是大谷翁子母義

道紺彦兵衛長訓父　道善彦兵衛内長訓母義

道通　妙林

＼(朱線)
同長訓引　妙琛女

祐玉女　道清

＼(朱線)
同仏誕生日　長訓珠盈引　珠盈引借屋分

永妙犬子　サウセン妻　妙幸ソクラ兵衛大夫妻

妙秀二郎子進大夫妻　妙桂米《ヨネ》子孫左衛門妻

妙春宮一子大郎左衛門妻　妙泉ツルマツ妻

15オ

契繁アイマスコ藤二郎妻　契祐ハシツ　牛子

昌誾小鈴谷僧　妙香上同

妙徳　妙春

慧薫観福寺市原枳豆志郷　妙珠道金内

道広兵衛二郎　道観

妙清フク　正眼如道

道吉十郎内二郎　祐心ツル

妙圓松女　妙忍ヒメ二郎

契林上野間《ノマ》ノ老尼　妙誓ツル

慧梵巡礼堂坊主大谷

妙禎左衛門五郎妻　正桂□(自立)□左□(万)

15ウ

妙縁クス　永祐五郎大郎

清心　道祐垂水《タルミ》

祖恩青雲庵コバ郷　等琳龍雲庵借屋西枳豆

祖堂安楽寺
珠盈引＼(墨線)永妙犬子借屋上
＼(墨線)妙秀二郎子進大夫妻
＼(墨線)妙春宮市六郎左衛門妻
＼(墨線)契繁アイマス藤二郎妻
梵虎
宗久

正春安養寺コハ
＼(墨線)妙幸ソクラ兵衛大夫
＼(墨線)妙桂ヨ子(コ)マ孫左衛門
＼(墨線)妙泉鶴松　在前
＼(墨線)契祐虎石
忠継
永徳

16オ

祐玉
道宗二宮遠州府中近
道真同上
妙圓同上
妙英与朴引文明十八年丙午六月九日
玄等原田十郎左衛門
正徹五郎右馬
浄香ツハタ殿
常観平右馬
道善二郎兵衛

道貞鷲山殿　土方
道覚上同辺在天
妙慶寶繁引
成椿正瑞引文明十七(マヽ)九月□
道観水垂二郎右衛門
祐高右馬大夫
妙貞上張
賢乗石田
瑞珎松谷
賢賀益田太郎右衛門

16ウ

道性十郎左衛門満嶋筏師

道慶左衛門三郎　与(カ)ノ木同

道隆藤内三郎ヲグソ同
道才藤内四郎　同
文明十七年乙己(巳)八月十日於大洞院
慶林畊雲寺喝食
道性遠州一宮荘八子大禰宜太郎左衛門
浄珎契旭引矢作文明十七乙己八月十七日
妙忍同十月廿日笠原高珎引道号一如
知岳文明十八年丙午正月十日篠嶋人事於橘山
道珎同日真木野永珎引

道観衛門尉ヲクソ同
殊盈文明十六年甲辰借屋十二月晦日智多枳豆志
祐音遠州ミトリ洞本引
永恩尾州徳隣寺乙己八月十日野々紺屋入道殿
禅秀周印之老父文明十七乙己九月十□(七日カ)
用繁梅田僧一補引十一月十日
慶菊文明十八年丙午二月五□(日カ)一介取立喝食落髪
妙泉同年二月十八日天宮華蔵庵洞済引

17オ

永玉千頭洞不引文明十八三月十三日
道勧道号善室聖泉蔵主老父文明十八年丙午五月六日
道了上同
浄泉上同
智慶上同
祐秀友永祖玉引文明十八七月廿一日
永順一復引同年九月吉日
宗香玄聴矢作喝食上同

法千僧千頭上同日
浄安上同引
祐明上同
妙永上同
瓊音上同
道通与密引上同日
明禅蔵喝食円明寺文明十九丁未七月廿日一雲引

文明十九年丁未九月初六日時正於雲蓋庵

17ウ　道貞村松次郎左衛門
道金四郎左衛門
道賢五郎左衛門
浄仲太郎馬
道香
宗久小路
妙善上張
妙林
妙心
妙泉神明
妙悟敷地岩室トキ大郎兵衛引
18オ　妙賢岩室南谷尼
法得三郎左衛門
浄祐祢祈懸河天王
田法赤尾
道秀六郎
玄了右馬五郎
祐泉
妙善〻〻
妙泉
妙智神明
利椿アバ神明
秀金岩室南谷
成果野部治部殿川僧和尚小師取名失却
長享二年二月十日戊申年也
18ウ～23オ　（白紙）

23ウ　橘山二代禾上上□□（暦カ）
応永戊戌結夏日
九百二人

法山和尚　永享十年　百十九人
月因禾上　三百卅一人五年住文安
茂林禾尚　二百五十六人　宝徳二壬申
霊嶽禾上　八十九人　寛正三年八月三日
宗之禾上　百五十七人　文明六年甲午
石宙禾上　二百三人　文明十年戊戌
盛禅　百四十六人　文明十六年甲辰
宗順　二百七十六人　文明十九年十八年丙午八月

裏見返し・裏表紙　（白紙）
（本文と紙質を異にし、比較的新しい）

表紙

（タテ二五・八糎×ヨコ一六・四糎、楮紙、袋綴一冊）

小師牒

表見返し

三代和尚小師帳也寛永年
間輝州暾和尚代修補依大
破今享保乙卯養円唯審
重加修補圖不朽

（以上表紙は本文・裏見返しと紙質を異にし比較的新しい）

1オ

（三宝朱印）小師帳　（朱印、下ト同ジカ）延徳二年庚戌十月（朱印）十日

1ウ

（白紙）

2オ

玄甫遠州野部廣嚴庵取立　元秋一復取立三河ツイチ人也
元茂遠州一宮人也与運取立　元長鼎蔵主取立越前人也
元樹智多〇《ママ》海内代官増田子息　元詮尾州カイトウ者也永真指南
元静今村殿悉見越中人也　禅春血脉斗山城八幡人也シマ田〇（岩見）殿子息
全高山城八幡人禅春兄シマ田岩見殿子息　永頓紅梅比丘尼
正永野間妙雲庵血斗
道訓遠州左東ノ六郎右衛門　妙貞同内
妙性入山瀬形部大夫内　道長〔永〕岩井寺二郎兵衛
道休ヲビ二郎右衛門与阿父　貞賢竹林庵母儀
見性竪起都坐等

2ウ

延徳二年庚戌十月十日於有脇洞泉庵
道休洞泉庵親父血脉斗　道長孫左衛門
道忠兵衛五郎　道秀兵衛三郎
道珍右馬大夫　道種藤江智岳親父
道悦二郎兵衛　妙昌蔵満血脉斗
妙相太郎血脉斗　妙愛ヒメ太郎血脉斗
妙鑑ヨツ　妙林省賢母

妙茂藤江くつな助二郎内方　妙寿小子、
妙貞ヨ子市　妙見ヒメ大郎血脉斗
妙鏡母清鑑里ノ下女也　妙浄小子、
妙泉アマウ　妙輝野間宗用ヲハ
3オ
妙通大夫妙圓ノ御前　道歓野間カチ
道覚内海隆徳寺百姓　同妙珍宗左衛門殿下女
延徳三年辛亥五月十六日
妙祥水野宗左衛門殿上　才椿ヲノウラ崇蔵主引
妙栄内一介引左谷殿内彦右衛門　心清篠嶋知岳引血斗
妙珠篠嶋知岳引　道實野間奥田守賢老父
宗悦長草藤右衛門梵寿引
延徳三年辛亥七月七日於乾坤院
血斗周廩村木妙法寺　血斗周悆村木臨江庵弟子
道伯石濱平右馬　道益村木太郎右衛門
道委石濱与太郎　道会村木虎
道符石濱与四郎　道珉石濱左衛門四郎
3ウ
教道村木左衛門二郎　道俊村木太郎五郎
道徹小河左衛門四郎　善心村木兵衛二郎

血斗道本村木五郎右衛門　道訓大嶋殿極楽寺引
道藤村木孫兵衛　妙範北原新兵衛殿内方
妙喜石濱アマウ　妙瑞小河了監御前
妙賀左近右衛門内　妙芳村木極楽寺引ウハ
血斗忠慶村木五郎右衛門内　妙心大嶋殿内方極楽寺引
妙果小河左衛門太郎内　玄秀村木兵衛二郎子息松
血斗妙忍石濱助五郎内　血斗貞富御米修理殿御レウニン
血斗貞印　血斗妙源マツ子
妙細篠嶋知岳引
4オ
延徳三年辛亥七月十七於乾坤院
血斗仲郭蔵王　全忠左谷宗右衛門殿
全慶水野藤七殿　全英入道御左谷殿若衆
道鏡横根宗左衛門　血斗賢貞小河上様
貞幸御ツホ子　貞富左谷殿上様
貞繁アマ御　貞秀御フク
貞壽ヒメ松　妙寅チヤア
血斗妙勲チヤア　血斗妙正ワ、
血斗妙珎ユワ左谷殿、アヤノ子也　妙浄宗用引

貞琮《血斗》林五郎左衛門殿上

正金宗用引

妙昌横根一復引

4ウ　（後筆）「心光妙通元和五天己未五月吉日延（徳）三年辛亥ヨリ百二十九年後チナリ天澤院天外代名護屋姫也」

5オ～11ウ　（白紙）

裏見返し　（同一の鼎印が五箇押されており、印文は朱文で「祖庵」とある）

裏表紙　（白紙、本文・裏見返しと紙質を異にし、比較的新しい。裏見返しと貼り合せてある）

（付記）　一九七七年十二月二十六日の調査の折に、同史料を快く拝見させて下さった乾坤院住職鷲見透玄師、調査の助力を願った久保田昌希氏、今回の筆稿で煩わした遠藤廣昭氏に厚く御礼申し上げたい。

あとがき

本書の原形は「はしがき」でも述べたように一九八五年（昭和六十）九月十三日に駒沢大学に提出した学位請求論文（全三篇）の第一篇である。学位請求論文は主査杉山博先生・副査所理喜夫先生・同葉貫磨哉先生の審査を受けた。とくに杉山先生からは逡巡する私に学位論文の作成を勧めていただいた。先生には失礼であるが、いささか強引とも思えるほどのお勧めがなかったならば、論文提出はおろか本書の刊行もなかったであろう。

学位論文を提出した一九八五年の駒沢大学の総長は桜井秀雄先生であった。学長公選が決定し、翌一九八六年（昭和六十一）三月十三日の学位授与式の時には、すでに学長候補に桜井徳太郎文学部長が選出されていたが、『永平寺史』をはじめ、さまざまな面で御指導をいただいた任期満了真近の桜井秀雄総長から学位記を受けたことはとくに印象深いことであった。なお、現学長の桜井徳太郎先生には、先生が駒沢大学に来られてまもないころ、「これまでの研究を一冊にまとめたら……」とおっしゃっていただいた。この御言葉は若輩の私にとってその後の研究生活にどんなにか励みになったことか。

本書の刊行に際しては論文審査で副査を勤めていただいた所先生より、構成をはじめ、一部始終にわたって御指導を頂戴し、葉貫先生からは、内容の詳細についてまで種々の御指摘をいただいた。そして、本書が吉川弘文館より刊行されるについては、平素、戦国史研究会でおせわになっている同会代表委員の佐脇栄智先生の御高配をいただいた。諸先生方に深謝する次第である。

学位請求論文および本書は既発表論文のいくつかを核にして執筆した。いま本書と既発表論文との関連を示せば、つぎのようである。

〔序　章〕

一　「中世禅宗史研究小史」（『日本宗教史研究年報』二、佼成出版、一九七九年）の一部を改編・補正・加筆

二・三　新稿

〔第一章〕

第一・二・三・五・六節　「五山系禅院の隆盛と法燈派の展開」（『富山県史』通史編Ⅱ、一九八四年）を改編・補正・加筆。

第四節　同右と「越中五山派禅林の展開と守護・守護代の支配拠点」（『国士舘大学教養部教養論集』二〇、一九八五年）を改編・補正・加筆。

〔第二章〕

第一節　「中世後期における禅僧・禅寺と地域社会――とくに東海・関東地方の曹洞禅を中心として――」（一九八一年度歴史学研究会大会報告別冊特集『地域と民衆』、一九八一年）の一部を改編・補正・加筆。

第二節　「曹洞禅の発展」（『富山県史』通史編Ⅱ、一九八四年）の一部を改編・補正・加筆。

第三節　「曹洞宗地方展開に関する一考察――大智と肥後菊池氏の場合――」（『駒沢史学』二一、一九七三年）と「中世の禅僧・禅寺と倫理・秩序――曹洞宗を中心として――」（下出積與編『日本における倫理と宗教』、吉川弘文館、一九八〇年）の一部を改編・補正・加筆。

第四節　「如仲天誾の『遺命』について――『小布施方』の解釈を中心として――」（『宗学研究』一七、一九七五年）、

「遠江大洞院檀越考」(『宗学研究』二〇、一九七八年)を改編・補正・加筆。

第五節　「曹洞禅の発展」(前掲)の一部を改編・補正・加筆。

第六節　「中世における宇都宮・真岡両氏周辺の宗教」(『真岡市史案内』四、一九八五年)を改編・補正・加筆。

第七節　「臨済禅の進出」(『結城市史』四、古代中世通史編、一九八〇年)と「曹洞禅の展開と結城氏」(同上)を改編・補正・加筆。

第八節　「曹洞禅僧の地方活動——遠江国における松堂高盛の活動を中心として——」(地方史研究協議会編『地方文化の伝統と創造』、雄山閣出版、一九七六年)と「中世後期における禅僧・禅寺と地域社会——とくに東海・関東地方の曹洞禅を中心として——」(前掲)の一部を改編・補正・加筆。

第九節　「中世後期における禅僧・禅寺と地域社会——とくに東海・関東地方の曹洞禅を中心として——」(前提)の一部と「曹洞禅僧における神人化度・悪霊鎮圧」(『印度学仏教学研究』三一ノ二、一九八三年)を改編・補正・加筆。

第十節　「中世禅僧と授戒会——愛知県知多郡乾坤院蔵「血脈衆」「小師帳」の分析を中心として」(木代修一先生喜寿記念論集第三巻『民族史学の方法』、雄山閣出版、一九七七年)と「中世後期における禅僧・禅寺と地域社会——とくに東海・関東地方の曹洞禅を中心として——」(前掲)の一部を改編・補正・加筆。

第十一節　「禅僧と戦国社会——東国に活動した禅匠達を中心として——」(杉山博先生還暦記念論集『戦国の兵士と農民』、角川書店、一九七八年)の一部を改編・補正・加筆。

第十二節　「中世後期における禅僧・禅寺と地域社会——とくに東海・関東地方の曹洞禅を中心として——」(前掲)の一部を改編・補正・加筆。

〔第三章〕

第一節　「『正法眼蔵』の謄写と伝播」（『永平寺史』上巻、大本山永平寺、一九八二年）を改編・補正・加筆。

第二節　「大雄山最乗寺の開山了庵慧明の『代語』――『大雄山最乗禅寺御開山御代』について――」（『宗学研究』二五、一九八三年）を一部改編・補正。

第三節　「小川町西光寺所蔵の禅籍二点――『竜洲文海下語』『天嶺呑補下語』――」（埼玉県立文書館『文書館報』八、一九八一年）を補正。

第四節　「曹洞禅僧の相伝書『切書』について」（『戦国史研究』一三、吉川弘文館、一九八七年）を一部に使用、その他の大部分は新稿。

〔結　章〕

全章新稿。

私は学部の卒業論文以来、曹洞宗を中心とした禅宗史について学んできたが、つねにいくつかの不安があった。一つには、当時の曹洞宗史の研究は道元から瑩山ぐらいまでであり、南北朝期後半、室町期、そしてとくに戦国期は史料がほとんどなく、暗黒の時代であると、まだまだいわれていた。そのような中で、研究を続けていくことができるのかどうか。二つには、私自身が曹洞宗門の人間であるだけに、どうしても、その殻のうちに閉じこもりがちとなる中で、はたして客観的に研究できるかどうか。三つには、研究を続けていっても、日本史研究の中で、少しでも意義あるものとすることができるのかどうか、ということであった。「はじめに」でも述べたように、とくに真宗史研究や一向一揆研究を横にみながら、このような不安をいだきつつ研究を続けてきた。

しかし、このような不安をいだきつつも、何とか研究を続けることができ、また、そのような不安な要素を少しずつでも打開することができたのは、学会・研究会、自治体史・寺史の編纂、古文書の調査会などに参加し、諸先生や諸兄姉から多くを学んだからにほかならない。

地方史研究協議会・歴史学研究会・戦国史研究会・宗教史研究会・禅宗地方史調査会・禅宗研究会・駒沢史学会・駒沢大学大学院史学会の諸先生および学兄諸氏、『結城市史』『下妻市史』『石下町史』『真岡市史』『富山県史』『永平寺史』『平林寺史』編纂の関係各位、曹洞宗宗宝調査委員会・埼玉県立文書館の関係各位に深謝申し上げたい。

また、ゼミに参加させてくださり、研究の方向を示唆してくださった藤木久志先生・峰岸純夫先生、的確な批評をくださった新行紀一先生、国語学の金田弘先生、多くの研究発表の場を与えてくださった中尾堯先生・圭室文雄先生・大濱徹也先生、学部や大学院の時代から御指導願ってきた木代修一先生をはじめ、あらゆる機会に御教示願っている阿部肇一先生・松田文雄先生・河村孝道先生・小坂機融先生や諸先生方からの学恩に対して感謝申し上げる。

この分野では史料調査が不可欠であるが、各地の寺院住職の方々には、さまざまな面で御迷惑をおかけしているにもかかわらず、貴重な史料の閲覧を許可していただき、御協力いただいた。

さらに、御教示願い、御著書等で批評を頂戴した千々和到・久保尚文の両氏、本書作成の過程で何かとおせわになった畏友菅原昭英・石川力山・船岡誠・久保田昌希・今井雅晴・新城敏男・宮島敬一・橋詰茂・市村高男・宮本由紀子・高橋秀栄・有元修一・田中博美・林譲・佐々木章格・志部憲一・佐藤秀孝・小暮正利の各氏や友人各位に甚深なる謝意を表するものである。

本書の刊行に際して、こころよくお引き受け願った吉川弘文館、および発刊にむけて御尽力くださった同社の山田亨氏・上野純一氏にも厚く御礼申し上げたい。

なお、本書の索引作成の折には畏友中尾良信氏をはじめ大久保俊昭・並木克央・遠藤廣昭・石井清純・角田泰隆・

粟野俊之・小松寿治・小高昭一・出口宏幸・浅倉直美・長塚孝・中野達哉・平野明夫・伊藤克己・田島由紀美・並木千華子・小林健彦・小泉雅弘・多田文夫の各氏や学友・後輩諸氏の献身的な御協力があった。

これらの方々の御指導・御援助がなければ本書は成らなかったであろう。あらためて心より御礼申し上げたい。と同時に、今後も御指導・御鞭韃をお願い申し上げる次第である。

本書の校正中に恩師木代修一先生（八十九歳）が九月二十四日に急逝され、学位論文の主査をお勤め願った杉山博先生（七十歳）が大手術を受けられた上に十月二十日に逝去された。両先生の御冥福をお祈りするとともに、御仏前にこの拙著を献じさせていただきたいと思う。

一九八八年十二月八日

寿徳寺南窓下にて

広瀬良弘

禅宗地方展開史の研究（オンデマンド版）

Digital Publishing

2018年10月1日　発行

著　者　広瀬良弘《ひろせりょうこう》
発行者　吉川道郎
発行所　株式会社 吉川弘文館
〒113-0033 東京都文京区本郷7丁目2番8号
TEL　03(3813)9151(代表)
URL　http://www.yoshikawa-k.co.jp/

印刷・製本　株式会社 デジタルパブリッシングサービス
URL　http://www.d-pub.co.jp/

広瀬 良弘（1947～）
ISBN978-4-642-72627-6

著者略歴
一九四七年　埼玉県生まれ
一九七五年　駒沢大学大学院博士課程満期退学
現　　在　駒沢大学助教授　文学博士

〔主要著書〕
『永平寺史』〈共著〉（永平寺、一九八二年）
『結城市史』4〈共著〉（結城市、一九八〇年）

禅宗地方展開史の研究

昭和六十三年十二月二十日　第一刷発行
平成　四　年十一月　十　日　第二刷発行

著　者　広《ひろ》瀬《せ》良《りよう》弘《こう》

発行者　吉川圭三

発行所　株式会社　吉川弘文館
郵便番号　一一三
東京都文京区本郷七丁目二番八号
電話〇三−三八一三−九一五一〈代〉
振替口座東京〇−二四四番
印刷＝三和印刷・製本＝誠製本

索　　引

事項・史料名

あ　行

会津示現寺沙汰書……297
下　語…19, 28, 573, 586, 588, 592, 595, 596, 631
下語集……593
秋田藩採集文書……334
悪霊鎮圧……27, 415, 417, 420, 524, 611, 620, 630
下　炬……14, 388, 616
朝倉始末記……297
阿閦明王……54
アジール……14
足利学校……375, 396, 483, 489
吾妻鏡……34, 137, 150, 324
阿　蘇……214
阿蘇神……216, 232
油田村支証并目安……141
天宮神……253
安坐点眼之切紙……603
安穏寺沙汰書……297
家……463
筏　師……456, 471, 473
石　工……417
石動山信仰……203
遺跡寺院……435, 440
伊勢信仰……303
伊勢の御師……303, 314, 324
惟忠和尚初住越中州瑞井山金剛護国禅寺語録……85, 125
一雲斎住山牒……434, 480
一条局所領文書紛失状……138
一族関係……518
一宮二大菩薩……379
一枚紙写……443, 444, 446
一庵大禅師行状……108, 109
一介書状……480
一揆的結合……483, 518
一向一揆……183
一向一揆研究……625
一向宗……109, 328
一山派……41, 73, 74, 77, 88, 89, 100, 101, 105, 120, 121
一衆罹疫因示偈……485
逸録本邦古徳入寺語……87
居成公文……79
維那寮……506
位　牌……611
今川氏親公葬記……395
今宮祭祠録……326
鋳物師……255
色部年中行事……508, 518
岩屋寺年代記……481
印可証明……485
印形図……605, 608
印　信……395, 633
陰身三昧……605
引導香語……393
引道相承之大事……394
引導法語……501, 502, 595
因病祈禱……378
蔭凉軒日録……48, 60, 83, 92～94, 97, 98, 100, 102, 110, 125, 126, 139, 140, 141, 150, 381
上杉景勝制札……46
氏　寺……27, 627
内……468
宇宙山住山記……479
内　方……468
宇都宮系図……324
宇都宮家弘安式条……301～303
宇都宮錯乱……306, 317
浦刀禰……464, 630
盂蘭盆大斎会……504
雲外和尚語録……240
雲　水……52
永源師檀紀年録……47, 85, 87, 88, 89, 125, 140, 150
永源寺派……77, 83, 89
栄西記文……605, 608
栄西記文録……603
永昌院鎮守白山妙理入壇之香語……622
永昌寺歴代住持記録……161, 162
永平開山自縫信衣……213

永平開山密語……605
永平広録……385
永平寺三代相論……167
永平室中聞書……212, 219
永平寺秘密正法眼蔵……570
永平之密語……603
永平仏祖正伝受経儀軌……608
永禄日記……507
易　学……430
疫　病……485
越前守護代……522
越雪集……74～76, 78, 93, 94, 97～99, 119
越中国興化寺開山梁銘……75
越中五山派……22, 23, 72, 118～120, 124, 626
越中州黄竜山興化寺法語……124
越中州婦負郡長沢大乗山蓮華護国禅寺伽藍略図……63
越中守護……45, 59, 63
越中志徴……104
越中宝鑑……204
越之中州摩頂山国泰開山慧日聖光国師清泉妙意禅師行録……70, 98
江戸幕府寺院本末帳集成……327
遠隔地から近隣への発展……26, 181, 258, 627
延喜式内社……308
円通松堂禅師語録……377, 380, 385, 386, 388, 390, 396, 399, 404, 405, 411～414, 482, 500, 512～515
塩　田……491
延宝伝燈録……56, 60, 66, 69, 70, 242, 259
王道之衰世……485
応仁別記……481
黄梅院文書目録……44, 45
王　法……611
黄竜派……34, 109
汚　穢……614
大館政重書状写……190
大谷一流系図……117
大谷一流諸家系図……117
置　文……208, 229, 235, 236, 247, 248, 250
御尋件之御答書……329, 366
小田原記……421, 521
雄山神……198

か　行

開基檀越……59
開眼供養の法要……405
開山和尚代語附二世三世之代語……586, 588
戒　師……436
甲斐氏系図……252
快川希庵等語録……100, 102
戒　法……192, 197, 210
戒法授与……424
戒　名……27, 498, 630
戒律伝授作法……608
臥雲日件録抜尤……132
加賀伝燈派……61
钁一钁……391
覚上公御書……46
学道用心集……529
覚明書状写……70
駈　込……14
過去帳……393, 634
過去留帳……61, 62
峩山和尚一枚法語……603
峨山和尚山雲海月……385
峨山韶碩禅師喪記……365
峨山派……176, 178, 202
峨山門下……338
鍛　冶……390～393, 466, 507
鍛冶師……27, 630
鍛冶屋……27, 473
可睡斎年譜并由緒書……259
可睡斎本……247, 248
春日山林泉開山曇英禅師語録……385, 513, 515
家中統制……629
喝　食……115, 116
仮名法語……209, 211, 217, 219, 222, 241
兼顕卿記……428
歌　舞……391
鎌倉禅林……45, 46
寛海塔主下火……532
寒巌派……218, 370
官　軍……511
勧　化……255
勧　進……255, 313
勧進聖……131, 132
官宣旨……137, 139
看読法華経一千部窣都婆……399
寛文村々覚書……481
翰林葫蘆集……89
客　殿……506
旧仏教系……301, 312, 313
狂雲集……412
恭翁行状……76
恭翁塔銘……76
教外別伝・不立文字……383
教授戒文……573, 599, 601, 607, 631, 632, 634
行　道……211

京都五山……………24, 25, 31, 81, 116, 120, 625
京都五山禅院領………………………………… 625
京都五山派……………………………72, 124, 159, 626
京都禅林………………………………40, 43, 45, 382
棘林志…………………………………………………96
漁　民……………………………………… 464, 630
橘谷大洞院住山記……………………………… 247
吉　書……………………………………… 507, 508
義雲和尚語録………………………………… 385, 529
祈願寺…………………………………………… 350
祈願社…………………………………………… 350
機関禅……………………………………207〜209, 376
菊隠和尚下語……385, 387, 388, 489, 513, 514, 622
菊池系図……………………………… 242, 244, 245
菊池氏式目……………………………………… 244
菊池神社文書…………………………………… 244
菊池風土記…………………………… 214, 216, 241
起請文……………………226〜229, 231〜233, 235
器之為璠禅師語録外集…………………… 385, 388
寄進状…………………………………………… 224
祇陀開山大智禅師偈頌　→大智偈頌
北九州禅林……………………………………… 234
祇陀大智禅師逸偈行録……… 239, 240, 243, 245
祇陀大智禅師逸偈行録続……………………… 186
義仲住越中興化…………………………………74
帰朝本則之参…………………………………… 599
祈　禱……27, 221, 222, 409, 420, 524, 525, 621, 629〜631, 636
祈禱千巻読経…………………………………… 378
清める…………………………………………… 616
切　紙……18, 19, 28, 29, 573, 574, 597, 631〜634, 636
切紙数量之目録………………………………… 602
切紙付法状……………………………………… 600
キリスト教宣教師……………………………… 387
空華集…………………………………………………93
空塵書……………………598, 599, 602, 604, 606, 608
空塵書之大事…………………………………… 603
垢　穢…………………………………………… 511
庫　下…………………………………………… 506
公界寺……………………………… 351, 352, 632
公界僧…………………………………………… 351
九旬安居…………………………………… 399, 402
供　僧…………………………………………… 301
具足戒……………………………………49, 246, 371
倶胝一指本則……………………………… 600, 605
口　伝…………………………………………… 633
熊　野…………………………………………… 214
熊野御師…………………………… 303, 314, 324
熊野参詣者……………………………………………56
熊野修験者……………………………………………56
熊野信仰……………………………………51, 214, 217
供　養…………………………………… 132, 485
供養仏事法語…………………………………… 388
君主論…………………………………………… 504
群書類従…………………………………… 241, 479
君子論…………………………………………… 490
君臣五位説……………………………………… 491
月江正文代語……………………………… 591, 595
月舟和尚語録…………………………………… 297
月泉派…………………………………………… 180
血判起請文……………………………………… 225
夏安居……………………………………… 303, 541
瑩山和尚清規……………………………… 208, 378
瑩山紹瑾置文…………………………………… 150
瑩山禅…………………………………………… 213
瑩山派(瑩山門派)………………………… 178, 370
京城万寿禅寺記…………………………… 144, 139
慶新法堂………………………………………………85
桂子禅味………………………………………………89
桂林駢儷……………………………83, 84, 89, 111, 125
ケガレ…………………………………………… 614
逆　修………………………… 120, 329, 498, 520, 629
逆修法要………………………………………… 520
下剋上……………………………………492, 510, 511
華厳寺梵鐘銘文………………………………… 334
華厳経…………………………………………………51
華厳六相義……………………………………………51
袈　裟…………………………………………… 600
下　女…………………………27, 353, 468, 495, 509, 630
血　脈……27, 416, 476, 477, 496, 498, 574, 597, 599, 601, 621, 630〜634
血脉衆……27, 28, 422, 423, 426〜431, 434, 435, 437, 440, 444〜448, 456, 458, 467, 472〜476, 479
血脈袋様子……………………………………… 605
血脉斗(血斗)………447, 449, 450, 458, 461, 470
血脈略作法……………………………………… 603
血縁(擬制的血縁関係)………………………… 518
傑堂派…………………………………………… 180
月両ケ話………………………………………… 605
下　人……………………………………… 353, 509
繋驢橛………………………………………… 85, 87
幻雲疏藁………………………………………………77
顕訣耕雲註種月捃摭藁………………………… 411
元亨釈書………………………………………………50
乾坤院開山二世三世禅師伝…………………… 480
兼修禅……………………………………… 35, 43

幻住派……………………………77, 332, 333, 363
建撕記…………………………… 186, 479, 570
還　俗…………………………………… 485, 486
建長寺派…………………………………… 333
見桃録……………………………………… 384
源翁能照大和尚行状之記…………337～339, 365
源翁派…………………………… 341, 349, 635
顕密禅…………………………………………34
見竜山乗国開山松庵宗栄大和尚語録……… 348
見竜山乗国寺門末并曽孫末共ニ記帳……… 347
玄　路……………………………………… 210
虚　菴……………………………………… 210
五　位……………………………………… 210
五位君臣……………………… 210, 222, 377, 378
五位思想………………………………………60
伍位図……………………………………… 605
五位説……………………………………… 491
公　案………………………… 348, 573, 632, 633
公案禅…………………………… 207, 209, 376
耕雲種月開基年譜私録…………………… 571
黄　衣……………………………………… 635
江湖会………………………… 359, 360, 634, 635
興国寺覚書………………………………… 135
興国寺文書……………………………………50
江湖疏…………………………………………81
光厳上皇院宣……………………………… 140
光厳東海和尚語録………………………… 385
孝　子……………………………………… 510
公　帖……79, 80, 82, 84, 87, 92～95, 116, 120, 123, 134, 153
康正二年造内裏段銭并国役引付…………… 141
興正菩薩伝………………………………… 479
後進農村…………………………… 630, 631
洪　水……………………………………… 491
攻　戦…………………………………… 490, 491
厚　葬…………………………………………13
御宇多上皇院宣案………………………… 139
広智国師語録…………………………96, 124
広福寺文書………… 186, 239, 241, 242, 244, 245
光明寺文書………………………………… 365
光明真言………………………………………50
紺　屋……27, 437, 459, 460, 465, 466, 471, 473, 495, 630
高野山萱堂聖…………………………………51
高野聖…………………………………………50
孝　養………………………………… 495, 510
高麗にして白蓮社に遊ぶ………………… 210
五　戒………………………………… 497, 498
御開山語録………………………………… 575
五戒十善…………………………………… 496
護伽藍神………………………… 416, 426, 611, 613
粉河誓度院条々規式……………………………50
御祈願所…………………………………… 191
古義真言宗………………………………… 185
国王授戒…………………………… 605, 607
国王(皇)授戒作法………599, 602, 608～610, 620
国王授戒作法切紙……………………………29
国王授戒之切紙同作法…………………… 603
国郡一統志………………………… 214, 242
黒手印状……………………………… 220, 221, 236
国人(領主)……423, 516～518, 521, 524, 629, 632
国泰寺派……22, 25, 61, 68, 78, 151, 152, 159, 161, 163, 164
国泰寺派法脈略系図……………………… 155
国泰寺文書………………………………… 164
国泰歴代法脈経図………………………… 155
極楽往生…………………………… 477, 478
五家七宗………………………………………34
虎穴録……………………………………… 384
五　山……………………………… 80, 95, 363
五山制度………………………39, 303, 312, 324
五山叢林………………………………………21
五山派……22, 31, 71, 74, 78, 82, 85, 92, 129, 135, 145, 146, 149, 152, 157, 163, 178, 185, 322, 358, 369
五山派寺院……………… 128, 133, 136, 142, 625
五山派禅院領………………………………25, 626
五山派禅林……………22～24, 178, 332, 626, 630
五山派禅林の発展から林下禅林の発展へ…………………………26, 149, 262, 292, 626
五山文学…………………………… 81, 93, 206
五山文学僧……………………………………51
五重塔棟札………………………………… 325
五　常……………………………………… 490
五障三従苦……………………… 500, 501, 511
五常天道之理……………………………… 231
五所西宮両大明神………………………… 379
居士号之切紙……………………………… 598
御前落居記録……………………… 254, 255
御前落居奉書……………………………… 255
古則話頭…………………………………… 381
乞　食……………………………………… 619
事ハジメ…………………………………… 507
後奈良天皇綸旨…………………… 153, 154
近衛家所領目録案………………………… 140
枯木藁……………………………………… 124
後村上天皇綸旨…………………………… 137
五門跡(峨山派)…………………………… 382
御遺言記録………………………………… 530
五老峰……………………………………… 208

語録抄……………………………………………19
金剛寺化鋳鐘疏…………………………………41

さ　行

西行雑録…………………………………… 245
再　吟……………………………………………19
在家正直の願………………………………… 230
最極参上之切紙……………………………… 604
最勝寺記録…………………………………… 106
最勝寺諸塔頭諸末寺領知行安堵状………… 114
最勝寺文書…………………………………… 127
最乗禅寺輪董牒……………………… 575, 576
在先和尚語録………………………………… 120
在先有禅師疏………………………………… 120
在地結合…………………………………………15
在地小領主…………………………………… 517
在地支配……………………………………27, 629
在地領主……23, 423, 516, 518, 520, 522, 524, 596, 629, 631, 632
在地領主制………………………………………28
在地領主連合……………………… 518, 520, 629
財物記録帳…………………………………… 586
祭　文………………………………………… 220
酒　屋…………………27, 462, 471, 473, 495, 630
坐公文……………………………………………79
座主職………………………………………… 110
坐禅用心記…………………………………… 411
殺　戮………………………………………… 491
殺戮の刑……………………………… 490, 510
坐頭(座頭)………………………… 462, 473, 386
実隆公記……………………………… 428, 489
差別切紙……………………………………19, 621
佐味郷内境村興蔵院方年貢皆済状………… 140
佐谷公夫人薫心貞富済儀画像賛…………… 458
猿　楽………………………………… 391, 473
三位之次第并月両箇………………………… 608
山雲海月……………………………… 208, 411
山岳信仰…………………………… 23, 25, 627, 630
三行切紙……………………………………… 605
三帰依………………………………………… 497
三帰五戒…………………………… 500, 501, 510
三献組肴冷酒例式…………………………… 506
三光普所大事肝要句儀……………………… 608
三根坐禅説………………… 208, 209, 241, 411
山　神……………………… 198, 415, 419, 426
山神授戒之切紙……………………………… 603
参　禅………………………………………… 595
山村地域……………………………… 630, 631
三ノ膳………………………………………… 506
讃復庵和尚…………………………………… 332
三　宝………………………………………… 232
三宝印大事…………………………………… 602
三宝印大事(三宝印切紙)…………………… 600
三宝弟子……………………………… 494, 495
三　物……………………………… 597, 621, 633
山門疏……………………… 72, 81, 82, 99, 101
十戒偈………………………………… 484, 496
十界之切紙…………………………………… 603
十　刹……………………………………24, 178
十方檀那(十法旦那)…………………………13, 313
釈迦如来像…………………………………… 331
著　語………………………………………… 585
寂如願文……………………………………… 325
蔗軒日記……………………………………… 137
沙弥元威寄進状……………………… 138, 150
沙　門………………………………………… 509
住山記(総持寺)…………………… 480, 555, 561
十重戒………………………………………… 510
十重禁戒……………………………… 497, 498
十字金剛…………………………………………56
十字名号…………………………………………56
重続日域洞上諸祖伝………………………… 376
十二時法語…………………………………… 212
十八般………………………………………… 608
十八般之妙語………………………………… 603
十八般妙語…………………………………… 605
什物記録帳…………………………………… 588
宗門傾頽……………………………………… 485
十文字……………………………………………57
十文字河辺………………………………………57
宗門秘密之切紙……………………………… 604
重離畳変訣…………………………………… 411
授　戒……28, 194, 399, 417, 419, 420, 428～430, 437, 440, 444, 446, 457, 458, 471, 473, 477, 524, 601, 620, 631, 635, 636
授戒会……27, 28, 422, 426～430, 431, 434～437, 439～442, 444～446, 448～451, 453, 455, 456, 458, 460, 462～466, 468, 473, 475～477, 495, 499, 501, 510, 524, 601, 612, 631, 636
授戒文……………………………………………28
誦　経………………………………………… 621
儒教的倫理………………………… 491, 499, 510
種月南英謙宗和尚行業記…………………… 479
修　験……………………………………25, 627
受業命時椅子作法…………………………… 608
守護神………………………………… 613, 616
取骨之切紙…………………………………… 603
首　座………………………………… 115, 629
出家得度……………………………………… 601

出家略作法(出家略作法文)……… 573, 599, 601
出世(瑞世)…………………………… 307, 611, 636
出世寺(出世寺院)…………………… 81, 95, 100
出世道場……………………………………… 635
出離生死法…………………………………… 231
受付属之命精進修諸堂巡行并道場荘厳之事
……………………………………………… 610
鷲峰開山法燈円明国師行実年譜………………71
酒肆淫房……………………………………… 503
春屋門派……………………………………… 144
純粋禅……………………………………49, 207
順堂焼香義機………………………………… 605
聖一派……51, 71, 73, 74, 76, 94～96, 98, 99, 119, 122, 123
聖一派三聖門虎関派………………………… 119
松雲公採集遺編類纂………………………… 192
小開発……………………………… 611, 620
小儀機………………………………………… 604
小儀記………………………………………… 606
小規模漁業経営……………………………… 464
上瑩山和尚…………………………………… 241
上下和睦…………………………… 491, 510
松源派…………………………………………34
商工業発展地域……………………………… 630
常光国師語録………………………………… 103
乗国寺起立…………………………………… 366
乗国寺起立・別記・見竜山乗国寺門末并曽孫末共ニ記帳……………………………… 365
乗国寺門派……………………………347～349
小参之秘訣…………………………………… 608
聖寿鎮山入祖堂………………………………95
小寺庵……………………………… 629, 631
小師帳……27, 28, 422, 423, 426, 427, 429, 430, 436, 437, 440, 444～448, 456, 458, 472～474, 476, 479
常仙書状…………………………… 127, 138, 151
常泉寺文書…………………………………… 297
常総誌略……………………………………… 525
上層農民…………………………… 517, 518
成道会………………………………………… 548
浄土教………………………………………… 210
浄土教信仰………………………… 298, 299, 323
浄土系宗派………………………………… 20, 27
浄土宗……………………………… 301, 303
浄土宗十八檀林……………………………… 332
浄土宗寺院……………………………………21
浄土宗寺院由緒書…………………………… 327
浄土宗西山派………………………………… 300
浄土宗鎮西派………………………………… 217
浄土信仰…………………………… 217, 222, 301
浄土信仰から禅宗信仰へ………… 303, 311, 328
浄土真宗………… 20, 21, 117, 309, 310, 323, 625
商　人………………………………………… 321
常　人………………………………………… 611
聖八幡大菩薩………………………………… 379
正法眼蔵…………28, 209, 240, 411, 527, 573, 631
正法眼蔵阿羅漢…………………… 530, 537, 540
正法眼蔵安居…………………… 532, 534, 541, 548
正法眼蔵一顆明珠………………… 531, 536, 544
正法眼蔵一雲斎本………………………… 532, 534
正法眼蔵恁麼……………………………… 537, 540
正法眼蔵有時…………………… 530, 537, 540, 541
正法眼蔵優曇華………………… 534, 541, 558, 565
正法眼蔵永平寺本…………………………… 527
正法眼蔵永禄本嗣書………………………… 548
正法眼蔵奥書………………………………… 205
正法眼蔵海印三昧………………… 533, 546, 557
正法眼蔵可山本……………………………… 534
正法眼蔵家常………………………………… 546
正法眼蔵画餅……………………………… 537, 540
正法眼蔵寛巌本………………… 528, 532, 534, 535
正法眼蔵看経………………………………… 537
正法眼蔵眼睛………………………………… 541
正法眼蔵観音…………………… 530, 533, 536, 546
正法眼蔵行持……………………… 529, 542, 568
正法眼蔵行仏威儀………………………… 539, 544
正法眼蔵玉潭本…………………………… 528, 532
正法眼蔵帰依仏法僧宝……… 532, 534, 541, 542
正法眼蔵吉祥寺九十三巻本………………… 535
正法眼蔵吉祥寺八十三巻本………………… 567
正法眼蔵金岡本………………… 531, 536, 538, 553
正法眼蔵空華……………………………… 540, 553
正法眼蔵空華祖山本………………………… 534
正法眼蔵供養諸仏………………… 531, 541, 542
正法眼蔵渓声山色…………………………… 530
正法眼蔵袈裟功徳…………… 528, 530, 532, 542
正法眼蔵血脈……………………………… 603, 608
正法眼蔵乾坤院本………………… 197, 544, 547
正法眼蔵現成公按…………528, 544～546, 548
正法眼蔵玄透開版本………………………… 527
正法眼蔵香積寺本嗣書……………………… 565
正法眼蔵香積寺本…………………………… 566
正法眼蔵晃全本…………………… 527, 541, 542
正法眼蔵光明……………………… 536, 540, 549
正法眼蔵古鏡……………………… 530, 533, 537
正法眼蔵虚空……………………………… 531, 541
正法眼蔵古仏心…………………… 536, 540, 544
正法眼蔵坐禅儀……………………………… 548
正法眼蔵坐禅箴……………………………… 557
正法眼蔵雑文………………………………… 556

正法眼蔵里見本……………………………… 566
正法眼蔵三時業…………………… 529, 540, 542
正法眼蔵山水経……………………………… 556
正法眼蔵三昧王三昧………………………… 558
正法眼蔵出家…………………538, 539, 546～549
正法眼蔵出家功徳………………… 534, 542, 548
正法眼蔵十二巻本…………… 527, 543, 544, 547
正法眼蔵授記………………………… 537, 540
正法眼蔵遵古本……………………………… 557
正法眼蔵春秋………………………… 557, 571
正法眼蔵抄…………………… 528, 533, 553, 568
正法眼蔵昌慶寺旧蔵本……………………… 543
正法眼蔵成高寺本…………………………… 552
正法眼蔵聖護寺本…………………………… 545
正法眼蔵抄泉福寺本………………………… 553
正法眼蔵正法寺本…………… 549, 550, 554, 568
正法眼蔵十方………………………………… 533
正法眼蔵嗣書……530, 542, 547, 548, 557, 564～566, 569～701
正法眼蔵自証三昧…………………………… 558
正法眼蔵四馬……………………… 540, 542, 543
正法眼蔵身心学道………………… 531, 536, 544
正法眼蔵神通……………………… 537, 540, 557
正法眼蔵心不可得…………………… 544, 558
正法眼蔵随聞記……………………………… 566
正法眼蔵説心説性…………………………… 557
正法眼蔵千栄寺本………………… 532, 534, 567
正法眼蔵全機………………………… 537, 540
正法眼蔵洗面………………………………… 536
正法眼蔵即心是仏…………………… 536, 544
正法眼蔵祖師西来意……………… 531, 549, 571
正法眼蔵台橋本…………………… 534, 537, 558
正法眼蔵大悟……………………… 531, 536, 545
正法眼蔵大修行……………………… 558, 565
正法眼蔵泰心院本……………534, 537, 539～541
正法眼蔵他心通……………………… 548, 558
正法眼蔵陀羅尼……………………………… 541
正法眼蔵長円寺本…………………………… 566
正法眼蔵長養寺本…………………… 528, 531
正法眼蔵長禄本嗣書………………… 564, 571
正法眼蔵通和尚本………………… 532, 534, 557
正法眼蔵都機………………………………… 537
正法眼蔵伝衣………………………… 528, 557
正法眼蔵転法輪……………………… 544, 569
正法眼蔵道得………………………… 537, 540
正法眼蔵那一法……………………………… 529
正法眼蔵七十五巻本…527, 538, 542, 544～549, 552, 554, 556～559, 563, 565, 567～569
正法眼蔵七十五帖本………………………… 533
正法眼蔵如来全身…………………… 531, 541
正法眼蔵梅花………………………………… 571
正法眼蔵栢樹子……………………………… 540
正法眼蔵八十三巻本………………… 543, 567
正法眼蔵八十四巻本………………………… 543
正法眼蔵八大人覚………………… 528, 543, 571
正法眼蔵鉢盂………………………… 541, 546
正法眼蔵闢邪訣……………………………… 551
正法眼蔵仏教………………………………… 557
正法眼蔵仏経………………………………… 557
正法眼蔵仏向上事…………………… 537, 540
正法眼蔵仏性……………… 529, 531, 533, 536
正法眼蔵仏道………………………………… 558
正法眼蔵弁註………………………………… 538
正法眼蔵弁道語…………………… 514, 529, 556
正法眼蔵法華転法華………… 528, 534, 542, 543
正法眼蔵法性………………………………… 541
正法眼蔵法幢寺本…………………… 551, 552
正法眼蔵菩提薩埵四摂法…… 534, 537, 538, 540
正法眼蔵発菩提心…………… 542, 543, 553, 567
正法眼蔵発無上心…………………………… 531
正法眼蔵本山版……………………………… 529
正法眼蔵梵清本…………………… 527, 543, 568
正法眼蔵品目頌并序………………………… 548
正法眼蔵摩訶般若波羅蜜…… 531, 536, 544, 546
正法眼蔵卍山編輯八十九巻本……………… 551
正法眼蔵卍山本……………………… 527, 551
正法眼蔵妙昌寺本…………………………… 553
正法眼蔵密語………………………………… 545
正法眼蔵無情説法…………………………… 541
正法眼蔵夢中説夢…………………………… 537
正法眼蔵唯仏与仏…………………………… 533
正法眼蔵養国寺本…………………………… 534
正法眼蔵礼拝得随…………………………… 557
正法眼蔵竜吟………………………… 531, 541
正法眼蔵輪王寺本…………… 532, 537, 549, 558
正法眼蔵瑠璃光寺本……197, 534～536, 538, 544
正法眼蔵六十巻本……527, 528, 533～535, 549～554, 565, 567
正法山妙心禅寺末寺并末々帳……………… 323
鐘銘(大洞院)……………………… 253, 256, 257
抄　物………… 28, 586, 588, 595, 631～634, 636
小領主………………………………………… 518
少林無孔笛…………………………………… 384
上　郎………………………………………… 468
諸回向清規…………………………… 387, 388
書　記………………………………………… 115
触穢観………………………………… 616, 620
職　人………………………………………… 321
諸国勧進……………………………… 190, 191

諸　山……………………………………24, 178, 303
諸山疏…………………………………… 81, 99, 102
諸塔頭敷地安堵状……………………………85
如仲天誾法語………………… 368, 385, 389, 514
如仲天誾遺命……… 26, 245～250, 252, 257, 259
如仲派(如仲門派)……177, 180, 370, 371, 379, 402, 429, 434, 475
書朴堂不動明王像……………………………… 121
諸役免除……………………………………………16
汝霖佐禅師疏…………………………………………93
十境并序…………………………………………… 411
室中切紙…………………………………………… 607
十法界(達磨大師一心戒)………………………… 599
実峰派……………………………………………… 177
実峰良秀禅師語録………………………………… 385
侍阿弥等願文……………………………………… 325
思案坊権現………………………………………… 379
椎名慈信書状……………………………………… 139
紫　衣……………………………………………65, 635
四　恩……………………………………………… 493
自戒集……………………………………………… 380
只管打坐…………… 207, 209, 211, 222, 227, 376
竺山得仙語録……………………………………… 385
四句文参禅………………………………………… 616
四句文之切紙……………………………………… 616
自家訓訣…………………… 600, 602, 604, 606, 608
自家之訓訣………………………………………… 598
自家之訓訣同図…………………………………… 603
慈眼寺文書………………………………………… 298
侍香寮……………………………………………… 506
自　賛……………………………………………… 247
侍　者……………………………………………… 115
寺社由緒書上…………………………………… 191, 204
寺社由来…………………………………………… 204
時　宗……………… 130, 301, 310, 320, 321, 323
時　衆………………………56, 301, 310, 311, 323
時宗過去帳……………………………………… 302, 325
時宗寺院…………………………………………… 132
四十八戒…………………………………………… 510
四十八軽戒……………………………………… 497, 498
嗣　書…………574, 597, 599, 601, 621, 631～634
時正初日…………………………………………… 447
時正中……………………………………………… 447
嗣書巻……………………………………………… 608
嗣書焼却之切紙…………………………………… 603
嗣書諸目録之切紙……………………………… 607, 608
嗣書相承之時礼散儀式…………………………… 610
侍　真……………………………………………… 506
寺籍財産明細帳……………………… 104, 204, 205
地蔵信仰…………………………………………54, 121
七堂之図…………………………………………… 603
七仏御大事之参禅………………………………… 599
七仏伝授義機……………………………………… 605
地　鎮……………………………………………… 620
祠　堂……………………………………………… 509
祠堂銭……………………………………………… 439
自得暉録……………………………………………19
嗣　法……………………………28, 597, 601, 633
寺　房…………………………………… 352, 353, 509
嗣法血脈図………………………………………… 605
嗣法論……………………………………………… 605
嗣法論作法………………………………………… 608
下総国結城覚城山華蔵禅寺末円通山明英禅寺延藤庵略縁起………………………………… 336
下野国誌……………………………………… 325, 327
下ノ女男…………………………………………… 507
四門三匝大事…………………………………… 616, 622
汝霖佐禅師疏……………………………………48, 124
四料揀……………………………………………… 210
寺領目録…………………………………………… 252
神　戒……………………………………………… 611
新義真言宗……………………………………… 185, 394
真空禅師語要……………………………………… 240
真歇了語…………………………………………… 210
真言宗……20, 62, 97, 176, 183, 309, 312, 342, 347, 350, 371, 431, 445, 518, 621, 630, 633
神　事……………………………………………… 507
真宗寺院…………………………………………… 625
新庄合戦…………………………………………… 152
真字正法眼蔵…………………………………… 551, 552
神人化度…… 13, 27, 415, 419, 420, 426, 524, 630
新撰事蹟通考…………………………………… 218, 242
心田播禅師疏…… 73, 77, 79, 83, 88, 96, 102, 119
心王主之三昧……………………………………… 605
神秘性……………………………………………… 621
新編相模国風土記稿……………………… 332, 421, 517
神保長誠書下状…………………………………… 140
瑞巌禅師語録……………………………………… 385
瑞渓疏……………………… 77, 83, 88, 93, 119, 125
水神授戒之切紙…………………………………… 603
瑞　世　→出世
瑞長本建撕記……………………………………… 570
翠竹真如庵……………………………… 104, 105, 121
水田土壌生産性分級図…………………………… 204
崇信寺文書………………………………………… 248
説　戒……………………………………………… 497
説戒之分…………………………………………… 498
折　檻……………………………………………… 509
殺　生……………………………………………… 519

雪中示寂山……222
摂津尼崎墓所掟……387, 392, 395
青原山永沢寺行事之次第……505, 515
生死亊大……605
誓度院勤行規矩……68
聖道之衰微……485
施餓鬼(会)……132, 402, 504
石屋派……177, 180
関城の戦い……330
世上聯句……487
前永平……307, 318
戦国大名……611, 620, 632, 635
禅宗済家妙心寺派下寺院帳……322
禅宗史研究……625
禅宗地方史調査会……22
先師代々掟……238
禅籍抄物……18, 19
禅僧・禅寺……629
川僧自賛頂相……503
川僧禅師語録……385, 388, 389, 412, 515
葬　儀……123, 395, 409, 417, 497, 511, 524
葬　祭……27, 395, 399, 417, 420, 463, 499, 501, 519, 524, 525, 595, 612, 620, 621, 631, 636
曹山重徧……210
僧正記文……606
総持寺住山記　→住山記
総持寺文書……186, 240, 411
総持二世峨山和尚行状……479
蔵　主……115, 116
葬　送……14, 518, 520, 626, 629
送僧之大元……241
宗長手記(宗長日記)……412, 476, 481, 525
相伝書……18, 29, 597
曹洞合血本則……608
曹洞土民禅……246
ザウニ……507
非　僧……502
双林寺聯燈録……513
僧　録……18, 146
僧録職……74, 104, 142, 143, 145
続群書類従……480
続肥後国古塔調査録……242
座　元……115, 116
祖先供養……518
祖先供養・葬送……629
卒塔婆建立……630, 636
卒塔婆建立法要……27, 524
村　堂……13
村　落……488, 629

た　行

塔　頭……25
他阿上人法語……302
田　荒……487
代　→代語
大和尚禅師……362
大覚寺文書……387
大覚禅師語録……384
大覚派……7374, 77, 83, 92, 93, 98, 111, 234
代官請……26
大儀記……606
大義機……604
大　工……27, 466, 471, 507, 630
迺具事……507
太原崇孚覚書……635
代語(代)……19, 28, 348, 573, 576, 577, 579〜583, 585, 586, 588, 595, 596, 631
大光禅師語録……329, 331, 333, 364
代語抄……19
大　事……574, 597, 621
大乗院寺社雑事記……131
大乗菩薩戒……423
大乗聯芳志……186, 240
大初派……180
大慈寺文書……186
大地震……491
大施餓鬼　→施餓鬼(会)
大拙和尚年譜……333
大中寺縁起……594
大中寺門派……518
大智偈頌……206, 210, 226, 239
大通禅師語録……384
大徹派……25, 197, 202, 203, 546, 548, 550, 562
大徳寺派……22, 381
大都市……630
大日如来坐像像底銘文……325
大日本国越中州黄竜山興化護国禅寺開山勅賜仏林恵日禅師行状……51
太白峯記……603
大般若経……312, 313
大般若波羅密多経……162
大仏頂万行首了楞厳秘密神呪……497
大風雨……491
太平記……310
大平山大中禅寺嫡伝透本参……588
太平山大中四世竜洲海大和尚御下語……589
大本山護国摩頂巨山人王国泰万年禅寺勅住歴代……155

大摩境ノ切紙……………………………600, 602
続松之切紙……………………………616
大摩之秘図……………………………603
大名領国化……………………………635
大雄山最乗禅寺御開山御代……29, 574, 575, 587
吒枳尼天……………………………13
託　宣……………………………492
太政官牒……………………………137〜139
多々良浜合戦……………………………330
奪人不奪境……………………………210
立山神……………………………197, 198, 203
立山信仰……25, 121, 188, 189, 198, 199, 203, 627
陀羅尼……………………………50
達磨一心戒作法……………………………608
達磨知死期……………………………603
達磨知死期切紙……………………………600, 602
達磨知死期法……………………………605
達磨伝法偈……………………………605
達广之歌……………………………605
且　過……………………………52, 68
且過堂……………………………16
断絶符……………………………619
檀　越……………………………629
茶……………………………506
中央禅林……………………………217, 376
忠　孝……………………………484, 499, 510, 511
中興縁起……………………………208, 378
忠　臣……………………………490
中心住越州黄梅山林友社疏……………………………43, 72
仲方和尚語録……………………………120
朝　廷……………………………635
兆廷瑞首座住長福并序……………………………100
鳥　道……………………………210
長徳院開基由来書……………………………361
長徳院過去帳……………………………362
長徳院寺伝……………………………362
長福寺大日安座点眼……………………………379
長林復古誌……………………………322
地　域……………………………625
地域社会……………………………28, 611, 629, 630, 631
地域の霊場……………………………629
地域民衆……………………………630
親元日記……………………………107, 137, 151
知　識……………………………611, 621, 630, 636
知多郡旬行記……………………………481
鎮　守……………………………613
鎮守貴裡紙……………………………615
寿珍・等阿連署状案……………………………127
鎮守之切紙……………………………614
鎮守之切紙　→白山鎮守之切紙
鎮守之切紙同白山切紙……………………………603
津……………………………487
追　謚……………………………64
追善法要……………………………629
通幻下語……………………………577
通幻禅師語録……………………………385
通幻喪記……………………………552
通幻派……………………………77
月待信仰……………………………380
津　波……………………………491
経俊卿記……………………………137
貞亨弐年越中曹洞宗高岡瑞竜寺触下寺庵由来……………………………204
亭主方……………………………506
貞祥寺開山歴代略伝……………………………421
鉄庵録……………………………40
鉄塔婆……………………………302
寺ゝの奏者……………………………509
寺奉行……………………………352, 354
伝海禅源法印預求下火……………………………387
天蓋幡……………………………619
伝光録……………………………558
展　手……………………………210
天祥和尚録……………………………76, 124
天真派……………………………636
天台宗……33, 97, 214, 302, 309, 310, 312, 314, 320, 345, 347, 369, 630, 633
天童覚和尚小参鈔……………………………239
天童山十三則……………………………605
天童小参抄……………………………586
伝燈寺文書……………………………135
天南代語抄……………………………588
悼天然祐公童子之詩五首……………………………486
天　皇……………………………611, 620
点から面への展開……………………………26, 259, 627
天文法華の乱……………………………302
伝　法……………………………485
天　満……………………………214
天竜開山夢窓正覚心宗普済国師年譜……………………………479
天嶺和尚語録……………………………593
天嶺呑補下語……………………………29, 586〜589, 592, 594, 596
冬安居……………………………402
洞雲寺領目録……………………………297
東海瓊華集……………………………127
道旧疏……………………………81
東光寺過去帳……………………………361, 362
東光寺由緒記……………………………337
洞谷記……………………………205, 210, 479
東国紀行……………………………481
洞谷五祖行実……………………………204

洞谷山永光禅寺之住山帳……………………… 243
洞山三路………………………………………… 210
当山室中宝蔵記(大洞院)…………………… 248
同　宿……………………………………… 463, 465
洞春庵殿鐘銘…………………………………… 411
道　場…………………………… 352, 353, 509, 625
道場荘厳次第…………………………………… 605
道場荘厳之儀規………………………………… 603
謝藤氏金吾大夫見訪於円通院………………… 488
当時古記………………………………………… 148
当寺山神思案法印縁起………………………… 411
東寺造営料棟別銭関係文書集………………… 137
東寺年預等書下………………………………… 623
東寺百合文書…………………………………… 413
投子青語………………………………………… 210
東漸和尚法語集……………………………… 95, 96
燈　台…………………………………………… 626
同伝授義機……………………………………… 605
東　堂…………………………………………… 358
島内地頭…………………………………………14
道　人…………………………………………… 382
東福寺末派僧衆掛塔僧籍………………………99
東福寺文書……………………………………… 126
道満寺置文……………………………… 213, 220
堂　宮…………………………………………… 382
同門交社疏………………………………………81
同門疏……………………………………………81
洞門抄物……………………………… 18, 19, 573
当門徒之切紙…………………………………… 606
遠江守護………………………………………… 522
遠江守護代……………………………………… 522
遠江国佐野郡原田郷長福寺鐘………………… 412
遠江国風土記伝………………………………412～414
言国卿記………………………………………… 428
言継卿記………………………………………… 480
徳昌寺授戒牒…………………………………… 478
得度略作法……………………………28, 631, 632
禿尾長柄帚……………………………………… 108
土　豪…………………………………………… 423
土地神…………………………… 415, 419, 426, 611
土地売券………………………………………… 439
殿………………………………………………… 468
殿　原…………………………………………… 507
殿原衆…………………………………………… 506
飛火的発展……………………………26, 258, 627
富山県農業試験場……………………………… 204
土　塁…………………………………………… 488
曇仲遺藁………………………………………… 102
鈍鉄集……………………………………………40

な　行

内閣文庫古文書………………………………… 126
中原衆…………………………………………… 506
那須の殺生石…………………………………… 417
南禅寺山門破却事件…………………………… 145
南禅寺文書……………………………………… 150
南北朝合一……………………………………… 313
入棺作法………………………………………… 604
女房達…………………………………………… 468
如浄道元嗣法論………………………………… 607
如浄老師授道元和尚儀軌……………………… 608
女身垢穢…………………………………… 500, 501
如法経………………………… 211, 215, 236, 237
如来堂修理料差文……………………………… 325
二十五哲………………………………………… 188
二十門派………………………………………… 382
日域洞上諸祖伝…………………… 259, 411, 421
日助書状………………………………………… 324
日蓮宗……………………………21, 185, 302, 303
蜷川系図………………………………………… 126
蜷川親元施行状案……………………………… 107
二ノ膳…………………………………………… 506
日本洞上聯燈録……66, 169, 178, 180, 186, 191, 199, 204, 205, 242, 259, 260, 297, 317, 336, 337, 339, 376, 410, 411, 415, 418, 421, 434, 480, 513, 516, 525
荷持共…………………………………………… 506
人天眼目抄………………………………19, 633, 636
禰　祈…………………………………………… 473
年忌過去牒……………………………………… 390
拈華微笑話……………………………………… 605
念仏結社………………………………………… 210
念仏禅……………………………………………49
農業事…………………………………………… 507
農　夫……………………………………… 502, 503
農　民…………………………27, 392, 393, 495, 630
農　務…………………………………………… 502
烽　火…………………………………………… 487

は　行

八句夜参行作法………………………………… 605
八社神社棟札…………………………………… 481
抜隊和尚行実……………………………… 424, 425
パードレ………………………………………… 477
パードレ・コスモ・デ・トルレス書翰…… 481
梅花巻…………………………………………… 604
梅花嗣書之切紙………………………………… 603

梅花無尽蔵……………… 121, 127, 434, 458, 467
梅絹嗣書…………………………………… 608
梅山聞本置文………………………………… 260
牌 所……………………………………… 506
墓…………………………………………… 617
芳賀高名寄進状……………………………… 326
芳賀建高寄進状……………………………… 319
白 山……………………………………… 614
白山神…………………………… 54, 55, 620, 622
白山信仰…………………………………… 613
白山鎮守…………………………………… 616
白山鎮守之切紙…………………29, 614, 616, 620
白山妙理権現……………………………………53
白山妙理大権現…………………… 378, 379, 613
幕藩体制…………………………………… 180
走 人……………………………………… 509
八 幡……………………………………… 214
八幡愚童訓………………………………… 215
八幡信仰…………………………………… 215
八幡大菩薩………………………………… 223
原氏系図…………………………………… 396
番匠(番匠大工)……………27, 452, 453, 473, 630
万松山泉竜禅寺普覚円光禅師伝…………… 127
百丈野狐話………………………………… 210
白蓮社……………………………………… 210
病〔廟〕移之指図切紙……………………… 616
氷 雷……………………………………… 491
東山塔頭略伝…………………………………60
東山歴代…………………………77, 78, 83, 88, 89
彼岸会………………………… 428, 446, 447, 476
卑近禅……………………………………… 377
樋口兼続書状…………………………………46
比丘尼所…………………………… 352, 353, 509
肥後国志…………………………………… 214
肥後国古塔調査録…………………………… 242
秘 参………………………………………19
飛州志……………………………………… 161
非僧非俗…………………………………… 503
斐太後風土記……………………………… 161
悲嘆十首………………………………… 484, 488
非 人………………………………… 618, 619
非人引導之切紙…………………………29, 618
非人引導之切紙・天狂病之事……………… 618
非人并天狂病切紙…………………………… 618
秘密正法眼蔵……………………………… 570
仏家一大事夜話………………………………19
仏光派………………………………… 71, 98
仏祖賛(繋驢橛)……………………………87
仏祖正伝菩薩戒教授文……………………… 192
仏祖正伝菩薩戒血脈最極無上事……… 599, 602
仏祖正伝菩薩戒作法……212, 241, 425, 538, 573, 599, 601
仏知死期法………………………………… 605
風 狂……………………………… 503, 511
風 顚……………………………………… 511
普済寺十三派……………………………… 371
普済寺文書………………………………… 411
普済禅師語録…………………………… 204, 385
普済派……………………………………… 180
巫 祝……………………………………… 492
普所大事…………………………………… 606
伏見院重保奉書案………………………… 153
扶桑五山記……39, 41, 43, 45, 47, 48, 77, 101, 326
仏源派………………………73, 86, 90, 123, 146, 217
不動明王信仰…………………………………54
不入権…………………………………………15
不入の地…………………………………… 521
不二和尚遺藁…………………………96〜98
付法状…………………………………… 212, 600
父母之恩…………………………………… 493
普明国師(春屋)管領寺院注文…… 137, 143, 150
撫 民……………………………………… 510
普門品相承次第…………………………… 605
普門品相承同血脈………………………… 603
普門品相承之事…………………………… 599
普門品相承之次第………………………… 608
不落不昧話………………………………… 210
風 呂……………………………………… 506
墳典史籍…………………………………… 430
文武兼済…………………………………… 490
文武両道…………………………… 488, 489, 510
別府清岩宗玄庵主十三回忌香語…………… 489
役 兵……………………………………… 487
平田山竜沢禅寺前住帳………………… 250, 429
平 人……………………………………… 620
碧岩録……………………………………… 632
補庵京華新集…………………………………77
破菴派…………………………………………34
法衣相伝法語……………………………… 219
法雲雑記便覧……………………………… 364
法雲末山雑記…………………………… 364, 365
法 会……………………………401〜403, 409
宝永誌……………………………………… 571
放 火……………………………………… 488
宝鏡三昧玄義……………………………… 210
宝慶寺領目録……………………………… 297
芳宮山縁起………………………………… 327
法 語…………………… 123, 238, 396, 417, 582
蓬州智多郡生道邑常照庵薬樹之詩………… 445
彭叔和尚語録…………………………………78

豊鐘善鳴録……………………………………… 201
坊　主……………………………………………… 625
法　要………… 123, 409, 510, 511, 520, 524, 629
北越吟……………………………………………… 120
北徴遺文七所収紹光寺文書…………………… 204
朴堂和上入祖堂法語…………………… 104, 127
法華経一千部読誦の法要……………………… 504
法華経二十八品方便品…………………………58
菩薩戒…………………………… 49, 64, 425, 426
菩薩戒作法………………………………………… 608
菩薩戒之作法……………………………………… 603
墓　所…………………………………………14, 130
菩提寺………………………… 518, 519, 629, 632
勃陀勃地梵語……………………………………… 605
没後作僧…………………………………………… 605
没後授戒作法…………………………… 608, 613
没後授戒之作法……………………… 599, 612, 620
法燈下清泉派法継図…………………………… 155
法燈派……22, 25, 31, 39, 48, 49, 51, 52, 55, 60, 64, 66〜68, 73, 74, 76, 78, 79, 81, 82, 98, 108, 123, 131, 134, 151, 152, 157, 424, 625, 626
本願寺系浄土真宗………………………………… 545
盆行事……………………………………………… 519
本　参………………………………………………19
本朝高僧伝…………………………………………70
本末関係……………………………………………18
梵網戒……………………………………………… 510
梵網戒経…………………………………………… 497
梵網経……………………………………………… 498
梵網経心地戒品…………………………………… 498
梵網経略抄………………………………………… 534

ま　行

舞　士………………………………27, 391, 392, 630
舞　者……………………………………………… 391
埋　葬……………………………………………… 132
亦道場荘厳様子…………………………………… 605
亦夜参行作法……………………………………… 605
亦夜参血脉………………………………………… 605
摩頂国泰禅寺開山塔司弘源院中興記併碑銘 ……………………………………………… 152
摩頂山歴代勅住…………………………………… 155
末　寺……………………………………………… 629
末寺統制…………………………………………… 395
松原系図…………………………………………… 192
万山編年精要…………………………… 141, 148
卍山編輯八十九巻本正法眼蔵………………… 551
卍山本正法眼蔵…………………………………… 551
卍字嗣書法………………………………………… 605
政所内評定記録(親元日記)…………… 126, 139
政所賦銘引付……………………………………… 151
万年寺五祖伝……………………………………… 421
妙応寺住持職置文………………………………… 200
妙応寺文書………………………… 204, 205, 410
明星様……………………………………………… 605
妙心寺派……22, 25, 27, 32, 102, 103, 152, 164, 185, 322
密　参…………………………………… 632, 634
水谷蟠竜記………………………………………… 349
溝越天狗…………………………………………… 383
満仁寄進状……………………… 139, 144, 150
霊　社……………………………………………… 216
水戸藩……………………………………………… 178
源頼清寄進状……………………………………… 139
身　代……………………………………………… 619
身分差別…………………………………………… 621
三善朝宗寄進状…………………………………… 191
明極語……………………………………………… 580
民　衆…………………………………………… 23, 28
民衆支配…………………………………………27, 629
民俗的な儀礼…………………………… 616, 617
無縁所…………………………………………… 14, 15
無縁所寺院………………………………………… 521
無極授月江記文…………………………………… 608
無雑派……………………………………………… 553
夢窓国師語録……………………………………… 384
夢窓派……43, 45, 73, 74, 76, 77, 83, 88, 92〜94, 96〜100, 102, 104, 110, 116, 119, 123, 139, 141, 142, 144〜146, 149
無門関………………………………………………50
村殿層………………………………………………14
室町幕府奉行人連署奉書……………… 138, 190
明峰派…………………………… 176, 380, 381
黙雲集…………………………………………76, 101
門下寺院…………………………………………… 520
門　参………19, 28, 573, 586, 588, 631〜634, 636
文殊菩薩像………………………………………… 331
問　答………………………… 595, 597, 634
門徒農民…………………………………………… 625
門徒武士…………………………………………… 625
門末寺院…………………………………………… 522
聞名寺文書…………………………………………47

や　行

耶蘇会士日本通信………………………………… 477
流鏑馬銭…………………………………………… 314
流鏑馬役……………………………………………16
山川氏系図(山川泰氏所蔵)…………………… 361

山川氏系図(長徳院所蔵)……………………… 361
山内道美寄進状………………………………… 411
山の民……………………………………………… 417
山臥(山伏)………………………… 303, 473, 631
維摩居士像……………………………… 122, 127
遺　命　→如仲天誾遺命
結城御代記……335, 347, 354, 356〜358, 366, 525
結城合戦……………………… 340, 342, 343, 517
結城系図………………… 328, 333, 335, 354, 365
結城家之記…………………… 348, 354, 365, 367
結城氏新法度………350〜355, 364, 509, 519, 520
結城新孝顕寺御建立之覚……………………… 359
結城館…………………………………………… 343
徭　役…………………………………………… 487
揚岐派……………………………………………34
永光寺旧記……………………………………… 204
永光寺寄進田注文……………………… 140, 150
永光寺文書………………………… 186, 204, 240
夜参図…………………………………………… 608
夜参廿八透……………………………………… 608
寄　合…………………………………………… 519

ら・わ行

懶室漫稿…………………………………………93
乱余聯句………………………………………… 486
栗棘派…………………………………95, 96, 99
律　宗……………………… 33, 97, 130, 340, 423
律宗寺院…………………………… 129, 131, 132
竜雲寺誌………………………………………… 317
竜渓山雲林寺派輪番記録……………………… 412
竜渓山神入定以来年譜………………………… 412
竜洲文海下語…………………… 29, 586〜589, 595
竜　神…………………………………… 419, 611
流水集……………………………………77, 83, 88
立川寺年代記…………………188, 195, 201〜203
竜沢寺文書……………………………………… 260
竜　天…………………………………………… 232
竜天勘破話……………………………………… 604
竜天授戒………………………………… 605, 607
竜天授戒作法……… 29, 599, 608〜610, 620, 631
竜天授戒之血脈同作法………………………… 603
竜天白山之切紙………………………………… 613
竜派禅珠書状…………………………………… 413
竜天護法善神…………………………………… 613
了庵慧明禅師語録……………………………… 575
了庵慧明代語…………………………… 591, 595
了庵大和尚当山開闢并九人老人之機縁守護来
　　歴之事……………………………………… 421
了庵派…… 180, 341, 344, 349, 358, 361, 363, 595
了幻集…………………………………………93, 125
了幻派……………………………………………93
梁塵秘抄…………………………………………57
了畢判形之図…………………………………… 605
林　下……………………………………………13
林下禅林…………………… 22, 23, 25〜27, 31, 626
林下妙心寺系…………………………………… 369
臨済下血脈……………………………………… 608
臨済宗…………………………………………… 630
臨済宗松源派…………………………………… 580
臨済宗法燈派　→法燈派
臨済宗妙心寺派　→妙心寺派
臨済之門風之嗣書(済家之嗣書)……………… 600
輪　住………… 189, 190, 553, 575, 576, 580, 594
輪住制……177, 191, 200〜203, 208, 238, 250,
　　338, 371, 420, 454, 522, 562, 568, 570, 629,
　　634〜636
礼　間…………………………………………… 506
蓮華寺文書………………………………………62
蓮門精舎旧詞……………………………………21
鹿王院主乾愣書状案………………… 109, 138, 150
鹿王院出官等書状案…………………………… 138
鹿王院納所等書状案…………………… 127, 138
鹿王院納所梵真・侍者善経連署書状案
　　…………………………………………… 111, 138
鹿王院文書……………………… 126, 127, 150, 151
鹿王院領本支証目録…………………………… 138
鹿苑院公文帖……………………………… 91, 96, 125
鹿苑日録…………………… 77, 89, 111, 116, 134
六祖半紙切紙…………………………………… 605
蘆月菴…………………………………………… 210
若　衆…………………………………… 468, 471
若　宮…………………………………………… 216
或提撕一則公案………………………………… 208
話　頭…………………………………………… 578
宏智派……37, 38, 76, 78, 79, 92〜94, 97, 99, 210,
　　580

地　　名

あ　行

相　川……14
会　津……13, 64, 278, 331, 337～339, 635
相浦村……140
愛　本……282
青　池……373
青井谷……266
青野原……381
青原峠……505
赤　桶……161
赤　津……369
茜部庄……86
安　芸……538, 556
飽　田……215
飽田郡……218, 242
秋　山……469, 472
上　張……456
浅　香……373
朝倉館……122
浅羽荘……397, 398, 493
朝日町……44, 104, 139～141, 144
足　利……322
足柄上郡……416
足柄郡……517
芦北郡……233
明　日……282
足羽郡……530
阿蘇山……214
熱　塩……337, 521
熱塩加納村……337
渥美(郡)……183
渥美半島……467
渥美湾……437, 465
阿努上荘……140
阿努荘……140, 145, 146
阿努本荘……140
甘　草……449～451, 470, 472, 474
天　宮……438, 444
荒　町……319
有　脇……436, 437, 442, 445, 456, 462, 465
阿　波……169, 426
淡　路……119
安国寺割……98
安養坊……108
一身田……310
飯貝郷……312
飯　田……246, 370～372, 453
飯田荘……397, 494
飯野村……138
壱　岐……180
育王山……35
生　地……284
生道(生路)……441, 445, 446, 462, 464, 465, 474
井口村……62
池　田……189, 191
砂ケ原……344
いさこわら……344
夷沢県……559～561
石黒郷……113～115, 117, 123
石黒荘……129
石　瀬……444
石　田……115, 116
石　貫……169
石　浜……458, 462～465, 470, 472
石正名……140, 146
石　屋……195, 197
石動山……203
伊　豆……37, 41, 45, 177, 179, 369
和　泉……58, 90, 67
泉大海……114, 116
出　雲……64, 67, 179, 424
伊　勢……179, 309, 310, 467
伊　太……373
板橋(小田原市)……598
一重ケ根……161
一乗谷……273, 274, 286～288, 290
一瀬村……270
一宮庄……252, 254～258, 261
一ノ宮村……60
市　場……451～454, 472, 474
市　原……442, 445, 465, 466
市　森……548
伊那郡……246, 371
稲　葉……374
井波町……197
猪　谷……161
今石動……107, 266
今　宿……344, 361, 362, 517
今　須……195, 200, 370
今見下田……162

今　村……469
井　見……144
井見荘……111, 117, 137, 138, 143, 145, 147, 148
射　水……65
射水川……130
射水郡……62, 63, 73, 128, 137, 144, 194, 203, 265
伊　予……180, 552, 547
入　野……370
入　日……461, 462
入山瀬……456
入山辺……602
井林山……191
色好村……44
岩　峅……139, 144
岩　崎……439
岩　船……508
石　見……179, 371, 475
岩　室……440
巌　谷……279, 281
上　田……121, 246, 371
上戸町……192
上野(新川郡大山町)……559
魚　津……280, 282
魚津市……73, 141
魚津城……279
魚津町……285
宇賀荘……64
宇刈(郷)……397, 398, 449
宇　佐……214
宇　治……49, 554
氏家郡……307
太　秦……147
内　牧……594
莵〔兎〕束庄……535, 546, 549
宇都宮……311, 317, 322, 324, 327, 551
内　海（荘)……443, 445, 466〜468, 471, 474
宇　土……215
海上(郡)……269
鵜　沼……121, 122
梅　沢……73, 129
梅　谷……373
裏　野……374
浦　山……140
宇　理……374, 379
上　曽……331, 332
越　中……8, 22〜26, 65, 85, 86, 88, 93, 96, 107, 120, 131, 132, 176, 180, 188〜191, 194〜197, 201〜204, 261, 267〜269, 273, 277, 278, 282, 285, 287, 288, 292, 294〜296, 538, 546, 547, 625〜627, 630, 636
永正塚……358
越　後……14, 57, 65, 91, 121, 152, 169, 177, 180, 197, 269, 270, 272, 277, 282, 284, 309, 376, 489, 518, 544
越　前……12, 26, 31, 38, 39, 76〜78, 99, 119, 122, 132, 134, 153, 169, 176, 177, 180, 188, 189, 246, 247, 249, 251〜253, 256〜258, 262, 273, 274, 276〜279, 285〜288, 293, 295, 296, 305, 307, 310, 322, 334, 344, 360, 371, 381, 382, 425, 436, 522, 627, 628, 636
江戸(城)……121
榎富中庄……249, 250
海老坂……265
夷　崎……121
塩　山……424
遠　陽……485, 486
追　分……196
扇　谷……121
近　江……77, 119, 179, 247, 304, 310, 378, 503
大井川……455
大　泉……356
大内荘……307, 310〜313
大　木……344, 361, 362, 517
大切割……191
大　草……373, 439
大　串……345
大久保……373
大　熊……279, 281〜283
大桑郷……344
大島(館林市)……356, 594
大嶋(遠江)……451
大島町……137
大島村……142
大　隅……180
大　田……452
太田川……253, 255, 261, 391
大谷(郷)……372, 433, 434, 437, 442, 445, 448, 462, 466, 474
大田和之郷……319
大鳥居……374
大成郷(大成町)……356, 489
大根田半郷……307
大　野……286, 291, 467, 481
大野郡……534
大　浜……467
大平町……356
大夫(大府)……439, 442, 445, 456, 465
大　洞……373, 379
大峯山……380
大虫町……290

大　村……………………………………331, 333
大村古城跡………………………………266
大家荘……………………………………141, 147
大谷瀬……………………………………345
大　柳……………………………………452, 453, 469
大　山……………………………………416
小垣江…………438, 440, 443, 456, 459, 462, 465
岡　郷……………………………………397, 398
岡　崎……………………………………552
岡　芹……………………………………346, 517
ヲカ田……………………………………461, 472
岡　田……………………………………462
岡　津……………………………………373
岡本郷……………………………………306
緒川(小河)……372, 373, 430, 436, 439, 441, 445, 448, 456, 458〜460, 462〜465, 467, 471〜476
緒川沙弥田………………………………422
御器所……………………………………465
奥　田……………………434, 440, 443, 445, 466
奥　野……………………………………372
奥山庄……………………………………507
小倉谷……………………………………285
小　栗……………………………………347, 349
越　生……………………………………356, 417
刑　部……………………………………461
小沢又……………………………………331
忍…………………………………………263, 265
押野荘……………………………………167
小田郡……………………………………417
小田城……………………………………331
小田林郷…………………………………328
小田林村…………………………………345
落　合……………………………………373, 489
乙連郷……………………………………307
乙面保……………………………………269
小野浦…………………………443, 462, 465, 466
小布施荘…………………………………141
表郷村……………………………………337
親不知……………………………………122
小矢部川……………………59, 113, 116, 129, 189
小矢部市……………………………………55, 141
小山(下野)…………………………451〜453, 591
小山(肥後)………………………………233
下　立……………………………………282, 283
尾　張…… 119, 179, 369, 370, 382, 430, 475, 547
温州(中国)…………………………………40

か　行

甲　斐……………… 179, 370, 387, 489, 497, 520
貝　塚……………………………………370
加　賀……53, 55, 56, 60, 63〜65, 67, 68, 75, 77〜80, 83, 99, 133, 134, 154, 169, 180, 188, 189, 191, 194, 203, 206, 207, 219, 235, 237, 285〜287, 295, 296, 542, 543
柿　崎……………………………………121
加木屋……………………………………440
懸　河……………………………………473
掛川荘……………………………………404
陰沢郷……………………………………340
掛　下……………………………………451〜453
鍛治島……………………………………391
鍛治町……………………………………336
柏　崎……………………………………121
春日野町…………………………………290
春日山……………………………………489
上　総……………………………………331, 575
賀　積……………………………………283
片貝川……………………………………279, 284
片　掛……………………………………263
片　塩……………………………………544
片　原……………………………………265
片　町……………………………………598
勝　浦……………………………………553
賀津佐村…………………………………236, 238
桂　島……………………………………373
角　川……………………………………279
門　野……………………………………266
金　沢……………………………………53, 54, 133
金　屋……………………………………195, 197
金　山……………………………………268, 284
金山谷……………………………………280
金　箱……………………………………618
鹿窪村……………………………………359
鎌　倉……31, 38, 40, 41, 43〜46, 48, 49, 52, 58, 65, 130, 206, 211, 217, 223, 332, 337, 376, 425, 630
蒲御厨……………………………………251
上飯野………………………………………62
上　市……………………………………198
上市川……………………………………106
上市町……………… 112, 117, 139, 143, 144, 195
上小塙……………………………………343, 363
上　荘……………………………………145
上曽我村…………………………………583
上高橋郷…………………………………340, 342

上宝村……………………………………………… 161
上　滝………………………………… 197, 199, 203
上滝村……………………………………………… 196
上新川郡…………………………………… 197, 203
上三川………………………………… 302, 310, 322
上庄池田…………………………………………… 191
上山川……………………………………………… 362
上山川先城谷……………………………………… 360
亀井戸……………………………………… 449, 450
唐　島……………………………… 55, 58, 59, 69, 626
烏　山……………………………………………… 337
狩　川……………………………………………… 521
苅野川……………………………………………… 416
刈谷(借屋, 三河)……………………370, 458, 467
借屋(刈谷, 刈屋, 尾張枳豆志)……432, 436, 442, 445, 447, 465, 466
刈谷城(借屋城, 三河)………………………………465
河　井……………………………………………… 403
河　北……………………………………………… 252
河口保……………………………………… 137, 142
川口村……………………………………………… 284
河　尻……………………………………………… 169
河　内………………………………… 120, 131, 132
川　西……………………………………………… 288
河ハタ……………………………………………… 452
河　和……………………………………………… 467
河匂荘……………………………………… 398, 405
岩井寺……………………………………………… 456
勧農(岩井山)城…………………………………… 305
観音町……………………………………………… 335
京　都……31, 34, 35, 38〜41, 43, 45, 46, 48, 49, 57, 60, 61, 93, 99, 108, 118〜120, 131, 132, 134, 143, 201, 206, 210〜212, 217, 223, 285, 286, 292, 300, 302, 309, 332, 381, 533, 553, 590, 593, 630
行屋川……………………………………… 319, 320
紀　伊………………39, 60, 64, 65, 131〜134, 179
菊　川……………………………………………… 398
菊　池……………………………………………… 627
菊池川……………………………………………… 214
菊池郡……… 169, 214, 215, 223, 224, 226, 235
木更津……………………………………………… 575
枳豆志(郷)………………………………………… 442
北市村……………………………………… 544, 545
北　田……………………………………… 273, 290
北　庄……………………………………………… 252
北庄城……………………………………………… 288
北　原……………………………………… 470, 472
北山形……………………………………………… 549
吉祥寺……………………………………………… 283
吉城寺村…………………………………………… 104
鬼怒川……………………………………… 311, 343
木本郷……………………………………………… 534
清　滝……………………………………………… 304
北　村……………………………………………… 197
桐ケ瀬……………………………………… 345, 518
径　山………………………………………………35
久下田……………… 314, 347, 348, 352, 517, 520
久下田城…………………………………………… 349
櫛比荘……………………………………168, 378, 549
久　野……………………………… 373, 397, 398
久　保……………………………………………… 320
熊野(紀伊)…………………………………………51
熊野(越中)…………………………………………86
熊野川……………………………………………… 199
熊野保内小中村…………………………………… 140
曲淵川………………………………………………84
隈牟田庄…………………………………… 217, 234
倉垣荘……………………………………………… 194
倉　真……………………………………………… 435
蔵見保……………………………………… 544, 547
栗　嶋……………………………………………… 315
倶利伽羅峠…………………………55, 56, 61, 189
栗田島……………………………………………… 535
黒石町……………………………………………… 555
黒　河……………………………………………… 129
黒　川……………………………………………… 337
黒　子……………………………………………… 313
黒　崎……………………………… 106, 191, 263
黒　谷……………………………………… 282, 284
黒羽越……………………………………………… 321
黒　部……………………………………………… 122
黒部川……………………………………… 104, 144
黒部市……………………………… 109, 141, 195
黒丸城……………………………………………… 288
桑　名……………………………………………… 481
桑　原……………………………………… 372, 379
慶元府………………………………………………35
京　師　→京都
玄　黙……………………………………………… 370
五　井……………………………………………… 374
五位荘……… 141, 148, 263, 265, 266, 269, 272
小泉庄……………………………………………… 508
小井手(小井出, 小出)……… 40, 73, 84〜86, 129
小井手保…………………………… 129, 140, 146
郷　川……………………………………………… 197
合　志……………………………………………… 215
神　代……………………………………………… 236
河内郡……………………………………………… 336
上　野……13, 15, 178, 185, 246, 272, 333, 356,

357, 371, 506, 518
神主郷……307
鴻　巣……332
古鹿熊……284
小賀子(越中)……108, 109
五行川……319, 320
小坂井……440
小佐味(荘)……109, 111, 138, 139, 143, 144, 146, 147
五条之橋……131, 132
越　田……393
小島町……558
小鈴谷……466
小鈴谷上野間……466
小中村……86, 147
小梨子谷峯……191
古場(郷)……442, 445, 465, 466
小塙郷……344
小塙前……357
駒　込……333
小　又……266
小宮山村……417
小　森……344
小山(肥後)……233
衣ケ浦湾……456, 459

さ　行

西　郷……319
西郷渋川……313
西勝寺……113
嵯　峨……143
酒井保……168
坂　口……372
相　模……40, 45, 70, 177, 178, 185, 333, 369, 376, 517, 518, 594
酒谷之郷……307
相良荘……370
眼　目……195, 197, 198
狭　束……456
薩　摩……10, 109, 176, 180, 369
佐　渡……11, 14
真　田……604
讃　岐……86, 180
佐　野……373
佐野郡……249, 404
佐橋庄……272
佐味郷(佐美郷)……103, 105, 139, 140, 145, 147
佐味荘……111, 139, 144, 145, 147
寒江郷……194
左　谷……457, 458, 468, 470〜472, 474, 475, 481
皿　尾……382
椎　尾……331, 373
椎尾口……330
塩　津……258
塩津祝山……247, 371
塩　谷……301
四箇荘……137, 149
四箇保……137
成網名……140, 146
敷　池……452, 453
宍　倉……591
四　条……131, 132
品　田……252
信　濃……17, 49, 65, 101, 103, 105, 120, 179, 201, 202, 287, 454
篠　尾……290
篠　島……436, 437, 465
志比荘……167, 627
渋　河……313
島原半島……169, 236
島　村……319
四　名……115
下　市……114
下　総……185, 343, 517
下有知……356
下小川……587
下小山田町……356
下河原……302
下籠谷……310
下　条……341
下　館……314, 346, 347, 352, 517
下　野……178, 185, 197, 298, 303, 304, 312, 343, 356, 586, 587, 595, 604
下津城東……369
下坪山……342
下　妻……313, 340, 341, 345, 517, 518, 520
下妻城……345, 352
下之村……393
霜野村……242
下益城郡……242
下　村……191
釈迦山……219
周智郡……404
修善寺……373
庄　川……61, 129
常願寺川……197〜199, 203
上　司……444
上州路……505

莇生町……290
白　井……121, 489
白岩川……144, 197
白　河……337
白河郡……339
白旗城……321
白　井……356
神通川……62, 152, 161, 627
神　保……293
新保町……287
新　湊……60, 73, 137, 142
神　明……195〜197
周　防……177, 179, 369, 538, 547, 552, 556
菅　並……247, 258, 371, 372, 408, 503
数雲原……401, 409
須　坂……317
須　田……469, 472
脛永(脛長)……551, 552
須　原……263, 265
駿　河……179, 185, 293, 294, 371, 382, 483, 635
関ケ原……304
関　城……311, 331
関　野……65
関　本……344, 356, 369, 517, 521
雪寶山……35
摂　津……176, 179, 197, 369, 370, 381, 505, 538, 546
銭塘古閑里……370
世良田……269, 507, 509
膳……356
千　石……197
千頭(郷)……455, 468, 469, 471, 474
千波町……356
僧伽沢……371
曽　根……58
曽禰(保)……129, 137, 142

た　行

田井(郷)……310, 311
大宝城……331
大　門……62
大門町……137, 142
大雄町……356, 587
高井郡……607
高　岡……59, 60, 62, 65, 73, 137, 141, 142, 266, 284, 295, 329, 330
高岡関町……266
高岡寺町……265
高　木……191
高　城……396
高　瀬……545
高橋郷(大内荘)……311
高橋郷(下総)……342
高橋村(肥後)……241
高橋村(下総)……336
高鼻庄……538, 539, 547
高　浜……459, 465, 474
高　原……122
高原川……152, 161, 627
高　松……370
高　宮……115, 116
高　山……163, 372, 396, 405
高良山……236
田　川……343
滝　口……370
竹　下……311
竹　谷……374
田頭家……161
大宰府……214, 234, 236
多々良浜……334
橘　谷……247〜249, 251, 256, 260, 372, 374, 444, 448
辰巳町……263
立　野……452, 453
立　町……359
立　山……197〜199, 203, 627
立山町……112, 139, 143
立山領……144
多度庄(讃岐)……86
田　中……378
谷　口……196〜199, 203
田　町……308, 319
玉　名……215
玉名郡……214, 220
玉　縄……593
玉生郷……307
手洗野……189, 197
垂木郷……397, 398
太郎馬……456
丹　後……142, 143, 145
丹　波……6, 176, 179, 286, 344, 369, 381, 505, 542, 546, 548
中遠(中部遠州)……404, 409, 435, 448, 488, 491, 493, 494, 504, 521, 525
中　宮……198
長慶寺(高岡市)……73
朝鮮半島……315
筑　州……177
筑　前……40, 109, 120

千　郷……379
知多郡(智多郡)……431, 437, 448, 466
知多半島……431, 434, 436, 437, 444, 456, 458, 465～467
秩　父……120
千葉山……373
智鯉鮒(知立)……443, 465
津　江……224, 226
津　軽……505
築　地……465
作　手……379
対　馬……180
土山町……287
椿　村……44
ツハタ……470
敦賀城……286
鶴　巻……295
鶴　松……456
鶴　見……337
津和野……372
鉄砲宿……335
寺島郷……370
寺　田……139, 144, 396, 398
寺田郷……374, 375, 391, 392, 395, 397, 483, 494, 495
寺　辺……147
寺町(京都)……590
寺町(富山市)……73, 99, 128, 129
出　羽……40, 51, 64, 65, 169, 180
天台山……35
天童山……35
天竜川……370, 398, 456
戸　出……194
東海地方……20, 23, 628
塔ヶ谷……70
東　郷……290, 313, 319
東　城……279, 282, 284
東条保……137, 142, 148
道清屋敷……84
遠　江……26, 177, 179, 185, 246, 247, 249, 252, 256, 258, 259, 261, 368, 370, 371, 378, 403, 404, 434, 440, 445, 448, 468, 475, 482, 488, 497, 504, 522, 628, 635
塔ノ下……334, 335, 360
任　海……266
遠　山……593
徳尾町……287
得武名(讃岐)……86
徳　万……61
徳　和……338
常　滑……466, 467
土　佐……180, 298
土　生……114, 116
礪波郡(利波郡)……107, 117, 118, 122
礪波市……61, 141, 147
トビカイツ……462, 472
飛山城……311, 315
泊……280
富　田……594
富　塚……370
富　谷……347
友　永……456
富　山……60, 196, 263, 559
富山市……40, 62, 73, 84, 140, 195
豊　川……370
豊田庄……217, 233, 234
虎　谷……284
戸和田郷……397, 398
戸破村……295
殿　谷……396
富部郷……380, 397, 398

な　行

直　海……114, 116
直海東……122
中　河……490
中　川……265
中河原……304
長　倉……161, 163
中　郷……356
長　坂……474
長　崎……206, 426
長　沢……59, 62, 63, 128～131
中　条……194
中　田……372
永　田……122
中地山……196
長　門……177, 179, 369
長　瀞……549, 550
中新川郡……197, 203
長　沼……313, 314, 317
中　浜……531, 532
長　見……469, 472
中　村……329, 553
中村荘下中里……313
中村湊……403
中　山……469, 471, 472
那　須……303, 311, 318, 322, 324, 337, 338, 417
那須郡……176

夏　狩……………………………………… 370
七　尾……………………………………… 296
那　波……………………………………… 120
鍋　島…………………………………… 115, 116
滑　川………… 106, 107, 122, 196, 198, 203, 280
滑川市…………………………………73, 195
奈　良……………………………………… 317
成　岩……………………………………… 467
成　田……………………………………… 268
南　条……………………………………… 266
南深町……………………………………… 286
南　都………………………………………51
入　善……………………………………… 120
入善町……………………………44, 109, 138, 143
日　光……………………………………… 549
日光山……………………………………… 303
新　田……………………………………… 268
新田荘………………………………………49
新川郡(新河郡)……………73, 104, 107, 120, 194
直生山………………………………………55
西刑部郷…………………………………… 307
西方二沢郷………………………………… 307
西枳豆志…………………………………… 442
西玉岡……………………………………… 358
西三河……………………………………… 183
西山田……………………………………… 587
蜷　川………………………………… 106, 123, 263
二　宮……………………………………… 456
二蓮木……………………………………… 374
楡　原………………………………………41
寧波府………………………………………35
額田(郡)…………………………………… 183
布　市……………………………98, 128, 133
布市村………………………………………99
布　目……………………………………… 266
沼　田……………………………………… 121
沼　保……………………………… 140, 147, 282
婦負郡…………………………… 41, 63, 128, 130, 265
根　本……………………………………… 311
能　生……………………………………… 122
野　尻……………………………………… 129
野尻郷……………………………………… 116
野田村……………………………………… 270
能　登……31, 51, 53, 64, 65, 99, 146, 154, 169, 176, 177, 180, 188～191, 194, 195, 199, 203, 206, 208, 219, 238, 278, 286, 294, 337, 369, 378, 379, 381, 424, 440, 505, 548, 554, 556～558
野々市……………………………………53, 117
延島郷……………………………………… 341
野　部……372, 430, 444, 450, 453, 455, 473, 474, 494, 503, 249
野部市場……………………… 436, 448, 449, 452
野　間……433, 434, 440, 442, 443, 445, 448, 465, 473, 474
野間奥田…………………………………… 431

は　行

博　多………………………………… 217, 334, 337
萩　村……………………………………… 337
羽　咋……………………………51, 140, 146, 199
白　山………………………………………53
白山妙理岳………………………………… 378
箱　根……………………………………… 417
土師郷…………………………………… 139, 144
ハシツ……………………………………… 474
幡豆郡……………………………………… 183
鉢　形……………………………………… 121
鉢　崎……………………………………… 121
八幡町……………………………………… 598
波津ケ崎…………………………………… 467
法　多……………………………………… 473
花崎村……………………………………… 263
葉　梨……………………………………… 403
花　谷……………………………………… 548
塙　田……………………………………… 551
埴　生………………………………………55
浜　松……………………………………… 370
林　崎…………………………… 108, 263, 264
早月川……………………………………… 284
原…………………………………………… 362
原　田…………………………… 373, 397, 398
原田荘…………………………… 391, 395, 413
原田荘本郷………………………………… 379
原野谷川……… 398, 401, 404, 483, 486, 488, 491
孕　石……………………………………… 398
原要害……………………………………… 415
播　磨……………………………………… 176
播磨峯……………………………………… 191
般若野庄……………………………………61
日　向…………………………… 176, 177, 180
兵　庫……………………………………… 223
備　中……………… 176, 177, 179, 371, 475
日置荘…………………………………… 139, 144
東明屋……………………………………… 594
東日本………………………………………20
東真壁……………………………………… 313
東松山市…………………………………… 394
東山(越中)………………… 274, 281, 282, 284

東山(京都)……34, 88, 120
引　間……521
引間城……370
肥　後……11, 25, 169, 176, 177, 180, 206, 207, 211〜215, 217, 219, 220, 234, 235, 370, 627
土　方……456
肥　前……10, 180, 195
飛　驒……152, 161, 163, 164, 627
日高郡……49
常　陸……178, 185, 329〜331, 333, 343, 356, 357
氷　見……55, 58, 69, 137, 191, 269
氷見市……137, 140, 142, 145
姫　川……122
日吉町……290
平　岩……372
平河郷……397, 398
平塚道……84
平　林……508
備　後……60
深　川……224, 233
深　草……167
深　沢……591
深見郷……397, 398
深　谷……195, 197
吹　上……316, 319
福井(福居)……290
福井市……288
福岡町……141
福　沢……263, 265
福泊(播磨)……58
福　野……196, 197, 545
福野町……115
福光町……113
深　溝……374
藤　江……437, 441, 445, 456, 459, 465, 468, 471, 472, 474
富士川……185
二上山……65, 66, 626
二　俣……370
府中(越後)……121
府中城(遠江)……403
舟　木……372
舟見村……44, 45
古　内……331, 340
豊　後……177, 221, 224, 323, 370, 533
碧海(郡)……183
弁天島……359
宝飯郡……183
伯　耆……179, 338, 339
鳳儀山……226, 232, 236
放生津……55, 56, 58, 59, 61, 63, 66, 68, 73, 82, 122, 128〜131, 133, 134, 152, 158, 263, 270, 272, 282, 295, 626
放生津潟……59, 194
放生津湊……58
法輪寺橋……132
北　陸……626, 630
細　目……438, 439, 443, 466
細谷郷……395, 413
保福島……548
堀　江……370
堀江荘……106
堀　切……370
堀　越……372, 403
堀　土……588
堀　内……341, 449〜451, 474
堀之内……373
祝　山……258, 372
本　宮……440
本　郷……161, 162, 286, 373, 388, 396〜398, 405
本郷町……356

ま　行

前沢(村)……104, 130
前山城……417
槇　島……317
益　城……215, 217, 218
益子大羽……298
増　山……82, 262
松井田……356
松包半名……252
松　倉……46, 73, 103, 129, 149, 280, 281, 284
松倉城……279, 290
松倉山……284
松　島……38
松島町……287
松　葉……397, 398, 405
松　本……613
万勝寺郷……473
万力郷……494, 495
三日市……282
三　浦……70
三　河……16, 177, 179, 183, 310, 370, 371, 448, 458, 465, 516, 522
三国峠……121
水　代……594
水　垂……456
御簾尾……57, 246, 287, 371, 429

水　橋……129
水橋小出(富山市)……73, 84
水　巻……114, 116
水海道……361
満　嶋……473
見　取……456
南　井……273, 290
皆　川……595
皆川城内……591
南蒲原……57
南設楽(郡)……183
美　濃……86, 121, 169, 176, 179, 304, 369, 370
身延山……185
箕　輪……594
箕輪城……15
三　原……553
三　春……331
美　作……177
宮　井……115
宮　崎……122, 282
宮ノ下……343
宮　本……308
明　州……34, 35
武蔵(武州)……178, 185, 265, 267, 294, 333, 356, 369, 494
陸奥(奥州)……176, 177, 180, 331, 337～339
村　木……440, 441, 445, 446, 454, 460～463, 466, 472～474, 456, 458, 465
村国町……287
村　雲……381, 382
村　瀬……162
村　椿……195, 202
室　田……489, 504, 519, 521
明大寺……374
明倫町……290
真　岡……308～311, 314, 315, 324, 327
真岡城……319～321
真岡台町……319
最　上……549, 550, 555, 556
物集女……538
森……245, 494, 521
守　山……63, 82, 123, 129, 152, 189, 262, 263
師　崎……437
門　前……449, 452, 453, 474
門前町……337

や　行

八　尾……63
八尾町……195
矢倉街道……416
屋　口……114
八　坂……265
八代保……137, 142
安　居……288
安　川……61, 63, 129
安来市……70
谷田川(谷田河)……449～453, 473, 474
八　代……217
八橋郡……176, 337
簗　内……310
八名郡……183
矢　波……266
簗　山……533
矢　作……465
矢作川……183
山　鹿……215
山鹿郡……218, 220, 242
山形郷……554
山　川……327, 328, 344, 360～362, 517
山　口……481
耶麻郡……176, 337
山崎村……44, 45
山　城……38, 89, 119, 169, 554
山城八幡……474
山田庄……268
大　和……129
山名郡……404
山梨郷……449
山俣村……269
山室保……270
山　本……215
結　城……278, 327, 328, 331, 337～339, 341, 345, 349, 363, 518, 520, 635, 636
結城郡……176
結城城……345, 363
結城本郷……342
結城村……44
結城館福厳寺口……343
油　田……142
油田村……141, 142, 147
由　良……38, 48～51, 64, 134, 626
由　利……469
横須賀……70, 440
横　田……319, 320
横田郷……302
横根(郷)……269, 459, 465, 470, 474, 481
横　道……282
横　山……559
吉江郷……114, 116

吉岡(郷)……401, 413
吉　川……391
吉　田……374
吉田県……560
吉　野……122, 161, 331
吉　原……469
寄居町藤田……598, 609, 621

ら・わ行

洛　北……95, 96
嵐山町広野……393
竜ケ谷……356, 592
若色郷……310, 313
若王子……374
若　狭……180
和沢(村)……141, 266, 292
鷲　山……470
渡　内……593

人　　名

あ　行

愛菊丸……397
饗　庭……45
饗庭氏直……44, 73
青生直正……369
青　木……393, 394
青　野……505, 506
青山孝慈……183, 187
青山与三……279
赤　子……451
赤松政則……77
秋本太二……251, 261, 396, 413
秋　山……469
明智十兵衛(光秀)……291
浅香年木……13
朝　倉……16, 38, 78, 119, 262, 273, 279, 285～288, 290, 291, 293, 294, 381, 382, 636
朝倉家景……288, 289
朝倉氏景(孝景子)……288, 289
朝倉氏景(高景子)……289
朝倉景鏡……289
朝倉景高……289, 290
朝倉景豊……286, 289
朝倉景紀……289
朝倉景儀……289, 290
朝倉景範……289
朝倉景冬……289
朝倉景光……289
朝倉景職……289
朝倉景安……289
朝倉景行……288, 289
朝倉光玖……291
朝倉貞景……286, 289
朝倉貞景(教景父)……289
朝倉孝景(貞景子)……289, 291
朝倉孝景(敏景)……274, 285～291
朝倉高景……288, 289
朝倉尹景……289
朝倉経景……289
朝倉信景……289
朝倉教景(宗滴)……285, 286, 289, 290
朝倉教景(貞景子)……289
朝倉広景……289
朝倉元景……286
朝倉盛景……290
朝倉義景……289～291
朝倉頼景……273, 274, 288, 289
朝比奈……371, 373
朝比奈時茂……382, 386
朝比奈泰能……382
足利氏満……311
足利尊氏……44, 63, 97, 99, 223, 311, 312, 315, 334
足利直義……6, 63, 97, 99
足利晴氏……342
足利衍述……241
足利義昭……91, 107
足利義詮……99, 107, 139, 143, 144
足利義稙(義材)……25, 122, 133, 134
足利義敏……123
足利義教……88, 343
足利義晴……107, 113, 116
足利義煕……141
足利義政……93, 141
足利義満……93, 109, 141, 142, 148
足利義持……87, 141, 252

葦　名……………………………………………13
阿蘇惟澄…………………………………… 233
足立順司…………………………………… 413
淳良親王……………………………………61
阿部洋輔…………………………………… 515
雨　笠……………………………………… 509
雨笠一右衛門尉…………………………… 509
甘草左近尉………………………………… 470
天　野……………………………… 371, 373, 518
網野善彦…………………………… 14, 15, 135, 525
荒川詮氏…………………………………… 122
荒川善夫…………………………………… 326
安良城盛昭………………………………… 14, 15
有　馬……………………………………… 236
有光有学……………………………………15
安室正盛…………………………………… 605
安雪是斎…………………………………… 373
安叟源長…………………………………… 266
安叟宗楞…………………………………… 521
安東蓮聖……………………………………58
安穏寺殿(大雲藤長居士)　→結城政勝
飯尾近江守………………………………… 134
飯尾元連(大和守)………………………… 190
五十嵐(越中)……………………………… 163
五十嵐精一………………………………… 126
威巌瑞雄…………………………346〜349, 517, 520
池上裕子……………………………………16
池田兵庫…………………………………… 362
為　項……………………………………… 554
以州順永……………………………………263〜266
惟笑建悦(為笑見悦)……………………… 316, 317
惟肖得巌……………………………77, 83, 88, 102
石井進……………………………………… 135
石川源衛門………………………………… 196
石川佐渡守入道道悟……………………… 466
石川力山……11, 18, 19, 22, 25, 29, 30, 164, 188, 204, 535, 573, 587, 602, 612, 613, 622, 623
石　田……………………………………… 374
石浜権守…………………………………… 464, 479
伊自良……………………………………… 286, 291
伊自良(藤原)知冬………………………… 528, 535
惟　深……………………………………… 269
惟信□忠…………………………………… 445
伊勢鶴寿…………………………………… 141
伊勢殿……………………………………… 469
伊勢法師…………………………………… 452
一条実経…………………………………… 137
一条局……………………………………… 138
市村高男…………………………………… 325, 326
一　庵　→天祥一麟
一庵如清…………………………………… 193
一雨宗純…………………………………… 562
一　雲……………………………………… 438
一　介………………………………425, 437〜439
一休宗純…………………………………… 107, 381
一空宗愚…………………………………… 322
一径永就…………………………………… 419
一渓虎蔵主………………………………… 86, 88, 125
一華善栄禅門……………………………… 268
一山一寧……37, 41〜43, 73, 99, 101, 105, 120, 123
一　色……………………………………… 466
一洲正伊…………………………………… 586, 588
一宙□純…………………………………… 562
一　斗……………………………………… 438
一曇聖瑞…………………………… 330, 334, 336
一　復………………………………425, 437〜439
一遍智真…………………………………… 300
一　補……………………………………… 438
一峯守麟…………………………………… 156
一鳳蔵主…………………………… 425, 432, 438
一　約……………………………………… 436, 438
惟忠通恕…………………………………… 85, 87〜91
惟通桂儒…………………………… 263, 264, 267
伊藤克己……………………………………17
伊東東慎……………………………………60
犬王丸の母………………………………… 237
井上鋭夫…………………………………… 515
今泉忠左衛門……………………………… 412
今泉盛朝…………………………………… 317
今泉泰光…………………………………… 323
今井雅晴……………………………………69
今枝愛真……2, 5, 7, 11, 12, 21, 72, 98, 124, 125, 178, 186, 207, 297, 422, 479, 518, 636
今　川……16〜18, 183, 294, 371, 372, 382, 395, 403, 404, 467, 483, 511, 635
今川氏親…………………………373, 403, 404, 491
今川氏親の姉……………………………… 374
今川氏輝……………………………………17
今川仲秋…………………………………… 251
今川範将…………………………………… 403
今川泰範…………………………………… 251
今川義忠…………………………………… 403
今川義元……………………………………16
今川了俊……………………………………10, 251
今谷明………………………………………8, 21
今　見……………………………………… 162
今　村……………………………………… 469
威　明………………………………………95
惟明瑞知……………………………………84

以翼長佑…… 372, 425, 437
入間田宣夫……10
色　部…… 508, 518, 519
色部長真…… 508
岩上刑部少輔…… 344
岩崎大学…… 362
岩　松……14
岩松家純…… 268
岩　見…… 470
印　越　→格叟寅越
殷賢禅彭……90
宇井伯寿…… 1, 243
上　杉……14, 107, 195, 508
上杉謙信……91, 104, 263, 277, 279, 284
上杉定正…… 121
上杉房定…… 121
上田純一…… 10, 11
上村観光……47
宇多天皇…… 201
宇都宮……27, 298～307, 310～312, 314, 315, 317, 318, 320, 323, 324, 327, 347, 349, 517
宇都宮明綱…… 299, 305, 306, 308
宇都宮氏綱…… 299
宇都宮興綱…… 299, 308, 320
宇都宮景綱…… 299, 301, 308
宇都宮兼綱…… 306
宇都宮兼綱(武茂兼綱)…… 299
宇都宮公綱…… 299, 303
宇都宮国綱…… 305, 315
宇都宮貞綱…… 299, 302, 303, 308, 311
宇都宮定朝…… 299
宇都宮成綱……299, 305～308, 310, 316
宇都宮孝綱　→塩谷孝綱
宇都宮忠綱…… 299, 308, 315, 320
宇都宮俊綱…… 308
宇都宮朝綱…… 298, 299
宇都宮朝業…… 299, 301
宇都宮永綱…… 299
宇都宮業綱…… 299
宇都宮等綱…… 299, 305, 308
宇都宮広綱……308, 334～336
宇都宮正綱……299, 304～306, 308, 310
宇都宮満綱…… 299, 302, 304, 305, 308
宇都宮持綱…… 299, 305, 308
宇都宮基綱…… 299
宇都宮泰綱…… 299
宇都宮頼綱……299, 300～302, 309, 310, 323
宇都宮頼業…… 302
海　上…… 269
祖母井吉胤…… 318
上　曽…… 331
雲菴光台…… 346
雲外雲岫…… 210
雲蕚桂瑞…… 133
雲嶽洞源…… 475
雲岩玄碩…… 157
雲関珠崇…… 425, 434, 445, 547
雲希宗…… 542
雲　慶…… 309
雲岡俊徳…… 419
雲谷禅竜……61
雲嶽洞源…… 475
蘊秀英珍(瓊林英珍)……77, 79, 82～84
雲　勝　→義天雲勝
運室玄氏…… 157, 160
運岑宗雲…… 157
雲叟洞石…… 289
海　野…… 246, 371
雲門玄祐…… 155
越渓麟易…… 264, 289, 290
越叟冷潤…… 196
永　恩…… 443
永喜笑雲…… 76, 80
英　護……76
栄　西……2～4, 33～35, 38, 49, 50, 109, 423
英叔宗雄…… 155, 157, 158
英　俊…… 395
英　昭……76
永昌院殿　→武田信昌
永　真…… 438
叡　尊…… 52, 58, 423
英仲法俊…… 264
栄　朝…… 49, 50, 109
永　弥…… 438
栄　能…… 548
英倫彝伯…… 77～79, 83
英　和…… 613
慧　海……99
ゑから…… 221
慧　球…… 192, 441
慧　薫…… 442
恵　憩…… 441
慧春尼…… 376, 577, 578, 580, 582
懐　奘　→孤雲懐奘
慧達禅人…… 528
慧　忠…… 441
悦伝紹欣…… 274, 279, 282
恵　徹……96
江　戸…… 356
江　波…… 280, 283

恵日聖光国師　→慈雲妙意
慧　梵……442
江　馬……122, 163, 164
江馬輝時……162
江馬政盛……161
江馬宗時……162
恵　明……246, 371
円海周公菴主……497
遠渓祖雄……38
円珠□照……76, 78, 79, 83
円　勝……117, 118
円　珍……121
円通仏眼禅師……154
遠藤廣昭……11, 14, 17, 326, 622, 654
円爾弁円……4, 34, 42, 43, 49, 95, 119, 137, 142, 322
円仁(慈覚大師)……10, 308, 309
円　甫……561
王渓祖……193
応　嶋……261
横川景三……77, 81, 89
大　井……17, 317
大　内……179
大内義弘……251
大　江……120, 313
大江宣村……313
大方治郎兵衛……162
正親町三条実望の母……374
大久保道舟……186, 204, 206, 239, 248, 260, 297, 298, 570～572
大久保俊昭……16
大　嶋……470
大島殿……441
大島殿内方……441
大　関……321
大関高増……321
大関忠増……321
大　田……521
大館刑部大輔……190
大館持房……269
太田道灌(資長, 春苑道灌居士)……121, 268, 356
太田道真……356
大田原……321
大塚光信……18
大　友……223
大友貞親……322
大庭二郎……299
大三輪龍彦……70
大　森……416, 521
大森寄栖庵……521
大森正且……364
大　谷……256～258, 261, 522, 628
大　柳……469
大谷豊前守　→玄本
大山喬平……261
小笠原定基……454
小笠原政康……264
荻須純道……4
奥　平……305
奥平家昌……322
奥田淳爾……150
奥村河内……295
小　田……330, 331
織　田……466
小田孝朝……331
小田治久……331
小田政治……342
乙阿迦丸　→菊池乙阿迦丸
小貫大郎……308
小　幡……13
小布施……248～253, 257, 628
小布施方……522
小布施四郎左衛門入道正寿……249, 250
小宅高遙……315
小　山……332, 356, 363, 518, 587, 591, 594
小山大方……331
小山田……356
小山高朝……518
小山政長……518

か　行

甲　斐……26, 252, 256, 257, 261, 288, 403, 522, 628
快　庵……277
海庵尖智……588
快庵妙慶……346, 356, 588, 595
海闉梵覚……273, 274, 289, 290
快翁玄俊……264
界巌繁越……373
芥室令拾……273, 274, 288～290
快叟良慶……588, 594, 595
回夫慶文……373
海門宗光……156
甲斐祐徳……252
華屋英新……193
華嶽〔岳〕建冑……51, 69, 76, 81
鏡島元隆……2
鏡島宗純……187, 410

家岩意仙…………………………………………… 598
花岩春公大姉……………………………… 269, 270
覚　阿……………………………………… 211, 219
覚隠永本………………………… 177, 546, 548
覚円居士…………………………………………54
嶽翁盛林………………………………………… 316
覚岩玄了…………………………………… 195, 196
覚　証…………………………………………… 411
鶴松義門………………………………………… 193
格叟寅〔印〕越…………………………… 609, 610
覚天宗閑………………………………………… 156
覚　仏…………………………………………… 216
格門慈越………………………………………… 248
各　和……………………………………… 371, 373
笠原一男………………………………………… 478
笠間時朝………………………………………… 310
花山院師継………………………………………49
花山浄規………………………………………… 196
峨山韶碩……11, 60, 66, 67, 169, 176, 188, 189, 193〜195, 202, 208, 209, 246, 261, 263, 286, 287, 289, 291, 316, 337, 338, 344, 346, 376, 381, 382, 385, 386, 424〜426, 505, 535, 554, 555, 562, 586
勧修寺大納言…………………………………… 154
可肖(可直)　→不蔵可直
柏山宗左衛門…………………………………… 417
河清祖劉………………………………………… 105
花畝洞照………………………………………… 289
華蔵義曇………………………………………… 521
華叟宗曇………………………………………… 381
華叟正蕚……………………… 346, 356, 588, 595
可直(可肖)　→不蔵可直
勝間田……………………………… 371, 372, 403
月翁智鏡…………………………………… 33, 35
勝俣鎮夫…………………………………………15
勝守すみ………………………………………… 515
葛山景倫(願性)…………………… 49, 50, 66, 67
花庭妙栄大姉…………………………………… 270
華庭祐須大姉…………………………………… 270
加藤哲……………………………………………16
加藤佐衛門五郎………………………………… 137
金刺明尚…………………………………… 505, 519
金　森……………………………………… 163, 164
金田弘……………………… 18, 19, 22, 29, 587
懐良親王…………………………………234〜236
狩　野…………………………………………… 403
狩野宮内少輔…………………………………… 403
加納中務…………………………………… 264, 266
鎌田政清………………………………………… 431
上三川貞朝……………………………………… 322
上ノ兵衛次郎作………………………………… 162
亀山天皇(上皇)…………………………49, 139, 144
川　井…………………………………………… 406
川井成信(菊源氏)…………………… 397, 398, 405
河合正治……………………12, 27, 30, 225, 240, 244
川　上…………………………………………… 196
川崎庸之………………………………………… 478
河尻(川尻)…………………………………11, 218
河尻泰明………………………………………… 169
河村孝道………………………………164, 570, 571
願阿弥……………………………………… 131, 132
貫翁竜珠…………………………………… 264, 266
寛　海……………………………………530〜533
館開僧生………………………………………… 176
寒巌義尹…………11, 169, 177, 206, 208, 212, 370
環渓惟一…………………………………………35
頑極行弥…………………………………………42
関山慧玄………………………………………… 4
願　性　→葛山景倫
喚之鈍応…………………………………… 346, 347
看叟澄存………………………………………… 594
神田千里…………………………………………15
鑑　仲…………………………………………… 438
寛仲性廓………………………………………… 289
乾　田……………………………………………83
勧雄宗学…………………………………… 288, 289
韓嶺良雄………………………………………… 588
義　雲……208, 209, 316, 385, 527, 531〜535, 538, 544, 548
季雲永嶽………………………………………… 373
旗雲祖旭…………………………262〜265, 267, 270
義　演……207〜209, 316, 528, 529, 531〜533, 543
義　鑑　→徹通義介
季玉□琛…………………………………………88
菊隠瑞譚……… 385, 387, 393, 489, 494, 498, 520
菊源氏川井成信　→川井成信
菊　池……12, 25, 26, 137, 169, 206, 207, 211, 214〜224, 226〜233, 235, 236, 238〜240, 627
菊池乙阿迦丸………………………… 216, 231, 233
菊池惟武………………………………………… 231
菊池隆定…………………………… 215, 216, 241
菊池隆継………………………………………… 216
菊池隆直………………………………………… 216
菊池隆盛…………………………………… 216, 218
菊池隆泰………………………………………… 216
菊池武雄………………………………………… 261
菊池武貞…………………………………… 216, 231
菊池武重……216, 219〜226, 228, 230, 235, 236, 240

菊池武茂……………………216, 225～229, 231, 233
菊池武澄……………………… 216, 220, 231, 236
菊池武隆……………………………………… 216, 233
菊池武経………………………………………… 218
菊池武時……………214, 216～218, 223, 240, 242
菊池武敏…………………… 216, 223, 226, 227, 233
菊池武尚………………………………………… 216
菊池武直………………………………………… 231
菊池武士……………………… 216, 224, 226, 233
菊池武房…………………………………216～218
菊池武政………………………………………… 216
菊池武光…………………………216, 233～237
菊池武本………………………………………… 218
菊池武安…………………………………… 216, 236
菊池武世………………………………………… 231
菊池経隆…………………………………… 214, 216
菊池経直………………………………………… 216
菊池経宗………………………………………… 216
菊池経頼………………………………………… 216
菊池時隆…………………………………… 216, 218
菊池時基………………………………………… 231
菊池則隆…………………………………214～216
菊池正照………………………………………… 236
菊池能隆………………………………………… 216
菊池頼隆………………………………………… 216
木倉豊信…………… 47, 86, 90, 91, 113, 117, 118
喜山性讃……………………………… 371, 372, 425
寄山呑最…………………………………… 346, 362
寄山良勝居士　→皆川広勝
輝州雄暾…………………………………… 427, 479
喜　純…………………………………………… 538
亀舜祖卜………………………………………… 289
希　譲　→在先希譲
器之為璠…………………………… 385, 419, 528
希声英音………………………………………… 374
希世霊彦…………………………………………77
亀泉集証…………………………………………84
義　泉…………………………………………… 616
北畠顕家………………………………………… 223
北畠親房………………………………………… 331
北原新兵衛……………………………………… 470
北　向…………………………………………… 143
義　仲……………………………………… 74, 76
吉堂玄祥………………………………………… 156
義天雲勝………………………………………… 200
義　田…………………………………………… 490
奇童子…………………………………………… 397
暉堂宗慧………………………………………… 543
義堂周信…………………………………… 92, 93
機堂長応……… 262, 264, 273, 274, 289, 290, 294
亀年玄寿………………………………………… 133
樹伯宗樹………………………………………… 562
亀阜豊寿…………………… 106, 108, 263, 264, 271
奇文禅才…………………………………………90
希明清了……………………………… 286, 289, 316
希明清良…………………… 262, 264, 273, 274, 305
希明清凉…………………………………………77
君島綱胤………………………………………… 302
木宮泰彦…………………………………… 33, 46
逆翁宗順……372, 425, 429, 430, 434, 435, 437, 439, 445, 455, 456, 465, 467, 473, 475, 479
休屋宗官………………………………………… 374
久室栄昌………………………………………… 316
虚庵心空………………………………………… 156
教庵舜説…………………………………… 609, 610
郷雲洲札…………………………………… 264, 266
恭翁運良……24, 39, 42, 49, 51～61, 63, 64, 66～69, 73, 75, 76, 83, 128, 129, 626
鏡翁宗樹………………………………………… 266
享隠慶泉………………………… 425, 434, 439, 440
教　懐……………………………………………50
堯　缶…………………………………………… 506
経　豪……………………………… 528, 533, 534
堯　拶…………………………………… 575, 576
行之正順…………………… 373, 429, 432, 436, 438
堯　泉…………………………………………… 443
磐堂和尚………………………………………… 114
岐陽方秀……………………………… 96, 99, 102
行　蓮…………………………………………… 302
玉　岩……………………………………… 42, 61
玉巌光玖………………………………………… 289
玉山道美居士…………………………………… 494
玉井宗蓮…………………………………………89
玉泉祖白………………………………………… 193
玉峰〔甫〕永宋……………………………89～91
玉峰正琳…………………………………… 89, 91
玉竜常雲………………………………………… 156
玉隣慶珎大姉(結城政朝夫人)………… 345, 358
虚室祖白……………………………… 104, 105, 120
吉　良…………………………………………… 522
吉良兵衛尉……………………………………… 370
桐ヶ瀬……………………………… 347, 363, 518
桐ヶ瀬経頼………………………………… 345, 518
訢…………………………………………………83
金烏子…………………………………………… 545
琴峡文宅…………………………… 274, 284, 285
金岡用兼…………………… 419, 538, 553, 554
琴室契音………………………………………… 374
闇堂良闇………………………………………… 196
空　円…………………………………………… 310

空　海……………………………………………… 121
空谷明応………………………………………… 103, 104
空叟思体………………………………………… 239
九　条……………………………………………… 137
九条道家…………………………34, 137, 142
九条道教………………………………………… 108
櫛田良洪………………………………………… 481
楠宮子……………………………………………… 451
愚中周及………………………………………… 384
轡　田…………………………………………… 122, 266
宮内卿頼秀……………………………………… 313
久　野…………………………………………… 371, 373
久野藤氏………………………………………… 397
久保田昌希……………………………………… 654
久保尚文……25, 48, 57, 70, 126, 127, 133, 135, 152, 164, 205, 297
熊　谷………………………………… 120, 374, 379
栗山泰音…………………………………… 9, 22, 29
古林清茂………………33, 34, 37, 64, 87, 206, 332
黒川正宏………………………………………… 464
黒沢脩……………………………………………17
桑田和明…………………………………………16〜18
圭庵伊白…………………………… 346, 588, 591
慶屋定紹………………………………………… 419
鶏岳永金………………………………………… 370
桂巌運芳………………………… 42, 59〜61, 129
契　旭……………………………………………… 438
慶　玉……………………………………………… 443
慶　三………………………… 433, 437, 439, 442
瑩山紹瑾……11, 18, 22, 51, 53, 64, 66, 67, 71, 168, 169, 189, 191〜194, 203, 206〜211, 213, 219, 237〜239, 241, 246, 261, 286, 287, 316, 338, 344, 346, 376, 408, 424〜426, 554, 588, 612
慶　周……………………………………………… 436
桂　秀……………………………………………… 576
継　成……………………………………………… 443
景如周麟…………………………………………89
桂室永昌大姉………………………………… 289, 290
桂室芳嫩………………………………………… 347
慶　善……………………………………………… 442
慶　全……………………………………………… 442
珪蔵宗珍禅定門………………………………… 494
景　戭………………………………………………94
珪峰妙金………………………………………… 202
慶　本…………………………………………… 372, 374
契　養　→浩済契養
景　綾………………………………………………94
慶　琳……………………………………………… 444
恵林院殿　→足利義稙
桂林徳昌……………………77, 82〜84, 89, 111
化元守功………………………………………… 133
華蔵義曇………………………………………… 177, 370
華蔵寺殿天海聖朝居士　→結城直光
月庵珖英……………………………… 192, 193, 419
月庵明泉大姉………………………………… 494, 497
月因性初……………………………… 371, 372, 475
傑翁是英……………………………………………90
月巌〔岩〕乾桂………………………………… 202
月閑常印………………………………………… 562
月桂玄乗………………………………………… 546
月桂立乗………………………………………… 196, 200
月江王雲………………………………………… 562
月江応曇………………………………………… 196, 199
月江正文……………………… 346, 356, 586, 588
月江祖応………………………………………… 200
月戸理心大姉…………………………………… 272
月山宗果………………………………………… 156
月舟寿桂……………………………………… 81, 89, 287
月潤□範………………………………………… 562
月岑文勝居士…………………………………… 594
月　泉……………………………………………… 425
月泉性印………………………………………… 372, 430
月泉良印……………………………… 176, 177, 554
月窓□心禅定尼………………………………… 595
月窓正運………………………………………… 370
月潭□印………………………………………… 334
傑伝禅長………………274, 305, 316〜318, 322
傑堂義俊………………………………………… 370
傑堂能勝…… 66, 67, 177, 246, 250, 376, 425, 544
月波宗船………………………………………… 156
月　林………………………………………………77
乾翁宗貞………………………………………… 156
元　賀…………………………………………… 547, 552
嶮崖巧安……………………………………………90
元吉信士………………………………………… 269
元　慶……………………………………………… 133
玄圭英通……………………………………………77
見剛直宗…………………………………………95〜99
玄　国……………………………………………… 617
元　三　→普通元三
賢　俊……………………………………………… 309
厳照印叢………………………………………… 345
玄聖僧……………………………………………… 438
幻室伊蓬………………………………………… 588
賢室自超………………………………………… 588
建室宗寅………………………………………… 588
賢窓常俊………………………………………… 373
顕尊(行円房)………………………………………58
顕　湛………………………………………………99

顕　智……………………………… 300, 310
厳　仲…………………………………………88
玄　儔…………………………………………96
賢仲繁哲…………………………………… 373
建幢成勝禅定門　→皆川成勝
玄透即中……………………………… 527, 529
源翁心昭(玄翁玄妙, 源翁能照)……… 176, 181, 336〜339, 344, 346, 363, 417, 419, 517, 521
玄　浦………………………………………… 444
元方正楞……75, 76, 78, 81, 92〜94, 97, 99, 119, 124
乾峰士曇……………………………72, 95, 96
玄甫大沖…………………………………… 508
玄本(大谷豊前守)…………………252〜257, 261
賢　隆………………………………………… 618
顕令通憲……………………………………90
玄　路………………………………………… 287
玄路統玄…………………………………… 543
虚菴懐敞……………………………………35
壺庵至簡……………………………… 191, 193
後安穏寺殿　→結城政勝
五　井………………………………………… 371
小井出………………………………… 41, 84
五井松平…………………………………… 374
孝庵□悌……………………………… 85, 87
高庵嘯岳……………………………… 341, 346
綱庵性宗……………………………… 66, 67
香院恵薫…………………………………… 316
功雲慶紹…………………………………… 264
興雲宗繁…………………………………… 556
弘慧禅師　→嗣山慶胤
江鷗闇也…………………………………… 278
広翁宗沢…………………………………… 517
業海本浄……………………………………38
孝岳桂舜…………………………………… 562
広岩玄莫……………………………… 161, 162
幸岩明誉大姉……………………………… 270
孝　顕　→結城政朝
孝謙天皇…………………………………… 400
興国源晨…………………………………… 289
興国玄晨…………………………………… 264
光国舜玉…………………………………… 419
浩斎〔済〕契養…………………………… 196, 200
弘済禅師　→絶涯覚雲
高　山………………………………………… 438
広山恕陽……………………………… 295, 296
香山仁与…………………………………… 147
合　志………………………………………… 233
光　周………………………………… 538, 550
晃　全……………………………… 527, 534, 541
光　善………………………………………… 310
剛叟乾楞…………………………………… 110
後宇多上皇……………………………………43
広智院殿(広智寺殿)…………………… 335
高　珎………………………………………… 438
光徳院……………………………………… 397
高師直……………………………………………99
高師冬……………………………………… 331
高伯正隆…………………………………… 289
昊　峰………………………………………… 553
高峰顕日…… 37, 42, 64, 112, 113, 138, 300, 303, 311, 312, 315, 322, 324
高峰東晙……………………………… 60, 70
合浦永琮……………………………… 89, 90
光明院……………………………………… 554
光明天皇………………………………………65
康　誉………………………………………… 309
孤雲懐奘……53, 67, 192, 193, 207, 208, 212, 213, 246, 316, 346, 370, 425, 528〜533, 535, 543, 544, 554, 588
虎雲松竜…………………………………… 346
古岳永淳……………………………… 89, 90
後柏原天皇………………………………… 134
虎関師錬……………………………50, 119
哭山長……………………………………… 362
国済三光国師　→孤峰覚明
克補契嶷……………………………… 374, 379
古桂弘稽……………………………89, 101
娯渓自観……………………………… 264, 266
悟渓宗頓…………………………………… 384
古剣智訥……………………………… 66, 67
古剣妙快……………………………… 92, 93
後光厳天皇…………………………… 55, 75
後小松天皇……………………………………55
小坂凝清…………………………………… 122
古山崇永…………………………………… 375
虎室玄竜…………………………………… 346
悟宗圭頓…………………………………… 556
後松源寺殿　→結城政勝
後乗国寺殿　→結城政勝
小　島………………………………………… 294
小島六郎左衛門…………………………… 293
古先印元……………………………… 141, 331
後醍醐天皇…………………………… 64, 65
兀庵普寧……………………………… 2, 34, 35
後土御門天皇……………………………… 201
後花園天皇……………………………………61
孤峰覚明……11, 12, 42, 64〜67, 156, 169, 424, 626
後北条……………………………16, 183

孤峰智璨……………………………………… 1
後村上天皇……………………………………11, 64
籠谷政高……………………………………… 309
五来重……………………………………………69
言外宗忠……………………………………… 381
金剛幢　→古林清茂

さ　行

在庵乗有……………………………………… 346
在室玄隣…………………………………316, 321
在室長瑞……………………………………… 268
在先希譲……………………………………… 119
在中宗宥……………………………………… 346
才　椿………………………………………… 445
在天弘雲……………………………………… 370
在天祖竜……………………………………… 374
斎藤(越中)……………………………………41
斎藤(越中)…………………………………… 154
斎藤(美濃)…………………………………… 369
斎藤基世(基恒)……………………………… 255
坂井誠一……………………………………… 126
酒井得元…………………………………239, 240
坂本勝成…………………………………………15
鷺　道………………………………………… 617
サクマ平右衛門……………………………… 469
桜井秀雄……………………………………… 164
佐々成政……………………………………62, 196
佐　治……………………………………467, 481
定　家……………………………………270, 272
佐　竹………………………………330, 331, 595
佐竹貞義……………………………………… 331
佐竹義厚〔篤〕……………………………… 331
佐竹義舜……………………………………… 321
佐竹義重…………………………………334, 595
佐藤秀孝……………………………………… 239
佐藤俊晃……………………………………11, 205
佐野将教……………………………………… 137
左　谷………457, 458, 468, 470～472, 474, 475, 481
左谷宗右衛門………………………457, 458, 470
佐原義連……………………………………… 337
産室嶺誕……………………………588, 592, 593
三　省………………………………………… 438
三友祖観……………………………………… 264
三友祖文……………………………………… 163
至庵綱存…………………………………42, 59, 154
之庵道貫…………………………………………90
思案法印…………………………………378, 379
椎尾聖治居士………………………………… 331
椎　名………27, 32, 103, 111, 139, 145, 147, 149, 154, 271, 274, 277～285, 290～295, 626, 636
椎名康胤……………………………………… 283
慈雲妙意……24, 39, 42, 49, 64～68, 98, 153, 156, 157, 626
慈　裔………………………………………… 133
慈慧禅師　→晴天覚珍
塩　谷………………………………301, 305, 306, 318
塩谷四郎……………………………………… 299
塩谷孝綱(伯耆守弥六郎)…………299, 306, 310
塩谷朝業…………………………………310, 318
塩谷教綱……………………………………… 306
塩谷伯耆守弥六郎　→塩谷孝綱
慈覚大師　→円　仁
紫岩如琳……………………………………… 288
直庵宗観……………………………………… 196
直翁智侃……………………………………… 322
直翁徳挙……………………………………… 287
直山和尚……………………………………… 114
直伝玄賢…………………………66, 67, 71, 370
直伝正祖……………………………………… 295
直如□超……………………………………… 553
竺雲一鳳……………………………………… 437
竺山至源…………………………42, 43, 73, 94～96
竺山得仙……195, 196, 199, 200, 304, 316, 385, 419, 562
竺仙梵僊…………………………………………37
竺芳祖裔…………………………………105, 120
滋野信直……………………………………… 168
重　保　→伏見院重保
慈　行………………………………………… 133
芝岡宗田……425, 429, 430, 434～436, 439, 440, 445, 456, 465, 467, 473, 479, 547, 456
字岡祖文……………………………374, 379, 408
旨　国………………………………………… 556
嗣山慶胤……………………………155, 156, 158
慈春尼……………………………………235, 236
宍戸筑後前司………………………………… 331
寺廼禅師……………………………………43, 72
実　庵………………………………………… 419
石渓心月……………………………………42, 87
実参宗悟……………………………………… 156
実夫通〔殊〕的………………………………88, 90
実峰良秀……………67, 176, 193, 263, 289, 385
字　田………………………………………… 438
字　堂………………………………………… 419
斯　波……26, 251, 252, 256, 257, 291, 403, 404, 522, 525, 628
慈伯覚忍……………………………………… 157

斯波義淳…… 251
斯波義雄…… 454
斯波義種…… 92, 93
斯波義敏…… 100, 101, 288
斯波義将……6, 63, 142, 145
渋　谷……10
渋谷内匠…… 264, 266
嗣法泰月…… 562
清　水…… 265
清水市右衛門…… 263, 264
清水高信…… 315
下田家吉…… 505, 519
寂庵上昭…… 109
釈　運…… 210, 212
寂　円…… 208, 209, 286, 316, 532
寂岸心光…… 156
寂室元光……38, 304
周　璨……94
重阿弥陀仏…… 298
周　印……453〜455
秀瑛自成…… 77, 79
秋澗道泉……90
周　嶷……253〜255, 257
周　沅…… 110
州　乾…… 293
周　五…… 442
宗　吾…… 550
洲珊嶺渚…… 588, 592, 593
十乗坊亮盛…… 313
宗室真超…… 588, 593
周鼎中易…… 425, 440, 445
秀　鉄…… 490
周　念…… 441
秀　範…… 554
周　文…… 303
秀峰奇……99
宗峰妙超…… 4
周牧三鼎…… 440
充　祐……93
周　洋…… 272
周　養…… 444
周　麐…… 441
寿雲良椿…… 555, 556
珠　盈…… 433, 436, 438
珠栄妨主…… 422
珠巌道珍…… 539
珠　篋…… 443
叔悦禅懌……90
珠巌道珍…… 539
珠山超作…… 196
受　椿…… 561
珠蔵芳心大姉…… 397, 398
寿　兆…… 92, 93
受　椿…… 560
珠　哲…… 438
種伯□種(樹白宗樹)…… 562
盾　英…… 604
準翁亀逸…… 264
春翁圭陽…… 346
春屋永芳…… 289
春屋妙葩……6, 43, 44, 69, 93, 109, 110, 116, 117, 121, 129, 137, 139, 142〜146, 149
順　堯…… 607
舜　桂…… 612
春渓□建……88
春渓覚栄…… 156
春渓慈栄大姉…… 106
春岡慧盛…… 373
春郊甯幢…… 274, 279, 289
舜国洞授…… 359, 360
俊　艿……33
俊堂玄英…… 157
峻翁令山…… 66, 67
春　陽……77
松(知蔵)……101〜103
正　安…… 441
定　庵…… 419
昌菴悛丰…… 289, 290
松庵宗栄…… 343, 344, 346, 348, 361, 363, 517
茸菴祖濃…… 289
聖一国師　→円爾弁円
照印慶鑑…… 193
祥　慧…… 442
正　永…… 442
昭　屋…… 411
春屋宗能……77, 346
祥　音……400〜402, 443, 525
性廓玄栄…… 162
性　岩…… 270
商岩□佐…… 76, 78, 79, 83
笑顔正忻……346, 356〜358, 363, 518
松岸旨淵…… 176, 193
松岩宗秀…… 269
笑巌祖…… 588
笑岩中忻…… 42, 73
笑巌宥誾…… 548
貞　叶…… 75, 76
昌　誾…… 547, 552
性金尼…… 269
証　空…… 300, 309, 323

正　慶……………………………………………… 439
聖　慶……………………………………………… 330
祥啓書記…………………………………………… 303
松月妙永大姉(結城晴朝夫人)………………… 345
省　源……………………………………………… 441
松源寺殿寂円月堂……………………………… 334
定賢律師…………………………………… 168, 378
聖　広……………………………………………… 330
樵谷惟僊……………………………………………33
乗国寺殿月峰宗光禅定門　→結城氏広
勝国良尊…………………………………………… 615
正　厳……………………………………………… 442
祥　在……………………………………… 539, 547
性才法心……………………………………………38
祥　三……………………………………………… 443
聖山栄学…………………………………………… 316
祥山慧貞…………………………………………… 374
象山徐芸…………………………………… 295, 296
祥山随貞…………………………………… 345, 346
省山妙吾…………………………………… 195, 196
天巌宗越…………………………………………… 195
聖　治……………………………………………… 330
樟　寿……………………………………………… 443
祥　就……………………………………………… 443
正　春……………………………………………… 442
清浄覚……………………………………… 44, 45
聖室圭祝…………………………………… 264, 266
松室文寿…………………………………… 274, 282
成　尋………………………………………………33
定心院殿…………………………………………… 148
正　瑞……………………………………………… 438
松畝正貞優婆夷………………………………… 505
乗　泉……………………………………………… 438
常　仙……………………………………………… 138
性　禅……………………………………… 140, 146
正　泉……………………………………………… 443
聖泉蔵主…………………………………………… 438
聖沢宗賢…………………………………………… 293
聖　達……………………………………………… 300
祥　誕……………………………………………… 443
正　忠……………………………………………… 608
正中祥瑞……………………………………………77
正仲寺殿眼叟英清居士………………………… 328
聖澄(信女)……………………………… 330, 331
正　椿……………………………………………… 441
聖　貞……………………………………………… 443
貞　頊……………………………………… 397, 398
少伝宗……………………………… 341, 344, 346, 518
詔　堂……………………………………………… 598
笑堂祖玄…………………………………………… 156
松堂高盛……249, 373, 374, 377, 379, 385, 386, 388, 391, 392, 395～399, 401～406, 408～410, 482, 483, 485～489, 491～494, 496, 497, 499～501, 504, 511, 512, 521
勝道上人…………………………………………… 309
松　頓……………………………………………… 247
少　弐……………………………………………… 223
祥　繁……………………………………………… 438
常　妙……………………………………………… 444
聖　祐……………………………………………… 330
宗祐童子…………………………………… 485, 486
省　麟……………………………………………… 441
祥山随貞…………………………………………… 518
如岑祥佐…………………………………………… 374
如仲天誾……26, 177, 245～247, 249, 250, 253, 256～259, 261, 371, 372, 378, 385, 386, 388, 390, 392, 396, 408, 409, 411, 419, 425, 435, 475, 494, 499, 521, 522, 628
汝霖妙佐…………………………43, 72, 73, 92, 93
白井長尾……………………………………………13
信庵祥悦…………………………………………… 193
真化玄淳…………………………………………… 193
真　厳……………………………………………… 425
真厳国常…………………………………………… 284
真観寺殿　→畠山満家
真巌道空………………………… 371, 372, 408, 409, 411
信及前豚……341, 345, 346, 348, 349, 354, 358, 520
新行紀一…………………………………………… 518
真空妙応…………………………………… 300, 303, 311
真　継………………………………………………83
心悟大師…………………………………………… 192
信　生……………………………………………… 301
仁室寿公大姉…………………………… 497, 500
進士政行…………………………………………… 139
心　清……………………………………………… 437
心地覚心　→無本覚心
心田清播………………… 73, 83, 88, 96, 102, 119, 124
神会禅師　→寂岸心光
辰応性室…………………………………………… 373
心翁中樹………………… 42, 43, 72, 92, 93, 97～99
真　仏……………………………………… 300, 310
神　保……26, 32, 62, 63, 108, 122, 199, 262～265, 267, 269, 270～273, 285, 291, 293～295, 626, 636
神保氏純…………………………………… 107, 108
神保氏張…………………………………… 108, 191
神保氏晴…………………………………… 191, 193
神保宗兵衛………………………………………… 137
神保長誠………………… 82, 84, 108, 145, 262, 264, 270
神保長住……………………………………………62

神保長職…………………………… 154, 264, 265
神保良衡…………………………………………61
神保慶宗………………… 108, 152, 262, 264, 272
心甫竜仏………………………………………… 157
真　尤………………………………………… 101
親　鸞………………………… 300, 309, 310, 323
瑞雲恵俊……………………………………… 193, 194
瑞翁照源………………………………………… 191
瑞巌詔麟……………………………………… 385, 386
瑞　旭…………………………………………76
瑞渓周鳳………… 77, 81, 82, 88, 92, 93, 119, 124
瑞光院…………………………………………… 335
瑞西堂…………………………………………… 438
瑞　蘭…………………………………………94
崇芝性岱……………………………………… 372, 475
崇蔵主…………………………………………… 439, 445
枢　容………………………………………… 554
陶………………………………………………… 179
菅　沼……………………………… 183, 371, 373
菅沼定継………………………………………… 374
菅沼幸春………………………………………… 280, 297
杉原文夫………………………………………… 297
杉本尚雄………………… 214, 217, 225, 234, 240
鈴木重房………………………………………… 321
鈴木素田………………………………………… 242, 243
鈴木泰山…… 8, 9, 11, 21, 29, 240, 245, 246, 249, 253, 255, 259, 261, 502, 515
須　田………………………………………… 469
須藤長戸………………………………………… 517
諏方〔諏訪〕若狭守長貞……………………… 133
絶海中津……………………………………7, 93, 109
石橋禅〔是〕梁……………………………………90
清貞秀(和泉守)……………………………… 190
盛翁啓繁………………………………………… 304
盛翁景繁………………………………………… 316
誓海義本………………………………………… 370
清岳成安禅定門　→成田頭泰
西礀子曇……………………………………37, 239
清岩宗玄………………………………………… 489
性　勗………………………………………… 102
清谿紹昮………………………………………… 316
西山上人………………………………………… 300
青岑珠鷹………………………………………… 419
清数禅定尼……………………………………… 500
清拙正澄…………………………………………37
盛　禅………………………………………… 425
清泉和尚(清泉禅師)　→慈雲妙意
盛禅洞奭……… 373, 419, 429, 430, 439, 440, 475
成　宗…………………………………………37
晴天覚珍(慈慧禅師)………………………… 156
聖　有……………………………………253〜255
瀬川安信………………………………………… 126
石雲宗眠………………………………………… 304
石屋真梁……………… 66, 67, 177, 264, 546, 548
石宙永珊……………………………… 372, 435, 475
石梁仁恭………………………………37, 105, 120
石麟仁球…………………………………86, 87, 90
絶涯覚雲………………………………………… 156
絶巌運奇………… 42, 53, 59, 60, 66, 67, 73, 83
雪　径………………………………………… 269
雪江道梅………………………………………… 550, 555
雪江東緑………………………………………… 155
節香徳忠………………………………………… 417, 621
雪岫□深………………………………………… 102, 103
雪叟〔窓〕一純……………………… 262, 264, 289
雪村友梅………………………………………… 141, 148
節庵良筠………………………………………… 417, 419
節通智幢………………………………………… 417, 419
雪庭祝陽…………153, 154, 156〜158, 161, 333
雪天存康………………………………………… 264, 266
雪峰義存………………………………………… 101
雪嶺恵遜………………………………………… 264
是　道………………………………………… 549
善阿弥…………………………………………… 313
禅　悦………………………………………… 443
宣岩永儀………………………………………… 264
千岩元長………………………………………… 120, 333
善　経………………………………………… 113
善　空………………………………………… 442
全　慶………………………………………… 456
善　皓……………………… 534, 539, 541, 542
禅　興………………………………………… 438
善　済………………………………………… 122
全　才…………………………………………94
冉山覚照………………………………………… 156
宣　正………………………………………… 397, 398
禅室宗安………………………………………… 200
千　頭………………………………………… 469
千頭衆……………………… 432, 455, 468, 471
千頭殿………………………………… 455, 468, 469
宣　宗………………………………………… 311
禅　相………………………………………… 608
川僧慧済……19, 249, 372, 385, 388, 390, 392, 425, 429, 430, 434, 435, 437〜439, 453, 454, 494, 500, 501, 503, 633
泉蔵主…………………………………………… 439
千　慧………………………………………… 528
詮　慧………………………………………… 528

宣畝元勅……291
千　本……321
禅　有……397, 398
善　与……102
禅　林……548
祖庵英彭……374, 425, 429
宗……101
宗　安　→禅室宗安
宗　印……111
荘海覚椿……156
蔵海無尽……42, 53, 60
総　鑑……444
宗　祇……382
宗　久……443
宋　吾……528, 534, 535, 537～539, 546, 553
宗　光　→結城氏広
曹山本寂……208
相　順……397, 398
宗　祥……443
荘　室……278
宗　全……456
叢蔵主……432, 438
蔵叟朗誉……49, 109
佐　八……303, 314, 324
宗　長……382, 386, 467, 608
佐八美濃守……315
宗鎮泰山……95, 96
宋　迪……554
草堂元芳……189, 196
宗　甫……618
宗　祐……397
宗　雄……269
宗　用……439, 443
宗　隆……444
宗　林　→大成宗林
宗　令　→大徹宗令
祖雲(祖応)　→月江祖応
祖　恩……442
祖　誾……547, 552
祚　玖……291
祖　玉……438, 442
祖　闇……554
即庵宗覚……419
速伝宗販……102, 103
祖江元……88
祖　参……441
祖　春……549, 550, 555
祖心院殿宮山玉芳……304
祖　堂……443
祖忍尼……168
薗新左衛門……340
祖　林……101
尊　栄……312
存耕祖黙……122

た　行

他阿真教……302
大庵啓奕……316, 321
大庵主益……528
大庵須益……528, 538
大安宗海……346
大英梵策……293, 294
大円興伊……90
碓翁契播……264～266
大翁順佐……264
泰翁麟道……316, 321
泰嶽守昶……157
大嶽祖益……419
大　鑑……388
大巌鷹積……193
大巌宗梅……372
大休正念……40～42, 47, 73, 87, 90, 123, 217, 580
大休宗休……139, 384
大喜寿歓……264
大喜大禅定尼法名性慶……148
大器都管……45, 73
大輝靈曜……372, 374, 396
大岑□椿……562, 563
大空玄虎……373, 419
大　恵……554
泰月紹掬……562
太原崇孚(雪斎)……17, 18, 635
大見禅竜……274, 289, 305, 316
太源宗真……67, 202, 246, 287, 291, 346, 425
退耕行勇……49, 50
大綱明宗……77, 346, 578, 585, 586
大寿宗彭……370
大淳中朴……189～191, 196
大乗雪天……346
太初継覚……66, 67
太初宗甫……193
大　岑……559, 560
大成宗林〔琳〕……195, 196, 200～203
大拙祖能……120, 246, 304, 333
大仙英仲……337, 339, 340, 346
大川道通……90
大仙良碩……337, 339
大宗□盛……42, 100, 102
泰叟妙康……356, 586, 588

大　智……169, 181, 193, 206～208, 210～215, 217～228, 230～233, 235～240, 244, 513, 627
大中一介……………………………… 430, 439
大中寿興……………………………………… 291
大徹宗令……25, 176, 188, 189, 193～203, 261, 262, 269, 271, 304, 316, 338, 370, 419, 546, 562, 627
大等一祐……………………………… 289, 419
大透圭徐……………………………… 295, 296
大同妙喆……………………………… 300, 311
大納言源朝臣…………………………………… 114
太年伊椿……………………………………… 575
大梅妙奇……………………………156, 161～163
大方□宙………………………………… 87, 90
大方元恢……………………………………… 234
泰　雄……………………………………… 610
大用心沢……………………………………… 133
大有良栄……………………………………… 373
大雄亮膺…………… 271, 274～277, 289, 290, 293
大　用……………………………………… 293
大用精賢……………………………………… 419
太容梵清………………………… 542, 543, 548
平胤貞……………………………………… 269
平直澄……………………………………… 236
平道安……………………………………… 454
平教胤……………………………………… 269
大　林……………………………………… 419
大隣宗門……………………………………… 193
大路一遵……………………………… 373, 419
高岡大方……………………………………… 331
高岡聖慶禅門…………………………………… 331
高　木……………………………………… 393
高田祐義……………………………………… 331
高橋三郎……………………………………… 311
高橋次郎重安…………………………………… 336
多賀谷………… 347, 352, 363, 517, 518, 520, 521
多賀谷家重…………………………… 341, 342
多賀谷家植………………………… 341, 345, 520
多賀谷重経…………………………………… 313
多賀谷朝経…………………………… 339, 340
多賀谷朝泰…………………………………… 341
多賀谷政広…………………………………… 344
滝川政次郎…………………………………… 225
滝口彦次郎義弘………………………………… 137
滝谷琢宗……………………………………… 538
諸庵西肇……………………… 42, 83, 100, 102
綽　如……………………………………… 545
竹内道雄………………………… 2, 9, 22, 29
竹　田……………………………………… 183
武　田……………………… 17, 18, 387, 520
武田賢良新五侍郎…………………………… 490
武田信玄………………………………………15
武田前左金吾………………………………… 490
竹田聴洲…………………………………… 21, 29
武田信縄……………………………………… 622
武田信虎…………………………………… 489, 490
武田信昌(永昌院)…………………… 482, 489, 622
竹貫元勝…………………………………… 12, 13
竹　谷……………………………………… 371
竹谷松平……………………………………… 374
田島柏堂……………………………………… 422
館……………………………………………… 266
館残翁…………………………………………69
館盛三……………………………………… 266
玉村竹二……2～7, 9, 21, 33, 37, 38, 46～48, 124, 125, 127, 239, 380, 381
圭室諦成……………381, 382, 384～386, 412, 477
田　村……………………………… 330, 331
田村前名……………………………………… 284
太郎兵衛……………………………… 438, 440
太郎丸……………………………………… 270
潭月宗竜………………………………………78
團野弘之……………………………… 537, 549
竹居正猷……………………………… 177, 419
知　有……………………………………… 119
知　蘊　→蜷川親当
智　益……………………………………… 443
知　淵…………………………………………88
智翁永宗……………………………… 177, 419
智翁憐察……………………………… 264, 266
智　海……………………………………… 443
知　岳………………………… 436, 437, 439
智　玉……………………………………… 443
竹庵等策……………………………………… 264
竹香舜可……………………………………… 290
竹窓智厳……………………………………… 291
竹門元楚……………………………………… 156
知　見…………………………………………96
智　光……………………………………… 443
智　祥……………………………………… 443
智　清……………………………………… 443
智　舩……………………………………… 443
千　葉……………………………………… 269
智　福……………………………………… 443
知　聞……………………………………… 443
仲翁守邦……………………………………… 419
籌山良勝……………………………………… 595
中樹心翁　→心翁中樹
中　関………………………… 433, 437, 439
仲方円伊………………………… 92, 93, 102, 120

中峰明本……34, 64, 120, 211〜213, 330, 332, 333
中明栄主…………………………… 344, 346
中明見方…………………………… 193
中雄宗孚…………………………… 345, 346
中　林…………………………… 92, 93
長　印…………………………… 549, 550, 557, 558
長　因…………………………… 443, 444
長　韻…………………………… 582
長　栄…………………………… 274, 279
長　円…………………………… 313
澄海阿闍梨…………………………… 167
長　吉…………………………… 561
長　訓……………433, 437〜439, 442, 465, 472
澄　慶…………………………… 215
長渓香久大姉…………………………… 498
澄月僧精…………………………… 157
重源(俊乗坊)…………………………… 32, 33
兆山岱朕…………………………… 374
長山練道…………………………… 304
長　宗…………………………… 307
澄　千…………………………… 442
長　全…………………………… 560, 561
長禅寺春岩徳元……………………………45
斎　然……………………………33
澄　紋…………………………… 139
智　竜…………………………… 443
鎮海珠…………………………… 92, 93
珍山源照…………………………… 189, 193
鎮　西…………………………… 528
椿庭海寿…………………………… 140
通　延……………………………96
通　源…………………………… 535, 546, 547, 549
通幻寂霊……66, 67, 176, 177, 179, 193, 262, 264, 285〜287, 289, 290, 295, 316, 344, 346, 369, 381, 382, 385, 386, 505, 546, 552, 576, 577, 586, 588
辻善之助……………………………1, 6, 98
恒明親王…………………………… 139, 144
ツハタ…………………………… 470
螺良満重…………………………… 309
禎　久…………………………… 242
貞　賢…………………………… 444
貞信信女……………………………397〜399
廷瑞祖兆…………………… 100, 101, 105, 106, 123
鼎蔵主…………………………… 438
的堂鷲当…………………………… 316
鉄庵道生…… 40〜42, 73, 86, 87, 89, 90, 140, 146
鉄山士安…………………………… 208
喆叟芳賢(喆叟芳賢, 哲囦芳賢)……………………558
徹通義介……53, 67, 167, 193, 207, 208, 213, 246, 286, 316, 346, 425, 530, 547, 554, 588
鉄　忍…………………………… 533
寺　田…………………… 374, 391, 395, 396, 483, 489
天　庵…………………………… 419
天庵懐義…………………………… 208, 218, 220
天庵梁柱……………………………96
天隠竜沢………76, 77, 81, 100, 101, 104, 105, 121
天英祥貞……………………………316〜318, 321
典栄志謙…………………………… 155
天英清竺……………………………157〜160
天　海…………………………… 314
天外覚徹…………………………… 156
天海希曇…………………………… 419
伝海源公…………………………… 388
天　巌…………………………… 576
天岩慧璿……………………………96
天碙義倫…………………………… 370
天巌全播…………………………… 575
天巌宗越…………………………… 196, 197, 370
天桂伝尊…………………………… 538
天景麟堯…………………………… 264, 266
天桂琳光…………………………… 193
天山能春…………………………… 316, 318
天　章……………………………88
天祥一麟(一庵)……………………76, 108, 109
天性堯…………………………… 506
拈笑宗英…………………………… 419
天如節田…………………………… 608
伝室存的…………………………… 341, 346
天真自性……176, 193, 262, 264, 273, 274, 285〜289, 295, 296, 316, 419, 607
天先祖命……………………………77, 369, 419
天叟祖寅……………………262〜267, 274, 289
天沢守瑞…………………………… 156
天柱□済…………………………… 105
天柱常真…………………………… 156
天徳曇貞…………………… 176, 287, 290, 419
天庵松薫…………………………… 588
天翁義一…………………………… 370
伝邦玄隆居士…………………………… 595
天祐守鑑…………………………… 156
天祐舜貞…………………………… 344, 346, 361
天祐思順…………………………… 38, 49
天遊立光…………………………… 196
天用従選…………………………… 264, 265
伝葉全迦(伝葉善迦, 伝葉禅迦)……… 341, 346, 348, 354, 358, 363, 520
天鷹祖祐…………………………… 369
伝芳良授…………………………… 289
天嶺呑補…………………… 587, 588, 591, 592, 594

独歩慶淳……108, 263～265
土　井……372
土　肥……100, 101, 106, 113, 123, 195, 196, 199, 294
土井忠生……481
土肥美作……196
土肥美作入道……112, 113, 138
桃庵禅洞……273, 274, 287～290
道　印……374
桃隠正仙……535
幢雲長建……263, 264
道　栄……270, 272
道　縁……443
透翁義能……370
堂和尚……114
東海義易……370
東海宗〔周〕洋……123, 262, 264～268, 271～273, 385
東海竺源……76, 108
道　覚……443
桃岳瑞見……419
洞巌玄鑑……67, 370
道　慶……313
道　元……2, 3, 18, 22, 33, 38, 39, 49, 51, 53, 66, 67, 71, 167, 169, 170, 186, 192, 193, 206～209, 211～213, 227, 237～239, 246, 316, 338, 344, 346, 370, 375, 377, 385, 386, 420, 425, 499, 527～529, 533, 543, 544, 554, 556, 586, 588, 604, 605, 616, 627, 631
桃源瑞仙……77, 84
同源道本……42, 45, 102
道吾円智……578, 586
洞谷和尚　→瑩山紹瑾
道　紺……437
洞　済……438, 444
道　山……85, 87
東山湛照……119
洞山良价……208
道　種……437
東岫永遼……89, 90
道　純……494, 497
東沼周曮……77, 81, 83, 88, 119, 124
等章文宛……76, 79, 83
藤氏金吾大夫……404, 488
道　仁……490
道　成……443
等全江南……108
東漸健易……95, 96, 102
道叟道愛……176, 177
道　端　→畠山満家
洞天宗仙……196
頭右中将隆真……159
道　梅……549
洞　不……438
東方通川……90
洞　本……438
東明慧日……37, 38, 287
等　門……278
東陽英朝……384
東里弘会……37
道　了……416
等　琳……442
道　林……442
桃林□悟……594
東陵永璵……37, 38
富　樫……168, 191
土　岐……369
土岐頼元……372
徳雲院……110
徳翁誉公庵主……495
徳岩(法燈派)……271
徳岩春播……558, 550
徳　宗……538, 539, 547
徳大寺実通……61
徳　曇……101
独峰存雄……346, 521
独峰曇聚……346, 356～358
徳　聊……101
俊　広……160
戸　田……183, 371, 467
戸田憲光……374
戸田宗光……373
鳥羽僧正覚猷……121
伴　野……417
外山映次……18
暾　→松頓
曇　藹……96
曇英慧応……419, 489, 494, 504, 519, 385, 588
曇　希……528, 535
嫩桂祐栄……289
嫩　察……607
呑　春……595
呑象運光……42, 59, 61, 62, 128
曇仲道芳……102, 103
嫩如全芳……588

な　行

尚房(右少弁)……160
永井日向守……304

長　江……………………………………… 195
長江重景………………………………… 195, 370
長　尾……………………………13, 356, 489
長尾景人………………………………… 305
長尾景長………………………………… 305
長尾実景………………………………… 343
長尾為景………………………………… 152
長尾能景………………………………… 489
中尾良信…………………………………68
長坂大炊頭助…………………………… 470
中条秀長元威………………………… 138, 143
中田祝夫…………………………… 18, 19, 636
長　瀞……………………………………… 550
長　沼……………………………………… 311
長　野……………………………13, 519, 521
仲野俊良………………………………… 245
長野業尚……………………… 489, 504, 505, 519
長野憲業………………………………… 505
中原勝章…………………………… 268, 270, 272
永久岳水‥ 528, 533, 537, 538, 548, 549, 570〜572
長見(殿)……………………………… 443, 469
長宮高知………………………………… 301
中村大膳………………………………… 253
中　山……………………………………… 469
名　越……………………………………59
名越時有…………………………… 59, 62, 128
鍋　島……………………………………… 180
成　田……………… 263, 264, 268, 271, 294, 382
成田顕泰………………………………… 269, 296
南英謙宗…………… 169, 376, 425, 426, 439, 544
南海聖珠…………………………………96
南渓元康………………………………… 157
南寿慎終………………………………… 548
南室正頓………………………………… 605
南室智泉………………………………… 588
南窓祖薫………………………………… 156
南浦紹明……………………… 4, 52, 64, 210, 211
南嶺義熏………………………………… 370
乳宝貞哺禅尼…………………………… 431
如　浄…………………… 167, 208, 578, 604, 605
日杲桂珊………………………………… 316
日山良旭………………………………… 562
日州幸永…………………………… 344, 346, 361
日州暹朔………………………………… 316, 318
新田義貞………………………………… 223
二階堂行応禅門(時元)………………… 331
西　尾……………………………………… 373
西尾昭功………………………………… 413
西尾賢隆…………………………………… 7
西村又左衛門…………………………… 590
日山亮永………………………………… 316
日　蓮……………………………………… 302
蜷　川………………… 106〜108, 263〜265, 271
蜷川景親………………………………… 107
蜷川忠好………………………………… 107
蜷川親章………………………………… 107
蜷川親雄………………………………… 107
蜷川親興………………………………… 107
蜷川親和………………………………… 107
蜷川親貞………………………………… 108, 263
蜷川親孝………………………………… 107
蜷川親隆………………………………… 107, 263
蜷川親綱………………………………… 106, 107
蜷川親俊………………………………… 107
蜷川親朝………………………………… 107
蜷川親直………………………………… 107
蜷川親信………………………………… 107
蜷川親央………………………………… 107
蜷川親尚………………………………… 107, 108
蜷川親煕………………………………… 107
蜷川親政………………………………… 107
蜷川親当(知蘊)………………………… 107
蜷川親心………………………………… 107
蜷川親元………………………………… 107, 108
蜷川親行………………………………… 107
蜷川親之………………………………… 107
蜷川常嗣………………………………… 107
蜷川永親………………………………… 107
二　宮……………………………………… 291
忍　性……………………………………58
縫殿衛門尉……………………………… 490
能山文藝………………………………… 264, 266
野上大助………………………………… 266
野部紺屋入道…………………………453〜455
野部治部……………………………453〜455, 470
野部入道………………………………… 454

は　行

抜隊得勝…………………………… 66, 67, 424, 425
梅　栄……………………………………… 419
梅翁存立………………………………… 290
梅屋周薬………………………………… 133
梅巌義東………………………………… 370
梅山聞本……57, 67, 176, 177, 246〜252, 287, 371, 419, 425
培芝正悦…………………… 346, 356, 363, 518, 588
梅室昌悦………………………………… 274, 281
梅室長春…………………………… 157, 160, 161
梅蔵主……………………………………… 141

梅庭洞察……264
梅林霊竹……90
梅嶺守葩……156
梅嶺礼忍……87, 89, 90
芳　賀……27, 298, 302, 305～308, 310～312, 314, 315, 317～320, 323, 324, 327
芳賀興綱(左衛門尉弥四郎)　→宇都宮興綱
芳賀景高……306～308, 315, 316
芳賀景秀……308
芳賀成高……304～306, 308
芳賀高家……308
芳賀高勝……306, 308, 320
芳賀高貞……299, 308
芳賀高定……308, 309, 320
芳賀高澄……308
芳賀高武……308, 315
芳賀高継……308, 323
芳賀高経……308, 319, 320
芳賀高照……308, 323
芳賀高俊……308, 311
芳賀高朝……308
芳賀高名……308, 311
芳賀高直……308
芳賀高成……308
芳賀高規……334
芳賀高久……299, 308
芳賀高益……308
芳賀高孝(孝高, 建高)……308, 314, 315, 320
芳賀兵衛入道……310
芳賀正綱　→宇都宮正綱
萩原龍夫……14
白雲秀関……588
白雲慧暁……42, 43, 95, 96
白崖宝生……120
柏庭清祖……110, 139, 144
泊雲廉綱居士……269
橋本進吉……18
長谷川……17, 371, 373
長谷川宏……296
長谷部……224, 226
長谷辺信経……226
畠　山……129, 141, 147, 272
畠山国清……45
畠山政長……82, 84, 145, 147
畠山満家(真観寺殿, 道端)……84, 85, 87, 129, 141, 146
畠山基国……45, 128
波多野……425
波多野元尚……544
波多野義重……167
播庭長璵……157, 160
花　島……518
羽　生……330
葉貫磨哉……8, 10, 13, 21, 67, 69, 71, 259, 415
林五郎左衛門……470
林岱雲……1
原……371, 374, 391～393, 396, 398, 401, 404, 409, 415, 483, 486, 488, 489, 491, 492, 494, 511, 512, 521
原景保……396, 397
原　田……486
原田司農……397, 485, 486
原忠永(原之兵部)……397
原忠益……395
原遠江入道……403
原信泰……397, 495
孕　石……398, 415
原頼景……373, 379, 390, 396, 397, 404, 405
原頼泰……397
春近右京進……470, 481
万嶽祖郁(性狄)……157
万国義春……439
繁室良栄……610
蟠竜斎法全入道　→水谷政村
万里集九……121, 122, 445
百丈慧海……501
百丈和尚……490
筆海宗文……189, 196, 197
ひこ三郎……313
久　行……397～399
日　野……148
日野業子……141, 148
平泉澄……239, 242
平井入道……469
平賀朝雅……300
平塚某……341
広田寿三郎……280, 297
仏覚禅師　→覚天宗閑
仏国国師　→高峰顕日
仏照是道……346
武　衛　→斯波
夫厳智樵……274～277, 279, 289, 290, 293
復庵宗己……38, 329～335, 363
福厳寺殿聖雄天英大禅定門　→結城持朝
福　地……594
不見明見……66, 67, 287, 289
深溝松平……371, 374
普済善救……176, 193, 264, 287, 289, 295, 296, 385
武山本藝……274, 285

伏見院重保……153, 154
布州東播……609, 610
無準師範……34, 35, 42, 51
藤岡大拙……3, 7, 8, 12, 21
藤木久志……515
不識妙宥……300, 311
藤　原……120, 397
藤原顕泰……268, 272
藤原朝臣……162
藤原栄藤信士……397, 398
藤原景周……269
藤原権守盛家　→武藤盛家
藤原相順……397, 398
藤原忠通……140
藤原親泰……268
藤原知親……162
藤原知冬　→伊自良知冬
藤原直家……269, 270, 272
藤原直教……397, 398
藤原信泰　→原信泰
藤原信安……493
藤原信春……397, 398
藤原信泰……494
藤原晴秀……153, 154
藤原道泰……397, 398
藤原武庫……397, 398, 493
藤原通国……398
藤原通種……397, 398
藤原通信……397, 398
藤原安儀……397, 398
藤原陽山春公禅定門……397, 398
藤原頼景……397
藤原頼賢……397, 398
藤原頼信……397, 398
布　施……145
布施昌椿(弾正大夫)……140, 145
布施出羽四郎……145
不蔵可直……196, 200
不琢玄珪……372, 378, 408
仏会禅師　→友竹覚松
仏眼禅師　→雪庭祝陽
仏源禅師　→大休正念
船岡誠……3, 47
不変了常……399
普明禅師　→実参宗悟
普門元三……196, 200
不養老卵……538
父幼老卵……529
古岡英明……204
古田紹欽……2
文　益……554
文　泉……114
文　坡……42, 61
文坡祖広……156
別府景行……494
別府定幸……489
へいない二郎入道……311
別源円旨……288
別伝通識……157
弁　覚……303
弁　長……242
法燈円明国師　→無本覚心
芳庵祖厳……176, 287, 289, 290
方外宏遠……42～44, 72, 73, 92, 93, 97, 98
芳桂勝樹……156
宝山□鉄……217, 218, 234
法山阿浄……475
宝山宗珍……287
法　舟……101
宝舟浄金……270
彭叔守仙……78, 81
鳳宿麟芳……162, 163
芳春院華厳宗富大姉……296
保春永公大姉……497
北　条……11, 35, 373
北条氏政……595
北条氏康……16
北条貞時……6, 37
北条早雲……404, 491, 521
北条時政……300
北条時宗……35
北条時頼……2, 35, 40, 41, 425
北条政子……50
芳〔方〕中序仁……77
法　然……300, 309, 323
芳雄亮誉……346
北洲恵海……576
朴　堂……555, 556
北堂宗印……156
朴堂宗淳……588
朴堂祖淳……54, 88, 100, 101, 104, 105, 120, 121, 129, 283
朴堂良淳……550
北溟自薫……157
北嶺雲祥……156
輔月豊佐……264
星野外記……517
保　禅……598
細　川……90, 123
細川勝元……77, 90

細川高国……………………………………… 134
細川忠興…………………………………………90
細川道空………………………………… 77, 79
細川教春…………………………………………90
細川藤孝(幽斎)………………………… 90, 91
細川政元……………………………… 133, 285
細川持有………………………………… 87, 90
細川元常…………………………………………90
細川頼有…………………………………………90
細川頼長………………………………… 87, 90
細川頼春…………………………………………90
細川頼久…………………………………………77
細川頼之………………………6, 90, 142, 145, 505
堀　江……………………………………… 370
本覚霊明…………………………………… 103
梵　喜……………………………………… 441
梵　菊……………………………………… 441
本源禅師　→鉄庵道生
梵　寿……………………………………… 439
梵　昌……………………………………… 441
梵　真……………………………………… 113
梵　清……………………………………… 527
本多豊前守信親…………………………… 517
梵　稠……………………………………… 443
梵　超……………………… 114, 115, 117, 118
本明宗全…………………………………… 156

ま　行

前　田……………………………62, 263, 285, 296
前田利家…………………………………… 296
前田利次…………………………………… 266
前田利常…………………………………… 295
前田利長……………………………… 266, 295
牧……………………………………………… 300
牧　野………………………………… 183, 374
益子勝宗…………………………………… 308
増田俊信…………………………………… 326
町　野……………………………………… 147
町野敏康…………………………………… 147
松井昭典…………………………… 388, 412, 422
松井輝昭…………………………………………15
松浦義則…………………………………………16
松　下……………………………………… 518
松　平……………………………………… 183
松平清康…………………………………… 374
松平信光…………………………………… 370
松平秀康　→結城秀康
松田秀藤(民部丞)………………………… 255
松田文雄…………………………………571, 622
松原信之…………………………………… 297
卍山道白……………………………… 527, 551
明　恵…………………………………………66
命鶴丸　→饗庭氏直
妙　関……………………………………… 443
明岩桂光…………………………………… 316
明岩竜哲……………………………… 157, 158
妙金尼……………………………………… 302
妙　悟……………………………………… 440
妙　細……………………………………… 436
妙　珠……………………………………… 437
妙　衆……………………………………… 443
妙正尼……………………………………… 301
妙慈弘済禅師　→一山一寧
明室玄浦…………………………………… 346
明室存光…………………………………… 196
妙　泉………………………………… 441, 444
明　禅……………………………………… 444
妙仙禅尼…………………………………… 330
明　智……………………………………… 397
明　道……………………………………… 424
妙　芳……………………………………… 441
妙　祐……………………………………… 443
妙　用……………………………………… 442
妙　林……………………………… 437, 443, 444
妙林(弥蔵主姉首座)……………………… 443
明琳大姉…………………………………… 398
密室至賢…………………………………………96
密　叟…………………………………………94
三上平秀……………………………… 192, 193
水　野……183, 372, 423, 456～458, 460, 462, 464, 465, 467, 468, 481
水野紀三郎………………………………… 467
水野九郎左衛門……………………… 456, 469
水野貞守……………………………… 430, 441
水野修理亮………………………… 456, 457, 469
水野宗左衛門………………………… 457, 469
水野藤七……………………………… 456, 469
水　谷………………………… 346, 363, 517
水谷勝氏…………………………………… 347
水谷勝俊…………………………………… 314
水野弥穂子…………………………… 530, 532
水谷政村…………………314, 347～349, 352, 517
三井盛宗…………………………………… 148
三井弥次郎盛宗…………………………… 137
密蔵坊……………………………………… 107
満仁親王……………………………… 139, 144
皆川成勝(建幢成勝禅定門)……………… 591
皆川俊宗…………………………………… 594
皆川広勝(寄山良勝居士)…………… 594, 595

源家賢……………………………………… 140
源実朝………………………………50, 106, 300
源朝臣信直………………………………… 495
源長弘……………………………………… 231
源憲俊……………………………………… 140
源持知……………………………………… 269
源泰朝……………………………………… 215
源頼朝……………………………… 308, 309
源頼義……………………………………… 309
峰岸純夫…………………………… 14, 15, 205
美作守基世　→斎藤基世
宮　家……………………………………… 330
宮崎円遵…………………………………… 10, 69
三善朝政…………………………… 269, 270, 272
三善朝宗…………………………… 192, 193
明極慧祚…………………………………… 580
明極楚俊……………………………………37, 580
明叔正察…………………………………… 157
民部丞秀藤　→松田秀藤
無外円昭……………………………………67, 176
無涯仁浩……………………… 86, 87, 89, 90, 217
無学宗棼…………………………… 588, 594
無学祖元…………………4, 34, 35, 38, 42, 98, 300
無見先覩…………………………………… 211
無極永崇…………………………………… 193
無極慧徹……………… 346, 356, 578, 585, 586, 588
無極志玄……………………………………44
無際純証…………………………… 193, 194
無住道暁…………………………………… 3
無尽祖張…………………………………… 333
夢窓疎石……3, 4, 37, 42, 44, 69, 92, 93, 97, 121, 140, 144, 147, 300, 384, 423
無端祖環…………………………………… 586
無著妙融……………………… 66, 67, 177, 419
無底良韶…………………………………… 176
武　藤……248, 249, 251, 253, 255, 256, 258, 261, 628
武藤用定…………………………… 255, 256
武藤盛家……………………………253～255
宗　簾……………………………………… 133
無本覚心……4, 38, 39, 42, 48～52, 56, 57, 60, 64～68, 71, 156, 169
無明慧性……………………………………42
武　茂………………………… 302, 305, 306
武茂兼綱(右衛門尉弥五郎)　→宇都宮兼綱
武茂綱家……………………… 299, 305, 308
武茂泰宗…………………………………… 299
武茂六郎…………………………………… 306
無門慧開……………………………42, 49, 50
村山修一 ……………………………………242
村上直………………………………………17
村田正志……………………………………11
明峰素哲……66, 67, 169, 176, 191～194, 206, 208, 210, 219, 220, 235, 287, 381, 539, 543, 547
面山瑞方…………………………… 551, 552
牧　渓…………………………… 372, 408
模菴□範(模安受範)………………………… 562
模外惟俊…………………………………… 374
最上義秋…………………………………… 550
最上義春…………………………………… 550
黙印慶鑑…………………………………… 192
水野宗左衛門……………………………… 456
物外性応…………………………………… 372
桃井直和……………………………………63
桃井直常……………………………… 63, 99, 163
森　田……………………………………… 265
森田佐太郎………………………… 263, 264
森田武……………………………………… 481
守　久……………………………………… 591
守　政……………………………………… 591
茂林芝繁…………………………………… 475
諸星清作…………………………………… 517
門庵宗関…………………………………… 583
聞庵道見…………………………………… 373
聞渓良聡…………………………………… 105

や　行

薬山惟儼…………………………………… 578
薬師寺公義………………………………… 331
約諸梵超　→梵超
屋　代……………………………………… 137
安福定則…………………………………… 357
保　長……………………………………… 337
保長忠敦…………………………………… 176
柳田国男……………………………………70
簗　田………………………………………14
山　川……………… 327, 344, 347, 361, 363, 517
山川尾張守………………………………… 341
山川重光…………………………………… 361
山川朝貞…………………………… 361, 362
山　内……………………………26, 374, 628
山内道美……………… 246, 258, 371, 372, 494
山内久通…………………………………… 494
山本世紀…………………………13, 14, 21, 518
祐　円……………………………………… 312
結　城……27, 327, 331, 333, 334, 349～352, 357, 361, 509, 517, 520, 594, 632
結城明朝(三九郎)………………………… 344

結城氏朝(円通院殿藤山明永大禅定門)
……335, 336
結城氏広……343, 344, 357
結城越後守……292
結城政朝……358
結城貞広……328, 329
結城成朝……339, 340, 342
結城直光……176
結城親朝……311
結城時広……328
結城朝祐……330
結城朝広……336
結城朝光……328, 342, 345
結城朝祐……334
結城直朝……330
結城直光……328〜336, 339, 363
結城晴朝……328, 334, 335, 342, 345, 358, 359, 360
結城晴朝夫人……345
結城秀康(松平秀康)……290, 359, 360, 342
結城政勝……334, 341, 342, 344, 345, 347〜350, 352〜355, 358, 364, 519, 520
結城政朝……342, 350, 357〜359, 363, 364, 518, 519
結城政朝夫人……345, 358
結城満広……335
結城持朝……336, 342, 343
結城基光……329, 332, 333, 335
佑　遵……554
融　心……613
友竹覚松……154〜156, 158
有　隣……443
有隣妙徳……270
遊佐新左衛門……141, 147
遊佐長護……93, 120
隃年正度……89
由　利……469
養庵宗青……346
陽庵練的……304
養円唯審……427
楊光秀……528
要綱徳宗……539
要才梁……77, 79, 82, 83
容山可允……90
要山玄的……316, 318, 321
陽山文泰……192, 193
与　運……438
与　広……436
横　瀬……14, 268, 272, 518
横関了胤……22, 29, 178, 179, 181, 182
横瀬国繁……268
横田四郎……302
横　地……403
吉岡博道……164
吉川内膳……362
吉　忠……270
吉田道輿……164
吉　次……270
吉　見……372
吉　原……469
余　糟……122
与　朴……438
与　密……438

ら・わ行

来州玄乗……157
雷室栄門……264
雷沢宗俊……264, 289, 290, 293
来鳳一復……429, 430, 439
楽翁正佶……621
蘭渓道隆……4, 33〜35, 38, 42, 45, 100, 102, 111, 217, 384
蘭洲良芳……141, 148
理　延……441, 442
理　慶……443
利山義聡……370
理春尼……270
利中乗盤……196
立　乗　→月桂立乗
竜　雲……192, 193
竜恵法師……194
竜淵宗湛……163
竜億祖易……274, 289, 290
隆渓繁紹……373
竜山徳見……76, 109
竜山洞雲……588
竜　珠……467
竜湫周沢……121, 140, 145
竜洲文海……587〜590
竜室是泉……362
竜室道泉……289
竜泉令淬……119
竜沢永源……370
竜潭宗劉……157
竜派禅〔玄〕珠……90
理　用……443
梁庵□……362
了庵慧明……177, 264, 344, 346, 356, 369, 376, 415, 416, 419, 521, 573, 575〜578, 581〜583,

585～588
梁雲周棟……156
良　魁……104, 105
亮　慶……313
了悟尼……236
了　充……443
良　照……75, 76
良室栄忻……346～348
了室道因……269
了　心……443
亮　禅……313
了　即……111
亮　天……76, 80
稜　道……271
了堂真覚……66, 67, 291
了堂素安……42, 45, 46, 73, 100, 102
了然永超……419
了然法明……34, 51, 64～67, 169
亮　弁……313, 314
隣岩徳……94～96
林　等……78, 81
林　堂……120
林屋玄春……156
令　奕……101
冷　嶽……419
礼　亀……88
礼　虎……88
霊山道隠……37
霊　心……441
霊　稟……97
列蔵主……438
蓮　阿……242
濂渓秀夫……332
蓮　生……300, 301
蓮　如……117, 545
六　角……119
呂翁珠回……86, 88, 125
盧嶽〔獄〕等都……372, 379, 419
露　暁……551
鹿苑院殿……148
掄季材……88
和庵清順……193, 263, 267, 382
鷲尾順敬……1
鷲　山……470
宏智正覚……287

寺社名(史料保存機関等を含む)

あ　行

赤　寺　→赤桶寺
芦峅寺……198, 199
阿蘇大明神……223
熱田神宮……370
天宮明神(天宮神社)……253, 260, 378
阿弥陀院……443
阿弥陀寺……298
阿弥陀堂(皿尾村)……382
安国寺……73, 87, 89, 92, 93, 96～100, 123, 157, 158
安居寺……115
安昌寺……316
安穏寺……176, 336, 337, 339～342, 349, 358, 363, 517, 635
安養寺……117, 442
安　楽……84, 85
安楽院……141, 147
安楽寺……121, 443, 538, 571
安楽寿院……139, 144
一向寺……301, 306
飯沢明神……416
莅済庵……461
伊豆山権現……185
伊勢神宮……144, 303, 315, 324
一雲斎……249, 372, 399, 430, 432, 434～438, 440, 444, 445, 448～451, 453～455, 494, 504
今宮神社……314
岩峅寺……198, 199, 203
石清水八幡宮……55, 139
蔭凉軒……24, 84, 110, 134
宇佐八幡宮……241
雲蓋庵……433, 435, 444, 448
雲巌寺……300, 303, 304, 311, 312, 318, 322, 324, 369
雲樹寺……64, 67, 70, 158, 424
雲松院……622
雲乗寺……114, 118
雲門寺……142, 145
雲林寺……399, 372
永源庵……86, 88～91, 123
永源寺……77, 123, 304, 588
永住寺……374
永照庵……161

永昌院……………………………… 489, 497, 622
永昌寺……………………………… 161, 162, 163
永祥寺………………………………………… 176
永正寺……341, 348, 354, 356～358, 363, 518, 520, 538
永禅寺………………………………………… 192
永天寺………………………………………… 176
永得寺……………………………… 538, 539, 547
永徳寺………………………………………… 176
永平寺……28, 31, 38, 39, 153, 159, 164, 167, 193, 207, 209, 307, 316, 318, 344, 358, 425, 528, 530～533, 535, 538, 539, 541, 543, 544, 546, 548, 550, 551, 553, 554, 561, 566, 567, 569, 594, 611, 631, 634～636
永平寺延寿堂………………………………… 534
永平寺首座寮……………………… 540, 541, 547
永平寺衆寮…………………………………… 536
永平寺蔵主寮………………………………… 536
永平寺知賓寮南軒…………………………… 533
栄林寺………………………………………… 370
円覚寺……40, 44, 65, 87, 93, 96, 130, 158, 239, 300, 376, 580, 581
遠山寺……………………………………… 588, 593
円照寺………………………………………… 331
円成寺………………………………………… 373
円通院……249, 336, 372, 374, 375, 391, 396, 398, 404～406, 483
円通寺…… 215, 223, 236, 238, 356, 357, 370, 485
圓通寺……………………………………… 114, 118
延藤庵………………………………………… 336
円福寺………………………………………38, 120
円明寺………………………………………… 444
延暦寺(比叡山)…………………………… 34, 64, 145
円林寺………………………… 308, 314, 319, 320
応願寺………………………………………… 302
往生院……………………………………… 242, 300
黄梅院(鎌倉)…………………………44, 45, 48
黄梅寺(越中)……43～45, 72, 73, 92～94, 97, 98, 129
大倉神社……………………………………… 299
大前神社……………………… 308, 313, 314, 320
大峯山………………………………………… 412
雄山神社…………………………………… 198, 199
尾羽寺……………………………………298～300
恩光寺……………………………… 196, 197, 546

か　行

海印庵……………………………………… 441, 461
海雲寺……………………………………193～196
海恵寺………………………………………… 197
海翁寺……………………………………… 192, 193
海岸寺……………………………………192～194
海眼院………………………………………… 613
開元院………………………………………… 372
開眼寺………………………………………… 463
開善寺(開善精舎)……………………101～103
海蔵庵…………………… 438, 440, 443, 459, 465
海蔵院………………………………………… 119
海蔵寺……………………………… 370, 372, 399
戒壇院…………………………………………52
海潮寺……………………………315～321, 324
鹿島神宮……………………………………… 311
可睡斎……………………………… 247, 259, 373
加茂三所大明神……………………………… 398
加茂神社……………………………………… 398
願成寺………………………………………… 176
観音寺……………… 331, 397, 432, 434, 442, 448
観福寺………………………………………… 442
祇樹寺……………………………………195～197
祇陀寺……………………… 169, 176, 219, 235
北宮大明神…………………………………… 216
吉祥寺(伊豆)…………………………………45
吉祥寺(越中新川郡)…… 54, 88, 100, 103～106, 120, 123, 129
吉祥寺(越中婦負郡)………………………… 196
吉祥寺(上野)……………………… 246, 304, 371
吉祥寺(東京都文京区本駒込)……………… 567
玉雲寺……………………………………… 543, 548
玉泉寺……………………………………51, 169
旭伝院………………………………………… 548
玉林庵………………………………………… 442
箕輪寺……………………………………… 312, 313
熊　野…………………………………………56
熊野神社…………………………68, 303, 312, 314
熊野女体神社………………………………… 319
久米田寺………………………………………58
傑岑寺……………………… 591, 594, 595, 604
慶雲庵………………………………………… 442
慶雲寺………………………………………… 316
渓泉寺………………………………………… 176
景泰庵……………………………………… 441, 459
慶徳寺(景徳寺)………………………… 176, 337
桂峯寺……………………………………… 161, 163
桂林寺………… 196, 197, 304, 305, 316, 322, 553
華厳院………………………………………… 373
華蔵庵……………………………………… 438, 444
華蔵寺……329, 330, 323, 333, 335, 336, 349, 360, 363
乾坤院……28, 205, 372, 422, 423, 429～431, 435,

439, 441, 444, 448, 456, 458, 459, 462, 465, 476, 479, 547
幻住庵……………………………………………… 332
元性院……………………………………………… 373
建長寺……35, 37, 40, 43, 45, 52, 65, 77, 79, 87, 130, 158, 210, 239, 303
建幢寺……………………………………………… 591
建徳寺…………………………………………… 316, 321
建仁寺……34, 35, 40, 60, 62, 76, 77, 79〜81, 83, 86, 87, 89, 90, 100〜102, 104, 108, 109, 111, 119〜121, 123, 131, 132, 140, 158, 159, 217, 317
建仁寺永源庵　→永源庵
建仁寺興雲庵…………………………………… 105
建仁寺瑞応庵…………………………………88, 146
建仁寺大統院嘉隠軒……………………… 77, 83
建仁寺大統院栖芳軒……………………………77
建仁寺大竜庵…………………………………… 148
建仁寺霊洞院………………………………… 76, 80
現福寺………………………………………… 73, 94
御　庵……………………………………………… 441
高安寺……………………………………………… 598
興雲庵…………………………………………88, 120
耕雲寺……………… 169, 177, 376, 519, 544, 622
高雲寺……………………………………………… 118
畊雲寺……………………………………………… 444
広応院……………………………………………… 517
光恩寺…………………………………………176, 193
向嶽寺…………………………………………66, 424
興化寺……25, 49, 55〜58, 60, 62, 63, 68, 72〜76, 78〜84, 119, 123, 128, 129, 131, 157, 158, 626
江月院…………………………………………560, 561
弘源院……………………………………………… 152
孝顕寺…………297, 354, 356, 358〜360, 363, 518
弘原寺………………………………………………65
興国寺……10, 38, 39, 48, 60, 64, 66, 98, 99, 128, 133, 134, 317, 607
広厳庵…………………………………438, 444, 453
香厳院…………………………………110, 139, 144
光厳寺……………………………………60, 82, 123
香積寺……………………………………………… 565
興聖寺………………………49, 167, 169, 531, 566
光性寺……………………………………………… 304
広正寺……………………………………………… 393
弘祥寺…………………………………………… 77, 78
香心院……………………………………………… 397
光真寺…………………………………………316, 321
弘正院……………………………………………… 129
興禅護国院………………………………………… 109
興禅寺……………56, 300, 303, 304, 311, 317, 322
光禅寺…………………………………………191, 193
向川寺…………550, 559〜561, 563, 564, 568, 569
広泰寺…………………………612, 613, 616, 622
杲泰寺…………………………………………590, 591
広智寺……………………………………………… 335
興徳寺(熊登)……………………… 558, 559, 568
興徳寺(三河吉田)………………………………374
皇徳寺…………………………………………176, 177
高徳寺……………………………………………… 193
興福寺……………………………………………… 312
広福寺………………169, 219〜221, 236, 237, 245
耕文寺……………………………………………… 196
光明寺…………………………108, 109, 316, 340
高野山……………………………49〜51, 56, 66, 68
高陽院……………………………………………… 140
興竜寺……………………………………………… 311
香林寺…………………………598, 614〜616, 622
粉川寺……………………………………………… 305
国泰寺……25, 31, 39, 49, 64〜66, 68, 133, 152, 154, 155, 157〜164, 626
国分寺……………………………………………… 158
極楽寺(鎌倉)……………………………… 58, 130
極楽寺(京都宇治)…………………………………49
極楽寺(相模南足柄郡)…………………………581
極楽寺(尾張村木)………439, 440, 441, 461, 463, 472
虎　渓…………………………………84〜86, 125
虎渓庵………………………………………………88
護国寺……………………………………………… 176
悟心院……………………………………………… 140
五智山………………………………………………65
駒沢大学図書館…………………………………… 607
金剛院……………………………………………… 139
金剛王院…………………………………………… 413
金剛王寺(箱根権現別当寺)…………………… 185
金剛寺(金剛護国寺)……40, 41, 43, 73, 84〜86, 89〜91, 123, 125, 129, 140, 146
金剛三昧院………………………………………49, 50
金光寺…………………………………………114, 118
金剛寺(相模, 真言宗)……………………………623
金剛寿院…………………………………………… 608

さ　行

西光寺……………………587〜589, 592, 593, 596
最勝院…………………………………………316, 321
最勝光院…………………………………………… 395
最勝寺(石黒荘)………………114〜118, 123, 129
最勝寺(蜷川)……………………… 106, 108, 123
最乗寺(大雄山)……177, 344, 356, 369, 376, 416,

421, 517, 521, 522, 573, 575, 580, 583, 585～587, 591, 594, 596, 608
西大寺……58
埼玉県立文書館……596
西方寺……38, 39, 48～50, 56, 66, 67, 300, 626
最明寺……508, 518
西明寺……480, 598, 616, 618, 621, 622
西来院……111, 370
三鈷寺……300
三聖寺……119
釈迦堂……350
十乗坊……313
紫雲寺……552
祠雲寺……374
竺土庵……583
慈眼院……345, 349, 350
慈眼寺……176, 297, 316, 322, 337
示現寺……176, 337, 339, 521, 635
字岡寺……374
慈受寺……105, 120
慈聖院……140
慈心院……302
地　蔵……84～86, 125
地蔵院(下野大羽)……298
地蔵寺……316
地蔵堂……463
実相寺……193, 331
自得寺……193, 194
資福寺……40
宿蘆寺……370
種月寺……439, 444, 571
修善寺……373
修禅寺……37, 41
寿福寺……40, 45, 47, 49, 52
鷲　峯……50
衆林寺……169
春昌寺……594
春林院……413
巡礼堂……442
常永寺……196
勝願寺……332
浄眼寺……373
正観寺……234
松吟庵……233
松月院……345
正眼庵……303
松源寺……334, 335, 354, 363, 440, 480
正眼寺……317, 369, 332
祥光庵……440, 443, 464, 472
常光院……316, 321, 322
紹光寺……189, 191～193
常興寺……60
常光寺……370
成高寺……304～307, 314, 316～318, 321, 322, 324
乗国寺……328, 329, 335, 341, 343～347, 349, 354, 356, 358, 361, 363, 366, 517, 520
相国寺……77, 81, 88, 89, 102, 108, 110, 111, 116, 119, 129, 131, 132, 139, 145, 147
聖護寺……26, 169, 207, 219, 220, 224～227, 231～236, 239, 244, 545, 571, 627
静居寺……373
荘厳寺……309, 314
常在院……337, 339
常在光院……87
常在光寺……83, 88, 96, 120, 141
省山庵……201
小山寺……340
正受庵……330, 331
正受寺……109～112, 123, 138, 147
聖寿寺……95, 96, 236
常照庵(浄祥庵)……441, 445, 464
常照寺……60, 445
正清寺……302
松石寺……622
照台寺……117
静泰寺……176
浄智寺……40, 43, 158
正仲寺……328, 329, 334, 335
承天寺……158
譲伝寺……548, 564
松島寺……10
常徳院……102
浄徳院……517
浄土能仁寺……217, 234
聖福寺……40, 120, 158, 234
常法寺……553
正法寺……176, 177, 345, 394, 395, 518, 554, 555, 569
城満寺……169, 426
正脈寺……195～197, 202
承陽庵……550
正竜寺……598, 609, 610, 621
勝林寺……38, 49
定林寺……346, 348, 352, 517
浄蓮院……517
諸上寺……519
神宮寺……300, 302
信光寺……189～191, 193, 196, 197
信綱寺……605

真光寺……………………………………………53
真珠院………………………………………… 373
新善光寺…………………………………… 531, 532
新宗光寺…………………………………… 314
信叟寺………………………………………… 618
真如寺………………………………………575, 576
新福寺………………………………………… 162
真福寺………………………………………… 119
新豊院………………………………………… 370
深法寺………………………………………… 545
瑞雲院………………………………………… 373
瑞雲寺………………………………………… 517
随縁精舎…………………………………370, 521
瑞応庵…………………………40, 85, 86, 89, 140
随岸寺………………………………………… 566
瑞巌寺……………………………………………10
瑞光院………………………………………… 335
瑞光寺………………………………………114, 118
瑞泉寺………………………………………108, 117
瑞芳庵………………………………………437, 442
崇源寺………………………………………331, 333
崇聖寺……43, 72, 73, 75, 94～99, 128, 129, 157, 158
崇信寺……26, 246～248, 258, 259, 371, 372, 399, 494, 628
清印庵………………………………………… 443
清雲庵………………………………………… 442
清雲寺………………………………………… 331
清巌寺………………………………………… 323
清源寺…………………………………195～197
清住院………………………………………… 148
西勝寺………………………………………… 129
誓度寺………………………………………… 134
青竜寺………………………………………508, 518
聖林寺………………………………………… 129
石雲院………………………………………… 372
石動山………………………………………… 203
赤桶寺(赤寺)……………………………161, 162
全久院………………………………………… 374
千眼寺………………………………………… 519
禅源寺………………………………………… 331
禅　興……………………………………………40
禅向庵………………………………………… 444
善光庵……………………………118, 201～203
禅興寺………………………………………… 129
専修寺………………………………………… 300
禅定院……………………………………………50
禅栖寺………………………………………… 133
禅通寺………………………………………… 161
善導寺…………………………………195～197
川徳寺………………………………………… 196
善徳寺………………………………………117, 118
善能庵………………………………………… 118
善応寺…………………………………………77, 322
新福寺………………………………………… 161
泉福寺……………………177, 370, 533, 553, 568
善福寺………………………………………… 202
禅福寺………………………………………… 202
全保寺………………………………………… 374
千妙寺………………………………………313, 314
泉竜院………………………………………… 373
禅林寺………………………………………… 176
蔵雲院………………………………………… 374
曹源庵……………………………438, 439, 443
宗源院………………………………………… 370
曹源院………………………………………… 563
曹源寺……　433, 437, 439, 442, 448, 465, 466, 563
宗光寺………………………………………… 313
相承寺(鶴岡八幡宮別当寺)………………… 185
蔵勝寺……………………………………………83
宗持寺………………………………………… 118
総持寺……9, 28, 31, 159, 164, 168, 177, 189, 193, ～195, 199, 200, 203, 207, 238, 247, 316, 337 ～339, 358, 369, 379, 382, 410, 440, 548～550, 555, 556, 561, 563, 564, 568, 569, 586, 611, 631, 634～636
総持寺伝法庵…………………554～558, 565, 568
総持寺妙高庵………………………………… 553
宗生寺………………………………………… 176
総世寺………………………………………… 521
増善寺………………………………………… 373
曹洞宗宗宝調査委員会……………………………22
総寧寺………………………………………… 615
宗猷寺………………………………………… 163
宗了庵………………………………………… 517
双林寺……………………………356, 588, 596
蔵六庵……………………………………………40
続灯庵………………………………………… 555

た　行

大雲庵……………………………41, 100, 101, 123
泰雲寺………………………………………548, 564
大雲寺………………………………………347, 354
大雄寺…………………………………67, 316, 321
大覚寺……………………………249, 250, 252
大願寺……………………………………………10
退休寺………………………………………176, 337
大興寺………………………………………… 370
大広寺……………………………196, 197, 370

醍醐三宝院……………………………………… 309
帝釈寺………………………………………………… 553
大聖□……………………………………………… 84, 85
大勝寺………………………………………………… 345
大祥寺………………………………………………… 373
大乗寺……53, 167, 191, 193, 194, 203, 206, 207, 235, 566
大師庵………………………………………………… 471
大慈院………………………………………………… 129
大慈寺…………………… 169, 206, 218, 220, 370
大慈寺瑞華庵……………………………………… 212
大成庵………………………………………………… 201
大泉庵……………………………………… 114, 118
大山寺………………………………………………… 196
大川寺……………… 196, 197, 199, 203, 559, 563
大泉寺………………………………………………… 356
大中庵………………………………………………… 108
大中寺……………………………356, 586～596, 604
大智院………………………………………………… 116
大智寺………………………………………………… 395
大洞院……26, 177, 245～259, 371, 372, 374, 378, 399, 433～435, 437, 444, 445, 448, 494, 521, 522, 628
大統院嘉隠軒　→建仁寺大統院嘉隠軒
大徳寺……………………………………… 12, 39, 544
大寧寺………………………………… 177, 179, 548
大平寺………………………………………………… 122
大雄山　→最乗寺
大用寺………………………………………………… 553
大林寺……………… 197, 538, 544, 545, 547, 568
高瀬神社……………………………………………… 545
高田専修寺…………………………………… 309, 310
高橋神社……………………………………… 347, 349
高良玉垂命神社…………………………………… 236
立山寺　→立川寺
多福院………………………………………………… 548
多宝院………… 341, 345, 352, 517, 518, 520, 521
端泉寺………………………………………………… 545
長雲寺………………………………………………… 305
長円寺……………………………………… 543, 566
長慶寺……59, 60, 62, 63, 73, 76, 77, 79～84, 123, 128, 129
長源寺……………… 316, 317, 321, 322, 440, 480
長興寺……………… 301, 316, 318, 321, 322, 373
長朗寺…………………………………………………60
長松院……………………………………… 372, 435
長勝寺…………………………………………76, 505
長泉院………………………………………………… 521
長泉寺………………………………… 316, 317, 374
長禅寺…………………………45, 46, 73, 100, 103, 129
長徳院………………………… 344, 361, 362, 517
長年寺…………………………15, 489, 504, 519, 521
長福寺……13, 43, 73, 100, 105, 123, 373, 379, 388, 405, 406
長楽寺………………………… 49, 302, 507～509
長林寺………………………… 304, 305, 316, 322
長蓮寺……………………………………… 319, 320
長蘆寺…………………………………………………12
竹林庵………………………………………………… 444
智満寺………………………………………………… 373
綱神社………………………………………………… 298
定水軒…………………………………………………87
天翁院………………………………………………… 518
天嶽院………………………………… 588, 593, 594
天巌庵………………………………………………… 201
天正寺………………………………………………… 118
天瑞□……………………………………………… 84, 85
伝叟院………………………………………………… 594
伝燈寺……54, 56, 67, 68, 75, 76, 133, 134, 154, 157, 158
天徳□……………………………………………… 444
天寧寺………………………………………………… 158
天翁院………………………………………………… 356
伝法庵………………………………………………… 550
伝法庵客寮………………………………… 548, 549
天竜寺………………………………74, 132, 139, 144
天竜寺香厳院………………………… 139, 145, 147
天竜寺瑞泉院……………………………… 141, 147
天林寺………………………………………………… 370
洞雲寺……………………………………… 538, 556
洞慶院………………………………………………… 372
同慶寺…………………… 300, 311, 312, 315, 322
東光院………………………………………………… 517
東光寺……338, 344, 361, 381, 382, 441, 445, 461, 463
洞光寺………………………………………………… 382
東光廃寺……………………………………………… 313
東　寺……………………………………… 137, 413
洞寿院……………… 247, 371, 372, 378, 408, 503
洞春庵……………………… 247, 258, 371, 372, 443
東勝寺………………45, 114, 118, 217, 301, 302
東昌寺…………………………………………………14
東松寺…………………………………………………65
東正寺………………………………………………… 622
洞松寺………………………………………………… 372
等持院……………………………………… 141, 148
東持寺……………………………………… 360, 362
等持寺……………………………………… 141, 148
洞川庵………………………………………………… 586
洞泉庵……………………………435～437, 442

東漸寺……405, 440
東大寺……32, 51, 299, 317
東大寺戒壇院……49
藤長寺……347
東伝寺……318
東福寺……34, 76, 81, 95, 96, 98, 119, 122, 131, 132, 137, 142, 144, 148, 149, 158, 215～217, 226
東福寺善慧軒……78
道満寺……213
東　林……84～86, 125
洞林寺……594
徳雲寺……542, 566, 602, 604, 613
徳城寺……196～199, 203
戸蔵明神……585
徳林寺……379
徳隣寺……443
兜率寺……226
兜率尼寺……55, 63
蜷桂庵……334, 335

な　行

中村八幡宮……308
南禅寺……41, 43, 74, 76, 77, 79, 81, 83, 87, 93, 96, 100, 102, 109, 120, 122, 123, 132, 143, 158 159
南禅寺慈聖院……140, 145
日羅寺……218, 220
日輪寺……218
日光山……65, 303
二尊院……480
日山庵……201
如意庵……12
如海庵……443
念仏堂……301
能仁寺……300, 311, 315, 322

は　行

梅林寺……373
白山神社……613, 614
白山妙理権現……378
泊船庵……70
羽黒山……51
箱根権現……416, 417
波著寺……529, 530
八幡神……55
般若寺……308, 313, 314, 319, 320
蟠雲寺……177
仏釈寺……114, 118
仏生寺……309
福王寺……370
福厳寺(尾張)……373, 439, 480
福厳寺(結城)……343, 363, 517
福聚寺……331
福昌寺……177
普済寺(遠江)……177, 370, 371, 521, 522, 525
普済寺(知多郡)……440, 480
補陀寺……356
二荒山神社……300～302, 314
仏陀寺……542, 568
普門庵……201
普門院……356, 489
遍照寺……309
法雲寺……329, 331, 333, 335, 364
報恩寺……431, 434, 440, 443, 445
宝鏡寺……370
宝慶寺……532, 534, 535, 528
宝珠庵……315, 317～319, 321
保寿寺……111
宝勝寺……316
法城寺……195, 196
本浄寺……193
放生津八幡宮……55
宝所軒……114, 118
法川寺……196
法泉寺……45
芳全寺……347～349, 352, 517, 520
法蔵寺……370
法観寺……210
宝幢寺……109, 143, 551, 552
宝念寺……62, 63
宝林寺……554, 559
保寿寺……123
補陀寺……506
本覚寺……161, 236, 237
本願寺……117
本光院……110, 111, 139, 145, 147
本光寺……374
本圀寺……302
本浄寺……192
本都寺……139

ま　行

満願寺……337
万寿寺……40, 52, 109, 132, 139, 144, 323
万松寺……139, 316, 370
満成寺……112, 123, 138

満福寺密澄院……342
妙雲庵……442
妙雲寺……53, 60, 77, 79, 80, 83
妙応寺……176, 200, 304, 370
妙金寺……302
妙香院……141
妙光寺……49, 64, 133, 331
明光寺……158
妙厳寺……370
妙笑寺……317
妙正寺……311
妙心寺……39, 103, 164
妙仙寺……480
妙川寺(妙山寺)……196, 197
妙泉寺……439
妙長寺……73, 100, 102
妙法寺……441, 461, 463
御影堂……335
南坊寺……110
弥勒寺……114, 118
無量寿寺……309, 310
明月庵……114, 118
茂林寺……586, 588

や・わ行

薬王寺……309
薬勝寺……62, 63, 129
薬師堂……463, 544, 547
矢倉沢明神……416
油山寺……399, 400, 402
永安寺……194, 543
養雲軒……118
養源軒……102
養源寺……333
永江院……372
永興寺……169, 568
永光寺……51, 53, 64, 140, 146, 168, 189〜191, 193, 194, 196, 199, 203, 206, 219, 220, 238, 424, 539, 543, 544, 547, 568, 569, 613
永光寺知賓寮……556
陽松庵……236
永沢寺……176, 179, 344, 369, 381, 506, 538, 546, 568, 569
楊阜庵……330
永明寺……372, 373
善峰堂……300

ら 行

来迎院……242
羅漢寺……404
竜雲庵(西枳豆志)……442
竜雲庵(有隣)……442
竜雲寺……17, 18, 192, 193, 317
竜淵寺……193, 382
竜穏寺……356, 417, 588, 592
竜海院……374
竜渓院……372, 379
竜華院……143
竜源寺……356, 357
竜興寺……305
竜祥口……87
龍 翔……84, 85
竜昌院……373
竜翔寺……239
竜泉院……379
立川寺(立山寺)……31, 106, 139, 176, 195〜203, 562
竜川寺……196
竜泉寺……176, 344, 370
竜禅寺……305
竜泰寺……356, 612, 622
竜沢庵(開山塔)……84〜87, 125
竜沢寺……57, 176, 246, 247, 249, 250, 252, 257, 371, 429, 430, 436, 628
隆徳寺……443, 466
竜徳寺……564
竜拈寺……374
竜文寺……547, 552, 569
竜門寺……316, 322, 331, 332, 549, 550, 555, 556, 558, 559, 563, 568, 569, 594
竜文寺妙善院……554
楞厳寺……370
量山寺……316, 322
霊泉院……108, 109
両足院……60, 70
莅済庵……441, 463
栗棘庵……95, 96, 137
林香庵……439, 443
臨光庵……463
臨江庵……441, 461, 463
臨済寺……17, 635
林松寺……304
林泉寺(米沢)……622
林泉寺(春日山)……489, 588, 622
臨川寺……93
林叟院……373
輪王寺……549
輪王寺慈眼堂……565

瑠璃光寺……………………205, 548, 556, 569, 571
霊光寺……………………………………………196
霊洞院……………………………………………60
蓮華寺(越中)……………59, 62, 63, 128, 129, 131
蓮華寺(遠江)……………………………………253
聯芳庵……………………………………334, 335
六角堂……………………………………57, 132
鹿王院……109, 110, 112, 114, 138, 139, 143, 144, 147
鹿苑院……………24, 74, 84, 88, 89, 118, 119, 134